Ritter und Intellektueller – Hieronymus Beck von Leopoldsdorf (1525–1596) und seine Bibliothek

Lenka Veselá

Ritter und Intellektueller – Hieronymus Beck von Leopoldsdorf (1525–1596) und seine Bibliothek

PETER LANG
EDITION

Bibliografische Information der Deutschen Nationalbibliothek
Die Deutsche Nationalbibliothek verzeichnet diese Publikation in der Deutschen Nationalbibliografie; detaillierte bibliografische Daten sind im Internet über http://dnb.d-nb.de abrufbar.

Umschlagabbildung:
Porträt des Hieronymus Beck von Leopoldsdorf
Kunsthistorisches Museum (Gemäldegalerie 9691) Wien – Museumsverband

Übersetzung aus dem Tschechischen von Václav Bok.

ISBN 978-3-631-72359-3 (Print)
E-ISBN 978-3-631-72591-7 (E-PDF)
E-ISBN 978-3-631-72592-4 (EPUB)
E-ISBN 978-3-631-72593-1 (MOBI)
DOI 10.3726/b11308

Peter Lang Edition ist ein Imprint der Peter Lang GmbH.

Peter Lang – Frankfurt am Main · Bern · Bruxelles · New York · Oxford · Warszawa · Wien

Diese Publikation wurde begutachtet.

www.peterlang.com

Inhalt

Teil II: Beckiana-Katalog

Gedicht von Hieronymus Arconatus über die Bibliothek von Hieronymus Beck[1]

Hospes siste gradum, non huc intrare cuiuis
  Permissum, procul hoc esto prophane loco,
Est etenim sacer, & Phæbo Musisq[ue] dicatus.
  Hic sedem Themis, hic inclita Pallas habent.
Queis doctam cingit frontem Parnasia laurus,
  Et rigat Aeonius labra diserta liquor,
Queis Sophie & Legu[m] venera[n]da scientia cure est,
  Et quos res varias perdidicisse iuuat.
Panditur his solis sacrati ianua claustri,
  His solis fas est carpere delitias.
Nectar & ambrosiam quæ vincunt, nectare vel si
  Quid melius, vel sit suauius ambrosia.
Hic sunt Parnassusq[ue] Heliconq[ue] hic aurea tempe
  Pieridum, hic surgunt Aonij latices.
Graiorum datur hic scitari oracula vatum,
  Et legere ex ipsis Attica mella fauis.
In promptu Latiæ dulcis facundia linguæ est,
  Seu fuerint belli tempora siue togæ.
Hic Itali, Galli, Hispani sermone loquuntur
  Diuerso, atq[ue] alij præterea populi.
Quid multis: hic Nilus habet sua munera, Ga[n]ges
  Hic habet, o supero limina digna Ioue.
Sed mage te digna o felix HIERONYME, cuius
  Aere, labore, opera, sic decorata nitet.

1 ARCONATUS, Hieronym: *Ab epistolis bellicis poematum recentiorum volumen* .... Wien 1591, S. 4 (Verzeichnis der im deutschen Sprachbereich erschienenen Drucke des XVI. Jahrhunderts, online http://www.vd16.de, VD16 A 3221).

Teil I: Studie

Einleitung oder die Möglichkeiten und Grenzen der Erkenntnis des Historikers

Die Bibliotheken der europäischen Frühen Neuzeit stellen für die Historiker eine faszinierende Welt dar, deren Regeln, Ordnung und Sinn wir erst zu begreifen beginnen. Im 16. und 17. Jahrhundert haben vor allem die Büchersammlungen der Aristokraten eine phänomenale Entwicklung durchgemacht; dies geschah nicht nur vor dem Hintergrund des sich wandelnden Lebensstils und intellektuellen Horizonts der Besitzer, sondern auch der schnell anwachsenden Produktion von Büchern, die nun durch das entwickelte Netz des Buchhandels leicht zugänglich wurden.[2]

Auch die habsburgischen Länder wurden im 16. Jahrhundert zu einem Raum, in dem zahlreiche interessante individuelle Büchersammlungen entstanden. Die größte Aufmerksamkeit wurde bisher verständlicherweise den berühmtesten gewidmet – vor allem der kaiserlichen Büchersammlung in Wien, der Bibliothek Ferdinands II. von Tirol im Schloss Ambras, der Sammlung Peter Woks von Rosenberg in Südböhmen oder der Bibliothek von Balthasar Batthyány im ungarischen Teil der habsburgischen Gebiete.[3] Überraschenderweise bleiben bis heute kaum bzw. ungenügend erforscht die ähnlich umfangreichen Büchersammlungen des mährischen Adligen Ferdinand Hoffmann von Grünpühel oder des Tiroler Magnaten Christoph von Wolkenstein, deren Charakter sich an der Grenze zwischen einer persönlichen und einer höfisch-repräsentativen Bibliothek bewegte. Unerforscht blieben bisher auch kleinere Büchersammlungen, wie z. B. die Bibliotheken Adams von Dietrichstein, Wolf Rumpfs von Wielroß oder diejenige der Herren von Hradec/Neuhaus in Südböhmen, für die ein überwiegend privater Charakter und logischerweise auch ein kleinerer Umfang typisch waren; von den Bibliotheken des niederen Adels ganz zu schweigen, denen bisher allein schon wegen

2 HABERLAND, Detlef: Buch- und Wissenstransfer in Ostmittel- und Südosteuropa in der Frühen Neuzeit zwischen Regionalhistorie und Medientheorie(n). In: HABERLAND, Detlef (ed.): *Buch- und Wissenstransfer in Ostmittel- und Südosteuropa.* Oldenbourg, München 2007, S. 9–22; ŠIMEČEK, Zdeněk: *Geschichte des Buchhandels in Tschechien und in der Slowakei.* Harrassowitz, Wiesbaden 2002.

3 UNTERKIRCHER, Franz: Hugo Blotius und seine ersten Nachfolger (1575–1663). In: STUMMVOLL, Josef von (ed.): *Geschichte der Österreichischen Nationalbibliothek* I. Prachner, Wien 1968, S. 81–151; Paola Molino widmet sich neulich der Erforschung der kaiserlichen Bibliothek - Paola MOLINO, von deren zahlreichen Studien z. B. zumindest die folgende genannt werden sollte: Ein Zuhause für die Universalbibliothek, *Biblos* 58/1, 2009, S. 23–30; VESELÁ, Lenka: *Knihy na dvoře Rožmberků.* Knihovna AV ČR – Scriptorium, Praha 2005; PURŠ, Ivo – KUCHAŘOVÁ, Hedvika (edd.): *Knihovna arcivévody Ferdinanda II. Tyrolského.* Artefactum – Ústav dějin umění AV ČR, Praha 2015; MONOK, István – ÖTVÖS, Péter – ZVARA, Edina: *Balthasar Batthyány und seine Bibliothek.* Amt der Burgenländischen Landesregierung - Hauptreferat Landesarchiv und Landesbibliothek, Eisenstadt 2004 (=Burgenländische Forschungen Sonderband XXVI, Bibliotheken in Güssing im 16. und 17. Jahrhundert); die Literatur zu weiteren Bibliotheken siehe im Kapitel „Die Bibliotheken der habsburgischen Länder und ihre Präsentation".

der begrenzten Quellenbasis allgemein wenig Aufmerksamkeit gewidmet wurde.[4] Es waren jedoch eben diese kleineren und weniger bekannten Büchersammlungen, die neue Tendenzen im Aufbau und der Verwaltung von Adelsbibliotheken widerspiegelten, und ihr Studium kann daher eine völlig neue Sicht der damaligen Buchkultur des adeligen Milieus einschließlich ihrer „Konkurrenten" in Gestalt der größten, universell ausgerichteten Bibliotheken bringen.

Die Büchersammlung der österreichischen Ritterfamilie Beck von Leopoldsdorf gehört sogar zu den lange vergessenen, obwohl sie in der Zeit ihres größten Ruhmes auch vom bekannten lateinischen Dichter Hieronymus Arconatus in seinen Gedichten gefeiert wurde.[5] Ihre wichtigsten Urheber – Vater und Sohn Marcus und Hieronymus Beck – gehörten zu den bedeutenden Persönlichkeiten des politischen und kulturellen Lebens in Niederösterreich sowie an den Höfen von Ferdinand I. und Maximilian II. Die Becks werden am häufigsten als Modellbeispiel für einen schnellen gesellschaftlichen Aufstieg einer ursprünglich bürgerlichen Familie in die Schicht des einflussreichen Beamtenadels erwähnt. Die Strategie der Familie sowie der Mentalitätswandel in ihren einzelnen Generationen ist einzigartig durch die erhaltene Familienchronik dokumentiert, die von drei Generationen der Familie Beck geführt wurde.[6] Detailliert untersucht wurde vor allem die amtliche und politische Tätigkeit von Marcus Beck; Wolfgang Neuber bereicherte kürzlich sein bisher einseitiges Profil durch eine sorgfältige Rekonstruktion von unerwartet regen Kontakten Marcus Becks zu den Intellektuellen aus dem Umfeld der Wiener Universität.[7]

---

4 ČIČAJ, Viliam: Šľachtická knižnica. In: KOVAČKA, Miloš – AUGUSTÍNOVÁ, Eva – MAČUHA, Maroš (edd.): *Zemianstvo na Slovensku v novoveku II. Duchovná a hmotná kultúra* (=Studia historico-bibliographica Turociensia 2). Slovenská národná knižnica, Martin 2009, S. 116–122; Zur Frage der virtuellen Rekonstruktion von zerstreuten Bibliotheken siehe den Sammelband BOSERUP, Ivan – SHAW, David J. (edd.): *Virtual Visits to Lost Libraries: Reconstruction of and Access to Dispersed Collections. Papers Presented on 5 November 2010 at the CERL Seminar Hosted by the Royal Library of Denmark, Copenhagen.* Consortium of European Research Libraries, London 2011.

5 ARCONATUS: *Ab epistolis bellicis poematum recentiorum volumen*... S. 5.

6 MACHARDY, Karin J.: Cultural Capital, Family Strategies and Noble Identity in Early Modern Habsburg Austria 1579–1620. *Past and Present* 163, 1999, S. 37; TERSCH, Harald: *Österreichische Selbstzeugnisse des Spätmittelalters und der frühen Neuzeit (1400–1650): eine Darstellung in Einzelbeiträgen.* Böhlau, Wien – Köln – Weimar 1998; NEUBER, Wolfgang: Die Familie als Diskurs. Textliche Konstruktionsformen in Familienbüchern der Frühen Neuzeit, am Beispiel des Beckschen Familienbuchs (Klosterneuburg, Cod. 747). In: FACKELMANN, Christoph – KRIEGLEDER, Wynfrid (edd.): *Literatur – Geschichte – Österreich. Probleme, Perspektiven und Bausteine einer österreichischen Literaturgeschichte. Thematische Festschrift zur Feier des 70. Geburtstags von Herbert Zeman.* Lit. Verl., Wien – Berlin 2011, S. 320–332; NEUBER, Wolfgang: Exscribo ergo sum. Self-reflexion and Meditation in Early Modern German Family Books. In: ENENKEL, Karl – MELION, Walter (edd.): *Meditatio – Refashioning the Self. Theory and Practice in Late Medieval and Early Modern Intellectual Culture.* Brill, Leiden 2011, S. 109–124.

7 MÖSCHL, Christine: *Dr. Marcus Beck von Leopoldsdorf. Ein Staatsmann Ferdinands I. (1491–1553).* Dissertation, Universität Wien 1969; NEUBER, Wolfgang: Tu certe es studijs nostris [...] summum praesidium. Der Hofbeamte als Humanist – zum gelehrten Wiener Umfeld Markus Becks von Leopoldsdorf (1491–1553). *Daphnis: Zeitschrift für Mittlere Deutsche Literatur und Kultur der Frühen Neuzeit (1400–1750)* 40/3–4, 2011, S. 499–534.

Eine tiefe Spur in der Kulturgeschichte Niederösterreichs hat aber besonders Hieronymus Beck von Leopoldsdorf hinterlassen. Das hohe gesellschaftliche Ansehen der Familie und die nahen Beziehungen zum Herrscher, um die sich sein Vater verdient gemacht hatte, eröffneten dem jungen und aufgeschlossenen Hieronymus völlig neue Perspektiven. Obwohl er nie die gesellschaftlichen Beschränkungen des Ritterstandes überschreiten konnte (in die Reihen der Aristokratie wurden erst 1597 seine Söhne erhoben), wählte er einen Lebensstil, der eher demjenigen des der Renaissance zugeneigten höheren Adels entsprach.[8] Sein zweijähriges Studium in Italien, die anschließende Kavalierstour durch Westuropa sowie diplomatische Gesandtschaften, mit denen er in der Jugendzeit betraut wurde, prädestinierten Hieronymus Beck zweifellos für eine glänzende Laufbahn im Dienste der Habsburger, er war jedoch nicht im Stande, diese Gelegenheit voll zu nutzen. Umso intensiver widmete er sich seiner Sammlerleidenschaft und seinen anderen intellektuellen Interessen, wie es Margarete Beck in den 70er Jahren des 20. Jahrhunderts anhand der damals bekannten Quellen in ihrer nicht publizierten Dissertation darstellte.[9]

Der Name Hieronymus Beck ist auch unter den Historikern, die sich der europäischen Turkologie widmen, bekannt. Hieronymus Beck erwarb 1550 in Konstantinopel eine Originalhandschrift über die Geschichte des türkischen Reiches, deren spätere Übersetzung bis zum späten 17. Jahrhundert für die gesamte mitteleuropäische Gesellschaft als wichtige Quelle zur Kenntnis der türkischen Geschichte diente. Mit Hieronymus Beck sind auch einige bedeutende überlieferte kunsthistorische und literarische Denkmäler verbunden. Es handelt sich vor allem um zwei Bücher von Miniaturporträts: Das erste davon wurde von Hieronymus Beck als ein Gedenkbuch mit Abbildungen seiner Freunde und weiterer damaliger Persönlichkeiten konzipiert, das zweite enthält Illustrationen mit der damals aktuellen und beliebten türkischen Thematik. Die beiden Handschriften stellen heutzutage eine wertvolle Quelle nicht nur für die Kenntnis der intellektuellen Welt in den habsburgischen Ländern des 16. Jahrhunderts dar, sondern sie sind auch ein einzigartiger Beleg der Existenz von heute schon untergegangenen Porträtgalerien.[10] Ein ähnlich wertvolles Denkmal für die Geschichte der Epigraphik ist die überlieferte Handschrift mit Zeichnungen antiker Grabsteine und weiterer epigraphischer Denkmäler, die Hieronymus Beck in seinem Schloss Ebreichsdorf unweit von Wien in einem Lapidarium aufbewahrte, das auf seine Veranlassung hin in den 70er Jahren des 16. Jahrhunderts entstand.[11]

8 Zum Begriff „Aristokratie" als Bezeichnung des höheren Adelsstandes und zu einer breiteren Auffassung des Begriffs „Adel" für die beiden Adelsstände näher bei MAŤA, Petr: *Svět české aristokracie (1500–1700).* Nakladatelství Lidové noviny, Praha 2004, S. 11–17.

9 BECK, Margarete: *Hieronymus Beck von Leopoldsdorf (1525–1596). Eine kulturgeschichtliche Studie.* Dissertation, Universität Wien 1973.

10 HEINZ, Günther: Das Porträtbuch des Hieronymus Beck von Leopoldsdorf. *Jahrbuch der Kunsthistorischen Sammlungen in Wien* 71, 1975, S. 165–310; STICHEL, Rudolf H. W.: Ein Nachtrag zum Porträtbuch des Hieronymus Beck von Leopoldsdorf. Bildnisse orientalischer Herrscher und Würdenträger in Cod. Vindob. 8615. *Jahrbuch des Kunsthistorischen Museums Wien* 1, 1999, S. 189–207.

11 Leiden: Universiteitsbibliotheek (Voss. lat. O. 65); KUBITSCHEK, Wilhelm: Das Lapidarium des Hieronymus Beck von Leopoldsdorf. *Jahrbuch für Altertumskunde* 6, 1912, S. 104–147; RUZICKA, Franz: Römische Denkmäler im Schlosse zu Ebreichsdorf. *Jahreshefte des Österreichischen archäologischen Institutes in Wien* 18, 1915, S. 221–232.

In den Sammleraktivitäten von Hieronymus Beck spielte eine bedeutende – wenn auch weniger bekannte – Rolle auch seine Bibliothek, die später, in den 20er Jahren des 17. Jahrhunderts, der mährische Kardinal Franz von Dietrichstein vom letzten Mitglied der Familie Beck, Marcus Eberhard Beck, erwarb. Er gliederte sie in seine Büchersammlung im Schloss Nikolsburg (Mikulov) ein, die jedoch am Ende des Dreißigjährigen Krieges als Kriegsbeute nach Schweden gebracht und dort zerstreut wurde. Zum „Vergessen" der Bibliothek der Familie Beck von Leopoldsdorf hat wesentlich auch die Tatsache beigetragen, dass kein Katalog oder Inventar aus jener Zeit erhalten blieb, und so geriet die Beck'sche Sammlung für lange Zeit völlig in Vergessenheit. Auf ihre Existenz machte erst zu Beginn des 20. Jahrhunderts der schwedische Historiker Otto Walde aufmerksam, der bei seiner umfangreichen Erforschung der aus der schwedischen Kriegsbeute stammenden Bücher einige Bände mit den Exlibris von Hieronymus und Marcus Beck entdeckte.[12] Der Bibliothek der Familie Beck widmete sich in größerem Ausmaß später nur noch die bereits erwähnte Margarete Beck, die in ihrer Dissertation über die kulturellen Interessen von Hieronymus Beck die bisherigen Funde der Beck'schen Bücher zusammenfasste und als erste andeutete, dass es sich um eine Büchersammlung ersten Ranges gehandelt habe.[13]

Methodologische Ausgangspunkte

Völlig neue Perspektiven der Erforschung der Familie Beck brachte erst kürzlich der Fund eines Auswahlverzeichnisses der Beck'schen Bücher vom Beginn des 17. Jahrhunderts mit 1.237 Einträgen, das sich im Familienarchiv der südböhmischen Familie von Rosenberg erhalten hat.[14] Für die Geschichte der Familie Beck von Leopoldsdorf wurde diese Quelle bisher nicht genutzt, obwohl sie nicht ganz unbekannt ist – in der Fachliteratur wurde sie bereits im Zusammenhang mit der Büchererwerbspolitik Peter Voks von Rosenberg marginal erwähnt.[15] Dieses sog. rosenbergische Verzeichnis wurde nun zur Basis einer virtuellen Rekonstruktion der Bibliothek des Hieronymus Beck: Ich versuchte, die einzelnen Originaleinträge in zugänglichen Bibliographien zu identifizieren und auf eine derart eingehende Weise zu ergänzen, dass man diese Büchersammlung unter dem Aspekt der Buchdrucker, des Inhalts und der Sprache detailliert analysieren kann.[16] Ein Bestandteil des Projekts war auch ein Versuch, eine Übersicht über den gegenwärtigen Überlieferungsstand der Beck'schen Bibliothek zu schaffen. Durch extensive Erforschung wurden insgesamt fast 150 Exemplare entdeckt, die in 21 europäischen Bibliotheken aufbewahrt werden (siehe Teil II – Register der

---

12 WALDE, Otto: *Storhetstidens litterära krigsbyten. En kultur-historisk-bibliografisk studie* I. Almqvist et Wick, Uppsala–Stockholm 1916, S. 288–296.

13 BECK: *Hieronymus Beck von Leopoldsdorf (1525–1596)* ... S. 103–126.

14 Třeboň: Státní oblastní archiv (Bestand Cizí rody – z Rožmberka, 20a, fol. 91–116: *Ex bibliotheca Ebrestorfiana ... librorum ... consignatio*).

15 Dieses Verzeichnis erwähnte als erster K. Dudáček in seiner Magisterarbeit – DUDÁČEK, Karel: *Vznik a vývoj rožmberské knihovny od jejího počátku až do poloviny 17. století.* FFUK Praha 1984, S. 22–23; VESELÁ: *Knihy na dvoře Rožmberků* ... S. 80.

16 Zum Projekt siehe VESELÁ, Lenka: Die Bibliothek der Beck von Leopoldsdorf und die mitteleuropäischen Adelsbibliotheken. Entwurf zu einem geplanten Projekt. *Mitteilungen der Gesellschaft für Buchforschung in Österreich* 2009/1, S. 43–46; VESELÁ, Lenka: Knihovna Becků z Leopoldsdorfu v kontextu středoevropských šlechtických knihoven (zpráva o plánovaném projektu). *Knihy a dějiny* 16/17, 2009–2010, S. 148–151.

Institutionen mit erhaltenen Exemplaren). Diese Zahl von Exemplaren wird höchstwahrscheinlich in Zukunft in Abhängigkeit von der fortschreitenden detaillierten Bearbeitung von historischen Büchersammlungen durch die Verwalter von historischen Bibliotheksbeständen sowie von speziell der historischen Bücherprovenienz gewidmeten Forschungsprojekten noch steigen.[17]

Die vorliegende Monographie über die Bibliothek von Hieronymus Beck basiert auf mehreren methodologischen Ausgangspunkten. Otto Brunner, der Begründer der sozialhistorisch ausgerichteten Erforschung von Adelsbibliotheken, war der Meinung, dass durch die vergleichbare Bildung und den vergleichbaren kulturellen Gesichtskreis der einzelnen Adligen die Unterschiede zwischen den inhaltlichen Spezifika der einzelnen Adelsbibliotheken auf grundlegende Weise verwischt werden.[18] Die Bibliotheken jener Zeit seien ihm zufolge auf einer ähnlichen humanistischen Basis aufgebaut und ihre Zusammensetzung sei durch die bis dahin unvorstellbare Zugänglichkeit der europäischen Buchproduktion beeinflusst, und im Falle der Sammlerbibliotheken auch das Streben nach ihrem universellen Charakter. Damit hängt auch die Resignation vieler Forscher aufgrund der inhaltlichen Ausuferung der umfangreichen Bestände von Adelsbibliotheken zusammen, die jedoch meines Erachtens nicht ganz berechtigt ist. Dank den sich rasch entwickelnden elektronischen Quellen und Datenbanksystemen, die es ermöglichen, eine große Menge von Daten zu verarbeiten und zu analysieren, wurden in den letzten Jahren bereits einige österreichische, böhmische und ungarische Bibliotheken detailliert erforscht, wenn auch überwiegend aus dem 17. Jahrhundert.[19] Für die ältere Zeit stehen vor allem die Gesamtanalysen der Büchersammlung der Herren von Rosenberg, die der Humanisten Bohuslav Hasištejnský von Lobkowicz, Jan Zajíc von Házmburk und Georg von Wolkenstein zur Verfügung.[20] Zur Kenntnis

---

17 Über die Möglichkeiten sowie über die Vorgehensweise bei der Suche nach erhaltenen Exemplaren siehe die Einleitung zum Katalog der Bibliothek der Familie Beck (Teil II).

18 BRUNNER, Otto: Österreichische Adelsbibliotheken des 15. bis 18. Jahrhunderts als geistesgeschichtliche Quelle. In: BRUNNER, Otto: *Neue Wege der Verfassungs- und Sozialgeschichte.* Vandenhoeck u. Ruprecht, Göttingen 1968, S. 281–293; ähnlich HEILINGSETZER, Georg: Humanismus, Renaissance und Reformation in Oberösterreich, Abgrenzungen und Wechselwirkungen. In: VOCELKA, Karl – LEEB, Rudolf – SCHEICHL, Andrea (edd.): *Renaissance und Reformation in Oberösterreich.* Trauner, Linz 2010, S. 156.

19 So z. B. PUM, Gabriele: *Bibliothekskataloge als Geschichtsquellen: Studien zum Buchbesitz Kaiser Ferdinands II. Ein Beitrag zur Bibliotheksgeschichte und Literatursoziologie* I–II. Dissertation, Universität Wien 1992; STAMPFER, Ursula: Die Hofbibliothek Erzherzog Maximilians III. (1558–1618). Analyse und Rezeption. *Mitteilungen der Gesellschaft für Buchforschung* 2004/2, S. 13–20; RADIMSKÁ, Jitka und Koll.: *Ve znamení havranů. Knižní sbírka rodiny Eggenbergů na zámku v Českém Krumlově* (=Bibliotheca viva II). Jihočeská univerzita v Českých Budějovicích, České Budějovice – Pelhřimov 2011.

20 BOLDAN, Kamil: Knihovna Jana Zajíce z Házmburka (1496–1553). In: RADIMSKÁ, Jitka (ed.): *K výzkumu zámeckých, měšťanských a církevních knihoven. Čtenář a jeho knihovna* (= Opera Romanica 4). Jihočeská univerzita, České Budějovice 2003, S. 41–108; BOLDAN, Kamil – URBÁNKOVÁ, Emma: *Rekonstrukce knihovny Bohuslava Hasištejnského z Lobkovic. Katalog inkunábulí roudnické lobkovické knihovny.* Národní knihovna ČR, Praha 2009; STAMPFER, Ursula: Adlige Lesekultur in Tirol um 1600 am Beispiel der Wolkenstein-Rodenegg. In: PFEIFER, Gustav – ANDERMANN, Kurt (edd.), *Die Wolkensteiner. Facetten des Tiroler Adels in Spätmittelalter und Neuzeit.* Universitätsverlag Wagner, Innsbruck 2009, S. 323–344.

der Leseinteressen im Hause Habsburg trug auf bedeutende Weise vor kurzem auch die Erforschung der Ambraser Bibliothek Ferdinands II. von Tirol bei, die in den Jahren 2004–2008 unter der Leitung des Instituts für Kunstgeschichte der Akademie der Wissenschaften der Tschechischen Republik erfolgte.[21]

Bei der Erforschung der Bibliothek des Hieronymus Beck von Leopoldsdorf habe ich versucht, den zur Grundlage gelegten bibliometrischen Ansatz in möglichst hohem Maße um den komparativen Aspekt zu erweitern. Ich bin der Meinung, dass nur ein detaillierter Vergleich von einzelnen Bibliotheken (trotz Zeitaufwand und fachlichem Anspruch sowie trotz einigen durch die Quellenlage gegebenen Beschränkungen) zu allgemeiner gültigen Schlussfolgerungen über den Charakter der damaligen Bibliotheken führen kann.[22] Nur so kann tatsächlich nachgewiesen werden, ob beziehungsweise wodurch sich diese oder jene Bibliothek dem durchschnittlichen Usus der Zeit entzog (falls es überhaupt einen solchen gab). Auch trotz dem limitierten Stand der heutigen Bearbeitung der einzelnen Büchersammlungen habe ich eine Charakteristik der Beck'schen Bibliothek im breiteren Kontext von böhmischen und österreichischen Adelsbibliotheken angestrebt, die ähnlich wie die Bibliothek von Ebreichsdorf in den 70er bis 90er Jahren des 16. Jahrhunderts aufgebaut wurden, also im Kontext der Büchersammlungen der letzten Herren von Rosenberg, Ferdinands II. von Tirol, Ferdinand Hoffmanns von Grünpühel, Wolf Rumpfs von Wielroß, Adams von Dietrichstein, Gundakers von Starhemberg, der Herren von Wolkenstein und anderer. In den Fällen, in denen diese Bibliotheken nicht detailliert bearbeitet sind, gewann ich die benötigten Angaben durch Teilanalysen ihrer erhaltenen Kataloge.[23]

Eine zweite Ebene, der ich genügend Raum einzuräumen suchte, ist das Verfolgen des sozialen und funktionalen Kontextes von Adelsbibliotheken, wie etwa die Art und Weise der Nutzung der Büchersammlungen, die Prioritäten bei ihrem Aufbau, das Ausmaß der ihnen gewidmeten bibliothekarischen Pflege und der Status der Bibliothek im Rahmen der Präsentation der übrigen Sammlungen des Hofes. Die ersten Impulse zu diesem Schritt weg von der positivistischen Herangehensweise hin zur Geschichte der Adelsbibliotheken sind wiederum mit Otto Brunner verbunden, der sich in seinen Studien marginal auch mit den Leseinteressen des österreichischen Adels befasste.[24] Konkrete Themen für die Forschung auf diesem Gebiet fasste 2000 auch Václav Bůžek zusammen, der u. a. auch auf die Verflechtung von böhmischen und österreichischen Bibliotheken der Frühen Neuzeit hingewiesen hat.[25]

---

21 PURŠ, Ivo – KUCHAŘOVÁ, Hedvika (edd.): *Knihovna arcivévody Ferdinanda II. Tyrolského.* Artefactum – Ústav dějin umění AV ČR, Praha 2015.

22 Die Notwendigkeit der Komaparation hebt auch PUM: *Bibliothekskataloge als Geschichtsquellen* I ... S. 10, hervor.

23 Untersucht wurden die Kataloge folgender Bibliotheken: Der in Berlin erhaltene Katalog der Bibliothek Gundakers von Starhemberg: Berlin Staatsbibliothek (Ms. Cat. Fol. 47), der Katalog der frühen Bibliothek der Dietrichsteiner von 1614 – Brno: Mährisches Landesarchiv (Sammlung Cerroni G 12, II, Nr. 117), der in Wien erhaltene Katalog von Rumpfs Bibliothek – Wien: Österreichische Nationalbibliothek (Cod. 15.286) sowie die Originalkataloge der Bibliothek Ferdinand Hoffmanns von Grünpühel, die in Nikolsburg (Mikulov) erhalten sind – Mikulov: Regionalmuseum (MIK 1418, MIK 1403).

24 BRUNNER: Österreichische Adelsbibliotheken ... S. 281–293.

25 BŮŽEK, Václav: Knihovny aristokratů na česko-moravsko-rakouském pomezí koncem 16. a v první polovině 17. století. In: RADIMSKÁ, Jitka (ed.): *K výzkumu zámeckých, měšťanských a církevních knihoven* (= Opera Romanica 1). Jihočeská univerzita, České

Die Erforschung der Bibliothek von Hieronymus Beck von Leopoldsdorf zeigte sich jedoch noch auf einem anderen Gebiet als eine unerwartete und außerordentliche Herausforderung. Trotz absolutem Mangel an Quellen persönlicher Art (das Familienarchiv der Becks ist nicht erhalten und auch Hieronymus Beck hinterließ keine persönlichen Dokumente wie etwa ein Reisetagebuch, ein Stammbuch, oder eine umfangreichere Korrespondenz) versuchte ich, den anderswo nicht feststellbaren intellektuellen Horizont des Bibliotheksbesitzers aufzudecken und somit die Grenzen der Forschungsmöglichkeiten auf diesem Gebiet auszuloten. Es zeigte sich nämlich, dass im Unterschied zu den universell konzipierten Bibliotheken, bei denen die bisherige Forschung ein relativ geringes persönliches Engagement ihrer Besitzer auf dem Gebiet des Büchererwerbs und der Verwaltung feststellte und sogar einigermaßen überraschend auch minimale Belege für die Nutzung der Bibliothek durch ihre Besitzer als Leser fand, das Verhältnis von Hieronymus Beck zu den Büchern sehr persönlich war. Beck profilierte seine Büchersammlung in inhaltlicher Hinsicht relativ sorgfältig und von seiner aktiven Rezeption der zeitgenössischen Literatur zeugen nicht nur die erhaltenen Lesernotizen, sondern auch die originelle Struktur des ursprünglichen Katalogs seiner Bibliothek, die Václav Březan im sog. rosenbergischen Verzeichnis festgehalten hat. Die Bücherkataloge sind für ähnliche Untersuchungen eine nach wie vor wenig genutzte Quelle, obwohl bereits 1984 eine in der Herzog-August-Bibliothek in Wolfenbüttel veranstaltete Tagung auf ihre außerordentliche Aussagekraft hingewiesen hat.[26]

Auch im Bewusstsein dessen, dass einige meiner Schlussfolgerungen nach neuen Funden von bisher unbekannten Quellen, ob es sich nun um Bücher, Archivalien oder gar den ursprünglichen Katalog handeln würde, überholt werden können, bin ich der Meinung, dass auch die vorliegende Teilrekonstruktion der Bibliothek von Ebreichsdorf zur Schaffung eines plastischeren Bildes von mitteleuropäischen Bibliotheken der Frühen Neuzeit wesentlich beitragen wird.

Budějovice 2000, S. 87–102. V. Bůžek formulierte folgende bedeutende Forschungsthemen: die Bibliothek als Bestandteil und Ausdruck des Lebensstils, die Zusammensetzung der Bibliothek, die materielle Kultur der Bibliotheksräume, die Katalogisierung, die Rolle des Besitzers bei der bibliothekarischen Strukturierung der Büchersammlung, die Bucherwerbungen, das literarische Mäzenatentum, das Studium des Kulturtransfers mittels Bücher, die Rezeption von ausgewählten Werken und die Verbreitung von Ideen, die Kenntnis von Fremdsprachen und die sog. „intellektuelle Geschichte".

26 WITTMANN, Reinhard (ed.): *Bücherkataloge als buchgeschichtliche Quellen in der Frühen Neuzeit.* (=Wolfenbütteler Schriften zur Geschichte des Buchwesens 10). Harrassowitz, Wiesbaden 1985; aus der umfangreichen Fachliteratur kürzlich AUGUSTÍNOVÁ, Eva: Výskum katalógov historických knižníc ako fenoménu kultúrneho dedičstva Slovenska a Slovákov. In: PORIEZOVÁ, Miriam (ed.): *Studia Bibliographica Posoniensia.* Univerzitná knižnica v Bratislave, Bratislava 2014, S. 159–166.

1. Die Bibliothek der Familie Beck im historischen Kontext

Geschichte der Bibliothek der Familie Beck bis zur Mitte des 16. Jahrhunderts

Konrad Beck (1437–1512)

Eine bemerkenswerte Persönlichkeit, die für eine lange Zeit die Wege der Familie Beck geprägt hat, war zweifelsohne Konrad Beck.[27] Der humanistisch gebildete Bürger und Arzt in der Stadt Mengen, die damals zu Vorderösterreich gehörte, war von abenteuerlichem Geist und seine intellektuellen Ambitionen überragten den üblichen Horizont der bürgerlichen Schicht jener Zeit. Er hinterließ zwei bedeutende Handschriften, die später zu wertvollen Familiendenkmälern wurden. Eine außerordentliche Rolle in der Geschichte der Familie Beck spielte insbesondere der Kodex, in den Konrad zunächst Texte verschiedenen Inhalts abschrieb: von astronomischen und astrologischen Texten oder medizinischen Rezepten bis hin zu Unterhaltungswerken der Art, wie die *Melusine* Thürings von Ringoltingen oder Boccaccios Novelle *Griseldis* in der deutschen Übersetzung Heinrich Steinhöwels. 1469 fing der junge Konrad Beck an, auf die bis dahin freien Seiten des Kodex wichtige Familienereignisse aufzuzeichnen, wodurch er das Buch zu einer Familienchronik erhob. Konrads Aufzeichnungen wurden von seinen Nachkommen mehr als hundert Jahre lang fortgesetzt, und die Handschrift spielte eine bedeutende Rolle für das Selbstverständnis sowohl Konrad Becks selbst als auch seines Sohnes Marcus und dessen Familie.[28]

Darüber hinaus war Konrad Beck – ebenso wie später sein Enkel Hieronymus – auch ein leidenschaftlicher Reisender. Neben wiederholten Reisen in die französische Picardie (1473 und 1493) und nach Rom (1487) unternahm er 1483 als Mitglied des Gefolges von Hans Truchsess von Waldburg eine anspruchsvolle Reise nach Palästina. Seine Erlebnisse verzeichnete er in einem Reisebericht, der dann ebenfalls zu den sorgsam gehüteten Memorabilien der Familie Beck gehörte.[29] Eine besondere Pflege widmete diesem Buch Hieronymus Beck, der das Autograf seines Großvaters in einen verzierten Ganzledereinband neu binden ließ und es stolz mit seiner eigenhändigen Notiz über die Herkunft der Handschrift und über Konrads Autorschaft ergänzte.

---

27 ACHNITZ, Wolfgang (ed.): *Deutsches Literatur-Lexikon. Das Mittelalter — Autoren und Werke nach Themenkreisen und Gattungen. 3: Reiseberichte und Geschichtsdichtung.* De Gruyter, Berlin – Boston 2012, S. 937–938; TERSCH: *Österreichische Selbstzeugnisse ...* S. 226–234.

28 Klosterneuburg: Bibliothek des Augustiner-Chorherrenstifts (Cod. 747). Die Handschrift wurde aufgenommen in das Projekt *Datierte Handschriften in lateinischer Schrift in Österreich,* vgl. http://www.ksbm.oeaw.ac.at/_scripts/php/msDescription2.php?ID=964; NEUBER, Die Familie als Diskurs ... S. 320–332; NEUBER: Exscribo ergo sum ... S. 109–124.

29 Kalocsa: Főszékesegyházi Könyvtár (Ms. 384); VIZKELETY, András: *Beschreibendes Verzeichnis der altdeutschen Handschriften in ungarischen Bibliotheken* 2. Harrassowitz, Wiesbaden 1973, S. 216–217; http://www.manuscripta-mediaevalia.de/dokumente/html/obj90457179,T

Abb. 1a-b: Der Reisebericht Konrad Becks mit dem eingelegten Blatt von Hieronymus Beck (Kalocsa: Főszékesegyházi Könyvtár)

a.

b.

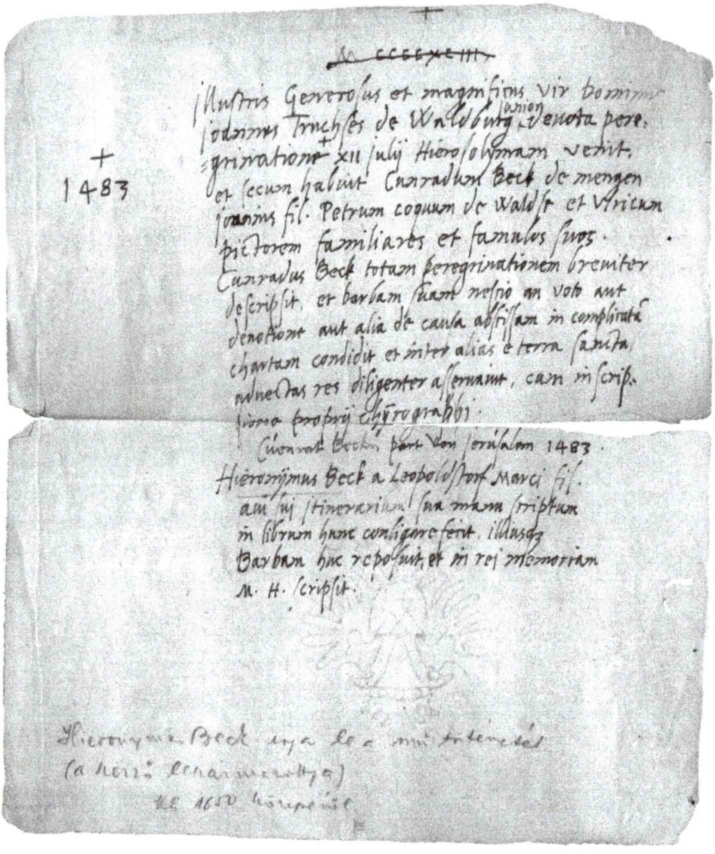

M CCCCLXXXIII

Illustris Generosus et magnificus vir dominus Joannes Truchses de Waldburg junior devota peregrinatione XII julij Hierosolymam venit, et secum habuit Conradum Beck de Mengen Joannis fil. Petrum coquum de Waldse et Vlricum pictorem familiares et famulos suos. Conradus Beck totam peregrinationem breviter descripsit, et barbam suam nescio an voto aut devotione aut alia de causa abscissam in complicatam chartam condidit et inter alias e terra sancta advectas res diligenter asservauit, cum inscriptione proprij chyrographi:

Cuonrat Beckn bart von Jerusalem 1483.

Hieronymus Beck a Leopoldstorf Marci fil. cum huius itinerarium sua manu scriptum in librum hunc colligare fecit, illius barbam huc reposuit, et in rei memoriam M. H. scripsit.

Angesichts der erwähnten literarischen Interessen Konrad Becks ist nicht ausgeschlossen, dass auch weitere Wiegendrucke und Handschriften der späteren Familienbibliothek ursprünglich zu jenen Büchern gehörten, die bereits dieser gebildete Bürger erworben hatte. Wenn man seinen Arztberuf und seine nachgewiesenen Interessen in Betracht zieht, können zu seinen Erwerbungen z. B. der 1498 herausgegebene astronomische Kalender von Johannes Regiomontanus oder eine nicht näher bestimmte medizinisch-botanische Handschrift, angeblich aus dem 15. Jahrhundert, gehört haben.[30] Für ähnliche Behauptungen gibt es jedoch leider nicht die geringste Stütze in den Quellen. Vor übereilten Schlussfolgerungen dieser Art warnt zudem der Fall des erhaltenen Wiegendrucks von Boccaccios Werk über die antike Mythologie. Obwohl sein Inhalt für Konrad Beck attraktiv hätte sein können und man angesichts des Erscheinungsjahrs des Werkes auf die Erwerbung durch ihn schließen könnte, wurde dieser Wiegendruck – in der Universitätsbibliothek von Lund erhalten – erst einhundert Jahre später durch seinen Enkel Hieronymus Beck erworben und eifrig studiert.[31]

Marcus Beck von Leopoldsdorf (1491–1553)

Auch die Lebensgeschichte von Marcus, dem zweitgeborenen Sohn Konrads, war durch das Streben nach persönlicher und gesellschaftlicher Selbstverwirklichung gekennzeichnet. Marcus baute seine Karriere und sein gesellschaftliches Prestige dank der Kombination seiner juristischen Bildung und seiner loyalen Beziehung zu den Habsburgern auf. Nach der Erlangung des Bakkalaureats (1507) und des Magistertitels (1510) an der artistischen Fakultät der Universität Tübingen setzte der junge Marcus Beck das Jurastudium in Wien fort. Bereits 1513 erhielt er die Stelle des Prokurators am niederösterreichischen Landesgericht und zwei Jahre später vollendete er seine Bildung durch die Erlangung des Doktorgrades im italienischen Ferrara.[32]

Die erreichte Bildung sowie günstige Umstände eröffneten dem jungen Juristen nach seiner Rückkehr nach Wien den Weg zu einer schnellen und erfolgreichen Karriere. Erzherzog Ferdinand (der spätere König Ferdinand I.) trat 1519 seine Regierung in den österreichischen Ländern in einer schwierigen Zeit, als das Land von einer starken Ständeopposition beherrscht wurde, an. Ferdinand musste sich somit mit vertrauenswürdigen und zuverlässigen Personen umgeben, zu denen auch der junge Marcus Beck gehörte. In dieser unsicheren Zeit setzte Marcus Beck eindeutig auf die Karte der Loyalität gegenüber dem Hause Habsburg und dieser Schritt sollte sich für ihn gut auszahlen; übrigens verhielt er sich auch später – in der Zeit der sich schnell verbreitenden Reformation – ähnlich gegenüber der katholischen Kirche.[33]

30 Katalog Beckiana (13Mat 24, 3Me 31).

31 Lund: Universitetsbibliotek (Paleot Fol Utl [1497]=Boccaccio), Katalog Beckiana (7Art 11). Auch sein Einband stammt erst aus der Zeit von Hieronymus Beck.

32 Zu Marcus' amtlicher und politischer Tätigkeit detailliert MÖSCHL: *Dr. Marcus Beck von Leopoldsdorf. Ein Staatsmann Ferdinands I. (1491–1553).* Dissertation, Wien 1969; TERSCH: *Österreichische Selbstzeugnisse* ... S. 226–234; SCHIMETSCHEK, Bruno: *Der österreichische Beamte. Geschichte und Tradition.* Verlag für Geschichte und Politik, Wien 1984, S. 51–52.

33 HORMAYR, Joseph von: Österreichische Reisende aus der Vorzeit: Hieronymus Beck von Leopoldsdorf. *Taschenbuch für die vaterländische Geschichte* 9, 1828, S. 26, führt an, Marcus Beck wäre Anhänger der neuen lutherischen Lehre gewesen. Dieser Irrtum wurde bereits durch MÖSCHL: *Dr. Marcus Beck von Leopoldsdorf* ... S. 12, zuverlässig widerlegt.

Abb. 2: Porträt des Marcus Beck von Leopoldsdorf (Wien: Kunsthistorisches Museum)

Marcus Beck kaufte 1519 in Wien ein repräsentatives Haus in der Bräunerstraße 3, die zu den sog. guten Wiener Adressen gehörte. In dieser Straße wohnten z. B. der Graf von Salm, die Herren von Eitzing und in der Nähe befand sich auch die Kanzlei von Niederösterreich. Ein bedeutender Meilenstein in Leben und Karriere von Marcus Beck war das Jahr 1522. In jenem Jahr wurde er zum Rat und Prokurator der Kammer Erzherzog Ferdinands ernannt und diese Funktion hatte er auch während des bekannten Prozesses gegen die Wiener Aufständischen inne, als acht Rebellenanführer – einschließlich des Bürgermeisters von Wien – zum Tode verurteilt wurden. Im selben Jahr heiratete Marcus Beck Martha Heuperger, die aus einer bedeutenden Wiener Kaufmannsfamilie stammte. Diese Heirat öffnete ihm die Tür in die höchsten Kreise des Wiener Bürgertums. Matthaeus Heuperger, der Vater der Braut, war unter anderem durch seine tiefe Religiosität und seine Bemühungen um die Belebung des religiösen Lebens in Wien bekannt. Er stand an der Wiege der erneuerten religiösen Fronleichnamsbruderschaft zu St. Stephan in Wien und 1505 unternahm er sogar persönlich eine Reise zu Papst Julius II., um die Bestätigungsbulle dafür zu erwirken. Er ließ sich auch auf seine Kosten ein – heute kulturhistorisch sehr wertvolles – Buch mit Beschreibungen und Abbildungen aller damals im Stephansdom befindlichen Reliquien drucken. Es ist deshalb nicht verwunderlich, dass sich die zweite, ergänzte Auflage dieses Druckes von 1514 auch in der Bibliothek der Familie Beck befand.[34]

Die intellektuellen und literarischen Kontakte der beiden Familien waren jedoch offensichtlich viel breiter. In der späteren Beck'schen Bibliothek in Ebreichsdorf befand sich eine heute völlig unbekannte Handschrift aus dem Jahre 1533 mit der Beschreibung einer Reise in die Türkei, deren Autor Leopold Heuperger, der Schwager von Marcus Beck war.[35] Leopold Heuperger stand – ähnlich wie Marcus Beck – in Diensten des Hofes und ist in der Kulturgeschichte Wiens als Kunstsammler gut bekannt. Seine Sammlung von Antiquitäten – vor allem von antiken Münzen – ließ er durch Wolfgang Lazius ordnen, den damals kompetentesten Fachmann in Wien. Über die literarische Tätigkeit und die Reisen Leopold Heupergers ist allerdings nichts bekannt, somit war die erwähnte, heute leider nicht mehr erhaltene Beck'sche Handschrift wahrscheinlich das einzige Zeugnis davon.

34 Katalog Beckiana (1Theo 184). Das wahrscheinliche Exemplar aus der Beck'schen Bibliothek ist in Västerås: Stiftsbiblioteket (Paleotyper 1527) erhalten geblieben, über dieses Exemplar berichtet COLLIJN, Isak: En av Johann Winterburg i Wien tryckt Donat i Strängnäs Domkyrkans bibliotek. *Nordisk tidskrift för bok- och biblioteksväsen* 20, 1933, S. 111–118; die Faksimile-Ausgabe des Buches mit der Einleitungsstudie von Franz RITTER *Das Wiener Heiligthumbuch. Nach der Ausgabe vom Jahr 1502 sammt den Nachträgen von 1514*. Gerold, Wien 1882; MAYER, Anton: *Wiens Buchdrucker-Geschichte 1482–1882*, I. Verlag des Comités zur Feier der 400jährigen Einführung der Buchdruckerkunst in Wien, Wien 1883, S. 24–25.

35 Katalog Beckiana (6Hi 136). Zum Verfasser vgl. *Das Wiener Heiligthumbuch* ... S. VII.

Abb. 3: Titelseite des Beck'schen Exemplars vom „Wiener Heiligthumbuch", Wien 1514 (Västerås: Stiftsbiblioteket)

Hand in Hand mit dem beruflichen und gesellschaftlichen Aufstieg von Marcus Beck vergrößerte sich auch sein Vermögen: Im Jahre 1523, also sieben Jahre vor der Erhebung in den Ritterstand, kaufte er u. a. das Schloss Leopoldsdorf bei Wien. Erfolgreich setzte sich auch seine Karriere als Beamter fort: 1526 wurde er vom König zum Obersten Verwalter der Landeskammergüter in Niederösterreich, zum sog. Vicedominus, ernannt, und 1539 wurde er schließlich zum Kanzler des „niederösterreichischen Regiments". Neben finanziellen und juristischen Angelegenheiten wurde Marcus Beck vom Herrscher sporadisch auch mit diplomatischen Missionen nach Ungarn betraut. 1526 wurde er z. B. an den Hof Ludwig Jagiellos gesandt und gemeinsam mit Siegmund von Herberstein verhandelte er in den Jahren 1531–1533 wiederholt über Friedensbedingungen mit dem Osmanischen Reich. Als Siegmund von Herberstein 1541 für seine Gesandtschaft zum türkischen Kaiser zwischen Marcus Beck und Niklas von Salm-Neuburg wählen sollte, entschied er sich aus unbekannten Gründen nicht für Beck.[36]

Oft wird Becks Beteiligung an der Verteidigung Wiens während der Belagerung der Stadt durch die Türken im Jahre 1529 erwähnt; damals war er mit der Verproviantierung der belagerten Stadt betraut. Als direkter Teilnehmer jener dramatischen Ereignisse, die für eine lange Zeit die politische Atmosphäre in ganz Europa beeinflussten, ging Beck auch in die zeitgenössischen Annalen ein. Auch in der Familienbibliothek befanden sich einige Schriften als Erinnerung an diese Geschehnisse.[37] Marcus Beck machte sich nachher in bedeutendem Maße auch um die bauliche Erneuerung Wiens und seiner Umgebung verdient und gehörte deshalb zu jenen Personen, die Ferdinand I. im Jahre 1530, unmittelbar nach diesen dramatischen Ereignissen, in den Ritterstand erhob. Er erhielt dabei das Prädikat „von Leopoldsdorf".[38]

Marcus Beck gehörte zur älteren Generation des Beamtenadels, in deren Wahrnehmung – im Unterschied zu späteren Zeiten – die Rollen des Hofmanns, des Beamten und des Kaufmanns noch eng verflochten waren. Obwohl Marcus Beck laut Harald Tersch ein außergewöhnlich bescheidener Mann ohne übertriebene persönliche Ambitionen war, gingen seine Lebensträume in vollem Maße in Erfüllung.[39] Die Integration seiner Familie in die adlige Gesellschaft, an der Beck angestrengt gearbeitet hatte, war mehr als erfolgreich und auch seine Beziehungen zur Familie des Königs waren überdurchschnittlich. Sein erstgeborener Sohn Hieronymus erhielt 1532 das Privileg, am Hof in Innsbruck gemeinsam mit den Söhnen des Königs erzogen zu werden, und Hieronymus' zweite Frau Barbara sowie später seine gleichnamige Lieblingstochter gehörten zum Gefolge der Königin.

Die Aktivitäten von Marcus Beck äußerten sich auch im literarischen und kulturellen Bereich, obwohl diese Seite seiner Persönlichkeit in gewissem Maße im Schatten seiner aktiven politischen und Beamtentätigkeit stand. Literarisch tätig im

---

36 PETRISCH, Ernst D.: Die diplomatischen Beziehungen Ferdinands I. mit den Osmanen. Techniken und Probleme. In: PFERSCHY, Gerhard (ed.): *Siegmund von Herberstein: kaiserlicher Gesandter und Begründer der Russlandkunde und die europäische Diplomatie*. Akad. Druck- und Verlagsanstalt, Graz 1989, S. 93.

37 Mehr darüber im Unterkapitel über die Turcica der Beck'schen Bibliothek.

38 MÖSCHL: *Dr. Marcus Beck von Leopoldsdorf* ... S. 57.

39 SCHIMETSCHEK: *Der österreichische Beamte* ... S. 51–52; TERSCH: *Österreichische Selbstzeugnisse* ... S. 231.

eigentlichen Sinne des Wortes war Marcus Beck nicht. In der Familienbibliothek wurde zwar sein Manuskript mit dem Titel *Annotationes ad jus civile* aufbewahrt, weil aber die Schrift bereits zu Ende des 17. Jahrhunderts in Stockholm verbrannte, kann man nur Mutmaßungen anstellen, ob es sich lediglich um Notizen aus der Zeit seines Hochschulstudiums oder aber um Becks eigenes Werk auf dem Gebiet des Zivilrechts handelte.[40]

Lange Zeit blieben seine Kontakte zu den Mitgliedern des informellen Zirkels der Wiener Humanisten unbekannt.[41] Zu diesem Kreis gehörten sowohl die Bischöfe Johannes Fabri und Friedrich Nausea als auch Mitglieder der damals etwas stagnierenden Wiener Universität.[42] Neben Johannes Cuspinian und Johann Alexander Brassicanus, auf die im Weiteren näher eingegangen wird, war Marcus Beck auch mit weiteren Universitätsprofessoren befreundet, z. B. mit Georg Gienger von Rotteneck und mit Albin Greffinger, die wiederholt Paten seiner Kinder wurden.

Wolfgang Neuber gelangte zum Schluss, dass der dem humanistischen Geiste Wiens günstig geneigte Marcus Beck als wichtiger Vermittler zwischen der Universität und dem königlichen Hof auftrat.[43] Fabri und Brassicanus wurden von Ferdinand I. sogar auf direktes Ansuchen Becks nach Wien berufen. Seine Rolle als Vermittler vertiefte sich nach 1528, als er Mitglied einer Kommission wurde, die mit dem Ziel ins Leben gerufen wurde, die im Abstieg begriffene Wiener Universität radikal zu reformieren. Beck hatte in diesem Zusammenhang für die finanzielle Seite des gesamten Unterfangens zu sorgen und seine rege Kommunikation über verschiedenste einschlägige Themen (etwa die Höhe der Besoldung an der Universität) wird auch durch seine fragmentarisch erhaltene und bis jetzt unbekannte Korrespondenz mit Brassicanus und Cuspinian belegt, die in der Österreichischen Nationalbibliothek aufbewahrt wird.[44]

40 Katalog Beckiana (2Ju 132); VOSSIUS, Isaac: *Katalog över handskrifterna i kungl. biblioteket i Stockholm skriven omkr. 1650 under ledning av Isaac Vossius = Catalogus codicum manu scriptorum Bibliothecae regiae Holmiensis c. annum 1650 ductu et auspicio Isaac Vossii conscriptus.* Ed. Christian CALLMER. Kungliga biblioteket, Stockholm 1971, S. 23; BECK: *Hieronymus Beck von Leopoldsdorf (1525–1596)* ... S. 115.

41 Auf diese Beziehungen machte zwar als erster bereits Hans Ankwicz-Kleehoven aufmerksam, aber erst Wolfgang Neuber rekonstruierte sie detailliert. Vgl. ANKWICZ-KLEEHOVEN, Hans: *Der Wiener Humanist Johannes Cuspinian, Gelehrter und Diplomat zur Zeit Kaiser Maximilians I.* H. Böhlaus Nachf., Graz – Köln 1959, S. 236; NEUBER: Tu certe es studijs nostris [...] summum praesidium ... S. 534.

42 MÜHLBERGER, Kurt: Zwischen Reform und Tradition. Die Universität Wien in der Zeit des Renaissance-Humanismus und der Reformation. *Mitteilungen der Österreichischen Gesellschaft für Wissenschaftsgeschichte* 15, 1995, S. 13–42; BONORAND, Conradin: Die Bedeutung der Universität Wien für Humanismus und Reformation, insbesondere in der Ostschweiz. *Zwingliana* 12, 1964–1968, S. 162–180.

43 Siehe bei NEUBER: Tu certe es studijs nostris [...] summum praesidium ... S. 534.

44 Wien: Österreichische Nationalbibliothek (Cod. 9737a, Nr. 2 u. 3, 4), in digitalisierter Form zugänglich unter http://archiv.onb.ac.at:1801/view/action/nmets.do?DOCCHOICE=4035831.xml&dvs=1412682258528~395&locale=cs&search_terms=&adjacency=&VIEWER_URL=/view/action/nmets.do?&DELIVERY_RULE_ID=1&usePid1=true&usePid2=true&COPYRIGHTS_DISPLAY_FILE.

Der politische Einfluss Marcus Becks war jedoch nicht – wie es scheinen könnte – der einzige Grund für diese persönlichen Kontakte und Arbeitsbeziehungen. Marcus Beck teilte mit den Wiener Intellektuellen allem Anschein nach auch die Begeisterung für die humanistischen Vorlieben, auch wenn er sie selbst nicht aktiv betrieb. Als bei Umbauten von Leopoldsdorf seltene römische Ziegelzeichen entdeckt wurden, informierte Marcus Beck über diesen Fund die Wiener Gelehrten.[45] Seine humanistischen Freunde (Wolfgang Lazius, Johann Alexander Brassicanus und Johannes Cuspinian) haben Marcus Beck einige ihrer Werke gewidmet und die Formulierungen dieser keineswegs unterwürfigen Dedikationen zeugen davon, dass diese Humanisten Beck nicht nur wegen seines großen Überblicks und seiner hohen Bildung, sondern auch als Mäzen von akademisch gebildeten Humanisten und Studenten schätzten.[46]

Als ein bedeutendes intellektuelles Bindeglied der damaligen Zeit diente das gegenseitige Beschenken mit Büchern. Bei Marcus Beck ist bis jetzt nur ein einziger Fall dieser Art direkt belegt – in der Königlichen Bibliothek in Stockholm wird ein Dedikationsexemplar des *Katechismus* von Friedrich Nausea aus dem Jahre 1543 aufbewahrt. Dieser Wiener Bischof ließ sein Werk in seiner Lieblingsbuchbinderei binden und auf dem vorderen Einbanddeckel eine Widmung an Marcus Beck in Blinddruck einprägen.[47] In Becks Bibliothek werden sich wohl mehrere Geschenke solcher Art befunden haben.

Ein Bestandteil der späteren Bibliothek der Familie Beck waren selbstverständlich auch weitere Bücher, die von den bereits erwähnten Wiener Intellektuellen verfasst wurden (eine bedeutende Gruppe bilden insbesondere die Schriften von Johannes Fabri und Friedrich Nausea). Außerdem gab es in dieser Büchersammlung auch Werke von weiteren an der Wiener Universität wirkenden Autoren, beispielsweise von Johann Baptist Schwartzenthaler, Claudius Cantiuncula, Martin Stainpes und Anton Margaritha. Einige ihrer Schriften waren wohl für den Unterricht von Marcus' Sohn Hieronymus bestimmt, wie es das erhaltene Exemplar der lateinischen Grammatik vom Wiener Professor Bernhard Perger belegt.[48] Ein Teil dieser Bücher gelangte jedoch – angesichts ihres Erscheinungsjahrs – erst nach dem Tod von Marcus Beck in die Regale der Familienbibliothek.

45 Dies schrieb Wolfgang Lazius im Vorwort zum postum herausgegebenen historischen Werk von Cuspinian *Austria*, Wien 1553, S. 649. Zitiert nach ANKWICZ-KLEEHOVEN: *Der Wiener Humanist Johannes Cuspinian* ... S. 235.

46 Die Dedikationen wurden analysiert von NEUBER: Tu certe es studijs nostris [...] summum praesidium ... S. 530–531.

47 Stockholm: Kungliga biblioteket (173 L Fol.); Katalog Beckiana (1XXX 25); der Autor der Bindung war der sog. Aldinen-Buchbinder, der in Wien in den Jahren 1529–1562 tätig war; auf seine Dienste griff Nausea wiederholt zurück. Mehr dazu SCHUNKE, Ilse: Ein Wiener Renaissance-Einband aus der Palatina in der Vatikanischen Bibliothek. *Gutenberg-Jahrbuch* 1960 (Festschrift zum 60. Geburtstag des Mainzer Gutenberg-Museums), S. 389–391.

48 Mehr dazu auf S. 37.

Abb. 4: Der Dedikationseinband von Friedrich Nausea für Marcus Beck aus dem Jahre 1543 (Stockholm: Kungliga biblioteket, Photo Jens Gustavsson)

Auch die genannten Freunde Becks aus den Reihen der Wiener Humanisten besaßen sehr wertvolle und für die damalige Zeit umfangreiche, humanistisch orientierte Bibliotheken. Johann A. Brassicanus und Johannes Cuspinian waren Besitzer von Kollektionen von Handschriften und Drucken, die einige Hunderte von Bänden umfassten und auf griechische Quellen und historische Werke konzentriert waren.[49] Einen wesentlichen Teil dieser beiden Bibliotheken erwarb später der Wiener Bischof Johannes Fabri, und zwar 634 Bände aus dem Nachlass von Cuspinian und 1324 Bände aus der Bücherkollektion von Brassicanus.[50] Ähnlich umfangreiche und bibliophile sowie bildungsorientierte Büchersammlungen entstanden damals auch in Böhmen: Erwähnung verdienen die kürzlich rekonstruierte Bibliothek von Bohuslav Hasištejnský von Lobkowicz, die durch ihre Anzahl griechischer Handschriften und Drucke außerordentlich war, sowie die etwas jüngere Bücherkollektion von Zbyněk Zajíc von Házmburk, die bisher unbekannte Fachinteressen dieses jungen Adligen belegt.[51] Mitte des 16. Jahrhunderts besaß jedoch wohl eine der größten Privatbibliotheken im Habsburgerreich der bereits erwähnte Bischof Johannes Fabri. Dank umfangreichen, auf einmal getätigten Einkäufen enthielt sie in seinem Todesjahr (1541) mehr als 5000 Buchtitel in 2100 Bänden und war somit eine Art Vorzeichen des schnellen quantitativen Wachstums einiger Adels- und Gelehrtenbibliotheken in der zweiten Hälfte des 16. Jahrhunderts.

Auch Marcus Beck trug in seiner Zeit offensichtlich eine bemerkenswerte Büchersammlung zusammen. Im Unterschied zu den Bibliotheken seiner intellektuellen Freunde steht jedoch keine direkte Quelle in Form eines Inventars oder gar Katalogs über diese Kollektion zur Verfügung. Sich auf die Analyse der inhaltlichen Zusammensetzung der späteren Bibliothek der Familie Beck zu stützen, die man erst aus dem Jahr 1596 (dazu nur teilweise) kennt, wäre mehr als fragwürdig, denn der spätere bedeutendste Erweiterter dieser Bibliothek, Hieronymus Beck, kaufte auch die ältere Buchproduktion und war in dieser Richtung auch schon zu Lebzeiten seines Vaters in den 40er Jahren des 16. Jahrhunderts aktiv. Bei der Untersuchung der Bibliothek von Marcus Beck ist deswegen vor allem von den erhaltenen Exemplaren auszugehen. Bisher ist es gelungen, 35 Buchtitel, in 18 Bände gebunden, zu finden und zu identifizieren. Ganz sicher ist dies keine definitive Zahl, denn das einzige Bestimmungsmerkmal, an dem man die Bücher aus der Bibliothek Marcus Becks identifizieren kann, ist nämlich das unscheinbare handschriftliche Monogramm MB, mit dem er seine Bücher am vorderen Schnitt offensichtlich konsequent kennzeichnete. Dieses winzige Monogramm ist nach vier Jahrhunderten an mehreren Exemplaren fast unkenntlich geworden und entgeht deshalb oft der Aufmerksamkeit der Bearbeiter von historischen Bücherbeständen.[52] Das Korpus der heute bekannten Bücher aus Marcus

---

49 ANKWICZ-KLEEHOVEN, Hans: Die Bibliothek des Dr. Johann Cuspinian. In: STUMMVOLL, Josef V. (ed.): *Die Österreichische Nationalbibliothek. Festschrift zum 25jährigen Dienstjubiläum des ... Dr. J. Bick.* Bauer, Wien 1948, S. 208–227.

50 LHOTSKY, Alphons: Die Bibliothek des Bischofs von Wien Dr. Johannes Fabri (1530–1541). In: LHOTSKY, Alphons: *Historiographie – Quellenkunde – Wissenschaftsgeschichte. Aufsätze und Vorträge* 3, Oldenbourg, Wien 1972, S. 228–241.

51 BOLDAN: Knihovna Jana Zajíce z Házmburka (1496–1553) ... S. 41–108; BOLDAN – URBÁNKOVÁ: *Rekonstrukce knihovny Bohuslava Hasištejnského z Lobkovic* ... passim.

52 Marcus Beck ist z. B. weder im Provenienzregister des Gasamtkatalogs der schwedischen Bibliotheken LIBRIS http://libris.kb.se noch im Gesamtkatalog der Wiegendrucke

Becks Besitz wird deshalb nach wie vor zum größten Teil durch die Bücher gebildet, die Otto Walde vor hundert Jahren entdeckt hat; die aktuelle Forschung hat es nur um wenige neue Funde bereichert.[53]

Abb. 5: Das Monogramm, mit dem Marcus Beck seine Bücher am vorderen Schnitt kennzeichnete (Strängnäs: Domkyrkans Bibliotek)

Die Bücher in Marcus Becks Bibliothek waren noch auf die ältere Art und Weise aufgestellt, wie sie damals üblich war, sie standen mit dem vorderen Schnitt nach außen gewendet; die Besitzer pflegten darauf neben ihrem Monogramm auch den verkürzten Buchtitel zu verzeichnen. Bis auf zwei Bände sind die erhaltenen Bücher aus der

in den schwedischen Bibliotheken: UNDORF, Wolfgang: *Catalogue of Books Printed in the 15th Century in Swedish Collections* I–II. Harrassowitz, Wiesbaden 2012, erfasst.

53 WALDE: *Storhetstidens litterära krigsbyten ...* I, S. 288–296; eine bedeutende Ergänzung dazu bildet die in der Handschriftenabteilung der Universitätsbibliothek von Uppsala aufbewahrte handschriftliche Kartei Otto Waldes mit den Einträgen über gefundene Bücher (Proveniensanteckningar), die zum größeren Teil in seinem Buch nicht erwähnt sind.
Für die Hinweise auf einige weitere Bände aus der Bibliothek von Marcus Beck danke ich Frau Ragnhild Lundgren von der Domkyrkans bibliotek in Strängnäs sehr herzlich. Ein weiteres – bisher unbekanntes – Exemplar aus dem Besitz Marcus Becks wird auch in der Datenbank von Einbänden und Provenienzen „ProBok“ (ein Projekt der Universitätsbibliotheken von Uppsala und von Lund) registriert: http://probok.alvin-portal.org/alvin/home.jsf. Zu den Möglichkeiten der Provenienzerforschung der Beck'schen Bücher siehe näher VESELÁ, Lenka: Knihy z českých zemí ve švédských knihovnách (K výzkumu knihovny Becků z Leopoldsdorfu). *Knihy a dějiny* 18/19, 2011/2012, S. 93–96.

Bibliothek von Marcus Beck juristische Werke, wobei es sich bis auf einige wenige Ausnahmen um in Italien erschienene Wiegendrucke und Drucke des beginnenden 16. Jahrhunderts handelt. Das Zivilrecht und das kanonische Recht sind unter den erhaltenen Büchern fast gleichmäßig vertreten (das Zivilrecht überwiegt nur leicht). Insgesamt handelt es sich um traditionelle Werke, von den Autoren sind Johannes de Imola, Albericus de Rosate, Bartolo da Sassoferrato, Philipp de Franchis und Lodovico Pontano am häufigsten vertreten. Auf dem Gebiet des Zivilrechts findet man neben den klassischen Handbüchern aber auch spezialisierte Arbeiten, die dem Lehens-, Familien- und Testamentsrecht sowie dem Hexenwesen (z. B. der *Tractatus de maleficiis* Alberts de Gandino) gewidmet sind.[54]

Ich vermute jedoch, dass Marcus Beck die meisten juristischen Wiegendrucke italienischer Herkunft auf einmal aus dem Nachlass des Wiener Juristen Wolfgang Gwärlich († 1509) erworben hat. Wie es bereits die frühere Forschung feststellte, enthalten einige dieser Exemplare das gedruckte Exlibris von Gwärlich, das übrigens zu den ältesten Wiener Exlibris gehört.[55] Wolfgang Gwärlich war 1509 gestorben, also noch bevor Marcus Beck nach Wien kam. In Becks Hände gelangten diese Bücher demnach erst später, vielleicht durch Vermittlung von Gwärlichs Söhnen, die ebenfalls zur Wiener Stadtelite gehörten (auch sie wurden nach der türkischen Belagerung Wiens in den Ritterstand erhoben).

Der halblederne Einband der ursprünglich Wolfgang Gwärlich gehörenden Bücher war mit Blinddruck verziert und findet sich häufig in den Wiegendruckbeständen mehrerer niederösterreichischer Institutionen. Die Herkunft des Einbandes ist deshalb in einer Buchbinderwerkstatt in der Umgebung Wiens zu suchen (im Katalog Beckiana wird er als Einband A bezeichnet).[56] Angesichts der auffälligen Übereinstimmung dieser Einbände mit Einbänden weiterer Wiegendrucke aus der Bibliothek von Marcus Beck, die jedoch das Exlibris von Gwärlich nicht tragen, nehme ich an, dass auch die meisten übrigen erhaltenen Bücher aus dem Besitz von Marcus Beck aus dem Nachlass von Wolfgang Gwärlich stammten. Auch bei diesen nicht gekennzeichneten Büchern ist der Titel – ähnlich wie bei den meisten Büchern Gwärlichs – manchmal auch auf dem vorderen Einbanddeckel geschrieben. Weil die einzigen bekannten Exemplare

---

54 Uppsala: Carolinabiblioteket (31:58); Katalog Beckiana (2XXX 34, 35).

55 SCHWARZ, Ignaz: *Wolfgang Gwärlich. Ein Wiener Bibliophile des 15. Jahrhunderts.* Sonderdruck aus dem XIII. Jahrbuch der Österreichischen Exlibris-Gesellschaft. Wien 1915, S. 11. Gwärlichs Exlibris befindet sich in den folgenden Beck'schen Exemplaren: Stockholm: Kungliga biblioteket (Inkunab. num. 11, 14, 15, 339, 1068, 425, 960) = 2 Bände; Uppsala: Carolinabiblioteket (28, 35:38, 31:60,61, 35b:124, 35b:123) = 4 Bände; einige davon sind registriert bei UNDORF: *Catalogue of Books Printed in the 15th Century ...* num. 34, 55, 56, 57, 1248, 1567, 2190, 2192, 3490, 3895, 3910. Auf Gwärlichs Exlibris in den Büchern von Beck hatte bereits WALDE, Otto: Wolfgang Gwärlichs exlibris. *Nordisk tidskrift för bok- och biblioteksväsen* 2, 1915, S. 280–281, aufmerksam gemacht.

56 In Frage kommt die Werkstatt von Matthias Buchbinder; der Autor eines der Bucheinbände – Katalog Beckiana (2XXX 27) – war offensichtlich auch der durch das italienische und ungarische Milieu beeinflusste sog. Meister des Jagdfrieses, vgl. HOLTER, Kurt: Verzierte Bucheinbände der Spätgotik und Frührenaissance. Werkgruppen und Stempeltabellen. In: HOLTER, Kurt: *Buchkunst – Handschriften – Bibliotheken. Beiträge zur mitteleuropäischen Buchkultur vom Frühmittelalter bis zur Renaissance.* I. HEILINGSETZER, Georg – STELZER, Winfried (edd). Oberösterreichischer Musealverein, Linz 1996, S. 447.

Gwärlichs eben nur aus der Bücherkollektion von Marcus Beck stammen, deutet alles darauf hin, dass dieser ambitionierte Jurist offensichtlich einen wesentlichen Teil oder gar die ganze Bibliothek Wolfgang Gwärlichs erworben hat. Ihren Umfang kann man nur grob schätzen, es waren wahrscheinlich einige Dutzend Bücher. Von Gwärlich stammen wohl auch die meisten kürzeren und längeren handschriftlichen Notizen zum Inhalt sowie die Inhaltsregister auf den Deckelinnenseiten oder aber auf lose eingelegten Blättern, die in den erhaltenen Exemplaren relativ häufig vorkommen.[57]

Es sind jedoch auch einige Bücher mit dem Monogramm-Exlibris von Marcus Beck erhalten geblieben, die zweifellos zu seinen persönlichen Anschaffungen gehören. Es handelt sich z. B. um ein umfangreiches Konvolut mit juristischen Werken in einem Ganzledereinband, der samt dem Schnitt mit rot-grünen Rechtecken atypisch verziert ist.[58] Aus der ursprünglichen Bibliothek Gwärlichs stammte auch nicht der Wiegendruck der *Decretalien* des Henricus de Segusio, der in einem bereits renaissancehaften Einband aus hellem Leder mit einer einfachen Blinddruckverzierung gebunden ist.[59] Sofern man anhand des kleinen Musters von erhaltenen Büchern urteilen darf, scheint Marcus Beck eben diesen einfachen und nüchtern verzierten Einband (manchmal in halblederner Ausführung) bevorzugt zu haben. Den gleichen Einband haben nämlich auch drei weitere ihm gehörende Drucke: die in Italien 1505 bzw. 1512 erschienenen juristischen Werke sowie ein Konvolut von zwei in den 30er Jahren des 16. Jahrhunderts in Basel gedruckten historischen Schriften, das die Lebensbeschreibung des albanischen Heerführers Scanderbeg von Marinus Barletius (Basel 1537) und die Geschichte der deutschen Nation von Ulrich Hugwald *De Germanorum prima origine* (Basel 1539) enthält, die später auf den *Index librorum prohibitorum* gerieten.[60]

Im schwedischen Västerås ist auch ein wertvolles Konvolut von mehr als drei Dutzend Drucken erhalten, das neben einigen theologischen Werken auch 25 deutsche gedruckte Zeitungen enthält, die in den Jahren 1512–1536 in Wien, Nürnberg und Augsburg erschienen sind.[61] Obwohl es keinen eindeutigen Beleg dafür gibt, dass das Konvolut aus der Beck'schen Bibliothek stammt, nehme ich an, dass es mit hoher Wahrscheinlichkeit Marcus Beck von Leopoldsdorf gehörte.[62] Das Konvolut enthält

57 Katalog Beckiana (2XXX 4, 15, 19, 2Ju 39).

58 Uppsala: Universitetsbibliotek (Kulturarvet Uka Obr. 77:59 fol.); Katalog Beckiana (2Ju 16–18, 2XXX 24–25), Das Buch wurde in das Projekt Pro-Bok ID: 61[online]. [zit. 2014-12-1] aufgenommen. Abrufbar unter: http://probok.alvin-portal.org/alvin/home.jsf?cid=3

59 Katalog Beckiana (2XXX 9).

60 Katalog Beckiana (2XXX 28), Stockholm: Kungliga biblioteket (127 A m b); Katalog Beckiana (2XXX 27), Stockholm: Kungliga biblioteket (127 A m b); Katalog Beckiana (6Hi 30, 33), Uppsala: Universitetsbibliotek (D:127); BUJANDA, J. M. De: *Thesaurus de la litterature interdite au XVIe siècle: auteurs, ouvrages, éditions avec addenda et corrigenda.* Centre d'études de la Renaissance, Genève 1996, S. 230.

61 Västerås: Stiftsbibliotek (Paleotyper 1527).

62 Auch trotz der nicht eindeutigen Identifizierung der Provenienz (das Buch hat kein Exlibris) wurde dieses Exemplar in den Katalog der Bücher aus der Beck'schen Bibliothek mit dem Vermerk über die unsichere Provenienz aufgenommen. Katalog Beckiana (1Theo 184, 1XXX 15, 6Hi 83, 6XXX22–51).

beispielsweise das unikale Exemplar mit der Beschreibung von Denkwürdigkeiten des Wiener Stephansdoms, das von Marcus Becks Schwiegervater herausgegeben wurde und das nachweislich ein Bestandteil der Bibliothek der Familie Beck war (als selbständiger Druck wird das Werk im sog. rosenbergischen Verzeichnis erwähnt). Die Beck'sche Provenienz des Konvoluts wird auch durch die überwiegende Wiener Druckerprovenienz der Drucke unterstützt sowie durch die inhaltliche Ausrichtung der Zeitungsberichterstattung auf wichtige europäische Ereignisse der 30er Jahre des 16. Jahrhunderts, also der Zeit der kulminierenden Beamtenlaufbahn von Marcus Beck. Die in diesem Konvolut enthaltenen Zeitungen behandeln die wichtigsten Ereignisse der Reichspolitik sowie die Kriegsgeschehnisse jener Zeit: die Wiener Vereinbarungen von 1515, das Wormser Edikt von 1521, die Krönungen Karls V. in Aachen und in Bologna, den Augsburger Reichstag von 1530, selbstverständlich die Türkenkriege, u. a. auch den Bericht über die Belagerung Wiens von 1529, in dem auch Marcus Beck erwähnt wird. Der Besitzer des Konvoluts hat darüber hinaus im Verzeichnis der an der Rettung Wiens teilnehmenden Kommandanten den Namen des kroatischen Ritters Hans Katzianer durchgestrichen, der 1537 nach einem erfolglosen Feldzug gegen die Türken des Verrats und der Desertion vom habsburgischen Heer bezichtigt wurde. Der kontroverse Heerführer floh nach Kroatien, wo er sich mit den Feinden des Kaisers verbündete. Die Streichung von Katzianers Namen aus dem ehrenvollen Verzeichnis der Personen, die sich bei der Belagerung Wiens ausgezeichnet hatten, zeugt von der starken Loyalität des Buchbesitzers zum Habsburgerhof, was ein weiterer Grund für die Bestätigung von Becks Besitz dieses Konvoluts ist.[63]

Trotzdem ist offensichtlich, dass Marcus Beck kein so passionierter Büchersammler wie seine Wiener Humanistenfreunde war. Der einfache Einband und das eher unscheinbare Exlibris zeugen davon, dass Marcus Beck kein Bibliophiler war und dass er seine Bücher eher als pragmatisches Arbeitsinstrument betrachtete. Sein Ziel war es vermutlich, eine überwiegend eng spezialisierte Sammlung von juristischen Büchern, selbstverständlich auch mit einigen Beispielen aus der religiösen, historischen und gewiss auch philosophischen Literatur, zu besitzen, die sowohl für seinen beruflichen Bedarf als auch für die Bildung seiner Nachkommen bestimmt war. Mit nicht näher spezifizierten Büchern aus der Familienbibliothek wurde sein Sohn Hieronymus Beck ausgestattet, als er sich 1544 zum Studium nach Padua begab.[64] Marcus Beck nutzte dabei die Möglichkeit der einmaligen Erwerbung einer für seinen Beruf nötigen Sammlung von Rechtsbüchern, die grundlegende und nach wie vor gültige Werke enthielt, wenn auch in älteren und für den Leser weniger komfortablen Ausgaben der Wiegendruckzeit. Zu dieser Basis kaufte er weitere Bücher (und bekam sie wohl auch geschenkt), und zwar auch außerhalb des juristischen Bereiches – Philosophie, Geschichte, schulische und allgemein bildende Literatur.

---

63 Katalog Beckiana (6Hi 83). Västerås: Stiftsbiblioteket (Paleotyper 1527). Hinsichtlich der Autorschaft dieses Druckes gibt es verschiedene Vermutungen (der Autor wird auf der Titelseite nicht angegeben, VD 16 S 8927 http://www.vd16.de führt den Autor nicht an).

64 Marcus Beck in einem am 19.8.1544 in Wien datierten Brief an Ferdinand I., siehe MÖSCHL: *Dr. Marcus Beck von Leopoldsdorf* ... S. 22; BECK: *Hieronymus Beck von Leopoldsdorf (1525–1596)* ... S. 29.

Im Unterschied zu den damaligen Gepflogenheiten empfand Marcus Beck kein Bedürfnis, die laufende Nummer des Buches auf dem Einband bzw. auf dem Schnitt zu verzeichnen, so dass man leider die Größe seiner Büchersammlung nur schätzen kann. Obwohl er kein typischer Sammler war, kann seine Bibliothek Dutzende, vielleicht gar Hunderte von Werken enthalten haben. Andererseits ist zu sagen, dass die Bücher für ihn von großer persönlicher Bedeutung waren. Davon zeugt das Ereignis aus dem Jahre 1525, als ein großer Brand in Wien auch Becks Haus voll erfasste. Marcus Beck rettete aus dem brennenden Haus vorrangig seine Bücher und die wertvollsten Kleidungsstücke, alles andere fiel den Flammen zum Opfer.[65]

Marcus Beck starb 1553 im Schloss Leopoldsdorf nach einem aus seiner Sicht unbestritten erfolgreichen Leben.[66] Er wurde in der Minoritenkirche in Wien begraben. Seinem einzigen Sohn, der kurz zuvor von seinen abenteuerlichen Reisen durch Europa, Asien und Afrika zurückgekehrt war und der später seine sterblichen Überreste in die neue Familiengruft auf dem Pfarrfriedhof in Ebreichsdorf umbetten ließ, hatte Marcus Beck unter anderem auch den Grundstock der Familienbibliothek überlassen. Der Inhalt der meisten dieser Bücher war jedoch – wie man noch sehen wird – für diesen jungen Mann, der vom Italien der Renaissance und von den neuen Erfindungen des menschlichen Geistes fasziniert war, offensichtlich nicht besonders attraktiv.

Hieronymus Beck von Leopoldsdorf: Biographische Skizze und seine Sammleraktivitäten

Hieronymus Beck wurde 1525 im Schloss Leopoldsdorf als erstgeborener Sohn von Marcus Beck geboren. Im Unterschied zu den meisten Söhnen des Adels, die ihre erste Bildung durch private Präzeptoren erwarben, wurde Hieronymus mit sieben Jahren als Page des Prinzen Maximilian an den königlichen Hof nach Innsbruck geschickt, wo er das Privileg der gemeinsamen Erziehung mit den königlichen Söhnen genießen konnte.[67]

Der junge Ritter sollte sich für eine Laufbahn am Hof oder in der Armee vorbereiten, und deshalb war die Ausbildung von Hieronymus auf das Erlangen von Kompetenzen in der Mathematik, im Militärwesen, in Befestigungstechnologie sowie Kriegstaktik, in Recht und Rhetorik, in Sprachkenntnissen (üblich war vor allem der Unterricht in Latein und romanischen Sprachen), in Geschichte, Musik und in der

65 TERSCH: *Österreichische Selbstzeugnisse* ... S. 232.

66 PERGER, Richard: Der Adel in öffentlichen Funktionen und sein Zuzug nach Wien. In: KNITTEL, Herbert (ed.): *Adel im Wandel: Politik, Kultur, Konfession, 1500–1700: Niederösterreichische Landesausstellung, Rosenburg, 12. Mai – 28. Oktober 1990.* Amt der NÖ Landesregierung, Wien 1990, S. 281; ZAJIC, Andreas: *„Zu ewiger gedächtnis aufgericht": Grabdenkmäler als Quelle für Memoria und Repräsentation von Adel und Bürgertum im Spätmittelalter und in der Frühen Neuzeit. Das Beispiel Niederösterreichs.* Böhlau, Wien – Oldenbourg, München 2004, S. 117.

67 Über das Leben von Hieronymus Beck am ausführlichsten BECK: *Hieronymus Beck von Leopoldsdorf (1525–1596)*... S. 1–71; HORMAYR: Österreichische Reisende aus der Vorzeit ... S. 23–30; HEISS: Bildungsverhalten des niederösterreichischen Adels ... S. 143.

Lektüre antiker Autoren orientiert.[68] In Innsbruck traf der junge Hieronymus auch bekannte Gelehrte, unter andern den Hofhistoriker und -dichter Caspar Ursinus Velius und den Arzt und Mathematiker Georg Tannstetter, die für den Unterricht der königlichen Söhne und weiterer Adliger aus deren Gefolge sorgten.

In der späteren Bibliothek von Hieronymus befanden sich selbstverständlich Werke, die – angesichts ihres Erscheinungsdatums und ihrer thematischen Ausrichtung – in seiner Jugendzeit als Schulbücher hätten dienen können, beispielsweise die lehrhaften rhetorischen Schriften des erwähnten Caspar Ursinus Velius.[69] Aus Hieronymus' Schuljahren stammt nachweislich jedoch nur ein Konvolut von drei Werken, die an der Wende vom ersten zum zweiten Jahrzehnt des 16. Jahrhunderts in Wien erschienen sind.[70] Das beliebte klassische Handbuch der lateinischen Grammatik von Aelius Donatus[71] wurde hier mit dem modernen Lateinlehrbuch Bernhard Pergers aus dem Jahre 1518 zusammengebunden, in dem dieser Wiener Professor seinen Studenten moderne Vorgehensweisen der italienischen Humanisten auf dem Gebiet des klassischen Latein vermittelte; das schulische Konvolut wurde durch die Wiener Ausgabe (1521) des Werkes von Gaius Sallustius Crispus über die Geschichte des Krieges gegen Jugurtha ergänzt. Der junge Hieronymus Beck benutzte diese Schriften aktiv, was seine zahlreichen Marginalnotizen, Unterstreichungen und auch längere Texte auf freien Seiten sowie auf den Deckelinnenseiten bezeugen, wo er die Deklination und weitere grammatische Erscheinungen übte oder Namen von Personen der antiken Mythologie und der biblischen Geschichte verzeichnete. Ähnlich wie der junge Wilhelm von Rosenberg begann auch Hieronymus Beck bereits zu seiner Schulzeit das unverwechselbare handschriftliche Exlibris auf der Titelseite zu verwenden, wenn auch in einer etwas gekürzten Variante als in späterer Zeit.

Aus Hieronymus' Schulzeit stammten zweifelsfrei auch zwei seiner Autographen, über die wir leider nur minimale Informationen aus dem sog. rosenbergischen Verzeichnis haben. Davon zeugt nicht nur die Datierung eines dieser Autographen, sondern auch ihre spätere Unterbringung in der Bibliothek in der Abteilung mit der sog. Schulliteratur. Die mit dem Jahr 1541 datierte Handschrift Hieronymus' *Phrases ad locos communes* entstand offensichtlich noch in Innsbruck.[72] Das andere handschriftliche Werk von Hieronymus, *Loci Communes Epistolaru[m] in Vergilii Aeneidos interpretatio Germanica et alia*, war am ehesten eine Sammlung von Phrasen entweder aus Vergils Briefen oder aus seiner Aeneis mit einer deutschen Übersetzung.[73]

---

68 MACHARDY: Cultural Capital, Family Strategies and Noble Identity ... S. 37; TERSCH: *Österreichische Selbstzeugnisse* ... S. 229.

69 Katalog Beckiana (7Art 34, 8Poet 13, 6Hi 156).

70 Strängnäs: Domkyrkans bibliotek (S 352 q), Katalog Beckiana (6XXX 3, 7XXX 5, 7Art 32); COLLIJN: En av Johann Winterburg i Wien tryckt ... S. 116.

71 Das erhaltene Exemplar von DONATUS, Aelius: *Partes orationis quot sunt. Octo. que. Nomē. pronomen* ... s. l., s. a., ist – angesichts kleiner Änderungen im Drucksatz gegenüber den registrierten Auflagen – offensichtlich eine bis jetzt unbekannte Auflage. Siehe Katalog Beckiana (7XXX 5).

72 Katalog Beckiana (7Art51).

73 Katalog Beckiana (7Art47).

Abb. 6: Das älteste erhaltene Exlibris von Hieronymus Beck und seine Notizen aus der Schulzeit (Strängnäs: Domkyrkans Bibliotek)

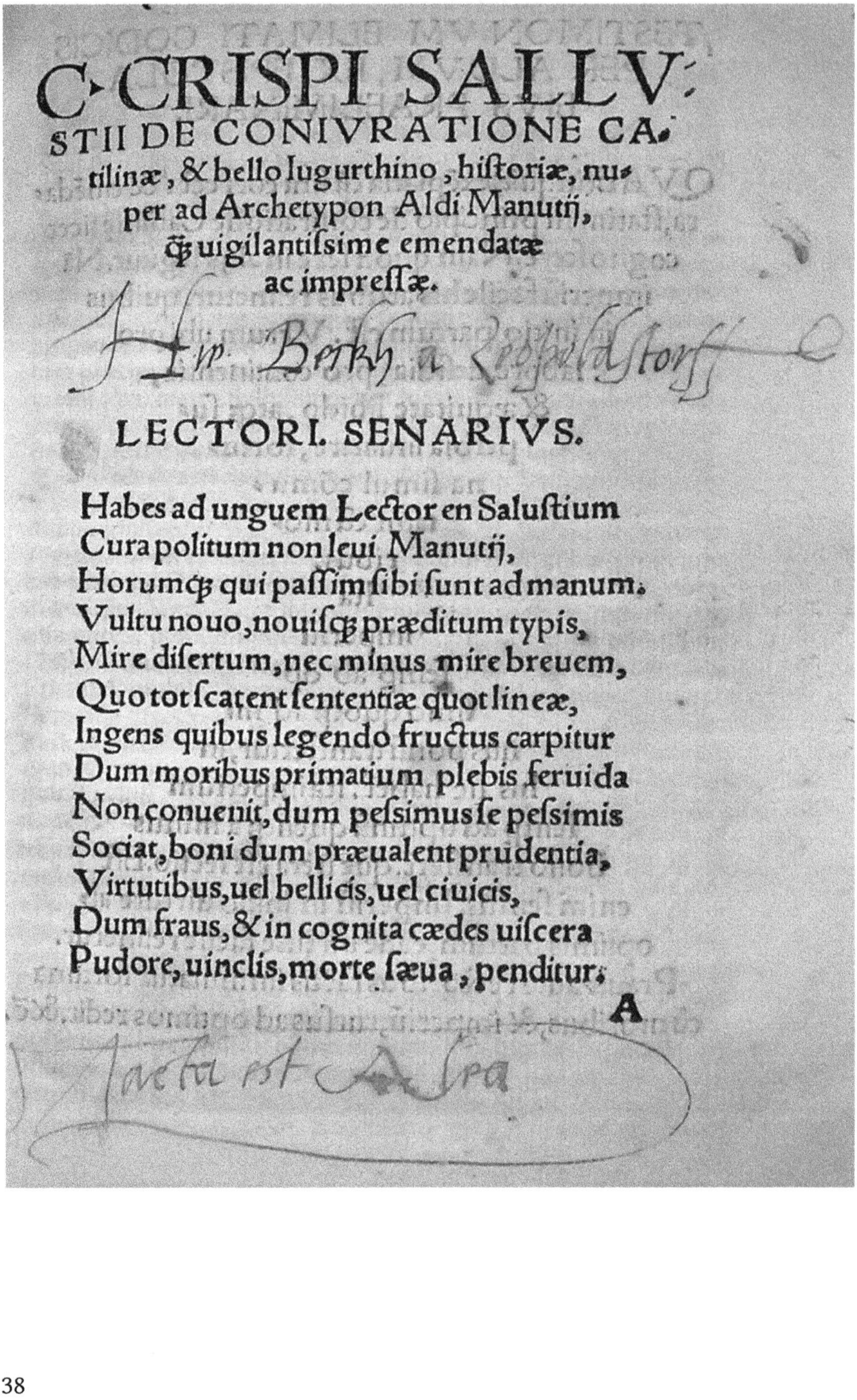

C· CRISPI SALLV-
STII DE CONIVRATIONE CA-
tilinæ, & bello Iugurthino, hiſtoriæ, nu-
per ad Archetypon Aldi Manutij,
q; uigilantiſsime emendatæ
ac impreſſæ.

Hir. Beckh a Leopoldstorff

LECTORI. SENARIVS.

Habes ad unguem Lector en Saluſtium
Cura politum non leui Manutij,
Horumq; qui paſſim ſibi ſunt ad manum.
Vultu nouo, nouiſq; præditum typis,
Mire diſertum, nec minus mire breuem,
Quo tot ſcatent ſententiæ quot lineæ,
Ingens quibus legendo fructus carpitur
Dum moribus primatium plebis ſeruida
Non conuenit, dum peſsimus ſe peſsimis
Sociat, boni dum præualent prudentia,
Virtutibus, uel bellicis, uel ciuicis,
Dum fraus, & in cognita cædes uiſcera
Pudore, uinclis, morte ſæua, penditur.

A

Iacta est Alea

Hieronymus' privilegierte Bildung wurde im Januar 1543 mit einem kurzen Aufenthalt in Zwettl beim Probst und Poeten Johann Rosinus fortgesetzt, der auch als Erzieher von Söhnen aus den bedeutendsten aristokratischen Familien wirkte.[74] Bei Hieronymus Beck handelte es sich jedoch nur um eine kurze Episode, denn bereits im Frühjahr forderte ihn der König auf, er solle sich dem Gefolge von Erzherzogin Elisabeth anschließen, die im April in Polen Sigismund August heiraten sollte. Ferdinand I. betraute mit der Leitung der Reisegruppe den erfahrenen Diplomaten und Reisenden Siegmund von Herberstein, der auch mit dem Vater von Hieronymus Beck lange Zeit zusammengearbeitet hatte. Herberstein war damals schon ein alter Mann und die Polenreise des Jahres 1543 wurde seine letzte diplomatische Gesandtschaft. Vielleicht entstand gerade damals Becks Bewunderung für den humanistisch gebildeten Herberstein, die sich dann in seiner späteren Korrespondenz aus Italien in vollem Maße widerspiegelte. Mit seinen breiten Interessen von der Antike über die Geographie bis hin zur Gegenwartsgeschichte und Politik stellte Herberstein für den jungen Beck offensichtlich das Ideal eines Renaissanceadligen dar, das er auch selbst sein Leben lang zu erreichen suchte. Hieronymus Beck hat sich in Polen wohl bewährt, denn noch im gleichen Jahr begleitete er selbst Kaiser Ferdinand I. nach Ungarn, wo sich ein kriegerischer Konflikt mit Soliman I. anbahnte.[75] Diese Reise war wohl Becks erste persönliche Erfahrung mit der türkischen Welt, für die er sich später ziemlich intensiv interessieren sollte.

Marcus Beck bestand jedoch auf der Fortsetzung des Studiums seines Sohnes, und deshalb ging Hieronymus 1544 zum Jurastudium, und zwar überraschenderweise in das relativ „freisinnige" Padua, wohin ihm (bzw. in das nahe Venedig) der Vater im Voraus Bücher und Kleider geschickt hatte.[76] Beck wurde an der Universität von Padua am 4. November 1544 immatrikuliert. Er war damals schon 19 Jahre alt, überschritt also etwas das Durchschnittsalter, in dem sich junge Adlige auf Kavaliers- und Studienreisen begaben. Das Alter der adligen Studenten hing allerdings eng mit ihrem ständischen Rang zusammen: je höher der Status, desto früher gingen sie zum Universitätsstudium.[77] Das Jurastudium in Padua war berühmt, und nachdem der dortige Unterricht eine radikale Reform durchgemacht hatte, bot diese Universität das Beste. Angesichts der Tatsache, dass sie ohne Probleme auch protestantische Studenten aufnahm, gingen auch Adlige aus Österreich am häufigsten nach Padua, allerdings war Padua in den 40er Jahren des 16. Jahrhunderts, als sich Hieronymus Beck an die dortige Universität begab, noch nicht das übliche Studienziel. Den Untersuchungen von Ingrid Matschinegg zufolge scheint Hieronymus Beck in jener Zeit auch der einzige Student aus den österreichischen Ländern in Padua gewesen zu sein.[78] Kurz darauf begann die Zahl der österreichischen Studenten in Padua, auch

74 MÖSCHL: *Dr. Marcus Beck von Leopoldsdorf*... S. 21; NEUBER: Tu certe es studijs nostris [...] summum praesidium ... S. 524.

75 BECK: *Hieronymus Beck von Leopoldsdorf (1525–1596)*... S. 25–26.

76 Marcus Beck im am 19.8.1544 in Wien datierten Brief an Ferdinand I., angeführt bei MÖSCHL: *Dr. Marcus Beck von Leopoldsdorf*... S. 22; BECK: *Hieronymus Beck von Leopoldsdorf (1525–1596)*... S. 29.

77 MACHARDY: Cultural Capital, Family Strategies and Noble Identity ... S. 50.

78 MATSCHINEGG, Ingrid: *Österreicher als Universitätsbesucher in Italien (1500–1630). Regionale und soziale Herkunft – Karrieren – Prosopographie.* Dissertation, Universität Graz 1999, S. 30, 162.

wegen des schlechten Niveaus der Wiener Universität, schnell zu wachsen und seit 1553 existierte hier ein selbständiges Kolleg für die Studenten aus den deutschen Ländern.

Becks Studium in Padua dauerte knapp zwei Jahre und wurde mit keinem akademischen Grad abgeschlossen.[79] Allem Anschein nach konzentrierte sich Hieronymus mehr als auf das Studium auf die aufregende intellektuelle Atmosphäre Venedigs sowie auf die Aneignung des Lebensstils der Renaissance. Für Angehörige des niederen Adels stellte ein größeres Prestige ohnedies eine Aufnahme in den höheren Adelsstand dar, und einige strebten einen Universitätstitel deshalb gar nicht an.[80]

Einige Details über diese für Hieronymus wesentliche Lebensetappe, zu der man bisher keine Informationen hatte, bringt ein entdeckter Torso seiner damaligen – wohl intensiven – Korrespondenz mit Siegmund von Herberstein.[81] Die Briefe zeugen tatsächlich davon, dass sich Hieronymus weniger als für das Studium für das damalige Geschehen und für das Anknüpfen gesellschaftlicher Kontakte interessierte. Herberstein und Beck tauschten sogar Bücher aus: Beck erwähnt z. B. das Buch des Kartographen und Geographen Georg Werner, das er zu Ende gelesen habe und nun Herberstein aus Italien zurückschicke. Es kann sich um die bekannte Abhandlung Werners über die Heilquellen von Piešťany gehandelt haben, für die Herberstein Werner wertvolles Material zur Verfügung gestellt hatte (später erschien das Werk als Bestandteil von Herbersteins *Moskauer Chronik*). Im Druck erschien das Werk erst 1551, was bedeuten würde, dass Herberstein Beck offensichtlich das Manuskript des Werkes geliehen hatte. Es ist zu erwähnen, dass die beiden Bücher in der späteren Bibliothek von Hieronymus Beck nicht fehlten.[82]

Hieronymus Beck bat Herberstein auch um eine Empfehlung bei Francesco Contarini, Mitglied einer bedeutenden Venediger Adelsfamilie, der sich in den 40er Jahren am Kaiserhof in Wien als venezianischer Gesandter aufhielt.[83] Die Contarinis ließen gerade eine Villa in Venedig nach einem Entwurf von Andrea Palladio für sich bauen. Dieses Palais gehörte dann zu den gelungensten und bekanntesten Renaissancebauten Venedigs. Beck war übrigens ein häufiger Gast in dieser Stadt, in der sich auf glückliche Weise wirtschaftliche Konjunktur und kulturelle Offenheit trafen, und einige seiner Briefe an Herberstein sind hier auch nachweislich entstanden. Die

---

79 BECK: *Hieronymus Beck von Leopoldsdorf (1525–1596)* ... S. 32, ist der Meinung, dass sich Hieronymus Beck in Italien ganze vier Jahre aufhielt. Die neuen, in der Österreichischen Bibliothek entdeckten Quellen, die im vorliegenden Buch erwähnt werden, korrigieren diese Angabe eindeutig.

80 MACHARDY: Cultural Capital, Family Strategies and Noble Identity ... S. 53.

81 Es sind sieben Briefe aus Padua, Venedig und Antwerpen überliefert, die zwischen dem 29.7.1545 und dem 18.8.1547 datiert sind – Wien: Österreichische Nationalbibliothek (Cod. 13598, fol. 101r, 110r, 112r–113v, 118r, 119r, 125r, 126r, 168r).

82 Katalog (6Hi 96, 39); SIMONITI, Primož: The 1551 Herberstein – Wernher Description of lake Cerknica. *Acta Carsologia* 39/1, 2010, S. 147–161. Becks erhaltenes Exemplar von Herbersteins *Moskauer Chronik* war bis vor kurzem ein Bestandteil der Čaplovič-Bibliothek in Dolný Kubín, heutzutage ist es jedoch verschollen; SMETANA, Ján: *Katalóg tlačí 16. storočia v Čaplovičovej knižnici v Dolnom Kubíne.* Matica slovenská, Martin 1981, num. 585.

83 Wien: Österreichische Nationalbibliothek (Cod. 13598, fol. 110r, Brief vom 17.4.1546).

dortige Renaissancekultur, die Denkmäler der Antike sowie die Architektur samt den prachtvollen Gärten prägten bedeutend und anhaltend das ästhetische Empfinden und die Kulturinteressen des jungen Hieronymus Beck. In Italien konnte er auch viele Privatbibliotheken bewundern, für die das sechzehnte Jahrhundert das goldene Zeitalter war.[84] Direkt in Venedig konnte Beck auch die erste öffentliche, für einen breiten Kreis von Intellektuellen bestimmte Bibliothek zu San Marco, die sog. „Marciana", besuchen.[85] Ihr Bibliothekar war niemand anderer als der bekannte italienische Gelehrte Pietro Bembo, dessen 1525 in Venedig erschienenen, Lucrezia Borgia gewidmeten italienischen philosophisch-theologischen Dialog über die Liebe auch Hieronymus Beck besaß.[86]

In seiner Korrespondenz mit Herberstein schilderte Beck jedoch seine unmittelbaren Eindrücke aus Italien nicht.[87] Er widmete sich vielmehr wiederholt den aktuellen politischen Ereignissen und der religiösen Lage außerhalb von Italien, insbesondere in Deutschland. Er kommentierte auch das unglückliche Schicksal und den vorzeitigen Tod der jungen polnischen Königin Elisabeth, die er kurz davor gemeinsam mit Herberstein begleitet hatte.[88] Einem der letzten Briefe vom Mai 1546 fügte Hieronymus auch die Abschrift eines anonymen *Pasquillus* hinzu, das mit leichter Ironie auf den damaligen Papst Paul III. zielte. Es scheint sich um eine Abschrift einer unter den Paduaner Studenten zirkulierenden Dichtung gehandelt zu haben (die Qualität des Gedichts ist nicht allzu hoch). Obwohl die Kritik des Verhaltens des Papstes nur sehr mild und eher ein Ausdruck der Zuneigung zum Hause Habsburg in seinem langjährigen Antagonismus zum Papsttum war, bittet Beck Herberstein im Brief verschwörerisch, er möge diese Angelegenheit für sich behalten.[89]

---

84 NUOVO, Angela: Private Libraries in Sixteenth-century Italy. In: WAGNER, Bettina – REED, Marcia (edd.): *Early Printed Books as Material Objects.* Proceedings of the Conference organized by the IFLA Rare Books and Manuscripts Section, Munich 19–21 August 2009. De Gruyter, Berlin – München 2010, S. 229–240.

85 LOWRY, Martin: Two Great Venetian Libraries in the Age of Aldus Manutius. *Bulletin of the John Rylands University Library of Manchester* 57, 1974, S. 128–166.

86 Katalog Beckiana (8Poet 33).

87 Zu den Studien in Padua allgemein siehe MATSCHINEGG, Ingrid: Das Studium in Italien und die Kavalierstour oberösterreichischer Adeliger. Adelige als Reisende im 16. Jahrhundert. In: VOCELKA, Karl – LEEB, Rudolf – SCHEICHL, Andrea (edd.): *Renaissance und Reformation in Oberösterreich.* Trauner, Linz 2010, S. 161–171.

88 Wien: Österreichische Nationalbibliothek (Cod. 13598, fol. 101r); auch Siegmund von Herberstein erwähnte in seiner Biographie das schwere Schicksal Elisabeths, vgl. PICARD, Bertold: Herberstein als habsburgischer Diplomat. In: PFERSCHY, Gerhard (ed.): *Siegmund von Herberstein: kaiserlicher Gesandter und Begründer der Russlandkunde und die europäische Diplomatie.* Akad. Druck- und Verlagsanstalt, Graz 1989, S. 104.

89 „Mitto Pasquillum ea vero lege, ut in occulto habeas ..." – Wien: Österreichische Nationalbibliothek (Cod. 13598, fol. 112v, datiert Padua am 12.5.1546). Ich danke herzlich Frau Dr. Marta Vaculínová für die Analyse des Textes des *Pasquillus.*

Abb. 7: Das anonyme Werk „Pasquillus" im Brief an Siegmund von Herberstein, Padua 1546 (Wien: Österreichische Nationalbibliothek)

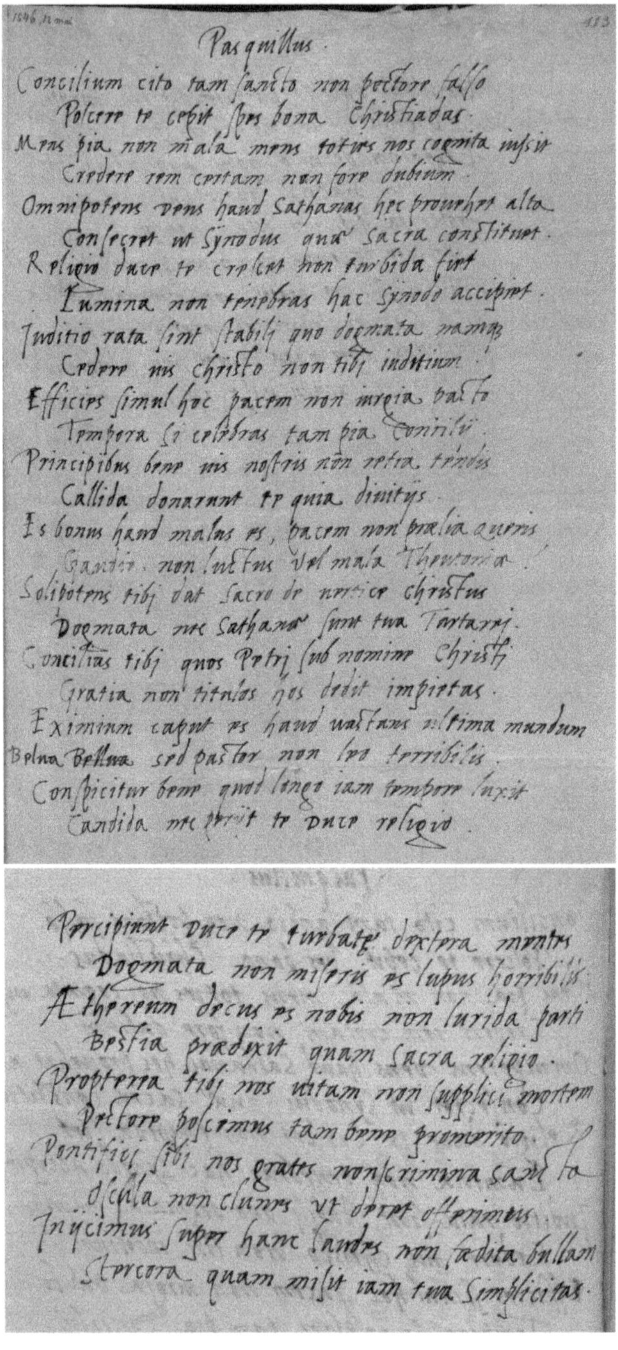
Pasquillus.

Concilium cito tam sancto non pectore falso
Poscere te cepit spes bona Christiadas.
Mens pia non mala mens totius nos cognita iussit
Credere rem certam non fore dubium.
Omnipotens deus haud Sathanas hec prouehet alta
Consecret ut Synodus qua sacra constituet.
Religio duce te crescet non turbida fiet
Lumina non tenebras hac Synodo accipiet.
Iuditio rata sint stabili quo dogmata namque
Credere nos Christo non tibi inditium.
Efficies simul hoc pacem non inquia pacto
Tempora si celebras tam pia Concilii.
Principibus bene nos nostris non retia tendis
Callida donarunt te quia diuitys.
Es bonus haud malus es, pacem non praelia quaeris
Gaudeat non luctus vel mala Theutonia.
Solipotens tibi dat sacro de nomine Christus
Dogmata nec Sathanae sunt tua Tartarei.
Concilias tibi quos Petri sub nomine Christi
Gratia non titulos nos dedit impietas.
Eximium caput es haud vastans ultima mundum
Belua Bellua sed pastor non leo terribilis.
Conspicitur bene quod longo iam tempore luxit
Candida nec perit te duce religio.

Percipiunt duce te turbatae dextera mentes
Dogmata non miseris es lupus horribilis
Aethereum decus es nobis non lurida parti
Bestia praedixit quam sacra religio.
Propterea tibi nos vitam non supplici mortem
Pectore poscimus tam bene promerito.
Pontifices tibi nos grates non crimina sancta
oscula non clunes ut debet offerimus.
Inycimus super hanc laudes non foedita bullam
Stercora quam misit iam tua simplicitas.

Es ist sehr wahrscheinlich, dass aus Hieronymus' italienischer Studienzeit zumindest ein Teil von den zwanzig Büchern stammt, die in den Jahren 1540–1546 in Italien gedruckt und später Bestandteil seiner Familienbibliothek wurden (obwohl er selbstverständlich einige davon erst viel später hätte erwerben können). Es ist mehr als bezeichnend, dass keines davon sich mit der Rechtswissenschaft beschäftigt, deren Studium sich Beck in Padua vor allem hätte widmen sollen. Die inhaltliche Ausrichtung dieser Bücher entspricht dermaßen dem Standard der „Kavaliersbildung", dass man nicht daran zweifeln kann, dass die meisten davon den jungen Adligen während seines Italienaufenthaltes begleiteten und seine Faszination für Renaissance und Humanismus vertieften. Man findet darunter beispielsweise Boccaccios *Decamerone*, Werke von Pietro Aretino (einschließlich einer biographischen Skizze damaliger italienischer Künstler), humanistische Dialoge von Flavio Biondo und Sperone Speroni, einige italienische Übersetzungen spanischer Ritterromane, eine Biographie von Francesco Sforza, einen Kommentar zu Vitruv, ein Handbuch über die Reitkunst, ein Reisebericht über die Türkei und Indien. Einige weitere Bücher haben einen topographisch-historischen Charakter (z. B. die Beschreibung der Bäder in Bormio und in Messina, die Beschreibungen von Sizilien, Rom und Verona) und deuten darauf hin, dass Hieronymus Beck damals auch weitere Teile Italiens bereiste. Es fehlt nicht einmal ein italienisches Wörterbuch; übrigens waren alle erwähnten Bücher italienisch verfasst und es ist offensichtlich, dass Hieronymus die italienische Sprache, die er bereits in Innsbruck gelernt hatte, fließend beherrschte.

Nach dem zweijährigen Aufenthalt in Italien beschloss Hieronymus Beck, seine Kavalierstour durch Westeuropa fortzusetzen; wir wissen leider nicht, ob er allein reiste oder als Mitglied eines größeren Gefolges eines Aristokraten.[90] Ebenso bleibt offen – und in der bisherigen Fachliteratur gibt es dazu völlig unterschiedliche Ansichten –, inwieweit die Entscheidung von Hieronymus auch von seinem Vater unterstützt wurde.[91] Marcus Beck war offensichtlich bereits mit dem Verlauf von Hieronymus' Studium in Italien unzufrieden, denn nach dessen Weggang von Padua erwähnt er Hieronymus – im Unterschied zu den zahlreichen Aufzeichnungen über die Tochter Barbara und ihre Kinder – in der Familienchronik nicht mehr. Auch die Reise seines Sohnes durch Westeuropa war ihm keine Notiz wert, während er früher in der Familienchronik sogar Hieronymus' Studienepisode in Zwettl verzeichnet hatte. Gewisse Spannungen im Leben des jungen Ritters verraten auch seine letzten kurzen und rasch geschriebenen Briefe an Herberstein aus Italien, in denen er nicht näher erklärte persönliche Probleme andeutet. Andererseits muss man einräumen,

90 PEŠEK, Jiří – ŠAMAN, David: Studenti z Čech na zahraničních univerzitách v předbělohorském čtvrtstoletí. *Ústecký sborník historický* 1983, S. 173–218; CSÁKY-LEOBENSTEIN, Eva-Marie: Studien zur Kavalierstour österreichischer Adeliger im 17. Jahrhundert. *Mitteilungen des Instituts für Österreichische Geschichtsforschung* 79, 1971, S. 412; HOJDA, Zdeněk: „Le grandezze d' Italia". Die Kavalierstouren der böhmischen Adeligen, die Kunstbetrachtung und die Kunstsammlung im 17. Jahrhundert. In: HARDER, Hans-Bernd – ROTHE, Hans (edd.): *Studien zum Humanismus in den böhmischen Ländern* III. Böhlau, Köln – Weimar – Wien 1993, S. 151–160.

91 MÖSCHL: *Dr. Marcus Beck von Leopoldsdorf*... S. 22 und 146, ist der Meinung, dass die Beziehungen zwischen Marcus und Hieronymus Beck wegen Hieronymus' westeuropäischer Reise stark angespannt waren; dagegen führt BECK: *Hieronymus Beck von Leopoldsdorf (1525–1596)*... S. 41, an, dass Beck in dieser Hinsicht die volle Unterstützung seines Vaters genoss.

dass das Zerwürfnis zwischen Vater und Sohn wohl auch nicht allzu groß gewesen sein kann, denn jemand muss ja das aufwendige Studium und die Reisen von Hieronymus finanziert haben. Es ist nicht ausgeschlossen, dass Siegmund von Herberstein in Hieronymus' Entscheidung, sich auf eine Reise durch Westeuropa zu begeben, sowie später wiederum bei dessen Versöhnung mit dem Vater eine gewisse Rolle gespielt haben kann, obwohl weder der Ton noch der Inhalt von Herbersteins Antwort auf die Briefe von Hieronymus bekannt sind. Der kinderlose Herberstein, Verfasser von umfangreichen autobiographischen Texten, die zur Belehrung seiner Neffen bestimmt waren und zugleich praktische Ratschläge fürs Reisen enthielten, hat Hieronymus Beck in seinem ambitionierten Plan zweifellos unterstützt.

Den letzten bis heute erhaltenen Brief aus Padua schickte Hieronymus Beck im Juli 1546 ab und wohl kurz darauf verließ er Italien.[92] Seine Reise führte über Deutschland nach Frankreich, England und in die Niederlande. Über Becks Besuch dieser Länder wusste man bisher nur dank ihrer Aufzählung auf einer Gedenktafel, die dieser österreichische Ritter später seinem Freund und Diener Michael Garsin aus der Dauphiné schenkte, der ihn nicht nur durch Westeuropa begleitete, sondern mit ihm später auch nach Spanien, Palästina und Ägypten reiste. Becks Aufenthalt in England und in den Niederlanden wird heutzutage auch durch seinen bis vor kurzem unbekannten an Herberstein gerichteten Brief aus Antwerpen belegt.[93] Hier hielt sich Hieronymus im August 1547 auf.[94] Im Brief schildert er knapp seinen kurzen Besuch in der Grafschaft Cornwall in Südwestengland, wo ihn vor allem die dortige wilde Landschaft und die Tiere sowie Bristol, damals eine der drei größten Städte Englands, faszinierten.

In den Niederlanden, die in jener Zeit einen der Höhepunkte ihrer ökonomischen Entwicklung erlebten, verbrachte Hieronymus Beck offensichtlich eine längere Zeit; an die katholische Universität in Löwen hat er sich zwar nicht inskribiert, das heißt jedoch nicht, dass er sich dort nicht eine gewisse Zeit lang aufgehalten hätte.[95] Den Aufenthalt in den Niederlanden nutzte er wiederum zum Anknüpfen gesellschaftlicher Kontakte. Aus seiner späteren Sammlung von Miniaturporträts wissen wir, dass er hier beispielsweise Adelige und Soldaten traf, die sich in den 40er Jahren des 16. Jahrhunderts in niederländischen und dänischen Kriegsdiensten in den Feldzügen gegen Frankreich ausgezeichnet hatten. In Becks späterer Sammlung bildeten diese Porträts von Personen aus dem niederländischen Milieu eine relativ große und spezifische Gruppe. Daraus lässt sich ableiten, dass die Kontakte zu diesem Milieu wohl auch in der späteren Zeit andauerten.[96] Für das dortige politische und religiöse Geschehen, das sich in der zweiten Hälfte des 16. Jahrhunderts wesentlich beschleunigte, interessierte sich Beck auch anhand der damaligen Buchproduktion, wie man noch sehen wird. Was jedoch die Erwerbung von Büchern angeht, haben wir keine Belege darüber, dass er bei seinem Besuch in den Niederlanden persönlich Bücher gekauft hätte: alle bekannten

---

92 Wien: Österreichische Nationalbibliothek (Cod. 13598, fol. 119r).

93 Wien: Österreichische Nationalbibliothek (Cod. 13598, fol 168r, am 18.8.1547 in Antwerpen datiert).

94 LIMBERGER, Michael: *Sixteenth-century Antwerp and its Rural Surroundings*. Brepols, Turnhout 2008.

95 Sein Name kommt in den dortigen Matrikeln nicht vor, vgl. SCHILLINGS, Arnold Hubert: *Matricule de l'Université de Louvain* IV (Février 1528 – Février 1569). Palais des Académies, Bruxelles 1961.

96 HEINZ: Das Porträtbuch des Hieronymus Beck von Leopoldsdorf ... S. 168, 176.

Exemplare niederländischer Druckerprovenienz in Hieronymus' Bibliothek wurden erst in späterer Zeit herausgegeben.

Trotz des minimalen Umfangs von Informationen über Hieronymus' Kavalierstour ist unbestritten, dass sie einen wichtigen Meilenstein in seiner persönlichen Entwicklung bedeutete – ähnlich, wie es auch bei anderen Adligen-Intellektuellen der Fall war.[97] Nach seiner Rückkehr wurden in ihn große Erwartungen gesetzt, was auch die 1546 publizierten Worte von Wolfgang Lazius zum Ausdruck brachten: „...unde Hieronymus a Leopoldsdorf prodiit, adolescens ad summam virtutem expectatus. Qui dum haec scriberemus, in Italia ingenii cultum capit ...".[98]

Abb. 8: Porträt des Hieronymus Beck (Leiden: Universiteitsbibliotheek)

97 HOLÝ, Martin: *Zrození renesančního kavalíra. Výchova a vzdělávání šlechty z českých zemí na prahu novověku (1500–1620).* Historický ústav AV ČR, Praha 2010, S. 350; HOLÝ, Martin: Nižší šlechta z českých zemí na cestách za vzděláním a její vychovatelé (1500–1620). In: KOVAČKA, Miloš – AUGUSTÍNOVÁ, Eva – MAČUHA, Maroš (edd.): *Zemianstvo na Slovensku v novoveku II. Duchovná a hmotná kultúra* (= Studia historico-bibliographica Turociensia 2). Slovenská národná knižnica, Martin 2009, S. 9–27; MATSCHINEGG: Das Studium in Italien und die Kavalierstour oberösterreichischer Adeliger ... S. 161–171.

98 LAZIUS, Wolfgang: *Vienna Austriae* ... Basel 1546, S. 146, zitiert nach BUSCH, Renate von: *Studien zu deutschen Antikensammlungen des 16. Jahrhunderts.* Dissertation, Universität Tübingen 1973, S. 240, Anm. 112.

Nach der Rückkehr nach Wien wurde Hieronymus Beck durch Ferdinand I. wiederholt mit diplomatischen Gesandtschaften betraut. 1548 begleitete er Prinz Maximilian nach Spanien, der dort die Prinzessin Maria von Habsburg heiraten sollte. Für die Sicherheit von Maximilans Gefolge bei der Schifffahrt von Genua nach Barcelona sorgte der genuesische Doge und kaiserliche Kommandant Andrea Doria, der später in Kämpfen gegen die Türken berühmt wurde. Seine italienische Biographie, die 1565 in Venedig erschien, erwarb Hieronymus später für seine Bibliothek.[99] Beck blieb jedoch am spanischen Hof nur kurz und kehrte bald mit einem Teil von Maximilians Gefolge nach Wien zurück.[100] Den Aufenthalt in den Niederlanden hatte er allem Anschein nach auch zum Kauf von einigen spanischen Büchern genutzt: Es handelte sich vor allem um praktische Handbücher zum spanischen Landrecht, zum Militärwesen, um humanistische Poesie und um Abhandlungen über die Weltgeschichte.[101] Das Reisehandbuch von Alonso de Meneses *Memorial õ abecedario de los mas principales caminos de España ...* (Valladolid 1547) kann bei dieser Reise auch von ganz praktischem Nutzen gewesen sein.

Eine weitere diplomatische Reise führte Hieronymus Beck Ende des Jahres 1549 in sein geliebtes Italien. Gemeinsam mit dem Gesandten des Kaisers Martín de Guzmán sollte Beck in Rom die Glückwünsche Ferdinands I. an Papst Julius III. zu dessen Wahl überbringen. Hieronymus hat sich damals (am 5. Februar 1550) formell an der nahen Provinzuniversität von Ferrara immatrikuliert, wo 35 Jahre zuvor sein Vater den Doktorgrad erlangt hatte.[102] Bei der Rückreise trennte sich Hieronymus Beck in Venedig von der österreichischen Gruppe und begann eine weitere große Reise, diesmal in die Türkei, nach Palästina und Ägypten.

Im Unterschied zu seinem Großvater hinterließ Hieronymus Beck über diese Reise kein persönliches Zeugnis, obwohl einige Forscher auf dessen Existenz immer noch hoffen.[103] Mit Michael Garsin reiste er per Schiff nach Tripolis und dann weiter über Aleppo, Damaskus und Nazareth nach Jerusalem, von wo aus sie Ausflüge zu den in der Bibel erwähnten heiligen Stätten unternahmen (belegt ist der Besuch des Berges Horeb).[104] Laut Margarete Beck absolvierte Hieronymus am Grab Christi auch ein wichtiges Zeremonial, die Aufnahme in den Orden des Heiligen Grabes.[105] Der Weg zurück führte über den Sinai und Ägypten, wo die Reisenden Kairo und die berühmten Pyramiden besuchten. Hieronymus Beck soll damals seinen Namen in einen Block der Cheops-Pyramide eingemeißelt haben, womit er angeblich die französischen Forscher stark verwirrt haben soll, die diese Inschrift 1799 während des napoleonischen Feldzugs

99 Katalog Beckiana (6Hi 151).

100 BECK: *Hieronymus Beck von Leopoldsdorf (1525–1596)* ... S. 38.

101 Katalog Beckiana (2Ju 90, 2Ju 91, 6Hi 195, 6Hi 232, 8Poet 21).

102 Diese Universität wurde von österreichischen Studenten eher nur sporadisch besucht, vgl. MATSCHINEGG: *Österreicher als Universitätsbesucher in Italien (1500–1630)* ... S. 182.

103 AMIN, Abbas: *Ägyptomanie und Orientalismus: Ägypten in der deutschen Reiseliteratur (1175–1663); mit einem kommentierten Verzeichnis der Reiseberichte (383–1845).* De Gruyter, Berlin 2013, S. 373.

104 Über die konkreten Aufenthalte unterwegs schreibt nach den Informationen von Hieronymus Beck im Vorwort LÖWENKLAU, Johannes: *Annales Sultanorum ...* Frankfurt am Main 1588 (VD16 L 1364).

105 BECK: *Hieronymus Beck von Leopoldsdorf (1525–1596)* ... S. 48.

nach Ägypten entdeckten.[106] Von Alexandria reisten sie dann per Schiff nach Kleinasien und nach Konstantinopel, wo Hieronymus Beck durch Vermittlung des Übersetzers des französischen Gesandten d'Aramont eine arabische Handschrift kaufte. Hieronymus Beck widmete sie nach seiner Rückkehr nach Wien Kaiser Ferdinand I. Diese Schrift, auf die ich noch zu sprechen komme, wurde noch zu Lebzeiten von Hieronymus Beck zur grundlegenden Informationsquelle für die damalige Geschichte des osmanischen Reiches.

Im Jahre 1552 kehrte Hieronymus Beck definitiv nach Wien zurück.[107] Sein Vater starb kurz darauf und der Familienbesitz wurde laut Testament aus dem Jahre 1543 unter Hieronymus, seiner Schwester Barbara und Barbara von Werdenstein, der zweiten Frau von Marcus Beck, aufgeteilt. Hieronymus versuchte offensichtlich, die Erwartungen seines Vaters zu erfüllen, zumindest was die Beamtenlaufbahn angeht. Im Februar 1554 wurde er zum Kammerrat der niederösterreichischen Landeskammer ernannt, den aktiven Dienst trat er jedoch erst ein Jahr später an (am 3.1.1555).[108] In diesem Amt, das ein ausgezeichnetes Sprungbrett in die Reihen der niederösterreichischen Aristokratie sein konnte, blieb Beck bis 1562. Im Jahre 1563 ernannte ihn Maximilian II. sogar zum Sekretär der Hofkammer; 1567 notierte er jedoch in seine Tagebücher, dass Beck für dieses Amt nicht tauge und dass er mit seinen Leistungen sehr unzufrieden sei. Trotzdem verblieb Hieronymus in dieser Funktion bis 1569.[109] Im Rahmen seines Amtes besuchte Beck wiederholt Niederungarn (1566 begleitete er beispielsweise als Sekretär der Hofkammer Maximilian ins Feldlager bei Raab/Györ und ein Jahr später begleitete er den Kaiser nach Pressburg).[110] Die mit dem Reisen verbundenen Anstrengungen verwendete Hieronymus Beck im Jahre 1568 als Vorwand bei seinem Gesuch um Enthebung aus diesem Amt. Dann bekleidete Beck bis 1573 die weniger prestigeträchtige, dafür aber lukrative Funktion des Obersten Proviantmeisters für Ungarn.[111] Auch später versuchte er wohl, die Beamtenpflichten zu meiden: Ein beredtes Zeugnis

---

106 Die erste Erwähnung der Inschrift befindet sich bei HORMAYR: Österreichische Reisende aus der Vorzeit ... S. 23; SCHIMETSCHEK: *Der österreichische Beamte ...* S. 52–53; RÖHRICHT, Reinhold: *Deutsche Pilgerreisen nach dem Heiligen Lande.* Verl. der Wagner'schen Univ. Buchh., Innsbruck 1900, S. 236; Margarete Beck suchte erfolglos nach Belegen für die Existenz der Beck'schen Inschrift auf der Pyramide, vgl. BECK: *Hieronymus Beck von Leopoldsdorf (1525–1596)* ... S. 51.

107 Aus Ägypten brachte er möglicherweise auch eine damals beliebte exotische Trophäe mit, nämlich ein Krokodil, das Hieronymus Arconatus in einem seiner Gedichte erwähnt, siehe ARCONATUS: *Ab epistolis bellicis poematum recentiorum volumen ...* Wien 1591, S. 5.

108 Die Rekonstruktion von Becks Beamtentätigkeit und die Archivquellen dazu werden angeführt bei BECK: *Hieronymus Beck von Leopoldsdorf (1525–1596)* ... S. 69, X-XIII, weitere Dokumente befinden sich vor allem in Wien: Österreichisches Staatsarchiv (Finanz- und Hofkammerarchiv, Familienakten BP-93); Einzelheiten auch anderswo, z. B. Den Haag: Koninklijke Bibliotheek (72 D 20 – ein amtlicher Brief Ernsts von Österreich von 1585, der von Hieronymus Beck mitunterzeichnet wurde).

109 FICHTNER, Paula Sutter: *Emperor Maximilian II.* Yale University Press, New Haven 2001, S. 82–83.

110 BECK: *Hieronymus Beck von Leopoldsdorf (1525–1596)* ... S. 67.

111 RAUSCHER, Peter: *Zwischen Ständen und Gläubigern. Die kaiserlichen Finanzen unter Ferdinand I. und Maximilian II. (1556–1576).* Oldenbourg, Wien – München 2004, S. 139.

dafür ist seine Antwort von 1580 an Erzherzog Ernst von Österreich, in der Beck um die Entbindung von seinem Versprechen bittet, an der Arbeit einer nicht näher spezifizierten amtlichen Kommission in Oberungarn teilzunehmen.[112] Überaschenderweise wirkte er noch in den Jahren 1583–1589, also bereits als sehr alter Mann, als Rat des Erzherzogs und in dieser Rolle nahm er an zahlreichen politischen Verhandlungen teil, einschließlich des Landtags in Linz im Jahre 1589.

Im Unterschied zu seinem Vater Marcus Beck, der zu den einflussreichen Männern im Umkreis Ferdinands I. gehört hatte, erlangte Hieronymus einen vergleichbaren politischen Einfluss nie. Trotzdem strebte er danach, eine würdige Stellung innerhalb des intellektuell orientierten höheren Adels von Niederösterreich zu finden, wovon sowohl die Auswahl von Personen in seiner Sammlung von Porträtminiaturen als auch ein bedeutender Wandel in seinem Lebensstil, der gänzlich dem Lebensstandard der österreichischen und böhmischen Aristokratie entsprach, Zeugnis ablegen.[113] Wolfgang Neuber machte darauf aufmerksam, dass die Söhne von Hieronymus Beck in der Matrikel der Wiener Universität zum Jahre 1575 mit dem Titel „barones" eingetragen sind.[114] Angesichts der Tatsache, dass es zu einer offiziellen Standeserhebung der Nachkommen von Hieronymus Beck erst nach seinem Tod kam (im Jahre 1597), vermutet Neuber, dass Hieronymus Beck den Barontitel lediglich für seine Person erhalten haben kann und dass Maximilian II. durch diese Geste wahrscheinlich auch seinen Dank für das verjährte oder nur teilweise zurückgezahlte Darlehen von 25.000 Gulden zum Ausdruck brachte, das ihm Beck im Jahre 1570 gewährt hatte.[115] Obwohl ich keine alternative Erklärung zum erwähnten Eintrag in der Universitätsmatrikel anbieten kann, nehme ich an, dass Hieronymus Beck über diesen Titel nie offiziell verfügte. Außer dem Fehlen von Archivmaterialien, die ein solches bedeutendes Ereignis dokumentieren würden, ist meiner Meinung nach ein eindeutiger Beweis dafür vor allem die Tatsache, dass Hieronymus Beck weder in der erhaltenen amtlichen Korrespondenz noch in der Form eines persönlichen Exlibris diesen oder einen ähnlichen Titel benutzte.

Dies hinderte ihn aber nicht daran, eine aufwendige Lebensweise zu führen, die sich von der der hohen Aristokratie nicht unterschied, und sich seinen kulturellen und Sammleraktivitäten zu widmen, was ihm wohl die relativ einträglichen Kontakte zur österreichischen Armee ermöglichten.[116] Er realisierte diesen Lebensstil vor allem auf Schloss Ebreichsdorf unweit Wiens, das er 1569 kaufte und zum Hauptsitz seiner Familie wählte. Er besaß zwar auch andere Herrschaften (neu erwarb er Niederwaldersdorf, die Schlösser Hainburg und Zwettl; das Schloss Leopoldsdorf ließ er 1581 rekonstruieren), Ebreichsdorf wurde aber zu seiner „Herzensangelegenheit". Die ursprüngliche alte Wasserfestung hatte sich seit dem letzten Feldzug der Türken

112 Wien: Österreichische Nationalbibliothek (Autogr. 66/35-1, datiert in Wien am 3.5.1580).

113 TERSCH: *Österreichische Selbstzeugnisse* ... S. 231.

114 GALL, Franz - SZAIVERT, Willy (edd.): *Die Matrikel der Universität Wien.* II. Band 1518/II–1579/I. Böhlau, Wien - Köln - Graz 1971, S. 166.

115 NEUBER, Wolfgang: Visual Exegesis and Social History: Hieronymus Beck von Leopoldsdorf (1525–1596) and His Strategies of Self-Aggrandizement. In: MELION, Walter S. - CLIFTON, James - WEEMANS, Michel (edd.): *Imago Exegetica: Visual Images as Exegetical Instruments, 1400–1700.* Brill, Leiden 2014, S. 672.

116 SCHIMETSCHEK: *Der österreichische Beamte* ... S. 53.

in Richtung Wien im Jahre 1529 in einem desolaten Zustand befunden, was aber für Hieronymus eine außerordentliche Gelegenheit darstellte, das Gebäude völlig nach seinen Vorstellungen zu einem Lustschloss im Renaissancestil umzubauen, das von einem Wasserring umgeben war (es handelte sich um Überreste von sieben Teichen), der von mehreren Stegen überbrückt wurde. Die Arbeiten an der Erneuerung des Schlosses dauerten fast zwanzig Jahre lang: Nach und nach wurden neue Wohnräume eingerichtet, die Türme rekonstruiert und ergänzt, umfangreiche Weinkeller sowie Brunnen mit gesundem frischem Wasser angelegt, wodurch in Ebreichsdorf ein lang andauerndes lästiges Problem gelöst wurde.[117] Von der wachsenden Distanz Becks zum Wiener Milieu zeugt auch der Verkauf des Hauses in Wien, das fünfzig Jahre zuvor sein Vater erworben hatte, als er seine erfolgreiche Karriere am Hof begann. Hieronymus erweiterte nach und nach den Park von Ebreichsdorf, ließ ihn durch neue Mauern umgeben und legte einen ausgedehnten Obstgarten an. An die Mauer des inneren Schlosshofes ließ Hieronymus den Stammbaum der Becks von Leopoldsdorf anbringen und auf dem Ebreichsdorfer Pfarrfriedhof errichtete er die Familiengruft, wohin er auch die sterblichen Überreste seines Vaters und dessen zweiter Frau umbetten ließ.[118]

Der kaiserliche Botaniker Carolus Clusius, der in den 80er Jahren des 16. Jahrhunderts Ebreichsdorf wiederholt besuchte, erwähnte bewundernd sowohl die Zierpflanzen in Becks Garten als auch die frei wachsenden Pflanzen in seinem Lapidarium.[119] Zu Beginn der neunziger Jahre wurden Becks Verdienste um den Umbau von Ebreichsdorf und die Kultivierung der umliegenden Landschaft vom lateinisch dichtenden Hieronymus Arconatus gefeiert, der besonders Becks Wasserbauten hoch schätzte.[120] Später bezeichnete auch der böhmische Adlige Zdeněk Vojtěch Popel von Lobkowicz, der ein Freund von Hieronymus' Sohn Marcus Eberhard war, Ebreichsdorf als „einen reizenden Ort".[121]

Hieronymus Beck war dreimal verheiratet und wurde Vater von neun Kindern. Seine erste Frau Barbara von Spangenstein heiratete er 1553. Sie war eine Verwandte von Siegmund von Herberstein und bis zu ihrer Eheschließung Mitglied des Frauengefolges der Prinzessin Katharina von Österreich. Aus diesem Ehebund wurden die Söhne Siegmund und Hannibal geboren. Hannibal hat als Einziger aus der zahlreichen Nachkommenschaft Becks die intellektuellen Interessen seines Vaters geerbt: Er widmete sich angeblich der Mathematik und Astronomie und soll große Geldsummen für naturwissenschaftliche Forschungen aufgewendet haben.[122]

---

117 Die Beschreibung von Ebreichsdorf und von den dortigen Umbauten präsentiert eingehend BECK: *Hieronymus Beck von Leopoldsdorf (1525–1596)* ... S. 93–98.

118 RUZICKA, Franz: Die Becksche Gruft auf dem Friedhofe zu Ebreichsdorf. *Monatsblatt des Vereines für Landeskunde vom Niederösterreich.* Wien 1914–1915, S. 326–330.

119 GELDER, Esther van: *Tussen hof en keizerskroon: Carolus Clusius en de ontwikkeling van de botanie aan Midden-Europese hoven (1573–1593).* Leiden University Press, Leiden 2011.

120 ARCONATUS: *Ab epistolis bellicis poematum recentiorum volumen* ... Wien 1592, S. 48 und 98. (Für die Konsultation zur Übersetzung bin ich Frau Jana Svobodová zu Dank verpflichtet.).

121 MAREK, Pavel (ed.), *Svědectví o ztrátě starého světa. Manželská korespondence Zdeňka Vojtěcha Popela z Lobkovic a Polyxeny Lobkovické z Pernštejna.* Historický ústav Jihočeské univerzity, České Budějovice 2005, S. 221.

122 MÖSCHL: *Marcus Beck von Leopoldsdorf* ... S. 145. Das angeführte Datum von Hannibals Tod (1608) ist nicht richtig, in der Österreichischen Nationalbibliothek ist eine

Die zweite Frau von Hieronymus Beck, Magdalena von Rappach, stammte aus einer bedeutenden österreichischen Familie. Auch aus dieser Ehe wurden zwei Kinder geboren: Christoph und Martha. Christoph studierte in Wien und wurde später als Page an den Prager Hof geschickt, Martha trat ins Augustinerkloster zu St. Jakob in Wien ein. Becks Gattin starb bald nach der Geburt des zweiten Kindes; Hieronymus ließ sie in der Gruft der Familie Rappach im Wiener Minoritenkloster bestatten und in der Kirche ein kostenaufwendiges Grabdenkmal im römisch-antiken Stil errichten, mit einem humanistischen Epitaph und einer Marmorbüste im italienischen Stil, die anhand eines Porträts von Magdalena geschaffen wurde.[123] Marie von Scherffenberg, die dritte Frau von Hieronymus, gebar die meisten Kinder: Joachim, Marcus Eberhard, Barbara, Johann Baptist, Georg und Leonhard. Hieronymus Beck ließ seine Kinder in österreichischen Schulen unterrichten: Die älteren Söhne Hannibal und Siegmund wurden in die protestantische Landesschule in Wien und zu den Wiener Jesuiten geschickt, die Söhne aus der letzten Ehe studierten seit 1575 an der Wiener Universität. Marcus Eberhard und Joachim setzten ihr Studium gemeinsam in Italien fort (1583 ließen sie sich in Padua, 1584 in Bologna, 1585 in Siena und Perugia immatrikulieren).[124] Hieronymus Beck lag ihre Bildung offensichtlich sehr am Herzen und er gliederte auch in der Familienbibliothek eine spezielle Abteilung aus, in der linguistische und allgemein schulische Literatur konzentriert wurde, die zweifelsohne für die Bildung seiner Söhne bestimmt war. Diese erbten jedoch die humanistischen Interessen des Vaters nicht und waren später vor allem als Heereskommandanten in kaiserlichen Diensten tätig. Erst diese Verdienste führten 1597 zur Erhebung von Hannibal, Joachim, Leonhard und Marcus Eberhard in einen höheren Adelsstand.[125] Dies hat Hieronymus Beck jedoch nicht mehr erlebt. Er war Ende des Jahres 1596 in Ebreichsdorf im Alter von 71 Jahren gestorben und wurde in der Familiengruft auf dem Pfarrfriedhof bestattet.[126]

Die Sammleraktivitäten von Hieronymus Beck von Leopoldsdorf

Becks Sammlerinteressen, die sich im Schloss Ebreichsdorf konzentrierten, waren ungewöhnlich breit und reichten von archäologischen und epigraphischen Denkmälern über Kunstwerke bis hin zur Buchkultur. Der Einfluss des allgemein verbreiteten humanistischen Kults der Antike war bei Hieronymus Beck tiefer verwurzelt und wurde durch seine langen und wiederholten Aufenthalte in Italien gefördert; von Bedeutung war selbstverständlich auch die Nähe des Sammlervorbilds am Kaiserhof, eventuell

Verschreibung Hannibals über zehn Gulden mit seiner eigenhändigen Unterschrift und dem Datum 13.7.1613 erhalten. Wien: Österreichische Nationalbibliothek (Autogr. 9/72-1).

123 SCHEMPER-SPARHOLZ, Ingeborg: Grab-Denkmäler der Frühen Neuzeit im Einflussbereich des Wiener Hofes. Planung, Typus, Öffentlichkeit und mediale Nutzung. In: HENGERER, Mark (ed.): *Macht und Memoria. Begräbniskultur europäischer Oberschichten in der Frühen Neuzeit.* Böhlau, Köln 2005, S. 351.

124 MATSCHINEGG: *Österreicher als Universitätsbesucher in Italien (1500–1630)* ... S. 183.

125 Wien: Österreichisches Staatsarchiv (Finanz- und Hofkammerarchiv, Familienakten BP-93, Fam. Act. 16, 20, 21, 23).

126 RUZICKA: Die Becksche Gruft auf dem Friedhofe zu Ebreichsdorf ... S. 326–330.

auch des vom Ambraser Hof sowie das Vorbild der Sammler aus den bürgerlichen Schichten Wiens.[127] Neben dem Streben nach Wissen und Bildung spielten in der Sammlertätigkeit des damaligen Adels in größerem oder geringerem Maße zweifelsohne neben der Selbstrepräsentation auch die Mode der Zeit und gar politische Interessen ihre Rolle.[128]

Es besteht kein Zweifel daran, dass Hieronymus Beck mittels seiner Sammleraktivitäten auch nach einer würdigen Stellung im intellektuell orientierten niederösterreichischen höheren Adel suchte, in dessen Reihen er formell nie gehörte. Es ist jedoch nicht einfach, im Fall von Hieronymus Beck die Grenze zwischen dem Bestreben nach der Hebung seines gesellschaftlichen Prestiges und dem Ausdruck seiner inneren intellektuellen Interessen festzustellen. In allen Bereichen seiner Sammlertätigkeit kommen nämlich sowohl Spuren einer originellen oder zumindest ungewöhnlichen Einstellung zutage, die eindeutig das übliche Maß an adeliger Repräsentation überstieg, als auch Spuren von Ehrgeiz, dem Lebensstil der intellektuell ausgerichteten Aristokratie gerecht zu werden.

Hieronymus Beck ist vor allem als Besitzer einer ausgedehnten Sammlung von archäologischen Denkmälern der Antike bekannt, die er im südlichen Teil des Gartens seines Ebreichsdorfer Schlosses unterbrachte. In Wien war das Interesse an antiken Denkmälern dank häufiger Funde bereits in der ersten Hälfte des 16. Jahrhunderts sehr lebendig. Manche dieser Denkmäler wurden in der Zeit der Erneuerung der Stadt nach der türkischen Belagerung von 1529 entdeckt, weitere stammten aus den damals entdeckten nahe gelegenen Lagern römischer Legionen (z. B. Carnuntum). Die größten Sammlungen hatten verständlicherweise die Habsburger. Ferdinand I. bevorzugte noch die örtlichen Funde und regionale Denkmäler, aber Maximilian II. ließ wertvolle Stücke auch direkt aus Italien holen.[129] Die Sammlertätigkeit blühte jedoch auch in den bürgerlichen und adeligen Kreisen, und ihre führenden Vertreter – Wolfgang Lazius, Hermes Schallautzer, Reichart Streun – gehörten auch zum engeren Freundeskreis von Hieronymus Beck. Die jüngere Generation kosmopolitischer Intellektueller, zu der beispielsweise Johannes Sambucus, Hugo Blotius und Jacopo Strada gehörten, hatte bereits andere Vorstellungen sowohl über die Anordnung von antiken Sammlungen als auch über die Bedeutung der direkt aus Italien stammenden Denkmäler, denen sie eindeutig den Vorzug gab.[130]

Der Grundstock der archäologischen Kollektion von Hieronymus Beck stammte bereits aus den 60er Jahren des 16. Jahrhunderts, als er die Sammlung des 1561

127 HEISS: Bildungsverhalten des niederösterreichischen Adels ... S. 154. Zur allgemeinen Charakteristik von Becks Sammlertätigkeit kurz TERSCH, *Österreichische Selbstzeugnisse* ... S. 231.

128 HEISS: Bildungsverhalten des niederösterreichischen Adels ... S. 154, führt ständisch-politische Gründe für die Sammlertätigkeit bei Job Hartmann von Enenkel und besonders bei Reichart Streun von Schwarzenau an.

129 KOHN, Renate: *Wiener Inschriftensammler vom 17. bis zum beginnenden 19. Jahrhundert.* Deuticke, Wien 1998 (= Forschungen und Beiträge zur Wiener Stadtgeschichte 32); BUSCH, Renate: *Studien zu deutschen Antikensammlungen des 16. Jahrhunderts.* Dissertation, Universität Tübingen 1973.

130 LOUTHAN, Howard: *The Quest for Compromise. Peacemakers in Counter-Reformation Vienna.* Cambridge University Press, Cambridge 2006, S. 33.

verstorbenen Wiener Baumeisters Hermes Schallautzer erwarb. Beck erweiterte diese Sammlung systematisch, und zwar nicht nur um Funde aus Wien und Niederösterreich. Einige Stücke seiner Sammlung stammten auch aus Unterungarn und ihr Transport nach Ebreichsdorf muss relativ kompliziert gewesen sein. Beispielsweise stammten aus der Umgebung von Raab (Győr), mit dessen Eroberung durch die türkische Armee im Jahre 1566 (deren Augenzeuge Beck war) eine der vielen Etappen der Kriege zwischen den Türken und den Habsburgern endete, mindestens acht Grab- und Votivsteine in Ebreichsdorf.[131]

Hieronymus Beck bevorzugte epigraphische und funerale Denkmäler. Davon zeugen nicht nur die Zusammensetzung seiner archäologischen Kollektion, sondern auch Bücher in seiner Bibliothek, auf die später eingegangen wird, sowie die Fürsorge, die er eigenen Bestellungen dieses Typs widmete, ob es sich nun um die Familiengruft in Ebreichsdorf oder um den Grabstein für seine Frau Magdalena handelte. Unter dem Aspekt der Provenienz gehörte Hieronymus' Sammlung von Grab- und Votivsteinen in die Tradition der Wiener Fachleute älterer Generation, die die regionalen Funde bevorzugten; was jedoch die Präsentation der Sammlung betraf, zeigte sie schon deutlich den Einfluss der italienischen Welt. In Ebreichsdorf wurden einige archäologische Denkmäler in die Mauern eingesetzt, andere wurden vereinzelt im südlichen Teil des Gartens untergebracht. Renate Busch vermutet, dass Beck die Inspiration für diese Anbringungsart direkt in Padua und Venedig gefunden habe.[132]

Bis auf unsere Tage sind aus der ursprünglichen Sammlung Becks nur einige Einzelstücke erhalten geblieben; drei davon, die im 19. Jahrhundert bei den Rekonstruktionsarbeiten in Ebreichsdorf gefunden wurden, sind heute in der Mauer der Schlosskapelle angebracht.[133] Über die Gesamtgestalt der ursprünglichen Kollektion kann man sich dank den Quellen aus der damaligen Zeit eine relativ gute Vorstellung machen. Dazu gehören die Berichte und Zeichnungen des kaiserlichen Botanikers und Historikers Carolus Clusius, der in den 80er Jahren des 16. Jahrhunderts Ebreichsdorf wiederholt besuchte und in seine Tagebücher auch einige Denkmäler aus Becks Sammlung zeichnete. Aus Clusius' Zeichnungen sind jedoch leider nur einige

---

131 Zu Becks archäologischer Sammlung vgl. KUBITSCHEK: Das Lapidarium des Hieronymus Beck von Leopoldsdorf ... S. 106; BECK: *Hieronymus Beck von Leopoldsdorf (1525–1596)* ... S. 131; BUSCH: *Studien zu deutschen Antikensammlungen des 16. Jahrhunderts* ... S. 20–26; RUZICKA: Römische Denkmäler im Schlosse zu Ebreichsdorf ... S. 221–232.

132 BUSCH: *Studien zu deutschen Antikensammlungen des 16. Jahrhunderts* ... S. 20–26.

133 Beim Abriss von Schlossanbauten in den Jahren 1882 und 1912 wurden fünf römische Denkmäler entdeckt, und zwar vier Grabsteine und ein Altar, einige waren jedoch sekundär als Baumaterial benutzt gewesen. Darüber eingehend RUZICKA: Römische Denkmäler im Schlosse zu Ebreichsdorf ... S. 221–232; BUSCH: *Studien zu deutschen Antikensammlungen des 16. Jahrhunderts* ... S. 25; BARB, Alphons A.: Carolus Clusius und die römische Inschriftenkunde. In: *Festschrift anlässlich der 400jährigen Wiederkehr der wissenschaftlichen Tätigkeit von Carolus Clusius (Charles de l'Escluse) im pannonischen Raum.* Amt der Burgenländischen Landesregierung, Landesarchiv, Eisenstadt 1973 (= Burgenländische Forschungen, Sonderheft V), S. 99 – Reproduktion von drei in der Mauer der Schlosskapelle von Ebreichsdorf eingesetzten römischen Steinen (Aufnahme von 1970).

Blätter erhalten, weitere sind bloß noch aus sekundären und späteren Abschriften bekannt.[134] Wohl die vollständigste Übersicht bietet der Katalog mit Zeichnungen von 47 Gegenständen der Ebreichsdorfer Sammlung, den 1588 auf Becks Veranlassung der ehemalige Student der Wiener Universität Bartholomäus Jupp angefertigt hat.[135] Jupps graphische Darstellung ist zwar einfacher und steht sowohl in technischer Vollkommenheit als auch im Verständnis für künstlerische Formen den Zeichnungen von Carolus Clusius nach, trotzdem ist dieser Katalog der vollständigste Beleg der inhaltlichen Ausrichtung und Größe von Becks archäologischer Sammlung.[136] Jupps Katalog wurde in der Familienbibliothek deponiert, überstand das dramatische Schicksal der Ebreichsdorfer Bibliothek und wird heutzutage in der Universitätsbibliothek in Leiden aufbewahrt.[137]

Dieser Katalog zeugt davon, dass die ästhetisch-dekorative Funktion von Becks Kollektion der antiken Denkmäler eine bedeutende, nicht jedoch die einzige Komponente von Becks Sammlertätigkeit war. Obwohl man in Becks Fall auch nicht im Entferntesten über eine in Gelehrtenkreisen geläufige wissenschaftlich-archäologische Herangehensweise sprechen kann, ist es offensichtlich, dass er sich für diese Denkmäler auch unter „sachlichem" Aspekt interessierte. Beleg dafür ist nicht nur deren Aufzeichnung mittels eines Katalogs, sondern auch ein etwas überraschendes Objekt, das von Beck in seine Sammlung aufgenommen wurde. Es war ein mittelalterlicher jüdischer Grabstein aus dem Jahre 1240, der bei Bauarbeiten in Wien gefunden worden war. Hieronymus Beck widmete ihm eine außerordentliche Aufmerksamkeit und ließ die hebräische Inschrift des Grabsteins gleich durch vier Personen für sich übersetzen: 1579 bat er darum zwei Rabbiner aus den nächstgelegenen jüdischen Gemeinden (Eisenstadt und Pressburg), vier Jahre später entstanden zwei Übersetzungen ins Lateinische, eine vom Wiener Jesuiten Georg Scherer, die andere vom Hebraisten jüdischer Herkunft Paul Weidner von Billerburg. Alle vier Übersetzungen sind im Katalog von Jupp verzeichnet.[138]

134 Eine Kopie von Clusius' Handschrift wurde von Johann Gruter für sein Werk *Inscriptiones antiquae* (Heidelberg 1603) benutzt; zu dieser sowie zu weiteren Quellen KUBITSCHEK: Das Lapidarium des Hieronymus Beck von Leopoldsdorf ... S. 125; BARB: Carolus Clusius und die römische Inschriftenkunde ... S. 96.

135 Bartholomäus Jupp, aus Neisse gebürtig, wurde 1580 in die Matrikel der Wiener Universität eingetragen, er hat aber in Wien keinen akademischen Grad erlangt, siehe KUBITSCHEK: Das Lapidarium des Hieronymus Beck von Leopoldsdorf ... S. 147.

136 Die Zahl der bekannten Objekte ist wohl nicht definitiv. Im Heft gibt es einige leere Blätter (fol. 46, 47 und 48, die Zeichnungen enden auf fol. 52, es folgen leere und dabei nummerierte Folios). Deshalb ist es nicht sicher, ob Jupp seine Arbeit beendete, man kennt auch eventuelle Zuwächse der Sammlung nach 1588 nicht.

137 Leiden: Universiteitsbibliotheek (Voss. lat. O. 65); Katalog Beckiana (9Antiq 46).

138 Leiden: Universiteitsbibliotheek (Voss. lat. O. 65), fol. 39v–40v. Namentlich werden der Rabbiner Aron aus Eisenstadt und der Rabbiner Markus aus Pressburg genant; der jüdische Grabstein wird auch erwähnt von KUBITSCHEK: Das Lapidarium des Hieronymus Beck von Leopoldsdorf ... S. 107.

Abb. 9a-b: Bartholomäus Jupps Katalog der archäologischen Sammlung von Ebreichsdorf mit der Abbildung und Übersetzung des jüdischen Grabsteins (Leiden: Universiteitsbibliotheek)

a.

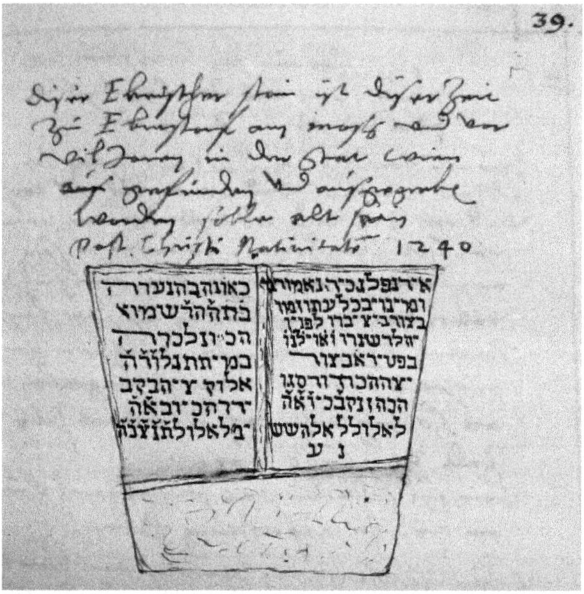

b.

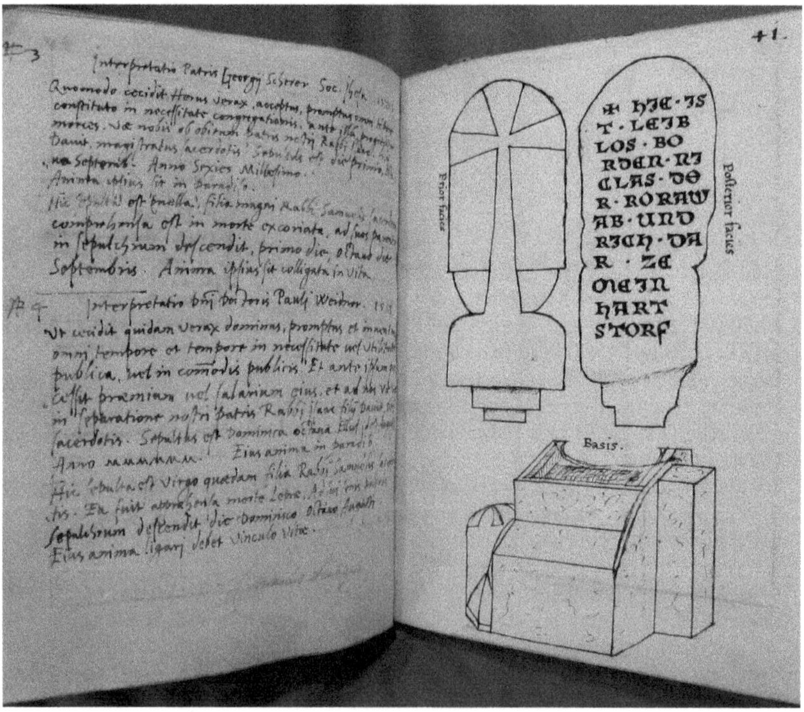

Becks weitere ernste Vorliebe war das Sammeln von Miniaturwerken der bildenden Kunst. Originell konzipiert war vor allem die Kollektion von 240 Porträts, die Hieronymus seit den 70er Jahren des 16. Jahrhunderts schuf und die sich heute im Kunsthistorischen Museum in Wien befindet (sie wurde detailliert durch Günther Heinz analysiert).[139] Das Buch gehört heutzutage zu den wenigen Denkmälern dieses Typs, im mitteleuropäischen Raum ist lediglich die Ambraser Porträtsammlung Ferdinands II. von Tirol bekannter. Obwohl die Ambraser Hofkunst sowohl den engeren als auch den weiteren Umkreis des Hofes beeinflusste, wurde Beck davon nur ideell inspiriert. Bei der Konzeption seiner Sammlung ging er unabhängig vor, und zwar nicht nur vom Ambraser Vorbild, sondern auch von der Porträtgalerie der kaiserlichen Sammlungen, die eine Quelle seiner Vorlagen waren. Hieronymus Beck, der die Auswahl und Zusammensetzung seiner Porträtsammlung persönlich leitete, legte besonderen Nachdruck auf Personen aus seiner unmittelbaren Umgebung, einschließlich der Wiener Bürger, Intellektuellen und Adligen, mit denen ihn politische und kulturelle Interessen oder persönliche Freundschaft verbanden. Im Gegensatz zu den Gewohnheiten seiner Zeit ließ er Porträts so genannter Berühmtheiten fast völlig außer Acht, die sonst ein üblicher Bestandteil ähnlicher, durch das Werk *Icones* von Paolo Giovio inspirierter Kollektionen waren, obwohl Hieronymus Beck dieses Buch in seiner Bibliothek zur Verfügung hatte.[140] Zweifelsohne handelte es sich um ein außerordentlich kostspieliges und zeitaufwändiges Projekt, das in den Kreisen des niederen Adels einzigartig war.

Die Personen, zu denen Hieronymus Beck eine nahe Beziehung hatte, wurden wiederholt und in verschiedenen Etappen ihres Lebens porträtiert; zu ihnen gehörten beispielsweise Reichart und Regina Streun, Hermes Schallautzer, Wolfgang Lazius und Philipp Gundel mit seiner Familie. Die ursprüngliche Anordnung der Porträts basierte offensichtlich auf dem ständischen Rang der porträtierten Personen. Bewundernswert ist auch die Breite der Quellen für die Vorlagen, die von der Wiener kaiserlichen Sammlung bis hin zu adeligen und bürgerlichen Galerien (u. a. auch denen von Reichart Streun und Ambrosius Brassicanus) reichten, von denen einige nicht erhalten oder heute ganz unbekannt sind. Die letzten Folios wurden in den 90er Jahren des 16. Jahrhunderts gemalt. Die Söhne von Hieronymus Beck setzten das Sammeln von Miniaturporträts nicht fort und wohl bereits an der Wende vom 16. zum 17. Jahrhundert befand sich die Kollektion nicht mehr im Besitz der Familie Beck. Etwa zu dieser Zeit wurden die bis dahin losen Blätter zu einem Kodex gebunden, wobei die ursprüngliche Anordnung gestört und 18 Porträts von orientalischen Herrschern und Würdenträgern herausgenommen wurden.[141]

---

139 Wien: Kunsthistorisches Museum (Gemäldegalerie 9691); HEINZ: Das Porträtbuch des Hieronymus Beck von Leopoldsdorf ... S. 165–310; FELLNER, Sabine: Das adelige Porträt. Zwischen Typus und Individualität. In: KNITTEL, Herbert (ed.): *Adel im Wandel: Politik, Kultur, Konfession, 1500–1700: Niederösterreichische Landesausstellung, Rosenburg, 12. Mai–28. Oktober 1990*. Amt der NÖ Landesregierung, Wien 1990, S. 501–504.

140 Katalog Beckiana (9Antiq 47).

141 METZGER, Christoph – TEGET-WELZ, Manuel: Ein verlorenes Bildnis Martin Schaffners, überliefert im Porträtbuch des Hieronymus Beck von Leopoldsdorf. *Kunstchronik. Monatsschrift für Kunstwissenschaft, Museumswesen und Denkmalpflege* 63, 2010, S. 257–260; HEINZ: Das Porträtbuch des Hieronymus Beck von Leopoldsdorf ... S. 171; STICHEL: Ein Nachtrag zum Porträtbuch des Hieronymus Beck von Leopoldsdorf ... S. 189–207.

Diese Porträts wurden einer anderen, dem Osmanischen Reich gewidmeten Sammlung einverleibt, die bis vor kurzem dem bekannten Orientalisten Johannes Löwenklau zugeschrieben wurde und die in der Österreichischen Nationalbibliothek erhalten ist.[142] Es handelt sich um eine wertvolle Kollektion von Bildern mit türkischen Motiven, in der sich neben Porträts von Sultanen und Fürsten auch einige Abbildungen von archäologischen Denkmälern und zeitgenössischen türkischen Bauten befinden. Bis auf unsere Tage sind nur acht ähnliche türkische Alben überliefert. Die Meinungen der Forscher über die Entstehung dieser Kollektion gehen auseinander: Einige sind der Meinung, dass der Orientalist Johannes Löwenklau das Bilderalbum während seiner Reise durch den Orient anfertigen ließ und es erst nach der Rückkehr nach Wien Beck schenkte, eine andere Theorie schreibt die ganze Kollektion der Initiative Becks zu.

Der Name von Johannes Löwenklau erscheint nämlich auf einem der Blätter (mit einer eindrucksvollen Abbildung eines Türken in roten Hosen und zahlreichen Messern im Leib, den Löwenklau 1585 während seiner Orientreise gesehen hat) und darüber hinaus erwähnt Löwenklau im Vorwort zu einem seiner Werke seinen Besitz einer Sammlung von Illustrationen mit orientalischen Motiven.[143] Auf diesem Blatt befindet sich jedoch auch Löwenklaus Dedikation an Hieronymus Beck mit der Jahreszahl 1586, die bis jetzt nicht eindeutig erklärt wurde, obwohl sie offensichtlich eine Schlüsselbedeutung für die Frage der Entstehung und Provenienz dieses wertvollen Kodex hat. Laut der neuesten Interpretation von Pál Ács habe Löwenklau den ganzen Kodex oder wenigstens seinen größeren Teil direkt für Hieronymus Beck geschaffen, und zwar mit Hilfe von Johannes Sambucus, der die Vorlagen durch Vermittlung des kaiserlichen Botschafters in Konstantinopel David Ungnad von Sonneck besorgte. Löwenklau soll die – heute verschollene – Kollektion Ungnads zum größeren Teil kopiert, eigene Malereien hinzugefügt und den ganzen Kodex Hieronymus Beck geschenkt haben.[144] In diesem Falle ist allerdings die Platzierung der Dedikation inmitten des Kodex unlogisch, und deshalb scheint mir die Interpretation von Rudolf Stichel – auch im Kontext der anderen Sammleraktivitäten von Beck – wahrscheinlicher, der zufolge Löwenklau Beck lediglich jenes Blatt mit der Abbildung des Türken und mit der Dedikation geschenkt habe. In beiden Fällen war das Ziel von Löwenklau, der sich in chronischer Geldnot befand, Beck zur Herausgabe der ganzen Sammlung Löwenklaus von kolorierten Bildern aus Istanbul zu bewegen.[145] Laut Stichel wurde jedoch dieses Geschenk ein Impuls für Beck, einen eigenen Zyklus von Illustrationen mit türkischen Themen zu schaffen, womit er gleich nach 1587 begonnen habe. Zuerst versuchte er offensichtlich, eine eigene Serie von osmanischen Porträts zu schaffen und danach ließ er die bereits erwähnte umfangreiche und heute verlorene Sammlung von illuminierten Porträts,

---

142 Wien: Österreichische Nationalbibliothek (Cod. 8615 – *Figurae calamo exaratae variorum Turcarum imperatorum, capitaneorum etc. imagines, deinde habitus, ludos, caeremonias etc. repraesentantes*).

143 Wien: Österreichische Nationalbibliothek (Cod. 8615), fol. 158; ÁCS, Pál: Pro Turcis and contra Turcos: Curiosity, Scholarship and Spiritualism in Turkish Histories by Johannes Löwenklau (1541–1594). *Acta Comeniana* 25, 2011, S. 25–46, hier S. 33–34.

144 ÁCS: Pro Turcis and contra Turcos ... S. 31.

145 STICHEL: Ein Nachtrag zum Porträtbuch des Hieronymus Beck ... S. 192.

das *Türkenbuch* David Ungnads von Sonneck, sowie weitere, aus anderen Quellen stammende Porträts kopieren.[146]

Abb. 10: Das Hieronymus Beck gewidmete Blatt mit der Abbildung eines Türken (Wien: Österreichische Nationalbibliothek)

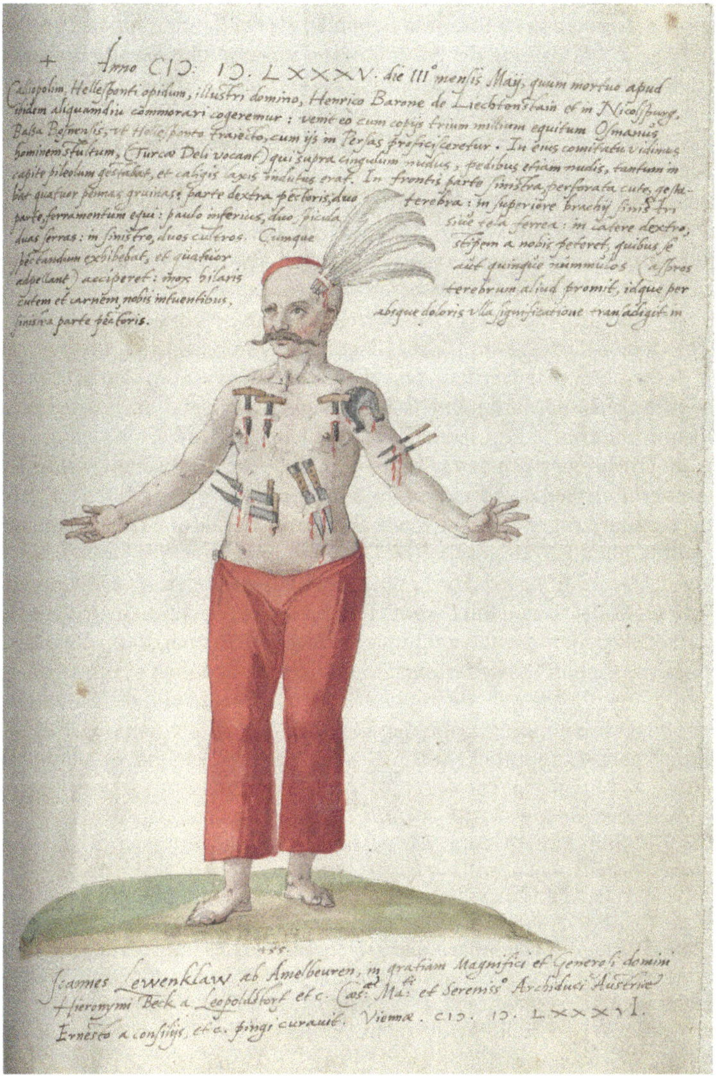

146 STICHEL: Ein Nachtrag zum Porträtbuch des Hieronymus Beck ... S. 189–207; darauf, dass der Besitzer der Porträtsammlung höchstwahrscheinlich Beck war, hat METZLER, Dieter: Johannes Löwenklau. *Westfälische Lebensbilder* 13, 1985, S. 38–39, als erster aufmerksam gemacht.

Bibliotheken der habsburgischen Länder und ihre Präsentation

Die Präsentation von Kunst- und Buchsammlungen an den Adelshöfen endete nicht mit ihrer Ordnung und Aufstellung, das Ziel war auch ihre durchdachte gegenseitige Verbindung. Sie sollte sowohl in äußerer Hinsicht (diese bestand vor allem in ihrer Unterbringung in einem gemeinsamen Gebäude) als auch innerhalb des gesamten Systems (analogische Anordnung der Sammlungen, absichtliche räumliche Vermischung u. dgl.) funktionieren.[147] Diesem Ideal der Zeit kam man an den Höfen in München, Ambras und auch in Třeboň (Wittingau) am nächsten.

Interessante Anordnungen von Sammlungen, deren Bestandteil verständlicherweise auch Bibliotheken waren, entstanden auch an weiteren, insbesondere österreichischen Adelssitzen. Was jedoch die eigentlichen Adelsbibliotheken in den habsburgischen Ländern in der zweiten Hälfte des 16. Jahrhunderts anbelangt, befindet sich ihre wissenschaftliche Erforschung wegen Mangels an Quellen sowie wegen häufiger Zerstreuung der ursprünglichen Bücherbestände erschwert, eher erst in den Anfängen. Schon die grundlegende Klassifizierung von Bibliotheken ist keine einfache Angelegenheit. Es gibt verschiedene Maßstäbe und Vorschläge von typologischen Gruppen, aber man muss sich dessen bewusst werden, dass die Grenzen zwischen den einzelnen Typen sehr fließend waren und dass manche Bibliotheken während ihrer Entwicklung von einem Typ zum anderen übergingen.[148] Am deutlichsten profilierten sich in der zweiten Hälfte des 16. Jahrhunderts in den böhmischen und österreichischen Ländern umfangreiche Sammlerbibliotheken höfischen Typs; neben ihnen existierten auch mittelgroße und kleinere Sammlungen überwiegend privaten Charakters, die jedoch nur wenig bekannt waren. Eben für diese mittelgroßen Bibliotheken ist ihr Übergangscharakter wohl am typischsten: Einige davon, auch trotz ihrer geringeren Größe, tendierten zu repräsentativen Kollektionen mit Sammlercharakter, bei anderen überwogen hingegen Züge rein intellektueller Privatsammlungen. Einen behelfsmäßigen, obwohl selbstverständlich unerlässlichen Orientierungsaspekt bei der Typologisierung von Adelsbibliotheken stellt ihre Größe dar, die mit der Erwerbsstrategie und der Familientradition unmittelbar zusammenhing.[149] Dabei ist es notwendig zu betonen, dass zu jener Zeit die Bibliothek keinen unentbehrlichen Bestandteil des Adelssitzes bildete und dass

147 KALTWASSER, Franz Georg: *Die Bibliothek als Museum: Von der Renaissance bis heute, dargestellt am Beispiel der Bayerischen Staatsbibliothek.* Harrassowitz, Wiesbaden 1999, S. 16; FECHNER, Jörg-Ulrich: Die Einheit von Bibliothek und Kunstkammer im 17. und 18. Jahrhundert, dargestellt an Hand zeitgenössischer Berichte. In: RAABE, Paul (ed.): *Öffentliche und private Bibliotheken im 17. und 18. Jahrhundert. Raritätenkammern, Forschungsinstrumente oder Bildungsstätten* (= Wolfenbütteler Forschungen 2). Jacobi, Bremen–Wolfenbüttel 1977, S. 11–31.

148 Zur Typologie von Bibliotheken mehr bei PUM: *Bibliothekskataloge als Geschichtsquellen* ... S. 2, 6.

149 BŮŽEK: Knihovny aristokratů na česko-moravsko-rakouském pomezí ... S. 92, unterscheidet bei den Adelsbibliotheken kleine (einige dutzend Bände, z. B. die Herren von Hradec/Neuhaus), mittelgroße (z. B. Georg Erasmus Tschernembl) und große (Tausende von Bänden: die Bibliothek der Herren von Rosenberg oder Heinrich Wilhelms von Starhemberg); NOE, Alfred: *Die italienische Literatur in Österreich. Teil 1: Von den Anfängen bis 1797.* Böhlau, Wien – Köln – Weimar 2011, S. 546, bezeichnet als Bibliotheken von mittlerer Größe die Büchersammlungen mit 500–1000 Titeln.

einige Adelsfamilien (in Böhmen z. B. die altehrwürdige und einflussreiche Familie der Herren von Hradec/Neuhaus) es offensichtlich nicht für nötig hielten, repräsentative Familienbibliotheken aufzubauen.

Sehen wir uns nun einige Bibliotheken näher an, die Hieronymus Beck kennenlernen und mit denen er seine eigene Büchersammlung in Ebreichsdorf hätte vergleichen können. Eine einmalige Position unter den Bibliotheken in den habsburgischen Ländern nahm die kaiserliche Bibliothek in Wien ein.[150] Bereits durch ihre Größe gehörte sie natürlich zu den universell ausgerichteten Bibliotheken: 1592 enthielt sie um die 11.000 Bände und stellte somit am Ende des 16. Jahrhunderts das einzige Gegengewicht zur größten Bibliothek in den deutschen Fürstentümern dar, der Büchersammlung der Wittelsbacher in München. Die inhaltliche Universalität der kaiserlichen Bibliothek war durch ihre historische Entwicklung sowie durch ihre langjährigen (sowohl systematischen als auch einmaligen) Erwerbungen gegeben. Die Wiener kaiserliche Bibliothek war immer nur einem beschränkten Personenkreis zugänglich; erst Hugo Blotius versuchte nach seiner Ernennung zum Hofbibliothekar im Jahre 1575, ihre Funktion um eine neue und gänzlich originelle Dimension zu erweitern. Dieser kryptokalvinistische Intellektuelle mit ausgedehnten Auslandskontakten versuchte, in Wien die Idee einer „europäischen enzyklopädischen Bibliothek“ zu realisieren, in der alle repräsentativen Gedanken des menschlichen Geistes konzentriert, geordnet und für die Zukunft erhalten werden sollten. Das Ziel des ambitionierten und seiner Zeit vorauseilenden Projekts war eine freie Zirkulation von Ideen innerhalb einer Gemeinschaft von Intellektuellen. Blotius' universelle Perspektive fand in einigen seiner Teilarbeiten ihren Niederschlag, beispielsweise in der Erstellung eines Gesamtkatalogs der türkischen Literatur aus den Beständen nicht nur der kaiserlichen, sondern auch aus weiteren Privatbibliotheken, jedoch die Realität des amtlichen Alltags sowie die angespannte Atmosphäre in den Wiener Kreisen nach dem Tode Maximilians II., in der der Druck der rekatholisierenden Kräfte nach und nach überwog, führten Blotius von der Realisierung seiner ursprünglichen Vorstellungen weg. Trotzdem wurde die Hofbibliothek in Wien dank Blotius in der zweiten Hälfte des 16. Jahrhunderts zu einem wichtigen Zentrum des damaligen intellektuellen Netzes.[151] Dazu gehörten – wenn auch eher nur am Rande – auch mehrere mitteleuropäische Aristokraten und Besitzer interessanter Bibliotheken: Adam von Dietrichstein, Peter Wok von Rosenberg, Wolf Rumpf von Wielroß sowie der Freund von Hieronymus Beck Reichart Streun. Auch Hieronymus Beck wird die kaiserliche Bibliothek gekannt haben, obwohl man über die Natur und Häufigkeit der Kontakte zwischen Beck und Blotius leider nichts weiß. Belegt ist lediglich Becks Besuch in der Hofbibliothek im Jahre 1588, den Blotius in seinem Brief an Justus Lipsius mit Respekt erwähnte.[152] Es ist nicht ausgeschlossen,

---

150 UNTERKIRCHER: Hugo Blotius und seine ersten Nachfolger (1575–1663) … S. 81–151; MOLINO: Ein Zuhause für die Universalbibliothek … S. 23–39; LOUTHAN: *The Quest for Compromise* … S. 67–84; SIEGERT, Bernhard: Die Botschaft des Elefanten. Hugo Blotius' Projekt der Bibliotheca Generis Humani Imperatoriae (1575). In: KRAJEWSKI, Markus (ed.): *Projektemacher. Zur Produktion von Wissen in der Vorform des Scheiterns.* Kulturverl. Kadmo, Berlin 2004, S. 67–78.

151 MOLINO Paola: *L'Impero di carta. Hugo Blotius, Hofbibliothekar nella Vienna di fine Cinquecento.* PhD thesis, European University Institute 2011.

152 Blotius erwähnte diese Episode ein Jahr später in einem Brief an Justus Lipsius, vgl. DE LANDTSHEER, Jeanine: Forgotten Letters from Hugo Blotius to Justus Lipsius

dass sich Beck damals für die türkische Handschrift interessierte, die er vor mehr als 35 Jahren der Bibliothek geschenkt hatte und die Johannes Löwenklau in jener Zeit auf Becks Veranlassung für eine neue Ausgabe vorbereitete.

Auch die Bibliothek der Herren von Rosenberg hatte zur Zeit ihres Höhepunktes im ersten Jahrzehnt des 17. Jahrhunderts einen universellen und sammlerischen Charakter. Günstige Bedingungen für den Aufbau einer prunkvollen Bibliothek mit Saalcharakter hatte bereits der Zeitgenosse von Hieronymus Beck Wilhelm von Rosenberg gehabt. Er hatte jedoch wohl diese Art der Repräsentation nicht angestrebt und wurde kein echter Buchsammler, geschweige denn ein Bücherliebhaber. Exlibris und Supralibros verwendete er nur sporadisch, er nutzte weder die Gelegenheit, in die Familienbibliothek die umfangreichen Bestände der aufgelösten südböhmischen Klöster einzugliedern, noch reagierte er auf das Angebot des kaiserlichen Antiquars Jacopo Strada, dessen Privatbibliothek zu kaufen. Ganz im Gegensatz dazu vermachte er 1591, kurz vor seinem Tod, den Krumauer Jesuiten ein verhältnismäßig großes und vor allem inhaltlich wertvolles Geschenk von Büchern aus der Familienbibliothek. Was die damalige rosenbergische Familienbibliothek anbelangt, ist es nicht bekannt, dass Wilhelm mit ihrer Verwaltung einen Bibliothekar betraut oder Interesse an der Erstellung eines Katalogs gezeigt hätte. Die Familienbibliothek behielt während der gesamten Regierungszeit Wilhelms von Rosenberg einen reinen Privat- und Benutzercharakter und ihre Größe überstieg in den 90er Jahren des 16. Jahrhunderts wohl nicht zwei- bis dreitausend Bände.[153] Die rosenbergische Bibliothek machte eine anspruchsvolle Transformation zu einer außerordentlich umfangreichen repräsentativen Saalbibliothek erst zu Beginn des 17. Jahrhunderts durch. Zum Höhepunkt dieses Prozesses wurde, im Jahre 1608, die Erstellung eines kalligraphisch und auch in bibliothekarischer Hinsicht außerordentlichen vierbändigen Katalogs durch den rosenbergischen Historiker und Bibliothekar Václav Březan, in dem mehr als zehntausend Bände verzeichnet waren. Die Zeit Peter Woks von Rosenberg war hinsichtlich der Präsentation der Familiensammlungen auch dadurch einzigartig, dass der Bibliothek eine zentrale Rolle beschieden wurde, was u. a. auch durch die Tatsache bezeugt wird, dass alle Bücher ausnahmslos nur in der Bibliothek untergebracht waren.[154]

Eine weitere universelle Bibliothek der damaligen Zeit war die Büchersammlung Ferdinands II. von Tirol, mit dem Hieronymus Beck am Hof von Innsbruck gemeinsam aufgewachsen war. Ferdinand baute im Schloss Ambras eine Bibliothek von über 3.700 Bänden auf, die ihrer Zeit als die größte und bedeutendste in Mitteleuropa angesehen wurde. Eine in den letzten Jahren unternommene gründliche Analyse dieser Bibliothek zeigte jedoch, dass sie im Vergleich zu anderen Sammlungen eher am Rande von

in Vienna, ÖNB, Ms. 9490. *Humanistica Lovaniensia. Journal of Neo-latin Studies* LXI, 2012, S. 325–326.

153 Zum Inhalt des Büchergeschenks Wilhelms von Rosenberg an die Krumauer Jesuiten eingehend VESELÁ, Lenka: Rožmberská knihovna. In: FALTYSOVÁ, Vlasta (ed.): *Rukověť tištěných knihovních fondů Národní knihovny České republiky. Od prvotisků do konce 19. století.* Národní knihovna České republiky, Praha 2006, S. 203–206. Zur Bibliothek Wilhelms von Rosenberg siehe VESELÁ: *Knihy na dvoře Rožmberků* ... S. 43–71; HEJNIC, Josef: K literárním a bibliofilským zájmům dvou posledních Rožmberků. *Opera Historica* 3, 1993, S. 223–231.

154 VESELÁ: *Knihy na dvoře Rožmberků* ... passim.

Ferdinands Interesse stand.[155] Die Bibliothek von Ambras wurde nie systematisch geordnet und katalogisiert und sie wurde auch nicht so planmäßig erweitert, wie in der älteren Fachliteratur angenommen. Sie stellte vielmehr eine unentbehrliche Ergänzung zu Ferdinands Kunstkammer und Waffensammlung dar, die auch von breiteren Hofkreisen benutzt wurde. Unter den Forschern herrscht übrigens nicht einmal Übereinstimmung darüber, ob die Ambraser Bibliothek von Anfang an als ein untrennbares und einheitliches Ganzes mit den übrigen Ambraser Sammlungen gedacht war, wie es beispielsweise am Hof von München der Fall war. Es gelang lediglich nachzuweisen, dass ähnlich wie in München auch in Ambras in gewissem Maße die innere Verbindung zwischen diesen beiden Sammlungen funktionierte, das heißt, dass zahlreiche Bücher auch in der Kunstkammer untergebracht waren. In Ambras handelte es sich dabei neben der Graphik vor allem um inhaltlich bedeutende oder aber um reich verzierte Werke aus dem Nachlass Maximilians I. sowie um auf Bestellung Ferdinands entstandene Handschriften. Es kann nicht eindeutig gesagt werden, auf Grund welcher Kriterien die Bücher in die Bibliothek oder in die Kunstkammer (wohin auch mehrere liturgische Handschriften und Gebetbücher gelangten) eingeordnet wurden, eindeutig spielte jedenfalls die Kostspieligkeit einer Handschrift mit einer Rolle.[156]

Die Ambraser Bibliothek war offensichtlich ein Vorbild für die Sammleraktivitäten Christophs von Wolkenstein, der in seinem Schloss Rodenegg in Tirol mehr als 3.000 Bücher ansammelte. Wolkensteins Büchersammlung wurde zum Unterschied von der Ambraser Bibliothek mit einem prunkvollen Autorenkatalog ausgestattet und bildete somit ein gleichrangiges Ganzes mit den übrigen seiner Sammlungen, besonders den Waffen, den Werken der bildenden Kunst und den Münzen. Wolkensteins Büchersammlung steht deshalb ein wenig zu Unrecht im Schatten der Bibliothek von Ambras, aber ihr Katalog, anhand dessen man die Bibliothek detailliert analysieren könnte, und der noch in den 40er Jahren des 20. Jahrhunderts existierte, ist heutzutage leider verschollen.[157]

Einzigartig war auch die Bibliothek des steierischen, in Mähren ansässigen Adligen Ferdinand Hoffmann von Grünpühel. Um das Jahr 1600 enthielt sie angeblich über 4.000 Bücher, und obwohl sie durch die Art der Erwerbungen und durch ihre Größe zu den universell ausgerichteten Bibliotheken gehört, widmete Hoffmann persönlich ihrer Anordnung, Katalogisierung und bibliophilen Elementen wie Exlibris, Supralibros sowie farblich vereinheitlichten Einbänden eine außerordentliche Aufmerksamkeit.[158]

---

155 PURŠ, Ivo – KUCHAŘOVÁ, Hedvika (edd.): *Knihovna arcivévody Ferdinanda II. Tyrolského.* Artefactum – Ústav dějin umění AV ČR, Praha 2015; GRIES, Christian: Erzherzog Ferdinand von Tirol und die Sammlungen auf Schloß Ambras. *Frühneuzeit-Info*, 5/1, 1994, S. 11; *Hundert Handschriften der Ambraser Kunst- und Wunderkammer aus der Österreichischen Nationalbibliothek*, Ausstellung. Tiroler Landesmuseum Ferdinandeum, Innsbruck 1966, S. 15.

156 KUCHAŘOVÁ, Hedvika: Classis theologica. Teologická literatura. In: PURŠ, Ivo – KUCHAŘOVÁ, Hedvika (edd.): *Knihovna arcivévody Ferdinanda II. Tyrolského* ... S. 130. Über die Beziehung zu anderen Sammlungen von Ambras auf eine entgegengesetzte Weise GRIES: Erzherzog Ferdinand II. von Tirol ... S. 10.

157 DÖRRER, Anton: Die Bibliothek des Freiherrn Christoph von Wolkenstein auf Schloss Rodenegg, *Zentralblatt für Bibliothekswesen* 58, 1941, S. 18–43; STAMPFER: Adlige Lesekultur in Tirol um 1600 ... S. 323–344.

158 TRANTÍREK, Miroslav: *Dějiny mikulovské zámecké knihovny.* Okresní vlastivědné muzeum, Mikulov 1963, S. 13–22; ANTONÍN, Luboš: Dietrichsteinská knihovna na zámku Mikulov. *Sborník Národního muzea* – řada C 39/40, 1994–1995, Nr. 1–4, S. 1–28;

Im Unterschied zum rosenbergischen Hof, wo alle grundlegenden Tätigkeiten bei der Verwaltung der Bibliothekar Václav Březan initiierte und vor allem realisierte, sorgte Hoffmann für viele Dinge offensichtlich selbst. Seine Erwerbungen waren relativ gut durchdacht und verliefen wohl auf der Grundlage von Bibliographien und Verlegerkatalogen, er nahm aber auch einmalige Einkäufe von für ihn interessanten Büchersammlungen vor. Hoffmanns Beziehung zu Büchern war dadurch außergewöhnlich, dass er einen hohen Grad des bibliophilen Empfindens (ein umfangreicher Komplex von manieristischen Exlibris und Supralibros sowie die einheitlichen Einbände) mit aktivem Interesse am Inhalt der Bücher verband: In seiner Bibliothek befand sich ein bedeutender Prozentsatz an Gebrauchshandschriften und seine Bücher wurden in hohem Maße auch tatsächlich gelesen. Laut Jaroslava Kašparová hatte seine Büchersammlung einen deutlich romanischen Charakter, besonders auf dem Gebiet der Unterhaltungsliteratur.[159] Darüber hinaus hatte die Hoffmann'sche Bibliothek als eine der wenigen in den habsburgischen Ländern gleichzeitig einen Bereichs- und einen Autorenkatalog.[160]

Einen eher kammerartigen und persönlichen Charakter hatten die Bibliotheken, deren Größe sich um zweitausend Bücher bewegte. Zu solchen Sammlungen gehörte beispielsweise die Hofbibliothek des kalvinistisch orientierten ungarischen Magnaten Balthasar Batthyány, der – ähnlich wie Hieronymus Beck – durch seine Reise durch Westeuropa, insbesondere durch den Aufenthalt in Frankreich, wesentlich geprägt wurde. Nach der Rückkehr nach Ungarn schuf er in Güssing einen humanistisch orientierten Hof, dessen Bestandteil auch eine umfangreiche Bibliothek war.[161] Weil der anderswo bereits gut etablierte Büchermarkt in Ungarn noch nicht funktionierte, baute Batthyány seine Büchersammlung vor allem aufgrund von direkten Bestellungen bei Verlegern und Handelsagenten auf, wobei auch seine Kontakte zu ausländischen Intellektuellen für die Zusammensetzung seiner Bibliothek eine bedeutende Rolle spielten.

Von ähnlicher Größe waren auch die Bibliotheken der österreichischen protestantischen Adligen Gundaker von Starhemberg (ihre Gestalt ist uns aufgrund eines Katalogs aus den 80er Jahren des 16. Jahrhunderts bekannt) und Georg Erasmus von

---

HAUSNEROVÁ, Kateřina: *Ferdinand Hofmann z Grünbüchlu (1540–1607). Knihovna zapomenutého sběratele Rudolfovy doby.* Magisterarbeit, Olomouc 2012; KRUŠÍNSKÝ, Rostislav – GLONEK, Jiří: Jazyk a řeč knižních vazeb z hlediska majitele. Sbírka Ferdinanda Hoffmana z Grünpühelu ve Vědecké knihovně v Olomouci. In: RADIMSKÁ, J. (ed.): *K výzkumu zámeckých, měšťanských a církevních knihoven. Jazyk a řeč knihy* (= Opera Romanica 11). Jihočeská univerzita, České Budějovice 2009, S. 481–500.

159 KAŠPAROVÁ, Jaroslava: *Amadis Waleský, nebo Don Quijote? Rytířské příběhy španělského Zlatého věku a jejich putování za čtenáři 16.–19. století.* Veduta – Národní muzeum, Praha 2014, S. 133.

160 Die Kataloge der alten hoffmannschen Bibliothek sind in Mikulov (Nikolsburg) erhalten geblieben: Regionální muzeum (MIK 1418, MIK 1403).

161 MONOK – ÖTVÖS – ZVARA: *Balthasar Batthyány und seine Bibliothek* ... passim; MONOK, István: Traditionelle und nonkonformistische Lektüren in Westungarn zwischen 1550 und 1650. In: HABERLAND, Detlef (ed.): *Buch- und Wissenstransfer in Ostmittel- und Südosteuropa in der frühen Neuzeit* (= Schriften des Bundesinstituts für Kultur und Geschichte der Deutschen im östlichen Europa 34). Oldenbourg, München 2007 [2008], S. 197–214; MONOK, István: Über die höfischen Bibliotheken des 16.–17. Jahrhunderts im Karpatenbecken. *Acta Comeniana* 15–16 (39–40), 2002, S. 127–140.

Tschernembl.[162] Für die Untersuchung der Bibliothek der Familie Beck wäre vor allem der Vergleich mit der Bibliothek des protestantischen Adligen Reichart Streun von Schwarzenau sehr wertvoll, mit dem Hieronymus Beck dank ähnlichen intellektuellen Neigungen früh und für lange Zeit befreundet war. Leider hat man über Inhalt und Größe dieser Bibliothek bis jetzt keine Informationen: Der Katalog (falls überhaupt einer existierte) ist nicht erhalten geblieben und die Bibliothek wurde 1623 entweder als Ganzes oder wenigstens zum größeren Teil an die kaiserliche Hofbibliothek verkauft. Bis jetzt wurde auch kein Versuch ihrer Rekonstruktion unternommen.[163] Dank Georg Calaminus, einem humanistischen Dichter, den Streun unterstützte, kann man sich zumindest eine grundlegende Vorstellung über die Aufstellung und Zugänglichkeit der Bibliothek in Freyhardegg machen. Streun bestimmte für die Bibliothek einen speziellen, mit Porträts von Dichtern ausgeschmückten Saal, in dessen unmittelbarer Nähe Streuns Sammlungen von Bildern, Münzen und Urkunden untergebracht waren. Die Bibliothek in Freyhardegg war den sich am dortigen Hof aufhaltenden Gelehrten zugänglich, und Streun zog sich im fortgeschrittenen Alter aus dem politischen Leben zurück und widmete sich seinen Schriften zur österreichischen Geschichte und der Genealogie. Mit Hieronymus Beck stand er in regem und lang andauerndem Kontakt, wozu auch Austausch von Büchern und gegenseitige Beschenkung mit Büchern gehörten.

Eine bemerkenswerte und bisher nicht genügend geschätzte Persönlichkeit war in dieser Hinsicht auch Adam von Dietrichstein. Der prospanisch orientierte Politiker und kaiserliche Diplomat hat eine nicht allzu große Bibliothek von etwa eintausend Bänden aufgebaut, die von Josef Polišenský aufgrund des späteren Katalogs von 1614 als katholisch-humanistisch charakterisiert wurde, in der die spanische Literatur einen bedeutenden Anteil hatte.[164] Adam von Dietrichstein und Hieronymus Beck

---

162 Der Katalog der Bibliothek Gundakers von Starhemberg ist in Berlin überliefert: Staatsbibliothek (Ms. Cat. Fol. 47); KOHLER, Alfred: Umfang und Bedeutung historisch-geographischer Werke in oberösterreichischen Adelsbibliotheken des 17. Jahrhunderts. *Mitteilungen des Oberösterreichischen Landesarchivs* 13, 1981, S. 232–233; SACHSENHOFER, Günther: *Die Bibliothek des Freiherrn Georg Erasmus von Tschernembl. Eine Rekonstruktion.* Hausarbeit für die Zulassung zur Dienstprüfung, Linz 1992.

163 GROẞMANN, Karl: Reichart Strein von Schwarzenau, Ein österreichischer Staatsmann und Gelehrter aus der Zeit der Renaissance, Reformation und Gegenreformation. *Jahrbuch für Landeskunde und Heimatschutz von Niederösterreich und Wien* 20, 1926/27, S. 1–37; GROẞMANN, Karl: Der Historiker Reichart Streun von Schwarzenau (1538–1600). *Mitteilungen des Instituts für Österreichische Geschichte* 11, 1929, S. 564.

164 Brno: Moravský zemský archiv (Cerroniho sbírka G 12, II, Nr. 117 – DINGENAUER, Georg: *Catalogus librorum ... Francisci Cardinalis a Diettrichstein*); POLIŠENSKÝ, Josef: Hispanika mikulovské ditrichštejnské knihovny z roku 1614. *Jižní Morava – Vlastivědný sborník* 8, 1972, S. 157–160; zu den Katalogen der dietrichsteinschen Bibliothek komparativ VESELÁ, Lenka: Knihovna Františka z Ditrichštejna v dobovém kontextu. In: KORDIOVSKÝ, Emil – SVOBODA, Milan (edd.): *Kardinál František z Ditrichštejna a jeho doba* (= XXIX. Mikulovské sympozium). Muzejní a vlastivědná společnost, Brno 2006, S. 227–238; Zur Person und Karriere vgl. EDELMAYER, Friedrich: Ehre, Geld, Karriere. Adam von Dietrichstein im Dienst Kaiser Maximilians II. In: EDELMAYER, Friedrich – KOHLER, Alfred (edd.): *Kaiser Maximilian II. Kultur und Politik im 16. Jahrhundert.* Verlag für Geschichte und Politik – Oldenbourg, Wien – München 1992, S. 109–137.

verband mehr als nur die maßvolle Beziehung zum Aufbauen ihrer Bibliotheken: Beide studierten fast zur gleichen Zeit in Padua, sie waren für die diplomatische Laufbahn vorausbestimmt und ihre Familien standen immer auf der Seite der katholischen Kirche. Die Dietrichstein'sche Bibliothek und vor allem ihre Rolle im intellektuellen Leben Adams wurden bisher nicht zufriedenstellend untersucht, obwohl anhand seiner Kontakte zu Hugo Blotius, der ihm wiederholt verschiedene Büchersammlungen zum Kauf anbot, sowie aufgrund der Exemplare von Adams Bibliothek offenkundig ist, dass sein Interesse an der zeitgenössischen Bücherkultur relativ intensiv war.

Das Eintreten zugunsten der spanischen Politik am kaiserlichen Hof, die katholische Konfession und die Kontakte mit Hugo Blotius sind typische Züge auch für die Aktivitäten Wolf Rumpfs von Wielroß, eines weiteren Adligen in Diensten des kaiserlichen Hofes. Im Unterschied zu Adam von Dietrichstein, der offensichtlich keinen Katalog seiner Büchersammlung anlegte, bat Rumpf bereits 1583 Blotius um die Katalogisierung seiner Bibliothek, die damals etwa eintausend Bände enthielt. Auch Rumpfs Bibliothek wurde bisher gar nicht analysiert, jedoch deutet allein die Existenz des originell angelegten und sorgfältig durchgeführten Katalogs an, welch eine Bedeutung Rumpf seiner Bibliothek beimaß. Von Rumpfs hoher Meinung über seine Bibliothek zeugt auch sein Vermächtnis von Büchern an den spanischen Santiago-Ritterorden und sogar an den spanischen König Philipp II.[165]

Eine Privatbibliothek war ein selbstverständliches Objekt auch in der Welt der Wiener Humanisten und Intellektuellen, und manche von ihnen konkurrierten in mehrerlei Hinsicht (einschließlich der quantitativen) auch mit den bereits erwähnten Bibliotheken der Aristokraten. Die Humanisten konzentrierten sich in viel höherem Maße auf den Erwerb von antiken (und in Mitteleuropa auch von mittelalterlichen) historischen Handschriften. Im Unterschied zu den Bibliotheken des Adels war jedoch die Existenz dieser Bibliotheken eher kurzfristig; üblicherweise wurde die Büchersammlung eines Gelehrten bald nach dem Tode ihres Gründers verkauft.

Eine unikale Sammlung von Handschriften und Drucken, die auch von Konrad Gessner in seiner Bibliographie erwähnt wird[166], besaß der Wiener Arzt und Historiker Wolfgang Lazius, der sowohl mit Marcus als auch mit Hieronymus Beck verkehrte. Neben der bemerkenswerten Sammlung antiker Denkmäler, die in seinem, als „Lazenhof" bezeichneten Haus untergebracht war, besaß er auch eine umfangreiche

---

165 Der Katalog von Rumpfs Bibliothek wird in Wien, Österreichische Nationalbibliothek (Cod. 15.286) aufbewahrt; grundlegende Informationen über die Bibliothek und ihr Schicksal nach dem Tode von Wolf Rumpf bietet EDELMAYER, Friedrich: „Manus manum lavat". Freiherr Wolf Rumpf zum Wielross und Spanien. In: ELTZ, Erwein H. – STROHMEYER, Arno (edd.): *Die Fürstenberger. 800 Jahre Herrschaft und Kultur in Mitteleuropa.* Niederösterreichische Landesausstelung, Schloss Weitra 1994, S. 248–250; die Realisierung des Vermächtnisses bezeugen die in Spanien erhaltenen Musikdrucke aus Rumpfs Beständen, mehr darüber ESCRIVÀ-LLORCA, Ferran: Los libros de música de un caballero de la Orden de Santiago: nuevos datos acerca de la Colección Uclés. *Música. Revista del Real Conservatorio Superior de Música de Madrid* 20, 2012–2013, S. 131–137. [Für den Hinweis auf diese Studie danke ich Frau Dr. Anežka Baďurová.]

166 GESNER, Konrad: *Bibliotheca universalis und Appendix* (Faks.–Drucke der Ausg. Froschauer 1545). Mit Nachwort von Hans WIDMANN. Otto Zeller Verlagsbuchhandlung, Osnabrück 1966, I–II. (= Milliaria. Faksimiledrucke zur Dokumentation der Geistesentwicklung, 5).

Bibliothek, in der die Handschriften mit historischer Thematik den wesentlichen und am höchsten geschätzten Teil bildeten. Leider kennt man weder die Größe noch die inhaltliche Struktur der Bibliothek von Lazius. Bemerkenswert ist jedoch allein die Zahl an erhaltenen Handschriften, größtenteils auf Pergament, aus dieser Bibliothek – heutzutage sind mehr als 90 bekannt.[167]

Ein weiterer bedeutender Wiener Sammler, den Hieronymus Beck persönlich kannte, war der Dichter und Hofhistoriker Ferdinands I. Johannes Sambucus. Seine Bibliothek enthielt über dreitausend Bücher und ihr wertvollster Bestandteil waren auch antike Handschriften, diesmal griechische Originalhandschriften. Sambucus suchte persönlich nach wertvollen Exemplaren in Süditalien, wo es ihm gelang, für sich und für die kaiserliche Bibliothek mehr als 500 griechische Handschriften zu erwerben. Die interessantesten Werke versuchte er auch durch Editionen zugänglich zu machen. Die Bibliothek von Sambucus, die einen umfangreichen Bestand wissenschaftlicher und okkulter Bücher enthielt, soll in Wien eine größere Attraktion gewesen sein als das damals überaus berühmte Museum des kaiserlichen Antiquars Jacopo Strada.[168]

Ähnlich wie zahlreiche andere Bibliotheken kam später in die kaiserliche Bibliothek auch die Büchersammlung von János Derschwamm, der als Verwalter der Bergbauunternehmen der Familie Fugger in Oberungarn tätig war. Weniger bekannt ist die Tatsache, dass Derschwamm in Fugger'schen Diensten auch durch Europa reiste und Antiquitäten und alte Handschriften einkaufte, wobei auch seine persönliche Bibliothek beträchtlich wuchs. Nach dem Tode Derschwamms im Jahre 1568 enthielt sie 2.100 Werke.[169]

Auch bedeutende Vertreter der katholischen Kirche schufen in der zweiten Hälfte des 16. Jahrhunderts ihre persönlichen Bibliotheken. Von außerordentlichem Umfang (fünf- bis sechstausend Bände) war die Bibliothek des originellen Humanisten und ungarischen Bischofs Andreas Dudith, die dann Mitte des 17. Jahrhunderts im Dietrichstein'schen Schloss von Nikolsburg mit der Büchersammlung Hieronymus Becks zusammenkam und mit ihr das unglückliche Schicksal als schwedische Kriegsbeute teilte.[170] Hieronymus Beck kannte auch die Bibliothek des Wiener Bischofs

---

167 Die Bibliothek kam später in die Österreichische Nationalbibliothek, mehr dazu TRENKLER, Ernst: Wolfgang Lazius, Humanist und Büchersammler. *Biblos* 27, 1978, S. 186–203.

168 GULYÁS, Pál: *Bibliotheca Joannis Sambuci. Sámboky János könyvtára.* Szerző költségén, Budapest 1941; ALMÁSI, Gábor: *The Uses of Humanism: Johannes Sambucus (1531–1584), Andreas Dudith (1533–1589), and the Republic of Letters in East Central Europe.* Brill, Leiden – Boston 2009, S. 181; GERSTINGER, Hans: Johannes Sambucus als Handschriftensammler. In: *Festschrift der Nationalbibliothek in Wien. Herausgegeben zur Feier des 200jährigen Bestehens des Gebäudes.* Österr. Staatsdr., Wien 1926, S. 254; EVANS, Robert J. W.: *Rudolf II and His World. A Study in Intellectual History 1576–1612.* Oxford University Press, Oxford 1973, S. 123–127.

169 Wien: Österreichische Nationalbibliothek (Cod. 12.652); Edition des Katalogs JENŐ, Berlász: *A Dernschwam-könyvtár.* József Attila Tudományegyetem, Szeged 1984 (= Adattár XVI–XVIII. Századi szellemi ozgalmaink Történetéhez 12); ČIČAJ, Viliam: Časové dimenzie knižního transferu v novoveku. In: KOMOROVÁ, Klára (ed.): *Európske cesty románských kníh v 16.–18. storočí* (= Opera Romanica 13). Slovenská národná knižnica, Martin 2012, S. 11.

170 BALSEM, Astrid C.: Books from the Library of Andreas Dudith (1533–89) in the Library of Isaac Vossius (1618–89). In: MYERS, Robin – HARRIS, Michael –

Johann Caspar Neubeck, der eine Sammlung von etwa zweitausend Büchern besaß, in der die theologische Literatur überwog. Auch Neubeck bot wegen finanzieller Not in den 80er Jahren des 16. Jahrhunderts seine persönliche Bibliothek zum Verkauf an, und dies offensichtlich auch an Hieronymus Beck, der in seiner Bibliothek eine Abschrift von Neubecks Katalog hatte.[171] Zum Verkauf der Bibliothek ist es wohl nicht gekommen und der wesentliche Teil von Neubecks Büchersammlung wird heutzutage im erzbischöflichen Palais in Wien aufbewahrt.[172]

MANDELBROTE, Giles (edd.): *Books On The Move: Tracking Copies through Collections and the Book Trade.* Oak Knoll Press, New Castle – London 2007, S. 69–86; JANKOVICS, József – MONOK, István: *Dudith András könyvtára. András Dudith's Library: A Partial Reconstruction.* Scriptum Kft., Szeged 1993.

171 Katalog Beckiana (7Art 4); mehr dazu im Kapitel über die Erwerbungen für die Beck'sche Bibliothek.

172 FENZL, Annemarie: *Die Bibliothek des Wiener Bischofs Dr. Johann Caspar Neubeck 1574–1594.* Dissertation, Universität Wien 1969.

2. Die Verwaltung der Bibliothek von Hieronymus Beck und seine Erwerbsstrategie

Größe der Bibliothek und Wandlungen ihrer äußeren Gestalt

Bis vor kurzem war es nicht möglich, etwas Bestimmtes über die Größe der ursprünglichen Bibliothek von Ebreichsdorf zu sagen, obwohl die Anzahl der in schwedischen Bibliotheken erhaltenen Bücher darauf hinwies, dass es sich um eine umfangreichere Büchersammlung gehandelt haben muss. Erst dank dem Auswahlverzeichnis, das an der Wende vom 16. zum 17. Jahrhundert vom rosenbergischen Archivar und Bibliothekar Václav Březan erstellt wurde[173], ist es möglich, in Kombination mit Angaben über erhaltene Exemplare wenigstens eine qualifizierte Schätzung der Größe der Ebreichsdorfer Bibliothek zu versuchen.

Das sog. rosenbergische Verzeichnis enthält Aufzeichnungen über insgesamt 1.237 Bücher. Aus dem ursprünglichen Katalog der Beck'schen Bibliothek, der Václav Březan zur Verfügung stand, wurde jedoch nur ein Teil ausgeschrieben. Dies verraten nicht nur einige begleitende Bemerkungen von Březan selbst (z. B. „I jiné těm podobné knížky k modloslužbě napomáhající [Auch andere diesen ähnliche Bücher, die zum Götzendienst helfen]“[174]), sondern auch zahlreiche Funde von Beck'schen Büchern, die im rosenbergischen Verzeichnis nicht angeführt werden oder deren Verzeichnung durchgestrichen oder unvollendet ist.

Die extensive Erforschung von historischen Beständen schwedischer und weiterer europäischer Bibliotheken entdeckte insgesamt 150 erhaltene Exemplare aus der Bibliothek von Ebreichsdorf, von denen fast die Hälfte in Březans Verzeichnis nicht erfasst ist. Falls demnach Václav Březan aus dem ursprünglichen Katalog Becks nur etwa die Hälfte der Bücher ausgeschrieben hat, kann angenommen werden, dass die Ebreichsdorfer Bibliothek gegen Ende des 16. Jahrhunderts etwa 2.500 Titel umfasste. Obwohl es sich nur um eine grobe Schätzung handelt, die von neuen Quellenfunden deutlich korrigiert werden kann, gehörte die Bibliothek von Hieronymus Beck allem Anschein nach zu den mittelgroßen Büchersammlungen und stand an der Seite der Sammlungen von Reichart Streun, Wilhelm von Rosenberg und Christoph von Wolkenstein. Für den ambitionierten Ritter und Intellektuellen Hieronymus Beck waren weder die Größe noch bibliophile Absichten das bestimmende Kriterium beim Aufbau seiner Bibliothek. Sehen wir uns nun die einzelnen Aspekte der Verwaltung der Ebreichsdorfer Bibliothek an, die uns die Bedeutung und Funktion der Bibliothek in der Gedankenwelt des Hieronymus Beck von Leopoldsdorf begreifen helfen.

---

173 Třeboň: Státní oblastní archiv (Bestand Cizí rody – z Rožmberka, 20a, fol. 91–116: *Ex bibliotheca Ebrestorfiana ... librorum ... consignatio)*; VESELÁ, Lenka: Neznámý pramen k dějinám knihovny Becků z Leopoldsdorfu. In: *Miscellanea oddělení rukopisů a starých tisků: Vzácné knihy jako švédská válečná kořist z třicetileté války.* Národní knihovna České republiky, Praha 2008, S. 19–31.

174 Třeboň: Státní oblastní archiv (Bestand Cizí rody – z Rožmberka, 20a, fol. 100r).

Bucheinbände und Exlibris von Hieronymus Beck

Die zweite Hälfte des 16. Jahrhunderts war eine der Epochen, in denen verschiedene persönliche Exlibris – oft bereits von sehr ausgeklügelter Gestalt – intensiv verwendet wurden. Im böhmischen Milieu gehörten zu den bekanntesten Gruppen von graphischen, im Format unterschiedlichen Exlibris diejenigen von Petr Wok von Rosenberg und von Ferdinand Hoffmann von Grünpühel. Kunstvoll ausgeführte Exlibris und Supralibros benutzten aber auch Besitzer viel kleinerer Bibliotheken aus dem bürgerlichen und universitären Umfeld.[175] Andererseits ist zu betonen, dass mehrere sonst hoch angesehene Aristokraten wie etwa Wilhelm von Rosenberg oder Ferdinand II. von Tirol weder Supralibros noch graphische Exlibris benutzten.

Hieronymus Beck zeigte eine sehr nüchterne Einstellung zur zeitgenössischen Bibliophilie. Auf seinen erhaltenen Büchern kommen Supralibros gar nicht vor und nüchtern ist auch die Form seines persönlichen handschriftlichen Exlibris, das er in unveränderter Form – *Hieronymj Beck à Leopoldstorf* – sein ganzes Leben lang auf den unteren Teil der Titelseite des Buches eintrug. Ein ähnlich schlichtes Exlibris benutzten auch Wilhelm von Rosenberg und Adam von Dietrichstein, diese haben allerdings wenigstens ihre einfache persönliche Devise hinzugefügt.[176] Hieronymus Beck bezeichnete seine Bücher mit dem Exlibris nicht konsequent. Mit einer einzigen Ausnahme findet man es beispielsweise in den Büchern nicht, die er geschenkt bekam, sowie in den Büchern aus der älteren Familienbibliothek, die er von Marcus oder anderen Familienmitgliedern erbte. Überraschenderweise befindet sich sein Exlibris auch nicht in einigen Exemplaren, die nachweislich von Hieronymus Beck selbst gekauft wurden.[177]

Hieronymus Beck widmete größere Aufmerksamkeit den Einbänden seiner Bücher, allerdings wiederum ohne besonderes bibliophiles Interesse. Einen etwas raffinierteren Einband findet man nur in einem einzigen und zugleich spezifischen Fall. Hieronymus Beck ließ den handschriftlichen Reisebericht seines Großvaters Konrad Beck vom Ende des 15. Jahrhunderts neu binden und dieser Einband ist ein außerordentlicher Beleg von Hieronymus' persönlicher und zugleich origineller Einstellung zu einigen für ihn persönlich bedeutenden literarischen Denkmälern. Interessanter als die Verzierung des Buchdeckels (es handelt sich übrigens um eine nicht besonders gelungene Nachahmung der damals modischen französischen Vorbilder) ist das Vorsatzblatt. Hieronymus Beck ließ darin einen hohlen Raum machen, in den – in der Art von religiösen Reliquien – der

175 LIFKA, Bohumír: *Exlibris a supralibros v českých korunních zemích v letech 1000 až 1900.* Spolek sběratelů a přátel exlibris, Praha 1982; LEININGEN-WESTERBURG, Karl Erich: *Deutsche und österreichische Bibliothekzeichen, Exlibris: ein Handbuch für Sammler, Bücher- und Kunstfreunde.* Reprint d. Orig.-Ausg. 1901. Zentralantiquariat, Leipzig 1982.

176 Wilhelm von Rosenberg benutzte die Devise „Festina lente", Adam von Dietrichstein „Auxilium meum a Domino", vgl. VESELÁ: *Knihy na dvoře Rožmberků* ... S. 46–50; POLIŠENSKÝ: Hispanika mikulovské ditrichštejnské knihovny ... S. 157.

177 Solche Bücher aus der Beck'schen Bibliothek kann man dann nur anhand des spezifischen Einbandes (Einband der Typus C – siehe Teil II: Katalog Beckiana) identifizieren. Diese „merkmalslosen" Exemplare wurden größtenteils von Otto Walde in seiner Kartei der Bücherprovenienzen verzeichnet, die heute in der Universitätsbibliothek in Uppsala aufbewahrt wird. Das handschriftliche Exlibris von Hieronymus Beck findet sich in 40 erhaltenen Exemplaren.

Bart Konrad Becks eingelegt wurde.[178] Darüber hinaus legte er in die Handschrift ein Blatt mit seinem Vermerk über ihren Charakter und Inhalt. Laut Wolfgang Neuber zeugt diese einzigartige Respektäußerung für ein literarisches Familiendenkmal von Hieronymus Becks bewusster Anknüpfung an den Prozess der Repräsentation des adeligen Selbstverständnisses mittels eines literarischen Textes, der in dieser Familie Jahrzehnte zuvor eben von Konrad Beck eingeleitet worden war.[179]

Hieronymus Beck ließ bibliophile Impulse seiner Zeit zwar beiseite, aber trotzdem strebte er programmatisch und konsequent eine maßvolle äußere Repräsentation seiner Bibliothek mittels einer in Farbe und Stil einheitlichen Gestaltung der Einbände an. Es ist möglich, dass er sich bei der Planung der äußeren Gestalt der Ebreichsdorfer Büchersammlung vom Charakter der meisten Einbände in der Bibliothek seines Vaters inspirieren ließ oder gar daran unmittelbar anknüpfen wollte. Bei diesen handelte es sich, wie bereits erwähnt, vorwiegend um Halbleder- oder Ganzledereinbände von heller Farbe. Es ist nicht ausgeschlossen, dass Hieronymus Beck in den 50er und wohl auch in den 60er Jahren des 16. Jahrhunderts seine neuen Bücher in Einbände binden ließ, die ähnlich wie die seines Vaters aussahen (Einband des Typs B).[180] Erst später gelangte er zu einem eigenen originellen Stil, der jedoch durch seine Einfachheit und Farbe der Einbände nach wie vor an die visuelle Konzeption der älteren Familienbibliothek anknüpfte. Neue Bücher ließ Hieronymus Beck in helles Leder binden, der Einband hatte Beschläge und Blinddruckverzierung auf dem vorderen und hinteren Buchdeckel (Einband des Typs C). Der nicht vergoldete abstrakte Dekor von orientalischem Geist, in dem sich Ovale mit Kartuschen mit Rollwerk oder Arabeske abwechselten, wurde sowohl im zentralen Teil als auch in der Ecke des freien Feldes platziert. Dieser orientalische Stil der Ausschmückung war nach Europa aus dem Orient bereits Ende des 15. Jahrhunderts gekommen und fünfzig Jahre später wurde er schon von den Buchbindern in den meisten europäischen Ländern verwendet; beliebt war er auch in Wien und im rudolfinischen Prag.[181] Der Ursprung dieser Bucheinbände ist in einer der Wiener Buchbinderwerkstätten zu suchen, wie es sowohl eine Notiz in einem der erhaltenen Bücher als auch das Papier mit einem Filigran von Wiener Provenienz zeigt, das für die Vorsatzblätter dieser Bücher verwendet wurde.[182]

---

178 Kalocsa: Föszékesegyházi Könyvtár (Ms. 384), VIZKELETY, András: *Beschreibendes Verzeichnis der altdeutschen Handschriften* ... S. 216–217 (er datiert den Einband in die Zeit um das Jahr 1600); SCHRÖDER, Stefan: *Zwischen Christentum und Islam. Kulturelle Grenzen in den spätmittelalterlichen Pilgerberichten des Felix Fabri.* Akademie Verlag, Berlin 2009, S. 85, gibt 1550 als das Entstehungsjahr des Einbands an. Für die Konsultation zu diesem Einband danke ich Herrn Dr. Kamil Boldan.

179 NEUBER: Exscribo ergo sum ... S. 123.

180 Ein Beleg für einen ähnlichen Einband, aber schon aus den Erwerbungen Hieronymus Becks, ist beispielsweise das in Uppsala: Carolinabiblioteket (Script. Lat.Fol. Livius 16. F. 6) erhaltene Exemplar; Katalog Beckiana (6XXX 21).

181 VONDRÁČEK, Radim: Knižní vazba (styl a ornament). In: FUČÍKOVÁ, Eliška (ed.): *Rudolf II. a Praha. Císařský dvůr a rezidenční město jako kulturní a duchovní centrum střední Evropy.* Správa Pražského hradu, Praha – London – Mailand 1997, S. 342.

182 Katalog Beckiana (1Theo 57), Strängnäs: Domkyrkans bibliotek (F 140). BRIQUET, Charles-Moise: *Les Filigranes. Dictionnaire historique des Marques du papier* III. Hacker Art Books, New York 1966, num. 8795–8796. In zwei Fällen erscheint auf dem Deckelinneneinband ein anderes Filigran mit der Abbildung einer Schlange. Diese

Ein gleiches Maureskenmuster (in vergoldeter Ausführung) erscheint ausnahmsweise auch auf weniger häufigen Pergamenteinbänden und es wird sich offensichtlich um die gleiche Wiener Buchbinderwerkstatt handeln wie im Fall der Ledereinbände (Einband des Typs D, vergoldet).[183] Belegt sind auch völlig einfache Pergamenteinbände ohne Verzierung, die nur mit einem – meist roten – Schnitt und mit Textilschnüren ergänzt sind; einige davon sind wohl auch in Linz entstanden (Einband des Typs D).[184]

Abb. 11a: Einband des Typs B

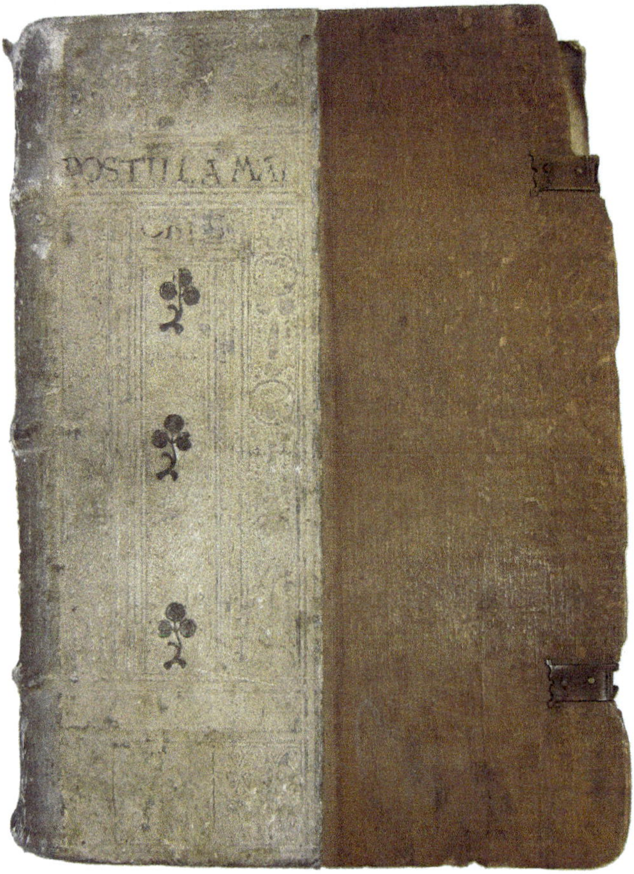

Variante kommt in Briquets Handbuch nicht vor und man kann deshalb die Provenienz nicht näher identifizieren, vgl. Katalog Beckiana (1XXX 2 a 1Theo 8).

183 Der verzierte Pergamenteinband ist auf zwei Exemplaren erhalten: Katalog Beckiana (1XXX 13) – Västerås: Stiftsbiblioteket; Katalog Beckiana (6Hi 142) – Berlin: Staatsbibliothek (Ms. Germ. qu. 85).

184 Im Katalog der Beck'schen Bibliothek (Teil II – Katalog Beckiana) als Einband D bezeichnet. Ein Verzeichnis der Buchbinder in Linz befindet sich bei BACHLEITNER, Norbert – EYBL, Franz M. – FISCHER, Ernst: *Geschichte des Buchhandels in Österreich.* Harrassowitz, Wiesbaden 2000, S. 41.

Abb. 11b: Einband des Typs C

Abb. 11c: Der mit Gold verzierte Einband des Typs D

Anordnung der Bibliothek und ihr Katalog

Die Anordnung der Büchersammlung nach Fachbereichen und die Erstellung eines Katalogs waren bei den Adligen in der zweiten Hälfte des 16. Jahrhunderts bei weitem keine Selbstverständlichkeit. Überraschenderweise hatten auch die größten

Sammlerbibliotheken in den habsburgischen Ländern keinen Katalog; beispielsweise war Ferdinand II. von Tirol offensichtlich nicht an der Erstellung eines Katalogs interessiert, obwohl seine Sammlung fast viertausend Bände umfasste. Ferdinands offenkundiges Desinteresse daran wird umso deutlicher, wenn man sein persönliches Engagement bei der Anordnung der Ambraser Rüstkammer und bei der Erstellung ihres detaillierten Katalogs kennt, der von Anfang an für eine Publikation in Druckform gedacht war.[185] Auch die berühmte rosenbergische Bibliothek erhielt ihren Katalog erst im ersten Jahrzehnt des 17. Jahrhunderts – eigentlich erst am Ende ihrer Existenz – im Rahmen der Umgestaltung der altehrwürdigen, aber nicht geordneten Familiensammlung zu einer repräsentativen Saalbibliothek. Die sich anbietende Erklärung, dass die Bearbeitung von ähnlich umfangreichen Buchbeständen schwierig und langwierig war und deshalb von den Besitzern aufgeschoben wurde, kann nicht bestehen, wenn man die viel kleineren und aktiv benutzten Bibliotheken Adams von Dietrichstein oder Wilhelms von Rosenberg betrachtet, die auch über keinen Katalog verfügten. Der entscheidende Impuls für die Erstellung des Bücherkatalogs war das intensive bis innige Interesse des Besitzers an seinem Entstehen.[186]

Mit der Erstellung des Katalogs wurde gewöhnlich eine fachlich versierte Person betraut: Wolf Rumpf von Wielroß ließ seine Bibliothek vom kaiserlichen Bibliothekar Hugo Blotius katalogisieren, am Hofe Peter Woks von Rosenberg beschäftigte sich mit der Katalogisierung einige Jahre lang der Bibliothekar und Historiker Václav Březan. Trotzdem findet man bei den erhaltenen Katalogen der mitteleuropäischen Adelsbibliotheken des 16. Jahrhunderts beträchtliche Unterschiede im Niveau und in der Art der Katalogisierung vor. Das Ideal des parallel existierenden Autoren- und Sachkatalogs, das von Theoretikern schon seit der Mitte des Jahrhunderts betont wurde, vermochten in den habsburgischen Ländern wohl nur Ferdinand Hoffmann von Grünpühel und vielleicht auch Gundaker von Starhemberg zu realisieren.[187] Einige Adlige bevorzugten den Autorenkatalog (Christoph von Wolkenstein), andere gaben dem traditionellen Sachstandortkatalog den Vorzug (Wolf Rumpf von Wielroß, Peter Wok von Rosenberg). Der rosenbergische Bibliothekar Václav Březan versuchte auf originelle Weise den nicht existierenden Autorenkatalog zu ersetzen, und zwar durch die innere Anordnung nach Autoren, der er vor der üblichen Anordnung nach den Formaten den Vorzug gab (d. h. die Bücher wurden zuerst nach den Autoren geordnet und erst im Rahmen des jeweiligen Buchstabens nach den Formaten).[188]

Mit Ausnahme der Bibliothek von Wolf Rumpf gibt es im adligen Umfeld Österreichs und Böhmens jener Zeit keine Belege über die Akzentuierung des sprachlichen

185 GRIES: Erzherzog Ferdinand von Tirol ... S. 8.

186 Zum damaligen Interesse an Katalogen vgl. auch SHEVCHENKO, Nadezda: *Eine historische Anthropologie des Buches. Bücher in der preußischen Herzogsfamilie zur Zeit der Reformation.* Vandenhoeck & Ruprecht, Göttingen 2007.

187 Die Kataloge der Hoffmann'schen Bibliothek aus den 70er Jahren des 16. Jh. sind in Nikolsburg erhalten –Mikulov: Regionální muzeum (MIK 1403, MIK 1418), der Autorenkatalog Gundakers von Starhemberg mit Sachregister in Berlin: Staatsbibliothek (Ms. Cat. Fol. 47).

188 Eingehend dazu VESELÁ, Lenka: Rožmberská knihovna a její katalog (K možnostem využití rukopisných historických katalogů jako pramene). In: RADIMSKÁ, Jitka (ed.): *„Čtenář a jeho knihovna". K výzkumu šlechtických, měšťanských a církevních knihoven* (= Opera Romanica 4). Jihočeská univerzita, České Budějovice 2003, S. 109–118.

Gesichtspunktes, die sich bereits damals in Humanistenkreisen sowie in katholischen Bibliotheken durchzusetzen begann. Die Klassifizierung der Bücher nach Sprachen wurde beispielsweise in hohem Maße in den Jesuitenkollegs, in Italien sowie in der umfangreichen Bibliothek der katholischen Wittelsbacher in München verwendet. In den habsburgischen Ländern verbreitet sich diese Tendenz erst im 17. Jahrhundert. Lediglich die Bibliothek Wolf Rumpfs von Wielroß, die 1583 durch Hugo Blotius katalogisiert wurde, wurde im Rahmen der einzelnen Sachbereiche relativ konsequent nach Sprachen geordnet.[189] Leider kennt man die ursprüngliche Gliederung der romanisch orientierten Bibliothek Adams von Dietrichstein nicht: ihr späterer Katalog von 1614 akzeptiert zwar teilweise auch den sprachlichen Gesichtspunkt, der Autor dieses Systems war jedoch am ehesten erst der damalige Katalogisator, der Jesuit Georg Dingenauer.[190]

Hieronymus Beck maß dem Katalog wohl gleich seit Beginn des Aufbaus seiner Sammlungen im Schloss Ebreichsdorf eine große Bedeutung zu. Aus dem sog. rosenbergischen Verzeichnis weiß man nämlich, dass auch ein älterer Katalog existierte, der als *Index vetus librorum arcis Ebrestorf manuscriptus* bezeichnet wurde.[191] Wahrscheinlich in den 80er oder 90er Jahren des 16. Jahrhunderts, jedoch frühestens nach 1576, wurde ein neuer Katalog der Ebreichsdorfer Bibliothek angelegt, der ihren Zustand zum Beginn des Jahres 1597 erfasste.[192] Leider ist auch dieser Katalog nicht erhalten und bei seiner Rekonstruktion ist man nur auf die Angaben im sog. rosenbergischen Verzeichnis angewiesen.

Der Katalog der Beck'schen Sammlung war sehr einfach und praktisch angelegt. Sein Hauptzweck war die schnelle Orientierung in der Bibliothek. Die einzelnen Einträge bestanden aus dem gekürzten Titel, dem Namen des Autors sowie dem Erscheinungsort und Jahr. Die Angaben wurden von der Titelseite übernommen, und falls es dort keine gab, wurden sie meistens auch in den Katalog nicht eingetragen. Trotz ihrer Kürze sind die Einträge relativ sorgfältig und zuverlässig: Wenn wir die Handschriften außer Acht lassen, deren Identifizierung immer schwierig ist, konnten bei den Drucken 86 Prozent aller Einträge bibliographisch ganz eindeutig bestimmt werden.[193] Nur in wenigen Fällen habe ich im Katalog (bzw. in seiner Abschrift) einen

---

189 Wien: Österreichische Nationalbibliothek (Cod. 15.286 – Hugo BLOTIUS, *Librorum bibliothecae Rumpfianae ordine numerorum perpetuam serie continuatorum catalogus*, begonnen 1583).

190 VESELÁ: Knihovna Františka z Ditrichštejna v dobovém kontextu ... S. 227–238.

191 Katalog Beckiana (7Art 15). Die Handschrift dieses Katalogs ist leider nicht überliefert und seine Existenz wird nur durch diese Bemerkung im sog. rosenbergischen Verzeichnis belegt.

192 Ein Beleg für seine Existenz ist der Untertitel im rosenbergischen Verzeichnis bei *Libri theologici excerpti ex catalogo bibliothecae Ebrestorfianae* (hervorgehoben durch LV), Třeboň: Státní oblastní archiv (Bestand Cizí rody – z Rožmberka, 20a, fol. 92r). Das Datum „post quem" leite ich aufgrund des Eintrags „*Artzney büchel weiland Kaysers Maximiliani dess Andern hochsaeligster gedächtnuss manuscriptus*" – Katalog Beckiana (3Me 61) – ab, in dem über Kaiser Maxmilian als über eine bereits verstorbene Person gesprochen wird. Das Jahr 1597 ist das Datum des jüngsten im Katalog verzeichneten Buches – Katalog Beckiana (1Theo 181).

193 Bei weiteren zehn Prozent der Bücher war es möglich, wenigstens den Autor und das Werk zu bestimmen, nicht jedoch die Ausgabe (es kann sich aber um eine bisher unbekannte Ausgabe handeln, manchmal ist der Fehler im Katalog, zu einem Irrtum

eindeutigen Fehler festgestellt, am häufigsten war es ein Lesefehler im Namen des Autors oder in der Datierung; der Fehler kann auch zu Lasten des Abschreibers Václav Březan gehen.[194] Die meisten Fehler und Irrtümer befinden sich in der Abteilung der juristischen Literatur, die Qualität der Einträge sank bedeutend auch bei der protestantischen religiösen Literatur, wo beispielsweise relativ häufig jegliche Angaben über das Erscheinen des Buches fehlen. Übrigens findet sich eine ähnliche, leicht nachlässige Einstellung zur Katalogisierung von minder bevorzugten Sachbereichen auch im Katalog der rosenbergischen Bibliothek.[195]

Abb. 12: Eine Seite des sog. rosenbergischen Verzeichnisses (Třeboň: Státní oblastní archiv)

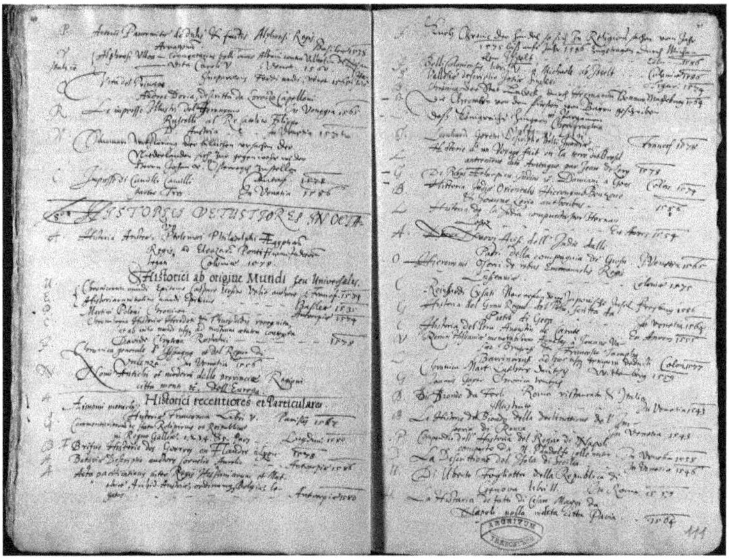
Historici ab origine Mundi seu Universales

Historici recentiores et Particulares

Der Autor des Ebreichsdorfer Katalogs löste die damals diskutierten bibliothekarischen Probleme nicht, z. B. die Frage der Bearbeitung von Konvoluten.[196] Die Adligate

kann es auch bei Václav Březan gekommen sein). Lediglich bei zwei Prozent der Bücher konnte man nur den Verfasser identifizieren und bei einem gleichen Prozentsatz der Einträge konnte das Werk gar nicht identifiziert werden. Bei der Bestimmung von Büchern ist dabei bei fünf Prozent ein Misserfolg üblich, vgl. VESELÁ: *Knihy na dvoře Rožmberků* ... S. 121; zum Erfolg bei der Identifizierung von Büchern Ferdinands II. von Tirol aufgrund des Nachlassinventars detailliert MAŠEK, Petr – PURŠ, Ivo: Identifikace tisků z knihovny. In: PURŠ, Ivo – KUCHAŘOVÁ, Hedvika (edd.): *Knihovna arcivévody Ferdinanda II. Tyrolského* ... S. 61–74.

194 Katalog Beckiana (1Theo 152) – der Name des Verfassers Vicinger ist zu Vtzinger verstümmelt (4Phil 13), Burlaeus ist als Durleus geschrieben, und ein nachweislicher Fehler ist auch in den folgenden Einträgen: (2Ju 113), (2Ju 47), (2Ju 65), (2Ju 66).

195 VESELÁ: *Knihy na dvoře Rožmberků* ... S. 109–118.

196 Die Konvolute wurden relativ konsequent im Katalog der rosenbergischen Bibliothek ausgeschrieben, angeblich auch im Katalog Christophs von Wolkenstein von 1595 – DÖRRER: Die Bibliothek des Freiherrn Christoph von Wolkenstein ... S. 23.

werden im Katalog entweder gar nicht ausgeschrieben oder nur inkonsequent. Die Handschriften wurden, wie damals üblich, meistens nur mit Worten bezeichnet („*geschrieben*", „*manuscriptus*") und frei unter die Drucke eingeordnet. Ebenso war die Frage der Autorschaft in Ebreichsdorf eher nur eine marginale Angelegenheit. Die Namen der Autoren haben im Eintrag keinen extra ausgegliederten Platz, sie erscheinen nur als Bestandteil des Buchtitels. Wenn jedoch der Autor im Buch nicht angeführt war, wird darauf auch im Katalog hingewiesen („*absque autore*"). Attribute individuellen Charakters, die in den Katalogen ab und zu vorkommen und etwas über die Gedankenwelt ihres Verfassers aussagen, gab es im Ebreichsdorfer Katalog fast gar nicht. Eine einzige Ausnahme kommt beim italienischen Reformprediger Savonarola vor, dessen nachträgliche Bezeichnung als Märtyrer die Tatsache reflektieren kann, dass er 1566 vom Tridentiner Konzil teilweise rehabilitiert wurde.[197] Ähnlich wie in anderen Katalogen jener Zeit wurden in ungewöhnlichen Sprachen gedruckte Bücher – in der Bibliothek von Hieronymus Beck sind es Ungarisch und Kroatisch – lateinisch oder deutsch katalogisiert und die betreffende Sprache genannt (z. B. *Postilla Ungarica Beythe Jstvan*). Der Autor des Katalogs beherrschte offensichtlich Griechisch, denn in einem Fall gab er den Inhalt eines Buches, das einen griechischen Titel hatte, mit lateinischen Worten wieder.[198]

Es erhebt sich nun die Frage, ob Hieronymus Beck nicht nur der ideengebende, sondern auch der tatsächliche Autor des Katalogs war. Die einfachen, wenn auch zweckmäßigen Einträge erreichten die Qualität und das hohe Niveau der durch Fachbibliothekare bearbeiteten Kataloge der Adelsbibliotheken nicht und entsprachen vielmehr Nutzerbedürfnissen und intellektuellen Fähigkeiten eines gebildeten und belesenen Menschen, wie es Hieronymus Beck zweifellos war. Obwohl man die Möglichkeit eines einmaligen Auftrags auch nicht ausschließen kann, wie es bei der Katalogisierung des Ebreichsdorfer Lapidariums der Fall war, sprechen zugunsten der direkten Autorschaft Hieronymus Becks zwei weitere – wenn auch auf den ersten Blick vielleicht marginale – Tatsachen. Am nachlässigsten wurden diejenigen Fachbereiche katalogisiert, die Hieronymus Beck persönlich am wenigsten interessierten (das Recht und die protestantische Theologie). Gewichtiger noch ist die Tatsache, dass der Autor des Katalogs den Inhalt der meisten Bücher derart gut kannte, dass er im Stande war, die in Ebreichsdorf verwendete ausgeklügelte Anordnungsweise der Bücher relativ konsequent einzuhalten.

Auch die Sachgliederung der Adelsbibliotheken stellt in der zweiten Hälfte des 16. Jahrhunderts ein Gebiet ohne klare oder im Voraus gegebene Regeln dar. Trotz der ersten gedruckten Werke, die ein gewisses Konzept boten, wie die Anordnung einer Bibliothek aussehen sollte, überwogen Unklarheit, individuelles Herangehen oder gar Desinteresse. Dank diesem „Chaos" treten jedoch unter günstigen Umständen in einigen Katalogen die Interessensprioritäten, die Weltanschauung, eventuell auch die Konfession des Bibliotheksbesitzers relativ offen zutage, was durch die spätere Uniformität der Anordnung von Adelsbibliotheken im 17. und 18. Jahrhundert in gewissem Maße verwischt wird.[199]

---

197 Katalog Beckiana (4Phil 64).

198 Katalog Beckiana (7Art 56).

199 Über die Ausnutzung von damaligen Katalogen für die Erforschung der Lektüre zuletzt SHEVCHENKO: *Eine historische Anthropologie des Buches* ... S. 263–271, sowie WITTMANN, Reinhard (ed.): *Bücherkataloge als buchgeschichtliche Quellen in*

Im mitteleuropäischen Raum hielt sich das traditionelle mittelalterliche System von vier scholastischen Fächern, meistens um das fünfte Fach Geschichte bereichert, ziemlich lange. Auf diese Weise wurde beispielsweise die Büchersammlung Peter Woks von Rosenberg geordnet, wenn auch einige Bereiche in der rosenbergischen Bibliothek schon eine relativ reich strukturierte Binnengliederung hatten und um Unterabteilungen ergänzt wurden, die die Prioritäten des Interesses der letzten Bibliotheksbesitzer (Musikalien, Poesie) zum Ausdruck brachten.[200] Die Einteilung in fünf Sachbereiche gab es auch noch in der Bibliothek Ferdinands II. von Tirol, obwohl ursprünglich offensichtlich die Übernahme des in der kaiserlichen Bibliothek in Wien benutzten Systems erwogen wurde, das teilweise von Gessners Klassifizierung in 21 Sachgruppen ausging.[201] Gessners System, das vor allem in der protestantischen Welt sehr erfolgreich war, wurde durch Hugo Blotius in modifizierter Form in die kaiserliche Bibliothek implementiert. Hugo Blotius interessierte sich intensiv für neue Tendenzen in der Anordnung von Büchersammlungen und wendete sich einige Male mit der Bitte um aktuelle Informationen über die Systematisierung der Fachbereiche auch an die Züricher Bibliographen Josias Simmler und Johann Jakob Frisius.[202] Eine weitere unmittelbare Anwendung von Gessners Gliederung findet man in den habsburgischen Ländern nicht, auch wenn sie nicht als Inspirationsquelle bei der Wahl von neuen Fachbereichen auszuschließen ist. Hieronymus Beck besaß die zweite Ausgabe von Gessners Handbuch *Pandectarum* sowie die erweiterte Fortsetzung durch Antoine du Verdier *Supplementum epitomes Bibliothecae Gesnerianae* aus dem Jahre 1585[203], aber Gessners System war für Beck, wie man noch sehen wird, keine unmittelbare Inspirationsquelle.

In den habsburgischen Ländern entstanden vielmehr eigenständige Systeme, die die alte Grundsystematik um neue Elemente und Fachbereiche bereicherten, die die spezifischen Interessen sowie die historische Entwicklung der jeweiligen Bibliothek widerspiegelten. Eine „kreative" Herangehensweise zur Ordnung in Sachbereiche findet sich nicht nur in Ebreichsdorf, wo die Bibliothek in 15 Bereiche gegliedert war, sondern auch in weiteren ähnlich großen Büchersammlungen. Die gleiche Anzahl von Bereichen wie in Ebreichsdorf gab es beispielsweise auch in der Bibliothek Christophs von Wolkenstein im Schloss Rodenegg.[204] Die Sachgliederung der beiden Bibliotheken weist darüber hinaus einige bemerkenswert übereinstimmende Züge auf: einen

---

der frühen Neuzeit. Harrassowitz, Wiesbaden 1985 (= Wolfenbütteler Schriften zur Geschichte des Buchwesens 10); DUFT, Johannes: Bibliothekskataloge als Quellen der Geistesgeschichte. Mit Blick auf Österreich und den Bodenseeraum. *Montfort* 20, 1968, S. 652–662; BLUM, Rudolf: *Vor- und Frühgeschichte der nationalen Allgemeinbibliographie.* Sonderdruck aus Archiv für Geschichte des Buchwesens 2. Buchhandl. Vereinigung, Frankfurt am Main 1959; ŠAMURIN, Jevgenij Ivanovič: *Geschichte der bibliothekarisch-bibliographischen Klassifikation* 1. Bibliogr. Inst., Leipzig 1964.

200 VESELÁ: *Knihy na dvoře Rožmberků* ... S. 100–118.

201 VESELÁ, Lenka: Knihovna Ferdinanda II. Tyrolského v kontextu českých a rakouských knihoven 16. století. In: PURŠ, Ivo – KUCHAŘOVÁ, Hedvika (edd.): *Knihovna arcivévody Ferdinanda II. Tyrolského* ... S. 447–465.

202 MOLINO: Ein Zuhause für die Universalbibliothek ... S. 35.

203 Katalog Beckiana (7Art 2, 7Art 3).

204 DÖRRER, Anton: Fürstliche Bibliothekskataloge der Renaissance, besonders in den Ostalpen. *Zentralblatt für Bibliothekswesen* 69, 1955, S. 288. Die Einteilung der Bibliothek Christophs von Wolkenstein in Fachbereiche ist dank dem von Stampfer

selbständigen Bereich mit überwiegend pädagogischer und lehrhafter Literatur, die zur Bildung der Söhne bestimmt war, die Ausgliederung von astronomischen und mathematischen Werken in einen gemeinsamen Bereich (dies erschien eher in berufsmäßig oder intellektuell orientierten Bibliotheken) und ganz einzigartig war die Einteilung von historischen Werken in zwei Gruppen, wenn auch bei Wolkensteins Bibliothek nicht ganz klar ist, ob es sich wie bei Beck um die Einteilung in nationale und Weltgeschichte handelte.

Noch interessanter ist die Struktur der Sachbereiche in der Bibliothek Ferdinand Hoffmanns von Grünpühel.[205] Er hatte bereits in den 70er Jahren des 16. Jahrhunderts seine Bücher in 17 Bereiche eingeteilt. Obwohl er ein radikaler Lutheraner war, nimmt die Gliederung seiner Bibliothek in mancher Hinsicht die später angewandten katholischen Prinzipien vorweg, zu denen beispielsweise eine detaillierte Strukturierung der theologischen Literatur oder die Trennung der juristischen und historischen Bücher in diejenigen mit profaner und die mit kirchlicher Thematik gehörte. In jener Zeit ungewöhnlich ist auch die Gründung von einigen neuen Bereichen, wie Alchemie, Mathematik und Geometrie sowie geographische Literatur, die eine moderne Einstellung zur Wissenschaft und zum Wissen sowie Hoffmanns persönliche Präferenzen zum Ausdruck brachte.

Das Bereichssystem der Bibliothek von Ebreichsdorf war eine gut durchdachte Kombination der konservativen und modernen Herangehensweise an die Systematisierung der zeitgenössischen Literatur. In seiner Konzeption gibt es originelle Elemente, ebenso wie in der Konzeption der Sammlung von Miniaturporträts und der archäologischen Sammlung. Die konservative Komponente des Bereichssystems der Bibliothek von Ebreichsdorf bestand in der Übernahme der vier klassischen Fachbereiche (Theologie, Recht, Medizin und Philosophie) für die ersten vier Abteilungen der Bibliothek. Diesen stabilisierten und traditionellen Komplexen folgten jedoch neu angelegte Abteilungen, die die persönlichen Präferenzen Hieronymus Becks deutlich reflektierten, ob es sich nun um Bücher mit besonderer bildlich-künstlerischer Ausgestaltung, um historische Literatur mit chronologischer Binnengliederung, um linguistische und pädagogische Literatur, um Poesie und schöngeistige Literatur oder um sonstige weitere Bereiche handelte.[206] Diese sog. „neuen“ Bereiche kamen auch in anderen österreichischen Bibliotheken vor, jedoch in Becks Fall war ihr Anteil an der Gesamtgliederung der Bibliothek unvergleichlich höher.

Der tatsächliche Inhalt der einzelnen Bereiche deutet darüber hinaus an, dass in Ebreichsdorf ein relativ ausgeklügeltes System verwendet wurde, das nicht auf einem mechanischen Prinzip der Einordnung beruhte. In der Beck'schen Bibliothek findet man nämlich nicht die damals geläufige Praxis der formellen Einordnung der Bücher in die einzelnen Bereiche nach ihrem – manchmal irreführenden – Titel. Ein typisches Beispiel dafür war die Unterhaltungslektüre, deren Werke, die sehr häufig mit den

---

entdeckten Nachlassinventar bekannt – STAMPFER: Adlige Lesekultur in Tirol um 1600 ... S. 51–52.

205 Mikulov: Regionální muzeum (MIK 1403).

206 Es ist von Interesse, dass einige der neuen Sachbereiche, die bei Beck vorkommen, auch Raphael Maffei, der in den Jahren 1451–1522 am päpstlichen Hof tätig war, in seiner Enzyklopädie *Acht und dreisig Bücher der städtischen Kommentare* ausgliederte – siehe ŠAMURIN: *Geschichte der bibliothekarisch-bibliographischen Klassifikation* 1... S. 111 und 113.

Worten „*Historie über* ..." begannen, in den Bibliotheken üblicherweise im Bereich Geschichte platziert wurden. Die Gründe waren die Unkenntnis des Inhalts oder aber das Vertrauen in die Wahrhaftigkeit der erzählten Geschichte; diese Auffassung wurde zweifelsfrei auch durch die Empfehlung Konrad Gessners beeinflusst, der in seiner Bibliographie die Eingliederung solcher Werke in den Bereich Geschichte ausdrücklich verlangte.[207] Diese eingeführte Praxis respektierte übrigens auch Ferdinand Hoffmann von Grünpühel nicht, der die Literatur dieser Art oft in den Bereich *Politici* einordnete.[208] In der Bibliothek von Hieronymus Beck wurden solche Bücher – bis auf eine einzige Ausnahme – in den Bereich der Poetik, in dem – und dies ist wiederum eine weitere unikale Tatsache – die schöngeistige Literatur und Poesie zusammengefasst waren.

Ein anderes anschauliches Beispiel, das von der Kenntnis des Inhalts der einzelnen Werke und deren adäquaten Einordnung in die jeweiligen Bereiche zeugt, ist das spanisch geschriebene Buch mit dem Titel *La cosmographia, y geographia*, das laut seinem Titel zur geographischen und erdkundlichen Literatur gehören sollte. Die Schrift, die primär das Messen, die Navigation und die entsprechenden Messinstrumente behandelte, wurde in Ebreichsdorf aber richtigerweise in die Abteilung Mathematik eingegliedert, ähnlich wie andere Bücher dieses Typs.[209] Die durchdachte Art und Weise der Arbeit mit den Büchern und ihre Gliederung zeigen Becks Kenntnis des Inhalts der Bücher in seinem Besitz, obwohl die Belege seiner aktiven Lektüre in den erhaltenen Büchern im Vergleich mit den Bibliotheken der Gelehrten nicht besonders hoch sind.

Auf die ausgeklügelte Einordnung der jeweiligen Werke weist auch die strikte Trennung zwischen den Postillen und den einzelnen Predigten hin, die selbständige Unterbereiche im Bereich Theologie bildeten, und zwar trotz des Vorkommens des Wortes *Sermones* (Predigten) im Buchtitel, obwohl es sich in der Tat um Postillen handelte. Mit Ausnahme der Bereiche von künstlerischen und geographischen Werken, bei denen der bestimmende Gesichtspunkt die Form (die Vorherrschaft des graphischen Materials im Buch) und nicht der Inhalt waren, ging Hieronymus Beck beim Konzipieren der Bereiche nicht nur von der thematischen Ausrichtung der Bücher, sondern auch von ihrem Zweck aus. So enthielt beispielsweise der Bereich „Artes" die sog. schulische und die allgemein bildende Literatur, die Bücher im Bereich „Antiquitates" boten Belehrung über die Realien des Altertums, im Bereich „Poetica" befanden sich Bücher zur Entspannung und Unterhaltung.

Der Ebreichsdorfer Katalog bietet deshalb eine hervorragende Gelegenheit, Einblick in die Art und Weise der Wahrnehmung der damaligen Literatur durch ihre Zeitgenossen zu nehmen. Die Menschen des 16. Jahrhunderts lasen die Literatur nach einem anderen Schlüssel als der heutige Historiker oder Literaturwissenschaftler: Wie bereits die Autoren der Analyse der Bibliothek Ferdinands II. von Tirol zeigten, konnte der Codex Iustinianus zur Erklärung des antiken Alltags verwendet werden, die Bibel als ein Kompendium von fesselnden blutigen, lasziven und phantasievollen

207 KAŠPAROVÁ, Jaroslava: Ke čtenářské recepci španělské zábavné prózy Zlatého věku v českých zemích v 16.–18. století (Příspěvek k problematice dějinám četby a čtení importované cizojazyčné knižní produkce v českých zemích raného novověku). In: PORIEZOVÁ, Miriam (ed.): *Studia Bibliographica Posoniensia.* Univerzitná knižnica v Bratislave, Bratislava 2012, S. 76.

208 KAŠPAROVÁ: *Amadis Waleský, nebo Don Quijote?...* S. 133.

209 Katalog Beckiana (13Mat 19).

Geschichten, aber auch als Reiseführer durch den Nahen Osten.[210] Wenn der damalige Katalogisator ein System mit mehreren Bereichen vor sich hatte, musste er sich einfach für einen der Bereiche entscheiden. In der Ebreichsdorfer Bibliothek zeigt sich, dass bei einem Buch, das einen solchen Grenzfall bildete, die fachbezogenen Bereiche (etwa die Architektur, Mathematik u. dgl.) den Vorzug hatten. Ein dichterisches Werk über die Landwirtschaft wurde somit nicht in den Bereich Poetik eingeordnet, sondern in den Bereich der landwirtschaftlichen Literatur, und ebenso wurde ein Buch über Wehrbauten in den Bereich Militaria und nicht in den allgemeinen Bereich Architektur gestellt. Die Duplikate, die jedoch in der Beck'schen Bibliothek ganz vereinzelt vorkamen, wurden in solchen Fällen in zwei verwandte Fachbereiche eingeordnet.[211]

Die für seine Zeit völlig ungewöhnlich konsequente bis pedantische Anwendung der Bereichssystematik in der Beck'schen Bibliothek enthüllt somit unerwartet die Mentalität der Zeit sowie die Art und Weise von Becks Wahrnehmung der Literatur. Ähnlich aussagekräftig, was die Reflexion der inhaltlichen Ausrichtung von Büchern anbelangt, war im mitteleuropäischen Raum wohl nur noch das unglaublich detaillierte Sachregister zum Autorenkatalog der Bibliothek Gundakers von Starhemberg, das ebenso wie Becks Katalog in den 80er Jahren des 16. Jahrhunderts entstanden ist.[212]

Tab. 1: Gliederung der Bibliothek von Hieronymus Beck in Fachbereiche

Fachbereich	**Binnengliederung im Rahmen des Formats**	**Zahl von Büchern**	**Vertretung in Prozent**
1. Theologie	Bibeln	330	25 %
	Scholastik		
	Patristik		
	Kontroverstheologie		
2. Recht		192	15 %
3. Medizin	Botanik	96	7 %
4. Philosophie		75	6 %

210 FEJTOVÁ, Olga – PEŠEK, Jiří: Varii Variarum rerum, factorum, dictorum, multarumque aliarum Historiarum Scriptores – Dějepisná literatura. In: PURŠ, Ivo – KUCHAŘOVÁ, Hedvika (edd.): *Knihovna arcivévody Ferdinanda II. Tyrolského* ... S. 187.

211 Unter die wenigen Duplikate gehörte z. B. die italienische Übersetzung von Luthers Werk *Libro de la emendatione & correctione dil stato christiano* – Katalog Beckiana (7Art 67, 15Protheo 22), Toscannela, Orazio: *I nomi antichi* – Katalog Beckiana (6Hi 161, 5Kunst 22), Thucydides (6Hi 18 a 85) sowie einige weitere Werke.

212 Berlin: Staatsbibliothek (Ms. Cat. Fol. 47); das Sachregister ist bei KOHLER: Umfang und Bedeutung historisch-geographischer Werke ... S. 232, abgeschrieben. Die Einteilung in fünf grundlegende Abteilungen, die das Verzeichnis Kohlers andeutet, gibt es im Katalog jedoch nicht und das Original des Katalogs deutet nicht einmal an, wie die Bibliothek aufgestellt war. Kein einziger Teil des Katalogs hat eine Lokation und auch die Folge von Stichwörtern korrespondiert mit der möglichen faktischen Anordnung nicht (einige theologische Unterabteilungen befinden sich zwischen historischen und juristischen, andere auch ganz am Ende).

Fachbereich	Binnengliederung im Rahmen des Formats	Zahl von Büchern	Vertretung in Prozent
5. Kunst (Graphik, Landkarten)		24	2 %
6. Geschichte	Altertum	285	22 %
	Allgemeine Geschichte		
	Geschichte einzelner Länder		
7. Schulliteratur		85	6 %
8. Schöngeistige Literatur		47	4 %
9. Antiquitäten		57	4 %
10. Architektur		19	1 %
11. Landwirtschaft		14	1 %
12. Militärwesen		22	2 %
13. Astronomie und Mathematik		33	3 %
14. Musikalien		5	<1 %
15. Nichtkatholische Theologie		27	2 %

Sehen wir uns nun die inhaltliche Zusammensetzung der einzelnen Fachbereiche näher an. Die Abteilung der religiösen Literatur, die im Vordergrund der ganzen Bibliothek stand, war strikt abgegrenzt durch die Werke der älteren Zeit; aus der Zeit nach dem Beginn der Reformation gab es hier nur die katholische Literatur. Eine Ausnahme bilden einige wenige eindeutige Fehler, wo der Autor des Katalogs die protestantische Herkunft der Schrift nicht erkannte oder aber sie absichtlich unberücksichtigt ließ (z. B. die ungarische Übersetzung einer Postille des protestantischen Bischofs István Beythe oder die kroatische Übersetzung einer Postille von Brenz). Eine strittige Frage war die Einordnung der Werke über die Kirchengeschichte, die gewöhnlich zwischen den Bereichen Theologie und Geschichte oszillierten. Hieronymus Beck ordnete solche Werke konsequent in den Bereich Theologie ein. Hierher wurden verständlicherweise auch protestantische Ausgaben der Kirchenväter, eine Nachdichtung von Psalmen, aber auch eine kalvinistische religiöse Polemik gegen die östlichen Religionen der Russen und Tataren eingeordnet; bei diesen Werken war ihre nichtkatholische Herkunft offensichtlich nicht wesentlich.

Der Bereich Theologie wurde – wie es in den mitteleuropäischen Bibliotheken jener Zeit bei Buchbesitzern aller Konfessionen ziemlich geläufig war – in Bibeln, Scholastik, Patristik und Kontroverstheologie gegliedert. Becks Auffassung dieser Unterabteilungen richtete sich nicht strikt nach den heute geltenden theologischen Gesichtspunkten. Dies gilt insbesondere über die Bücher, die von ihm als „Patres" bezeichnet wurden – hier findet man neben den klassischen Werken der Patristik auch mehrere zeitgenössische Schriften. Bei Baronios *Annales* könnte man noch meinen, dass der Grund dieser Bezeichnung die Zeit der darin behandelten ältesten Geschichte der Kirche gewesen sei, überraschend ist jedoch diese Bezeichnung für einige Theologen der zweiten Hälfte des 16. Jahrhunderts, wie beispielsweise Johann Cochlaeus, Stanislaw Hozyus, Willem van der Lindt, den Wiener Bischof Johann Fabri (der in engem Kontakt mit Marcus Beck stand), für Ulrich von Richenthal bei seinem Bericht über das Konzil von Konstanz oder für den am päpstlichen Hof lebenden spanischen Jesuiten Francisco de Torres (den Beck theoretisch 1550 in Rom persönlich getroffen haben kann). Ich bin der Meinung, dass Hieronymus Beck seinen persönlichen Respekt gegenüber gewissen kirchlichen Autoritäten, deren Arbeiten er achtete, auf diese Weise zum Ausdruck brachte.

Die inhaltliche Ausrichtung der Bereiche Recht und Medizin war hingegen ganz traditionell.[213] Zum Bereich Medizin gehörten in Ebreichsdorf ähnlich wie anderswo auch weitere verwandte Sachgebiete wie Pharmazie, Kurwesen, Kochbücher, diätetische Handbücher und Herbarien (diese bildeten einen selbständigen Unterbereich), Zoologie und Tierheilkunde. Die Struktur des Bereichs Medizin in der Beck'schen Bibliothek kann man bisher nur mit der Bibliothek der Rosenberger vergleichen. In Ebreichsdorf hatten die eigentlichen medizinischen Werke an der Zusammensetzung des Fachbereichs einen geringeren Anteil als im rosenbergischen Třeboň, dagegen waren in höherem Maße Kochbücher und diätologische Handbücher vertreten (5 %, in der rosenbergischen Bibliothek machten sie nur 1 % aus), dasselbe gilt auch für pharmakologische und botanische Literatur (21 %, in der rosenbergischen Bibliothek lediglich 5 %) und auch für Werke aus den Bereichen Zoologie und Tierheilkunde (7 %).[214] Unüblich war nur die Einordnung der zwei einzigen Werke aus dem Bereich der esoterischen Alchemie und Metallurgie; in der rosenbergischen Bibliothek wurden beispielsweise in den Bereich Medizin nur praktisch orientierte alchemistische Werke aufgenommen, während sich die esoterischen im Bereich Philosophie befanden.

Der Bereich Philosophie war in der Bibliothek von Hieronymus Beck viel enger abgesteckt, als dies in den in das Fünf-Bereiche-System gegliederten Universalbibliotheken (rosenbergische und Ambraser Bibliothek) der Fall war. Die Werke, die nach heutigem Verständnis für rein philosophische gehalten werden, bildeten ungefähr zwei Drittel des Bereichs (antike, scholastische Philosophie sowie die Philosophie der Renaissancezeit), der Rest waren Schriften mit breiterem ethischem und lehrhaftem Sinn einschließlich der griechischen und orientalischen Mythologie sowie der Bücher mit einem moralischen Akzent oder Zweck (einige Satiren und historische Werke, Handbücher über Hofsitten u. dgl.).

Nach dem Block von traditionellen scholastischen Bereichen befand sich der erste selbständig geschaffene Bereich der Beck'schen Bibliothek mit der Benennung *KünstStück et Cosmographici et Geögraphici libri*. Obwohl auch Konrad Gessner einen ausschließlich der Geographie gewidmeten Bereich empfahl, schien dieser in den Bibliotheken jener Zeit eher selten auf; es gab ihn beispielsweise bei Ferdinand Hoffmann von Grünpühel und später (1624) auch Job Hartmann von Enenkel, der damals die

213 Im Bereich des Rechts gibt es eine einzige Ausnahme – die Handschrift des topographischen Werkes *Itinerarium Antonini* aus dem 3. Jh. n. Chr. mit Beschreibungen der Straßen und Wege im Römischen Reich – Katalog Beckiana (2Ju 70).

214 Zur Struktur des Bereichs Medizin in der rosenbergischen Bibliothek detailliert VESELÁ: *Knihy na dvoře Rožmberků* ... S. 147.

umfangreichste Kollektion geographischer Literatur in Oberösterreich besaß.[215] In der Bibliothek von Hieronymus Beck war bei der Einordnung in diesen Bereich jedoch nicht die sachliche Ausrichtung des Buches, sondern zu einem bedeutenden oder gar überwiegenden Anteil die bildlich-künstlerische Komponente im jeweiligen Buch ohne Berücksichtigung seines Inhalts ausschlaggebend. Außer geographischen Atlanten und Landkarten waren hier auch Atlanten von Tieren, Porträtbücher, graphische Alben sowie einige Kosmographien mit beträchtlicher bildnerischer Ausstattung untergebracht.[216] In anderen Bibliotheken (beispielsweise in der Bibliothek der bayerischen Wittelsbacher oder in denjenigen Ferdinands II. von Tirol) standen solche Werke an der Grenze zwischen Bibliothek und Kunstkammer oder wurden gar vorrangig in der Kunstkammer platziert. Lediglich am rosenbergischen Hof wurde eine selbständige Kollektion von gebundenen oder losen graphischen Werken direkt in die Bibliothek eingeordnet, trotzdem scheint es, dass sie im Rahmen der Bibliothek eine selbständige Stellung innehatte und in den Katalog erst nachträglich eingetragen wurde.[217] Hieronymus Beck war offensichtlich der Einzige, der diese Werke für einen derart bedeutenden Bestandteil seiner Sammlungen hielt, dass er für sie einen selbständigen Bereich im Rahmen seiner Bibliothek vorbehielt.

Die historische Literatur belegte in Ebreichsdorf in der Abfolge der Bereiche den sechsten Platz. Die inhaltliche Ausrichtung war traditionell: Neben klassischen historiographischen Werken befanden sich hier auch Biographien, Genealogien, emblematische und höfische Handbücher, Berichte über überseeische Entdeckungen, Reisehandbücher und Reiseberichte sowie topographische Lexika und Werke der historischen Sprachwissenschaft. Obwohl die Werke, die man heute als „nichthistorisch" bezeichnen würde, 18 Prozent des ganzen Bereichs ausmachten, war dies im Kontext der damaligen Auffassung ganz natürlich und auch in anderen Bibliotheken geläufig. Überraschend wirkt wohl höchstens die Einordnung der ersten öffentlichen Verteidigung der Hexenverfolgung von Johannes Wier aus dem Jahre 1586 in diesen Bereich, weil sich die dem Hexenwesen gewidmeten Bücher meistens unter der juristischen Literatur befanden.[218]

215 KOHLER: Umfang und Bedeutung historisch-geographischer Werke ... S. 229 und 247, die geographische Literatur in der Bibliothek des Grafen von Enenkel machte bis zu 20 % ihres Gesamtumfangs aus.

216 Dank dieser relativ eindeutigen Absteckung dieses Bereichs kann man wenigstens annähernd den Charakter von sonst nicht identifizierbaren Einträgen des Typs *Florilegium*, Katalog Beckiana (5Kunst 15), bestimmen. Offensichtlich handelte es sich um Abbildungen von Pflanzen ohne oder mit nur minimalem Text.

217 VESELÁ: *Knihy na dvoře Rožmberků* ... S. 159.

218 Katalog Beckiana (6Hi 168). Es ist nicht ausgeschlossen, dass Hieronymus Beck auf diese Weise die durch Wier detailliert geschilderte Hierarchie der Hölle akzentuierte, die als ein Fürstentum mit Höllenfürsten an der Spitze und mit einer gründlich durchgegliederten „Verwaltungshierarchie" beschrieben wird.

Graphische Darstellung 1: Thematische Zusammensetzung des Bereichs Geschichte der Beck'schen Bibliothek

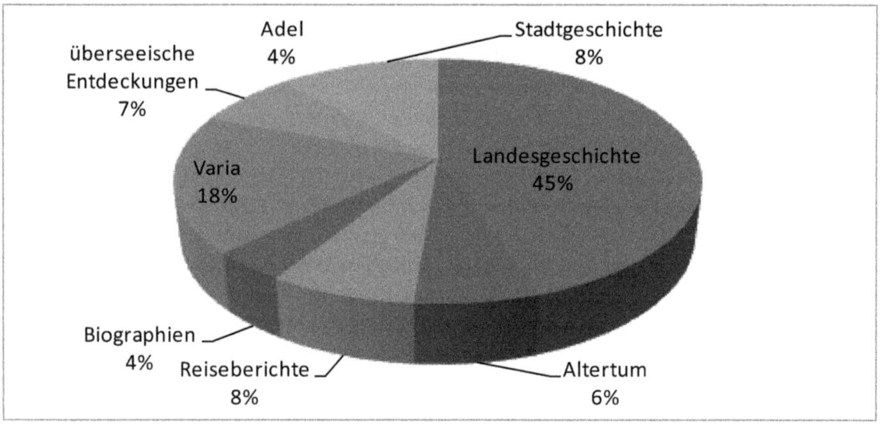

In der Abteilung Geschichte findet man auch einige weitere interessante Dinge. Das ungewöhnliche Ausscheiden von verschiedenen Geschichten, Historien und belletristischen Werken mit historischen Themen habe ich bereits erwähnt; ähnlich einzigartig ist jedoch auch die innere Gliederung der historischen Werke in der Bibliothek von Hieronymus Beck. Er klassifizierte sie unter dem chronologischen Aspekt in die Werke über das Altertum, in allgemeine Werke seit der Erschaffung der Welt und in solche, die der zeitgenössischen Geschichte gewidmet waren. Die Betonung des chronologischen Gesichtspunktes bei historischen Werken kann man in Bibliotheken jener Zeit nur in derjenigen Christophs von Wolkenstein vorfinden, der – soweit man laut der Überschrift urteilen darf – die historischen Werke in solche über die allgemeine und in diejenigen über die nationale Geschichte trennte.

Der für Ebreichsdorf spezifische Bereich der Schulliteratur, der *Artes et miscellanea* benannt wurde, umfasste vor allem grundlegende lehrhafte und bildende Werke: linguistische Handbücher, Lehrmittel (auch aus naturkundlichen Gebieten), Enzyklopädien, biographische Lexika und epistolographische Handbücher. In diesen Bereich ordnete Hieronymus Beck auch Bücher- und Verlegerkataloge sowie bibliographische Werke ein.[219]

Soweit man anhand der bekannten oder erhaltenen Kataloge urteilen kann, scheint Hieronymus Beck unter den böhmischen und österreichischen Adligen der Einzige zu sein, der einen spezifischen Bereich für die schöngeistige Literatur einschließlich Gedichten, Epen und Dramen geschaffen hat. In der Bibliothek von Ebreichsdorf hieß dieser Bereich *Poetici.* Bereiche mit einem ähnlichen Namen gab es zwar auch in anderen Büchersammlungen (in der rosenbergischen Bibliothek, in der Büchersammlung des Wiener Bischofs Johannes Fabri), sie enthielten jedoch ausschließlich Poesie.

---

219 Eine einzige Ausnahme bildet das Editionsprogramm der Venediger Akademie von 1559 – Katalog Beckiana (9Antiq 40) –, darüber mehr im weiteren Text. Auch Konrad Gessner empfahl die Einordnung der Kataloge und ähnlicher die Bibliotheken betreffender Schriften in den Bereich „Grammatik“, vgl. ŠAMURIN: *Geschichte der bibliothekarisch-bibliographischen Klassifikation* 1 ... S. 118.

Eine der Beck'schen ähnliche breitere Ausrichtung des poetischen Bereichs ist erst zum Jahre 1632 in der Bibliothek Heinrich Wilhelms von Starhemberg belegt.[220] Wie man noch sehen wird, zeigte Hieronymus Beck in seiner Jugendzeit an dieser Art von Literatur – besonders an Ritterromanen sowie an italienischen humanistischen Novellen – ein intensives Interesse, und dies war auch der Grund für die Schaffung eines originellen Sachbereichs, von dem bisher angenommen wurde, dass er in der damaligen Bibliothekssystematik noch nicht existierte. Die bunte Mischung von Unterhaltungsprosa, Poesie und Dramatik wurde im Ebreichsdorfer Bereich *Poetici* auch durch einige mythologische Werke und Lexika ergänzt, einschließlich eines Buches von Francesco Marcolini, das in Form von Fragen und Antworten und mittels Spielkarten die Zukunft wahrsagte.[221] In diesen Bereich wurden konsequent vor allem die Ritterromane eingeordnet; Bücher anderer Gattungen erscheinen vereinzelt auch in anderen Bereichen, wenn Hieronymus Beck ihren Sinn einem speziellen Gebiet und nicht nur der Unterhaltungslektüre zuordnete.[222] Wohl deswegen wurden Ovids *Metamorphosen* in den lehrhaften Bereich *Artes* eingeordnet oder die didaktische Dichtung von Luigi Alamanni über die Landwirtschaft in den Bereich der landwirtschaftlichen Literatur.

Nicht weniger interessant ist die Charakteristik des als *Antiquitates* betitelten Bereichs, der den Realien und der Ethnographie des Altertums gewidmet war, wobei nicht nur das griechisch-römische Kulturgebiet berücksichtigt wurde. Ein großer Teil der Bücher dieses Bereichs befasste sich mit der Numismatik und der Epigraphik, mit den Denkmälern und der Religion des Altertums (z. B. Bestattungsriten der Völker des Altertums, ihre Bekleidung, Abbildungen von Schiffen des Altertums, die damaligen Arten des Färbens von Stoffen u. dgl.). In diesem Bereich waren auch Bücher mit Abbildungen von bedeutenden historischen Persönlichkeiten eingeordnet, von Kaisern, Herrschern, Gelehrten und Juristen. Hieronymus Beck war sich wohl selber der Überschneidung der letztgenannten Schriften mit dem Bereich der graphischen Werke bewusst, deshalb ordnete er die erste Ausgabe des bekannten Werkes von Jacopo Strada über die römischen Kaiser von Julius Cäsar bis Maximilian II. mit ihren Biographien und Abbildungen (*Epitome thesauri antiquitatum*) von 1557 dem Bereich *Antiquitates*, eine weitere, erweiterte Ausgabe von 1559 jedoch bereits dem Bereich der Graphik (*KunstStück)* zu.

Auch die der Architektur gewidmete Literatur erhielt in der Ebreichsdorfer Bibliothek einen selbständigen Bereich. In den mitteleuropäischen Bibliotheken jener Zeit war dieser Bereich noch nicht geläufig; belegt ist er nur noch in der Bibliothek Ferdinand Hoffmanns von Grünpühel. Übrigens führt nicht einmal Konrad Gessner die Architektur als eine selbstständige Disziplin an.[223] Hieronymus Beck ordnete in diesen Bereich neben architektonischen Werken auch das grundlegende, postum erschienene Werk Albrecht Dürers über die Theorie der Malkunst ein (Beck besaß die Erstausgabe von 1528) sowie Bücher aus der angewandten Mathematik, die mit der Architektur im Zusammenhang standen – beispielsweise das Buch Cosimo Bartolis über das

220 Berlin: Staatsbibliothek (Catal. Fol. 48, S. 394–418).
221 Katalog Beckiana (8Poet 11).
222 Mit einer einzigen Ausnahme: Eine der drei Ausgaben von Amadis de Gaula befand sich im Fachbereich Historia, vgl. Katalog Beckiana (6Hi 192).
223 ŠAMURIN: *Geschichte der bibliothekarisch-bibliographischen Klassifikation* 1 ... S. 121.

Ausmessen von Objekten oder das Handbuch über die Anfertigung von pneumatischen und mechanischen Geräten Herons von Alexandria.

Weitere Bereiche in der Bibliothek von Hieronymus Beck, die damals in den untersuchten Bibliotheken der habsburgischen Länder noch nicht selbständig vorkamen, waren Landwirtschaft und Militärwesen. Der Bereich *Militaria* reflektierte zweifellos Becks amtliches und auch intellektuelles Engagement in den militärischen Fragen seiner Zeit, ob es sich nun um den lang andauernden Konflikt mit dem Osmanischen Reich oder um sonstige kriegerische Auseinandersetzungen im damaligen Europa handelte. Eine gewisse und wohl nicht zu vernachlässigende Rolle bei der Konstitution dieses Bereiches spielten offensichtlich auch Becks Ambitionen in der adeligen Welt. Was den Inhalt anbelangt, gab es im Bereich *Militaria* vor allem Bücher über die Reitkunst sowie militärische Handbücher (einschließlich solcher von moralisch-ethischem Charakter) und in einem Fall ein der Militärarchitektur gewidmetes Werk. Hieronymus Beck war jedoch im Stande, auch den tieferen existenziellen Kontext der Kriegsthematik wahrzunehmen. Deshalb ordnete er die Schrift *Discours politiques et militaires* von François de la Nove, in dem der Krieg als menschliches Drama geschildert wird, in den Bereich Philosophie ein.[224]

In einer weiteren Abteilung der Bibliothek von Ebreichsdorf befanden sich Werke aus dem Gebiet der Astronomie und Mathematik. Die Verbindung dieser Bereiche war in jener Zeit üblich und vollkommen logisch, übrigens bildeten damals einen Bestandteil der Astronomie vor allem komplizierte mathematische Berechnungen und einige Schriften waren von völlig gemischtem Charakter. Weder hier noch in einer anderen Abteilung der Bibliothek finden wir astrologische Werke. Ihre Funktion scheinen in Ebreichsdorf die in den mathematischen Bereich eingeordneten chiromantischen Abhandlungen zu ersetzen, die durch eine detaillierte Analyse einzelner Züge des Menschen versuchten, nicht nur dessen Charakter und Schicksal, sondern auch seine Neigung zu bestimmten Krankheiten festzustellen.[225] Interessant ist auch die Einordnung des kabbalistischen Werkes von Cesare d'Evoli über die Sephiroth in diese Abteilung. Die Schrift wird ja üblicherweise primär als ein esoterisches Werk aufgefasst, aber für Hieronymus Beck, der sich – wie man noch sehen wird – intensiv für die Mathematik interessierte, war offensichtlich die mathematische Ebene dieser Schrift wichtig, die mit der Zahlenkombinatorik arbeitet, und deshalb hat er sie bewusst in den mathematischen Bereich seiner Bibliothek eingeordnet.[226]

Der eindeutig definierten Abteilung von Musikalien, die nur fünf Werke enthielt, folgte die letzte Abteilung der Beck'schen Büchersammlung, nämlich die nichtkatholische, überwiegend protestantische Theologie.[227] Mit Ausnahme der Bibliothek in München, wo 1582/1583 unter dem Einfluss der dortigen Jesuiten die verbotenen Bücher teilweise ausgegliedert wurden, erscheint die Tendenz zur Ausgliederung von nichtkatholischen Büchern in den mitteleuropäischen Adelsbibliotheken erst seit

224 Katalog Beckiana (4Phil 75).
225 Katalog Beckiana (13Mat 14, 15).
226 Katalog Beckiana (13Mat 23).
227 Obwohl Hieronymus Beck versuchte, die protestantischen Werke auszugliedern, verblieben dennoch fünf davon im Bereich der katholischen Theologie.

den 30er Jahren des 17. Jahrhunderts.[228] Die Einstellung von Hieronymus Beck zur nichtkatholischen Literatur ist deshalb im mitteleuropäischen Raum völlig vereinzelt. Wie man noch sehen wird, vermied er absichtlich die Erwerbung dieser Literatur, und die wenigen Werke, die in seine Bibliothek gelangten, gliederte er in eine selbstständige Abteilung aus, die entehrend ganz am Ende seiner Bibliothek stand. Es ist nicht klar, ob er sich dabei von einem Vorbild inspirieren lassen konnte. In Frage kommt allenfalls die Bibliothek des Wiener Bischofs Johann Neubeck, deren ursprünglichen, heute verschollenen Katalog Hieronymus Beck seit den 80er Jahren des 16. Jahrhunderts besaß. Der spätere Katalog von Neubecks Bibliothek, der jedoch erst im 17. Jahrhundert entstand und in Wien erhalten ist, zeigt nämlich die Ausgliederung von protestantischen Büchern und deren Einordnung am Ende der Bibliothek; man kann jedoch nicht automatisch annehmen, dass Neubecks Büchersammlung diese Gliederung bereits im 16. Jahrhundert hatte.[229] Im Kontext von Becks Einstellung zu religiösen Fragen, die ich in den folgenden Kapiteln des vorliegenden Buches wenigstens andeutungsweise zu rekonstruieren versuche, scheint eher, dass Hieronymus Beck durch diese Ausgliederung von protestantischen Werken symbolisch seine ablehnende Haltung gegenüber der definitiven Kirchenspaltung und somit auch gegenüber den theologischen Auslegungen der protestantischen Seite zum Ausdruck bringen und nicht etwa den Verordnungen der katholischen Kirche über die sog. verbotene Literatur Folge leisten wollte.

Handschriften und Bücherschenkungen

Während in humanistischen Kreisen Handschriften bekanntlich nicht nur einen Sammlergegenstand, sondern auch ein Objekt wissenschaftlicher Untersuchungen darstellten, gehört die Rolle von Handschriften bei den Adligen vorläufig zu den am wenigsten untersuchten Gebieten der aristokratischen Bibliotheken der Frühen Neuzeit. Die Handschriften hatten zwar ihre Berechtigung auch in „geläufigen" aristokratischen Bibliotheken, angesichts der massenhaften Produktion gedruckter Bücher standen sie jedoch nicht im Vordergrund. Die Handschrift spielte eine wichtige Rolle als Kommunikationsmittel bei gegenseitiger Beschenkung und unersetzlich war ihre Bedeutung als wichtiges Informationsmittel, falls man den individuellen Bedarf hatte, einen Text zu besitzen, der auf dem Markt oder in den betreffenden sozialen Kreisen nicht zu erwerben war. Den Handschriften als Memorabilien wurde verständlicherweise auch dann der Vorzug gegeben, wenn der persönliche Charakter des Objekts als Denkmal betont wurde.[230]

---

228 VESELÁ: Knihovna Františka z Ditrichštejna v dobovém kontextu ... S. 232. Auch im Katalog der Bibliothek Heinrich Wilhelms von Starhemberg vom Jahre 1632, vgl. KOHLER: Umfang und Bedeutung historisch-geographischer Werke ... S. 231.

229 FENZL: *Die Bibliothek des Wiener Bischofs Dr. Johann Caspar Neubeck 1574–1594* ... S. 27–28.

230 Zu Handschriften als Sammlerobjekt in den Kreisen des deutschen protestantischen Adels SHEVCHENKO: *Eine historische Anthropologie des Buches* ... S. 129–133; ŠIMEČEK, Zdeněk: K počátkům knihkupeckého obchodu s rukopisy v českých zemích. *Studie o rukopisech* XXXIII, 1999–2000, S. 115–117; Zum Sammlerwert von Handschriften HARTIG, Otto: Die Gründung der Münchener Hofbibliothek durch

Die neuesten Untersuchungen zeigen, dass die Beziehung zu den Handschriften an den Adelshöfen in höherem Maße individueller Art war, als man vielleicht annehmen würde. Eva Nilsson Nylander kam beispielsweise bei der Untersuchung der Handschriftensammlung von Königin Christine zum Schluss, dass das eingebürgerte Bild der faszinierenden Persönlichkeit der schwedischen Herrscherin als aktive Leserin und Büchersammlerin einer grundlegenden Neubewertung bedarf.[231] Die Handschriften spielten auch in der Erwerbspolitik der kaiserlichen Hofbibliothek eine bedeutende Rolle. Obwohl die Habsburger selbst (insbesondere Maximilian II. und Rudolf II.) diese Erwerbungen unterstützten, hatten jedoch die Wiener Intellektuellen in habsburgischen Diensten (Jacopo Strada, Hugo Blotius, Johannes Sambucus) die Hauptinitiative bei den Erwerbungen von Handschriften aus österreichischen Klöstern sowie aus Italien.[232] Ein tieferer Einblick in die Handschriftensammlungen der Adelsbibliotheken ist beim rosenbergischen und beim Ambraser Hof möglich. Der Anteil von Handschriften in diesen Bibliotheken wurde erstaunlicherweise weder durch das Alter der Familienbibliothek noch durch einmalige Erwerbungen von Büchersammlungen mit hohem Anteil an Handschriften beeinflusst. Peter Wok von Rosenberg gliederte in seine Familienbibliothek über 1.200 Handschriften und Wiegendrucke aus den aufgehobenen Klöstern Südböhmens ein, wobei die von hier erworbenen Handschriften etwa zwei Drittel aller Handschriften der rosenbergischen Bibliothek ausmachten. Die gezielte Abschreibetätigkeit am Hof dieses letzten Herrn von Rosenberg, die an der Wende vom 16. zum 17. Jahrhundert belegt ist, richtete sich auf die Erlangung sonst unerreichbarer historischer, religiöser und medizinischer Literatur (z. B. Werke der Brüderunität, Chroniken, alchemistische und okkulte Schriften). Diese und andere Handschriften, die durch die Rosenberger zielgerichtet erworben wurden, machten um die fünf Prozent der gesamten Bibliothek aus; ähnlich hoch war auch der Anteil von Handschriften in der Bibliothek Christophs von Wolkenstein.[233] Am Hof Ferdinands II. von Tirol überwog dagegen die Auffassung der Handschriften als Sammlerobjekt und wertvolle Zimelien, und in Ambras entstanden bzw. wurden deshalb besonders kalligraphisch ausgeführte Handschriften mit kostbarem Einband erworben. Die andere Rolle der dortigen Handschriften zeigte sich nicht nur in ihrer Ausschmückung und in ihrem Inhalt, sondern auch in ihrer häufigen Unterbringung in der Kunstkammer. Auch ihre Anzahl war außerordentlich hoch: in Ambras bildeten die Handschriften 19 Prozent der ganzen Bibliothek und wenn man die in der Kunstkammer und in der Hofkapelle platzierten Handschriften hinzuzählt, handelte es sich sogar um 21 Prozent der gesamten Büchersammlung.[234]

Albrecht V. und Johann Jakob Fugger. In: HACKER, Rupert (ed.): *Beiträge zur Geschichte der Bayerischen Staatsbibliothek*. Saur, München 2000, S. 49.

231 NYLANDER, Eva Nilsson: *The Mild Boredom of Order: A Study in the History of the Manuscript Collection of Queen Christina of Sweden*. Lund University, Lund 2011 (Bokhistoriska skrifter 8).

232 ALMÁSI: *The Uses of Humanism* ... S 153.

233 VESELÁ: *Knihy na dvoře Rožmberků* ... S. 121–125; DÖRRER: Die Bibliothek des Freiherrn Christoph von Wolkenstein ... S. 23.

234 PETR, Stanislav – RICHTEROVÁ, Alena: Rukopisy v knihovně a v kunstkomoře. In: PURŠ, Ivo – KUCHAŘOVÁ, Hedvika (edd.): *Knihovna arcivévody Ferdinanda II. Tyrolského* ... S. 75–104.

Tab. 2: Anteil der Handschriften in den einzelnen Bereichen der Adelsbibliotheken

	Ferdinand II. von Tirol	Peter Wok von Rosenberg	Hieronymus Beck von Leopoldsdorf*
Theologie	13 %	11 %	≥ 1 %
Recht	8 %	13 %	3 %
Medizin	17 %	13 %	8 %
Geschichte	27 %	8 %	9 %
Philosophie	21 %	8 %	7 %

*Die Klassifizierung der Beck'schen Bibliothek nach Bereichen wurde der grundlegenden Bereichsgliederung der beiden übrigen Bibliotheken angepasst.

Die Identifizierung von Handschriften in alten Katalogen und Inventaren gehört traditionsgemäß zu den schwierigsten Problemen. Im Fall der Bibliothek von Hieronymus Beck gelang es wenigstens grob (d. h. den Autor, eventuell auch das Werk bei mehr als der Hälfte davon zu identifizieren).[235]

Die erdrückende Mehrheit der Handschriften in der Ebreichsdorfer Bibliothek erwarb erst Hieronymus Beck und trotz der geringen Zahl der überlieferten Handschriften ist es offensichtlich, dass er sich dabei nicht im Geringsten – wie etwa Ferdinand II. von Tirol – auf kalligraphisch ausgeschmückte Handschriften konzentrierte.[236] Die äußere Gestalt der Handschriften in der Beck'schen Bibliothek war wohl nüchtern, was damit zusammenhing, dass die meisten davon zeitgenössischer Herkunft waren und praktische oder fachliche Ausrichtung hatten; ähnlich hatte auch Ferdinand Hoffmann von Grünpühel in seiner Bibliothek eine große Menge an Gebrauchshandschriften ohne Ausschmückung.[237] Die einzige heutzutage bekannte Handschrift mit schönerer Ausstattung schenkte Hieronymus Beck an Reichart Streun, nämlich eine Pergamenthandschrift von Marcus Valerius Martialis aus dem 15. Jahrhundert, die kolorierte Initialen hatte.[238]

Wegen Mangel an Quellen und an erhaltenen Handschriften aus der Beck'schen Büchersammlung können nur Vermutungen angestellt werden, wie groß die Zahl der durch den Bibliotheksbesitzer direkt erworbenen Handschriften war, wie viele Texte eventuell in Ebreichsdorf abgeschrieben wurden oder ob Hieronymus Beck die Handschriften eher als Geschenke von Autoren oder von weiteren Vermittlern

235 Bei 24 Handschriften konnten weder der Verfasser noch das Werk näher identifiziert werden, bei fünf wurde lediglich der Autor, bei 26 Handschriften wurden sowohl der Autor als auch das Werk identifiziert.

236 Lediglich vier Handschriften sind erhalten geblieben, zwei weitere sind nachweislich Ende des 17. Jh. beim Brand des königlichen Palastes in Stockholm verbrannt, siehe CALLMER, Christian: *Königin Christina, ihre Bibliothekare und ihre Handschriften. Beiträge zu zur europäischen Bibliotheksgeschichte* (= Acta Bibliothecae Regiae Stockholmiensis 30). Statens Humanistica Forsknigsgrad, Stockholm 1977, S. 138, Anm. 8.

237 DOKOUPIL, Vladislav: *Soupis rukopisů mikulovské Dietrichsteinské knihovny.* Státní pedagogické nakladatelství, Praha 1958, S. 3.

238 Wien: Österreichische Nationalbibliothek (Cod. 316). Im sog. rosenbergischen Verzeichnis gibt es nur in einem Fall einer mittelalterlichen Handschrift die Bemerkung, dass es sich um eine Pergamenthandschrift handelt. Die wenigen erhaltenen Handschriften haben nur einfache Einbände.

erhielt. Spuren erhöhter Abschreiberaktivität können vielleicht in Bemerkungen über einige Handschriften gesehen werden, die meistens vom Anfang der 90er Jahre des 16. Jahrhunderts stammen. Es handelte sich vor allem um historische Schriften: um eine Genealogie von Venediger Familien und um eine nicht identifizierbare deutsche Chronik mit der Jahreszahl 1593; in dieser Zeit wurden auch zwei erhaltene Beck'sche Handschriften erworben: eine Abhandlung von Callimachos über die Türkenkriege und die Chronik von Sunthaym.[239] Datiert ist auch die Abschrift eines bekannten und weit verbreiteten Handbuchs gegen die Pest von Alexander Seitz, das in Deutschland im ersten Drittel des 16. Jahrhunderts in mehreren Ausgaben erschien. Es scheint jedoch nicht zugänglich gewesen zu sein: Hieronymus Beck schaffte sich 1571 seine Abschrift an, wohl im direkten Zusammenhang mit der Pestepidemie, die in Österreich in diesem Jahr ausgebrochen war.[240] Übrigens sind auch einige gedruckte Werke gegen die Pest in der Beck'schen Bibliothek zu Beginn der 70er Jahre des 16. Jahrhunderts erschienen.

In diesem Zusammenhang ist auch Becks Beziehung zur Erwerbung von Handschriften zur Türkenthematik zu erwähnen und die Frage zu stellen, ob es sich um eine gezielte Suche nach türkischen Originalquellen handelte, wie andere Gelehrte in fremden Ländern nach ursprünglichen syrischen (Guillaume Postel) oder griechischen Handschriften (Jacopo Strada, Johannes Sambucus) suchten.[241] Hieronymus Beck hatte nämlich 1550 in Konstantinopel – angeblich für eine große Summe – zwei türkische Handschriften über die Geschichte des türkischen und des persischen Reiches erworben und nach der Rückkehr nach Wien Kaiser Ferdinand I. geschenkt. Ähnliche Geschenke waren keineswegs ungewöhnlich, obwohl sie eher von Intellektuellen stammten, die in kaiserlichen Diensten standen, wie es Johannes Sambucus und Jacopo Strada waren. Hieronymus Beck schenkte diese Handschriften dem Kaiser sogar mit einem klaren Ziel: laut einer späteren Nachricht von Johannes Löwenklau bat Beck bereits bei der Überreichung den Kaiser, er möge die türkische Chronik wegen ihres „allgemeinen Nutzens" ins Lateinische oder ins Deutsche übersetzen lassen.[242] Es gibt keine Belege darüber, dass Beck auch später nach ähnlichen Quellen gesucht hätte. Interessant ist jedoch die Erwähnung, dass 1593 ihm der aus dem Türkischen übersetzende Steffan Schupmann einen Auszug aus dem Koran schenkte, den er, noch mit Blut befleckt, direkt auf dem Kampfplatz bei Belgrad einem türkischen Krieger abgenommen habe.[243] Schupmann und Beck hatten sich schon seit den 80er Jahren gekannt, als Beck Schupmann um Hilfe bei der neuen Übersetzung der bereits erwähnten türkischen Chronik bat. Inwieweit jedoch Schupmann auf Becks aktives Interesse an diesen Quellen reagierte, oder ob es sich um Schupmanns eigene Initiative handelte, die seine Beziehung zu dem damals einflussreichen Ritter festigen sollte, lässt sich schwer entscheiden.

---

239 Katalog Beckiana (6XXX 9, 6Hi 142).

240 Katalog Beckiana (3Me 54).

241 ÁLMASI: *The Uses of Humanism* ... S. 153.

242 LÖWENKLAU: *Annales Sultanorum* ... fol. A2r; NEUBER: Visual Exegesis and Social History ... S. 669.

243 Laut LAMBECK, Peter – NESSEL, Daniel de: *Bibliotheca Acroamatica Comprehendens Recensionem Specialem Omnium Codicum Msctorum Græcorum, Hebraicorum, Syriacorum, Arabicorum, Turcicorum, Armenicorum, Æthiopicorum, Mexicanorum, Sinensium, &c. Augustissimæ Bibliothecæ Cæsareæ Vindobonensis* ... Foerster, Hannover 1712, S. 799; JONES, Robert: Piracy, War, and the Acquisition of Arabic Manuscripts in Renaissance Europe. *Manuscripts of the Middle East* 2, 1987, S. 100.

Ähnlich unklar ist die Lage auch bei mehreren weiteren Handschriften aus der Beck'schen Büchersammlung, deren Verfasser zeitgenössische Wiener Intellektuelle waren, beispielsweise Elias Corvin, Ferdinand Weidner von Billerburg, Georg Huszti, Paul Fabricius, Paul Wittich und Zikmund Domináček von Písnice, deren Handschriften in Ebreichsdorf in unerwartet hoher Zahl vorkamen. Unter den Persönlichkeiten, die Hieronymus Beck beschenkten, waren aber auch Mitglieder der habsburgischen Familie (Katharina von Österreich, Maximilian II.) sowie Adlige (Mitglieder der Adelsfamilie von Gera, Reichart Streun).

Am rosenbergischen sowie am Ambraser Hof wurden als Geschenke schön ausgestattete medizinische und religiöse Handschriften und Drucke (Herbarien, geistliche Liederbücher) bevorzugt. In Ebreichsdorf entsprechen diesem Spektrum nur die Büchergeschenke von den Mitgliedern der kaiserlichen Familie sowie diejenigen von den Adligen. Ebenso wie in Ambras und in Třeboň wurden für die Bibliothek in Ebreichsdorf durch Abschreibungen nicht mehr auf dem Markt zugängliche Bücher erworben. Es waren vor allem die in Druck nicht erschienenen österreichischen mittelalterlichen Chroniken, medizinische Handschriften, Genealogien von Adelsfamilien und Musikalien. Trotzdem unterschied sich die inhaltliche Zusammensetzung der Handschriften in Ebreichsdorf von der in Ambras und Třeboň. Dies war vor allem durch Becks minimales Interesse an Handschriften religiösen Inhalts gegeben. Belegt ist nur eine einzige solche Handschrift im Besitz von Hieronymus Beck. Es handelte sich um ein protestantisches Gebetsbuch, ein Geschenk von der befreundeten Adelsfamilie von Gera, mit der Hieronymus Beck und sein Sohn Christoph verkehrten.[244] Ein weiterer, noch bedeutenderer Unterschied war die große Menge von Handschriften mit Themen, die in der adligen Welt nicht ganz gewöhnlich waren, wie Mathematik, Kartographie, historische Chronologie, Epigraphik, Geschichte des Altertums sowie Reiseberichte und Topographie.

Von Becks aktiver Einstellung zu Handschriften sprechen anschaulich die Umstände, unter denen die Abschrift der 1491 gedruckte Abhandlung Suntheyms über die Herkunft und Genealogie der Babenberger und Habsburger in die Bibliothek von Ebreichsdorf gelangte und die sich heute in der Staatsbibliothek in Berlin befindet.[245] Die Handschrift, eine getreue Kopie des Wiegendrucks, den das Augustinerkloster von Klosterneuburg drucken ließ, schenkte Balthasar Polzmann, Propst des dortigen Klosters, an Hieronymus Beck. In der Kopie gab es jedoch die im Wiegendruck vorkommenden ganzseitigen Illustrationen mit den Stammbäumen der Habsburger und Babenberger nicht, und Hieronymus Beck wandte einiges an Zeit und Geld auf, um die Handschrift um diese Anlagen zu ergänzen. Von Polzmann borgte er sich die Originalvorlage aus und betraute den Maler Pistorius damit, völlig getreue Kopien der beiden Holzschnitte anzufertigen. Noch interessanter ist die Tatsache, dass Beck angeblich

244 Katalog Beckiana (15Prothe 27).

245 Berlin: Staatsbibliothek (Ms. Germ. qu. 85); die Handschrift wird bei EHEIM, Fritz: Ladislaus Sunthaym. Ein Historiker aus dem Gelehrtenkreis um Maximilian I. *Mitteilungen des Instituts für Österreichische Geschichtsforschung* 57, 1959, S. 54–91 nicht registriert; der Wiegendruck SUNTHEIM, Ladislaus von: Der löblichen Fürsten und des Landes Oesterreich Altherkommen und Regierung. Basel 1491 (ISTC is00868000), die Edition des Wiegendruckes RÖHRIG, Floridus: *Der Babenberger-Stammbaum im Stift Klosterneuburg*. Tusch, Wien 1975. Die digitale Kopie des Wiegendrucks ist unter http://daten.digitale-sammlungen.de/~db/0001/bsb00017886/images/index.html? zugänglich.

darauf bestanden hätte, bei der Arbeit von Pistorius anwesend zu sein, was er Polzmann als Erklärung für die lange Verzögerung der Rückgabe des geborgten Buches anführt. In die Handschrift ließ er nicht nur die Anlagen, sondern auch das grob skizzierte Konzept seines Briefes an den Propst vom 2. Dezember 1591 einbinden, in dem alle diese Informationen enthalten sind. Der Widerspruch zwischen der eigenen bemerkenswerten Fürsorge, die Hieronymus Beck der Anfertigung der Abschrift widmete, und der formalen Gestalt des eingebundenen Konzepts, das zahlreiche Streichungen enthält, zeugt nicht nur vom persönlichen Bedürfnis, den Hintergrund der Entstehung der Handschrift zu dokumentieren, sondern auch von Becks intellektueller und nicht sammlerischer Grundeinstellung zu seinen Handschriften.

Der Büchermarkt

Die Erwerbsstrategie Hieronymus Becks ähnelte sehr stark derjenigen Peter Woks von Rosenberg, Ferdinands II. von Tirol und Ferdinand Hoffmanns von Grünpühel. Sie sammelten die Bücher anfangs zwar kontinuierlich, jedoch unsystematisch und aus unterschiedlichen Quellen, und erst in der relativ kurzen Zeit der Umwandlung der Familienbibliotheken zu repräsentativen Saalbibliotheken kommt es zu einer geradezu hektischen Erwerbstätigkeit. In Ambras fällt dieser Prozess in die 70er Jahre des 16. Jahrhunderts, in Třeboň beobachtet man eine ähnliche Entwicklung zwanzig Jahre später.

Graphische Darstellung 2: Die chronologische Struktur der Beck'schen Bibliothek nach Erscheinungsjahren

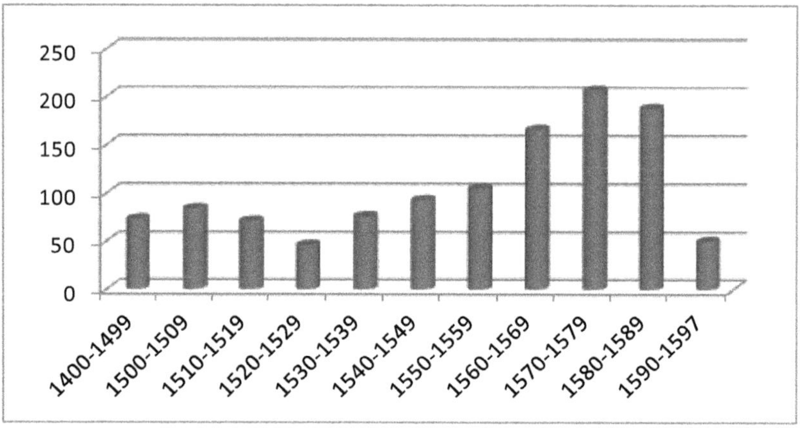

In Ebreichsdorf stammte die größte Anzahl der Bücher aus den 60er bis 80er Jahren des 16. Jahrhunderts, als sich Hieronymus Beck völlig dem Aufbau seiner Sammlungen widmete. 1553 hatte Hieronymus Beck von seinem Vater eine fachlich profilierte juristische Bibliothek von einigen hundert Büchern übernommen, von denen historische, philologische und religiöse Schriften nur einen kleinen Teil bildeten. Obwohl die zahlreichen juristischen Schriften in Wiegendruckausgaben für Hieronymus Beck keinen besonderen Kern der gezielt aufgebauten, intellektuell ausgerichteten Bibliothek darstellten und obwohl er kein typischer Büchersammler war, dachte er wohl gar nicht daran, sich der für ihn unbrauchbaren und alten Bücher zu entledigen. Eine solche Einstellung wäre aber gar nicht so ungewöhnlich gewesen: Beispielsweise widmete der praktisch denkende und in bibliophiler Hinsicht unbelastete Wilhelm von Rosenberg ohne Bedenken einen Teil der alten Familienbibliothek dem neu gegründeten Jesuitenkolleg in Krumau, und dies samt bedeutenden Literatur- und Familiendenkmälern. Dies war unter der böhmischen katholischen Aristokratie keineswegs ein Einzelfall.[246] Obwohl Hieronymus Beck von Leopoldsdorf, wie man noch sehen wird, ein Gönner von niederösterreichischen Klöstern war, schenkte er katholischen Institutionen keine Bücher und hielt die Familiendenkmäler in außerordentlich hohen Ehren.

In die Bibliothek von Ebreichsdorf gelangten von weiteren, manchmal unbekannten Mitgliedern der Familie Beck wohl nach und nach auch kleinere Bücherbestände. Eine einigermaßen rätselhafte Person ist beispielsweise Jodocus Beck von Leopoldsdorf, der in der Fachliteratur nicht bekannt ist und über dessen Existenz überraschenderweise auch die Chronik der Familie Beck schweigt. 1534 immatrikulierte er sich an der Wiener Universität als „Jodocus Bekh ex Mengen",[247] aber schon vier Jahre später benutzte er in seinem Exlibris das Prädikat „von Leopoldsdorf". Im schwedischen Strängnäs ist sein Konvolut mit dem Kommentar zu Cicero aus der Feder von Georgios Trapezuntios und mit dem epistolographischen Handbuch von Juan Luis Vives erhalten geblieben.[248] Jodocus Beck ergänzte diese Bücher um zahlreiche Anmerkungen, und zwar nicht im Sinne von gängigen einfachen Notizen zum Inhalt, sondern durch ziemlich kenntnisreiche Kommentare, von denen einige in das Buch auf selbständigen Blättern eingebunden sind. Jodocus Beck konnte auch Griechisch und von humanistischem Charakter war ebenso die handschriftliche Devise zu seinem Exlibris „*Societas ferociam parit*" (Gemeinschaft gebiert Mut).

Zu einem Bestandteil der Bibliothek wurden auch Bücher von Hieronymus Becks Kindern, wie es die erhaltene spanische Chronik über die Kriege in den Niederlanden belegt, die Christoph Beck 1581 in Prag erwarb, oder auch der Kommentar zu Aristoteles von Augustinus Hunnaeus, den Joachim Beck 1583 während seines Studiums in Padua benutzte.[249] In der Ebreichsdorfer Bibliothek gab es sicherlich mehr an solchen Büchern. Zu den Erwerbungen Christoph Becks gehörten höchstwahrscheinlich auch weitere in Böhmen gedruckte Werke, einschließlich des jüngsten Buches, das im sog. rosenbergischen Verzeichnis vermerkt wird, das als einziges erst 1597, also nach dem Tod von Hieronymus Beck, erschien.[250]

---

246 VESELÁ: *Rožmberská knihovna* ... S. 203–205. Außer den Rosenbergern verhielten sich ähnlich auch die Mitglieder der Familie von Pernstein und weiterer Adelsfamilien, vgl. KAŠPAROVÁ, Jaroslava: Knižní dary španělské šlechtičny Maríe Manrique de Lara y Mendoza a španělského vyslance Guilléna de San Clemente jezuitské klementinské koleji v Praze. In: RADIMSKÁ, Jitka (ed.): *„Čtenář a jeho knihovna". K výzkumu šlechtických, měšťanských a církevních knihoven* (= Opera Romanica 4). Jihočeská univerzita, České Budějovice 2003, S. 133–156.

247 GALL, Franz – SZAIVERT, Willy (edd.): *Die Matrikel der Universität Wien*. III. Band 1518/II–1579/I. Böhlau, Graz 1967, S. 53.

248 Strängnäs: Domkyrkans bibliotek (O 477), Katalog Beckiana (7XXX 3, 4).

249 Lund: Universitetsbibliotek (ÄLDRE SAMLINGEN Utl filos f Cart), Katalog Beckiana (4Phil 73); Uppsala: Carolinabibliotek (Kulturarvet Uka Bokband 1500-t. Österrike 4 Tidigare uppst.: Obr. Si:91), Katalog Beckiana (6XXX 18).

250 Katalog Beckiana (1Theo 181).

Abb. 13: Das Exlibris von Jodocus Beck von Leopoldsdorf (Strängnäs: Domkyrkans Bibliotek)

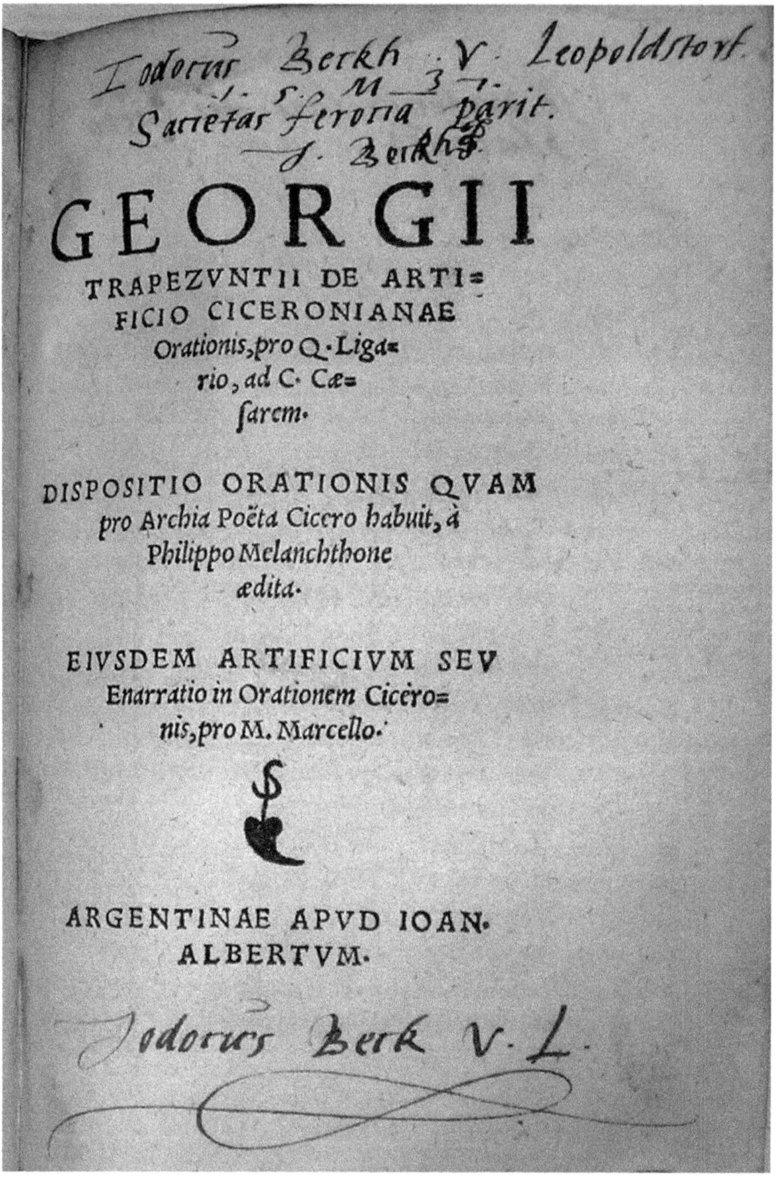
GEORGII TRAPEZVNTII DE ARTIFICIO CICERONIANAE Orationis, pro Q. Ligario, ad C. Cæsarem.

DISPOSITIO ORATIONIS QVAM pro Archia Poëta Cicero habuit, à Philippo Melanchthone ædita.

EIVSDEM ARTIFICIVM SEV Enarratio in Orationem Ciceronis, pro M. Marcello.

ARGENTINAE APVD IOAN. ALBERTVM.

Eine verlockende Variante der schnellen Vergrößerung des Umfangs der Familienbibliothek war die Möglichkeit, kleinere oder größere selbstständige Bücherbestände zu erwerben. Diese Gelegenheit nutzten zwar in beschränktem Maße mehrere adlige Bibliotheksbesitzer, ihre Strategie war jedoch unterschiedlich: Ferdinand II. von Tirol und auch Peter Wok von Rosenberg konzentrierten sich beispielsweise ausschließlich auf die Erwerbung von Bibliotheken der Personen, die in ihrer unmittelbaren Umgebung tätig waren (niederer Adel, Diener am Hof, Ärzte, Sammlungen von aufgelösten Klöstern u. dgl.), während Ferdinand Hoffmann von Grünpühel beschloss, die wertvolle Büchersammlung des deutschen Humanisten Hieronymus Holzschuher aus dem entfernten Nürnberg zu erwerben.[251]

Hieronymus Beck benutzte ähnliche, zu einem sprunghaften Wachstum der Familienbibliothek führende Gelegenheiten offenbar nicht. In seiner Büchersammlung hatte er zwar eine Abschrift des Katalogs der Bibliothek des Wiener Bischofs Johann Caspar Neubeck aus dem Jahre 1584/1585; allem Anschein nach kaufte er jedoch aus dieser Sammlung nichts, obwohl sein tieferes Interesse an der Bibliothek von Neubeck nicht ganz auszuschließen ist.[252] Unter den erhaltenen Bänden der Beck'schen Sammlung befindet sich nämlich kein Buch des Bischofs und der größere Teil von Neubecks Bibliothek wird, wie ich schon erwähnt habe, in Wien aufbewahrt.[253] Schuld an Becks Unwilligkeit (oder die Folge davon), die Bibliothek des Bischofs zu kaufen, kann der nur ein Jahr jüngere Streit der beiden wegen verbotenen Büchern in der Ebreichsdorfer Bibliothek sein, auf den ich noch zu sprechen kommen werde. Es ist wahrscheinlich, dass der Bischof den Katalog seiner Bücher Beck noch vor dieser Kontroverse aufnötigte, in der Hoffnung, dass Beck seine Bibliothek kaufen würde. Es handelte sich übrigens um eine geläufige Notstrategie – die zum Verkauf einer Bibliothek führenden utilitaristischen Beweggründe waren in Mitteleuropa der Hauptgrund für das Zirkulieren der damaligen Bibliothekskataloge. Auch Jacopo Strada versuchte an seinem Lebensende, seine persönliche Bibliothek an vermögende Adlige zu verkaufen; Adam von Dietrichstein verfügte dank Hugo Blotius über einen Katalog der Bibliothek von Johannes Sambucus. Erste Kennzeichen eines entstehenden Sammelns von handschriftlichen Katalogen gab es im damaligen Mitteleuropa – im Gegensatz zu Italien – fast gar nicht (ein einziges Beispiel könnte wohl die Abschrift des Katalogs der türkischen Literatur sein, die Blotius an Adam von Dietrichstein geschickt hat).[254]

Becks Exemplar von Neubecks Katalog verkomplizierte allerdings die späteren Darstellungen des Schicksals der Bibliothek von Bischof Neubeck: sein Vorkommen im Katalog der Dietrichstein'schen Bibliothek von der Mitte des 17. Jahrhunderts, wohin er jedoch erst durch Vermittlung von Becks Bibliothek gelangt war, führte zu mehreren Vermutungen, dass Franz von Dietrichstein oder gar schon sein Vater Adam

---

251 TRANTÍREK: *Dějiny mikulovské zámecké knihovny* ... S. 8.

252 Die Datierung der Beck'schen Handschrift unterscheidet sich in den Quellen: Der Katalog Beckiana (7Art 4) führt das Jahr 1585 an, der Katalog der Dietrichstein'schen Bibliothek von 1648 sowie der spätere Katalog von Isaac Vossius aus dem Jahre 1650 geben das Jahr 1584 an. CALLMER: *Königin Christina* ... S. 138.

253 Zu Neubecks Bibliothek und ihrem späteren Katalog von 1640 detailliert FENZL: *Die Bibliothek des Wiener Bischofs Dr. Johann Caspar Neubeck 1574–1594* ... Wien 1969.

254 NUOVO, Angela: Gian Vincenzo Pinelli's Collection of Catalogues of Private Libraries in Sixteenth-century Europe. *Gutenberg-Jahrbuch* 82, 2007, S. 129–144; SEUFFERT, Burkhard: Bibliothek und Archiv auf Schloss Nikolsburg in Mähren vor 1645. *Zentralblatt für Bibliothekswesen* 42, 1925, S. 256.

die ganze Bibliothek Neubecks oder einen Teil davon erworben hätte.[255] Becks Exemplar des Katalogs von Neubecks Bibliothek überstand zwar die anspruchsvolle Reise von Nikolsburg nach Stockholm, wurde aber dann wie mehrere andere aus Böhmen und Mähren weggebrachte Handschriften und Drucke beim Brand des königlichen Palastes von Stockholm im Jahre 1697 vernichtet.[256]

Die wichtigste Quelle für die Bücher der meisten Adelsbibliotheken waren direkte Einkäufe auf dem Büchermarkt mittels Buchhändler oder anderer Vermittler oder aber durch direkte Bestellungen bei den Buchdruckern. Auch Hieronymus Beck war nach der Rückkehr von seinen Reisen, bei denen er offensichtlich auch intensiv Bücher einkaufte, mehr oder weniger auf lokale Quellen angewiesen, zu denen neben dem standardmäßigen Angebot von Neuheiten auch einzelne Bücher aus zweiter Hand gehörten.[257] Weil Archivquellen fehlen, wissen wir nicht, ob er auch die Dienste von Buchagenten nutzte oder die Bücher direkt bei den Druckern bestellte. So lieferte beispielsweise der protestantische Verleger Andreas Wechel nach Ungarn Bücher in großem Ausmaß an Balthasar Batthyány; systematische Erwerbungen für die Bibliothek anhand von Bibliographien und Katalogen nimmt V. Dokoupil auch für Ferdinand Hoffmann von Grünpühel an.[258]

Hieronymus Beck besaß einige Verlegerkataloge des Züricher kalvinistischen Buchdruckers Christoph Froschauer und der Familie Wechel, aber man kann sie leider nicht zeitlich näher identifizieren.[259] Die beiden Druckereien waren durch Herausgabe von kontroversen, ja gar „explosiven" Werken bekannt.[260] Es ist interessant und zugleich symptomatisch, dass aus ihrer Produktion nur konfliktlose Titel in die Beck'sche Bibliothek gelangten: Gessners bibliographische und zoologische Werke, Editionen von Texten der Antike und vor allem historische Schriften. Aus der Produktion der beiden Druckereien stammte in Becks Bibliothek nur eine kleine Zahl von Büchern (aus der Froschauer'schen in der langen Zeitspanne zwischen den 30er und 80er Jahren des 16. Jahrhunderts lediglich sieben, aus der Druckerei der Familie Wechel insgesamt elf Bücher, ebenfalls aus einem langen Zeitraum). Deshalb nehme ich an, dass diese

---

255 Diese Information brachte als erster SEUFFERT, Burkhard: Bibliothek und Archiv auf Schloss Nikolsburg ... S. 257; sie wurde später wiederholt von TRANTÍREK: Dějiny mikulovské zámecké knihovny ... S. 6; CALLMER: *Königin Christina* ... S. 138; PENNOVÁ, Lenka: *Katalogizace zámecké knihovny v Mikulově.* Diplomová práce, Brno 2008, S. 7.

256 CALLMER: *Königin Christina* ... S. 138, Anm. 8.

257 Ein Beispiel für den Einkauf aus zweiter Hand könnte das Buch des Jesuitenautors Laurentius Surius sein, Katalog Beckiana (6XXX 8), Vasterås: Stiftsbibliotek (P_4 759), das einen protestantischen Einband mit Blinddruckmedaillons von Jan Hus, Philipp Melanchthon, Erasmus von Rotterdam und Martin Luther hat. Das unlogische Verhältnis zwischen dem Inhalt und dem Einband bekräftigt die These, dass es sich um einen Kauf aus zweiter Hand und nicht um ein Geschenk handelt (das Buch hat auf der Titelseite das Exlibris von Beck, mit dem er Geschenke gewöhnlich nicht versah).

258 DOKOUPIL: *Soupis rukopisů mikulovské dietrichsteinské knihovny* ... S. 16.

259 Katalog Beckiana (7Art 74).

260 EVANS, Robert J. W.: *The Wechel Presses: Humanism and Calvinism in Central Europe 1572–1627.* Past and present soc., Oxford 1975, S. 35; VOIT, Petr: *Encyklopedie knihy: starší knihtisk a příbuzné obory mezi polovinou 15. a počátkem 19. století.* Libri, Praha 2006, S. 1015 (Stichwort Wechel).

Verlagskataloge nicht als unmittelbare Quellen für Becks Bucherwerbungen dienten. Es ist nicht ausgeschlossen, dass Hieronymus Beck die Kataloge eher mittels Personen aus dem Wiener Intellektuellenmilieu erhielt, die in nahem Kontakt sowohl zu Beck als auch zu Andreas Wechel standen. Es gibt einige Kandidaten dafür: vor allem Johannes Sambucus und Johannes Löwenklau, der bei Wechel seine Übersetzung des arabischen Traumbuches herausgab, das Hieronymus Beck sogar gewidmet ist.[261]

Viel interessanter ist allerdings die Tatsache, dass Hieronymus Beck das in Druck erschienene Verlagsprogramm der Venediger Akademie besaß – eines ambitionierten editorischen und literarischen Projekts, das jedoch nicht von langer Dauer war.[262] Der „Editionsplan" der Venediger Akademie erschien in zwei Fassungen, von denen Beck die lateinische Ausgabe von 1559 besaß, die von der Handelsstrategie der Venediger Akademie für einen breiteren Markt bestimmt war. Diese *Summa librorum* enthielt über 600 Werke aus verschiedenen Bereichen, die meisten aus den Gebieten Recht und Theologie.[263] Realisiert wurden bloß einige Dutzend von Büchern, von denen Hieronymus Beck nur drei nachweislich in seiner Bibliothek hatte. Angesichts der Einordnung dieses Katalogs in den Bereich *Antiquitates* scheint er für Beck keine unmittelbare Grundlage für die Anschaffung von Büchern gewesen zu sein, sondern diente ihm als eine allgemeine Informationsquelle.

Die Hauptquelle für Büchererwerbungen war für Hieronymus Beck zweifelsohne der lokale Buchhandel, der an die großen Handelszentren in Deutschland und Italien angeschlossen war. Von seinen Einkäufen in Wien und in Linz, wo sowohl ständige Buchhändler (deren Rolle oft auch die Wiener Buchdrucker vertraten) als auch Gelegenheitsverkäufer bei den Jahrmärkten und später auch ausländische Buchhändler ihre Waren anboten, zeugen übrigens auch sporadische Bemerkungen Hieronymus Becks über das Datum, den Preis und manchmal auch über den Ort des Einkaufs, die auf den hinteren Vorsatzblättern seiner Bücher platziert sind. Diese Bemerkungen bestätigen die auch aus anderen Bibliotheken bekannte Tatsache, dass ein am anderen Ende Europas gedrucktes Buch ohne Probleme binnen eines einzigen Jahres in eine mitteleuropäische Bibliothek gelangen konnte.[264]

In Wien und Linz hatte der Buchhandel bereits eine lange Tradition. In Wien begann er sich schon unter Maximilian I. in Zusammenhang mit der Rezeption von Impulsen des italienischen Humanismus in der Ära von Konrad Celtis und seiner Nachfolger zu entwickeln. Der dortige Handel mit Büchern war vor allem in der Umgebung des bischöflichen Hofes zu St. Stephan konzentriert. Der Handel komplizierte sich beträchtlich nach 1582, als in Wien eine ständige Zensurkommission eingerichtet wurde, die den Buchhandel in der Stadt aktiv zu beaufsichtigen begann.[265]

261 Darüber detaillierter im Kapitel über die Turcica.

262 Katalog Beckiana (9Antiq 40).

263 GRAHELI, Shanti: Reading the History of the Academia Venetiana through Its Book Lists. In: WALSBY, Malcolm – CONSTANTINIDOU, Natasha (edd.): *Documenting the Early Modern Book World. Inventories and Catalogues in Manuscript and Print.* Brill, Leiden 2013, S. 283–319.

264 Ein Beleg dafür in der Bibliothek von Ebreichsdorf ist beispielsweise ein 1586 in Antwerpen herausgegebenes Buch von Justus Lipsius, das Hieronymus Beck noch im gleichen Jahr in Wien kaufte – Katalog Beckiana (12Milit 1).

265 SIGL, Helga: *Die Buchbindekunst im Mittelalter und in der Frühen Neuzeit. Bibliophilie und Handwerk – Die Wiener Buchbinder.* Dissertation, Universität Wien 2008, S. 682.

Diese erhöhte Zensuraufsicht bekam auch Hieronymus Beck zu spüren, der 1586 beim Wiener Buchhändler Hans von Obei eine neu erschienene englische Bibelübersetzung bestellte; aber noch bevor ihm der Buchhändler das Buch übergeben konnte, war es vom Wiener Bischof Johann Neubeck beschlagnahmt worden.[266]

Zu einem noch wichtigeren Zentrum des österreichischen Buchhandels wurde im 16. Jahrhundert dank ihrer günstigen geographischen Lage die Stadt Linz.[267] Unter anderen kaufte hier der südböhmische Adlige Peter Wok von Rosenberg bis zu Beginn der 90er Jahre en gros Bücher ein, bevor er sich dann nach Prag umorientierte, wo die Bücher durch Buchhändler verkauft wurden, die eine direkte Verbindung zum Frankfurter Büchermarkt hatten.[268] In Linz konnte man nicht nur die Bücherproduktion aus den süddeutschen Zentren des Buchdrucks bekommen, sondern auch aus Italien (vor allem aus Venedig) und mittelbar auch aus entfernteren Gebieten – nach Linz kamen nämlich regelmäßig italienische Händler und es waren hier auch Buchhändler tätig, die mit dem internationalen Buchhandel in Nürnberg in Verbindung standen.

Die Zusammensetzung der Bibliothek von Ebreichsdorf nach Druckern

Die Bibliotheken in Böhmen und in Österreich verfügten über einen zuverlässig funktionierenden Import von Büchern aus Italien, Frankreich, Deutschland, der Schweiz und den Niederlanden.[269] Ob durch den Charakter des lokalen Büchermarkts und seine Verbindung mit ausländischen europäischen Zentren auch die Struktur der Adelsbibliotheken bezüglich der Drucker auf eine beträchtlichere Weise beeinflusst wurde, ist eine Frage, die bisher nicht gestellt wurde und die noch beantwortet werden müsste. Sehen wir uns nun wenigstens die Zusammensetzung der Bibliothek von Ebreichsdorf hinsichtlich der Buchdrucker und die Unterschiede zwischen ausgewählten Bibliotheken in den habsburgischen Ländern an.

---

266 Die Korrespondenz bezüglich des Streits zwischen Beck und dem Bischof druckte WIEDEMANN, Theodor: *Die Kirchliche Bücher-censur in der Erzdiöcese Wien.* Gerold, Wien 1873, S. 68–69.

267 BACHLEITNER – EYBL – FISCHER: *Geschichte des Buchhandels in Österreich ...* S. 8–32, 39–41; HENKE, Rudolf Maria – WINKLER, Gerhard: Geschichte des Buchhandels in Linz. *Historisches Jahrbuch der Stadt Linz* 1999/2000, S. 26.

268 ŠIMEČEK, Zdeněk: Linzer Märkte und die Bibliothek der Rosenberger. *Historisches Jahrbuch der Stadt Linz* 1985, S. 415–425.

269 HABERLAND: Buch- und Wissenstransfer in Ostmittel- und Südosteuropa ... S. 9–22; KAŠPAROVÁ, Jaroslava: Bibliofilství české šlechty raného novověku – sebereflexe nebo sebeprezentace? In: *Šlechta raného novověku pohledem českých, francouzských a španělských historiků* (= Opera historica 13). Jihočeská univerzita, České Budějovice 2009, S. 27, Anm. 14; MONOK, István: Der Basler Buchdruck und die Gelehrtenbibliotheken in Ungarn im 16. Jahrhundert. In: ČIČAJ, Viliam – BERNHARD, Jan-Andrea (edd.): *Orbis Helveticorum. Das Schweizer Buch und seine mitteleuropäische Welt.* Historický ústav Slovenské akadémie vied, Bratislava 2011, S. 33; ČIČAJ: Časové dimenzie knižného transferu v novoveku ... S. 12.

Tab. 3: Zusammensetzung von ausgewählten Bibliotheken nach Druckorten

	Hieronymus Beck von Leopoldsdorf	Peter Wok von Rosenberg	Ferdinand II. von Tirol	János Dernschwam
Deutschland	31 %	58 %	30 %	33 %
Italien	30 %	5 %	25 %	16 %
Frankreich	14 %	11 %	12 %	15 %
Schweiz	12 %	14 %	20 %	31 %
Österreich	5 %	1 %	3 %	3 %
Böhmen	1 %	7 %	2 %	≥ 1 %
Niederlande	5 %	4 %	6 %	1 %
Spanien	1 %	≥ 1 %	2 %	≥ 1 %
Polen	1 %	≥ 1 %	≥ 1 %	≥ 1 %

Die Produktion deutscher Buchdruckereien bildete verständlicherweise den wesentlichen Anteil an Büchern in den untersuchten Bibliotheken. In der Bibliothek von Hieronymus Beck machten diese Bücher 31 Prozent aus, wobei ihr Anteil seit den 60er Jahren des 16. Jahrhunderts dank den damals in Frankfurt am Main und in Köln erscheinenden Druckwerken zunahm. Eine ähnliche Vertretung hatte die deutsche Produktion auch in der Bibliothek Ferdinands II. von Tirol (30 %); in dieser Büchersammlung war Köln der am häufigsten vertretene Druckort. Eine viel höhere Anzahl an Produkten der deutschen Druckereien strömte in die Familienbibliothek der Herren von Rosenberg, und zwar durch Vermittlung von Prager Buchdruckern, die unmittelbar an den deutschen Büchermarkt angeschlossen waren. Zu Beginn des 17. Jahrhunderts verdrängte die deutsche Produktion fast den Import von Drucken aus anderen Ländern und erreichte schließlich 58 Prozent des gesamten Umfangs der rosenbergischen Bibliothek.

Das zweitwichtigste Buchdruckerzentrum war für die mitteleuropäischen Bibliotheken Italien. In den Bibliotheken Hieronymus Becks und Ferdinands II. von Tirol war angesichts der geographischen Nähe und wohl auch dank ihren engen kulturellen Bindungen an Italien der Anteil der italienischen Druckerproduktion mit derjenigen aus Deutschland vergleichbar. Eine interessante, allerdings unbestimmte Nachricht gibt es in dieser Hinsicht von A. Dörrer, die die Bibliothek von Christoph von Wolkenstein betrifft – einer der häufigsten Druckorte der in seinem Katalog angeführten Bücher war Venedig; leider stehen jedoch keine detaillierteren Angaben zur Verfügung.[270] Erst die Analyse weiterer österreichischer Bibliotheken könnte nachweisen, ob der festgestellte hohe Anteil italienischer Drucke eine typische Erscheinung in diesem Gebiet war oder ob es sich bei den Bibliotheken von Ambras und Ebreichsdorf eher um eine Ausnahme handelte. Viel geringer vertreten waren Bücher aus Italien in nördlicher gelegenen Bibliotheken, deren Besitzer oft auch keine direkte Bindung an die italienische Welt hatten. In der Bibliothek von Johann Dernschwam, die vor allem in Oberungarn entstand, machte 1567 die italienische Produktion lediglich 16 Prozent ihrer Größe aus, noch kleiner war ihr Anteil in der Bibliothek der Rosenberger

270 DÖRRER: Die Bibliothek des Freiherrn Christoph von Wolkenstein ... S. 25.

(5 %), wo es sich darüber hinaus überwiegend um die ältere Produktion der Wiegendruckszeit handelte.

Einen bedeutenden Teil der italienischen Produktion in der Beck'schen Bibliothek bildeten zwar auch die Wiegendrucke (meistens juristischen Charakters) aus der ursprünglichen Sammlung von Marcus Beck, trotzdem hatte erst Hieronymus Beck das Hauptverdienst daran, dass in Ebreichsdorf die prozentuelle Vertretung von Büchern aus Italien (30 %) unter den untersuchten Bibliotheken am höchsten war. Er hat aber nur einen kleinen Teil davon von seinen Aufenthalten in Italien mitgebracht (dies betrifft wohl auch seine Söhne, die ebenfalls in Italien studierten), es überwog der kontinuierliche Erwerb von Büchern über Jahrzehnte hinweg, und zwar vor allem über den Wiener und den Linzer Buchhandel.

Graphische Darstellung 3: Die Zusammensetzung der Bibliothek von Hieronymus Beck nach Buchdruckern in chronologischer Abfolge

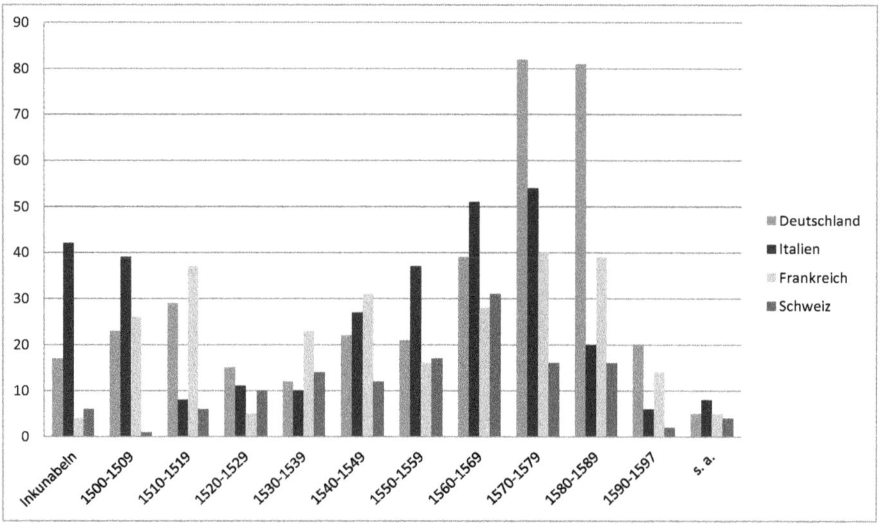

Wichtige Versorger mitteleuropäischer Bibliotheken waren auch die Buchdruckereien von Basel und Zürich.[271] Der Anteil ihrer Produktion bewegte sich in den untersuchten Bibliotheken um 14 Prozent (etwas höher war er, wegen der unmittelbaren geographischen Nähe von Ambras, nur in der Bibliothek Ferdinands II. von Tirol). Es ist von Interesse, dass die Schweizer Buchproduktion den gleichen Anteil auch in der Bibliothek des schwedischen Bücherliebhabers Hogenskild Bielke einnahm.[272]

271 LEU, Urs B.: Der Zürcher Buchdruck des 16. Jahrhunderts im europäischen Kontext unter besonderer Berücksichtigung Ostmitteleuropas. In: ČIČAJ, Viliam –BERNHARD, Jan-Andrea (edd.): *Orbis Helveticorum. Das Schweizer Buch und seine mitteleuropäische Welt.* Historický ústav Slovenskej akadémie vied, Bratislava 2011, S. 23–32; MONOK: Der Basler Buchdruck und die Gelehrtenbibliotheken ... S. 33–39.

272 UNDORF, Wolfgang: *Hogenskild Bielke's Library: A Catalogue of the Famous Sixteenth Century Swedish Private Collection.* Acta Universitatis Upsaliensis, Uppsala 1995.

Eine hervorragende Stellung hinsichtlich der Produktionsmenge hatten traditionell die Basler Buchdruckereien inne, die fast die Hälfte der gesamten Schweizer Buchproduktion druckten, die primär für den europäischen Markt bestimmt war. In Becks Bibliothek machte die Basler Produktion gar 86 Prozent aller Schweizer Drucke aus. Dank der detaillierten Analyse der thematischen Zusammensetzung der Schweizer Druckerproduktion des 16. Jahrhunderts durch Urs B. Leu zeigt sich, dass Hieronymus Beck vorrangig die dortigen historischen Werke erwarb (er besaß davon zweimal mehr als ihr Anteil an der Gesamtproduktion war). Andererseits interessierte er sich als überzeugter Katholik nur wenig für die Basler religiösen Drucke (in der Gesamtproduktion machten sie 35 % aus, in der Beck'schen Bibliothek nur 17 %).[273]

Einen relativ ausgeglichenen Anteil hatten in den untersuchten Bibliotheken auch die in Frankreich herausgegebenen Drucke, er betrug zwischen elf und 14 Prozent. Die meisten davon fanden sich – offensichtlich dank Hieronymus Becks aktiver Kenntnis des Französischen und seinem Aufenthalt in Frankreich – wiederum in der Bibliothek von Ebreichsdorf. Diesen höheren Anteil aus Frankreich stammender Drucke verursachten insbesondere in Paris erschienene Bücher, die in anderen Büchersammlungen eher sporadisch vorkommen. In der Bibliothek von Hieronymus Beck gab es davon zweimal so viel (insgesamt 99 Drucke) wie in anderen Bibliotheken. Hinsichtlich der Tatsache, dass ein Viertel dieser Pariser Ausgaben aus den 30er und vor allem aus den 40er Jahren des 16. Jahrhunderts stammt, sowie angesichts ihres Inhalts (es handelte sich oft um französische Grammatiken, Turcica und Ritterromane), ist es nicht auszuschließen, dass Beck selbst sie während seines Aufenthalts in Frankreich kaufte, der einen Teil seiner in den Jahren 1546 bis 1548 stattgefundenen Kavalierstour durch Westeuropa bildete.

Zu einem besonderen Kultur- und auch Druckerzentrum Europas, in dem sich Intellektuelle aus ganz Europa konzentrierten, wurden in der zweiten Hälfte des 16. Jahrhunderts die Niederlande, damals eine habsburgische Provinz. Dank den intensiven Handelskontakten mit den habsburgischen Ländern, die auch nach der Abtrennung der niederländischen Republik im Jahre 1579 fortbestanden, gelangten die dort gedruckten Bücher auch trotz der beträchtlichen Entfernung in nicht geringer Anzahl in die mitteleuropäischen Bibliotheken. Ihr durchschnittlicher Anteil bewegte sich in den untersuchten Bibliotheken zwischen vier und sechs Prozent, was auch für die Bücher in Ebreichsdorf zutrifft. Hieronymus Beck hielt sich zwar im Jahre 1546 in den Niederlanden auf, aber die Bücher, die in seiner Familienbibliothek nachgewiesen sind, wurden erst später herausgegeben. Dasselbe galt ebenso in der einen Generation jüngeren Bibliothek Erzherzog Maximilians III.; auch er kaufte die Bücher später ein, nicht während seiner Reise durch die Niederlande.[274] In allen untersuchten Bibliotheken dominierten selbstverständlich die Bücher aus Plantins Druckerei in Antwerpen. Plantins Produktion (ebenso wie die der Basler Buchdrucker) war primär auf ein

273 LEU, Urs B.: The Book and Reading Culture in Basel und Zurich During the Sixteenth Century. In: WALSBY, Malcolm – KEMP, Graeme (edd.): *The Book Triumphant. Print in Transition in the Sixteenth and Seventeenth Centuries* (=Library of the Written Word 15). Brill, Leiden 2011, S. 295–319.

274 STAMPFER, Ursula: Niederländische Drucke in der Hofbibliothek Erzherzog Maximilians III. *Publications du Centre Européen d'Etudes Bourguignonnes* 46, 2006, S. 280. In der Bibliothek Maxmilians III. machten die Bücher aus den Niederlanden 11 % ihres Umfangs aus.

breites Publikum und auf den europäischen Markt ausgerichtet, im Unterschied etwa zu den in Löwen herausgegeben Büchern, die vor allem für den lokalen Markt und für die dortige Universität bestimmt waren.[275]

In Polen, Spanien und England gedruckte Bücher waren in der Bibliothek Hieronymus Becks hingegen nur marginal vertreten, was überraschenderweise auch für das unmittelbar benachbarte Königreich Böhmen gilt. In der Beck'schen Büchersammlung befanden sich nur 13 Werke, die in den 70er und 80er Jahren des 16. Jahrhunderts in den böhmischen Buchdruckereien von Jiří Melantrich, Daniel Adam von Veleslavín, Jiří Černý, Michael Peterle und Jiří Milichthaler erschienen sind.[276] Die Erwerbung von Büchern aus Böhmen schien eine gänzlich zufällige Angelegenheit zu sein und zum größeren Teil hing sie zweifellos unmittelbar mit dem Aufenthalt von Hieronymus Becks Sohn Christoph in Böhmen zusammen.

Überraschend wenige Drucke (5 %) stammten in der Beck'schen Bibliothek auch aus österreichischen Druckereien, bis auf Ausnahmen handelte es sich um Erzeugnisse aus Wiener Buchdruckereien. Ihre Produktion orientierte sich besonders seit den 60er Jahren des 16. Jahrhunderts auf den lokalen Markt und soll angeblich vor allem in die Klöster- und Adelsbibliotheken gelangt sein.[277] Hieronymus Beck war jedoch kein großer Abnehmer dieser Druckereien. Aus der Wiener Produktion bis zum Jahre 1596, aus der man heutzutage mehr als 1.300 gedruckte Werke kennt, besaß er nur etwa 50 Drucke.[278] Aber auch in der Bibliothek Ferdinands II. von Tirol machte die einheimische Druckerproduktion lediglich drei Prozent ihres Umfangs aus, in der Büchersammlung des Tiroler Adligen Christoph von Wolkenstein wohl noch etwas weniger.[279] Im Falle der beiden letztgenannten Bibliotheken spielte jedoch die Entfernung Tirols von der Residenzstadt, die auch das Hauptzentrum des österreichischen Buchdrucks war, eine Rolle.

Fast die Hälfte der in Österreich gedruckten Werke der Ebreichsdorfer Bibliothek wurde bis 1550 herausgegeben, und es ist deshalb natürlich, dass die meisten Drucke jener Zeit aus der damals bedeutendsten Druckerei Johann Singrieners des Älteren

275 PETTEGREE, Andrew: Printing in the Low Countries in the Early Sixteenth Century. In: WALSBY, Malcolm - KEMP, Graeme (edd.): *The Book Triumphant. Print in Transition in the Sixteenth and Seventeenth Centuries.* Brill, Leiden 2011 (= Library of the Written Word 15), S. 3–25; COPPENS, C.: *Leuven in Books. Books in Leuven, The Oldest University of the Low Countries and its Library.* Leuven University Press, Leuven 1999, S. 33–34.

276 Werke aus böhmischen Druckereien: Katalog Beckiana (1Theo 159, 181, 255; 1XXX 11, 2Ju 103, 130; 3Me 12, 41; 6XXX 1, 18; 7Art 21, 8Poet 17, 11Rust 14).

277 EYBL, Franz M.: Buchdruck und Buchhandel im Oberösterreich der Reformationsepoche: In: VOCELKA, Karl - LEEB, Rudolf - SCHEICHL, Andrea (edd.): *Renaissance und Reformation in Oberösterreich. OÖ. Landesausstellung 2010.* Trauner, Linz 2010, S. 141–146; BACHLEITNER - EYBL -FISCHER, *Geschichte des Buchhandels in Österreich …* S. 8–32, 39–41; LANG, Helmut W.: *Die Buchdrucker des 15. bis 17. Jahrhunderts in Österreich.* Koerner, Baden-Baden 1972 (= Bibliotheca Bibliographica Aureliana 42).

278 Laut *Verzeichnis der im deutschen Sprachbereich erschienenen Drucke des XVI. Jahrhunderts.* Hiersemann, Stuttgart 1983–1997. Abt. I. 22 Bde, Abt. II. 2 Bde.; http://www.vd16.de.

279 DÖRRER, Anton: Tirolisches aus der Bücherei des Freiherrn Christoph von Wolkenstein auf Rodenegg. *Schlern-Schriften* 30, 1935, S. 25–26.

stammten. Es ist anzunehmen, dass eher schon Marcus Beck ihr Abnehmer war. Seit den 50er Jahren des 16. Jahrhunderts überwogen kontinuierliche Einkäufe einheimischer Produktion, die sich zwischen acht bis zehn Drucken pro Jahrzehnt bewegten. In der Bibliothek von Hieronymus Beck findet man keine Produkte der Wiener religiös orientierten Druckereien, wie etwa der offiziellen Druckerei der protestantischen Stände, die seit 1576 aktiv war, aber auch keinen Druck der in den Jahren 1559 bis 1567 kurzzeitig tätigen Wiener Jesuitendruckerei. Über eine gewisse Komplexität kann wohl nur im Falle der Druckerei des gebildeten Buchhändlers Niccolo Pierio die Rede sein, der neben der eigenen Druckertätigkeit auch aus dem Deutschen ins Italienische übersetzte.[280] In Wien wirkte er für kurze Zeit an der Wende von den 80er zu den 90er Jahre des 16. Jahrhunderts. Aus seiner Produktion sind heute sieben Bücher bekannt, die die nahen Kontakte von Pieri zu den Wiener Humanisten sowohl aus dem Umkreis der Universität, des Kaiserhofes als auch beispielsweise des Stifts Klosterneuburg belegen. Hieronymus Beck besaß vier Bücher aus seiner Produktion; die Autoren gehörten entweder zu seinem intellektuellen Netzwerk (Hieronymus Arconatus, Balthasar Polzmann) oder es handelte sich um Bücher, die Becks Interessen entsprachen (z. B. ein Buch über die Reitkunst mit bedeutender Illustration im manieristischen Geist). Ob es sich um einen Zufall, um eine Verkettung von Umständen, oder ob Hieronymus Beck auch eine Art graue Eminenz im Kreise dieser Intellektuellen war, wissen wir bisher leider nicht.

Die Zusammensetzung nach Sprachen und die Vertretung der philologischen Literatur

Die sprachliche Zusammensetzung der damaligen Adelsbibliotheken entsprach jener der damaligen Druckerproduktion nur teilweise. Die festgestellten Disproportionen spiegeln nicht nur die Spezifika der historischen Entwicklung der einzelnen Büchersammlungen, sondern auch deren Alter, das kulturelle Umland und die Sprachkompetenz der konkreten Besitzer wider.

Die dominierende Sprache der Adelsbibliotheken war selbstverständlich Latein, in dem auch noch die Hälfte der europäischen Buchproduktion des 16. Jahrhunderts gedruckt wurde.[281] Dieser Tatsache entsprach der Anteil der lateinischen Sprache in den Adelsbibliotheken, die besonders auf der Basis von Bücherneuheiten errichtet wurden (Christoph von Wolkenstein und Gundaker von Starhemberg), relativ gut. Einen höheren Anteil von Latein gab es dagegen in der Regel in solchen Bibliotheken, die eine größere Menge von älterer Literatur der Wiegendruckzeit sowie von Handschriften enthielten, die in die Bibliotheken üblicherweise mit den älteren Familiensammlungen gelangten. Der durchschnittliche Anteil von lateinischen Werken in universellen Bibliotheken von Sammlern, aber auch in der Bibliothek von Hieronymus Beck betrug um 70 Prozent.

280 LANG: *Die Buchdrucker des 15. bis 17. Jahrhunderts ...* S. 55; RESKE, Christoph: *Die Buchdrucker des 16. und 17. Jahrhunderts im deutschen Sprachgebiet.* Harrassowitz, Wiesbaden 2007, S. 973.

281 WEYRAUCH, Erdmann: Der Buchdruck des 16. Jahrhunderts. Prolegomena zur Genese des „typographical man“. In: VODOSEK, Peter (ed.): *Das Buch in Praxis und Wissenschaft. 40 Jahre Deutsches Bucharchiv München. Eine Festschrift.* Harrassowitz, Wiesbaden 1989 (= Buchwissenschaftliche Beiträge aus dem Deutschen Bucharchiv München, Band 25), S. 694.

Tab. 4: Die sprachliche Zusammensetzung von Adelsbibliotheken

	Hieronymus Beck von Leopoldsdorf	**Peter Wok von Rosenberg**[282]	**Ferdinand II. von Tirol**[283]	**Christoph von Wolkenstein**[284]	**Gundaker von Starhemberg**[285]
Latein	65 %	69 %	72 %	47 %	49 %
Deutsch	15 %	24 %	16 %	32 %	51 %
Italienisch	12 %	1 %	10 %	21 %	
Französisch	4 %	≥ 1 %	1 %	≥ 1 %	
Spanisch	2 %	≥ 1 %	1 %	≥ 1 %	
Tschechisch	≥ 1 %	5 %	≥ 1 %		
Griechisch	1 %	1 %			
Hebräisch	1 %	≥ 1 %			

Beträchtliche Unterschiede unter den einzelnen Büchersammlungen herrschten auch in der Vertretung der deutschen Sprache. Zu den bevorzugten Sprachen gehörte Deutsch in den Bibliotheken, die eher aufgrund von Bücherneuheiten aufgebaut wurden: In der Bibliothek Christophs von Wolkenstein näherte sich der Anteil der deutschen Sprache fast ihrem Anteil an der europäischen Druckerproduktion (38 %)[286], in der Büchersammlung Gundakers von Starhemberg machten deutsche Schriften sogar die Hälfte aller Bücher aus. In der südböhmischen rosenbergischen Bibliothek repräsentierten deutsche Schriften etwa ein Viertel der gesamten Büchersammlung, in den Hofbibliotheken von Ebreichsdorf und Ambras war die Vertretung des Deutschen am niedrigsten und bewegte sich um 15 Prozent.

Die Bibliothek der Familie Beck war besonders durch ihre beträchtliche Vertretung von Büchern in romanischen Sprachen charakteristisch. Offensichtlich war sie damit auch unter den Zeitgenossen berühmt, denn 1593 betonte dies Hieronymus Arconatus in seinem Gedicht über Becks Bibliothek.[287] Dies zeigt beispielsweise auch die sprachliche Struktur des Bereichs der juristischen Literatur, in dem üblicherweise Latein dominierte und durch Deutsch ergänzt war; in der Bibliothek von Hieronymus Beck übernahmen diese Rolle vor allem Werke in romanischen Sprachen. Beträchtliche Disproportionen finden sich besonders im Falle des Italienischen. Diese Sprache setzte sich lediglich in den Bibliotheken der österreichischen Adligen durch: In der Bibliothek Ferdinands II. von Tirol machten italienische Bücher 10 Prozent ihrer Größe aus, in der Büchersammlung Christophs von Wolkenstein angeblich sogar 21 Prozent,

282 VESELÁ: *Knihy na dvoře Rožmberků* ... S. 123–124.

283 KAŠPAROVÁ, Jaroslava: Chronologická, geografická a jazyková provenience tisků. In: PURŠ, Ivo – KUCHAŘOVÁ, Hedvika (edd.): *Knihovna arcivévody Ferdinanda II. Tyrolského* ... S. 405–428.

284 DÖRRER: Die Bibliothek des Freiherrn Christoph von Wolkenstein ... S. 24.

285 Anhand der Analyse des zeitgenössischen Katalogs in Berlin: Staatsbibliothek (Ms. Cat. 47).

286 WEYRAUCH: Der Buchdruck des 16. Jahrhunderts ... S. 694.

287 „Hic Itali, Galli, Hispani sermone loquuntur Diuerso, atq; alij præterea populi" ARCONATUS: *Ab epistolis bellicis poematum recentiorum volumen* ... Wien 1591, S. 5.

was jedoch schon ein Ausnahmefall war. Der Durchschnitt in der damaligen Zeit, der auch für die Bibliotheken der ersten Hälfte des 17. Jahrhunderts charakteristisch war, lag eher um 10 Prozent. Andererseits gab es auch entgegengesetzte Extreme, so besaß etwa Gundaker von Starhemberg keinen einzigen italienischen Druck, und auch in der Bibliothek Wolfgang Rumpfs[288] gehörte das Italienische zu den Marginalsprachen, ebenso in der Büchersammlung der Dietrichsteiner.[289] Auch in der rosenbergischen Bibliothek in Třeboň machten italienische Bücher nur 1 Prozent aus, wobei es sich zum größeren Teil um Musikdrucke handelte.

Hieronymus Beck begegnete der italienischen Sprache bereits am Hof in Innsbruck. Es ist nicht auszuschließen, dass das die italienische Grammatik, Orthographie und ein Wörterbuch umfassende Sprachbuch von Alberto Accarisi aus dem Jahre 1543, das Hieronymus Beck später in der Familienbibliothek hatte, zu seinen frühen Lehrbüchern gehörte.[290] Während seines Italienaufenthalts in den Jahren 1544 bis 1546 war Hieronymus wohl bereits ein aktiver Konsument italienisch geschriebener Literatur. In seiner Bibliothek gab es nämlich in bemerkenswerter Anzahl italienische Ritterromane, Biographien, humanistische Poesie, Reiseberschreibungen sowie Bücher über italienische Geschichte und Landeskunde, die in den 30er und 40er Jahren des 16. Jahrhunderts erschienen. Beck hatte zweifelsohne einige davon direkt in Italien bestellt. Diese Art von Literatur, um spezielle Werke über Medizin, Architektur und Militärwesen ergänzt, gehörte zu Becks italienischer Lektüre auch in den späteren Jahrzehnten. Ein kleiner, aber symptomatischer Beleg seiner aktiven Kenntnis des Italienischen – wenn man die These über Becks Autorschaft des Ebreichsdorfer Katalogs akzeptiert – bietet auch einer seiner Einträge. Einen deutschen Einblattdruck mit einer pittoresken Thematik charakterisierte der Autor des Katalogs mit dem italienischen Ausdruck „*Grottesco*".[291] In der Beck'schen Bibliothek befanden sich auch drei italienische Wörterbücher, die in den 80er Jahren des 16. Jahrhunderts erschienen; es ist wahrscheinlich, dass sie für Becks Söhne bestimmt waren, die damals zum Studium an die Universitäten von Padua und Ferrara gingen.[292]

Das Französische gehörte in österreichischen und böhmischen Adelsbibliotheken der zweiten Hälfte des 16. Jahrhunderts eher zu den Randerscheinungen, und der Anteil von französischen Büchern erreichte in keiner davon ein Prozent.[293] Eine einzige Ausnahme bildete die Büchersammlung von Hieronymus Beck, in der französische Bücher vier Prozent des Gesamtumfangs der Bibliothek ausmachten. Laut Gernot Heiss war das Französische ein Bestandteil des Studiums in Innsbruck, und Hieronymus Beck

288 Im Katalog der Bibliothek Wolfgang Rumpfs befanden sich 1583 nur 44 italienische Werke, was durch die Exzerption des in Wien: Österreichische Nationalbibliothek (Cod. 15.286) aufbewahrten ursprünglichen Katalogs festgestellt wurde.

289 In der Dietrichstein'schen Bibliothek befanden sich nur 23 italienische Bücher, siehe POLIŠENSKÝ: Hispanika mikulovské ditrichštejnské knihovny ... S. 159.

290 Katalog Beckiana (7Art 22); zu den Sprachkenntnissen von Hieronymus Beck vgl. HEISS: Bildungsverhalten des niederösterreichischen Adels ... S. 149; Hieronymus Becks Unterricht im Italienischen wird auch von BECK: *Hieronymus Beck von Leopoldsdorf (1525–1596)* ... S. 32, erwähnt.

291 Katalog Beckiana (5Kunst 14).

292 Katalog Beckiana (7Art 12, 13, 48).

293 In der Dietrichstein'schen Bibliothek befanden sich im Jahre 1614 nur zwei französische Bücher.

scheint diese Sprache tatsächlich aktiv beherrscht zu haben. Eine Rolle für die Tatsache, dass Beck seine Französischkenntnisse auch lange nach seinen Schuljahren und der Kavalierstour aufrechterhielt, spielte sein Freund und Diener französischer Herkunft Michael Garsin.[294] Ich vermute, dass sie sich während Becks Aufenthalt in Frankreich kennengelernt haben. Garsin begleitete dann Beck bei allen seinen weiteren Reisen und lebte an seiner Seite in Wien bis zu seinem Tod im Jahre 1555. Hieronymus Beck konnte deshalb noch etwa sechs Jahre lang täglich französisch sprechen.

Sowohl über Ort als auch Länge von Becks Aufenthalt in Frankreich, der zwischen die Jahre 1546 und 1548 fällt, haben wir keine Nachrichten. Es scheint jedoch, dass er dort auch französische Bücher kaufte. Die meisten französischen Bücher in Becks Bibliothek wurden in den 40er Jahren des 16. Jahrhunderts gedruckt und auch ihre Thematik entspricht dem Alter und der Entwicklungsetappe des jungen Ritters: ein französisch-lateinisches Wörterbuch, Ritterromane, die französische Übersetzung des *Decamerone*.[295] Interessanter ist jedoch die Tatsache, dass er sich französische Übersetzungen von Werken besorgte, die er bereits in Latein oder Deutsch besaß (oder die er sich leicht verschaffen konnte). Es handelte sich vor allem um französische Übersetzungen Ovids, Ciceros, Boccaccios oder um die Kosmographie Sebastian Münsters. Er interessierte sich auch für französische Übersetzungen der spanischen und italienischen schöngeistigen Literatur; besonders die Ritterromane von Rodriguez de Montalvo und Lodovico Ariosto waren ihm in der französischen Übersetzung zugänglicher als im spanischen Original. In späteren Jahren beschaffte er sich im Französischen eher als Unterhaltungsliteratur die Fachliteratur verschiedener Gebiete, wie Astronomie, Geometrie, Militärwesen, Numismatik, Landwirtschaft, Medizin, Bücher über die französische Geschichte, Landeskunde, das Rechtswesen und auch über die Geschichte von geographisch benachbarten Ländern (Niederlande, Flandern, Kriege mit England). Außer den bereits erwähnten Sprachlehrbüchern aus den 40er Jahren schaffte er sich weitere auch noch in den 50er und 70er Jahren des 16. Jahrhunderts an.[296]

Die Rezeption der spanischen Literatur und die aktive Kenntnis der spanischen Sprache waren in den österreichischen und böhmischen Ländern zunächst nicht besonders hoch, aber im Verlauf der zweiten Hälfte des 16. Jahrhunderts stiegen sie dank dem gemeinsamen machtpolitischen Raum und der politischen Verbindung der beiden Linien der Habsburger nach und nach.[297] In den damaligen Bibliotheken war Spanisch jedoch im Vergleich mit den Anteilen anderer romanischer Sprachen nach wie vor eine Randerscheinung; goldenes Zeitalter für spanische Bücher (sowie für italienische)

---

294 Über Garsin mehr bereits im Kapitel Hieronymus Beck von Leopoldsdorf: Biographische Skizze und seine Sammleraktivitäten.

295 Katalog Beckiana (7Art 19, 50), (8Poet 8, 9, 10, 34).

296 Katalog Beckiana (7Art 7, 8).

297 Zur Rezeption der spanischen Literatur in den böhmischen Ländern KAŠPAROVÁ, Jaroslava: Španělská literatura XVI. století a český čtenář XVI. a XVII. století. In: RADIMSKÁ, Jitka (ed.): *K výzkumu zámeckých, církevních a měšťanských knihoven* (= Opera Romanica 1). Jihočeská univerzita, České Budějovice 2000, s. 339–360; DIESELBE, Španělský jazyk, španělské knihy a čeští intelektuálové 16.–17. století. *Documenta Pragensia* XXVII, 2008, S. 499–522; KAŠPAR, Oldřich: *Bohemika v historických knižních fondech Španělska, Portugalska a Mexika 15.–18. století.* Togga, Praha 2008, S. 24–26.

wurde erst das 17. Jahrhundert.[298] Etwas mehr war Spanisch in Büchersammlungen des katholischen Adels mit engen Bindungen an Spanien vertreten, die oft durch gemischte tschechisch-spanische Ehen gefestigt wurden.[299] Den höchsten Anteil hatte Spanisch in der Bibliothek der Dietrichsteiner (4 %) und in der Bibliothek Wolf Rumpfs (5 %), in allen übrigen Bibliotheken handelte es sich nur um Einzelstücke, die nicht einmal ein Prozent des gesamten Umfangs der Bibliothek erreichten.

In der Büchersammlung von Hieronymus Beck befanden sich insgesamt 22 spanische Drucke, was 2 Prozent seiner Bibliothek ausmachte. Hieronymus Beck besuchte Spanien im Jahre 1548 und erwarb dort wahrscheinlich einige spanische Drucke, aber ihren gezielten Einkauf setzte er dann wohl nicht fort. Die später herausgegebenen Bücher in der Ebreichsdorfer Bibliothek stammten meistens bereits aus den traditionellen Druckerzentren Europas, die die Hauptquelle von Becks Erwerbungen waren (Antwerpen, Lyon, Venedig, Basel). Es ist nicht ausgeschlossen, dass es sich in einigen Fällen um Geschenke von prospanisch orientierten Kreisen am Hof Rudolfs II. gehandelt haben kann, wo sich auch Hieronymus Becks Sohn aufhielt. Dieser erwarb 1581 in Prag die Prager Ausgabe von Cornejos Erzählung über den Krieg in den Niederlanden, die in Schweden erhalten geblieben ist und über die Margarete Beck fälschlicherweise annahm, dass sie von Hieronymus Becks Spanischkenntnissen zeuge.[300] Auch das 1567 erschienene repräsentative spanisch-lateinische Wörterbuch, das in keiner damaligen Adelsbibliothek fehlte, kann für Christoph Beck bestimmt gewesen sein, der sich am spanisch orientierten Hof in Prag bewegte.[301] Anhand der bekannten Angaben kann man nicht entscheiden, ob Hieronymus Beck Spanisch tatsächlich beherrschte. Die spanischen Bücher in der Ebreichsdorfer Bibliothek enthielten zwar für ihn interessante Primärinformationen über die spanische Geschichte, das Recht und die Wirtschaft, aber der Gesamtumfang der spanischen Literatur in seiner Bibliothek war doch ziemlich beschränkt. Es scheint jedoch, dass sich Hieronymus Beck durch die Thematik seiner spanischen Bücher vom Usus der mitteleuropäischen Büchersammlungen des ausgehenden 16. und beginnenden 17. Jahrhunderts abhob, in denen relativ häufig vor allem Unterhaltungsliteratur vertreten war.[302]

Noch weniger Belege – es handelt sich nur um fünf Bücher – gibt es für das Vorkommen des Tschechischen in der Beck'schen Bibliothek, obwohl der Tschechischunterricht in den Kreisen des niederösterreichischen und steiermärkischen Adels relativ geläufig war.[303] In den österreichischen Adelsbibliotheken gehörte Tschechisch jedoch

---

298 LINDORFER, Bianca: Aristocratic Book Consumption in the Seventeenth Century: Austrian Aristocratic Book Collectors and the Role of Noble Networks in the Circulation of Books from Spain to Austria. In: ÁLVAREZ, Natalia Maillard (ed.): *Books in the Catholic World during the Early Modern Period.* Brill, Leiden 2014, S. 145–169.

299 KAŠPAROVÁ, Jaroslava: Roudnická Lobkowiczká knihovna, Alte Drucke: Hispanica und Portugalica. In: FABIAN, Bernhard (ed.): *Handbuch deutscher historischer Buchbestände in Europa, Bd. 3, Tschechische Republik, Böhmen.* Olms – Wiedmann, Hildesheim – Zürich – New York 1998, S. 108–109.

300 BECK: *Hieronym Beck von Leopoldsdorf (1525–1596)* ... S. 119; Katalog Beckiana (6XXX 18).

301 Katalog Beckiana (7Art 1).

302 KAŠPAROVÁ: Ke čtenářské recepci španělské zábavné prózy Zlatého věku ... S. 73–78.

303 Sigmund von Hardegg ließ sich beispielsweise tschechische Bücher für weiteres Tschechischlernen bis nach Padua schicken, vgl. HEISS: Bildungsverhalten des

zu den völligen Randerscheinungen. Einen wesentlichen Bestandteil bildete Tschechisch nur in der südböhmischen rosenbergischen Bibliothek, in der tschechische Bücher fünf Prozent des Umfangs ausmachten und in der durch die sprachlichen Bohemica das fehlende romanische Element ersetzt wurde. Die tschechischen Bücher in der Beck'schen Bibliothek wurden überwiegend in den 70er Jahren des 16. Jahrhunderts gedruckt, und es kann sich wiederum eher um Erwerbungen von Hieronymus Becks Söhnen gehandelt haben (dies gilt vor allem für das tschechisch-lateinische Wörterbuch von Basilius Faber).[304]

Die Bibliothek von Hieronymus Beck enthielt auch einige Werke in syrischer Sprache (z. B. die erste Übersetzung des Neuen Testaments ins Syrische) sowie in kroatischer Sprache.[305] Ihr Vorkommen hing jedoch mehr als mit der sprachlichen Seite mit Becks intensivem Interesse an den im Osmanischen Reich lebenden slawischen Christen zusammen, worauf ich noch später eingehen werde. Einen anderen Hintergrund hatte die Vertretung der biblischen Sprachen, also des Griechischen und des Hebräischen. Ihre Kenntnis war in den Augen der Humanisten und Intellektuellen das vollkommene Ideal, das allerdings nur wenige – geschweige denn Adlige – zu erfüllen vermochten. Es scheint, dass Hieronymus Beck wenigstens in gewissem Maße die Grundlagen des Griechischen beherrschte, wovon auch kleine griechische Notizen von seiner Hand in einem der erhaltenen Bücher Zeugnis ablegen.[306] In Ebreichsdorf gab es zwanzig griechische Bücher, wobei die meisten in den 30er und 40er Jahren des 16. Jahrhunderts gedruckt wurden. Auch der Charakter ihres Inhalts (Neues Testament, Zoologie, griechische und byzantinische Geschichte, Wörterbücher, Sammlungen antiker Poesie und von Zitaten) spricht eher dafür, dass es sich um Wissensgrundlagen eines humanistisch gebildeten Menschen handelte. Auch Hieronymus Arconatus betonte in seinem Gedicht über die Beck'sche Bibliothek die dortige Vertretung von griechischen Büchern. Hieronymus Beck besaß fünf Hilfsmittel zur hebräischen Sprache (vier Grammatiken und ein lateinisch-hebräisches Wörterbuch), deren Verfasser renommierte Hebraisten wie Johann Forster, Abraham ben Balmes, Sante Pagnini und Eliyahu ben Asher waren.

Erwähnenswert ist ebenso die Tatsache, dass in der Bibliothek auch einige sehr interessante und in jener Zeit progressive linguistische Werke vorkamen. Hieronymus Beck besaß beispielsweise die Arbeit des niederländischen Gelehrten Jan van Gorp über die Hieroglyphen und das Brabantische, in der dieser die Ansicht vertrat, die älteste Sprache der Welt sei eben das Brabantische.[307] In Becks Bibliothek befand sich auch Gessners bekannte Systematisierung der Sprachen, *Mithridates* betitelt, sowie die nicht weniger wichtige komparative Studie von Guillaume Postel über das Alphabet und die Grammatik von zwölf Sprachen. Postel äußerte hier neben der traditionellen These, dass das Hebräische die ursprüngliche Quelle für die Entstehung aller anderen

---

niederösterreichischen Adels ... S. 145; BŮŽEK, Václav: Zum tschechisch-deutschen Bilinguismus in den böhmischen und österreichischen Ländern in der frühen Neuzeit. *Österreichische Osthefte* 35, 1993, S. 577–597.

304 Katalog Beckiana (7Art 21).

305 Katalog Beckiana (1Theo 88, 89, 180).

306 Västerås: Stiftsbiblioteket (Teologi IX Polemik, dogmatik m.m.), Katalog Beckiana (1Theo 147).

307 Katalog Beckiana (6Hi 21).

Sprachen war, auch den Gedanken, dass die Kenntnis von Sprachen zum Finden einer gemeinsamen Ordnung und Verständnis in der Menschengesellschaft führen werde.[308] Diese beiden Arbeiten Postels gerieten schließlich auf den posttridentinischen *Index der verbotenen Bücher*.

308 Katalog Beckiana (7Art 49).

3. Die inhaltliche Zusammensetzung der Bibliothek von Ebreichsdorf

Wie bereits gesagt, nahm Otto Brunner, der Begründer der sozial orientierten Erforschung von Adelsbibliotheken, an, dass durch die ähnliche Bildung und den ähnlichen kulturellen Gesichtskreis der Adligen der Frühen Neuzeit die Unterschiede zwischen den inhaltlichen Spezifika der einzelnen Bibliotheken an den Adelssitzen auf grundlegende Weise verwischt wurden.[309] Diese Ansicht stellt auch in der heutigen Zeit keineswegs eine Ausnahme dar, man muss jedoch bedenken, dass die zeitaufwändige Detailanalyse der inhaltlichen Struktur der einzelnen Bibliotheken in den habsburgischen Ländern erst in ihren Anfängen steckt. Für die zweite Hälfte des 16. Jahrhunderts steht sie eigentlich nur für die Bibliothek Ferdinands II. von Tirol sowie für die der südböhmischen Rosenberger zur Verfügung – bei der letzteren reflektiert sie jedoch den Zustand der Bibliothek erst zum Jahre 1610. Die inhaltliche Zusammensetzung von kleineren Bibliotheken kennt man vorläufig gar nicht, trotzdem ist es offensichtlich, dass Brunners Skepsis nicht ganz berechtigt ist. Auch der vorläufige Vergleich von einigen traditionellen und inhaltlich eindeutig definierten Fachbereichen wie Theologie, Recht, Medizin und Geschichte brachte überraschende Informationen, darunter auch ganz grundsätzliche bezüglich des Ausmaßes der Rezeption der einzelnen Literaturgattungen (siehe Tabelle Nr. 5).

Mensch und Gesellschaft

Religiöse Literatur

Die theologische Literatur gehörte traditionell zu den umfangreichsten Bereichen der Adelsbibliotheken. Der Vergleich ihrer Vertretung in anderen Büchersammlungen unterschiedlichen Typs in den habsburgischen Ländern zeigt jedoch, dass äußere Umstände, z. B. das Alter der Bibliothek oder die Art und Weise ihrer Entstehung, offensichtlich für den Umfang des theologischen Bereichs keine so bedeutende Rolle spielten, wie man erwarten könnte. Allem Anschein nach reflektierte der Umfang der religiösen Literatur tatsächlich größtenteils das Gewicht, das der Besitzer der religiösen Problematik beimaß. Das größte Ausmaß erreichte die theologische Literatur in der mittelgroßen Bibliothek Gundakers von Starhemberg (74 %), die vor allem anhand von Bücherneuheiten aufgebaut wurde, sowie in der Bibliothek Christophs von Wolkenstein (59 %).[310] Einen viel kleineren Anteil nahmen die religiösen Schriften in der Büchersammlung der Rosenberger (42 %) ein, obwohl es sich um eine alte Familienbibliothek handelte, deren Anfänge bis ins 14. Jahrhundert zurückreichten

309 BRUNER: Österreichische Adelsbibliotheken des 15. bis 18. Jahrhunderts ... S. 286; HEILINGSETZER: Humanismus, Renaissance und Reformation in Oberösterreich ... S. 156.

310 Bei der Bibliothek Christophs von Wolkenstein ist lediglich der Anteil der theologischen Literatur bekannt, siehe DÖRRER: Die Bibliothek des Freiherrn Christoph von Wolkenstein ... S. 18–42.

und die einen hohen Anteil an religiösen Handschriften und Wiegendrucken aus den aufgelösten Klöstern Südböhmens hatte. In den weiteren untersuchten Bibliotheken (Wolfgang Rumpfs, Adams von Dietrichstein und Ferdinand Hoffmanns von Grünpühel) bildeten die religiösen Schriften nur etwa ein Drittel der gesamten Bibliothek. Die niedrigsten Anteile wurden in den Büchersammlungen Hieronymus Becks (27 %) und Ferdinands II. von Tirol (24 %) festgestellt.

Tab. 5: Die inhaltliche Zusammensetzung von Adelsbibliotheken (Hauptbereiche)[311]

	Hieronymus Beck von Leopoldsdorf (1596)	**Wolf Rumpf zum Wielroß (1581)**	**Ferdinand II. von Tirol (1596)**	**Peter Wok von Rosenberg (1610)**	**Gundaker von Starhemberg (1580)**	**Die Dietrichsteiner (1614)**
Theologie	27 %	38 %	24 %	42 %	74 %	37 %
Recht	15 %	3 %	12 %	5 %	2 %	13 % (Recht und Philosophie
Medizin	7 %	2 %	6 %	9 %	3 %	5 %
Philosophie	13 %	29 %	35 %	17 %		
Geschichte + verwandte Bereiche	28 %	26 %	23 %	19 %	8 %	16 %
Musik	0 %			2 %		
Belletristik, Poesie	4 %			6 % (Poesie)		26 %
Übriges	6 %	3 %			13 %	

Viel komplizierter ist jedoch die Beantwortung der Frage, wie sich das konkrete religiöse Empfinden der einzelnen Adligen im Inhalt ihrer religiösen Literatur widerspiegelte. Skepsis ist besonders im Fall der universell ausgerichteten Bibliotheken der Sammler angebracht, in deren Regalen sich (ob nun wegen der historischen Entwicklung der Bibliothek oder wegen ihres Sammlercharakters) Werke von verschiedenen religiösen Richtungen befanden. Eine solche detaillierte Analyse und Komparation der

311 Zur inhaltlichen Zusammensetzung der rosenbergischen Bibliothek anhand der Bearbeitung des damaligen Katalogs VESELÁ: *Knihy na dvoře Rožmberků* ... S. 136; der Bibliothek von Ambras: PURŠ – KUCHAŘOVÁ: *Knihovna Ferdinanda II. Tyrolského* ... passim; die inhaltliche Zusammensetzung der Bibliothek von Wolfgang Rumpf wurde anhand des Katalogs seiner Bibliothek – Wien: Österreichische Nationalbibliothek (Cod. 15.286) – analysiert; die Bibliothek Gundakers von Starhemberg anhand der Angaben bei KOHLER, Alfred: Umfang und Bedeutung historisch-geographischer Werke ... S. 232–233; die inhaltliche Zusammensetzung der Dietrichstein'schen Bibliothek bei POLIŠENSKÝ: Hispanika mikulovské ditrichštejnské knihovny ... S. 157–160.

rosenbergischen und der Ambraser Bibliothek brachte nur Teilinformationen, wenn diese auch von einigem Interesse sind. In Ambras wurde beispielsweise ein etwas höherer Nachdruck auf die Erwerbung von Werken der humanistischen Theologie sowie von auf die persönliche Frömmigkeit gerichteter Literatur mit Schwerpunkt auf verschiedene Strömungen der mystischen Literatur festgestellt. Eine privilegierte Stellung hatten Handschriften mit religiöser Thematik, von denen viele – besonders die prachtvollen – anstatt in der Bibliothek in der Kunstkammer deponiert waren.[312] Am rosenbergischen Hof wurde hingegen ein größerer Nachdruck auf das Sammeln der einheimischen religiösen Produktion gelegt und die detaillierte Analyse von Werken der Union der Böhmischen Brüder konnte einen überraschend starken Einfluss von Personen aus der Umgebung Peter Woks auf den Erwerb eben dieser Schriften ausmachen.[313]

Im Unterschied zu den allumfassenden theologischen Bereichen der rosenbergischen sowie der Ambraser Büchersammlung herrschte in Ebreichsdorf bezüglich der konfessionellen Orientierung der religiösen Werke eine strikte Auswahl. Hieronymus Beck zeigt sich unter diesem Gesichtspunkt als kompromissloser Katholik, denn er eliminierte programmatisch Werke der protestantischen Theologen aus seinen Erwerbungen zugunsten der patristischen und insbesondere der polemischen katholischen Literatur. Im Kontext der oben erwähnten großen Bibliotheken der Sammler, in deren theologischen Abteilungen die Handschriften eine große Rolle spielten, wirkt das Desinteresse Hieronymus Becks an solchen Handschriften fast unglaubwürdig: In der Beck'schen Bibliothek ist nur eine einzige Handschrift religiösen Charakters belegt, die darüber hinaus wohl als Geschenk der protestantischen Familie von Gera in die Bibliothek kam.[314]

Aus der graphischen Darstellung zu den Erscheinungsjahren der einzelnen theologischen Werke in der Bibliothek von Ebreichsdorf ist ersichtlich, dass Hieronymus Beck der Hauptschöpfer dieses Teiles der Büchersammlung war. Obwohl er einen Teil von Büchern auch mit längerem zeitlichem Abstand seit ihrem Erscheinungsjahr hätte erwerben können, ist der steile Anstieg im Erwerb von Büchern, die nach seiner Rückkehr nach Wien erschienen, und der seinen Gipfelpunkt in den 70er Jahren des 16. Jahrhunderts erreichte, ziemlich eindeutig. Hingegen scheint es, dass er sich in fortgeschrittenem Alter – ebenso wie beispielsweise Ferdinand II. von Tirol – für die Neuheiten der religiösen Literatur nicht mehr so sehr interessierte.

---

312 Eine detaillierte Analyse der theologischen Literatur Ferdinands II. von Tirol unternahm KUCHAŘOVÁ: Classis theologica. Teologická literatura ... S. 107–132.

313 VESELÁ: *Knihy na dvoře Rožmberků* ... S. 138–141, 183–188; VESELÁ, Lenka: Českobratrská literatura v knihovně posledních Rožmberků. In: WERNISCH, Martin (ed.): *Unitas Fratrum 1457–2007. Jednota bratrská jako kulturní a duchovní fenomén* (= Studie a texty Evangelické teologické fakulty 15/2), Praha 2009, S. 193–214.

314 *Bethbüchlein geschrieben durch Wilhelm von Gera* – Katalog Beckiana (15ProTheo 27). In der rosenbergischen Bibliothek machten die Handschriften ein Viertel des Bereichs Theologie aus und in der Bibliothek Ferdinands II. von Tirol gehörten sie sogar zu den Prioritäten der Erwerbung (vgl. Tab. 2).

Graphische Darstellung 4: Die religiöse Literatur des 16. Jahrhunderts in der Beck'schen Bibliothek nach Erscheinungsjahren

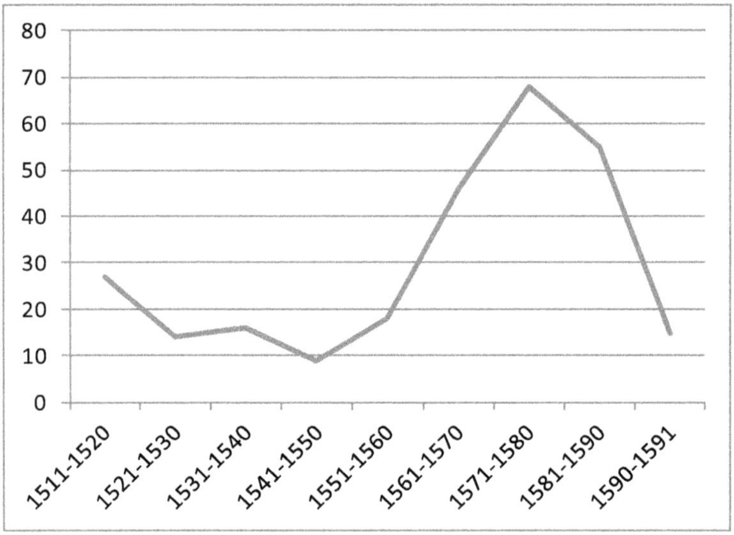

Den Stolz von Adelsbibliotheken der Frühen Neuzeit stellte traditionell die Sammlung von Bibeln bzw. ihrer Teile in möglichst vielen Sprachen dar. Die repräsentativen Kollektionen von biblischen Texten, die in der Regel am Anfang jeder Bibliothek standen, stellten das Rückgrat der Bibliothek dar, ohne Rücksicht auf die Unterschiede in der religiösen Einstellung ihrer Besitzer. Hieronymus Beck selbst erwähnte in einem Brief an Bischof Neubeck sein Bemühen, möglichst viele solcher Varianten zu erwerben.[315] In der Ebreichsdorfer Bibliothek befanden sich insgesamt 15 verschiedene Ausgaben von biblischen Texten, und zwar in Latein, Deutsch, Italienisch, Englisch, Französisch, Spanisch, Kroatisch und auch in Syrisch. Hieronymus Beck besaß zwar nicht den hebräischen handschriftlichen Pentateuch, der in den damaligen Adelsbibliotheken zu den wertvollsten Sammlerobjekten gehörte; es scheint jedoch, dass er den zeitgenössischen Streit über die Nutzung der hebräischen Texte verfolgte. Er besaß nämlich Reuchlins bekannte Verteidigung von hebräischen Quellen sowie eine Schrift zum internen Streit der katholischen Theologen in der Frage der Verwendung von hebräischen Texten bei der Bibelexegese.[316]

Hieronymus Beck besaß auch die lateinische Übersetzung des Korans, die 1550 vom protestantischen Theologen Theodor Bibliander herausgegeben wurde, und vielleicht auch den bereits erwähnten ursprünglichen arabischen Text des Korans, den er angeblich 1593 direkt von einem Schlachtfeld in Ungarn erworben habe. Nicht weniger intensiv interessierte er sich für das Leben der Christen in Syrien sowie in anderen Ländern unter der türkischen Herrschaft. Er besorgte sich beispielsweise die erste Ausgabe des syrischen Neuen Testaments des Wiener Orientalisten Johann Albrecht

315 Im Brief von Hieronymus Beck an Bischof Johann Caspar Neubeck, WIEDEMANN: *Die Kirchliche Bücher-Censur* ... S. 68–69.

316 Katalog Beckiana (15ProTheo 12; 1Theo 222).

Widmanstetter, obwohl das Buch primär für den Markt im Nahen Osten bestimmt war.[317] Beck besaß auch das Buch des Severus von Alexandrien über die Liturgie der syrischen Christen und widmete seine Aufmerksamkeit auch den biblischen Übersetzungen ins Kroatische, die für die Slawen im Osmanischen Reich bestimmt waren.[318]

Einen relativ großen Bücherkomplex bildete in Ebreichsdorf die Patristik (insgesamt 9 %). Ihr Anteil war durchschnittlich um drei Prozent höher, als dies in den universellen Bibliotheken der Rosenberger und Ferdinands II. von Tirol der Fall war. Den Erscheinungsjahren ist zu entnehmen, dass diese Literatur vor allem unter Hieronymus Beck für die Bibliothek erworben wurde. Den meisten Teil davon stellten neue moderne, durch katholische und protestantische Editoren veranstaltete Ausgaben, die das beträchtliche Interesse der durch den Humanismus beeinflussten Theologen an den Originalwerken des frühen Christentums reflektierten.

In Ebreichsdorf fehlten nicht einmal die Gesamteditionen, besonders die achtbändige Ausgabe der patristischen Werke durch Margarin de La Bigne oder die protestantische Ausgabe der patristischen Väter durch Johann Jakob Grynaeus, die in den dortigen Regalen offensichtlich gleich nebeneinander standen.[319]

Ähnlich eindeutig kann man aber nicht die Erwerber der Werke der klassischen Scholastik bestimmen, unter denen ältere Ausgaben überwiegen (Wiegendrucke sowie Drucke von der Wende vom 15. zum 16. Jahrhundert). Ihr Anteil an der religiösen Literatur in der Beck'schen Bibliothek bewegte sich um 20 Prozent und war somit mit dem Umfang der scholastischen Schriften in der Büchersammlung der Rosenberger vergleichbar, wo allerdings die meisten dieser Bücher aus aufgelösten Klöstern stammten. In der Bibliothek Ferdinands II. von Tirol kamen hingegen Werke scholastischer Autoren nur sporadisch und eher zufällig vor.

Zu Hieronymus Becks Erwerbungen der scholastischen Autoren gehörten zweifellos einige erst in der zweiten Hälfte des 16. Jahrhunderts erschienene Bücher, beispielsweise der Bericht über das Wunder im Kloster von Deutz vom benediktinischen Mystiker des 12. Jahrhunderts Rupertus Tuitiensis (erschienen 1572) oder die Edition der mittelalterlichen Polemik von Johann Hoffmann gegen die tschechischen Hussiten über die Auslegung der Eucharistie (Venedig 1571).[320] Aus den in den 70er Jahren des 16. Jahrhunderts gedruckten religiösen Büchern gab es in der Beck'schen Bibliothek auch weitere Abhandlungen über eucharistische Wunder sowie über entsprechende Wallfahrtsorte, ob sie sich nun, etwa 1384, in Tirol ereigneten (der Druck erschien auf die Bitte Ferdinands II. von Tirol), im bayerischen Altötting oder auch in Rom.[321] Es ist symptomatisch, dass sich Hieronymus Beck für die beiden Themen – besonders für die Hussitenkriege – intensiv interessierte, was auch andere Belege beweisen, wie etwa seine handschriftlichen Notizen zu den Passagen über die Hussitenkriege in Bonfinis Geschichte Ungarns. Dies wird aber auch durch weitere Bücher in seiner Sammlung bestätigt, nämlich durch die deutsche Ausgabe einer der Schriften des

---

317 Katalog Beckiana (1Theo 88); Widmanstetters Edition stellt einen Meilenstein sowohl auf dem Gebiet der orientalischen Studien als auch auf dem der Typographie dar – mehr dazu WILKINSON, J. Robert: *Orientalism, Aramaic and Kabbalah in the Catholic Reformation: The First Printing of the Syriac New Testament.* Brill, Leiden 2007.

318 Katalog Beckiana (1Theo 89, 90, 180).

319 Katalog Beckiana (1Theo 29, 30, 31).

320 Katalog Beckiana (1Theo 2, 36, 54, 232).

321 Katalog Beckiana (1Theo 95, 290, 307).

Theologen der Union der Böhmischen Brüder Jan Augusta (mit einer Vorrede Martin Luthers)[322] sowie durch die beiden Ausgaben der Beschreibung des Konstanzer Konzils von Ulrich von Richenthal (Beck besaß sowohl die Frankfurter Ausgabe von 1575 als auch den illuminierten Wiegendruck von 1483), die er zu den positiv bewerteten „Patres" einordnete.[323]

Den absolut größten Teil der religiösen Literatur stellten in der Bibliothek von Ebreichsdorf die Werke der zeitgenössischen katholischen Theologen dar, die 64 Prozent ihres Umfangs ausmachten. Neben der kommentierenden und exegetischen Literatur (19) waren es Katechismen (15), Dogmatik (17), und insbesondere polemische und apologetische Schriften (59). Die meisten davon waren gegen die Lutheraner gerichtet, während es gegen die übrigen christlichen Kirchen und Richtungen, und zwar einschließlich der russisch-orthodoxen Kirche[324] und des Judaismus, eher nur unbedeutende Einzelstücke waren. Einen bedeutenden Komplex bildeten Predigten und Postillen (z. B. die Predigt über das Erdbeben in Mainz im Jahre 1528), Berichte über Wunder und andere Zeichen, wie etwa Kometen u. dgl. Interessant sind auch die nicht näher spezifizierten Statuten der Rosenkranzbruderschaft in Cremona.[325]

Auf die Annahme des Augsburger Religionsfriedens von 1555, der einen bedeutenden Meilenstein in der damaligen konfessionellen Entwicklung bedeutete, reagierte Hieronymus Beck durch die Anschaffung der Heidelberger Ausgabe der Augsburger Konfession sowie einiger aufgeregter Gegenreaktionen von katholischen Theologen.[326]

Marcus Beck und später auch sein Sohn Hieronymus Beck standen in engem Kontakt mit dem Kanzler und Berater Ferdinands I. in religiösen Fragen Georg Gienger von Rotteneck, der zu den entschiedenen Befürwortern einer Reform der Kirche im katholischen Sinne gehörte. Gienger und seine Gattin wurden Paten von Hieronymus Becks Kindern, und von der nahen Beziehung zu dieser Familie zeugen auch wiederholte Porträts von Gienger und seiner Gattin in Becks Porträtbuch. Bestandteil der Ebreichsdorfer Bibliothek war auch ein Gebetbuch des Kanzlers vom Jahre 1559.[327] Obwohl man keine eindeutigen Belege darüber hat, dass auch Marcus Beck ein offener Anhänger der Reform gewesen wäre, scheint es, dass die inhaltliche Zusammensetzung des Bereichs Theologie in der Familienbibliothek und, wie man noch sehen wird, auch die Auswahl einiger Moralwerke im Bereich Philosophie, zugunsten dieser These sprechen.[328]

---

322 Katalog Beckiana (15ProTheo 10); SCHWEITZER, Franz Josef: *Die Böhmischen Brüder und die „Rechenschaft des Glaubens" von Jan Augusta (1533). Der Wittenberger Druck zwischen Böhmischer und Lutherischer Reform.* Kovač, Hamburg 2013.

323 Katalog Beckiana (1Theo 41, 42).

324 Katalog Beckiana (1XXX 16); Becks Exemplar (ohne Notizen) ist in Wrocław erhalten: Zakład Narodowy im. Ossolińskich (XVI.F.4227) – http://www.dbc.wroc.pl/dlibra/docmetadata?id=8466&from=publication#.

325 Katalog Beckiana (1Theo 299).

326 Katalog Beckiana (15ProTheo 8, 13; 1Theo 241, 242, 248).

327 Katalog Beckiana (1Theo 282).

328 Diese Möglichkeit erwähnt als erster NEUBER: Tu certe es studijs nostris [...] summum praesidium ... S. 530.

Abb. 14a: *Das Titelblatt von Becks Exemplar der ungarischen Geschichte von Antonio Bonfini „Rerum Ungaricarum decades tres ..." Basel 1543 (Strängnäs: Domkyrkans Bibliotek)*

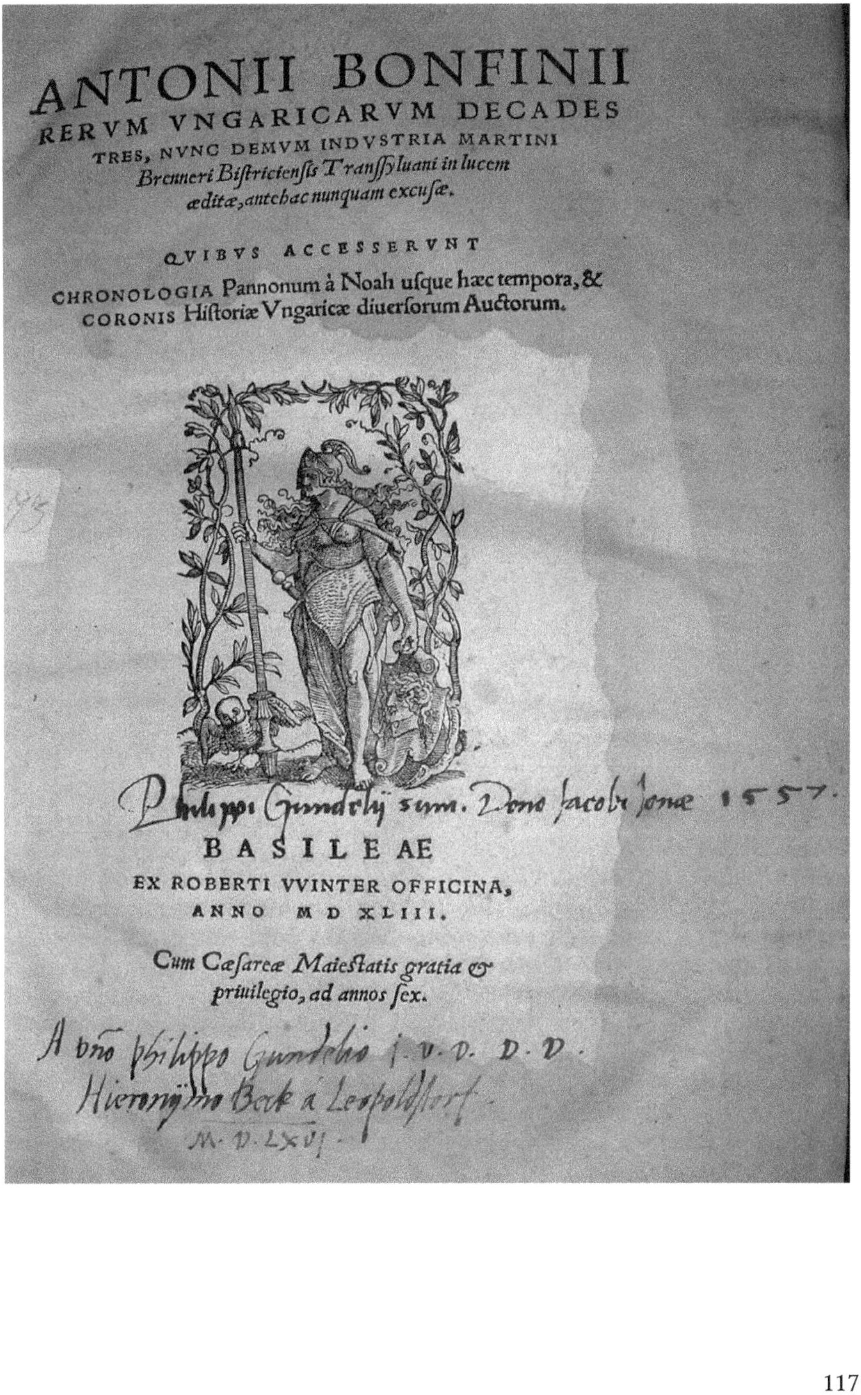
ANTONII BONFINII
RERVM VNGARICARVM DECADES
TRES, NVNC DEMVM INDVSTRIA MARTINI
Brenneri Bistriciensis Transsyluani in lucem aeditae, antehac nunquam excusae.

QVIBVS ACCESSERVNT
CHRONOLOGIA Pannonum à Noah usque haec tempora, &
CORONIS Historiae Vngaricae diuersorum Auctorum.

Philippi Gundelij sum. Dono Jacobi Jonae 1557.

BASILEAE
EX ROBERTI VVINTER OFFICINA,
ANNO M D XLIII.

Cum Caesareae Maiestatis gratia & priuilegio, ad annos sex.

A dno Philippo Gundelio I. V. D. D. D.
Hieronymo Beck à Leopoldstorf
M. D. LXVI.

Abb. 14b: Becks resignierende Bemerkung „ut nunc Augustae 1555“ zum Text über den pragmatischen Friedensschluss mit den tschechischen Hussiten in der Mitte des 15. Jahrhunderts bringt auch seine Ansicht über den Augsburger Religionsfrieden zum Ausdruck

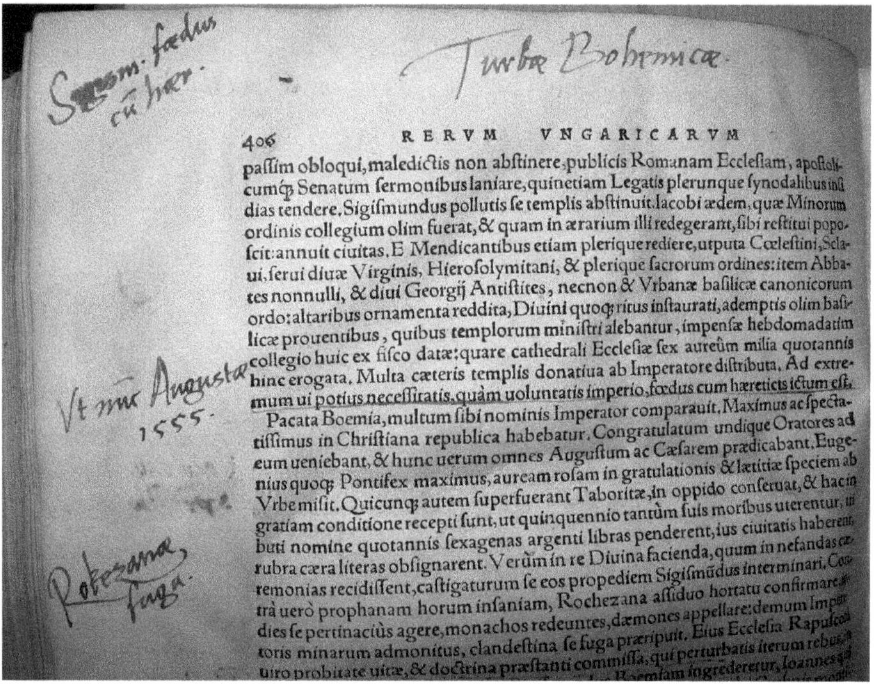
406 RERVM VNGARICARVM

paſſim obloqui, maledictis non abſtinere, publicis Romanam Eccleſiam, apoſtoli-
cumq; Senatum ſermonibus laniare, quinetiam Legatis plerunque ſynodalibus inſi-
dias tendere. Sigiſmundus pollutis ſe templis abſtinuit. Iacobi ædem, quæ Minorum
ordinis collegium olim fuerat, & quam in ærarium illi redegerant, ſibi reſtitui popo-
ſcit: annuit ciuitas. E Mendicantibus etiam plerique rediere, utputa Cœleſtini, Scla-
ui, ſerui diuæ Virginis, Hieroſolymitani, & plerique ſacrorum ordines: item Abba-
tes nonnulli, & diui Georgij Antiſtites, necnon & Vrbanæ baſilicæ canonicorum
ordo: altaribus ornamenta reddita, Diuini quoq; ritus inſtaurati, ademptis olim baſi-
licæ prouentibus, quibus templorum miniſtri alebantur, impenſæ hebdomadatim
collegio huic ex fiſco datæ: quare cathedrali Eccleſiæ ſex aureûm milia quotannis
hinc erogata. Multa cæteris templis donatiua ab Imperatore diſtributa. Ad extre-
mum ui potius neceſſitatis, quàm uoluntatis imperio, fœdus cum hæreticis ictum eſt.
Pacata Boemia, multum ſibi nominis Imperator comparauit. Maximus ac ſpecta-
tiſſimus in Chriſtiana republica habebatur. Congratulatum undique Oratores ad
eum ueniebant, & hunc uerum omnes Auguſtum ac Cæſarem prædicabant. Euge-
nius quoq; Pontifex maximus, auream roſam in gratulationis & lætitiæ ſpeciem ab
Vrbe miſit. Quicunq; autem ſuperfuerant Taboritæ, in oppido conſeruat, & hac in
gratiam conditione recepti ſunt, ut quinquennio tantùm ſuis moribus uterentur, tri-
buti nomine quotannis ſexagenas argenti libras penderent, ius ciuitatis haberent,
rubra cæra literas obſignarent. Verùm in re Diuina facienda, quum in nefandas cæ-
remonias recidiſſent, caſtigaturum ſe eos propediem Sigiſmūdus interminari. Con-
trà uerò prophanam horum inſaniam, Rochezana aſſiduo hortatu confirmare, &
dies ſe pertinaciùs agere, monachos redeuntes, dæmones appellare: demum Impera-
toris minarum admonitus, clandeſtina ſe fuga præripuit. Eius Eccleſia Rapuſco
uiro probitate uitæ, & doctrina præſtanti commiſſa, qui perturbatis iterum rebus,
...Boemiam ingrederetur, Ioannes...

Hieronymus Beck verfolgte auch relativ intensiv die stürmische Entwicklung der katholischen Kirche nach dem Konzil von Trient. Die Bücher von posttridentinischen gegenreformatorischen Theologen, deren radikaler Ton von den neu abgesteckten Positionen der katholischen Kirche gegenüber der Reformation ausging, bildeten in seiner Bibliothek einen beträchtlichen Komplex. Hieronymus Beck besaß posttridentinische Ausgaben von liturgischen Handbüchern, Verteidigungen der tridentinischen Dogmatik, eine neue Ausgabe des Katechismus und sogar eine der Ausgaben des posttridentinischen *Index verbotener Bücher* (Venedig 1575). Einige posttridentinische Autoren waren gar durch mehrere Bücher vertreten und manche von ihnen, beispielsweise Willem van der Lindt, der sich in seinen Arbeiten für die Aufhebung des Augsburger Religionsfriedens einsetzte, wurden wie wenige der zeitgenössischen Autoren im Bibliothekskatalog als „patres“ bezeichnet. Wenn wir die These akzeptieren, dass Beck durch diesen Ausdruck seine Anerkennung und Hochachtung gegenüber ausgewählten Autoritäten zum Ausdruck brachte, gehörten zu den von ihm respektierten zeitgenössischen Theologen vor allem der Vertreter der Schule von Salamanca Alonso de Castro, der Verfasser einer Geschichte der Häresien Gabriel Du Préau, der Wiener Bischof Johann Fabri sowie einige weitere, wie etwa Génebrard Gilbert, Stanislaw Hozyusz, Johannes Cochlaeus, Antoine de Mouchy und Thomas Stapleton.

Hieronymus Beck war darüber hinaus in seiner Zeit wohl der einzige katholische Adlige in den österreichischen und böhmischen Ländern, der von seinen Bucherwerbungen die Werke protestantischer Theologen gezielt ausschloss, besonders, wenn es sich um polemische Schriften handelte. Hieronymus (wie offenbar auch sein Vater Marcus) ignorierte ebenso die größten protestantischen und kalvinistischen Autoritäten. Eine einzige Ausnahme bildete ein frühes Werk von Martin Luther, symptomatisch an den deutschen Adel gerichtet, die die Becks in der italienischen Übersetzung von 1533 besaßen (*Libro de la emendatione & correctione dil stato christiano*), und dies gleich in zwei Exemplaren.[329] Obwohl Luther auf der Titelseite nicht explizit angeführt war, kannte Hieronymus Beck seine Autorschaft und ordnete eines der Exemplare sicherheitshalber in den für die protestantische Literatur reservierten Bereich ein, das andere Exemplar befand sich – sicher nicht zufällig – im Bereich der schulischen Literatur. In der Ebreichsdorfer Bibliothek gab es insgesamt nur etwa 30 Bücher aus dem protestantischen Lager, und obwohl es sich fast ausschließlich um konfliktlose Postillen, biblische Kommentare und nur wenige dogmatische Werke (Jan Augusta) handelte, und eventuell noch um Schriften, die die Reformation in England und in den Niederlanden unter Wilhelm I. von Oranien betrafen, also in den Ländern, die Hieronymus Beck persönlich kennengelernt hatte, wurde die überwiegende Mehrheit davon in den erwähnten besonderen Bereich ganz am Ende der Bibliothek ausgegliedert. Ein Teil davon – ähnlich wie das handschriftliche Gebetbuch Wilhelms von Gera – gelangte in die Bibliothek von Ebreichsdorf wohl als Geschenk.

Das in Ebreichsdorf herrschende „Erwerbungsverbot" betraf auch die einheimische nichtkatholische religiöse Literatur, von der in der Bibliothek nur die Kirchenagenda der österreichischen protestantischen Stände von 1571 belegt ist.[330] Umso stärker war die Rezeption von katholischen theologischen Werken Wiener Provenienz, ob es sich nun um Schriften von Wiener Bischöfen (insgesamt 17 Schriften von Johann Fabri und Friedrich Nausea) handelte, oder der weiteren Vertreter der Rekatholisierung in Österreich (Friedrich Staphylus, Georg Eder, Johannes Dominicus Hess) und in eingeschränktem Maße der am Wiener Kolleg wirkenden Jesuiten (Petrus Canisius, Michael Khüfringer, Zikmund Domináček von Písnice). Nur wenige ihrer Bücher konnten noch von den Erwerbungen durch Marcus Beck stammen, beispielsweise das Handbuch zur religiösen Betreuung von Sterbenden im Wiener Spital von 1550 oder die Beschreibung von Sepulkraldenkmälern in der Stephanskirche.[331] Wiener Provenienz war auch die mehr oder weniger einzige damalige antijüdische Polemik von Paul Weidner, einem getauften Arzt jüdischer Herkunft, den Hieronymus Beck persönlich kannte.[332]

Moralistik und Renaissancephilosophie

Mit der Religion hing eng auch die damalige Moralphilosophie zusammen, die die tiefen äußeren und inneren Wandlungen der Gesellschaft des 16. Jahrhunderts in viel höherem Maße als früher reflektierte. Auch die eigentliche Philosophie wandelt sich in jener Zeit von einer an den Universitäten gepflegten eng profilierten Disziplin in einen

329 Katalog Beckiana (15ProTheo 22; 7Art 67).
330 Katalog Beckiana (15ProTheo 6).
331 Katalog Beckiana (1Theo 184, 160), siehe das Unterkapitel Marcus Beck im 1. Kapitel: Die Bibliothek der Familie Beck...
332 Katalog Beckiana (1Theo 138), siehe S. 186.

geläufigen Bestandteil der humanistischen Bildung. Die Oszillation von Texten mit philosophischem Inhalt zwischen den Bildungsschriften und der „reinen“ Philosophie fand auch in der Einordnung der einzelnen Texte in die Beck'sche Bibliothek ihren Niederschlag, in der sie entweder in den schulischen oder in den philosophischen Bereich eingeordnet wurden. Ein eindeutiger Beweis für diese „duale“ Auffassung dieser Thematik ist die Einordnung der *Dialektik* von Augustinus Hunnaeus, die Hieronymus Beck in zwei Exemplaren besaß: Eines fand im Bereich der schulischen Literatur (*Artes*) seinen Platz, das andere im rein philosophischen Bereich.[333] Auf Hieronymus Becks moralisch aufgefasste Wahrnehmung der Philosophie weist auch der Inhalt und die Profilierung des eigentlichen Bereichs Philosophie hin: Neben philosophischen Werken in sensu stricto findet man hier in großer Zahl auch moralistische Texte sowie gesellschafts- und religionskritische Schriften.

Sehen wir uns nun an, in welchem Maße Becks mitteleuropäische Ritterbibliothek die damalige Entwicklung der Scholastik und die diesbezüglichen humanistischen Vorgangsweisen sowie die Entstehung alternativer philosophischer Systeme (besonders des Neoplatonismus der Renaissancezeit) reflektierte und inwieweit Fragen, die damals zum Objekt von Diskussionen oder von gesellschaftlicher Kritik wurden, auch Becks Bucherwerbungen beeinflussten.[334]

Auch trotz der neuen Impulse behielten die Scholastik und die aristotelische Tradition dank den durch die Universitäten vermittelten Wissensgrundlagen ihre dominante Stellung im Denken des 16. Jahrhunderts, was verständlicherweise auch in der damaligen Buchdruckerproduktion ihren Niederschlag fand. Dieses Übergewicht offenbart sich auch in der Bibliothek der Becks von Leopoldsdorf, in der solche Werke die Hälfte des Bereichs Philosophie ausmachten. In der Beck'schen Bibliothek überwogen jedoch schon Kommentare zu Aristoteles, die unter dem Gesichtspunkt der humanistischen Vorgangsweisen in Form von revidierten Texten oder einer neuen Leseart von traditionellen Büchern herausgegeben wurden, die übrigens im 16. Jahrhundert die Grundlage für ein erneuertes Interesse an Aristoteles bildeten.[335] Angesichts der Tatsache, dass bei den Becks die meisten Bücher dieser Art Wiegendrucke und Ausgaben aus dem frühen 16. Jahrhundert waren, ist es wahrscheinlich, dass Marcus Beck der Hauptinitiator ihrer Einordnung in die Familienbibliothek war. Nur einige wenige (insgesamt vier) können wegen ihrem späteren Erscheinungsjahr eindeutig zu den Erwerbungen von Hieronymus Beck oder seinen Söhnen gezählt werden. Dazu gehörte beispielsweise auch der erhaltene Kommentar des italienischen Aristotelikers Lodovico Boccadiferro aus dem Jahre 1570 oder die beiden Exemplare der *Dialektik* von Augustinus Hunnaeus, von denen eines Joachim Beck während seines Studiums in Italien benutzte. Es muss jedoch hinzugefügt werden, dass die erhaltenen Bücher von Boccadiferro und Hunnaeus keine Notizen oder andere Zeichen einer aktiven Lektüre aufweisen.[336]

---

333 Katalog Beckiana (4Phil 73, 7Art 71).

334 NAUTA, Lodi: Lorenzo Valla a rozmach humanistické dialektiky. In: HANKINS, James (ed.), *Renesanční filosofie*. Oikoymenh, Praha 2011, S. 256–274.

335 BIANCHI, Luca: Aristotelská tradice: kontinuita a proměny. In: James HANKINS (ed.), *Renesanční filosofie*. Oikoymenh, Praha 2011, S. 72–101.

336 Katalog Beckiana (4Phil 24, 73).

Die Wiederentdeckung der platonischen und neoplatonischen Philosophie, die sich mehr auf menschliche und geistige Fragen mit dem Ziel konzentrierte, eine Einheit der Erkenntnis zu erreichen, war auch dank den absorbierten religiös-mystischen sowie orientalischen Elementen in gewissen Gesellschaftskreisen des 15. und 16. Jahrhunderts sehr attraktiv.[337] In der damaligen Druckerproduktion war der Neoplatonismus jedoch viel weniger frequentiert: bis um das Jahr 1600 erschienen in Europa zwanzigmal weniger Kommentare zu Platon als zu Aristoteles.[338] In der Beck'schen Bibliothek war diese Richtung durch Editionen von drei antiken Neoplatonikern und überraschenderweise nur durch einige wenige Schriften der zeitgenössischen Philosophen vertreten. Der Autor von zweien dieser Bücher war der bedeutendste Vertreter dieser Richtung, nämlich Marsilio Ficino, der Begründer der Platonischen Akademie in Florenz. Die thematische Ausrichtung von Ficinos Werken in Becks Bibliothek war ziemlich symptomatisch: Das erste Werk war der Religionsphilosophie gewidmet, das andere, *De triplici vita*, das zu den einflussreichsten Arbeiten Ficinos gehörte (es wurde mehr als dreißigmal herausgegeben), bot Ratschläge, Rituale und kontemplative Praktiken mit dem Ziel, Menschen mit Forschertemperament zur Erhaltung ihrer Gesundheit zu verhelfen.[339]

In der letztgenannten Arbeit Ficinos wurde auch mit Elementen von Magie und Astrologie operiert, was in Becks Bibliothek eher ein „verbotenes" Thema war. Die okkulte Philosophie und die christliche Kabbala findet man – im Unterschied zu den meisten Adelsbibliotheken (einschließlich jener Ferdinands II. von Tirol und jener der Rosenberger) –in der Beck'schen Bibliothek fast gar nicht, und zwar auch im Falle so bekannter Autoren wie Picco della Mirandola und Agrippa von Nettesheim. Eine Ausnahme bildete das kabbalistische Werk über die Sephiroth von Cesare d'Evoli, das Kaiser Maximilian II. gewidmet war. Wie ich bereits erwähnt habe, unterdrückte Hieronymus Beck durch die Einordnung dieses Werkes in den Bereich Mathematik den hermeneutischen Charakter dieser Arbeit und betonte dagegen ihre exegetische Ebene, die in der Zahlenkombinatorik des hebräischen Alphabets bestand. Hieronymus hatte übrigens in seiner Bibliothek das relativ selten vorkommende Werk von Johannes Wier, in dem die Dämonologie und Magie jener Zeit streng verurteilt werden.[340] In der Ebreichsdorfer Bibliothek gab es auch einige Texte von weiteren drei Neoplatonikern: Matteo Bosso, Pietro Riccio Crinito und Francesco Patrizi, es handelte sich jedoch nicht um ihre bedeutendsten Werke.[341]

Wie bereits gesagt, bildeten einen viel größeren Teil von „philosophischen Werken" in der Beck'schen Bibliothek Schriften mit moralischen Appellen und Urteilen in zugänglicherer Form von Dialogen, Sentenzen und Satiren. Hieronymus Beck

---

337 EVANS, Robert J. W.: *Rudolf II and His World. A Study in Intellectual History 1576–1612.* Oxford University Press, Oxford 1973.

338 BIANCHI: Aristotelská tradice ... S. 73.

339 Katalog Beckiana (1Theo 102, 4Phil 54).

340 Katalog Beckiana (6Hi 68).

341 Im handschriftlichen Nachlass von O. Walde, der in der Universitätsbibliothek Uppsala aufbewahrt wird, wird das Beck'sche Exemplar des bekannten okkulten Werkes von Levinus Lemnius *Occulta naturae miracula* erwähnt; seine Existenz gelang es jedoch bisher nicht zu bestätigen und angesichts der Tatsache, dass es nicht einmal im sog. rosenbergischen Verzeichnis erwähnt wird, wurde es in den Katalog der Beck'schen Bibliothek nicht aufgenommen.

bevorzugte vor allem Werke italienischer humanistischer Autoren und mitteleuropäischer Humanisten (etwa Pietro Capretto, Polydorus Vergilius, ebenso z. B. die Satire über die damalige Gerichtspraxis von Giovanni Pontano oder die Dialoge über die Ehe von Antonio Bonfini). Aus dem umfangreichen Werk des Erasmus von Rotterdam sind in der Beck'schen Büchersammlung nur seine Sprichwörter *Adagia* belegt. Einen relativ breiten Raum erlangten in der Bibliothek auch Abhandlungen über moralische Aspekte des Krieges. Der spanische Dialog von Diego de Salazar aus dem Jahre 1536 *De re militari* war im Wesentlichen eine Adaptation der bekannten Abhandlung Machiavellis über die Kriegskunst; interessant war auch die Auffassung des Krieges als menschliches Drama im Dialog von François de La Noue. Von konkreter Tragweite waren auch mehrere weitere Abhandlungen über die Kriegsdisziplin und über das Führen persönlicher Dueller (von Autoren wie Guillaume Du Bellay, Giulio Ferretti, Girolamo Muzio, Sebastiano Fausto).

Tiefer war auch das Interesse der Mitglieder der Familie Beck an den (unter kirchlichem Aspekt oft kontroversen) Werken, die eine Kirchenreform anstrebten. Ihre größere Zahl hängt zweifellos mit der nahen Beziehung von Marcus und Hieronymus Beck zur katholischen Reform zusammen, die auch in der bereits behandelten Rezeption der theologischen Literatur zu Tage trat. Aus dem Jahre 1519 stammten zwei der bedeutendsten Werke von Johann Altenstaig (*Opusculum de amicitia* und *De felicitate triplici*), die relativ offen die damalige kirchliche Hierarchie kritisierten. In die gleiche Kategorie gehören auch die Werke von Johannes Trithemius. Die Mitglieder der Familie Beck besaßen auch einige Arbeiten von Guillaume Postel (z. B. *De orbis terrae concordia* von 1544), die auf die religiöse Toleranz und auf eine universale Religion ausgerichtet waren, sowie das Gesamtwerk des kontroversen religiösen Reformators Girolamo Savonarola, der im Ebreichsdorfer Katalog als Märtyrer bezeichnet wurde.[342]

Recht

Zu den traditionell kleinsten Bereichen von Adelsbibliotheken gehörte die juristische Literatur. Ihr Anteil überstieg meistens nicht fünf Prozent des Gesamtumfangs der Bibliothek und änderte sich auch in den Bibliotheken der ersten Hälfte des 17. Jahrhunderts nicht.[343] Einen größeren Anteil von juristischen Schriften (12 %) findet man nur in der Ambraser Bibliothek und in der Bibliothek der Becks von Leopoldsdorf vor (15 %). Die sich anbietende Erklärung, dass die überdurchschnittliche Vertretung der juristischen Literatur in ihrer Familienbibliothek mit der Beamtenkarriere von Marcus Beck zusammenhängt, ist nur teilweise berechtigt. Mindestens ein Viertel bis ein Drittel der juristischen Literatur stammte nämlich erst aus den Erwerbungen seines Sohnes Hieronymus (s. graphische Darstellung 5).

342 Katalog Beckiana (4Phil 64). Es kann jedoch nicht ausgeschlossen werden, dass es sich um eine Ergänzung durch Václav Březan handelt.

343 VESELÁ: *Knihy na dvoře Rožmberků* ... S. 136–137.

Graphische Darstellung 5: Juristische Literatur in der Bibliothek der Familie Beck nach Erscheinungsjahren

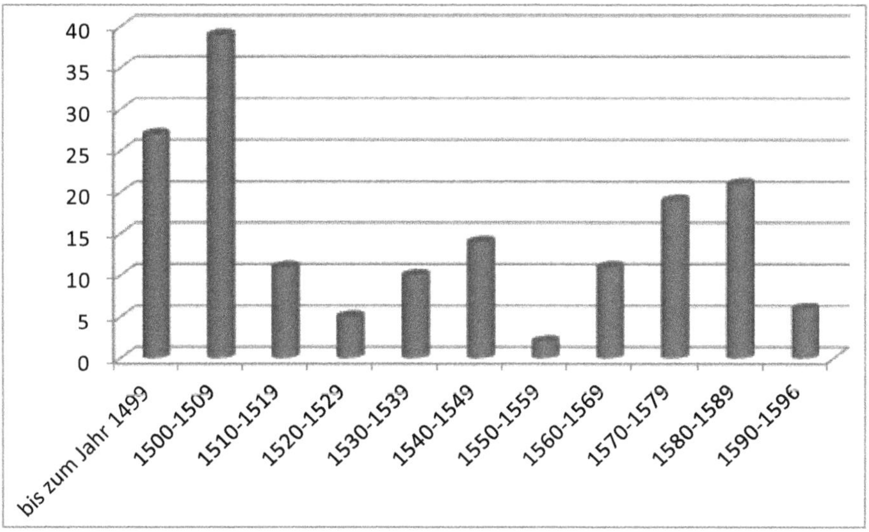

Die beträchtliche Zahl der Wiegendrucke und wohl auch der Bücher aus dem ersten Jahrzehnt des 16. Jahrhunderts hing mit der einmaligen Akquisition der juristisch orientierten Bibliothek von Wolfgang Gwärlich durch Marcus Beck zusammen. Der bedeutende Rückgang an Erwerbungen von in den 20er Jahren des 16. Jahrhunderts herausgegebenen juristischen Büchern wurde zweifellos sowohl durch die schwierige Lage Marcus Becks nach dem Brand seines Wiener Hauses im Jahre 1525 als auch durch die insgesamt verschlechterten wirtschaftlichen Bedingungen in der Zeit der Belagerung Wiens durch die Türken verursacht. Diese „Krise“ wurde erst in den 30er Jahren überwunden, als Marcus Beck zum höchsten Verwalter der Landkammergüter geworden und sein Bedarf an neuer Literatur aufgrund seines Amtes gestiegen war.

Einige in den 40er Jahren des 16. Jahrhunderts herausgegebene juristische Schriften in Italienisch, Französisch und Spanisch muss man als Erwerbungen während der Reisen von Hieronymus Beck ansehen.[344] Dazu gehörte auch das Werk des italienischen Juristen Matteo Gribaldi, der zu einer kontroversen Person wurde, nachdem er 1548 in Padua zum Protestantismus konvertiert war. Gribaldi gab zwei Jahre zuvor für die Jurastudenten eine Anleitung zum Studium heraus, in der er sich zwar an die italienische rationale Tradition der Auslegung von Rechtstexten hielt, in seine Darlegungen aber auch moderne Herangehensweisen humanistischer Juristen miteinbezog.[345] Aus dem Jahre 1547 stammt auch Becks Exemplar des italienischen Buches von Gasparo Contarini über das Stadtrecht von Venedig.[346] Aus Becks Korrespondenz mit Siegmund von Herberstein weiß man, dass er die Familie Contarini während seines Aufenthalts in Padua persönlich kennenlernte.

344 Katalog Beckiana (2Ju 90, 91, 162, 89).
345 Katalog Beckiana (2Ju 147).
346 Katalog Beckiana (2Ju 153).

Die größten Erwerbungen von Hieronymus Beck auf juristischem Gebiet konzentrierten sich jedoch auf die 70er und 80er Jahre des 16. Jahrhunderts, also nicht auf die Zeit seiner intensiven Beamtentätigkeit, sondern auf jene der Umgestaltung der kleinen und abgeschlossenen Familienbibliothek in eine repräsentative Büchersammlung. Einen ähnlich „zweckgerichteten“ Aufbau von Sammlungen juristischer Literatur sieht man auch in der Zeit der Umwandlung der Bibliotheken in eine Art repräsentative Institution am Hof der Rosenberger sowie an dem Ferdinands II. von Tirol.

Was die Druckerprovenienz der juristischen Werke in der Beck'schen Bibliothek anbelangt, stellte die italienische juristische Produktion den bedeutendsten Teil dar, sie machte sogar 54 Prozent ihres Umfangs aus. Einen beträchtlichen Anteil daran hatten nicht nur die Wiegendrucke und die zu Beginn des 16. Jahrhunderts erschienenen Werke, sondern auch die Bücher aus der zweiten Hälfte des Jahrhunderts, auch wenn sie dann bereits in höherem Maße als vorher durch die juristische Produktion aus Deutschland und Frankreich ergänzt wurden.[347] In der rosenbergischen Bibliothek von Třeboň überwogen hingegen die in deutschen Druckereien herausgegebenen juristischen Werke, in der Bibliothek Ferdinands II. von Tirol machte die italienische juristische Produktion nur 28 Prozent aus.[348]

Die juristischen Sammlungen in Třeboň und die in Ambras zeigen hinsichtlich ihrer Struktur nur minimale Unterschiede. Das Ziel ihrer Besitzer war es, einen repräsentativen, nicht jedoch einen außergewöhnlichen Komplex aufzubauen, wobei in keinem der beiden Fälle Spuren eines individuellen Engagements der Besitzer zu finden sind. Für die universellen Bibliotheken wurden vor allem aktuelle Editionen erworben, ältere Ausgaben kamen hier nur selten vor. In der rosenbergischen Sammlung befanden sich, prozentuell gesehen, mehr Handschriften, sie stammten jedoch teilweise aus den aufgelösten Klöstern Südböhmens; die gleiche Ursache führte hier offensichtlich auch zur höheren Vertretung des kanonischen Rechts, das ungefähr ein Viertel des juristischen Bereichs ausmachte. Die spätere Entwicklung des kanonischen Rechts wurde in den beiden untersuchten Adelsbibliotheken nur ganz minimal reflektiert.

Auch in der Beck'schen Familienbibliothek überwogen bis zu den 40er Jahren des 16. Jahrhunderts juristische Schriften konservativen Charakters, die traditionelle Auslegungen des kanonischen und Zivilrechts sowie Kommentare dazu enthielten. Das kanonische Recht machte überraschenderweise ein ganzes Drittel des juristischen Bereiches aus, es handelte sich vor allem um verschiedene Kommentare vom Ende des 15. und Beginn des 16. Jahrhunderts zu den einzelnen Teilen des *Corpus iuris canonici*. Den Rest des Bereiches bildete das Zivilrecht: In Ebreichsdorf ist zwar keine komplette Edition des *Corpus iuris civilis* belegt, in der Bibliothek kamen jedoch mehrere Kommentare dazu und Editionen seiner Teile vor. Seit den 30er Jahren des 16. Jahrhunderts erschienen in der Beck'schen Bibliothek häufiger die dem Bergrecht (besonders in Böhmen), dem Straf- und Lehensrecht sowie der Gerichtspraxis gewidmeten Handbücher,

---

347 Die Produktion von juristischen Werken aus Deutschland machte 22 % aus, die aus Frankreich 24 %.

348 VESELÁ: *Knihy na dvoře Rožmberků* ... S. 142–146; In der Bibliothek Ferdinands II. von Tirol stammten die meisten juristischen Bücher aus den deutschen Ländern (31 %), Italien (28 %) und Frankreich (23 %) – ŠÍPEK, Richard: Classis iuridica. Id est eorum authorum index, qui in jurisprudentiam scripserunt. Právní literatura. In: PURŠ, Ivo – KUCHAŘOVÁ, Hedvika (edd.): *Knihovna arcivévody Ferdinanda II. Tyrolského* ... S. 131–143.

verschiedene Kommentare, die sich auf ein konkretes Rechtsproblem oder auf einen speziellen Typ von Gerichtsfällen bezogen, sowie gesetzgebende Texte wie Landes- und Stadtverfassungen, die besonders das Gebiet von Österreich und seine einzelne Teile (einschließlich Tirols und der Steiermark) betrafen.

Die Familie Beck besaß mindestens fünf Handschriften mit juristischem Inhalt. Neben dem bereits erwähnten Autograf von Marcus Beck waren es vier Schriften, die sich den Landes- und Stadtrechten Venedigs und des Herzogtums Braunschweig widmeten sowie ein Konvolut von drei Handschriften, die Privilegien in Österreich betrafen, was offensichtlich mit der Beamtentätigkeit der beiden Mitglieder der Familie Beck zusammenhängt.[349] Belegt ist auch ein Konvolut von drei Werken des „Vaters des österreichischen Rechts" Walther Bernhard, eine undatierte Ausgabe der Stadtordnung für Wien und eine Verordnung Kaiser Rudolfs II. für die Wiener Bäcker und Müller.[350] Hieronymus Beck besaß auch das grundlegende Werk Joachim Münsingers von Frundeck über die Tätigkeit des Reichskammergerichts, das als oberstes Appellationsgericht für städtische und Landgerichte funktionierte.

Die Erwerbspriorität von Hieronymus Beck waren vor allem Texte städtischer und Landesverfassungen in den einzelnen europäischen Ländern. Er präferierte eindeutig Bücher über das Recht in England, in Frankreich, in Böhmen und in Mähren, in Italien (besonders Bücher über Venedig, aber auch über Zadar), in Österreich (Wien, Steiermark, Tirol), über das Recht in den deutschen Fürstentümern und einzelnen Städten (Bayern, Sachsen, Braunschweig und Württemberg, Worms), weiter auch in Spanien und Ungarn. Die Sammlungen von Landesordnungen und Stadtrechten waren in den viel größeren Bibliotheken von Třeboň und von Ambras bescheidener, hingen mit der kulturellen Orientierung der jeweiligen Höfe zusammen und waren an die Länder in ihrer unmittelbaren geographischen Nähe gebunden. Der weite geographische Erfassungsbereich von juristischen Schriften in der Bibliothek Hieronymus Becks ist sehr ungewöhnlich, und ich nehme an, dass solche Schriften von ihm als erweiterndes Element für sein intensives Interesse an der Geschichte und Landeskunde der einzelnen Länder aufgefasst wurden, was ich noch später im Zusammenhang mit der historischen Literatur erwähnen werde.

Zu Hieronymus Becks späteren Erwerbungen von juristischen Texten gehörte auch eine kleinere Zahl von Büchern mit summarisierendem oder Lexikoncharakter sowie Werke des juristischen Humanismus. Ein beträchtliches Interesse widmete Beck auch der damaligen Hexenverfolgung. Er besaß einige Handbücher über das Führen von Hexenprozessen und über die Arten des Verhörs (ihre Verfasser waren Wilhelm Adolf Scribonius, Bartolomeo della Spina und weitere); wichtig ist in dieser Hinsicht auch das bereits erwähnte Werk von Johannes Wier, der als erster die Hexenverfolgungen verurteilte.[351] Im Jahre 1583 wurde Wien Ort des bekannten Hexenprozesses gegen Elsa

349 Katalog Beckiana (2Ju 97 – *Dess Löblichen hauss Österreych Freyheitten vnd Privilegien. Vnd Zween Juridische Bücher darneben. Geschrieben*); im Katalog der dietrichsteinischen Bibliothek registriert die Handschrift ZAORAL, Prokop: Stockholmský inventář mikulovské knihovny z r. 1646. *Studie o rukopisech* 10, 1971, S. 242; Stockholm: Kungliga biblioteket (U: 378, f. 181, D 94).

350 Katalog Beckiana (2Ju 149, 150, 98, 99).

351 Katalog Beckiana (2Ju 145, 157,158, 6Hi 68).

Plainacher, an dessen tragischem Ausgang vor allem der Jesuit Georg Scherer Anteil hatte, den Hieronymus Beck persönlich kannte.[352]

Historiographie

Die Vertretung von historischen Schriften bewegte sich in den damaligen Adelsbibliotheken in überraschend breiter Spannweite. Die wenigsten historischen Bücher (9 %) besaß Gundaker von Starhemberg. Etwas mehr – zwischen 14 und 16 % – erreichte der Anteil der historischen Literatur zu Beginn des 17. Jahrhunderts in den Bibliotheken Ferdinand Hoffmanns von Grünpühel sowie der mährischen Dietrichsteiner. Eine außerordentlich hohe Vertretung von historischen Werken findet sich in den Büchersammlungen Peter Woks von Rosenberg und insbesondere Ferdinands II. von Tirol, wo dieser Bereich fast ein Viertel ihrer Bibliotheken einnahm (siehe Tab. 5). Ihre Besitzer und mit ihnen der Kreis von örtlichen höfischen Intellektuellen zeigten nämlich ein tieferes Interesse an der Geschichte als damals üblich war. Am Hof von Třeboň sowie an dem von Ambras wurden historische Werke nicht nur im Großen rezipiert, sondern es wurde auch deren Entstehung gefördert. Laut Olga Fejtová und Jiří Pešek war die Schaffung eines geeigneten Hinterlandes für die historische Forschung sogar das Hauptziel der gesamten Erwerbspolitik Ferdinands, zumindest was die historischen Schriften angeht.[353]

Einen ähnlich hohen Anteil von historischen Schriften trifft man allerdings auch in der Bibliothek Wolfgang Rumpfs von Wielroß sowie in derjenigen Hieronymus Becks von Leopoldsdorf an. Im Unterschied zur Situation in Ambras und Třeboň, wo der entscheidende Einfluss auf die Gestaltung der dortigen Sammlungen von historischer Literatur den Hofbibliothekaren Gerard van Roo und Václav Březan beigemessen werden muss, ging es sowohl bei Wolfgang Rumpf als auch bei Hieronymus Beck um das Ergebnis ihres persönlichen Interesses. Deshalb ist es schade, dass ihre Beziehung zum zeitgenössischen Historismus bisher nicht analysiert wurde.

Anhand von Erscheinungsjahren der in der Ebreichsdorfer Bibliothek vorhandenen historischen Schriften ist es offensichtlich, dass diese Sammlung zum größeren Teil dank Hieronymus Beck entstanden ist. Die erhaltenen Exemplare belegen darüber hinaus, dass er auch ältere historische Produktionen kaufte und ebenso Exemplare aus der älteren Familienbibliothek aktiv als Leser benutzte. Becks tieferes Interesse an der historiographischen Produktion wird auch durch weitere Fakten belegt. In den Bereich Geschichte ordnete Hieronymus Beck nämlich ausschließlich historische Abhandlungen im Sinne der damaligen Zeit (dazu gehörten auch verwandte Gattungen wie Reisebeschreibungen, Topographien, Biographien und genealogische Abhandlungen) ein und nicht – wie es damals in den Adelsbibliotheken geläufig war – die Belletristik, die die Geschichte im weiteren Sinne des Wortes als ein Exemplum auffasste. Genauso progressiv, wie ich bereits erwähnt habe, war auch seine Strukturierung der historischen Literatur nach dem chronologischen Gesichtspunkt, nämlich in die Bücher über

---

352 STAUDINGER, Barbara: Die Welt der Kontraste. In: VOCELKA, Karl – LEEB, Rudolf – SCHEICHL, Andrea (edd.): *Renaissance und Reformation. Katalog zur Oberösterreichischen Landesausstellung 2010.* Trauner, Linz 2010, S. 125–126; DIENST, Heide (ed.): *Hexenforschung aus österreichischen Ländern.* Lit. Verlag, Wien 2009.

353 FEJTOVÁ – PEŠEK: Varii Variarum rerum, factorum, dictorum, multarumque aliarum Historiarum Scriptores. Dějepisná literatura ... S. 185.

das Altertum, in die Universalgeschichte seit der Erschaffung der Welt, in die nationale Geschichte und in die zeitgenössische Geschichte.[354] Eine ähnlich ausgeklügelte Herangehensweise an historische Abhandlungen findet sich nur noch in der Bibliothek Christophs von Wolkenstein, der – falls man anhand der Titel ihrer Bereiche urteilen darf – allgemeine historische Werke und Bearbeitungen der Nationalgeschichte unterschied.[355]

Graphische Darstellung 6: Historische Literatur in der Beck'schen Bibliothek nach Erscheinungsjahren

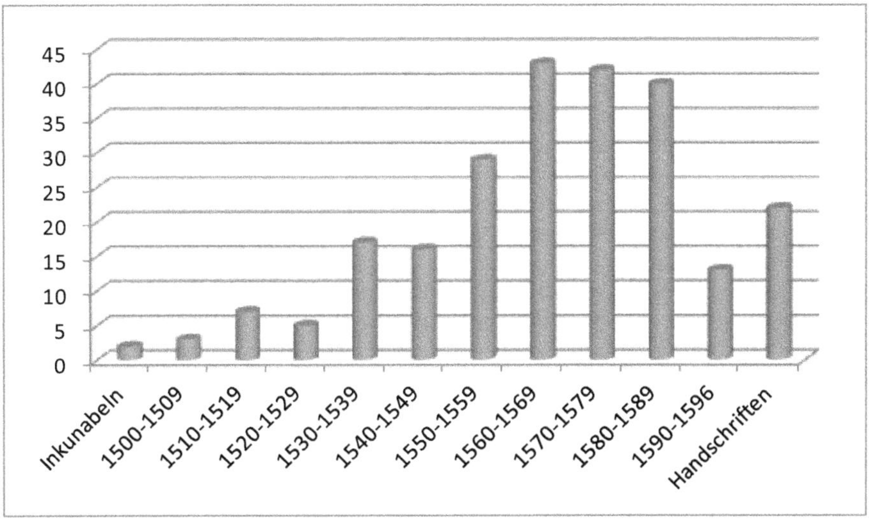

Die Schriften über die Geschichte des Altertums wurden von den damaligen Lesern nicht als rein historiographische, sondern auch als pädagogische Werke unter Betonung von moralischen und belehrenden Aspekten historischer Erscheinungen wahrgenommen. In der Ebreichsdorfer Bibliothek befanden sich zwar nur 17 solche Werke, aber ihr Anteil an der Zusammensetzung der gesamten historischen Produktion war ungefähr gleich wie in den universell ausgerichteten Bibliotheken von Třeboň und von Ambras (um 10 %). In Ebreichsdorf gab es jedoch auch eine etwa gleich große Sammlung von Werken, die den Realien des Altertums (Färben von Stoffen, Beschreibungen von Schiffen), der Ethnographie (Begräbnisriten), der Numismatik, Epigraphik, den Baudenkmälern, der Mythologie und dem Militärwesen des Altertums gewidmet waren, die für Hieronymus Beck eine nicht minder wichtige Quelle von Informationen über die Welt des Altertums darstellten, als es die streng ausgeprägten historiographischen Werke boten.

354 Auf diese Weise wird der Bereich der historischen Literatur nur im Folio- und im Oktavformat strukturiert.

355 STAMPFER: Adlige Lesekultur in Tirol um 1600... S. 51, führt die Bereiche im Nachlassinventar – „Annales, Chronographi et Historici" und „Historici saeculares varii" – an.

Die griechische Geschichte ist in der Beck'schen Bibliothek durch Herodot und Thukydides repräsentiert, deren Werk Hieronymus Beck in der deutschen und lateinischen Übersetzung mit dem Kommentar von Lorenzo Valla besaß. Wie in anderen damaligen Bibliotheken nahmen jedoch selbstverständlich römische Historiker die wichtigste Stelle ein. In der Ebreichsdorfer Bibliothek waren sie durch Eutropius (in der polnischen Ausgabe von 1510), Gaius Sallustius Crispus, den Hieronymus Beck beim Lernen in Innsbruck benutzte[356], des Weiteren durch Suetonius, Aemilius Probus sowie durch das Lexikon der römischen Geschichte von Marcus Verrius Flaccus vertreten. Die Becks besaßen auch die Gesamtausgabe von fragmentarischen Texten zur Geschichte des Altertums, die 1510 Johann Bebel in Basel herausgab sowie eine leider nicht erhaltene Pergamenthandschrift mit einer Arbeit von Marcus Junianus Justinus.[357]

In der Büchersammlung der Familie Beck war zweimal Titus Livius vertreten, an dessen Werk, in dem es sich eher als um die historischen Tatsachen um eine Schilderung des Ruhms der alten Römer handelt, das Interesse gerade im 16. Jahrhundert gestiegen ist. Dies zeigte sich auch in seiner Rezeption in der adeligen Welt, in deren Bibliotheken Livius zu den am häufigsten vertretenen antiken Historikern gehört. Hieronymus Beck besaß eine italienische Übersetzung von Livius aus dem Jahre 1550, die von Niccolo Machiavelli herausgegeben und kommentiert wurde; eben in diesen Kommentaren skizzierte dieser zum ersten Mal kurz seine Theorie des Staates und der Mechanismen des Regierens, die später in seinem grundlegenden Werk *Il Principe* ausgearbeitet wurde. Hieronymus Beck besaß auch die ältere lateinische Ausgabe von Livius aus den Jahren 1534/1535, die er – wie er in dem Buch vermerkte – erst später in Wien kaufte. Besonders dieses Exemplar zeigt, dass Beck diesen damals beliebten römischen Historiker detailliert und – sofern man aus unterschiedlichen Arten der Tinte urteilen darf – auch wiederholt studierte. Auf seine für ihn charakteristische Weise unterstrich er die (für ihn) wichtigen Passagen im Text und vermerkte am Seitenrand bedeutende Stellen und Themen. Diese intensive Beschäftigung mit dem Buch hielt er jedoch nicht durch, seine Notizen enden ungefähr in der Mitte des umfangreichen Bandes.[358]

Neben antiken Autoren besaß Hieronymus Beck auch moderne Bearbeitungen der Geschichte und der Realien des Altertums von solchen Autoren wie Denis Godefroy, Reiner Reineck, Jacob Middendorp, Pier Candido Decembrio und Johann Wilhelm Stucki. In Ebreichsdorf fehlten auch nicht die 1553 in Basel postum erschienene Geschichte der römischen Konsuln von Johannes Cuspinian, dem Freund von Hieronymus Becks Vater, und auch nicht die erste illustrierte Ausgabe des Verzeichnisses der hohen römischen Beamten und die genealogische Abhandlung über römische Familien *Gentium et familiarum Romanorum stemmata*, die Becks Freund Reichart Streun von Schwarzenau verfasste (Basel 1559).[359] Es ist zu betonen, dass manche dieser Werke in

---

356 Siehe das Kapitel Hieronymus Beck von Leopoldsdorf: Biographische Skizze und seine Sammleraktivitäten.

357 Katalog Beckiana (6Hi 92).

358 Katalog Beckiana (6XXX 21), Uppsala: Carolinabiblioteket (Script. Lat. Fol. Livius 16. F. 6).

359 Katalog Beckiana (9Antiq 11); GROßMANN: Der Historiker Reichart Streun von Schwarzenau ... S. 555–556. GROßMANN führt anhand einer Zitierung von 1614 an, dass das Buch auch in Wien bekannt war, der Katalog der Bibliothek von Hieronymus

den viel umfangreicheren und universell ausgerichteten Sammlungen der dem Altertum gewidmeten Literatur in Ambras und in Třeboň nicht vorhanden waren.

Die Kirchengeschichte war in der Beck'schen Bibliothek nur durch zehn Werke vertreten. Im Unterschied zu anderen Bibliotheken der damaligen Zeit akzeptierte Hieronymus Beck bei den meisten davon ihre religiöse Seite und ordnete sie in den Bereich Theologie ein.[360] Zum Bestandteil des Bereichs Geschichte wurden vor allem Abhandlungen über die Religionskriege des 16. Jahrhunderts. Von den mittelalterlichen Werken befanden sich in Ebreichsdorf Trithemius' Chronik des Klosters von Hirsau (in der Ausgabe von 1559), die beiden Ausgaben der Schilderung des Konzils von Konstanz von Ulrich von Richenthal (1483, 1575) sowie zwei Exemplare einer der modernen Ausgaben der Chronik des päpstlichen Schismas im 14. Jahrhundert von Theodoricus von Nieheim (Basel 1566).

Ebenso wie in anderen Bibliotheken jener Zeit wurden auch in Ebreichsdorf die älteren Kirchenchroniken durch moderne Bearbeitungen verdrängt. Unter diesen besorgte sich Hieronymus Beck die Kirchengeschichten von Petrus Suffridus und von Petrus Cratepoil, wobei sich der letztere auf eine Übersicht über die kirchlichen Würdenträger konzentrierte. Erwähnenswert sind auch die *Annales ecclesiastici* von Kardinal Cesare Baronio, eine katholische Antwort auf die umfangreiche Darstellung der Kirchengeschichte durch den protestantischen Historiker Matthias Flacius (die sog. Magdeburger Centurien). Das Werk Baronios, das die katholische Sicht der Kirchengeschichte bis 1198 präsentiert, beruhte fast ausschließlich auf Archivquellen und ihrer kritischen Auswertung. Hieronymus Beck besaß auch eine weitere Kritik der Magdeburger Centurien, die 1572 der spanische Jesuit und Baronios römischer Mitarbeiter Francisco de Torres verfasste.[361]

Die universalen Weltchroniken machten in der Ebreichsdorfer Sammlung etwa sechs Prozent des Umfangs der historischen Literatur aus; einen ähnlichen Anteil hatten diese Werke auch in der rosenbergischen Bibliothek. Auch hier sind mittelalterliche Bearbeitungen eher Ausnahmen: In der Beck'schen Bibliothek trifft man nur die Chroniken von Johannes Zonaras, Albert von Stade[362] und Hartmann Schedel an, alle jedoch schon in modernen Ausgaben. Im Vergleich zur rosenbergischen Bibliothek rezipierte Hieronymus Beck in höherem Maße Werke italienischer Autoren (Marcus Antonius Sabellicus, Giacomo Filippo Forresti) und sogar auch spanischer Verfasser (Alonso Venero). Trotzdem erhielten in der Ebreichsdorfer Bibliothek, ebenso wie in der rosenbergischen, die dominierende Stellung die zeitgenössischen deutschen Autoren der Weltgeschichte (z. B. Sebastian Franck, Clemens Schubert, Achilles Pirmin Gasser). Die meisten von ihnen gehörten zu den Vertretern der sich rasch entwickelnden mit der Reformation verbundenen Geschichtsschreibung, und diese Werke gerieten oft

---

Beck ist ein noch früherer Nachweis der Rezeption von Streuns Werk in den Wiener Kreisen.

360 In den Bereich Geschichte wurden nur die Chronik von Trithemius – Katalog Beckiana (6Hi 19) – sowie die von Theodoricus von Nieheim – Katalog Beckiana (6Hi 18, 85) – eingeordnet, die übrigen Werke befinden sich im Bereich Theologie.

361 Katalog Beckiana (1Theo 34, 128) – beide Werke sind als „patres" bezeichnet.

362 Katalog Beckiana (6Hi 99). Das Buch besaß Hieronymus Beck offensichtlich in zwei Exemplaren, von denen eines in Uppsala: Carolinabibliotek (P 657) erhalten blieb. Das Exemplar enthält Bemerkungen im Umfang eines Wortes zum Inhalt sowie einige wenige Unterstreichungen im Text.

auf den *Index der verbotenen Bücher.* In der Ebreichsdorfer Bibliothek sind die in jener Zeit beliebten Chroniken von Paul Eber, Johannes Sleidanus und Johannes Carion, die als Geschichtslehrbücher an protestantischen Schulen verwendet wurden, erstaunlicherweise nicht vertreten. Der Grund dafür war nicht die Konfession der Autoren, da Hieronymus Beck ja auch die Weltchronik Martin Luthers besaß. Interessant ist auch die höhere Vertretung von Abhandlungen, die sich im Zusammenhang mit der Darstellung des letzten Zeitalters der Menschheit mit der Interpretation von göttlichen Zeichen in der Geschichte beschäftigten (in der Bibliothek von Ebreichsdorf waren es die Werke von Kaspar Goldwurm und Konrad Lykosthenes).[363]

Das regelmäßige und systematische Sammeln und Archivieren der Zeitungsberichterstattung gehörte zu den bedeutenden Neuigkeiten der Renaissancezeit, insbesondere in den katholischen Kreisen.[364] Handschriftliche und auch gedruckte nichtperiodische Zeitungen wurden zu einem gängigen Bestandteil des Lebens an den Adelshöfen, jedoch nicht immer wurden sie zu Bestandteilen von Familienbibliotheken. Eine Ausnahme in dieser Hinsicht stellte Christoph von Wolkenstein dar, der in seine Sammlung 13 Bände von handschriftlichen Zeitungen in Deutsch und in Italienisch aufgenommen hat.[365] Im Inventar der Bibliothek von Ambras trifft man dagegen gar keine – weder gedruckten noch handschriftlichen – Zeitungen an. Ein Kompromiss findet sich am rosenbergischen Hof: In die Bibliothek wurde ein umfangreicher Komplex von mehr als 170 gedruckten (heutzutage völlig unbekannten) Zeitungen in tschechischer und deutscher Sprache aufgenommen, die in chronologisch geordneten Konvoluten gebunden waren. Aktuellere handschriftliche Zeitungen wurden am rosenbergischen Hof im Familienarchiv hinterlegt.[366]

Im sog. rosenbergischen Verzeichnis der Bibliothek von Hieronymus Beck findet man ebenso wie in Ambras weder gedruckte noch handschriftliche Zeitungen vor. Eine einzige Ausnahme, bei der die Beck'sche Provenienz jedoch nicht eindeutig nachzuweisen ist, ist ein Konvolut von 25 deutschen Zeitungen aus den Jahren 1512–1536.[367] Die Person, die das Konvolut zusammenstellte, widmete ihre größte Aufmerksamkeit dem Jahr 1536, auf das sich zehn Drucke beziehen: der erneuerte Krieg Kaiser Karls V. mit Frankreich um die Herrschaft in Mailand, die Ankunft des Kaisers in Italien, wieder der Krieg in Tunesien, aber auch ungewöhnliche Naturerscheinungen wie dauerhafter Regen in Schlesien und ein zerstörerischer Ausbruch des Ätna auf Sizilien.

Nationale Geschichte

Die Geschichte der einzelnen Länder, Völker und Städte gehörte traditionell zu den am häufigsten vertretenen Typen von historischen Schriften in den damaligen

363 Katalog Beckiana (6Hi 67,15).

364 BARBARICS, Zsuzsa: Die Sammlungen handschriftlicher Zeitungen in Mittel- und Südostmitteleuropa in der Frühen Neuzeit. In: BŮŽEK, Václav – KRÁL, Pavel (edd.): *Společnost v zemích habsburské monarchie a její obraz v pramenech (1526–1740).* Filozofická fakulta Jihočeské univerzity, České Budějovice 2006, S. 219–244.

365 DÖRRER: Die Bibliothek des Freiherrn Christoph von Wolkenstein ... S. 36, Nr. 100.

366 VESELÁ: *Knihy na dvoře Rožmberků ...* S. 157–158; ŠIMEČEK, Zdeněk: Rožmberské zpravodajství o nových zemích Asie a Afriky v 16. století. *Československý časopis historický* 13, 1965, S. 428–443.

367 Västerås: Stiftsbiblioteket (Paleotyper 1527), dazu mehr auf S. 34–35.

Bibliotheken, in der rosenbergischen Sammlung etwa machten sie 21 Prozent der historischen Werke aus. Es scheint jedoch, dass sich Hieronymus Beck unter den Besitzern der untersuchten Bibliotheken für diese Art der Geschichtsschreibung am intensivsten interessierte, weil in seiner Bibliothek solche Werke mehr als die Hälfte (52 %) der gesamten historischen Literatur ausmachten. Bedeutende Unterschiede finden sich auch in geographischen Prioritäten. Am rosenbergischen Hof standen deutsche Fürstentümer (insbesondere Sachsen) und Frankreich im Vordergrund des Interesses, dann folgten (gemessen an der Zahl von Titeln) England und Schottland, Ungarn, das Osmanische Reich und erst dann Italien und Polen. Ferdinand II. von Tirol bevorzugte hingegen eindeutig die Geschichte der italienischen Länder und des gesamten Mittelmeerraums; seine systematische Aufmerksamkeit widmete er auch der Erwerbung von Handschriften, die die Geschichte der österreichischen Länder betrafen.[368] Etwas überraschend fehlt in Ambras die Geschichte Ungarns, die in der rosenbergischen Bibliothek gar in 15 Bearbeitungen vorkam, von denen allerdings ein Teil erst zu Beginn des 17. Jahrhunderts gedruckt wurde.

In der Beck'schen Bibliothek stand im Vordergrund die Geschichte Frankreichs mit 19 einschlägigen Schriften, die Hälfte dieser Werke war französisch. Die meisten Schriften stammen aus den 80er Jahren des 16. Jahrhunderts und ein Teil davon bewegt sich an der Grenze zur historischen Publizistik und reflektiert die Hugenottenkriege (Jean de Serres, Thomas Cormier und weitere). Was die Geschichte der deutschen Länder anbelangt (12 Schriften), bevorzugten die Becks eher Gesamtdarstellungen über den Ursprung der Deutschen (Matthias Flacius, Iordanes Gotus, Ulrich Hugwald[369], Franciscus Irenicus, Beatus Rhenanus) einschließlich des historisch-ethnographischen Werkes von Giovanni Nanni, das den Ursprung der Deutschen mit der biblischen Geschichte verband. Bevorzugt wurde die Geschichte Bayerns und Sachsens in den Werken von Johannes Aventinus, David Chytraeus[370], den Annalen Widukinds von Corvey (in neuzeitlicher Ausgabe); belegt ist auch eine Pergamenthandschrift der bayerischen Chronik von Andreas von Regensburg über die Ereignisse der Jahre 1425–1428.[371] In der Beck'schen Bibliothek befand sich ebenso die von Petrus Gnodalius verfasste Abhandlung über den deutschen Bauernkrieg.

Ähnlich wie in der rosenbergischen Bibliothek machen auch in Ebreichsdorf die Schriften über die Geschichte von italienischen Fürstentümern und Städten (10 Werke) den Eindruck einer eher zufälligen Auswahl. Angesichts der sonst aktiven Rezeption von italienischen Werken überrascht die Absenz von einigen moderneren Bearbeitungen, beispielsweise von Guicciardinis Geschichte Italiens. In Ebreichsdorf zeigt sich die Präferenz der Geschichte der Territorien von Venedig und Neapel (Pietro Bizari, Pietro Giustinian, Niccolò Zeno, Onofrio Panvinio, Francesco Robortello, Bernardo Sasso). Zu Becks Lieblingsautoren gehörte zweifelsohne Francesco Sansovino: Er besaß sieben

---

368 FEJTOVÁ – PEŠEK: Varii Variarum rerum, factorum, dictorum, multarumque aliarum Historiarum Scriptores. Dějepisná literatura ... S. 200–205.

369 Katalog Beckiana (6Hi 33), Uppsala: Carolinabiblioteket (D.127), das Exemplar wurde bereits durch Marcus Beck erworben.

370 Katalog Beckiana (6XXX 6), Stockholm: Kungliga biblioteket (125 A 4a), im Exemplar gibt es keine Notizen.

371 ANDREAS VON REGENSBURG: *Sämtliche Werke.* Ed. Georg LEIDINGER. Rieger, München 1903, S. LXXXXV–LXXXXVIII, registriert acht erhaltene Handschriften und drei Fragmente dieses Werkes, keines davon stammt aus der Beck'schen Bibliothek.

seiner Schriften, u. a. die Geschichte der Familie Orsini, die Geschichte des italienischen Adels sowie sein berühmtes topographisches Handbuch über Venedig. Es ist jedoch offenbar, dass sich Hieronymus Beck viel mehr für die Gegenwart als für die Geschichte interessierte: 1592 ließ er für sich eine wohl nicht mehr zugängliche Genealogie von venezianischen Familien abschreiben[372] und er besaß auch Analysen des politischen Systems der Republik Venedig (Gasparo Contarini, Francesco Sansovino) sowie mehrere topographische Handbücher, die hier an einer anderen Stelle behandelt werden.

Die Geschichte der ungarischen Länder ist in der Beck'schen Bibliothek durch neun Schriften vertreten. Mit Ausnahme der mittelalterlichen Chronik von Thuróczy, deren Ausgabe von 1534 bereits Marcus Beck besorgt haben kann, geht es dabei ausschließlich um Erwerbungen von Hieronymus Beck. Die klassische Geschichte war durch die Werke von János Thuróczy und Petrus Ransanus vertreten, auch Schriften von außerungarischen Autoren (Antonio Francesco Cirni, Leonard Gorecki) waren vorhanden. Hieronymus Beck widmete seine Aufmerksamkeit besonders dem bekannten Werk von Antonio Bonfini *Rerum Ungaricarum decades*, das großen Einfluss auf die ungarische humanistische Geschichtsschreibung ausübte. Hieronymus Beck besaß zwei Ausgaben davon. Die erste (von 1543) gehörte ursprünglich dem Wiener Hebraisten Jacob Jonas, der das Buch 1557 Philipp Gundel schenkte. Dieser nahe Freund der Familie Beck schenkte es kurz vor seinem Tode im Jahre 1566 Hieronymus Beck (siehe Abb. 14). Hieronymus studierte das geschenkte Buch gründlich: Auf leere Seitenränder notierte er Namen von Völkern, Städten, Ländern, Personen und wichtige Ereignisse, ebenfalls finden sich Korrekturen von Druckfehlern sowie schematische Zeichnungen von Wappen wichtiger Personen. Hieronymus Beck war offensichtlich von der Persönlichkeit Matthias Corvinus fasziniert, er skizzierte wiederholt an den Seitenrändern dessen Wappen mit dem Raben oder Geschehnisse aus seinem Leben; übrigens nahm er das Bild von Corvinus als eine der wenigen Abbildungen historischer Persönlichkeiten auch in sein Porträtbuch auf.[373] Bonfinis Chronik war für Beck auch eine wichtige Quelle von Informationen über die Hussitenkriege – die betreffenden Passagen gehören zu den von Beck am gründlichsten kommentierten Teilen des Buches. Im Unterschied zu anderen Teilen, die auch von Gundel kommentiert wurden, stammen die Kommentare zu den Stellen über das Hussitentum ausschließlich von Becks Hand.

Hieronymus Beck besaß auch die spätere und zugleich die erste komplette Ausgabe von Bonfinis Werk aus dem Jahre 1568, die vom Wiener Historiographen und Becks Bekannten Johannes Sambucus vorbereitet wurde. Diese um viele Realien, Anmerkungen, Gedichte und chronologische Aufzählungen ergänzte Ausgabe feierte einen phänomenalen Erfolg, obwohl einige ungarische Intellektuelle weniger begeistert waren. Johannes Listhius und Andreas Dudith, die allerdings nicht in besonders guten

372 Katalog Beckiana (6Hi 79); die Handschrift ist in Bussos Katalog der dietrichsteinischen Bibliothek erfasst – Stockholm: Kungliga biblioteket (U 377, fol. 275, D 97); ZAORAL: Stockholmský inventář mikulovské knihovny … S. 244, Nr. 92. Der Druck, der wahrscheinlich die Vorlage zu dieser Abschrift bildete, war 1574 bei Johann Feyrabend in Frankfurt am Main erschienen (VD 16 K 695).

373 Katalog Beckiana (6XXX 2), Strängnäs: Domkyrkans bibliotek (K 373 fol. 517); HEINZ: Das Porträtbuch des Hieronymus Beck von Leopoldsdorf … S. 300 (num. 229), nimmt an, dass es sich in Wirklichkeit um ein Porträt von Torquato Tasso handelt, das nachträglich Corvinus zugeschrieben wurde.

Beziehungen zu Sambucus standen, vermerkten in ihren Exemplaren auch mehrere kritische Notizen.[374] Zufälligerweise ist Becks Exemplar auch dieser Ausgabe von Bonfinis Geschichte erhalten geblieben.[375] Im Unterschied zu der vorherigen Ausgabe schrieb Hieronymus Beck nur zwei kurze Notizen hinein (u. a. über die Eroberung von Ebreichsdorf durch Matthias Corvinus im Jahre 1485) und so bleibt uns die Ansicht Hieronymus Becks über Werk und Person von Sambucus verborgen.

Historische Abhandlungen über Böhmen kamen in der Beck'schen Bibliothek relativ selten vor. Belegt ist eigentlich nur die tschechische Chronik Martin Kuthens von Šprinsberk aus dem Jahre 1585, im erhaltenen Exemplar befinden sich keine Notizen.[376] Das Fehlen von tschechischen historiographischen Arbeiten wurde zum Teil durch die sprachliche Barriere seitens Hieronymus Beck beeinflusst, in Ebreichsdorf sind jedoch auch die lateinisch erschienenen Arbeiten von Dubravius und Aeneas Silvius Piccolomini nicht belegt. Aufgrund von Bonfinis Chronik kann jedoch Becks intensives Interesse an der Geschichte der Hussitenkriege gezeigt werden. Die gründlich kommentierten Passagen über das Hussitentum betreffen insbesondere die Jahre 1401–1437 und enden mit dem Friedensschluss zwischen Österreich und Georg von Podiebrad. Die Notizen Hieronymus Becks am Rande des Textes sind kurz und edukativen Charakters: Er notierte beispielsweise den Namen von Jan Hus neben dem Text, in dem zwar über ihn gesprochen, sein Name aber nicht ausdrücklich genannt wird. Beck kommentierte ausführlich auch den Weggang der Studenten der Prager Universität nach Leipzig und die Lehre von Wycliff oder er unterstrich die Namen wichtiger Akteure des damaligen Geschehens (Bohuslav von Schwanberg, Jan Žižka, Hieronymus von Prag, Jan Hus, Kaspar Schlick und Georg von Podiebrad) bzw. schrieb sie aus. Er verzeichnete auch die Orte der wichtigsten Ereignisse – Pilsen, Brünn, Iglau und Kuttenberg, das er als „Geldbörse des Antichristen" charakterisierte.[377]

Wie ich schon erwähnt habe, besaß Hieronymus Beck auch einige weitere Bücher zur Hussitenbewegung. Es ist nicht ausgeschlossen, dass auch die bayerische Chronik von Andreas von Regensburg, die eine große Zahl von die Hussiten betreffenden Dokumenten enthielt, ähnlich wie Bonfinis Werk für Beck eine wichtige Quelle zu der für ihn so attraktiven Etappe der böhmischen Geschichte darstellte.[378] Es bleibt offen, inwieweit Hieronymus Beck die religiöse Seite der Hussitenkriege reflektierte, die in seiner Wahrnehmung die Rolle des Urbilds der peinigenden Glaubensspaltung seiner Zeit hätte spielen können, oder ob ihn, ähnlich wie etwa Ferdinand II. von Tirol, die Kriegserfolge der Hussiten nur im ganz profanen Sinne faszinierten. Die Bewunderung der Kriegskunst der Hussiten fand am Ambraser Hof ihren Ausdruck nicht nur in den durch den Erzherzog organisierten Festlichkeiten, sondern auch durch die

---

374 ALMÁSI, *The Uses of Humanism* ... S. 175.

375 Katalog Beckiana (6XXX 7), Stockholm: Kungliga biblioteket (125 C 31 a Fol.) – außer der Notiz „Eberstorphij expugnatio" ist im Exemplar nur noch der Text auf S. 646 unterstrichen, der den Erzbischof Petrus Coloniensis (1484) betrifft, und auf dem leeren Blatt vor dem hinteren Vorsatzblatt gibt es von Hieronymus Beck eine „Registerbemerkung" – „Episcopi Varadiensis oratio ad Vladisl[a]um Regem fol. 690".

376 Katalog Beckiana (6XXX 1), Strängnäs: Domkyrkans bibliotek (Q 249).

377 BONFINI: *Rerum Ungaricarum ... libri tres* ... Basel 1543, S. 386, Strängnäs: Domkyrkans bibliotek (K 373 fol. 392). Katalog Beckiana (6XXX 2).

378 Katalog Beckiana (6Hi 171).

Einbeziehung Jan Žižkas in die Gruppe von Kriegshelden und die Unterbringung seines Bildnisses in der Waffenkammer.[379]

Insgesamt sechs Abhandlungen befassten sich mit der Geschichte Spaniens und eine ähnliche Anzahl betraf auch die Niederlande und Flandern, wobei Hieronymus Beck allerdings die historische Publizistik über die Kriege mit Spanien und Österreich (Alphonso de Ulloa, Aggaeus van Albada, Pedro Cornejo) bevorzugte. Die Geschichte von entfernteren Ländern (England, Schottland, Schweiz, Griechenland, Russland) war in Ebreichsdorf mit nur jeweils einem Druck vertreten.

Die Landes- und Hofgeschichte der österreichischen Länder erfreuten sich im 16. Jahrhundert dank dem Patriotismus des österreichischen Adels erneuerten Interesses.[380] Eine bedeutende Rezeption der betreffenden handschriftlichen und gedruckten Werke war für alle verfolgten Adelsbibliotheken charakteristisch. An den Höfen Peter Woks von Rosenberg und Ferdinands II. von Tirol entstanden ja nicht nur Abschriften von nicht erreichbaren volksprachlichen Werken, sondern auch historiographische Originalarbeiten zu diesem Thema. Hieronymus Beck besaß die meisten damals bekannten und wichtigsten Quellen zur Geschichte Österreichs, die er in seiner Bibliothek nebeneinander aufstellte.[381] Im sog. rosenbergischen Verzeichnis fehlte zwar die Chronik Ebendorfers oder das Werk über Lorch von Kaspar Bruschius, aber weil wir nur einen Teil der Beck'schen Bibliothek kennen, kann man in dieser Richtung keine definitiven Schlussfolgerungen ziehen. Von den gedruckten Arbeiten besaß Hieronymus Beck die im Fragment gebliebene Geschichte Österreichs von Johannes Cuspinian, die 1553 in seinem Gesamtwerk postum herausgegeben wurde, sowie einige Werke über Kriegsereignisse, ob es sich nun um die niederländisch-habsburgischen Kriege handelte oder um die Handschrift über den italienischen Feldzug Maximilians I. aus der Feder von Michael Köchlin, die teilweise auch als Druck erschienen ist.[382] In der Bibliothek von Hieronymus gab es auch mehrere Werke von Wolfgang Lazius, die der Geschichte Wiens und dessen Denkmälern aus der Zeit des Altertums sowie der Genealogie der Habsburger gewidmet waren, ebenso wie seine Arbeit aus dem Jahre 1547 über die Prophezeiungen zu den Siegen der Feinde über Österreich, die Lazius sogar Marcus Beck gewidmet hatte.[383]

In der Beck'schen Bibliothek befand sich eine bemerkenswerte Anzahl von Handschriften zur österreichischen Geschichte und Geographie, von denen leider viele nur schwer identifizierbar sind. Von den älteren Arbeiten besaß Hieronymus Beck die

---

379 BŮŽEK, Václav: Jan Žižka v paměti Ferdinanda Tyrolského na Ambrasu. In: NOVOTNÝ, Robert – ŠÁMAL, Petr a kol. (edd.): *Zrození mýtu. Dva životy husitské epochy.* Paseka, Praha – Litomyšl 2011, S. 320–328.

380 WINKELBAUER, Thomas: *Österreichische Geschichte 1522–1699. Ständefreiheit und Fürstenmacht. 1: Länder und Untertanen des Hauses Habsburg im Konfessionellen Zeitalter.* Verlag Carl Ueberreuter, Wien 2003, S. 227–252.

381 Beispielsweise Katalog Beckiana (6Hi 58–64).

382 Katalog Beckiana (6Hi 53, 64). Im Fall von Köchlins Werk ist es nicht sicher, ob es sich um eine Handschrift handelt, wie es der Katalog der dietrichsteinischen Bibliothek andeutet – Stockholm: Kungliga biblioteket (U 377, fol. 240, D 85 – „Aeneae Silvii Historia Austriaca manu scripta et Michaelis Coccinii de rebus Maximiliani Rom. Imper. in Italia gestis, manu scripta Tubingae 1512“). Von der Abhandlung erschien im 16. Jh. nur ein Teil (VD 16 K 1679 registriert nur die Ausgabe Straßburg 1512), weitere drei Bücher wurden erst im 17. Jh. in der Edition Marquard Frehers herausgegeben.

383 Katalog Beckiana (6Hi 98).

Handschrift der bekannten Chronik *Historia Austrialis* von Aenas Silvius Piccolomini. Die Handschrift ist zwar nicht überliefert, aber durch ihre Existenz am Hof von Ebreichsdorf wird die These von Martin Wagendorfer über die große Rezeption von Piccolominis Chronik im Wien des 16. Jahrhunderts bestätigt.[384] Schwieriger ist die Identifizierung der Handschriften *Auszug der Chroniken des Land Österreich* und *Annales rerum Austriacarum* (mit der Datierung 1586). Beide Handschriften gelangten nach Schweden, und die erste davon hatte noch in der Mitte des 19. Jahrhunderts der mährische Historiker Beda Dudík in der Hand, der sie als die österreichische Chronik von Gregorius Hagen identifizierte.[385] Heutzutage ist diese Handschrift aus der Beck'schen Bibliothek unauffindbar.[386]

Auch bei der anderen Handschrift – *Annales rerum Austriacarum* – stehen mehrere Interpretationsmöglichkeiten zur Auswahl.[387] Es ist nicht ausgeschlossen, dass es sich um eine der handschriftlichen Fassungen von *Annales historici* handelt, deren Autor Becks Freund Reichart Streun von Schwarzenau war und die Streun selbst in vier Exemplaren besaß.[388] Der Titel stimmt auch mit der historischen Arbeit von Gerard de Roo, Historiker und Bibliothekar Ferdinands II. von Tirol, überein, die aber erst 1592 gedruckt wurde.[389] Hieronymus Beck hätte sie somit privat und vor ihrer Vollendung und ihrem Erscheinen erwerben müssen.

Hieronymus Beck besaß auch die Abschrift des Wiegendrucks von Ladislaus Suntheym (1491) über die Herkunft und Genealogie der Habsburger, die in der Staatsbibliothek in Berlin erhalten ist und die ich bereits im Zusammenhang mit den Beck'schen Handschriften erwähnt habe.[390] Suntheyms Wiegendruck wird für die erste gedruckte Landesgeschichte Österreichs gehalten und seine Entstehung hing mit dem monumentalen bildnerischen Werk zum gleichen Thema zusammen, das im Stift

---

384 Katalog Beckiana (6Hi 62); WAGENDORFER, Martin: *Studien zur Historia Austrialis des Aeneas Silvius de Piccolominibus.* Oldenbourg, Wien – München, 2003, registriert kein erhaltenes Exemplar aus der Beck'schen Bibliothek.

385 MAYER, Franz Martin: Untersuchungen über die österreichische Chronik des Matthäus oder Gregor Hagen. *Archiv für österreichische Geschichte* 6, 1880, S. 297–339; DUDÍK, Beda: *Forschungen in Schweden für Mährens Geschichte.* Winiker, Brünn 1852, S. 246–251, führt an, dass die in der Königlichen Bibliothek von Stockholm befindliche Handschrift mit diesem Titel offensichtlich aus der dietrichsteinischen Bibliothek stammt; sie wird auch im Bibliothekskatalog registriert – Stockholm: Kungliga biblioteket (U 377, fol. 240, D 86), ZAORAL: Stockholmský inventář mikulovské knihovny ... S. 244, Nr. 86.

386 Nicht einmal CALLMER: *Königin Christina* ... S. 138, Anm. 8, führt diese Handschrift unter den erhaltenen Handschriften aus Böhmen und Mähren an, der alle überlieferten Handschriften aus den dietrichsteinischen und Beck'schen Bibliothek registriert; Katalog Beckiana (6Hi 63).

387 Katalog Beckiana (6Hi 61).

388 Die Identifizierung mit Streuns Werk ist jedoch nicht eindeutig, laut GROßMANN, Der Historiker Reichart Streun von Schwarzenau ... S. 561, arbeitete Streun daran erst in den 90er Jahren des 16. Jahrhunderts. Streuns Exemplare von *Annales historici oder Historische Jahrzeit Buech des Erzherzogtums Österreich ob der Enns* befinden sich in der Österreichischen Nationalbibliothek (Cod. 7584 Han., Cod. Ser. n. 2963 Han, Cod. 13.687 Han).

389 ROO, Gerard de: *Annales rerum belli domique ab Austriacis Habsburgicae gentis principibus gestis* ... Innsbruck 1592. VD 16 ZV 13348.

390 Berlin: Staatsbibliothek (Ms. Germ. qu. 85), Katalog Beckiana (6Hi 142).

Klosterneuburg in den Zeiten der Bestrebungen zur Heiligsprechung Leopolds III. von Babenberg entstanden ist. Auf Veranlassung des dortigen Augustinerklosters und für seine Bedürfnisse wurde auch der erwähnte Wiegendruck herausgegeben und die beiden Werke wurden zur Quelle für viele Handschriften (sie befanden sich beispielsweise auch im Besitz Johannes Fabris und Erzherzog Karls von Österreich).[391]

Epigraphik und Numismatik

Das außerordentliche Interesse Hieronymus Becks an funeralen Denkmälern habe ich bereits im Zusammenhang mit seinen Sammlerinteressen erwähnt. Er verschaffte sich für seine Bibliothek auch einige spezialisierte Werke, z. B. eine italienische Schrift über Bestattungsgewohnheiten der Völker des Altertums und über Grabinschriften von Römern, Griechen, Ägyptern, Indern, Skythen und auch von frühen Christen.[392] Sein primäres Interesse galt zweifellos den römischen epigraphischen Denkmälern, zu deren erster umfangreicherer Dokumentation es eben im 16. Jahrhundert kam, und zwar nicht nur in Italien selbst, sondern auch in den ausgedehnten Provinzen des einstigen Römischen Reiches. Der Buchdruck ermöglichte ein schnelles Erscheinen von Werken mit dieser Thematik, man muss allerdings hinzufügen, dass Nachrichten über Denkmäler und Inschriften auch Bestandteil von zahlreichen breiter ausgerichteten Texten waren, einschließlich der sog. Fremdenführerliteratur.

Hieronymus Beck besaß insgesamt vier spezialisierte Arbeiten, die den epigraphischen Denkmälern des Altertums gewidmet waren. Die bis zur Mitte des 16. Jahrhunderts gemachten Funde wurden durch die 1588 erschienene Arbeit von Martin Smetius dokumentiert.[393] In der Ebreichsdorfer Bibliothek gab es auch zwei Exemplare von Lazius' Werk über antike Denkmäler in Wien und dessen Umgebung (*Exempla aliquot S. vetustatis Rom. in saxis quibusdam*), die er 1560 gemeinsam mit Hermes Schallautzer herausgab.[394] Einige grundlegende, in Wien entstandene Werke (beispielsweise die bedeutendste Schrift von Lazius, *Commentariorum Reipublicae Romanae ... libri duodecim*, eine komplette Geschichte der römischen Militär- und Zivilverwaltung in den Provinzen samt erhaltenen römischen Inschriften von Altären und Grabsteinen) sind zwar in Ebreichsdorf nicht belegt, aber angesichts unserer unvollständigen Informationen über den Inhalt der Bibliothek kann man daraus keine Schlussfolgerungen ziehen. Sicherer Bestandteil der Bibliothek war der bereits erwähnte Katalog der Ebreichsdorfer Sammlung von archäologischen Denkmälern *Monumenta et inscriptiones*, der von Bartholomäus Jupp ausgearbeitet wurde und in der Universitätsbibliothek in Leiden erhalten ist.[395]

391 RÖHRIG: *Der Babenberger-Stammbaum ...* Wien 1975; EHEIM: Ladislaus Sunthaym ... S. 65.

392 Katalog Beckiana (9Antiq 20). Das Exemplar ist in Leiden: Universiteitsbibliotheek (416 C 27) erhalten, es hat keine Notizen.

393 Katalog Beckiana (9Antiq 25).

394 Katalog Beckiana (6Hi 60, 9Antiq 16).

395 Katalog Beckiana (9Antiq 46).

Abb. 15a-b: *Becks Handschrift der Chronik von Ladislaus Suntheym. Titelseite und das eingelegte Konzept des Briefes an Polzmann (Berlin: Staatsbibliothek)*

a.

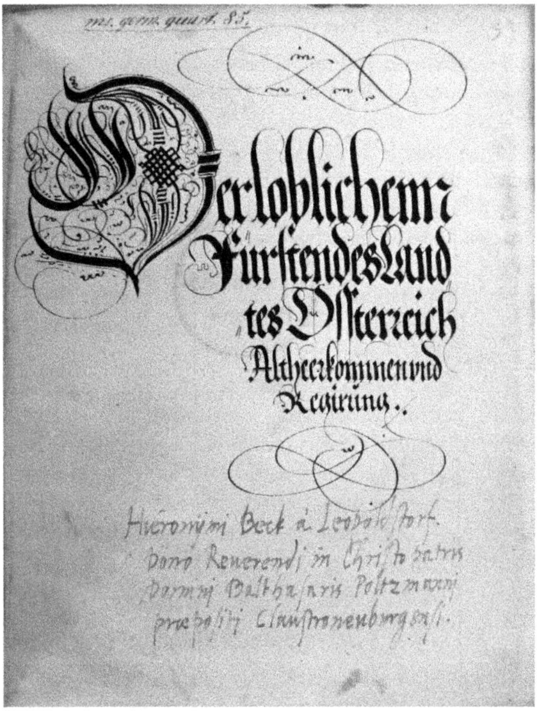

b.

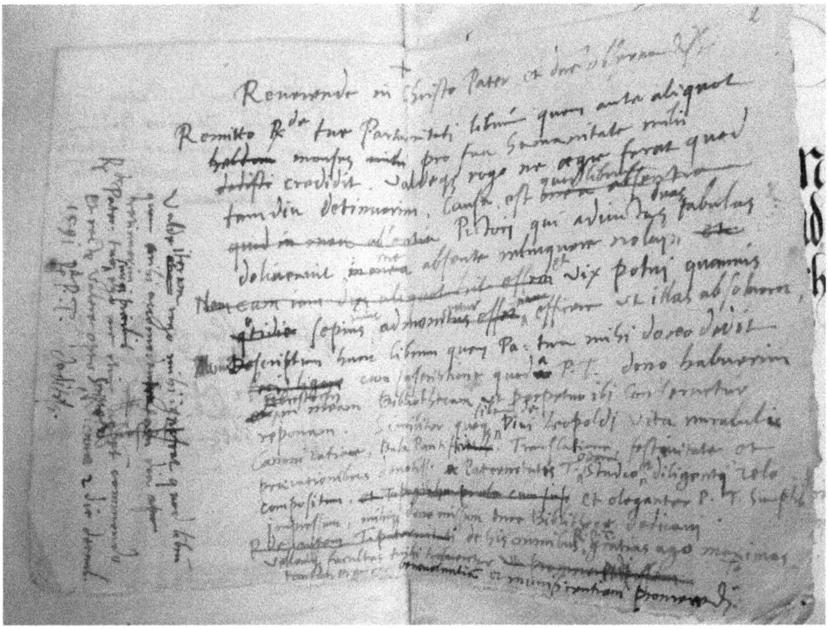

Was die Funde in Italien selbst betrifft, besaß Hieronymus Beck das erste überhaupt im Druck erschienene Verzeichnis von 3000 römischen Inschriften (meistens Epitaphen), das 1521 in Rom unter dem Titel *Epigrammata Antiquae Urbis* erschienen war, sowie das Werk von Bernardino Scardeone von 1560, das auf archäologische Funde, insbesondere auf Grabsteine, in Padua orientiert war.[396] Von Interesse ist auch die von anderswo nicht bekannte Foliohandschrift des Wiener Bürgers Elias Corvin, betitelt als *Aelia Laelia Crispis, Marmor antiquum, Bononiae declaratum.*[397] Darin ging es um einen Mitte des 16. Jahrhunderts in Bologna entdeckten Grabstein, dessen in weiß-roten Marmor eingemeißelte rätselhafte Inschrift zahlreiche widersprüchliche Deutungen hervorrief. Seiner Interpretation im Sinne des symbolischen Steins der Weisen nahmen sich naturgemäß besonders die Alchemisten an.[398] Zu ihnen gehörte auch der Verfasser der Ebreichsdorfer Handschrift, der Wiener Universitätsmagister Elias Corvin, und deshalb ist es wahrscheinlich, dass er seine Nachricht über den rätselhaften Grabstein auch in diesem Sinn behandelte. Weil jedoch die Handschrift nicht überliefert ist, kann dies nicht mit Sicherheit behauptet werden.

Eine wichtige Rolle in der Aneignung der Antike während der Renaissancezeit spielten antike Münzen und Medaillen. Diese waren zwar im 16. Jahrhundert keine Neuigkeit, aber erst in jener Zeit wurden sie auch als wichtige historische Quellen zur Kenntnis des antiken Griechenlands und Roms verwendet. Das Sammeln von römischen Münzen und auch von archäologischen Denkmälern war in den Wiener Kreisen dank direkten Funden in Wien und Umgebung sehr verbreitet. Solche Funde förderten die Vergegenwärtigung der Vergangenheit und die Anknüpfung der Gegenwart an die römische Geschichte. Außerhalb der „gelehrten Welt" hatten solche Kollektionen auch eine starke propagandistische Bedeutung, wie es die Sammlungen von Münzen und Inschriften am Kaiserhof und ihre Nachahmung an den österreichischen Adelshöfen und ebenso unter den Wiener Bürgern dokumentieren. Eine Münzsammlung besaßen auch Freunde und Verwandte von Hieronymus Beck, beispielsweise Reichart Streun, Johannes Sambucus oder Matthaeus Heuperger, dem sie von Wolfgang Lazius persönlich geordnet wurde.[399] Ob auch Hieronymus Beck selbst antike Münzen sammelte, ist leider unbekannt; Wolfgang Lazius hat lediglich vermerkt, dass Marcus Beck römische Münzen und Zeichen auf Ziegeln bei Bauarbeiten in Leopoldsdorf gefunden hat.[400]

Mit dem intensiven modischen Interesse am Sammeln von römischen Münzen hing auch die starke Zunahme der seit der Mitte des 16. Jahrhunderts herausgegebenen

396 Katalog Beckiana (9Antiq 6, 14).

397 Katalog Beckiana (9Antiq 13).

398 Die erste gedruckte Nachricht über den Grabstein gab 1548 Marius L. Michael Angelus in Venedig heraus, mehr darüber FERGUSON, John – YOUNG, James: *Bibliotheca Chemica: a Catalogue of the alchemical, chemical and pharmaceutical books in the collection of the late James Young of Kelly and Durris.* I. Maclehose, Glasgow 1906, S. 6.

399 HEISS: Bildungsverhalten des niederösterreichischen Adels ... S. 154; GROßMANN: Der Historiker Reichart Streun von Schwarzenau ... S. 567.

400 CUSPINIANUS: *Austria* ... Basel 1553, S. 649, schreibt: „... Item affinis meus Doct. Marcus Beck ... in castello suo, cui nomen est Leopoldsdorff, duo similiter corpora effodit humana cum antiquis Romanis numismatis, et urna Romana: in quo etiam legebatur sepulchro lapideo Romanis literis, LEG. NONAGESIMA: qui quidem lapis coctilis est et latericius ...". Zitiert nach KLEEHOVEN: *Der Wiener Humanist Johannes Cuspinian* ... S. 235.

numismatischen Literatur zusammen. Allein in den 50er Jahren des 16. Jahrhunderts erschienen in Europa 97 Drucke, in den 60er Jahren waren es 47 Publikationen.[401] In der Bibliothek von Hieronymus Beck befanden sich insgesamt 13 Werke über die Numismatik, ein solches Auftreten war in den Adelsbibliotheken allerdings gang und gäbe. Hieronymus Beck rezipierte numismatische Werke, deren Verfasser als kaiserliche Antiquare tätig waren (Jacopo Strada, Adolf Occo); vertreten sind jedoch auch ausländische Autoren (Hubert Goltz, Sebastian Erizzi, Gabriele Simeoni, Antoine Le Pois a François Hotman). Trotzdem sind in Ebreichsdorf einige grundlegende Werke Wiener Provenienz nicht belegt, die man in dieser Bibliothek erwarten würde. Es handelt sich beispielsweise um den Auswahlkatalog von 60 römischen Münzen aus den kaiserlichen Sammlungen von Wolfgang Lazius *Commentariorum vetustorum numismatum maximi operis ... specimen* (Wien 1558). Das numismatische Werk von Lazius fand jedoch unter den damaligen Spezialisten kein großes Echo, vor allem wurde es durch Jacopo Strada kritisiert, der 1556 als Verwalter der kaiserlichen Antiquitätensammlungen nach Wien berufen worden war.[402]

Nur wenige Autoren verwendeten die Münzen tatsächlich auch als Quelle zur Rekonstruktion der antiken Welt. Das damalige Interesse konzentrierte sich vor allem auf die Porträts von Kaisern auf dem Avers der Münzen und so sank deren Bedeutung auf bloß dokumentierende und illustrierende Funktion. Den so konzipierten Werken entzieht sich in Ebreichsdorf lediglich die numismatische Arbeit von Enea Vico, der als einziger die Münzen nicht als illustrierende Begleiterscheinung, sondern als Quelle für die Geschichte des Römischen Reiches verwendete.[403]

Geographische und topographische Literatur

Die Erweiterung des geographischen Horizonts durch eigene Reisen sowie durch die literarische Produktion der Zeit gehörte zu den grundlegenden Elementen des neuen Lebensstils des Renaissancemenschen. Bis zu den 70er Jahren des 16. Jahrhunderts bildeten die Reisebeschreibungen und klassischen Kosmographien sowie Landkarten der einzelnen Länder oder der gesamten bekannten Welt die Grundlage für die Entdeckung neuer Horizonte.[404] In der Beck'schen Bibliothek machten die kosmographisch-geographischen Werke vier Prozent des Gesamtumfangs aus, was im Vergleich mit den

401 DEKESEL, Christian E.: The Boom of Numismatic Publications between 1550 and 1559. In: ALBERT, Rainer (ed.): *Wissenschaftsgeschichte der Numismatik. Beiträge zum 17. deutschen Numismatikertag 3.–5. März 1995 in Hannover.* Numismatische Ges., Speyer 1995, S. 210–222.

402 JANSEN, Dirk Jacob: The Instruments of Patronage. Jacopo Strada at the Court of Maximilian II.: A Case-Study. In: EDELMAYER, Friedrich – KOHLER, Alfred (edd.): *Kaiser Maximilian II. Kultur und Politik im 16. Jahrhundert.* Verl. für Geschichte und Politik, Wien 1992, S. 182–202.

403 LEMBURG-RUPPELT, Edith: Der systematische Ausbau der Numismatik im Werk Enea Vicos (1523–1567). In: ALBERT, Rainer (ed.): *Wissenschaftsgeschichte der Numismatik: Beiträge zum 17. deutschen Numismatikertag 3.–5. März 1995 in Hannover.* Numismatische Ges., Speyer 1995, S. 70.

404 KUPČÍK, Ivan: *Alte Landkarten. Von der Antike bis zum Ende des 19. Jahrhunderts. Ein Handbuch zur Geschichte der Kartographie.* Steiner, Stutgart 2011; WOODWARD, David (ed.): *The History of Cartography III: Cartography in the European Renaissance.* Univ. of Chicago Press, Chicago 2007.

Bibliotheken reinen Sammlercharakters eine relativ hohe Anzahl war: In der Bibliothek Ferdinands II. von Tirol sowie in der Peter Woks von Rosenberg machten solche Schriften lediglich ein Prozent des Umfangs aus. Hieronymus Beck rezipierte auch in viel höherem Maße die geographische Literatur in romanischen Sprachen – in Italienisch, Französisch und Spanisch.

Becks tieferes Interesse an der Kartographie wird durch den Besitz der italienischen Ausgabe der *Einführung in die Geographie* von Claudius Ptolemaios belegt, des Werkes, das nach seiner Wiederentdeckung im 15. Jahrhundert zur „Bibel" der Kartographen der Renaissancezeit wurde.[405] Dieses Werk von Ptolemaios enthielt sowohl eine theoretische Anleitung zur Erstellung von Landkarten mittels astronomisch festgelegter Koordinaten als auch eine umfangreiche Kollektion von Landkarten, die durch spätere Editoren auch um neue Landkarten ergänzt wurde. Außer von Ptolemaios besaß Hieronymus Beck insgesamt sieben Atlanten. Die Handschrift *Tabulae Geographicae manu delineatae* lässt sich nicht bestimmen, ebenso wie das umfangreiche Konvolut von Landkarten von Inseln *Variarum insularum delineationes*.[406] Auch der Besitz des italienischen kosmographisch-kartographischen Werkes von Tommaso Porcacchi bringt Becks wahrscheinlich tieferes Interesse an Landkarten von Inseln zum Ausdruck.[407] Außerdem besaß Hieronymus Beck auch eine relativ umfangreiche Kollektion von Reiseatlanten, einschließlich des überhaupt ersten Reiseatlasses durch die europäischen Länder *Itinerarium orbis Christiani*, der 1579/80 erschien, der Atlanten für Italien von Paolo Forlani und Giulio Ballino sowie des Werkes von Jakob Ziegler, das den damals geläufigen Horizont überstieg, indem es auch Ägypten, Palästina und Skandinavien einbezog.[408] Angesichts des frühen Erscheinungsjahres kann Hieronymus Beck Zieglers Landkarte als die einzige bei seiner Reise nach Palästina und Ägypten mit sich geführt haben. Darüber hinaus ist es bemerkenswert, dass Zieglers Name, den die Titelseite seines Atlasses nicht enthielt, im Katalog der Beck'schen Bibliothek angeführt wird. Hieronymus Beck kann den Verfasser persönlich gekannt haben – der Geograph und kontroverse Theologe Ziegler, dessen Werke bald auf den *Index der verbotenen Bücher* gerieten, lebte an seinem Lebensende in den 40er Jahren des 16. Jahrhunderts in Wien im Haus des Passauer Bischofs Wolfgang von Salm. Zu Hieronymus Becks Erwerbungen gehörte zweifellos auch das 1547 angeblich in Valladolid herausgegebene spanische Reisehandbuch von Alonso de Menes, das er in der Zeit erworben haben kann, als er 1548 Prinz Maximilian an den spanischen Hof begleitete.[409]

Einen Wendepunkt in der Geschichte der Kartographie stellte erst die Ausgabe der ersten modernen Atlanten durch Gerhard Mercator und Abraham Ortelius dar, die als erste auch ein Verzeichnis kartographischer Quellen sowie Texte mit Informationen über einzelne Teile der Welt enthielten.[410] Hieronymus Beck besaß sowohl das

405 Katalog Beckiana (5Kunst 20).

406 Katalog Beckiana (5Kunst 8, 5).

407 Katalog Beckiana (5Kunst 9).

408 Katalog Beckiana (5Kunst 7, 10, 11, 17); SCHULER, Josef Egon (ed.): *Itinerarium orbis Christiani. Der älteste Reiseatlas der Welt.* Schuler, Stuttgart 1965.

409 Katalog Beckiana (6Hi 232); der Karlsruher Virtuelle Katalog sowie zugängliche Bibliographien registrieren nur die Ausgabe Toledo 1568, vgl. WILKINSON, Alexander S.: *Iberian Books: Books Published in Spanish Or Portuguese Or on the Iberian Peninsula Before 1601.* Brill, Leiden 2010, num. 12.895.

410 HUMPHREYS, Arthur Lee: *Staré mapy.* Kartografie, Praha 1992, S. 25.

Theatrum orbis terrarum von Ortelius mit kolorierten Landkarten und dem Titelblatt in der Ausgabe von 1575, die in der Mährischen Landesbibliothek von Brünn erhalten ist, als auch die spätere, umgearbeitete Ausgabe von 1584.[411]

In der Beck'schen Bibliothek befand sich auch eine Handschrift mit etwas unklarem Titel, nämlich: *Sententiae quo aedam ex Geographia decerpte per M. Georg Rithamer.*[412] Georg Rithaymer wirkte an der Wiener Universität, widmete sich dem Griechischunterricht, der aristotelischen Philosophie und der antiken Geographie. Er gab einige Arbeiten heraus, von denen sich etliche auch in der Beck'schen Bibliothek befanden.[413] Die erwähnte Handschrift können Exzerpte aus Rithaymers gedrucktem Geographielehrbuch *De Orbis terrarum situ compendium* ... (Nürnberg 1538)[414] gewesen sein, aber man kann auch nicht ausschließen, dass es sich um Rithaymers persönliche Exzerpte aus einem nicht näher bestimmbaren geographischen Werk handelte. Der Vermittler der Handschrift kann Rithaymers Schwiegersohn Paul Fabricius gewesen sein, der mit Beck in engem Kontakt stand und offensichtlich auch die Ebreichsdorfer Bibliothek benutzte.

Obwohl die Kosmographien zu den traditionellen und bereits in der damaligen Zeit langsam veralteten Typen der geographischen Literatur gehörten, waren sie im 16. Jahrhundert nach wie vor eine verbreitete und vor allem beliebte lehrhafte Gattung. Gegenüber der mittelalterlichen Auffassung von der Beschreibung des Universums und von der mathematisch-astronomischen Systematik wurden die Kosmographien im 16. Jahrhundert um umfangreiche kartographische Texte und Landkarten ergänzt, die neben der Bewahrung des ptolemäischen Wissens auch neue geographische Kenntnisse der Zeit vermittelten.[415] Hieronymus Beck besaß eine relativ bemerkenswerte Kollektion kosmographischer Literatur. Die traditionelle und damals verbreitetste Kosmographie von Sebastian Münster schaffte er sich in der französischen Übersetzung an, zwei weitere Kosmographien allgemeinen Charakters stammten sogar direkt von französischen Autoren (Jacques Signot und Guillaume Postel). Bemerkenswert war besonders die Arbeit von Postel, in der das Kartenmaterial überwog und die zu den bedeutendsten französischen Kosmographien überhaupt gehörte. Postel definierte darin seine Vorstellungen über fünf Kontinente, und seine progressive azimutale Darstellung beeinflusste stark die weitere Entwicklung der geographischen Abbildung, besonders die der sog. belgischen Schule in Antwerpen.

Weitere Kosmographien der Ebreichsdorfer Bibliothek waren auf die Beschreibung einzelner Länder oder Gebiete orientiert – dazu gehörten beispielsweise das topographisch-historische Handbuch von Josias Simmler über den Schweizer Kanton Wallis und ein historisch-topographisches Werk über Sizilien. Eine relativ große Zahl von geographisch-kosmographischen Werken betraf die niederländischen Provinzen, die Hieronymus Beck um das Jahr 1547 besuchte. Es gab eine Kosmographie über Friesland, ein geographisch-historisches Buch von Lodovico Guicciardini (Antwerpen 1568) sowie eines von Cornelius Aurelius (Antwerpen 1586).

---

411 Brno: Moravská zemská knihovna (ST5–0006.145); DOKOUPIL, Vladislav: *Tisky 16. stol. v Universitní knihovně v Brně* 6/2. Universitní knihovna v Brně, Brno 1970, S. 390, Nr. 1463.

412 Katalog Beckiana (13Mat 27).

413 Katalog Beckiana (7Art 56).

414 VD 16 R 2520.

415 KUPČÍK: *Alte Landkarten* ... S. 94.

Abb. 16: Die Titelseite von Ortelius' Atlas mit dem Exlibris von Hieronymus Beck (Brno: Moravská zemská knihovna)

Näheren Gebieten waren die geographische Beschreibung Ungarns von Wolfgang Lazius und die Arbeit von Georg Werner über die Heilquellen von Piešťany gewidmet. Wie ich bereits erwähnt habe, kannte Hieronymus Beck Werners Schrift wohl bereits vor ihrer Drucklegung, weil sie ihm von Siegmund von Herberstein, der mit Werner in engem Arbeitskontakt stand, bis nach Padua geliehen wurde.[416] Von Becks überdurchschnittlichem Interesse an Geographie spricht auch die Tatsache, dass er sich von seinem Freund Reichart Streun dessen Beschreibung der Expedition auf den Berg Ötscher besorgte, die Streun 1591 auf Geheiß Kaiser Rudolfs II. unternommen hatte. Der Ötscher befindet sich im südöstlichen Teil Österreichs und im 16. Jahrhundert wurde er für den höchsten Gipfel der österreichischen Länder gehalten (1893 m). Bereits 1574 hatte der Wiener Geograf und Astronom Paul Fabricius in Begleitung des Botanikers Carolus Clusius den Ötscher mit dem Ziel bestiegen, geographische Messungen vorzunehmen. Die etwa zwanzig Jahre später stattgefundene Expedition Streuns geschah aus völlig anderen Gründen: Kaiser Rudolf II. beauftragte ihn, nach Gold zu suchen, das sich laut in der Umgebung erzählten Geschichten in den dortigen Eishöhlen befunden haben soll. Streun hat zwar kein Golderzlager gefunden, er beobachtete jedoch detailliert die dortigen geographischen sowie Naturphänomene und seine Beobachtungen hielt er in einem Bericht fest, den er dem Kaiser überreichen sollte.[417] Ein weiteres Exemplar von Streuns Beschreibung, mit dem Jahr 1592 datiert, gelangte auch in die Bibliothek von Hieronymus Beck, ist aber heutzutage verschollen.[418]

Reiseberichte und Entdeckungen in Übersee

Das Reisen war für Hieronymus Beck – zumindest in seiner Jugendzeit – eine grundlegende Lebenserfahrung. Dabei lernte er die meisten wichtigen europäischen Städte kennen: Rom, Venedig, Bologna, Padua, Genua, Mantua, Mailand, Madrid, Paris, Bristol und Antwerpen. Mit der Erweiterung des geographischen Horizonts änderte sich in seiner Zeit auch die eigentliche Kultur des Reisens und dessen Wahrnehmung. Bald ging es nicht mehr um das Kennenlernen von neuen Städten, Bauten, religiösen Unterschieden, historischen Traditionen, ökonomischen Beziehungen und Zeremonien – zum Ziel wurde das Reisen an sich. Ein Ausdruck dieser Wandlung waren neu entstehende Publikationen theoretischen Charakters, die sog. apodemische Literatur. Diese sollte das Reisen definieren und thematisieren, seinen Sinn, seinen Verlauf sowie die Regeln für die spätere literarische Bearbeitung der Reise, oft enthielt sie jedoch auch praktische Ratschläge mit der Aufzählung von bedeutenden Institutionen einschließlich Bibliotheken und Sehenswürdigkeiten.[419]

---

416 Siehe S. 43–44.
417 SCHIMETSCHEK: *Der österreichische Beamte* ... Wien 1984, S. 55–56; GROßMANN: Reichart Strein von Schwarzenau ... S. 22–23.
418 Katalog Beckiana (6Hi 88).
419 STAGL, Justin: *Eine Geschichte der Neugier. Die Kunst des Reisens 1550–1800.* Böhlau, Wien–Köln–Weimar 2002, S. 94; STORCHOVÁ, Lucie: Ars apodemica. Umění uchopit a popsat „cizí" kraje. *Dějiny a současnost* 25, Nr. 4, 2003, S. 12.

Hieronymus Beck besaß zwei von den wenigen bedeutende Arbeiten zu diesem Thema. Den größten Einfluss übte wohl Theodor Zwingers *Methodus apodemica* aus.[420] Der Verfasser stellte sein Modell für das praktische und theoretische Reisen am Beispiel von Basel, Padua, Paris und Athen vor, wobei er von der Voraussetzung ausging, dass das Beobachten einer Stadt durch die Reisenden zur Entwicklung ihrer Persönlichkeit und in der Folge auch des ganzen gesellschaftlichen Systems, vor allem auf politischem Gebiet, führe. Dieses methodologisch wichtige apodemische Handbuch entstand auch unter dem Einfluss von Hugo Blotius, der damals Student von Zwinger war. Hieronymus Beck besaß auch das italienisch geschriebene Reisehandbuch von Hilarius Pyrckmair (Nürnberg 1591) und ebenso das humanistische Gedicht über das Reisen von Nicolaus Reusner *Hodoeporicorum sive Itinerum ... orbis lib. VII.*[421]

Was die eigentlichen Reisebeschreibungen anbelangt, besaß Hieronymus Beck insgesamt 18 davon, von denen sich der wesentliche Teil auf Palästina konzentrierte und nur wenige den Ländern Europas gewidmet waren. Nicolas Clénard, der die untypische Form der Korrespondenz mit seinem belgischen Freund wählte, beschrieb Reisen durch Europa, Spanien und Afrika. Bartolini schilderte in seinem Reisebericht eine diplomatische Reise von Deutschland zum Wiener Kongress von 1515, die spanische Reisebeschreibung von Juan Calvete de Estrella dokumentierte die Reise Philipps II. von Spanien nach Brabant, Flandern und Norddeutschland.

Die Ebreichsdorfer Bibliothek war besonders durch ihre umfangreiche Sammlung von Reiseberichten ins Heilige Land außergewöhnlich. Eine ähnliche Kollektion findet man nur noch in der Bibliothek der Rosenberger; in Ambras etwa kamen diese Reiseberichte nur in sehr begrenzter Zahl vor. Im Unterschied zum rosenbergischen Hof machten in der Beck'schen Bibliothek einen wesentlichen Teil mittelalterliche Reiseberichte aus. Am ältesten war der Reisebericht des jüdischen Autors Benjamin Tudelensis durch Europa, Asien, Ägypten und Palästina, der 1575 für ein christliches Publikum in lateinischer Übersetzung erschien. Hieronymus Beck besaß in der gedruckten Ausgabe von 1519 das beliebte Werk von Burchardus de Monte Sion, der im 13. Jahrhundert eine Reise ins Heilige Land unternahm, den italienischen Reisebericht des Franziskaners Noè Bianco aus dem 14. Jahrhundert in der Ausgabe von 1538 sowie eine undatierte Handschrift des Reisberichts des Jacopo da Verona.[422] Aus der Zeit der häufigsten Reisen nach Palästina, dem letzten Drittel des 15. Jahrhunderts, stammte der Reisebericht des Mailänder Adligen Roberto di Sanseverino, der in der Beck'schen Bibliothek als eine undatierte italienische Handschrift vorkommt.[423]

Besonders bedeutsam war dir Reise des deutschen Adels nach Palästina im Jahre 1483, an der als Mitglied der Begleitung von Hans Truchsess von Waldburg auch Hieronymus' Großvater Konrad Beck teilnahm. Von dieser Expedition entstanden einige handschriftliche Reiseberichte. Einen davon schrieb Felix Fabri, in dem u. a. auch Konrad Beck als „aufrichtiger und eifriger Mann" erwähnt wird. Der Reisebericht von Felix Fabri erschien als einziger auch im Druck (1557) und Hieronymus Beck besorgte

---

420 Katalog Beckiana (6Hi 132); MOLINO, Paola: Alle origini della Methodus Apodemica di Theodor Zwinger la collaborazione di Hugo Blotius, fra empirismo ed universalismo. *Codices manuscripti. Zeitschrift für Handschriftenkunde* 2006, S. 43–67.

421 Katalog Beckiana (6Hi 222, 8Poet 30).

422 Katalog Beckiana (6Hi 76, 209, 213, 214).

423 Katalog Beckiana (6Hi 90); MARUFFI, Giocchino (ed.): *Viaggio in Terra Santa di Roberto da Sanseverino.* Presso Romagnoli Dall'Acqua, Bologna 1888.

für seine Bibliothek diese erste gedruckte Ausgabe.[424] Konrad Beck selbst verfasste nach seiner Rückkehr für seine Familie einen Bericht, der, wie ich schon erwähnt habe, zu einem wertvollen Bestandteil der Familiensammlungen wurde.[425]

Von modernen humanistischen Reiseberichten über Palästina besaß Hieronymus Beck erstaunlicherweise nur den des französischen Katholiken Jean Zuallart, der 1586 nach Jerusalem reiste. Zuallarts Reisebericht, der gleich im folgenden Jahr italienisch erschien, war dank seiner Ausstattung mit über 50 Landkarten, Bauplänen und Skizzen aus der Hand des Autors einzigartig – und eben diese ikonographische Seite des Werkes war für Hieronymus Beck sicher einer der Gründe, warum er gerade dieses Buch erwarb.[426]

Eine ähnlich umfangreiche Kollektion stellten in der Ebreichsdorfer Bibliothek die Werke über Entdeckungen in Übersee dar. Die damalige Faszination durch überseeische Welten zeigte sich hier nicht nur in der Rezeption von aktuellen geographischen Kenntnissen (in Form von neuen Kartenalben und Kosmographien), sondern auch in der beträchtlichen Zahl von Werken (insgesamt 18 Drucke), die ausschließlich den überseeischen Entdeckungen gewidmet waren. Übrigens findet sich in Becks Buch mit Miniaturporträts, in dem damalige „Berühmtheiten" nur als Ausnahmen erscheinen, auch das Porträt von Amerigo Vespucci.[427]

Hieronymus Beck reflektierte vor allem spanische und portugiesische Entdeckungen in Übersee, und zwar primär in französischer und spanischer Sprache. Außer Berichten von Pietro Martire d'Anghiera, Jean de Léry, Girolamo Benzoni, Francisco López de Gómara, Agustín de Zárate, Pedro Cieza de Leon und weiteren besaß er auch das hoch geschätzte kosmographische, mit Landkarten versehene Werk des Basler Humanisten Simon Grynaeus *Novus orbis regionum ac insularum veteribus incognitarum* (Basel 1537). Die meisten Abhandlungen widmeten sich Lateinamerika (Peru und Mexiko, insgesamt 6 Werke), zwei Afrika (Äthiopien), dem Fernen Osten (Entdeckung der japanischen Inseln und ihre Kosmographie, eine Beschreibung Chinas) und den Berichten von Jesuiten aus Indien (u. a. auch das erhaltene Exemplar der Schrift des italienischen Jesuiten Pietro Maffei über die Aktivitäten des Jesuitenordens im Orient[428]).

Topographische Handbücher

Hieronymus Beck besaß allem Anschein nach eine einmalige und – zumindest unter den bekannten Bibliotheken der habsburgischen Länder – die umfangreichste Sammlung der topographischen Literatur jener Zeit über italienische Städte und ihre Sehenswürdigkeiten. Während seiner Reisen konnte er für das eigene Kennenlernen nur den Fremdenführer durch Verona und seine Sehenswürdigkeiten von Torello Saraina

---

424 Katalog Beckiana (6Hi 133); SCHRÖDER: *Zwischen Christentum und Islam* ... S. 85; HALM, *Europäische Reiseberichte* ... num. 88.

425 Eine besondere Pflege widmete diesem Bericht eben Hieronymus Beck, der kurz nach der Rückkehr von einer ähnlichen Reise das Autograph seines Großvaters neu binden ließ und mit einem Eintrag über die Herkunft und den Charakter der Handschrift versah; SCHRÖDER: *Zwischen Christentum und Islam* ... S. 85–86.

426 Katalog Beckiana (6Hi 135).

427 HEINZ: Das Porträtbuch des Hieronymus Beck von Leopoldsdorf ... S. 300.

428 Katalog Beckiana (6XXX 19); Uppsala: Carolinabiblioteket (U. 53), im Buch gibt es keine Notizen.

aus dem Jahre 1540 sowie die Beschreibung Roms von Flavio Biondo benutzen.[429] Alle übrigen in der Ebreichsdorfer Sammlung befindlichen Bücher wurden erst in späterer Zeit herausgegeben und Beck konnten sie nur mehr als kulturelles (und biographisches) Memento dienen; praktisch, also auf Reisen, konnten sie erst von seinen in den 80er Jahren des 16. Jahrhunderts in Italien studierenden Söhnen benutzt werden.[430]

In der Beck'schen Bibliothek konnte das Werk von Bernardino Scardeone nicht fehlen, das den Denkmälern des Altertums in Padua (Basel 1560) gewidmet war, wo Hieronymus Beck in den 40er Jahren des 16. Jahrhunderts studierte.[431] Scardeones Handbuch war für ihn aber auch unter einem anderen Aspekt interessant: Der Verfasser legte auf die Beschreibung von epigraphischen Denkmälern, insbesondere von Grabsteinen, großen Nachdruck, die zu Hieronymus Becks Sammlerprioritäten gehörten. Dem nahen Venedig war die Beschreibung von Francesco Sansovino *Venetia cittta ... descritta in XIIII. libri* gewidmet, die Beck in der Ausgabe von 1581 besaß.[432] Das Werk von Sansovino, an dem der Verfasser mehr als 20 Jahre lang arbeitete, war jedoch kein geläufiger Fremdenführer, der traditionell vor allem für adlige Reisende bestimmt war. Sansovino hat als erster Venedig auf eine komplexe Art und Weise dargestellt: Er widmet natürlich viel Platz den Kunstwerken, Bibliotheken und Sammlungen, präsentiert aber auch die venezianischen Institutionen, geschichtliche Zusammenhänge und erwähnt auch das reale Leben der Einwohner Venedigs. Das Buch hatte einen großen Erfolg und war in hohem Maße an der Propagierung des sog. "venezianischen Mythos" beteiligt.[433] Sansovino war Zeitgenosse von Hieronymus Beck und es ist nicht ausgeschlossen, dass sie sich persönlich treffen konnten; eine Gelegenheit dazu hätte es beispielsweise 1550 am Hof Papst Julius' III. in Rom gegeben, wo sie beide zur gleichen Zeit waren. Hieronymus Beck besaß später eine ungewöhnlich hohe Zahl von Werken (insgesamt sieben) dieses italienischen Gelehrten.

Eine gewisse Anzahl von topographischen Werken bezog sich auf Rom als wichtigen katholischen Wallfahrtsort.[434] Hieronymus Beck besaß erstaunlicherweise keinen der sog. Ablassführer (ebenso wenig Ferdinand II. von Tirol), die als Anleitung funktionierten, wie man in den Kirchen Roms Ablässe erhalten könne. In seiner Bibliothek kommen auch keine speziell für Rompilger anlässlich des Jubeljahres 1550 bestimmten Schriften vor, obwohl sich Hieronymus Beck damals direkt am päpstlichen Hof bewegte. Die für Pilger bestimmte Literatur dieser Art war in der Bibliothek von Ebreichsdorf nur durch das bereits erwähnte gedruckte Verzeichnis von Reliquien in

---

429 Katalog Beckiana (9Antiq 15, 6Hi 186).

430 Zur damaligen Wahrnehmung der topographischen Literatur mehr bei MUCHKA, Ivan: Literatura k topografii uměleckých památek. In: PURŠ, Ivo – KUCHAŘOVÁ, Hedvika (edd.): *Knihovna arcivévody Ferdinanda II. Tyrolského* ... S. 211–220.

431 Katalog Beckiana (9Antiq 14).

432 Katalog Beckiana (6Hi 117).

433 HOJDA, Zdeněk: Dva benátské průvodce Francesca Sansovina. In: KOMOROVÁ, Klára (ed.): *K výskumu zámockých, meštianskych a cirkevných knižníc* (= Opera Romanica 13). Slovenská národná knižnica, Martin 2012, S. 157–166.

434 SCHUDT, Ludwig: *Le Guide di Roma. Materialien zu einer Geschichte der römischen Topographie. Unter Benützung des handschriftlichen Nachlasses von Oskar Pollak.* Filser, Wien – Augsburg 1930.

der Wiener Stephanskirche belegt; dieser Druck stammte jedoch aus der ursprünglichen Bibliothek seines Vaters Marcus Beck.[435]

Im Unterschied zu Ferdinand II. von Tirol erwarb Hieronymus Beck eine ganze Reihe von Schriften, die sich den antiken Denkmälern Roms widmeten. Er besorgte sich beispielsweise das hoch geschätzte Handbuch Leandro Albertis von 1581, das erhaltene Exemplar enthält jedoch leider keine direkten Lesespuren von Hieronymus Beck.[436] Rom wird in Albertis Buch unter der historischen Perspektive als Hauptstadt des nicht mehr existierenden Römischen Reiches geschildert, nicht als die Stadt seiner Zeit. Eine modernere Einstellung zur Beschreibung Roms wählte Flavio Biondo, dessen Buch wegen seines Erscheinungsjahres (1543) zu Becks unmittelbaren Erwerbungen in Italien gehört haben kann.[437] Hieronymus Beck besaß jedoch auch weitere Fremdenführer durch die Denkmäler Roms, beispielsweise den von Luigi Contarini, dessen Familie er aus der Studienzeit in Padua kannte, weiter die von Vincenzo Scamozzi, Lucio Fauno, Pirro Ligorio, Bernardo Gamucci und Andrea Fulvio. Auf Kunstgegenstände, insbesondere Statuen, war das anonym erschienene Werk *Statue antiche, che sono poste in diuersi luoghi nella citta di Roma* (Venedig 1576) orientiert, ähnlich wie die Schrift von Giovanni Battista Cavalieri, eine der wenigen auf diesem Gebiet, die Beck lateinisch und nicht italienisch besaß.[438]

Becks Faszination für italienische Kultur und Denkmäler blieb auch dem kontroversen tschechischen Jesuiten Zikmund Domináček von Písnice nicht verborgen. Dieser studierte 1561 in Rom, fünf Jahre später wirkte er am Jesuitenkolleg von Wien und mit der Wiener Gesellschaft blieb er auch weiterhin im Kontakt, nachdem er nach Böhmen und später nach Mähren übersiedelt war. Er schenkte Hieronymus Beck eine der Fassungen seiner (inhaltlich durchschnittlichen) Beschreibung der römischen Denkmäler.[439] Unter anderen Adressaten, zu denen die Handschrift gelangte (es änderten sich eigentlich nur die Dedikation und das graphische Niveau der Abschrift) befanden sich Rudolf II., Erzherzog Karl von Österreich und Wilhelm von Rosenberg.

---

435 HEISER, Sabine: Andenken, Andachtspraxis und Medienstrategie. Das Wiener Heiltumsbuch von 1502 und seine Folgen für das Wittenberger Heiltumsbuch von 1509. In: TACKE, Andreas (ed.): *„Ich armer sundiger mensch": Heiligen- und Reliquienkult am Übergang zum konfessionellen Zeitalter.* Wallstein, Göttingen 2006, S. 208–238; COLLIJN: En av Johann Winterburg i Wien tryckt donat ... S. 111–118; Katalog Beckiana (1Theo 184); Västerås: Stiftsbibliotek (Paleotyp 121).

436 Katalog Beckiana (6Hi 113); Leiden: Universiteitsbibliotheek (350 C 5).

437 Katalog Beckiana (6Hi 186).

438 Katalog Beckiana (9Antiq 9); Katalog Beckiana (9Antiq 10) – es sind mehrere Ausgaben dieses Werkes belegt, aber diese einzige entspricht durch ihr Format; die Datenbank EDIT 16 führt „post 1562" an, durch Becks Katalog wird deshalb diese Datierung präzisiert.

439 HRDINA, Karel: Zikmunda Domináčka z Písnice Roma. In: *Sborník prací filologických dvornímu radovi professoru Josefu Královi k šedesátým narozeninám.* B. Stýblo, Praha 1913, S. 254–258. Zu Domináčeks Person BERÁNKOVÁ, Hana: „Nobilissimae nationis Italicae ad regni Poloniae proceres contra calumniatores defensio" Zikmunda Domináčka z Písnice. *Knihy a dějiny* 16/17, 2010, S. 54. Weitere Fassungen seiner Handschrift „Roma" befinden sich in Prag: Národní knihovna (VII C 11 – das Buch ist Wilhelm von Rosenberg und Rudolf II. gewidmet) und in Wien: Österreichische Nationalbibliothek (Cod. 9440, Cod. 10.163 – mit einer Dedikation an Rudolf II. und Erzherzog Karl); VESELÁ: *Knihy na dvoře Rožmberků* ... S. 70.

Das Beck'sche Exemplar ist wahrscheinlich ebenso wie viele weitere Handschriften aus Ebreichsdorf am Ende des 17. Jahrhunderts beim Brand des Stockholmer Königspalastes verbrannt.[440]

Turcica

Die kulturelle und gedankliche Welt der Bewohner Mitteleuropas wurde im 16. Jahrhundert von der „Faszination für die Türkei" in beträchtlichem Maße beeinflusst, wobei sich die realen Befürchtungen vor einem militärischen Angriff mit der Attraktivität des Exotischen mischten.[441] Unter den Aristokraten wurden orientalische und orientalisierende Objekte auch zu interessanten Sammlergegenständen – in dieser Hinsicht wurden vor allem Kaiser Rudolf II. und sein Onkel Ferdinand II. von Tirol bekannt, der seiner Turcica-Sammlung im Rahmen der Ambraser Kunstkammer sogar ein spezielles Zimmer vorbehielt.[442] Die Aktualität der türkischen Frage schlug sich beträchtlich auch in der gedruckten Produktion nieder: Im Verlauf des 16. Jahrhunderts wurden mehr als 2.500 Werke mit türkischer Thematik gedruckt und dieser Boom zeigte sich verständlicherweise auch in der inhaltlichen Zusammensetzung der Bibliotheken jener Zeit.[443] Es bleibt jedoch offen, ob man im Zusammenhang mit der Türkenliteratur wenigstens bei einigen Adelsbibliotheken von einer gezielten Erwerbsstrategie sprechen kann, die dem damaligen Sammeln von traditionellen Sammlerobjekten analog wäre.

Hugo Blotius realisierte ein in dieser Hinsicht einmaliges Projekt. Im Rahmen seiner breit angelegten Bestrebungen, eine universelle europäische Bibliothek zu schaffen, erstellte er 1576 eine Fachbibliographie der Türkenliteratur. Er ging von den Beständen der kaiserlichen Bibliothek sowie von einigen Privatsammlungen in Wien und in Augsburg aus.[444] Der Plan eines die Grenzen einer Büchersammlung überschreitenden Gesamtkatalogs war im mitteleuropäischen Raum einmalig: Blotius erfüllte damit zum einen seine Idee der Bücheruniversalität, zum andern fasste er ihn als einen Vorbereitungsprozess zur Erfüllung seiner Autorenambitionen in Gestalt eines Werkes über die Geschichte des Osmanischen Reiches auf. Im Katalog von Blotius wird u. a. auch Hieronymus Beck im Zusammenhang mit der von ihm an die kaiserliche Bibliothek geschenkten türkischen Handschrift erwähnt.[445]

---

440 Katalog Beckiana (9Antiq 12); DUDÍK: *Forschungen in Schweden für Mährens Geschichte* ... S. 70; die Handschrift war im Katalog der dietrichsteinischen Bibliothek registriert – Stockholm: Kungliga bibliotek (U 377, fol. 162, D46).

441 JOHNSON, Carina L.: *Cultural Hierarchy in Sixteenth-Century Europe: The Ottomans and Mexicans.* Cambridge Univ. Press, Cambridge 2011, S. 197–230; LANGER, William L. – BLAKE, Robert P.: The Rise of the Ottoman Turks and Its Historical Background. *The American Historical Review* 37/3, 1932, S. 468–505.

442 PFAFFENBICHLER, Matthias: Die türkischen Waffen in der Kunstkammer Rudolfs II. In: KONEČNÝ, Lubomír – BUKOVINSKÁ, Beket – MUCHKA, Ivan (edd.): *Rudolf II, Prague and the World.* Artefactum, Prague 1998, S. 161–165.

443 GÖLLNER, Carl: *Turcica: Die europäischen Türkendrucke des XVI. Jahrhunderts* I–II. Ed. Acad. Republicii Socialiste România, Bucuresti 1961–1968; für den Buchdruck in den böhmischen Ländern RATAJ, Tomáš: *České země ve stínu půlměsíce. Obraz Turka v raně novověké literatuře z českých zemí.* Scriptorium, Praha 2002.

444 UNTERKIRCHER: Hugo Blotius und seine ersten Nachfolger (1575–1663) ... S. 111.

445 „Otomannorum res gestae ad nostra usque tempora D. Ferdinando Romanorum Regi a Hieronymo Beck a Leopolidorf dedicatus. Manuscriptus Arabico Turcico more

Was die Adelskreise anbelangt, sollen beispielsweise auch die Rosenberger eine bedeutende Kollektion von Türkenliteratur besessen haben; über sie wurde gar tradiert, dass sie die Türkenliteratur zielgerichtet sammelten. Der Grund dafür sollen die persönlichen Erfahrungen Wilhelms und Peter Woks von Rosenberg mit dem ungarischen Schlachtfeld sowie der tragische Tod ihres nahen Verwandten, des kroatischen Fürsten Nikolaus Zrinyi, im Kampf gegen die Türken gewesen sein. Direkte Belege über das Sammeln von Türkenliteratur durch die Rosenberger gibt es jedoch nicht, und mit Ausnahme von Drucken, die sich thematisch auf die Eroberung der Festung Sziget im Jahre 1566 beziehen, wo Zrinyi umgekommen ist, zeugt die Zusammensetzung der Türkenliteratur in der rosenbergischen Bibliothek vielmehr von einer gelegentlichen und unsystematischen Aktivität.[446]

Hieronymus Beck hatte mit dem türkischen Milieu wiederholt persönliche Erfahrungen durch seine Erkundungsreise im Jahre 1551 gemacht, und mit der türkischen Frage hingen auch seine amtlichen Pflichten in Ungarn zusammen, wo er für die Versorgung des habsburgischen Heeres zuständig war und wohin er mehrere Male reiste. Damit kann man die Tiefe seines Interesses jedoch nicht genügend erklären, das den in den Adelskreisen jener Zeit üblichen Standard in vieler Hinsicht übertraf. Becks außerordentliches Interesse an der Türkenfrage war unter seinen Zeitgenossen wohl gut bekannt, wovon nicht nur einige Äußerungen über ihn (beispielsweise Johann Löwenklau schrieb über ihn, er sei „in den türkischen Fragen außerordentlich erfahren“[447]), sondern auch an ihn persönlich gerichtete Angebote dieser Literatur Zeugnis ablegen.[448] Dazu gehörte auch der handschriftliche Reisebericht *Descriptio peregrinationis*, den sein Autor Juraj Huszthi kurz vor seinem Tod im Jahre 1566 beendete. Der Autor war ein Kroate, den die Türken 1533 gefangen nahmen; er konnte jedoch seinen katholischen Glauben behalten und einige Jahre lang war er Heerestrompeter in der türkischen Armee. Huszthi durchreiste nach seiner Entlassung Indien, Ägypten und Palästina, und 1542, nach seiner Rückkehr in die Heimat, beschrieb er seine Erlebnisse (einschließlich des Besuchs von Pyramiden – er spielte auf dem Gipfel einer Pyramide, während die Türken ihren Umfang maßen) und sechs Jahre später schenkte er die Schrift Ferdinand I. Kurz vor seinem Tod widmete Huszthi Hieronymus Beck die zweite, überarbeitete Fassung seiner Erinnerungen, wohl mit der Absicht, um finanzielle Hilfe bei deren Drucklegung zu bitten. Huszthi beschrieb in seinem Text detailliert Orte, Menschen und ihre Kleidung, sein Werk enthält auch geographische und moralisierende Passagen sowie Bemerkungen zur Geschichte des Osmanischen Reiches. Die Handschrift der Beck'schen Bibliothek ist in Rom in der Vatikanischen Bibliothek erhalten und wurde schon einige Male durch Forscher benutzt, die sich mit

---

compactus, in quarto“, die Abschrift des Adam von Dietrichstein dedizierten Katalogs wird von MONTFAUCON, Bernard de: *Bibliotheca Bibliothecarum Manuscriptorum Nova.* Olms, Hildesheim 1982 (Nachdruck), S. 552, angeführt.

446 VESELÁ: *Knihy na dvoře Rožmberků* ... S. 168–172.

447 LÖWENKLAU: *Annales Sultanorum* ... fol. A2r.

448 Häufige Erwähnungen über Becks Beziehung zur Türkenliteratur bei JOHNSON, *Cultural Hierarchy in Sixteenth-Century Europe* ... S. 228–9, ALMÁSI, *The Uses of Humanism* ... S. 224; ÁCS: Pro Turcis and contra Turcos ... S. 28–34; LANGER – BLAKE: The Rise of the Ottoman Turks ... S. 468.

historischer Reiseliteratur beschäftigen.[449] Im Kontext weiterer Ausführungen über die Türkenliteratur in der Ebreichsdorfer Bibliothek ist hervorzuheben, dass Huszthi trotz seines bewegten Schicksals über den Islam relativ objektiv informierte und gute und schlechte Seiten daran fand.

Sehen wir uns nun die Zusammensetzung von Drucken mit türkischer Thematik in der Bibliothek von Hieronymus Beck an und versuchen wir die Frage zu beantworten, ob er deren wirklicher Kenner war, wie Pál Ács vermutet.[450] Die Turcica bildeten in Becks Bibliothek keinen selbständigen Bereich, aber mit ihren 40 Büchern einschließlich von sechs – teilweise ganz unbekannten – Handschriften und zwei Wiegendrucken machten sie etwa drei Prozent des Gesamtumfangs der Ebreichsdorfer Bibliothek aus. In der viel größeren rosenbergischen Bibliothek, über die tradiert wurde, dass sie zahlreiche Bücher mit türkischer Thematik enthalte, machten die Turcica nur ein Prozent aus (105 Werke, die zumeist in den 90er Jahren des 16. Jahrhunderts erschienen). Für Hieronymus Becks Turcica-Kollektion waren zwei Dinge charakteristisch: Er besaß eine hohe Zahl der Turcica in Italienisch, also in einer Sprache, die im Wiener Milieu nicht üblich war; in Blotius' erwähntem Katalog der türkischen Literatur etwa stammten die italienischen Werke ausschließlich aus Blotius' persönlicher Bibliothek.[451] Das zweite charakteristische Merkmal von Becks Turcica-Kollektion war die Unterdrückung von Werken aus dem Bereich der religiösen Propaganda und die klare Bevorzugung von relativ objektiv bearbeiteten Schriften auf dem Gebiet der Historiographie, Topographie und der Reiseberichte. Auch die Rezeption von türkischen Originalwerken kann nicht ausgeschlossen werden, obwohl das sog. rosenbergische Verzeichnis darüber schweigt. Außer der Nachricht von Stephan Schupmann, der Beck einen direkt auf dem Schlachtfeld erhaltenen Koran schenkte, findet sich im späteren Katalog der dietrichsteinischen Bibliothek der Eintrag über „zwei arabische Büchlein" von kleinem Format, von denen man annehmen kann, dass sie aus der ursprünglichen Bibliothek von Ebreichsdorf stammen dürften.[452] Hieronymus Beck besaß auch die erste gedruckte Edition des Korans von Theodor Bibliander aus dem Jahre 1550, die auf der Grundlage einer älteren Übersetzung durch Robert von Chester (12. Jh.) erstellt wurde. Ein weiteres Originalwerk, das durch eine Edition zugänglich gemacht wurde, war die Muḥammad Ibn-Sīrīn (8. Jh.) zugeschriebene arabische Traumdeutung, die 1577 von Johannes Löwenklau in lateinischer Übersetzung unter dem Titel *Apomasaris Apotelesmata* auf der Grundlage der Handschrift von Johannes Sambucus herausgegeben wurde. Dieses Buch wurde sogar Hieronymus Beck gewidmet.[453]

---

449 Katalog Beckiana (6Hi 91); Roma: Biblioteca Apostolica Vaticana (Vat. Reg. 931); Edition MATKOVIĆ, Petar: Descriptio peregrinationis Georgii Huszthii. *Starine* 13, 1881, S. 1–38; STEPANIĆ, Gorana: Creating a Value-Added Text: Descriptio peregrinationis Georgii Huszthii. *Systasis* 18, 2011, S. 1–14. http://www.croatianhistory.net/etf/lat.html

450 ÁCS: Pro Turcis and contra Turcos ... S. 34.

451 UNTERKIRCHER: Hugo Blotius und seine ersten Nachfolger (1575–1663) ... S. 111; NECK, Rudolf (ed.): *Österreich und die Osmanen. Gemeinsame Ausstellung der Österreichischen Nationalbibliothek und des Österreichischen Staatsarchivs. Katalog*. Österreichische Nationalbibliothek, Wien 1983, S. 54–55.

452 Stockholm: Kungliga biblioteket (U 377, fol. 347, D 78), ZAORAL: Stockholmský inventář mikulovské knihovny ... S. 245, Nr. 115 und 116.

453 Katalog Beckiana (4Phil 70).

Auf dem Gebiet der religiösen Polemiken sind in Ebreichsdorf lediglich die Bulle Papst Alexanders VI. gegen die Türken aus dem Jahre 1500 sowie die sog. Ermahnung Sebastians von Baden, des Abtes des Klosters Bruck (Louka u Znojma), belegt, die jedoch erst 1597 gedruckt und deshalb zweifellos von einem der Söhne von Hieronymus erworben wurde. Propagandistischer Natur waren auch das Buch des Wiedertäufers Simon Wolder, das Hieronymus Beck in der Ausgabe von 1558 besaß, und der Wiegendruck eines antitürkischen Traktats aus dem Jahre 1481 über die türkischen Kriege betreffende Prophezeiungen.[454]

Hieronymus Beck besaß zwei sprachliche Fassungen (die lateinische und die französische) des Werkes von Christophe Richer, dem französischen Gesandten in Konstantinopel, aus dem Jahre 1540, das zu den ersten gedruckten Studien über die osmanische Zivilisation gehörte und als eines der ersten die Europäer mit Gewohnheiten, Gebräuchen, Bekleidung und sonstigen Lebensumständen der Türken detailliert bekanntmachte.[455] Von Pierre Gilles stammte die topographisch-geographische Beschreibung des Bosporus und von Konstantinopel, die in der zweiten Hälfte des 16. Jahrhunderts zu einem grundlegenden Handbuch über dieses Gebiet wurde. Ein viel aufgelegter Autor war auch Bartolomej Georgijević, der 13 Jahre lang in türkischer Gefangenschaft verbrachte und dann seine Erfahrungen und Beobachtungen drucken ließ. Von einigen Werken Georgijevićs gab es in der Bibliothek von Ebreichsdorf nur ein einziges, und es war symptomatisch, dass es sich um das Werk handelte, das sich primär der Lage der Christen im Osmanischen Reich widmete, einer Frage, der Hieronymus Beck offensichtlich große Aufmerksamkeit schenkte.[456]

Die gedruckten Reisebeschreibungen der Türkei, die sich in der Beck'schen Büchersammlung befanden, kamen relativ häufig auch in anderen Bibliotheken vor. Es handelte sich beispielsweise um den in Korrespondenzform verfassten Reisebericht von Nicolaus Clénard oder um die italienische Edition von Antonio Manuzio aus dem Jahre 1543 mit Reiseberichten einiger italienischer Autoren über Persien, Äthiopien und Indien vom Ende des 15. und Beginn des 16. Jahrhunderts. Interessanter ist schon das Vorhandensein einer deutschen Übersetzung eines französischen Reiseberichts über die Türkei mit bedeutenden Bildbeilagen, dessen Autor der Soldat, Reisende und Geograph Nicolas de Nicolay war, der ebenso wie Becks Gefährte Garsin aus der Dauphiné stammte und den Hieronymus Beck theoretisch 1551 in Konstantinopel persönlich hätte treffen können.[457] Beck kannte offensichtlich auch den flämischen humanistischen Schriftsteller und Diplomaten in kaiserlichen Diensten Ogier Ghislain de Busbecq, der in seinen Briefen seine Reise von Wien nach Konstantinopel und nach Asien detailliert und mit scharfsinnigen Beobachtungen über den türkischen Alltag schilderte.[458] Aufgrund von Breite und Tiefgang seiner Ausführungen wurde Busbecqs Reisebericht auch zu einem Klassiker innerhalb der belehrenden Literatur. Busbecq bewertete das Osmanische Reich relativ objektiv – er interessierte sich für die Ursachen der türkischen Erfolge und lobte in diesem Zusammenhang das militärische System und die

454 Katalog Beckiana (4Phil 44).
455 Katalog Beckiana (6Hi 109, 127).
456 Katalog Beckiana (6Hi 200); BABINGER, Franz: Die türkischen Studien in Europa bis zum Auftreten Josef von Hammer-Purgstalls. *Die Welt des Islams* 7/3–4, 1919, S. 104–105.
457 Katalog Beckiana (6Hi 74).
458 Katalog Beckiana (6Hi 210).

soziale Mobilität der Türken. Er schätzte insbesondere die Tatsache hoch ein, dass für die Vergabe der Ämter und den gesellschaftlichen Aufstieg im Osmanischen Reich angeblich die Verdienste und Tugenden und nicht die adlige Herkunft ausschlaggebend waren. Beck besaß auch zwei handschriftliche Reisebeschreibungen. Die (nicht erhaltene) Handschrift *Reiss Jn die Türkay*, deren Autor oder ursprünglicher Besitzer Leopold Heuperger, ein Verwandter der Familie Beck war, war mit dem Jahr 1533 datiert.[459]

Hieronymus Beck besaß auch relativ viele Werke, die sich mit der Geschichte des Osmanischen Reiches und mit den Türkenkriegen beschäftigten. Außerordentlich war beispielsweise die Arbeit des byzantinischen Historikers Laonikos Chalcocondyles (Beck besaß ihre Basler Ausgabe von 1556), der die letzten 150 Jahre des byzantinischen Reiches sowie dessen Untergang, den er selber miterlebte, beschrieb. Zum Unterschied von vielen anderen byzantinischen Historikern beschreibt Chalcocondyles die Geschichte des Osmanischen Reiches nicht von der Position der Byzantiner, sondern von der der osmanischen Türken aus, und die religiöse Problematik und mit ihr zusammenhängende Streitigkeiten legt er schon mit einem gewissen Abstand, ja fast mit Gleichgültigkeit dar. Zu Teilbearbeitungen, die die steigende gesellschaftliche Spannung reflektierten, die seit der Eroberung Konstantinopels im Jahre 1453 anstieg (und schließlich ihren Gipfelpunkt in der Belagerung Wiens im Jahre 1529 fand), gehörte die Abhandlung des italienischen Historikers des 15. Jahrhunderts Philippus Callimachus über die Türkenkriege zu der Zeit von Wladislaw Jagiello. Hieronymus Beck kaufte 1592 in Wien um einen Gulden eine Pergamenthandschrift mit seinem Werk.[460]

Erhalten hat sich auch Becks Exemplar der gedruckten Biographie von Gjergj Kastrioti, genannt Skanderbeg.[461] Dieser albanische Fürst wurde im Kampf gegen die Osmanen im 15. Jahrhundert berühmt und Barletis Bearbeitung seines Lebens (zum ersten Mal 1510 in Rom herausgegeben) war sehr verbreitet. In der Bibliothek von Ebreichsdorf befand sich die Straßburger Ausgabe von 1537, die bereits Marcus Beck erworben hatte, aber die Belege einer aktiven Lektüre des Werkes stammen erst aus der Feder von Hieronymus Beck. Dieser hat jedoch das Studium des Buches – ähnlich wie im Fall des historischen Werkes von Livius – nicht beendet: Die Notizen Hieronymus Becks enden auf Seite 35, das Buch hat aber insgesamt 371 Seiten. Zu den direkten Erwerbungen von Hieronymus Beck gehören das Buch über die Türkenkriege in Ungarn von Alfonso de Ulloa sowie weitere italienische und französische Turcica: das Buch von Andrea Cambini, das vor allem durch seine Objektivität und offene positive Einschätzung des Niveaus der türkischen Staatsverwaltung wertvoll ist, sowie die italienische und französische Fassung der grundlegenden Schrift über das Osmanische Reich von Francesco Sansovino, in dem der Verfasser eine kritische Position gegenüber den bisherigen Kenntnissen und Vorstellungen bezog.[462]

---

459 Vgl. S. 25.

460 Angaben über den Kauf bei BECK: *Hieronymus Beck von Leopoldsdorf (1525–1596)...* S. 120; Katalog Beckiana (6XXX 9); Roma: Biblioteca Apostolica Vaticana (Reg.lat. 681); die Handschrift wird auch im Katalog der dietrichsteinischen Bibliothek registriert: „Calimachi Hetrusci contra Turcos manu script. in membrana", Stockholm: Kungliga biblioteket (U: 377, fol. 278 D 89); ZAORAL: Stockholmský inventář mikulovské knihovny ... S. 244 Nr. 96.

461 Katalog Beckiana (6Hi 30), Uppsala: Carolinabiblioteket (D:127).

462 Katalog Beckiana (6Hi 128, 126).

Erstaunlicherweise hat man keine Belege darüber, dass sich in der Bibliothek von Ebreichsdorf die erste Ausgabe der sog. türkischen Chronik von Johannes Löwenklau befunden hätte, die Hieronymus Beck dezidiert wurde, der die Drucklegung teilweise initiiert hatte. Hieronymus Beck besaß nachweislich erst die zweite Ausgabe, und zwar sowohl in Deutsch als auch in Latein.[463] In der Bibliothek wurde allerdings auch die Handschrift mit dem Titel *Türkische Chronica* aufbewahrt, von der ich annehme, dass es sich um eine handschriftliche deutsche Übersetzung der ursprünglich türkischen Chronik handelte, die Beck 1551 aus Konstantinopel mitbrachte. Der Autor der Übersetzung war Johann Gaudier und Hieronymus Beck erwarb diese Handschrift erst 1586 über einen seiner Bekannten am Hof.[464]

Einen bedeutenden Komplex bildeten in der Bibliothek auch Bücher, die sich mit dem militärischen Aspekt der türkischen Geschichte befassten. Hieronymus Beck besaß die Arbeit von Heinrich Pantaleon über den Johanniterorden und seine Kämpfe gegen die Türken (Basel 1581). Von Interesse ist auch das erhaltene Exemplar des Buches von Giovanni Tommaso Minadoi über die türkisch-persischen Kriege bis 1579 mit einer detaillierten Landkarte von Kleinasien. Das Buch enthält nämlich häufige Unterstreichungen, und obwohl man nicht feststellen kann, ob sie von Becks Hand stammen, ist es sehr interessant, dass sie sehr oft die rechtliche Stellung der Christen in diesem Gebiet betreffen.[465] Hieronymus Beck schenkte verständlicherweise den aktuellen Kriegsereignissen große Aufmerksamkeit, er schaffte sich die Werke von Leonard Gorecki, Pietro Bizzari und Francesco Antonio Cirni an, die sich den Kriegen gegen die Türken in der Zeit Kaiser Maximilians II. widmeten.[466]

In der Familienbibliothek konnten auch einige der Belagerung Wiens gewidmete Bücher nicht fehlen, obwohl man wegen der damaligen Buchdruckproduktion und dem persönlichen Engagement Marcus Becks eine viel höhere Zahl erwarten würde.[467] Marcus Beck besaß eine 1529 in Wien herausgegebene Beschreibung der damaligen Ereignisse[468]; darüber hinaus befand sich in der Beck'schen Bibliothek auch das

---

463 Die deutsche Fassung – Katalog Beckiana (6XXX 11, 12), Uppsala: Carolinabiblioteket (U:53); die lateinische Fassung – Katalog Beckiana (6Hi 82); das Exemplar in Stockholm: Kungliga biblioteket (125 B 8 a Fol. Leunclavius, J. L., Historiæ musulmanæ ... libri 18. 1591). Das Stockholmer Exemplar kann jedoch mit dem der Bibliothek von Hieronymus Beck nicht eindeutig gleichgesetzt werden.

464 Katalog Beckiana (6Hi 129). Die Handschrift gelangte nach Schweden (sie wird im Katalog der dietrichsteinischen Bibliothek verzeichnet – Stockholm: Kungliga biblioteket (U:377, fol. 278 D 99), heute ist sie jedoch verschollen. ZAORAL: Stockholmský inventář mikulovské knihovny ... S. 244, Nr. 95. Über die Genese des ganzen Problems mehr auf S. 192.

465 Katalog Beckiana (6XXX 13), Leiden: Universiteitsbibliotheek (388 C 15), Unterstreichungen vor allem auf S. 146, 161, 167, 243, 249.

466 Katalog Beckiana (6Hi 173, 203, 228).

467 STURMINGER, Walter: *Bibliographie und Ikonographie der Türkenbelagerungen Wiens 1529 und 1683.* Böhlau, Graz – Köln 1955, registriert 534 gedruckte Werke.

468 Katalog Beckiana (6Hi 83) – das Exemplar ist auch Bestandteil des bereits erwähnten, im schwedischen Västerås erhaltenen Konvoluts von Zeitungen, von dem ich annehme, dass es aus der Beck'schen Bibliothek stammte, obwohl ein eindeutiger Beweis in Form eines Exlibris fehlt; HUMMELBERGER, Walter: *Wiens erste Belagerung durch die Türken 1529.* Österreichischer Bundesverlag, Wien 1976, Katalognummer 14, S. 10; LEYHE, Wilhelm: Geschichte der Belagerung der Stadt Wien 1529 aus einer

selbständige handschriftliche Verzeichnis der Wiener Helden *Catalogus virorum Illustrium etc. quorumq; virtute Vienna Anno 1529 die 26. Septm. servata sunt,* was vom Respekt zeugt, den die Familie Beck diesem Ereignis und ihrem eigenen Anteil daran zollte.[469] Die Familie Beck besaß auch die lateinische Schilderung der Belagerung Wiens von einem direkten Zeugen, nämlich Paul Pessels *Viennae Austriae, a Sultano Soleymano obsessae Historia.*[470] Das Werk war 1530 anonym in Augsburg erschienen, die Familie Beck besaß jedoch eine Handschrift mit der eindeutigen Bestimmung von Pessels Verfasserschaft.

Mit Vorschlägen zur militärischen Verteidigung Wiens und Modernisierung der österreichischen Armee – offensichtlich wegen der Türkengefahr – befasste sich auch die jüngere Handschrift *Kurtz wollvermeintes guthe dencken belangend der Röm. Khay. Mat. Arshenal Jn Wien.*[471] Ihr Verfasser war Ferdinand Weidner von Billerburg, ein Verwandter des Wiener Arztes jüdischer Abstammung Paul Weidner, mit dem Hieronymus Beck verkehrte.[472]

Mensch und Welt

Medizin

Der Bereich der Medizin gehörte neben der Rechtswissenschaft traditionell zu den kleinsten Bereichen von Adelsbibliotheken. In den meisten davon – ohne Unterschied ihrer Größe oder ihres Charakters – machte die Medizin fünf bis sieben Prozent ihrer Größe aus, und auch eine noch niedrigere Vertretung (1 bis 3 %) war keine Ausnahme, so beispielsweise in der Bibliothek Gundakers von Starhemberg und Wolf Rumpfs von Wieloß (siehe Tab. 5). In der rosenbergischen Bibliothek machte die medizinische Literatur neun Prozent ihres Umfangs aus, was jedoch keineswegs durch ein enormes Interesse an diesem Fachbereich gegeben war, sondern durch die Eingliederung der zahlenmäßig starken Gruppe von praktisch orientierten alchemistischen Schriften in diesen Bereich. Die Sammlung der medizinischen Literatur in Ebreichsdorf beanspruchte schon wegen ihres Umfangs von etwa 60 Drucken keinen solchen universellen Charakter, wie es in Ambras oder am Hof der Rosenberger der Fall war. Václav Březan hat übrigens zu diesem Bereich der Beck'schen Bibliothek selbstbewusst bemerkt, dass die Rosenberger die meisten dieser Bücher bereits besitzen „und noch viele andere darüber hinaus".[473]

gleichzeitigen Handschrift. In: *Diplomatische Beiträge zu den Geschichten und zu den teutschen Rechten.* Leipzig 1777, S. 1–52.

469 Katalog Beckiana (6Hi 233) – bei diesem nicht erhaltenen Dokument mit dem Katalog der Wiener Helden wird ein kleineres Format angegeben, als die gedruckten Flugschriften und Abhandlungen hatten, was eindeutig dafür spricht, dass es sich um eine Handschrift handelte.

470 Katalog Beckiana (6Hi 84).

471 Katalog Beckiana (6Hi 89).

472 Weidners Handschrift mit dem ähnlichen Titel *Vorschläge für das Arsenal in Wien und die kaiserliche Armada* mit einer Dedikation an Erzherzog Maximilian ist in der Württembergischen Landesbibliothek in Stuttgart erhalten, vgl. GOTTWALD, Clytus: *Die Handschriften der Württembergischen Landesbibliothek Stuttgart* I, Wiesbaden 1981, S. 32; für die Angaben zur Provenienz der Stuttgarter Fassung von Weidners Handschrift danke ich Frau Dr. Arietta Russ herzlich.

473 Třeboň: Státní oblastní archiv (CR – z Rožmberka, 20a, fol. 105v).

Einer der charakteristischen Züge der medizinischen Literatur in den Adelsbibliotheken war der relativ hohe Anteil an Handschriften – ihre große Zahl ist nicht nur in der rosenbergischen und in der Ambraser Bibliothek, sondern auch in der sonst wenig bekannten Bibliothek Christophs von Wolkenstein belegt.[474] Ein Teil dieser Handschriften entstand direkt für den Bedarf des jeweiligen Hofes und manche wurden von den Mitgliedern der Adelsfamilie selbst verfasst. In der Ambraser Bibliothek gab es eine Handschrift von Philippine Welser, in der rosenbergischen Bibliothek die Handschrift Peter Woks von Rosenberg über das Kurieren von Pferden sowie ein medizinisches Buch seiner Mutter Anna von Rogendorf; eine medizinische Schrift verfasste auch der damals zweiundzwanzigjährige Christoph von Wolkenstein.[475] Unterschiedlich war jedoch ihre sekundäre Funktion: In Ambras wurden mehrere medizinische Handschriften (ähnlich wie Handschriften anderer Bereiche) zum geschätzten Sammlerobjekt und als solches wurden sie in der Kunstkammer aufbewahrt, in der rosenbergischen Bibliothek überwog dagegen völlig der praktische Grund für Entstehung sowie Besitz solcher Handschriften. In Třeboň ist auch häufiger die Verwendung von medizinischen Büchern als Gegenstand von Tausch oder Schenkung an befreundete und verwandte Adlige belegt, es handelte sich allerdings des Öfteren um gedruckte Werke (besonders Herbarien).[476]

Einige medizinische Handschriften kamen nach Ebreichsdorf als Geschenk. Sie belegen die nahe Beziehung Hieronymus Becks und seiner Familie zu einigen Mitgliedern der herrschenden Familie Habsburg. Die ursprüngliche Besitzerin oder gar Verfasserin einer medizinischen Handschrift im Folioformat war Katharina von Österreich, Tochter Ferdinands I.[477] Barbara von Spangenstein, die erste Frau Hieronymus Becks, war bis zu ihrer Vermählung im Jahre 1553 Mitglied des Frauengefolges von Katharina von Österreich.[478] Wann und unter welchen Umständen diese Handschrift in die Bibliothek von Ebreichsdorf gelangte und ob dies durch die Vermittlung der ersten Frau Hieronymus Becks geschah, ist wohl nicht mehr festzustellen, denn diese Handschrift ist, so wie die meisten der Ebreichsdorfer Bibliothek, nicht erhalten. Dies betrifft leider auch die medizinische Handschrift *Artzney büchel weiland Kaysers Maximiliani dess Andern hochsaeligster gedächtnuss manuscriptus*, die ebenfalls nur aus der Abschrift eines zeitgenössischen Katalogs bekannt ist.[479] Hieronymus Beck dürfte diese Handschrift von Kaiser Maximilian II. selbst erhalten haben.

Der gedruckte Teil der medizinischen Literatur in der Ebreichsdorfer Bibliothek war praktisch orientiert, wovon auch die Tatsache zeugt, dass die meisten Werke deutsch oder italienisch sind. Auch in Třeboň und in Ambras wurden medizinische Drucke ohne Sammlerabsichten gekauft, allerdings viel systematischer und nur teilweise im Bezug auf die Praxis. Was die Erscheinungsorte der medizinischen Bücher anbelangt,

474 DÖRRER: Die Bibliothek des Freiherrn Christoph von Wolkenstein ... S. 30–37. Das Nachlassinventar der Bibliothek Ferdinands II. von Tirol erfasste nachweislich nur einen Teil der Handschriften, die sich am Ambraser Hof befanden, vgl. SMOLKA, Josef: Artis medicinalis libri. Lékařská literatura. In: PURŠ, Ivo – KUCHAŘOVÁ, Hedvika (edd.): *Knihovna arcivévody Ferdinanda II. Tyrolského* ... S. 145–179.

475 DÖRRER: Die Bibliothek des Freiherrn Christoph von Wolkenstein ... S. 34, Nr. 66.

476 VESELÁ: *Knihy na dvoře Rožmberků* ... S. 43.

477 Katalog Beckiana (3Me 30).

478 ZEIBIG, Hartmann Joseph: Die Familien-Chronik der Beck von Leopoldsdorf. *Archiv für Kunde österreichischer Geschichts-Quellen* 8, 1852, S. 209–229.

479 Katalog Beckiana (3Me 61).

stammten sowohl in Ambras als auch in Ebreichsdorf die meisten Bücher aus Italien, der Schweiz und aus Straßburg, die Produktion von deutschen und Wiener Druckereien stand eher am Rande.[480] Sofern man nach den Erscheinungsjahren urteilen kann, wurden die medizinischen Bücher kontinuierlich eingekauft und erworben; ein größeres Wachstum, das möglicherweise mit dem fortgeschrittenen Alter Hieronymus Becks zusammenhängt, kann nur in den 80er Jahren des 16. Jahrhunderts verzeichnet werden.

Sehen wir uns nun kurz an, wie sich in der Bibliothek von Ebreichsdorf die wichtigsten Impulse in der Medizingeschichte des 16. Jahrhunderts niederschlugen, und zwar die Rückkehr zu den medizinischen Autoritäten des Altertums, die Differenzierung von medizinischen Fächern und die Rezeption des Paracelsismus.[481] Hieronymus Beck besaß fünf medizinische Werke des Altertums: die Schriften von Galen, Pedanios Dioskorides, zwei Bücher des griechischen Arztes Alexander Trallianus (Practica und Anatomie) sowie das wiederentdeckte klassische Werk von Aulus Cornelius Celsus in der Genfer Ausgabe von 1567. Es fehlte nicht einmal die bekannte, aus einigen griechischen Texten zusammengestellte Schrift *Hippiatria* über die Pferdeheilkunde. Ungefähr gleich stark waren auch mittelalterliche, insbesondere arabische Ärzte vertreten: Serapion der Jüngere, Yiṣḥāq ibn Sulaimān, Al-Isrā'īlī, Avicenna und Muhammad ibn Zakariya al-Razi, genannt Rhazes.

Die Abwendung von mittelalterlichen Autoren zugunsten der neuzeitlichen Medizin, die sowohl in der rosenbergischen als auch in der Ambraser Bibliothek offenkundig war, war in Ebreichsdorf nämlich nicht so markant. In der Beck'schen Bibliothek findet man darüber hinaus fast keine Werke des Paracelsismus, die im Adelsmilieu in ganz Europa zu den Prioritäten gehörten, einschließlich des habsburgischen Hofes, der Ambraser und der rosenbergischen Bibliothek. In Ebreichsdorf ist nur ein einziges Buch dieser Richtung belegt (eine Arbeit des paracelsianischen Arztes Georg Pictorius aus Villingen[482]), was völlig der offensichtlich ablehnenden oder geringschätzigen Einstellung Hieronymus Becks zu der auf chemischen Prinzipien basierenden neuen Auffassung der Naturphilosophie entspricht. Für die okkulte Philosophie und Alchemie hat sich Hieronymus Beck wohl gar nicht interessiert, was durch die augenscheinliche Absenz von hermeneutisch-magischen Büchern sowie alchemistischen Schriften belegt wird.

Die größte Gruppe des Bereichs bildeten Schriften allgemein medizinischen Charakters sowie die praktische Medizin. Hier hatten ihren Platz verschiedene Kompendien (Rembert Dodoens), medizinische Wörterbücher und Lexika (Otto Brunfels, Lorenz Fries, Lecocq Pascal) sowie die Korrespondenz bedeutender Ärzte (Pierandrea Mattioli). Von der praktischen Medizin bevorzugten die Mitglieder der Familie Beck Handbücher, die sich mit der Heilung von fieberhaften Erkrankungen und mit der Diagnostik (Michael Savonarola, Giovanni Battista de Monde, Franz Emmerich) sowie mit der Wundarznei befassten; wenigstens mit einem Druck war die innere Medizin, die Gynäkologie und die Geburtshilfe vertreten (italienisches gynäkologisches Handbuch von Giovanni Marinelli aus dem Jahre 1563).

480 Zum Angebot medizinischer Literatur auf dem Büchermarkt MACLEAN, Ian: *Learning and the Market Place. Essays in the History of the Early Modern Book.* Brill, Leiden 2009, S. 59–86.

481 WEAR, Andrew – FRENCH, Roger Kenneth – LONIE, Iain M.: *The Medical Renaissance of the Sixteenth Century.* Cambridge Univ. Press, Cambridge 1985.

482 Katalog Beckiana (3Me 76).

Interessant ist auch das Vorkommen von zwei chiromantischen Abhandlungen, die durch eine detaillierte Analyse einzelner Wesenszüge des Menschen versuchten, nicht nur seinen Charakter und sein Schicksal, sondern auch seine Neigung zu Herz-, Leber- oder anderen Krankheiten festzustellen.[483] Außerordentliche Aufmerksamkeit widmete Hieronymus Beck auch den Handbüchern gegen die Pest, in Ebreichsdorf befanden sich sechs davon. Neben den bekannten Werken von Oddo Oddi, Pierre Droet und dem klassischen Werk von al-Razi besaß Hieronymus auch das Handbuch des kaiserlichen Arztes Johann Crato, der als erster Arzt auf den Mechanismus der Ansteckbarkeit durch die Pest aufmerksam machte. Von der Dringlichkeit des Pestproblems zeugt auch die Abschrift des bekannten und weit verbreiteten Handbuchs gegen die Pest von Alexander Seitz, das in Deutschland im ersten Drittel des 16. Jahrhunderts in mehreren Ausgaben erschien. Es scheint, dass es trotzdem unzugänglich war: Hieronymus Beck ließ 1571 eine handschriftliche Kopie anfertigen, offensichtlich im direkten Zusammenhang mit der Pestepidemie, von der Österreich in jenem Jahr heimgesucht wurde. Auch einige weitere Drucke gegen die Pest, die sich in der Beck'schen Bibliothek befanden, erschienen übrigens auch zu Beginn der 70er Jahre des 16. Jahrhunderts.

Den ideellen Gipfel der damaligen medizinischen Wissenschaft stellten die anatomischen Werke dar, deshalb ist es von Interesse, ihre Vertretung in den einzelnen Bibliotheken zu vergleichen. In der rosenbergischen Büchersammlung war ihre Kollektion mehr als repräsentativ (insgesamt 23 Werke, einschließlich Vesalius' *De humani corporis fabrica libri septem*), aber in Ambras wurde die Anatomie nur marginal beachtet. Ähnlich war es auch in Ebreichsdorf, wo nur eine einzige anatomische Abhandlung belegt ist. Es handelte sich um den Text des antiken Mediziners Alexander Trallianus in der Basler Ausgabe von 1533.[484] Viel intensiver interessierte sich Hieronymus Beck offensichtlich für die Chirurgie und Wundarznei (insgesamt sechs Werke). Neben dem klassischen Werk von Hieronymus Brunschwig besaß er auch moderne Handbücher von Pietro Argellata und Jean Tagaut sowie die nicht näher zu bestimmende Handschrift *Allerley khünst vnd wundttsegen*.[485]

Hieronymus Beck besaß erstaunlicherweise auch das konservative pädagogische Handbuch des Wiener Professors Martin Stainpeis, der die scholastischen Methoden in der Ausbildung von Ärzten verteidigte.[486] Das Exemplar mit dem Exlibris von Hieronymus Beck ist in der Universitätsbibliothek von Madrid erhalten; seine Seiten verraten jedoch nichts darüber, auf welchen Wegen es bis auf die Iberische Halbinsel in die Bibliothek des erst 1780 gegründeten Königlichen chirurgischen Kollegiums

483 Katalog Beckiana (13Mat 14, 15).

484 Katalog Beckiana (3Me 4).

485 Katalog Beckiana (3Me 64). Der Eintrag ähnelt dem Titel des Drucks von SCHERER, Georg: *Ein bewerte Kunst vnd Wundsegen*. Ingolstadt 1595 (VD16 2683, 2684), man kann ihn aber damit nicht eindeutig identifizieren.

486 Katalog Beckiana (3Me 50); Madrid: Bibliotheca Complutense (BH MED 2020). Die digitalisierte Kopie ist im Portal www.manuscriptorium.com zugänglich. Das Buch hat keine Notizen und einen modernen Einband; O'MALLEY, Charles Donald (ed.): *The History of Medical Education*. Univ. of Calif. Press, Berkeley – Los Angeles – London 1970, S. 219–220; SCHWARZ, Ignaz: *Geschichte des Wiener Apothekerwesens im Mittelalter*. Verl. d. Wiener Apotheker-Hauptgremiums, Wien 1917, S. 137–161.

gelangte[487], dessen Stempel sich auf der Titelseite des Buches befindet, wo auch das handschriftliche Exlibris von Hieronymus Beck eingetragen ist. Die Spekulation, dass Hieronymus Beck 1549 selbst das Exemplar nach Spanien mitbrachte, ist ziemlich gewagt. Zur Änderung der Ärzteausbildung in Wien kam es erst nach 1550 dank dem Drängen Ferdinands I. auf eine Reform des Universitätsunterrichts. Die Bibliothek von Ebreichsdorf reflektierte die Publikationen neuer Wiener Professoren, die bereits von italienischen Ärzteschulen ausgebildet wurden, vor allem handelte es sich um Franz Emerich und Mathias Cornax.[488] Eine lokale und später auch weltweite Sensation wurde durch die Durchführung eines Kaiserschnitts an einer lebendigen Frau hervorgerufen, die 1549 der Universitätsprofessor und Arzt Mathias Cornax in Wien wagte. Das Kind starb zwar später, Cornax hatte jedoch die Operation als erster gründlich dokumentiert und die Abhandlung darüber auch im Druck herausgegeben. Hieronymus Beck besaß sowohl die lateinische als auch die weniger bekannte deutsche Ausgabe.[489]

Ungewöhnlich ist die hohe Rezeption der Werke von Simone Simoni in der Beck'schen Bibliothek. Simoni war ein italienischer Arzt und kontroverser Philosoph mit radikalen antitrinitarischen Ansichten, trotzdem wurde er 1581 in die Hofdienste Rudolfs II. aufgenommen. In seiner Zeit erweckte er durch seine Konversion zum Katholizismus großes Aufsehen, dann war er einige Jahre in Ungarn und in Polen tätig, wo er Leibarzt von Stephan Báthory war. Nach Báthorys Tod im Jahre 1586 wurde er von Nicholas Buccella, dem Arzt des neuen polnischen Königs Sigismund III. Wasa, des unrichtigen Heilens bezichtigt, und ihr Streit, der auch öffentlich durch den Buchdruck ausgetragen wurde, fand überraschenderweise auch in der Beck'schen Bibliothek durch drei Druckwerke seinen Niederschlag.

Hieronymus Beck besaß auch zwei Handbücher über das Kurwesen. Das eine befasste sich mit dem Kurwesen im Altertum (1553 in Venedig erschienen), das andere, von Pietro Paolo Paravicino, stellte die Bäder in Bormio und Messina vor. Angesichts seines Erscheinungsjahres (1545) kann es sich um eine direkte Erwerbung durch Hieronymus Beck während seines damaligen Italienaufenthaltes gehandelt haben.[490] Eine andere geographische Orientierung der Schriften mit der Thematik des Badewesens tritt sowohl im Vergleich mit der Bibliothek von Ambras, in der Abhandlungen über Kurorte in Westböhmen, Frankreich und Italien vorhanden waren, als auch mit der der Rosenberger, in der Beschreibungen von Kurorten in Deutschland, Mähren und der Schweiz vorkamen, deutlich zu Tage.

Für die Beck'sche Bibliothek war eine starke Rezeption von pharmazeutischen Werken charakteristisch, die häufig an der Grenze zwischen dem naturkundlichen Teil der Alchemie und der Medizin standen. In der Bibliothek befanden sich insgesamt elf pharmakologische Handbücher. Von den älteren Schriften ist das sehr verbreitete Werk *Luminare* von Giovanni Giacomo Manlio in einer frühen italienischen Ausgabe anzuführen, des Weiteren das bekannte Buch von Hieronymus Brunschwig über die Herstellung des „Kräuterwassers", das in der Chirurgie als Pestvorbeugung verwendet wurde, von den übrigen Werken ist wenigstens die Schrift *Pharmacopeia* des

487 Real Collegio de Cirugia de San Carlos. Mehr dazu ÁLVAREZ Sierra J.: Historia de la Escuela de Medicina de Madrid. Colegio de San Carlos. *Ciencias Médicas Hispano-Americanas* 8 (44), 1955, S. 251–263.
488 Katalog Beckiana (3Me 38).
489 Katalog Beckiana (3Me 56, 57).
490 Katalog Beckiana (3Me 7, 43).

Augsburger Arztes Adolf Occo zu erwähnen.[491] Das Werk spielte in Mitteleuropa eine außerordentliche Rolle, denn Occo definierte darin eine einheitliche Skala von Arzneimitteln und vereinheitlichte die Zusammensetzung der einzelnen Präparate. Im breiteren Vergleichskomplex erscheint jedoch diese erhöhte Vertretung von pharmazeutischen Schriften keineswegs außerordentlich, belegt ist sie auch in der Ambraser Bibliothek sowie in der Sammlung Peter Woks von Rosenberg. Ungewöhnlich ist jedoch das Vorkommen von gleich zwei Handbüchern über die Gifte (eines gar in französischer Sprache) in der Bibliothek von Ebreichsdorf. Obwohl es sich dabei in jener Zeit um eine aktuelle Thematik handelte, erscheinen diese Texte in den Adelsbibliotheken nur ganz vereinzelt – beispielsweise in der vielfach größeren Bibliothek Ferdinands II. von Tirol gab es nur ein einziges Exemplar.[492]

Gartenbau und Botanik

Das Interesse der Familie Beck an Gärten im Renaissancestil wird zumeist lediglich im Zusammenhang mit Hieronymus Beck und seiner Bautätigkeit in Ebreichsdorf erwähnt.[493] Weniger bekannt ist die Tatsache, dass Marcus Beck einer der ersten in Wien war, die einen Obstgarten nach dem damals neuen Fünfpunktesystem anlegten.[494] Eine genaue Gestalt der späteren Gärten in Ebreichsdorf kennt man zwar nicht, aber ihre Grundanordnung wies – ähnlich wie mehrere andere niederösterreichische Gärten sowie der des „Neugebäudes" – eindeutig auf italienische Vorbilder hin.[495] Laut Renate Busch lernte Hieronymus Beck diese Vorbilder bereits während seines Italienaufenthalts kennen (beispielsweise die Casa de Specchi der Familie Bassano, direkt in Padua befand sich der bekannte Garten von Johann Baptist Rhamnusius).[496] Carolus Clusius bewunderte in den 80er Jahren des 16. Jahrhunderts bei seinen wiederholten Besuchen in Ebreichsdorf die dortigen Zierpflanzen sowie die frei wachsende Flora, und später erwähnte er mit Anerkennung Becks Gärten und Pflanzenwelt in seinem Werk *Rariorum plantarum historia*(Antwerpen 1601).[497] Hieronymus Beck wurde allem Anschein

---

491 Katalog Beckiana (3Me 14, 21, 24).

492 SMOLKA: Artis medicinalis libri ... S. 173.

493 HAJÓS, Géza: Renaissancegärten zwischen Repräsentation und Wissenschaft. In: VOCELKA, Karl – LEEB, Rudolf – SCHEICHL, Andrea (edd.): *Renaissance und Reformation. Katalog zur Oberösterreichischen Landesausstellung 2010.* Trauner, Linz 2010, S. 187; KLEMUN, Marianne: Die neue(n) Wissenschaft(en) – Natur im Diskurs. In: VOCELKA, Karl – LEEB, Rudolf – SCHEICHL, Andrea (edd.): *Renaissance und Reformation* ... Trauner, Linz 2010, S. 173–181.

494 BUSCH: *Studien zu deutschen Antikensammlungen des 16. Jahrhunderts* ... S. 20; aufgrund der Angaben der Handschrift Wien: Österreichische Nationalbibliothek (Cod. Vindob. 8085 – TANNER, Georgius: *Descriptio brevis et dilucida Maximiliani regis Bohemiae ... Viennae ad Danubii ripas et diaetae seu amoenarii ad puteum cervinum et horti et inprimis veteris quincuncis*).

495 HAJÓS: Renaissancegärten zwischen Repräsentation und Wissenschaft ... S. 183–196.

496 BUSCH: *Studien zu deutschen Antikensammlungen des 16. Jahrhunderts* ... S. 24. In einem erhaltenen Exemplar, das von Hieronymus Beck aktiv benutzt wurde, befinden sich auch einige gepresste Blätter. Selbstverständlich können sie dorthin viel später hineingelegt worden sein, aber ebenso könnten sie aus Becks Händen stammen. Strängnäs: Domkyrkans Bibliotek (S 352 q).

497 GELDER: *Tussen hof en keizerskroon: Carolus Clusius* ... S. 301, 314.

nach für einen Kenner auf diesem Gebiet gehalten: 1590 beriet er seinen jüngeren Freund Reichart Streun von Schwarzenau beim Anlegen des Gartens in Freydegg. Als Vorbild empfahl er ihm die prachtvollen Renaissancegärten des niederösterreichischen Schlosses Schallaburg und schickte ihm auch einige Obstbäume.[498]

In der Bibliothek von Hieronymus Beck befand sich eine nicht näher spezifizierte Handschrift aus dem Jahre 1586 mit der Bezeichnung *Catalogus Hort[orum] D. Joannis Hicholtzorum geschrieben*.[499] Mit größter Wahrscheinlichkeit handelte es sich um einen Katalog von nicht näher bestimmten Gärten (wohl von italienischen oder österreichischen), es kann auch die Möglichkeit nicht ausgeschlossen werden, dass die Handschrift direkt die Gestalt des Gartens in Ebreichsdorf und seine Pflanzen beschrieb. Hieronymus Beck ließ nämlich nur zwei Jahre später seine archäologische Sammlung beschreiben und wohl zur gleichen Zeit entstand auch der Katalog seiner Bibliothek. Beck besaß auch ein nicht näher bestimmbares Buch mit dem Titel *Florilegium*.[500] Der Titel bietet zwar verschiedene Interpretationen an (es kann sich beispielsweise um Exzerpte gehandelt haben), aber weil das Buch dem Bereich der „Kunstwerke" zugeordnet wurde, nehme ich an, dass es sich um ein graphisches Album mit Abbildungen von Pflanzen handelte. Alben solcher Art konzentrierten sich zum Unterschied von klassischen Herbarien, die auf nützliche bzw. heilende Eigenschaften der abgebildeten Pflanzen ausgerichtet waren, lediglich auf die ornamentale Seite der Pflanzen. Die Mode solcher Alben gelangte nach Europa aus dem Osmanischen Reich gerade zur Zeit Hieronymus Becks.

Beck besaß auch acht Herbarien. Er betonte ihren spezifischen Charakter an der Grenze zwischen der botanischen und medizinischen Literatur durch die Schaffung einer selbständigen, nur den Herbarien vorbehaltenen Unterabteilung der medizinischen Literatur (siehe Tab. 1). Angesichts ihres Erscheinungsjahres wurden die Herbarien eindeutig von Hieronymus erworben, mit Ausnahme der nicht identifizierbaren Handschrift *Von der Natur und Eigenschafft aller Steinkhreutter*, die im sog. rosenbergischen Verzeichnis bereits mit dem Jahr 1417 datiert ist.[501] Bei den Druckwerken handelt es sich meistens um bekannte und weit verbreitete Schriften von Pedanios Dioskorides, Johannes von Cuba, Castor Durante, Joachim Camerarius, Luigi Anquillara; mit zwei Exemplaren ist das Herbarium von Rembert Dodoens belegt. Andererseits ist jedoch nicht belegt, dass sich in Ebreichsdorf einige grundlegende Werke dieses Faches befunden hätten, etwa die Herbarien von Brunfels und von Mattioli oder die relativ bedeutsame Arbeit über die Methode der Botanik *Methodi herbariae libri tres* des tschechischen Gelehrten Adam Zalužanský von Zalužany aus dem Jahre 1592. Ich nehme deshalb an, dass Becks Interesse an den Herbarien weder systematisch noch zielgerichtet war und dass das Maß ihrer Vertretung keineswegs den damaligen Durchschnitt überstieg, der aus den Bibliotheken Ferdinands II. von Tirol und der Rosenberger bekannt ist.

---

498 ZOTTI, Wilhelm: Die Baugeschichte der Schallaburg. In: FEUCHTMÜLLER, Rupert (ed.): *Renaissanceschloß Schallaburg*. Himberg, Wien 1989, S. 50; HEINZ: Das Porträtbuch des Hieronymus Beck von Leopoldsdorf ... S. 177; BERGER, Eva: *Historische Gärten Österreichs: Garten- und Parksanlagen von der Renaissance bis um 1930, 1. Niederösterreich, Burgenland*. Böhlau, Wien 2002, S. 521–522.

499 Katalog Beckiana (3Me 35).

500 Katalog Beckiana (5Kunst 15); JACKSON, Benjamin Daydon: *A Glossary of Botanical Terms, with their derivation and accent*. Duckworth, London 1900, S. 102.

501 Katalog Beckiana (3Me 31) – die Datierung kann jedoch fehlerhaft sein oder es kann sich um die Datierung der Vorlage der Abschrift handeln.

Landwirtschaft und Zoologie

Viel mehr als in den erwähnten universell ausgerichteten Bibliotheken zeigt sich in der Ebreichsdorfer Büchersammlung die Rezeption von Büchern über die Landwirtschaft. Hieronymus Beck besaß insgesamt 14 in den Jahren 1543–1583 herausgegebene einschlägige Druckwerke; zum Vergleich – in der zehntausend Bände zählenden rosenbergischen Bibliothek waren es nur um elf Bücher mehr. In Ebreichsdorf war ein Drittel dieser Bücher in Italienisch, nur etwas weniger in Deutsch. Ebenso ist es symptomatisch, dass die meisten Bücher in den 70er Jahren des 16. Jahrhunderts gedruckt wurden, während der Zeit der intensiven Landschaftskultivierung in Becks neuer Residenz. Im Unterschied zur rosenbergischen Büchersammlung, die ein buntes Spektrum von vielmehr auf ertragfähige Zuchtwirtschaft (Teichwirtschaft, Imkerei, Pferdezucht) ausgerichteter Literatur aufwies, findet man in der Beck'schen Bibliothek ausschließlich der Wirtschaft und Landwirtschaft gewidmete Literatur.

Hieronymus Beck besaß das beliebte mittelalterliche landwirtschaftliche Handbuch von Cassianus Bassus in zwei sprachlichen Fassungen (lateinisch und deutsch), eine Sammlung von Traktaten über die Landwirtschaft in verschiedenen Ländern von Charles Estienne (in französischer und deutscher Übersetzung) sowie das populäre Buch des spanischen Autors Gabriel Alonso de Herrera (in italienischer und wahrscheinlich auch in spanischer Ausgabe), das bis ins 20. Jahrhundert benutzt wurde. Sein Text enthält auch Informationen über die Tierheilkunde, über die Meteorologie und über den Einfluss von Nahrungsmitteln auf die Gesundheit. Eine ähnliche Ausrichtung hat auch das italienische Buch von Bartolomeo Boldo *Libro della natura et virtu delle cose*, was vielleicht Becks tiefere Interessen in dieser Richtung andeutet. Eine interessante Erwerbung ist auch das im böhmischen Milieu gut bekannte und in Prag in tschechischer Übersetzung erschienene Werk von Johannes Mathesius *Oeconomia*, das eher zu den Erwerbungen von Hieronymus Becks Sohn Christoph gehören könnte.[502] Nicht weniger interessant ist die italienische Dichtung *La coltivatione* von Luigi Alamanni über die Landwirtschaft aus dem Jahre 1546, die sich Hieronymus Beck in der Zeit seines Studiums in Italien beschafft haben dürfte.[503]

Im Unterschied zur rosenbergischen Bibliothek, wo die Zoologie zu den vernachlässigten Fächern gehörte, gab es in der Beck'schen Sammlung gleich sechs Bücher mit diesem Inhalt. Dazu gehörte das allgemein ausgerichtete zoologische Werk von Aelianus Claudius. In der Bibliothek fehlte auch nicht eine von den bekannten Arbeiten Konrad Gessners, die die moderne Zoologie begründeten.[504] Zwei weitere Arbeiten spezialisierten sich auf Fische und es gab auch den Katalog der Vögel von Adrian Collaert.[505] Hieronymus Beck besaß auch die in Wien erschienene Publikation über die Tiere des Nordens (u. a. über Rentiere, Elche und Bärenmarder), deren Verfasser Apollonio Menabeni am schwedischen Königshof und zu Beginn der 90er Jahre auch kurz in Wien tätig war.

502 Das Buch von Mathesius ist ursprünglich deutsch erschienen, trotz der nicht eindeutigen Eintragung handelt es sich wohl um die tschechische Ausgabe von Melantrich (siehe die Angabe "Z nemeke", korrekt „Z německé" – „aus dem Deutschen"; der Eintrag ist unvollendet). Katalog Beckiana (11Rust 14).

503 Katalog Beckiana (11Rust 3).

504 Katalog Beckiana (3Me 27).

505 Katalog Beckiana (3Me 17, 28; 5Kunst 16).

Alchemie, Metallurgie

Ähnlich wie die Astrologie war auch die Alchemie ein am Hof der Familie Beck vernachlässigtes Fachgebiet. In der rosenbergischen sowie in der Ambraser Bibliothek waren hingegen in relativ repräsentativer Auswahl handschriftliche und gedruckte Werke vorhanden, die sich der Alchemie, den okkulten Wissenschaften, der Metallurgie und dem Bergbau widmeten. In der rosenbergischen Büchersammlung befanden sich 141 Schriften zu diesen Fächern, in Ferdinands Bibliothek 55 Werke. Aus der eingehenden Analyse von Ferdinands Sammlung durch Ivo Purš ist darüber hinaus ersichtlich, dass diese Bücher für Ferdinand sehr gezielt und vor allem mit Hinsicht auf praktische Zwecke erworben wurden (zum Unterschied von anderen Fachgebieten waren zu dieser Art von Literatur kostspielig und prachtvoll ausgeschmückte Handschriften nicht vertreten) und dass sich der Erzherzog insbesondere für den metallurgischen, eventuell auch den transmutativen Aspekt der Alchemie interessierte.[506] Für die umfangreiche rosenbergische Sammlung der alchemistischen und okkulten Literatur war vor allem der hohe Anteil von zeitgenössischen, größtenteils bohemikalen Handschriften charakteristisch. An der Entstehung vieler davon beteiligten sich – ob nun als Verfasser oder als Abschreiber – rosenbergische Alchemisten und weitere Hofbedienstete. Diese wirkten auch als Vermittler dieser Literatur (beispielsweise Theobald Höck von Zweibrücken), Ähnliches gilt auch für rudolphinische Gelehrte (Oswald Croll).[507]

Zur eigentlichen Alchemie besaß Hieronymus Beck nur zwei Werke: die Kompilation alchemistischer Traktate von Guglielmo Grataroli (Basel 1561), die auf dem *Index der verbotenen Bücher* stand, sowie eine Arbeit von Johann Jakob Wecker.[508] Hieronymus Beck besaß auch zwei grundlegende Werke der Zeit, die der Metallurgie gewidmet waren – das bekannte Werk von Georg Agricola, das auch auf den Bergbau orientiert war, sowie die seltener vorkommende italienische Arbeit von Vannocio Biringuccio *De la pirotechnia*, die auch alchemistische Passagen enthielt, obwohl sie ansonsten sehr praktisch (etwa über das Gießen von Geschützen u. dgl.) angelegt war.

Mathematik und Astronomie

Der bekannte Wiener Astronom, Mathematiker und Arzt Paul Fabricius bezeichnete Hieronymus Beck als Kenner und Förderer „*bonarum artium*“. Es sollen besonders mathematische Fragen gewesen sein, über die sie lange Gespräche führten. Die überraschende und bisher ganz unbekannte Seite von Becks Interessen erwähnte Fabricius in einem Einblattdruck, den er 1583 im Zusammenhang mit der Einführung der gregorianischen Kalenderreform in den österreichischen Ländern herausgab.[509]

506 PURŠ, Ivo: Das Interesse Erzherzog Ferdinands II. an Alchemie und Bergbau und seine Widerspiegelung in seiner Bibliothek. *Studia Rudolphina* VII, 2007, S. 75–109. Siehe auch PURŠ, Ivo: Alchymická, hornická a metalurgická literatura. In: PURŠ, Ivo – KUCHAŘOVÁ, Hedvika (edd.): *Knihovna arcivévody Ferdinanda II. Tyrolského…* S. 379–404.

507 VESELÁ: *Knihy na dvoře Rožmberků…* S. 192, 218.

508 Katalog Beckiana (3Me 68, 22).

509 FABRICIUS, Paul: *Anlaitung zum Brauch des verneuten Calenders…* Wien [1583]; ein Unikat in Wien, Österreichische Nationalbibliothek (304.514 –F. Rara), erhaltener Einblattdruck.

Abb. 17: Fabricius, Paul: Anlaitung zum Brauch des verneuten Calenders … Wien [1583] (Wien: Österreichische Nationalbibliothek)

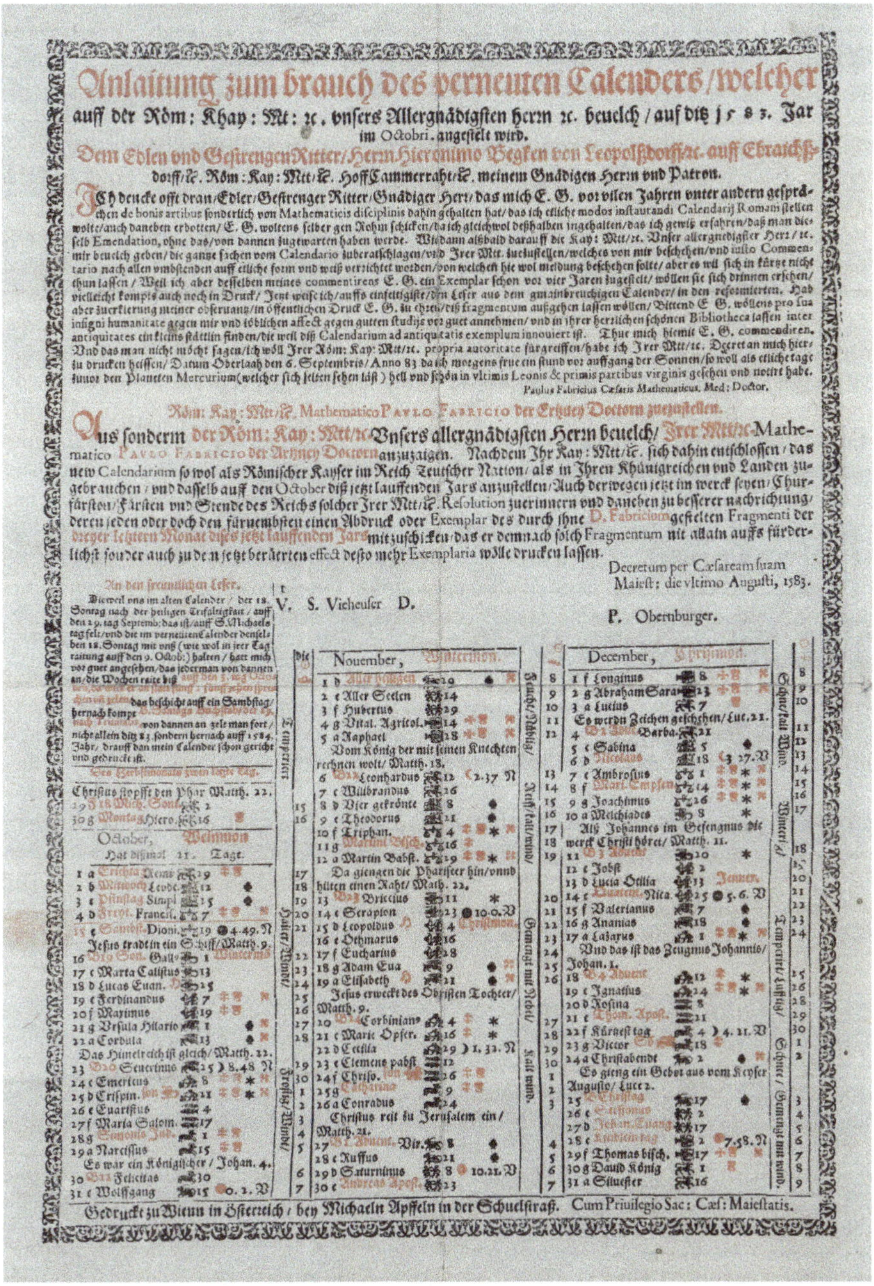

In Becks Bibliothek befanden sich insgesamt 14 mathematische Werke. In der vielfach größeren Bibliothek von Ambras gab es gegen 30 Titel, in der Bibliothek der Rosenberger sind sogar 87 mathematische Werke belegt, überwiegend ging es dabei jedoch um praktische Lehrbücher und Handbücher zum kaufmännischen Rechnen.[510] In Ebreichsdorf fehlten ähnliche Lehrbücher selbstverständlich auch nicht, sie waren jedoch in der Abteilung der pädagogischen Literatur untergebracht. Speziellen Arbeiten auf dem Gebiet der Mathematik, Astronomie und verwandter Fächer war eine selbständige Abteilung vorbehalten, was von der Bedeutung zeugt, die Hieronymus Beck ihnen beimaß. Neben einigen grundlegenden und in jener Zeit populären Handbüchern besaß Beck vor allem eine Kollektion von der Geometrie gewidmeten Werken (Finé Oronce, Euklids Geometrie in mehreren kommentierten Ausgaben, das Gesamtwerk des Archimedes). Eine außerordentliche Aufmerksamkeit widmete er offensichtlich auch der Problematik der Zahlen, der Kombinatorik und der Mathematisierung von Buchstaben. Beck besaß beispielsweise die populäre Schrift des italienischen Mathematikers Niccolò Tartaglia, aber auch das spezialisierte Werk des Mathematikers und Astrologen der Renaissancezeit Geronimo Cardano über die Proportion von Zahlen.[511] Von Hieronymus Becks ausgeprägter Wahrnehmung des mathematischen Aspekts in primär anders ausgerichteten Werken zeugt die Tatsache, dass er auch Bullingers Kommentar zu prophetischen Passagen des biblischen Buchs Daniel, der auf den im Buch Daniel angeführten mathematischen Zahlenkombinationen basierte, sowie das kabbalistische Werk von Cesare d'Evoli über die Sephiroth in die mathematische Abteilung einordnete.

Hieronymus Beck stand in persönlichem Kontakt mit dem bereits erwähnten Fabricius und wohl auch mit dem deutschen Mathematiker und Astronomen Paul Wittich, der u. a. mit dem anerkannten dänischen Astronomen Tycho Brahe zusammenarbeitete und kurz vor seinem Tod in Wien lebte. An Wittichs Bibliothek, von der heute nur wenige Handschriften und Druckwerke erhalten sind, zeigte nach dessen Tod gerade Tycho Brahe eminentes Interesse.[512] Hieronymus Beck besaß auch Wittichs Autograph mit dem Titel *Delineationes quaedam Mathemat[icae]*, von dem angenommen werden kann, dass es sich um ein privates Geschenk handelte.[513] Diese Handschrift weckte auch das Interesse des rosenbergischen Bibliothekars Václav Březan: Im Beck'schen Verzeichnis bezeichnete er sie mit dem Buchstaben N, mit dem er Peter Wok von Rosenberg auf die außerordentliche Bedeutung der Schrift aufmerksam machte. Die Handschrift wurde jedoch wohl von Peter Wok nicht gekauft.[514]

---

510 VESELÁ: *Knihy na dvoře Rožmberků* ... S. 163.

511 Katalog Beckiana (13Mat 12, 16). Zur Entwicklung des Fachgebietes KLEMUN: Die neue(n) Wissenschaft(en) – Natur im Diskurs ... S. 174.

512 GINGERICH, Owen – WESTMAN, Robert S.: *The Wittich Connection: Conflict and Priority in Late Sixteenth-Century*. The American Philosophical Society, Philadelphia 1988, S. 20–23.

513 Katalog Beckiana (13Mat 25).

514 Die Handschrift wird weder im späteren Katalog der rosenbergischen Bibliothek noch im Katalog der dietrichsteinischen Bibliothek aus der Mitte des 17. Jahrhunderts verzeichnet.

Ein weiteres Gebiet, für das sich Hieronymus Beck offensichtlich enorm interessierte, war die damals aktuelle gregorianische Kalenderreform.[515] Becks Bekannter Paul Fabricius war 1578 gebeten worden, seine Bemerkungen zur vorbereiteten Reform in einer Abhandlung für die päpstliche Kommission zu äußern; ähnliche Gutachten entstanden in mehreren Ländern, auch der tschechische Astronom Tadeáš Hájek von Hájek verfasste ein solches Gutachten.[516] Bei der Vorbereitung seiner Abhandlung wurde Fabricius, wie er später erwähnte, auch von Hieronymus Beck unterstützt. Die fertige Abhandlung wurde dann durch ein Kollegium von universitären und anderen Fachleuten diskutiert und danach schickte Rudolf II. sie mit dem Titel *Iudicium de libello Compendium novae rationis restituendi Calendarii* an die päpstliche Kommission nach Rom, wo sie in einem umfangreichen Konvolut ähnlicher Gutachten erhalten ist.[517] Das den neuen gregorianischen Kalender in Nieder- und Oberösterreich einführende Patent wurde am 1. Oktober 1583 vom Kaiser publiziert und Fabricius gab dazu den oben erwähnten Einblattdruck mit einer praktischen Anleitung heraus.[518] Einleitend erwähnt Fabricius Becks lang andauernde Unterstützung seiner Bemühungen und als Ausdruck seines Dankes schenkte er der Bibliothek von Ebreichsdorf eine Kopie seiner Abhandlung, die unter dem Titel *Judicium Novae rationis restituendi calendarii Pauli Fabricii* auch vom sog. rosenbergischen Verzeichnis erfasst wird.[519]

Was weitere Bücher auf dem Gebiet der historischen Chronologie anbelangt, besaß Hieronymus Beck den Wiegendruck der Ephemeriden von Johannes Regiomontanus sowie die interessante undatierte Handschrift *Annorum Julianorum Romanorum Olympias I.*, die den julianischen Kalender behandelte.[520] Eine Handschrift mit ähnlichem Titel ist auch in der Büchersammlung der schwedischen Königin Christine in Rom überliefert; es handelt sich jedoch wohl um eine spätere künstlich eingeordnete Erwerbung, die mit der Bibliothek der Familie Beck nichts zu tun hat.[521] Der reformierte Kalender wurde 1582 unter dem Titel *Calendarium Gregorianum Perpetuum* in Rom und bald auch in den übrigen Ländern publiziert.[522] In Becks Bibliothek befand

---

515 STEINMETZ, Dirk: *Die Gregorianische Kalenderreform von 1582. Korrektur der christlichen Zeitrechnung in der Frühen Neuzeit.* Verlag Dirk Steinmetz, Oftersheim 2011.

516 HLADKÝ, Vojtěch – ŠOLC, Martin: Tadeáš Hájek z Hájku a gregoriánská reforma kalendáře. In: DRÁBEK, Pavel (ed.): *Tadeáš Hájek z Hájku* (= Práce z dějin techniky a přírodních věd 1). Společnost pro dějiny věd a techniky, Praha 2000, S. 55–60.

517 Roma: Biblioteca Apostolica Vaticana (Vat. Lat. 5645), f. 128–147; STEINMETZ: *Die Gregorianische Kalenderreform von 1582* ... S. 99 und 220.

518 UHLIRZ, Karl: Die Einführung des gregorianischen Kalenders in Wien. *Mitteilungen des Instituts für Oesterreichische Geschichtsforschung* 17, 1891, S. 639–646 (die Dedikation an Beck ist auf S. 640–641 abgedruckt). Der seltene erhaltene Einblattdruck wurde 1999 von der Österreichischen Nationalbibliothek gekauft – Wien: Österreichische Nationalbibliothek (304.514-F.Alt-Rara).

519 Katalog Beckiana (13 Mat 11).

520 Katalog Beckiana (13Mat 13, 24). Die Handschrift gelangte nachweislich nach Schweden, vgl. den Katalog der dietrichsteinischen Bibliothek – Stockholm: Kungliga biblioteket (U:377, fol. 222, D 60); ZAORAL: Stockholmský inventář mikulovské knihovny ... S. 243.

521 Roma: Biblioteca Apostolica Vaticana (Cod. Reg. Lat. 1983), angeführt bei NYLANDER: *The Mild Boredom of Order* ... S. 197.

522 Eine Übersicht aller Ausgaben bietet STEINMETZ: *Die Gregorianische Kalenderreform von 1582*... S. 125.

sich der Kalender in der Antwerpener Ausgabe.[523] Im Zusammenhang mit der Publizierung des Kalenders erschien in Europa bereits 1582 und vor allem im folgenden Jahr eine Unmenge von Schriften, die oft gegensätzliche Standpunkte vertraten. Hieronymus Beck besaß erstaunlicherweise nur ein einziges Werk davon, und zwar das 1583 in Paris erschienene *De emendatione temporum* von Joseph Justus Scaliger. Dieser kritisierte den neuen gregorianischen Kalender und setze sich dafür ein, dass man beim julianischen Kalender bleibe.[524] Scaligers Arbeit unterschied sich von den ähnlichen Werken vor allem dadurch, dass der Verfasser für seine Argumentation auch Erkenntnisse der Beobachtungen von Nikolaus Kopernikus und anderen modernen Wissenschaftlern benutzte, und als erster die Chronologie des Altertums um Zeitvorstellungen der Perser, Babylonier, Ägypter und der Juden erweiterte, was für Beck zweifellos attraktiv war.

Mit der sog. Kalenderliteratur hingen auch die der Astrologie und Astronomie gewidmeten Texte eng zusammen. Obwohl in den Bibliotheken von Peter Wok von Rosenberg und Ferdinand II. von Tirol diese Literatur sehr unsystematisch erworben wurde, was sich beispielsweise in der sehr niedrigen Vertretung der kopernikianischen Literatur und der Werke über die Kometen zeigt, war ihr Gesamtumfang doch imposant: In der rosenbergischen Büchersammlung gab es 123 astronomisch-astrologische Werke, in Ambras 89. In der Beck'schen Bibliothek sind hingegen nur 15 Schriften registriert; es ist jedoch von Interesse, dass es sich dabei ausschließlich um rein astronomische Werke handelt. Die Astrologie wurde von der Familie Beck wohl konsequent ignoriert und in die Familienbibliothek gelangten nur einige Arbeiten mit astrologischen Elementen, die sich jedoch primär mit Medizin oder Philosophie beschäftigten. Dazu gehörten zwei chiromantische Werke, die dem Bereich der mathematischen Literatur zugeordnet wurden, nämlich das 1562 herausgegebene Buch von Jean Taisnier sowie die ältere Arbeit von Johannes Hartlieb, die 44 Abbildungen von Händen mit einem begleitenden Text enthielt, der die physischen Merkmale und ihre Bedeutung für das Schicksal des Menschen erläuterte.[525] Es ist wahrscheinlich, dass Hieronymus Beck eine Abschrift von Hartliebs Wiegendruck von 1470 besaß, wie es auch in anderen Fällen war.[526] Es ist nicht ausgeschlossen, dass in der Beck'schen Bibliothek die Astrologie durch verschiedene Prophezeiungen und Wahrsagungen, die in dieser Bibliothek erstaunlicherweise

523 Katalog Beckiana (13Mat 32). Das sog. rosenbergische Verzeichnis führt als Erscheinungsjahr 1580 an, der gregorianische Kalender wurde allerdings erst 1582 eingeführt und Drucke mit diesem Titel erschienen erst in den Jahren 1582–1583 (es handelt sich offensichtlich um die Ausgabe Antwerpen, Plantin 1583).

524 Katalog Beckiana (13Mat 10).

525 Katalog Beckiana (13Mat 14, 15).

526 Katalog Beckiana (13Mat 15) – der Eintrag im sog. rosenbergischen Verzeichnis ist mit dem Jahr 1448 datiert. In diesem Jahr entstand die Handschrift des Werkes am Münchner Hof, wo Hartlieb als Hofarzt tätig war. Das Buch erschien in Druck erst im Jahre 1470, mit einer Angabe über die Datierung und Herkunft der Handschrift in der Einleitung. Deshalb kann nicht eindeutig festgestellt werden, ob sich in der Beck'schen Bibliothek eine Variante der Handschrift, eine Abschrift des Wiegendrucks oder der Wiegendruck selbst befand. Zugunsten der Abschrift des Wiegendrucks spricht der Eintrag im dietrichsteinischen Katalog „Die KunstChiromantis teutsch geschreiben", vgl. ZAORAL: Stockholmský inventář mikulovské knihovny … S. 245 Nr. 13, Stockholm: Kungliga biblioteket (U377, fol. 346 D 35).

in höherer Zahl vorkamen, ersetzt wurden.[527] Gewissermaßen gehört dazu auch das auf dem *Index der verbotenen Bücher* befindliche Werk von Francesco Marcolini *Le ingeniose sorti*, eine der ersten Arbeiten über die Prophezeiung der Zukunft mittels Tarot-Spielkarten.

Die Kollektion von astronomischen Schriften in Ebreichsdorf enthielt einige grundlegende Werke jener Zeit. Es befand sich hier beispielsweise der *Almagest* von Claudius Ptolemaios (in der Ausgabe Venedig 1528), dessen geozentrisches Modell in Westeuropa bis zum Auftreten von Nikolaus Kopernikus gültig war. Hieronymus Beck schaffte sich später auch das umwälzende Werk *De revolutionibus orbium coelestium ... libri VI* (in der Basler Ausgabe von 1566) an, in dem Kopernikus seine zunehmende Unzufriedenheit mit der Astronomie von Ptolemaios erläuterte.[528] Die übrigen astronomischen Werke in der Ebreichsdorfer Bibliothek sind eher mittelalterlicher Herkunft (Johannes Regiomontanus, die astronomischen Alfonsinischen Tafeln, Johannes de Sacrobosco), wenn auch häufig in einer neuen, attraktiven Ausgabe (beispielsweise die erste lateinisch-hebräische Ausgabe des astronomischen Werkes des mittelalterlichen jüdischen Astronomen Avrāhām Bar-Ḥiyyâ *Sphaera mundi*). Ähnlich wie in den universellen Bibliotheken der Sammler kommen auch in der Beck'schen Familienbibliothek keine zeitgenössischen Drucke über die Kometen vor.

Die modernen astronomischen Arbeiten in der Bibliothek von Ebreichsdorf konzentrierten sich zum größeren Teil auf die Herstellung von astronomischen Messinstrumenten, insbesondere von Quadranten, Astrolabien und Sonnenuhren. Die Verfasser dieser Werke gehörten zu den führenden Wissenschaftlern dieses Faches: Peter und Philipp Apian, Johann Conrad Ulmer und Jacques Focard, dessen Werk über das Astrolabium Hieronymus Beck sogar in französischer Sprache besaß. Die Handbücher über die Herstellung von Instrumenten gehörten offenbar zu Becks Prioritäten. Beck besaß auch ein italienisches Handbuch über geographische Messinstrumente (Verfasser Jerónimo Girava) sowie zwei Bücher des antiken Mathematikers und Erfinders Heron von Alexandria.[529] Das erste spezialisierte sich auf mechanische Geräte für militärische Zwecke, das andere mit dem Titel *Spiritalium liber* stellte fast 80 sinnreich durchgeführte pneumatische und mechanische Geräte vor, die auf dem Prinzip der Verbindung von Druckluft, Feuer und Wasser arbeiteten (z. B. Siphons, Fontänen, inkl. Andeutungen einer ersten Dampfmaschine).

---

527 Hieronymus Beck besaß beispielsweise die Interpretation des protestantischen Reformators Heinrich Bullinger über die mit Zahlen verbundenen Prophezeiungen im Buch Daniel, den Traktat von Wolfgang Lazius über Österreich betreffende Prophezeiungen, die von Paracelsus Ferdinand I. gewidmete Prophezeiung für das Jahr 1524, und mit alten Wahrsagungen befasste sich auch das Werk über die Etrusker von Guillaume Postel. Mehr dazu: GREEN, Jonathan: *Printing and Prophecy: Pprognostication and Media Change 1450–1550*. University of Michigan Press, Ann Arbor 2012.

528 Katalog Beckiana (13Mat 8). Dieser Druck fehlte jedoch in der Bibliothek Ferdinands II. von Tirol, vgl. SMOLKA, Josef: Cosmografici, Geographici, Geometrici, Mathematici, Philosophici, Astronomici, Astrologici, Militaris rei, Architecturae, Humanarum Literarum, alteriusque generis libri. Filosofie, matematika, fyzika, astronomie, astrologie, kosmografie, geografie, zemědělství, zoologie, botanika. In: PURŠ, Ivo – KUCHAŘOVÁ, Hedvika (edd.): *Knihovna arcivévody Ferdinanda II. Tyrolského...* S. 255.

529 Katalog Beckiana (10Arch 18; 12Milit 12).

Mensch und Kunst

Architektur

Hieronymus Beck interessierte sich gewiss sehr für die Architektur, allein schon angesichts der komplexen Umbauten der Schlösser in Ebreichsdorf und Leopoldsdorf. Leider weiß man nichts über die Baumeister und Künstler, die diese Arbeiten durchführten. Der Literatur über die Architektur widmete Beck in seiner Bibliothek jedenfalls eine selbständige Abteilung, in der eindeutig italienische Quellen überwogen, ob es sich nun um italienische Autoren oder um in Italien herausgegebene Bücher handelte. Er besaß auch die beliebten Künstlerbiographien von Vasari.[530] Neun seiner Bücher über die Architektur waren italienisch, drei deutsch und zwei Französisch. Es ist symptomatisch, dass die meisten davon in den 60er und 70er Jahren des 16. Jahrhunderts gedruckt wurden.

In Becks Bibliothek konnten die *Zehn Bücher über die Architektur* des römischen Autors Marcus Pollius Vitruvius nicht fehlen, ein Werk, das erst 1415 wiederentdeckt wurde und zur grundlegenden Inspirationsquelle für alle Architekten und Baumeister der Renaissance wurde. Hieronymus Beck besaß Vitruv sowohl in der deutschen Übersetzung von 1548 als auch in der kommentierten Ausgabe durch den in Italien wirkenden französischen Architekten Guillaume Philandrier (Rom 1544). Vitruv beschrieb die römischen Baudenkmäler einschließlich des Forum Romanum, der Tempel, Theater und Statuen, und erst die späteren Herausgeber fügten zu seinen Beschreibungen Bildbeilagen der Ruinen hinzu, die es in der ursprünglichen Schrift nicht gegeben hatte. Angesichts des Erscheinungsjahrs und -orts kann nicht ausgeschlossen werden, dass es sich um Becks Erwerbungen aus der Zeit seines Italienaufenthaltes gehandelt hat, als er die Möglichkeit hatte, wenigstens einige der beschriebenen Denkmäler zu sehen. In das Bewusstsein der Öffentlichkeit wurde Vitruv durch Leon Battista Alberti, einen italienischen Architekten von grundlegender Bedeutung, eingeführt. Sein bedeutendstes Werk, *De re aedificatoria ... libri decem*, in dem er die Prinzipien der antiken und der Renaissancebaukunst zusammenfasste, besaß Hieronymus Beck gleich in zwei Ausgaben.[531]

Ein weiterer italienischer Autor, dessen Werk über die Denkmäler des antiken Rom sich Beck in der Originalsprache beschaffte, war Antonio Labacco. Der italienische Architekt Domenico Fontana arbeitete für den Papst am Umbau der Petersbasilika sowie an weiteren Bauten in Rom (u. a. entwarf er auch das Interieur der Vatikanischen Bibliothek) und in Neapel. 1586 wurde er von Sixtus V. mit der Versetzung des ägyptischen Obelisken, der nach Rom bereits im 1. Jahrhundert n. Chr. gebracht worden war, und seiner Aufrichtung auf dem Petersplatz beauftragt. Einige Jahre später gab Fontana eine Schrift über dieses Ereignis heraus, die heutzutage eine überaus wertvolle Quelle von Informationen über den damaligen städtebaulichen Charakter Roms ist. Die Schrift wurde auch für die Ebreichsdorfer Büchersammlung angeschafft.[532] In der Bibliothek von Hieronymus Beck fehlten auch nicht die Schriften von Andrea Palladio, der einflussreichsten Persönlichkeit in der Geschichte der westlichen Architektur, dessen Werk Beck während seines Aufenthalts in Venedig kennengelernt haben kann.

530 Katalog Beckiana (6Hi 139).
531 Katalog Beckiana (10Arch 3, 14).
532 Katalog Beckiana (10Arch 8).

Er besaß schon die erste Ausgabe (1570) von Palladios Buch *Quattro Libri dell' Architettura* mit den Holzschnitten seiner Bauten. In seinem Buch beschäftigte sich Palladio nicht nur mit der Architektur selbst, sondern er bot auch praktische Ratschläge für Architekten.[533] Die Schrift von Fontana sowie die von Palladio fehlten erstaunlicherweise sowohl in der rosenbergischen Bibliothek als auch in der Büchersammlung des dilettierenden Architekten Ferdinand II. von Tirol, der aus Fontanas Buch nur einige Blätter besaß, die in einem seiner Graphikalben adjustiert waren. Ivan P. Muchka hält das Fehlen Palladios in der Bibliothek von Ambras für eine der größten „Lakunen" in dieser Bibliothek überhaupt.[534]

Neben den Büchern über die antike und die Renaissancearchitektur besaß Hieronymus Beck auch Entwürfe von architektonischen Elementen für französische Burgen und Schlösser (Türen, Fontänen, Altanen) des französischen Architekten Jacques Androuet du Cerceau, der den neuen Stil aus Italien nach Frankreich gebracht hat. Angesichts des Erscheinungsjahres von Androuets Werk (1576–79) kann auch in diesem Fall ein direkter Zusammenhang zwischen seiner Erwerbung und Hieronymus Becks Umbauten in Ebreichsdorf und Leopoldsdorf nicht ausgeschlossen werden. Einen zweckmäßigen Charakter hatte auch das Werk des österreichischen Architekten und Mathematikers Georg Hass über die Perspektive und die Dekoration in der Architektur.[535]

Hieronymus Beck besaß ebenso eine Kollektion von spezialisierten Werken über Militärarchitektur und Fortifikation, wiederum vorwiegend von renommierten italienischen Autoren (Girolamo Maggi, Galasso Alghisi, Giacomo Lanteri, Antonio Lupicini) und auch von Albrecht Dürer. Der Mathematiker Niccolò Tartaglia beschrieb im Werk *Quesiti et Inventioni* seine Erfindung eines der Schlüsselelemente des Festungsbaus, des sog. gedeckten Weges.[536] Von ähnlich grundlegender Bedeutung war auch die Arbeit von Marcus Aurelius de Pasino, die die damaligen Fortifikationskenntnisse zusammenfasste und noch weitere hundert Jahre im Gebrauch war. Diese repräsentative Kollektion der Literatur über den Festungsbau hing zweifellos mit Becks Engagement in den Kriegen gegen die Türken und mit seinem Interesse an militärischen Ereignissen zusammen.

Graphik und Werke der bildenden Kunst

Becks ausgeprägte Wahrnehmung von Kunstobjekten zeigte sich auch in der Einrichtung einer besonderen Abteilung für Bücher, bei denen die graphische Seite überwog oder einen wesentlichen Teil bildete (Landkarten, Atlanten, Graphikalben). Diese Abteilung hatte den charakterisierenden Namen „*KunstStück et Cosmographici et Geögraphici … libri*". Hieronymus Beck besaß auch das grundlegende Buch *HJerinn sind begriffen vier Bücher von menschlicher Proportion* über die Theorie der Malkunst, die Perspektive und die Proportionen, an dem Albrecht Dürer mehr als zwanzig Jahre lang gearbeitet hatte. Im Unterschied zu anderen Bibliotheken jener Zeit gab es in Ebreichsdorf schon die erste Ausgabe von 1528.[537] Was die eigentliche Sammlung der

533 Katalog Beckiana (10Arch 4).
534 MUCHKA: Literatura k topografii uměleckých památek … S. 211.
535 Katalog Beckiana (10Arch 6, 12).
536 Katalog Beckiana (10Arch 17). In der Beck'schen Bibliothek soll sich die venezianische Ausgabe von 1550 befunden haben, die heute unbekannt ist.
537 Katalog Beckiana (10Arch 13).

Buchgraphik anbelangt, ist die Identifizierung der einzelnen Werke sehr schwierig, weil die Einträge über die Alben oder über lose Graphikblätter – wie auch in anderen Bibliotheken – sehr vage abgefasst sind. Beck besaß zwei nicht spezifizierte Alben von Kupferstichen und mit weiteren einzelnen Graphikblättern (darunter eine mit einem nicht näher bestimmten pittoresken Motiv).[538] In der Bibliothek befanden sich auch gedruckte Graphikalben, meistens mit traditionellen Porträts von Kaisern, biblischen Motiven, Pflanzen und Tieren (einschließlich des Katalogs der Vögel von Adrian Collaert). In der Bibliothek gab es auch das Buch in Folioformat *Etlicher Römischer Kayser vom hauss Österaych Jmagines manu depicta* mit kolorierten Bildnissen habsburgischer Herrscher.[539] Es ist nicht ausgeschlossen, dass sich unter diesem Eintrag eine weitere bisher unbekannte Sammlung Becks von Miniaturporträts verbarg, diesmal den Habsburgern gewidmet, Sicherheit darüber gibt es jedoch nicht.

Mythologie, Poesie und schöngeistige Literatur

In der Ebreichsdorfer Bibliothek befanden sich die Straßburger Ausgabe des mythologischen Werks des griechischen Autors Palaephatus sowie die weniger verbreiteten Geschichten aus der antiken Mythologie von Gaius Iulius Hyginus, die Beck in der italienischen Übersetzung besaß. Hieronymus Beck kaufte in Wien auch den Wiegendruck von Boccaccios enzyklopädischer Kompilation über die Verwandtschaftsbeziehungen des griechischen Pantheons *Genealogia deorum* (Venedig 1497) und studierte das Buch gründlich, wie seine kleinen zusammenfassenden Bemerkungen auf den Seiten des erhaltenen Wiegendrucks belegen.[540] Dieses Werk, humanistisch im Geist und mittelalterlich in der Struktur, war im 16. Jahrhundert sehr beliebt, und zwar auch wegen des bemerkenswerten Nachtrags Boccaccios, in dem er die Beziehung der Renaissance zum Heidentum rechtfertigte.[541] Ebenfalls besaß Beck eine Abhandlung von Guillaume Postel über die Religion der Etrusker. Mit der Mythologie des Altertums beschäftigte sich auch das Werk von Vincenzo Cartari *Imagini colla sposizione degli dei degli antichi*, das besonders auf die ikonographische Darstellung Nachdruck legte, die Bekleidung, Posen und Attribute der Götter des Altertums erklärte und auch zahlreiche Holzschnitte enthielt.[542]

Poetische Werke trifft man in den Adelsbibliotheken jener Zeit relativ häufig an – ihr Anteil bewegte sich in Bibliotheken von universeller Sammlerausrichtung gewöhnlich zwischen fünf und sechs Prozent. Auch hier findet man jedoch mehrere Unterschiede, und zwar sowohl in der Anzahl als auch in der Art der Erwerbung und der Bearbeitung. Beispielsweise fehlen bei Ferdinand II. von Tirol – im Unterschied

538 Katalog Beckiana (5Kunst 1, 12, 14).
539 Katalog Beckiana (9Antiq 21).
540 Katalog Beckiana (7Art 11), Lund: Universitetsbibliotek (Paleot Fol Utl [1497] = Boccaccio). Der Wiegendruck wurde in das Projekt ProBok-Id 415 http://probok.alvin-portal.org/alvin/result.jsf?cid=2 aufgenommen.
541 BURCKHARDT, Jacob: *Die Kultur der Renaissance in Italien*. Verlag von Th. Knaur Nachf., Berlin 1928, S. 200–201.
542 Katalog Beckiana (9 Antiq 34).

zu Wilhelm von Rosenberg – die Spuren seines persönlichen Einflusses auf die Erwerbung der Literatur dieser Art völlig.[543]

In der Bibliothek von Hieronymus Beck machte die Poesie nur zwei Prozent des Gesamtumfangs aus. Theoretische Werke über die Poesie besaß Beck offensichtlich gar nicht. Bloß allgemeinen Charakter haben die Enzyklopädie der Dichter von Jacobus Magdalius sowie das beliebte populäre Bildungsbuch von Hermannus Torrentinus *Elucidarius carminum et historiarum*, ein Lexikon mit Namen- und Sachstichwörtern aus dem breiten Umfeld der Geschichte, Poesie, Mythologie und Geographie.[544] Hieronymus Beck bevorzugte eindeutig mittelalterliche Ritterromane, Epen und die höfische Liebesliteratur, zusammen machen diese Werke einen relativ bedeutenden Komplex aus. Weitere Charakteristika der poetischen Werke in Becks Bibliothek waren eine starke Vertretung von italienischen mittelalterlichen und humanistischen Autoren, von zeitgenössischen Satiren und gleichzeitig eine geringe Rezeption von antiken Autoren und die Absenz einer größeren Zahl panegyrischer Werke.

Der Anteil von antiken Autoren war in allen bekannten Bibliotheken ähnlich, er machte etwa ein Viertel der poetischen Werke aus, die auch für Bildungsbedürfnisse dienten.[545] Hieronymus Beck besaß zwei Anthologien griechischer Dichter, eine moderne Ausgabe von Pindar aus dem Jahre 1566, eine Gesamtausgabe von Ausonius, Homer in einer griechisch-lateinischen Ausgabe, Vergil sowie zwei Ausgaben von Ovids *Metamorphosen* (die eine in Französisch, die andere in Latein mit einem Kommentar von Erasmus).[546] Angesichts ihrer Erscheinungsjahre erwarb alle diese Bücher wohl erst Hieronymus Beck; die 1549 italienisch erschienenen *Georgica* von Vergil können auch seine direkte Erwerbung in Italien gewesen sein.

Von der mittelalterlichen Poesie besaß Hieronymus Beck den *Rosenroman* (französisch, in der Ausgabe von 1538), eine populäre und zugleich kontroverse Allegorie mit sinnlicher Ausdrucksweise.[547] Boccaccios *Teseida* (italienische Ausgabe von 1528) war schon ganz ein Werk der Renaissanceliteratur. Zu den späteren Erwerbungen Becks und wohl auch zu seiner Lieblingslektüre gehörte Dantes *Göttliche Komödie*: Hieronymus Beck besaß mindestens drei unterschiedliche Ausgaben (alle im Italienischen) aus den 60er und 70er Jahren des 16. Jahrhunderts. Zum Vergleich – in der vielfach größeren Bibliothek Ferdinands II. von Tirol gab es nur vier Werke von Dante, in der Bibliothek von Gundaker von Starhemberg kein einziges. In der Beck'schen Bibliothek fehlten dagegen deutsche poetische Werke völlig, die in der Ambraser Bibliothek stark vertreten waren, und zwar auch durch Handschriften.

---

543 VESELÁ: *Knihy na dvoře Rožmberků*... S. 218–226. In Ambras befanden sich mindestens 200 poetische Werke, vgl. VACULÍNOVÁ, Marta – BAŽIL, Martin: Básnická díla. In: PURŠ, Ivo – KUCHAŘOVÁ, Hedvika (edd.): *Knihovna arcivévody Ferdinanda II. Tyrolského*... S. 287–327; zur dietrichsteinischen Bibliothek vgl. TRANTÍREK: *Dějiny mikulovské zámecké knihovny*... S. 19.

544 Katalog Beckiana (8Poet 28, 7Art 30).

545 BENEŠ, Zdeněk: *Historický text a historická skutečnost.* Univerzita Karlova, Praha 1993, S. 21. Die antike Poesie machte in der rosenbergischen Bibliothek 25 % der Unterabteilung Poetik aus, in der Bibliothek von Hieronymus Beck 23 %, in der Bibliothek Ferdinands II. von Tirol 30 %.

546 Katalog Beckiana (8Poet 4, 8Poet 2, 7Art 64, 17).

547 Katalog Beckiana (8Poet 35).

In der Hieronymus Becks Bibliothek waren italienische Renaissanceautoren gut vertreten (Dominico Mancini, Macaria Muzio, Adriano Castellesi, Baptista Mantuan, Raffaelo Gualterotti, Aquilano Serafino). Das auch in Italien erschienene Werk von Teofilo Folengo war satirisch gegen den sog. Makkaronismus gerichtet. Beck besaß auch zwei Ausgaben des Epos *Orlando Furioso* von Lodovico Ariosto (in Italienisch aus dem Jahre 1544, in Französisch aus dem Jahre 1550), und in seiner Bibliothek befand sich auch der Vorläufer dieses Epos von Matteo Maria Boiardo (italienisch, 1545). Das pittoreske Renaissanceepos *Morgant* des italienischen Autors Luigi Pulci besaß Beck in der italienischen Ausgabe von 1545. Von Interesse ist auch das wiederholte Vorkommen von Boccaccios *Decamerone* (in Französisch von 1545, zweimal in Italienisch von 1542). Das Auftreten wiederholter Ausgaben des *Orlando Furioso* und von Boccaccio sind in den Adelsbibliotheken jener Zeit sehr ungewöhnlich und zeugen eindeutig – auch angesichts der unterschiedlichen sprachlichen Versionen – von der intensiven Lektüre und dem Interesse Hieronymus Becks. Gundaker von Starhemberg besaß beispielsweise kein Werk von Boccaccio, aber zum Unterschied von Beck hatte er in seiner Büchersammlung Rabelais in deutscher Übersetzung.[548]

In Ebreichsdorf gab es im Unterschied zur Bibliothek Ferdinands II. von Tirol und der rosenbergischen Büchersammlung auch französisch geschriebene poetische Texte der Frühen Neuzeit, z. B. das Gesamtwerk des bedeutenden französischen Renaissanceautors Clément Marot (aus dem Jahre 1547, vielleicht ging es um eine direkte Erwerbung Hieronymus Becks während seiner Kavalierstour), aber auch das nicht näher bestimmte Werk *La fleur de Uray Poesis Francoise.* Beck besaß auch französische Übersetzungen von antiken und mittelalterlichen Werken (Ovid, *Rosenroman*). Von den spanischen Autoren hatte Beck in seiner Bibliothek erstaunlicherweise das Gesamtwerk des bedeutenden spanischen Dichters Juan Boscán, der zahlreiche neue dichterische Formen, die in Italien verwendet wurden, in Spanien einführte. Die Ausgabe von 1544 kann wiederum Becks Kauf aus der Zeit sein, als er sich 1548 in Spanien aufhielt.

Aus den deutschen Gebieten, die dem österreichischen Milieu kulturell näher standen, findet man in Ebreichsdorf aus den Anfängen des Humanismus lediglich das panegyrische Werk Heinrich Bebels *Epitome laudum Suevorum* über die Herrscher aus Schwaben. In der Beck'schen Bibliothek sind erstaunlicherweise die sog. Autoren der Übergangszeit wie Conrad Celtis oder Sebastian Brant belegt, bevorzugt wurden vielmehr die zeitgenössischen Autoren (Caspar Ursinus Velius mit seinen Distichen an die Habsburger, Johann Engerd, Jacobus Vivarius mit der Dichtung über die 1585 in Prag und Landshut stattgefundenen Feierlichkeiten des Ordens des Goldenen Vlieses, Nicolaus Reusner mit seinen *Hodoeporicorum ... libri VII* und Hieronymus Arconatus, der an der Wende von den 70er zu den 80er Jahren des 16. Jahrhunderts in Wien tätig war).

In den kulturellen Schichten Mitteleuropas des 16. Jahrhunderts herrschten relativ gute Kenntnisse der spanischen Ritterromane. In den böhmischen und österreichischen Ländern war allerdings die Rezeption dieser Literatur auf gebildetere Kreise beschränkt, deren Angehörige imstande waren, italienisch, spanisch oder französisch zu lesen. Der Sammel- und Leseboom dieses Literaturtyps begann in den mitteleuropäischen aristokratischen Kreisen erst im 17. Jahrhundert, und zwar vor allem bei dem hispanophilen Adel, wie etwa den Eggenbergern oder den Dietrichsteinern.[549] Einige

548 Berlin: Staatsbibliothek (Ms. Cat. Fol. 47, fol. 57v).

549 KAŠPAROVÁ: Ke čtenářské recepci španělské zábavné prózy Zlatého věku ... S. 73–78.

Titel der spanischen Belletristik erfreuten sich bei der Leserschaft allgemein großer Beliebtheit und waren schon früher in allen bedeutenderen Büchersammlungen jener Zeit vorhanden.

Ein Beispiel einer für seine Zeit außergewöhnlichen Rezeption dieser Literatur war eben die Bibliothek Hieronymus Becks, der eine relativ repräsentative Kollektion von Ritter- und Unterhaltungsromanen besaß, und zwar in einigen Ausgaben und in verschiedenen Sprachen, vor allem in Französisch und Italienisch. Die hier vertretenen mittelalterlichen Epen und Romane wurden meistens in den 40er Jahren des 16. Jahrhunderts herausgegeben, es handelt sich somit wohl um direkte Erwerbungen Becks aus seiner Studien- und Reisezeit. Er besaß gleich drei unterschiedliche Ausgaben des spanischen Romans *Amadis de Gaula* (in italienischer Übersetzung in der venezianischen Ausgabe von 1573 und zweimal französisch in der Pariser Ausgabe von 1544).[550] Dieser Roman war von allen Ritterromanen der beliebteste und wurde viel gelesen, was in hohem Maße auch den reichen und wirksamen Illustrationen der ersten französischen Übersetzungen zu verdanken war.[551] Die italienischen Editionen waren im mitteleuropäischen Raum mehr verbreitet, und zwar bereits seit dem Ende des 16. Jahrhunderts, in Becks Bibliothek war bei diesem Literaturtyp aber auch Französisch bedeutend vertreten.

Eine zweite wichtige Gruppe bildeten italienische satirische humanistische Novellen (Teofilo Folengo, Lodovico Guicciardini, Francesco Doni, Pietro Bembo und seine Dialoge über die Liebe). Angesichts ihres Erscheinungsjahres (1549) kann zu Becks persönlichen Erwerbungen auch die italienisch erschienene Tragödie von Pietro Aretino in Form eines Dialogs zwischen einer Prostituierten und ihrer Tochter gehört haben.[552] Ähnlich gewagt war auch das italienische Werk von Antonio Francesco Doni, in dem in Form von bizarren Dialogen Reflexionen über die damalige Literatur, Wissenschaft und Moral, einschließlich der heliozentrischen Weltsicht, und dies nur neun Jahre nach dem Erscheinen von Kopernikus' *De revolutionibus orbium coelestium ... libri VI*, geboten wurden. Wie schon erwähnt, besaß Hieronymus Beck dieses Werk von Kopernikus ebenfalls.[553] Auf das österreichische Milieu bezieht sich ein satirisches Drama über das zeitgenössische Gerichtswesen aus der Feder des in Wien tätigen Joachim Vadianus.[554]

Die dramatischen Gattungen waren im 16. Jahrhundert sehr produktiv: Einerseits klang noch die Tradition des spätmittelalterlichen Theaters aus, andererseits entwickelte sich im Humanismus das Interesse an antiken Tragödien und Komödien und nach ihrem Vorbild entstanden neue Dramen überwiegend geistlichen, aber auch weltlichen Inhalts. In den Adelsbibliotheken jener Zeit war ihr Vorkommen eher spärlich, auch Ferdinand II. von Tirol, obwohl er selbst ein aktiver dramatischer Autor war, besaß nur eine relativ kleine Kollektion von 50 Titeln (1 % des Bücherbestands). Aus dem breiten Spektrum von antiken, mittelaltelterlichen und humanistischen Dramen und Satiren (ob nun in Latein oder in Volkssprachen) trifft man in Becks Bibliothek nur acht Arbeiten an. Das Theater der Antike war durch die im 15. Jahrhundert

550 Katalog Beckiana (6Hi192; 8Poet 8, 9).
551 Die Rezeption und die Wandlungen des spanischen Ritterromans werden ausführlich in KAŠPAROVÁ: *Amadis Waleský, nebo Don Quijote?* ... passim, behandelt.
552 Katalog Beckiana (8Poet 47).
553 Katalog Beckiana (8Poet 26).
554 Katalog Beckiana (4Phil 37).

wiederentdecken Komödien von Plautus vertreten, das mittelalterliche Drama kam in der Bibliothek gar nicht vor.[555] Beck besaß jedoch humanistische Dramen, überwiegend mit religiöser Thematik (Nicodemus Frischlin, Cornelius Crocus sowie die Handschrift eines Spiels über Susanna von Adam Brettschneider).

Musikalien

Auch musikalische Handschriften und Drucke gehörten zu jenen Fachbereichen, in denen sich die Interessen der Bibliotheksbesitzer deutlich niederschlugen. In der rosenbergischen Bibliothek machten die Musikalien zwei Prozent der ganzen Bibliothek aus und diese Sammlung wurde offensichtlich durch die rosenbergischen Musiker auch noch aktiv benutzt, nachdem sie definitiv in der Bibliothek hinterlegt worden war.[556] In der Büchersammlung von Wolf Rumpf von Wielroß machten die Musikalien gar drei Prozent ihres Gesamtumfangs aus. Am Hofe Ferdinands II. von Tirol spiegeln weder die Bibliothek noch die Kunstkammer das dortige rege Musikleben wider: In der Bibliothek gab es nur vier Musikdrucke und ein handschriftliches Gesangbuch, in der Kunstkammer befanden sich zwei kolorierte Messen, ein Gesangbuch und eine Handschrift mit Kompositionen für die Laute.

Die Musik gehörte offenbar nicht zu den Prioritäten von Hieronymus Beck, denn in seiner Bibliothek befanden sich lediglich drei Musikdrucke und zwei Handschriften. Es ist jedoch von Interesse, dass es sich in zwei Fällen um theoretische Handbücher handelte, die an den Adelshöfen nur ganz ausnahmsweise vorkamen (in der Regel überwogen praktisch ausgerichtete Werke, wie im erwähnten Fall der rosenbergischen Bibliothek). Hieronymus Beck besaß eine Handschrift des Werkes *Liber de arte contrapuncti* von Johannes Tinctoris, das für die Entwicklung des Kontrapunkts von großer Bedeutung war.[557] Das zweite Handbuch war das 1523 in Wien erschienene, didaktisch auf die Musikpraxis orientierte Buch des tschechischen Humanisten Václav Philomathes, das in der damaligen europäischen Bücherproduktion durch seinen Nachdruck auf die Reproduktionspraxis einzigartig war.[558]

---

555 Katalog Beckiana (8Poet 3); FLODR, Miroslav: *Die griechische und römische Literatur in tschechischen Bibliotheken im Mittelalter und der Renaissance.* Universita J. E. Purkyně, Brno 1966, S. 166, Anm. 239.

556 VESELÁ: *Knihy na dvoře Rožmberků* ... S. 166–167.

557 Katalog Beckiana (14Mus 3).

558 Katalog Beckiana (14Mus 4); PHILOMATHES, Václav: *Čtyři knihy o hudbě.* Ed. HORYNA, Martin. KLP – Koniasch Latin Press, Praha 2003.

4. Das Buch als Medium der Kommunikation

Verbotene Bücher in Ebreichsdorf

Die allgemein definierten kirchlichen Anordnungen verboten den Katholiken nicht nur die Lektüre von protestantischen Autoren, sondern auch die von wissenschaftlichen, kritischen oder künstlerischen Texten sowie von allen Büchern, die keine ausdrückliche Erlaubnis zur Drucklegung enthielten. Der breit aufgefasste Kreis der verbotenen Werke wurde durch zentrale päpstliche und durch nationale Verzeichnisse konkretisiert, die sog. *Indices der verbotenen Bücher*, die seit 1558 in Druck erschienen. Mit den steigenden gegenreformatorischen Bemühungen der katholischen Kirche wurden auch die Gesichtspunkte der Zensur vertieft und erweitert, die in der ersten nachtridentinischen Ausgabe des *Index* aus dem Jahre 1594 definiert worden waren. Seine letzte Fassung von 1596 brachte die Entschlossenheit der gegenreformatorischen katholischen Kirche schon voll zum Ausdruck.[559]

Obwohl die individuelle Erlaubnis zur Lektüre von „verbotenen Büchern" lediglich der päpstliche Nuntius erteilen durfte, waren im 16. Jahrhundert infolge des minimal regulierten und an den europäischen Markt gebundenen einheimischen Büchermarkts sowie aufgrund der komplizierten religiösen Situation in den österreichischen und böhmischen Ländern (auch die wiederholte Sedisvakanz des Wiener Bistums in den Jahren 1555–1558 und 1568–1574 ist hier zu erwähnen) die verbotenen Bücher leicht zugänglich und ein völlig geläufiger Bestandteil von aristokratischen Bibliotheken in den habsburgischen Ländern. Und verbotene Bücher kamen nicht nur in den Bibliotheken protestantischer Adliger vor, sondern auch in den Büchersammlungen überzeugter Katholiken, beispielsweise in denen von Marie Manrique de Lara, Wolf Rumpf von Wielroß oder Ferdinand II. von Tirol.[560]

Die gezielte Suche nach verbotenen Büchern in böhmischen und österreichischen Adelsbibliotheken gehörte im 16. Jahrhundert noch nicht zur Zensurpraxis der katholischen Kirche, und zwar auch dort nicht, wo die intensive Rekatholisierung bereits im Gange war, wie z. B. in Tirol. Auch dort blieben die Adelsbibliotheken bis zum Anfang des 17. Jahrhunderts von physischen Durchsuchungen verschont.[561] Trotzdem wurde

---

559 BACHLEITNER – EYBL – FISCHER: *Geschichte des Buchhandels in Österreich* ... S. 26–27; EISENHARDT, Ulrich: Staatliche und kirchliche Einflussnahmen auf den deutschen Buchhandel im 16. Jahrhundert. In: GÖPFERT, H. G. – VODOSEK, Peter – WEYRAUCH, Erdmann – WITTMANN, Reinhard (edd.): *Beiträge zur Geschichte des Buchwesens im konfessionellen Zeitalter.* Harrassowitz, Wiesbaden 1985, S. 295–313; TORTAROLO, Edoardo: Zensur als Institution und Praxis im Europa der Frühen Neuzeit. Ein Überblick. In: ZEDELMAIER, Helmut – MULSOW, Martin (edd.): *Die Praktiken der Gelehrsamkeit in der Frühen Neuzeit.* M. Niemeyer, Tübingen 2001, S. 279–294; WOLF, Hubert: *Index. Der Vatikan und die verbotenen Bücher.* Beck, München 2006; VOIT: *Encyklopedie knihy* ... S. 156–157 (Stichwort Censura).

560 KAŠPAROVÁ, Jaroslava: Jazyk a řeč knih zakázaných. Putování španělských „libros prohibidos" středoevropským prostorem 16. – 17. století. In: RADIMSKÁ, Jitka (ed.): *Jazyk a řeč knihy. K výzkumu zámeckých, měšťanských a církevních knihoven* (= Opera Romanica 11). Jihočeská univerzita, České Budějovice 2009, S. 345–358.

561 STAMPFER: Adelige Lesekultur in Tirol um 1600 ... S. 327.

der Besitz von unerlaubten Büchern zum geeigneten Vorwand für zweckgerichtete Kritik an ihren Besitzern. So soll sich beispielsweise der kaiserliche Botschafter und Diplomat Ogier Ghislan de Busbecq über (den offen kalvinistisch orientierten) Johannes Sambucus wegen der Lutherbibel und anderen häretischen Schriften, die dieser in seiner Bibliothek hatte, beschwert haben.[562] Später warf Papst Paul IV. auch Kaiser Maximilian II. den „Aufbau einer lutherischen Bibliothek" vor.

Auch Hieronymus Beck besaß mindestens 140 Werke, die von der katholischen Kirche als unzulässig angesehen waren. Einige davon gelangten jedoch auf den zentralen päpstlichen *Index* erst im Jahre 1596, dem Sterbejahr von Hieronymus Beck.[563] Einige weitere davon waren lediglich in viel radikaleren nationalen Indices angeführt, die vor allem für Spanien und Portugal bestimmt waren. Es ist fraglich, inwieweit diese „ausländischen" Prohibita auch in den habsburgischen Ländern als problematisch angesehen wurden. Die Untersuchungen von Jaroslava Kašparová über spanische Prohibita in den böhmischen Bibliotheken vor 1620 zeigen vielmehr, dass diese Bücher vom böhmischen Adel nicht als verboten angesehen wurden.[564] Der bibliophile Wolf Rumpf von Wielroß, ein ergebener Katholik, begann die verbotenen Bücher in seiner Bibliothek erst dann als problematisch wahrzunehmen, als er seine Bibliothek dem spanischen König und einem der dortigen Kirchenorden vermachen wollte. Rumpf, der angeblich eine Erlaubnis für die Lektüre dieser Bücher hatte, schlug in seinem Testament vor, dass man diese Prohibita vor dem Transport seiner Bibliothek nach Spanien ausscheide. Nach Rumpfs Tod im Jahre 1606 wurde der Katalog seiner Büchersammlung vom päpstlichen Botschafter Guillén de San Clemente durchgesehen, der feststellte, dass sich in Rumpfs Bibliothek zu viele verbotene Bücher befanden; der königliche Beichtvater Conde de Chinchón empfahl sogar, diese Bücher zu verbrennen.[565] Der Fall von Wolf Rumpf und, wie man noch sehen wird, auch der von Hieronymus Beck zeugen davon, dass die Vertreter der Kirche über die Frage der ausländischen Prohibita wohl etwas anderer Meinung waren.

Hieronymus Beck geriet nämlich 1586 wegen einem im Ausland verbotenen Buch in einen direkten Konflikt mit dem Wiener Bischof Johann Caspar Neubeck. Im Juni jenes Jahres konfiszierte der Wiener Bischof beim Wiener Buchhändler Hans von Obei eine kurz zuvor erschienene englische Bibelübersetzung, die Hieronymus Beck bei ihm bestellt hatte. Beck verwahrte sich in einem Brief gegen den Eingriff des Bischofs und verlangte die Rückgabe des Buches. Der Bischof antwortete ihm noch am gleichen Tag, man hätte ein solches „skandalöses" Buch gar nicht ins Land bringen dürfen, und fragte

562 NOVOTNY, Eleonora: *Johannes Sambucus (1531–1584). Leben und Werk.* Dissertation, Universität Wien 1975, S. 129.

563 Hieronymus Beck konnte zwar darauf nicht mehr reagieren, sein Sohn Marcus Eberhard, der die Bibliothek weitere dreißig Jahre besaß, konnte dies aber theoretisch tun.

564 KAŠPAROVÁ: Jazyk a řeč knih zakázaných ... S. 345–358.

565 San Clemente machte auch auf den finanziellen Aufwand des Transports aufmerksam sowie auf die Tatsache, dass die Bücher, die nach der Ausscheidung der Prohibita in der Bibliothek verblieben wären, auch in Spanien leicht zugänglich sind. EDELMAYER: „Manus manum lavat" ... S. 248–249, führt an, dass über das endgültige Schicksal von Rumpfs Bibliothek nichts bekannt sei; zugunsten der Realisierung des Vermächtnisses sprechen die in Spanien gefundenen Musikdrucke aus Rumpfs Bibliothek, mehr dazu ESCRIVÀ-LLORCA: Los libros de música de un caballero de la Orden de Santiago ... S. 131–137.

Beck erbost, wozu das sektiererische und verbotene Buch für ihn und seine Familie gut sein sollte. Neubeck spielte in dem Brief auch auf die Erlaubnis zur Lektüre an und versuchte Beck zu überzeugen, dass das Buch keineswegs eine Zierde seiner Bibliothek sein werde.[566] Es scheint jedoch, dass Beck schließlich das Gewünschte erreichte, falls die im sog. rosenbergischen Verzeichnis angeführte Londoner Bibelaugabe von 1582 tatsächlich das Buch ist, um das hier gestritten wurde.[567] Becks Unnachgiebigkeit weckte jedoch bei Neubeck den Verdacht, Beck könnte ein geheimer Protestant sein, und schickte den Jesuiten Georg Scherer nach Ebreichsdorf, Becks Rechtgläubigkeit zu überprüfen. Scherers vier Tage später stattgefundener Besuch in Ebreichsdorf hat jedoch das erwünschte Ergebnis nicht gebracht. Der Jesuit schrieb dem Bischof, dass der Herr von Ebreichsdorf auch nach einem mehr als einstündigen Gespräch nicht gewillt gewesen sei, über die Frage der verbotenen Bücher zu sprechen.

Hieronymus Beck war dabei einer der wenigen Adligen in Österreich und Böhmen, die eine der posttridentinischen Ausgaben des *Index der verbotenen Bücher* (Venedig 1574) besaßen,[568] und im Rahmen der bekannten Bibliotheken der habsburgischen Länder sogar der einzige, der die protestantische religiöse Literatur aus seinen Erwerbungen ausschloss und – wenn auch nur teilweise und seiner eigenen Auslegung nach – die kirchliche Anordnung über die Aussonderung der schädlichen Literatur respektierte. Den kirchlichen Autoritäten zufolge sollten die Prohibita in eine spezielle Abteilung ausgesondert und der Zugang dazu eingeschränkt oder gar verboten werden. Im 16. Jahrhundert hielten diese Praxis jedoch nur kirchliche Institutionen ein, insbesondere die Jesuiten, oder die durch sie unmittelbar beeinflussten Bibliotheksbesitzer (beispielsweise die Hofbibliothek der bayerischen Wittelsbacher in München).[569] An den Höfen der böhmischen und österreichischen Adligen trifft man eine ähnliche Praxis erst in der zweiten Hälfte des 17. Jahrhunderts an; und übrigens hatte auch der Prager Erzbischof Anton Brus von Müglitz († 1580) in seiner persönlichen Bibliothek nicht ausgesonderte verbotene Bücher.[570]

Aus der Zusammensetzung der religiösen Literatur geht hervor, dass Hieronymus Beck absichtlich den Einkauf protestantischen theologischen Schrifttums mied und die wenigen einschlägigen Bücher, die er trotzdem besaß, in eine selbständige Abteilung aussonderte und in das am wenigsten würdige, letzte Fach seiner Bibliothek platzierte. Eine Aussonderung der nichtkatholischen Literatur findet man erneut erst im Katalog der Bibliothek Heinrich Wilhelms von Starhemberg aus dem Jahre 1632, der die Anordnung der Bibliothek nach seiner zwei Jahre zuvor stattgefundenen Konversion zum Katholizismus widerspiegelt. Es ist jedoch von Interesse, dass er die nichtkatholischen

---

566 Die Korrespondenz wurde von WIEDEMANN: *Die Kirchliche Bücher-Censur ...* S. 68–69, abgedruckt.

567 Katalog Beckiana (1Theo 5).

568 Katalog Beckiana (1Theo 252).

569 ŠAMURIN: *Geschichte der bibliothekarisch-bibliographischen Klassifikation ...* S. 133; In München wurden nichtkatholische Bücher seit 1578 separiert, vgl. SCHOTTENLOHER, Karl: *Die Zensur-Eingriffe in der Münchner Jesuitenbibliothek im Jahre 1578: Beitrag zur Geschichte des Tridentiner Index.* Harrassowitz, Leipzig 1939, S. 65.

570 SKÝBOVÁ, Anna: Knihovna arcibiskupa Antonína Bruse z Mohelnice. In: POLIŠENSKÝ, Josef – ŠMAHEL, František (edd.): *Knihtisk a kniha v českých zemích od husitství do Bílé hory. Sborník prací k 500. výročí českého knihtisku.* Academia, Praha 1970, S. 250.

Bücher gleich nach den katholischen unter den ersten Bereichen seiner Bibliothek einordnete.[571]

Die „protestantische" Abteilung der Bibliothek von Ebreichsdorf wurde aber nicht im Mindesten durch den *Index der verbotenen Bücher* definiert, den Hieronymus Beck besaß. Die Einordnung in diese Abteilung wurde lediglich durch die nichtkatholische und zugleich theologische Ausrichtung des Werkes bestimmt. Neben einigen lutherischen Schriften wurden hierher die Werke der Union der Böhmischen Brüder, aber auch die Werke von John Wycliff sowie die bekannte Verteidigung der hebräischen Literatur durch Johannes Reuchlin eingeordnet. Die beiden Werke befanden sich zwar seit den 50er Jahren des 16. Jahrhunderts auf dem *Index der verbotenen Bücher*, doch für Beck war der Zweck dieser Einordnung nicht der *Index* selbst, sondern die Tatsache, dass sie als unmittelbare Quelle bzw. Vorläufer der protestantischen Dogmatik aufgefasst wurden. Mehrere verbotene Bücher Hieronymus Becks (auch solche, die sich in der erwähnten Ausgabe des *Index* befanden) waren nämlich Bestandteil weiterer Bereiche seiner Bibliothek, einschließlich des theologischen. Ausgesondert wurden beispielsweise auch nicht protestantische Ausgaben von patristischen Autoren und von Bibeln, obwohl sich einige davon auf dem *Index* befanden. Neben der bereits erwähnten englischen Bibel, die das Zerwürfnis mit dem Wiener Bischof verursachte, besaß Hieronymus Beck auch die verbotene lutherische Bibelübersetzung ins Spanische, die sog. Bärenbibel (*La Biblia, que es, los sacros libros del Vieio y Nueuo testamento*), und ordnete sie in den klassischen theologischen Bereich ein.[572] Das Sammeln von Bibeln in verschiedenen sprachlichen Fassungen war nämlich, wie ich bereits erwähnt habe, unter den Besitzern von Adelsbibliotheken eine Prestigeangelegenheit, und zwar abgesehen von ihrer Konfession.[573] Und Hieronymus Beck erwähnte in seinem oben erwähnten Gesuch um die Rückgabe des beschlagnahmten englischen Buches auch ausdrücklich seine Bemühungen, Bibeln in verschiedenen Sprachen zu erwerben.[574]

Es ist daher offensichtlich, dass der *Index*, den sich Beck besorgte, ihm nicht als Quelle für die Suche nach verbotener Literatur und ihre eventuelle Aussonderung diente. Auch wenn man von den erwähnten ausländischen Prohibita und den erst 1596 verbotenen Büchern absieht, befanden sich in der Bibliothek von Ebreichsdorf mehr als zwei Dutzend Bücher, die eindeutig im *Index* angeführt waren. Es handelte sich z. B. um die Arbeit von Lorenzo Valla über den freien Willen, um zahlreiche Ausgaben der Schriften von Giovanni Boccaccio, die zu Hieronymus Becks Lieblingslektüre in seiner Jugendzeit gehörten, oder um Gedichte von Clément Marot oder von Marcolini, die wegen ihrer antireligiösen Verse auf den *Index* gerieten. Von den naturwissenschaftlichen Prohibita besaß Beck beispielsweise die Arbeiten des Botanikers und Theologen Otto Brunfels sowie Konrad Gessners, von der geographischen und topographischen Literatur eine Arbeit Jakob Zieglers oder das apodemische Handbuch von Theodor Zwinger. Außer einigen historischen Werken gab es auch ein paar religiös-philosophische Schriften, beispielsweise Arbeiten des jüdischen Konvertiten

571 Berlin: Staatsbibliothek (MS Catal. Fol. 48); KOHLER: Umfang und Bedeutung historisch-geographischer Werke... S. 230; HEILINGSETZER, Georg: *Heinrich Wilhelm von Starhemberg (1593–1675). Ein österreichischer Adeliger der Barockzeit.* Dissertation, Universität Wien 1970, S. 88.

572 Katalog Beckiana (1Theo 6).

573 SHEVCHENKO: *Eine historische Anthropologie des Buches* ... S. 281.

574 WIEDEMANN: *Die Kirchliche Bücher-Censur* ... S. 68.

und Mystikers Paulus Ricius sowie von Guillaume Postel. Seit 1564 befand sich auf dem *Index* auch die Predigt des ungarischen evangelischen Bischofs István Beythe, der in engen Beziehungen zu Carolus Clusius und Balthasar Batthyány stand.

Bei der Rezeption der „verbotenen" Literatur waren wahrscheinlich (wenigstens in einigen Fällen) persönliche Gründe von Bedeutung. Überraschend ist beispielsweise Becks ungewöhnlich tolerante Einstellung zu den Schriften des vielseitigen Denkers Guillaume Postel, dessen Werke bereits in den 50er Jahren des 16. Jahrhunderts auf den *Index* geraten sind.[575] Hieronymus mag Postel persönlich gekannt haben: Sie könnten sich zwar theoretisch schon 1546 in Venedig kennengelernt haben, es ist aber wahrscheinlicher, dass sie sich erst 1553 in Wien erstmals trafen, als Postel auf Einladung Ferdinands I. an der dortigen Universität tätig war. Beck besaß gleich danach Werke von Postel, einschließlich seiner sehr bekannten Schriften *Absconditorum a constitutione mundi clavis* und *De orbis terræ concordia libri*, in denen Postel seine Idee einer universellen Religion vorstellte, in der sowohl Christen als auch Juden und Muslime ihren Platz hatten.[576] Noch mehr als die über den Standard hinausgehende Vertretung von Postels Werken in der Bibliothek von Ebreichsdorf ist die Tatsache interessant, das Hieronymus Beck ihn im Katalog unter die sog. „Patres" einordnete. Von den zeitgenössischen Theologen wurden von Beck auf diese Weise nur einige Personen bezeichnet, die er persönlich hoch achtete. Die beiden Persönlichkeiten hatten auch weitere Gemeinsamkeiten: Beck interessierte sich wie Postel für ursprüngliche syrische biblische Texte sowie für das Leben der Christen im Osmanischen Reich. Aus Becks flüchtigen in den erhaltenen Büchern vorkommenden Bemerkungen scheint es, dass ihm – ebenso wie Postel – eine undogmatische Einstellung zu religiösen Fragen vielleicht nicht allzu ferne lag.

Das „intellektuelle Netz" von Hieronymus Beck im Spiegel seiner Bibliothek

Die Rekonstruktion von literarischen und intellektuellen Beziehungen Hieronymus Becks ist wegen Mangels an Archivquellen relativ kompliziert. Bislang dienten als Hauptquelle für diesbezügliche Informationen vor allem die Familienchronik und Becks Sammlungen von Miniaturporträts. Wie man sehen wird, ist auch seine Bibliothek eine wichtige Quelle für den Umkreis von Personen, mit denen Hieronymus Beck in intellektuellem Kontakt stand. Sie enthielt nämlich mehrere Druckwerke und vor allem Handschriften, bei denen man annehmen, und in einigen Fällen auch belegen kann, dass sie Hieronymus Beck geschenkt wurden. Neben den Buchgeschenken, die eine verbreitete Form der Kommunikationsstrategie auf dem Gebiet der Buchkultur darstellten, werde ich einige im Druck realisierte literarische Dedikationen an Hieronymus Beck erwähnen, obwohl ihre Zahl – beispielsweise im Vergleich mit dem literarischen Mäzenatentum der Rosenberger oder Ferdinands II. von Tirol – nicht allzu hoch ist.[577] Die Dedikation stellte im 16. Jahrhundert eine bereits gängige „soziale Institution" dar,

575 PETRY, Yvonne: *Gender, Kabbalah, and the Reformation: The Mystical Theology of Guillaume Postel 1510–1581.* Brill, Leiden 2004, S. 45–46.

576 Katalog Beckiana (1Theo 55, 304; 6Hi 118; 7Art 25; 5Kunst 13).

577 Die Aufzählung der Werke, in denen Hieronymus Beck als Empfänger einer Dedikation vorkommt, ist sicher nicht definitiv. Bei der Heuristik bin ich von Teilrecherchen in der Datenbank VD 16, von Erwähnungen über solche Dedikationen in

die auf literarischer, persönlicher und ökonomischer Basis beruhte. Der komplizierte Mechanismus des Dedikationsrituals wurde zum Ausdruck der damaligen literarischen und gesellschaftlichen Norm, aber auch zum pragmatischen Mittel für die Herstellung von Klientelbeziehungen. Im Falle der im Druck erschienen Werke wurde die Dedikation darüber hinaus zu einer öffentlichen Angelegenheit, und der Adressat der Dedikation „übernahm" symbolisch den Schutz über die erschienene Schrift und garantierte in gewissem Maße auch ihre Qualität und ihren Inhalt. Das mit der Verleihung seines Namens und seines Prestiges verbundene Risiko des Mäzens wurde jedoch ausreichend durch ein relativ hohes Maß an öffentlichem Ansehen kompensiert, das die Dedikation besonders dann, wenn es sich um ein gedrucktes Werk handelte, gewährte.[578]

Der österreichische Adel und die Mitglieder der königlichen Familie

Ein beredtes Zeugnis von Hieronymus Becks enger Beziehung zur kaiserlichen Familie ist einer seiner ersten Einträge, die er noch zu Lebzeiten seines Vaters in die Familienchronik vornahm, nämlich die Aufzählung der Namen der Kinder Ferdinands I.[579] Es bleibt allerdings offen, inwieweit vertraulich oder wenigstens nahe die Beziehung von Hieronymus Beck und Kaiser Maximilian II. auch in späteren Phasen ihres Lebens blieb. Man kann nur bedauern, dass man kein reicheres Quellenmaterial zur Verfügung hat. Ähnliche intellektuelle Interessen, die den Kaiser beispielsweise mit dem protestantischen Adligen und ständischen Politiker Reichart Streun von Schwarzenau näherbrachten, verbanden sie zweifellos auch in späterer Zeit. Wie Becks Bibliothek bezeugt, schenkte Maximilian Hieronymus Beck sogar eine Handschrift eines medizinischen Buches.[580] Ist es aber tatsächlich nur ein Zufall, dass Beck nicht darüber informiert wurde, dass Maximilian die türkische Chronik übersetzen ließ, die Beck Jahre zuvor der kaiserlichen Bibliothek geschenkt hatte und die Becks eigenhändige Widmung aufwies?

Die Bibliothek von Ebreichsdorf zeugt auch von bisher unbekannten Beziehungen Becks zu Maximilians Schwester Katharina von Österreich, die relativ tiefe intellektuelle Interessen besonders auf dem Gebiet von Sprachen, Geschichte und Kunst hatte.[581] 1553 wurde sie polnische Königin, aber die unglückliche Ehe mit Sigismund II. August endete vierzehn Jahre später mit ihrem erzwungenen Weggang aus Polen. Seit Mitte 1567 lebte sie in Abgeschiedenheit im Schloss von Linz. Hieronymus Beck dürfte Katharina von Österreich noch vor ihrem Weggang nach Polen kennengelernt

---

der Fachliteratur sowie von der Analyse der Büchersammlung Hieronymus Becks ausgegangen.

578 STÖRT, Diana: Form- und Funktionswandel der Widmung. Zur historischen Entwicklung und Typologisierung eines Paratextes. In: KAUKOREIT, Volker u. a. (ed.): *„Aus meiner Hand dies Buch ...". Zum Phänomen der Widmung*. Turia et Kant, Wien 2006, S. 81; VOIT: *Encyklopedie knihy* ... S. 200–201.

579 ZEIBIG: Die Familien-Chronik der Beck von Leopoldsdorf ... S. 214; NEUBER: Visual Exegesis and Social History ... S. 671.

580 Katalog Beckiana (3Me 61 – *Artzney büchel weiland Kaysers Maximiliani dess Andern hochsaeligster gedächtnuss manuscriptus).*

581 PILLICH, Walter: Königin Katharina von Polen in Linz. *Historisches Jahrbuch der Stadt Linz* 1966, Linz 1967, S. 177. Katharina vermachte ihre Bibliothek ihrem Sekretär und Königlichen Rat Erhard von Kunheim, allerdings konnte sich der Kaiser vorher aus der Bibliothek nehmen, was er wollte. Leider ist weder ein Inventar noch ein Katalog von Katharinas Bibliothek erhalten.

haben, denn seine erste Frau, Barbara von Spangenstein, gehörte zu Katharinas Frauengefolge. Becks Kontakte zu Katharina fallen vielmehr erst in die Zeit ihres Aufenthalts im Schloss von Linz, wo sie u. a. intensiv Heilkräuter züchtete. Katharinas Bildnis aus ihren letzten Lebensjahren nahm Hieronymus Beck in seine Sammlung von Miniaturporträts auf.[582] In der Bibliothek von Ebreichsdorf befand sich auch die medizinische Handschrift mit dem Titel *Artzneybuch Khönigin Catharina Zu Poln*, wobei der Charakter dieses Eintrags nicht die Möglichkeit ausschließt, dass Katharina auch ihre Verfasserin war.[583] Obwohl nicht auszuschließen ist, dass die Handschrift eine Geschenk an die erste Frau von Hieronymus Beck noch vor Katharinas Weggang nach Polen war, ist es wahrscheinlicher, dass diese Handschrift nach Ebreichsdorf erst zwischen den Jahren 1567 und 1572 kam, als Katharina in Linz lebte.

Ein reger Austausch von Büchern und auch von Informationen literarischen Charakters verlief, wie ich schon erwähnt habe, auch zwischen Hieronymus Beck und Siegmund von Herberstein, und zwar schon während Becks Studienzeit in Padua.[584] Beck besaß später das von Herberstein verfasste Werk *Rerum Moscovitarum commentarii*, und zwar sowohl die erste Auflage von 1549 als auch die spätere deutsche Übersetzung von 1557.[585] Herberstein hat darin die Erkenntnisse aus seinen wiederholten Reisen nach Russland festgehalten. Sein Reisebericht war durch sein Thema in Europa bahnbrechend und erfuhr zahlreiche Auflagen.

Ein Geschenk war zweifellos auch das handschriftliche Gebetbuch *Bethbüchlein geschrieben durch Wilhelm von Gera.*[586] Hieronymus Beck verkehrte mit einem anderen Mitglied dieser Adelsfamilie, nämlich mit Erasmus von Gera. Ihre Söhne, Franz von Gera und Christoph Beck, studierten gemeinsam zuerst in Wien und gingen später beide an den Hof nach Prag.[587] Es ist deshalb nicht ausgeschlossen, dass das protestantische Gebetbuch eher ein Geschenk von Franz an Christoph war, denn dem überzeugten Katholiken Hieronymus Beck ein protestantisches Gebetbuch zu widmen wäre ein wenig überraschend und wohl auch unhöflich gewesen. Das Buch endete zwar in der Familienbibliothek, aber Hieronymus Beck, der die Erwerbung protestantischer Literatur absichtlich vermied, ordnete es kompromisslos ganz am Ende der Bibliothek ein.

Die protestantische Konfession war jedoch für Beck kein Hindernis im Falle von weiteren intellektuellen Kontakten zu Adligen und Wiener Intellektuellen. Eine dauerhafte Freundschaft knüpfte er beispielsweise mit dem bereits erwähnten lutherischen Aristokraten Reichart Streun von Schwarzenau an, der enge Beziehungen zu Maximilian II. und Rudolf II. hatte und eine bedeutende Stellung am Prager Hof erreichte. Streuns Sammlungen in Freydegg waren berühmt, Robert Evans charakterisierte sie sogar als Prager Burg oder Ambras im Kleinen.[588] Beide trafen sich für gewisse Zeit auch im Amt der Hofkammer, wo Streun in den Jahren 1567–1576 und Beck 1563–1569

582 HEINZ: Das Porträtbuch des Hieronymus Beck von Leopoldsdorf ... S. 211, Nr. 40.
583 Katalog Beckiana (3Me 30).
584 Siehe oben, S. 39–41.
585 Katalog Beckiana (6XXX 17) – das Exemplar war bis vor kurzem Bestandteil der Čaplovič-Bibliothek in Dolný Kubín – Dolný Kubín: Čaplovičova knižnice (III/333/31) – heute ist es leider verschollen. SMETANA: *Katalóg tlačí 16. storočia v Čaplovičovej knižnici* ... num. 585.
586 Katalog Beckiana (15Protheo 27).
587 ZEIBIG: Die Familien-Chronik der Beck von Leopoldsdorf ... S. 19.
588 EVANS: *Rudolf II and His World* ... S. 128.

tätig war.[589] Ihre gemeinsamen Hauptinteressen waren aber die humanistische Literatur, die Geschichte des Altertums, die Landesgeschichte sowie die Epigraphik; Streun machte für Beck auch seine Bildergalerie zugänglich, aus der Kopisten gemäß Becks Auftrag Miniaturporträts von ausgewählten Persönlichkeiten für die Ebreichsdorfer Sammlung von Miniaturporträts anfertigten. Beide Adligen korrespondierten miteinander aber auch über praktischere Themen, wie etwa über das Anlegen von Renaissancegärten.[590] Es überrascht deshalb nicht, dass sie wohl auch Bücher in größerer Menge austauschten. Bereits 1566 schenkte Beck Streun eine geschmückte Handschrift des 15. Jahrhunderts mit den Epigrammen des römischen Dichters Marcus Valerius Martialis, in denen die von Kaiser Flavius veranstalteten römischen Spiele gefeiert werden.[591] Neuesten Untersuchungen zufolge ist diese Handschrift eine Kopie eines älteren Bologneser Exemplars, und Beck kann sie deshalb während seines Aufenthalts in Bologna im Jahre 1550 erworben haben. Auf die letzte Seite der Handschrift schrieb Beck eine Widmung an Streun, die in Form einer Inschrift auf einem antiken Grabstein stilisiert wurde und zweifellos symbolisch auf ihr gemeinsames Interesse am Erbe der Antike hinwies.

Reichart Streun war im Unterschied zu Hieronymus Beck auch literarisch tätig. Soweit bekannt, war Beck Autor von nur einer Handschrift mit der Überschrift *De Nativitate Dei*, über die man jedoch nichts Näheres weiß, denn sie ist 1697 beim Brand des königlichen Palastes von Stockholm verbrannt.[592] Offensichtlich handelte es sich um Gelegenheitspoesie mit religiöser Thematik. Reichart Streun publizierte bereits in seiner Studienzeit ein Buch mit dem Titel *Gentium et familiarum Romanarum stemmata* (Basel 1559), das von den Zeitgenossen relativ hoch geschätzt wurde und das auch Hieronymus Beck in seiner Bibliothek hatte.[593] Zu wissenschaftlichen Studien kehrte Streun erst Ende der 70er Jahre des 16. Jahrhunderts zurück, nachdem er keine politisch exponierten Funktionen mehr bekleidete und sich im Schloss Freydegg bei Amstetten niedergelassen hatte. Er widmete sich vor allem der Landesgeschichte und Genealogien des Adels.

---

589 GROẞMANN: Der Historiker Reichart Streun von Schwarzenau ... S. 555–573; RAUSCHER: *Zwischen Ständen und Gläubigern* ... S. 151.

590 ZOTTI: Die Baugeschichte der Schallaburg ... S. 50; NEUBER: Visual Exegesis and Social History ... S. 173, 177; GROẞMANN: Der Historiker Reichart Streun von Schwarzenau ... S. 556.

591 Wien: Österreichische Nationalbibliothek (Cod. 316: *Epigrammata, Xenia et Apophoreta*). In die ehemalige Hofbibliothek gelangte die Handschrift über Streuns Bibliothek, die nach seinem Tod in die kaiserliche Bibliothek verkauft wurde, vgl. GROẞMANN: Der Historiker Reichart Streun von Schwarzenau ... S. 564; COLEMAN, Kathleen M. (ed.): *M. Valerii Martialis Liber Spectaculorum. Edited with introduction, translation and commentary.* Oxford Univ. Press, Oxford 2006, S. XXIII.

592 Katalog Beckiana (8XXX 1).

593 Katalog Beckina (9Antiq 11); GROẞMANN: Der Historiker Reichart Streun von Schwarzenau ... S. 555–556, führt anhand eines Zitats von 1614 an, dass das Buch auch in Wien bekannt war – Becks Katalog ist ein klarerer Beweis dafür.

Abb. 18: Widmung von Hieronymus Beck an Reichart Streun in einer Handschrift des 15. Jahrhunderts mit den Epigrammen von Marcus Valerius Martialis (Wien: Österreichische Nationalbibliothek)

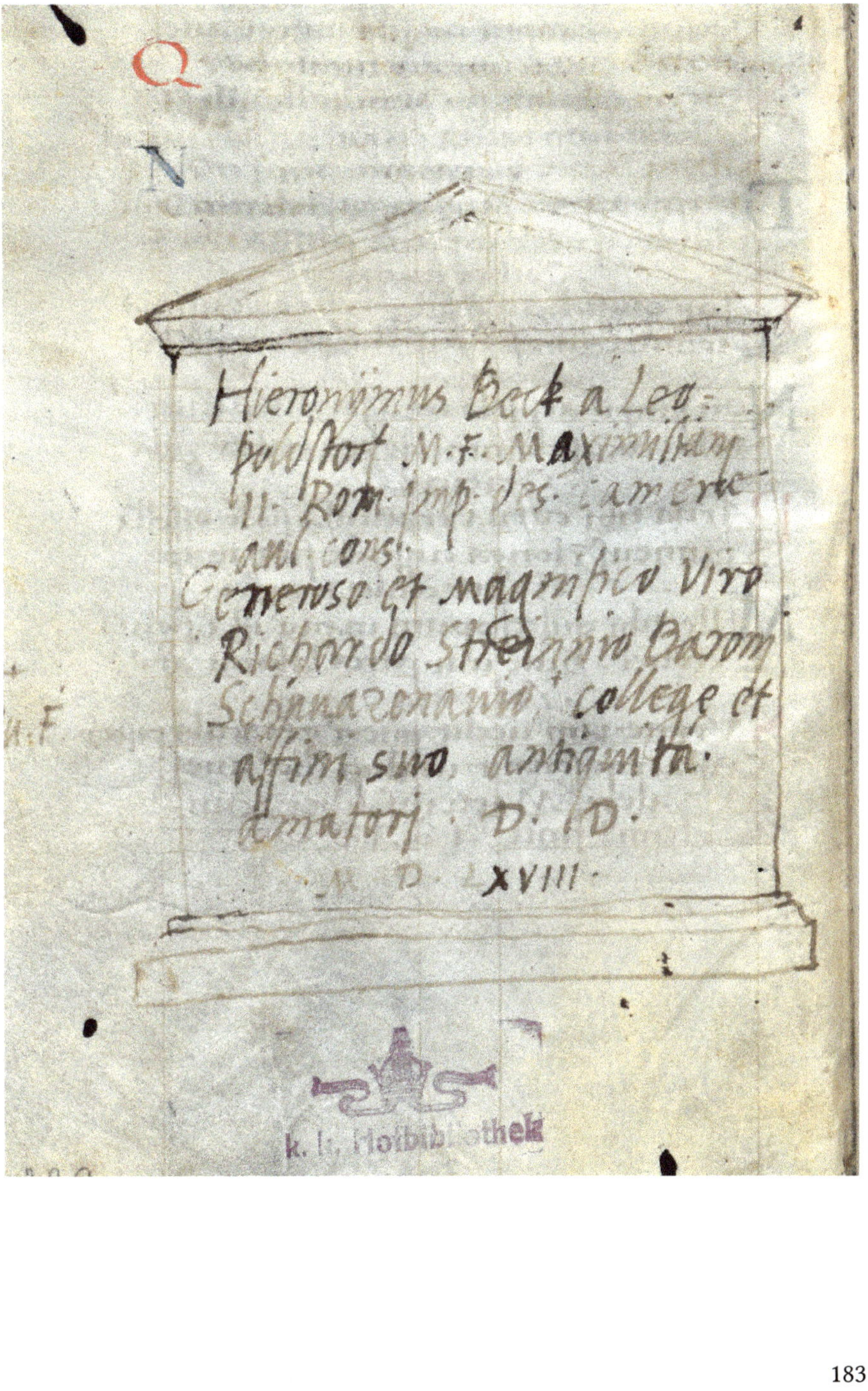

Es scheint, dass einige der Ebreichsdorfer Handschriften sogar Streuns Autographen waren, obwohl ihre Identifizierung nicht immer ganz eindeutig ist. Hieronymus Beck besaß beispielsweise eine Handschrift aus dem Jahre 1586 mit dem Titel *Annales rerum Austriacarum.*[594] Es ist nicht auszuschließen, dass sich unter diesem Titel eine der Fassungen von Streuns Werk *Annales historici* verbarg, obwohl Streun in Becks Katalog nicht als Autor angeführt ist. Streun selbst besaß vier Exemplare davon. Laut Großmann arbeitete Streun jedoch an diesem Werk erst in den 90er Jahren des 16. Jahrhunderts und eine gleiche Bezeichnung trug auch das Werk von Gerard de Roo, dem Historiker Ferdinands II. von Tirol, das jedoch erst 1592 in Druck erschien.[595] Noch weniger klar ist der Inhalt des als *Kleine tractäte intitulirt, Der Verfürt hoffman durch Herrn Reinhart* benannten Konvoluts von Handschriften.[596] Der Titel evoziert die Möglichkeit, dass eines der Werke im Konvolut eine Bearbeitung von Castigliones *Cortegiano* sein könnte, aber die Einordnung in den Bereich der Antiquitäten deutet auch die Möglichkeit an, dass im Buch die Thematik des Altertums überwog. Unter der familiären Bezeichnung „Herr Reinhart" könnte sich wohl Reichart Streun verbergen, aber auch dies ist nicht klar. Ganz eindeutig ist hingegen die Identifizierung der Handschrift aus dem Jahre 1592, die Streuns Expedition zum Berg Ötscher beschreibt, die dieser, wie bereits erwähnt wurde, auf Befehl Rudolfs II. ein Jahr zuvor unternommen hatte.[597]

Intellektuelle aus dem Umkreis der Wiener Universität und des königlichen Hofes

Die Büchersammlung von Hieronymus Beck wurde im Vergleich mit anderen Bibliotheken jener Zeit vor allem durch die große Zahl von Handschriften charakterisiert, deren Autoren aus dem Umkreis der Wiener Universität und des königlichen Hofes stammten. Ihre inhaltliche Ausrichtung entsprach deutlich den intellektuellen Interessen Becks und in einigen Fällen ist es nicht ausgeschlossen, dass die in der Bibliothek befindliche Handschrift ein – meistens nicht erfülltes – Gesuch um finanzielle Unterstützung für ihre Drucklegung darstellte. Leider ist die absolute Mehrheit dieser Handschriften verloren und man weiß über sie nur dank den Einträgen im sog. rosenbergischen Verzeichnis. Trotzdem bedeutet die im Wesentlichen nur virtuelle Rekonstruktion eine große Bereicherung unserer Kenntnisse der intellektuellen Atmosphäre Wiens in der zweiten Hälfte des 16. Jahrhunderts.[598]

Unter den Persönlichkeiten, die noch vielmehr zur Generation von Marcus Beck gehörten, ist beispielsweise Philipp Gundel zu nennen, der letzte Humanist aus der

594 Katalog Beckiana (6Hi 61).

595 ROO, Gerardus de: *Annales rerum belli domiqve ab Avstriacis Habspurgicae gentis principibus gestis* ... Innsbruck 1592. VD 16 R13348. GROßMANN: Der Historiker Reichart Streun von Schwarzenau ... S. 561.

596 Katalog Beckiana (9Antiq 45).

597 Katalog Beckiana (6Hi 88).

598 MOUT, Nicolette: "Dieser einzige Wiener Hof von dir hat mehr Gelehrte als ganze Reiche anderer". Späthumanismus am Kaiserhof in der Zeit Maximilians II. und Rudolfs II. (1564–1610). In: HAMMERSTEIN, Notker – GERRIT, Walther (edd.): *Späthumanismus. Studien über das Ende einer kulturhistorischen Epoche.* Wallstein–Verlag, Göttingen 2000, S. 46–64.

Schule von Konrad Celtis. Gundel war sein ganzes Leben lang mit der Wiener Universität verbunden, aber er war auch in Hofdiensten tätig. Er war Geheimrat des Königs und wurde gelegentlich auch mit diplomatischen Aufgaben betraut, unter anderem gemeinsam mit Marcus Beck.[599] Auch Hieronymus Beck hatte eine nahe Beziehung zu Gundel und seiner Familie. Davon zeugt die wiederholte Abbildung Gundels, und zwar samt den Angehörigen seiner Familie, im Buch der Miniaturporträts sowie die Tatsache, dass eine der wichtigsten Quellen für Becks Sammlung von Miniaturporträts die Sammlung von Gundels Schwiegersohn Ambrosius Brassicanus war.[600] Philipp Gundel förderte seine intellektuellen Kontakte auch durch Buchgeschenke, beispielsweise an Wolfgang Lazius und an den böhmischen Juristen und Politiker Sixt von Ottersdorf.[601] 1566 schenkte Gundel eines seiner Bücher auch Hieronymus Beck. Es war ein besonders wertvolles Geschenk, weil es für den Schenker selbst von persönlicher Bedeutung war. Nur neun Jahre zuvor hatte ihm nämlich der Wiener Humanist Jakob Jonas aus Feldkirch dieses Buch geschenkt.[602] Es handelte sich um die damals sehr populäre Geschichte der ungarischen Länder von Antonio Bonfini und es ist nicht ausgeschlossen, dass dieses Geschenk mit Becks Engagement in den militärischen Angelegenheiten Niederungarns zusammenhing. 1566 gipfelte nämlich eine der militärischen Kampagnen gegen die Türken, in der Hieronymus Beck amtlich engagiert war und Niederungarn deshalb relativ oft besuchte. Das erhaltene Exemplar des Buches zeugt davon, dass Beck das Geschenk von Gundel zu schätzen wusste und das Buch intensiv studierte.[603]

Hieronymus Beck verkehrte intensiv auch mit dem Wiener Astronomen, Mathematiker und Arzt Paul Fabricius. Wie bereits erwähnt, bezeichnete Fabricius im Einblattdruck von 1583 mit der praktischen Anleitung zur Einführung der Kalenderreform in Nieder- und Oberösterreich Beck sogar als seinen Mäzen und erwähnte dessen Unterstützung bei der Entstehung dieser Fachschrift über die vorbereitete Reform.[604] Paul Fabricius widmete deshalb der Bibliothek von Ebreichsdorf die Abschrift seiner Abhandlung und es ist gut möglich, dass er an Beck auch einige weitere mathematische Handschriften vermittelte.[605] Fabricius kann auch eine gewisse Rolle beim Anknüpfen

599 So wurde er beispielsweise 1537 gemeinsam mit Siegmund von Herberstein und Marcus Beck zum Landtag nach Krems gesandt; mehr zu Gundel POSCH, Walter: *Philippus Gundelius. Ein Beitrag zur Geschichte des Humanismus in Wien.* Dissertation, Universität Wien 1961; ASCHBACH, Joseph Ritter von: *Geschichte der Wiener Universität.* 2. Holzhausen, Wien 1877, S. 319; MÖSCHL: *Dr. Marcus Beck von Leopoldsdorf…* S. 61.

600 HEINZ: Das Porträtbuch des Hieronymus Beck von Leopoldsdorf … S. 200–201.

601 TRENKLER: Wolfgang Lazius, Humanist und Büchersammler … S. 196; das 1522 an Sixtus von Ottersdorf geschenkte Buch ist in Stockholm erhalten: Kungliga biblioteket – diese Angabe wurde aus der Nachlasskartei von Otto Walde (Proveniensanteckningar) in Uppsala: Universitetsbibliothek übernommen.

602 WILKINSON, J. Robert: *Orientalism, Aramaic and Kabbalah in the Catholic Reformation: The First Printing of the Syriac New Testament.* Brill, Leiden 2007, S. 137, Anm. 4.

603 Katalog Beckiana (6XXX 2).

604 FABRICIUS, Paul: *Anlaitung zum brauch des verneuten Calenders …* Wien (1583); UHLIRZ: Die Einführung des gregorianischen Kalenders … S. 640–641 (mit Abdruck der Dedikation an Beck).

605 *Judicium Novae rationis restituendi calendarii Pauli Fabricii S.G.M. Math* – Katalog Beckiana (13Mat 11). Fabricius kann auch die Handschrift mit der Bezeichnung

der Kontakte zwischen Hieronymus Beck und dem deutschen Mathematiker und Astronomen Paul Wittich gespielt haben. Wittich war auf der Insel Hven im Kreis der Mitarbeiter Tycho Brahes tätig und später arbeitete er an verschiedenen Orten Europas, einschließlich Prags, wo ihn Rudolf II. in seine Dienste aufnahm. Das Ende seines Lebens verbrachte dieser Gelehrte in Wien, wo er 1586 starb. In Becks Bibliothek befand sich offensichtlich Wittichs eigenhändige Handschrift *Delineationes quaedam Mathemat.*, die leider nicht erhalten ist, weshalb man nichts Konkretes über ihren Inhalt sagen kann.[606]

Nicht weniger interessant war die Persönlichkeit des Wiener Arztes und Hebraisten jüdischer Herkunft Paul Weidner. Er ließ sich samt seiner ganzen Familie im Stephansdom taufen und dieser Schritt öffnete ihm den Weg nicht nur an die Wiener Universität, sondern auch in die Kreise der lokalen Honoratioren. 1582 wurde er sogar mit dem Prädikat „von Billerburg" nobilitiert.[607] Hieronymus Beck besaß nicht nur einige von Weidners Büchern, sondern kannte ihn und seine Familie auch persönlich. Paul Weidner war 1587 sein Gast in Ebreichsdorf, wo er für Beck eine hebräische Inschrift auf einem jüdischen Grabstein aus dem 13. Jahrhundert, der sich in der dortigen Sammlung von archäologischen Denkmälern befand, ins Deutsche übersetzte. Weidners Sohn Ferdinand, der in Hofdiensten tätig war, schenkte Beck eine Handschrift mit dem Titel *Ein Kurtz wollvermeintes guthe dencken belangend der Röm. Khay. Mat. Arshenal Jn Wien.*[608] Der Text behandelte den Bau des neuen Wiener Arsenals, der bereits 1546 auf Geheiß Ferdinands I. begonnen, aber wegen finanzieller Probleme später eingestellt wurde.[609] Weidners Handschrift betraf möglicherweise Vorschläge für weitere Maßnahmen in dieser Richtung; ein Werk mit einem ähnlichen Titel widmete er übrigens auch Kaiser Maximilian II.[610]

Auch Elias Corvin, eine weitere bedeutende Persönlichkeit des damaligen Wien und zufällig auch Schwiegersohn von Paul Weidner, versuchte wahrscheinlich, in eine Klientelbeziehung zu Hieronymus Beck zu treten.[611] Elias Corvin war nach dem Studium im Ausland in den niederösterreichischen Landesämtern und auch als Kanzler

---

Sententiae quaedam ex Geographia decerptae per M. Georg Rithamer – Katalog Beckiana (13 Mat 27) oder die Schrift von Paul Wittich an Beck vermittelt haben.

606 Katalog Beckiana (15Mat 25 – *Pauli Vitich VVratislaviensis delineationes quaedam Mathemat. Viva manu*); PORUBSKÝ, Štefan: Prosthaphaeresis – a Forgotten Algorithm. In: HADRAVOVÁ, Alena – MAHONEY, Terence J. – HADRAVA, Petr (edd.): *Kepler's Heritage in the Space Age. 400th Anniversary of Astronomia nova.* National Technical Museum, Prague 2010, S. 63–77.

607 DIAMANT, Paul J.: Paulus Weidner von Billerburg (1525–1585). Kaiserlicher Leibarzt und Rektor der Wiener Universität. *Mitteilungen des Vereins für Geschichte der Stadt Wien* 13/14, 1933, S. 57–64.

608 Katalog Beckiana (6Hi 89).

609 CZEIKE, Felix: Hermes Schallauczer. *Jahrbuch des Vereins für Geschichte der Stadt Wien* 15/16, 1959/1960, S. 76.

610 Weidners Handschrift *Vorschläge für das Arsenal in Wien und die kaiserliche Armada*, die für Erzherzog Maximilian von Österreich bestimmt war, ist in Stuttgart: Württembergische Landesbibliothek (HB XI 35) mit der Datierung 1582–1585 erhalten, BUHL, Maria Sophia – KURRAS, Lotte: *Die Handschriften der Württembergischen Landesbibliothek Stuttgart. Die Handschriften der ehemaligen königlichen Hofbibliothek* 4. Harrassowitz, Wiesbaden 1969, S. 32.

611 DIAMANT: Paulus Weidner ... S. 64.

der Wiener Universität tätig. Er war ebenfalls ein anerkannter humanistischer Dichter und begeisterte sich für die Alchemie.[612] Corvin gehörte zum intellektuellen Netzwerk von Hugo Blotius sowie Caspar von Nidbruck und unterhielt Beziehungen zum ungarischen Magnaten Balthasar Batthyány, mit dem er mehr als zehn Jahre lang über militärische, okkulte und vor allem alchemistische Angelegenheiten korrespondierte. Er war auch als Bücheragent tätig.[613] In der Bibliothek von Ebreichsdorf befand sich Corvins von anderswo nicht bekannte Handschrift mit dem Titel *Aelia Laelia Crispis, Marmor antiquum, Bononiae declaratum*.[614] Auch diese Handschrift ist leider nicht erhalten, sie behandelte offensichtlich eine kurz davor in Bologna entdeckte rätselhafte Inschrift auf einem Grabstein, die bei den damaligen Esoterikern und Alchemisten große Hoffnungen weckte.

Mehr Glück haben wir bei der bereits erwähnten Handschrift mit türkischer Thematik, die eine ausdrückliche Dedikation an Hieronymus Beck enthält und in Rom in der Vatikanischen Bibliothek erhalten ist. Ihr Autor Juraj Huszthi schilderte darin seine Erlebnisse von seinem langjährigen Aufenthalt im Orient. Eine erste, kurze Fassung seiner Erzählung hatte er bereits 1548 Ferdinand I. gewidmet und erst die zweite – überarbeitet und wesentlich erweitert – 1566 Hieronymus Beck.[615] Die Dedikation an Beck verrät die Absicht des Autors, seinen Text im Druck erscheinen zu lassen, wobei Beck offensichtlich sein Mäzen hätte sein sollen. Juraj Huszthi starb jedoch im gleichen Jahr und wohl deswegen ist es zu einem Druck seines Buches nie gekommen.

Nur zwei Jahre später wurde zu Ehren Hieronymus Becks das Druckwerk *Elegia de redemptione generis humani, ac salutifera Christi resurrectione* herausgegeben (Wien 1568). Obwohl es sich um eines der wenigen Beck gewidmeten gedruckten Bücher handelt, sind damit leider mehr Fragen als Antworten verbunden. Der Autor der religiösen Dichtung (fünf Blätter im Quartformat) war ein sonst nicht bekannter Johann Grarius Geldus. Einigermaßen rätselhaft ist auch der Drucker Philipp Püdninger. Neben dieser kleinen Schrift mit der Widmung an Beck ist von ihm nur ein einziges weiteres Buch aus dem Jahr 1568 bekannt. Es handelte sich um ein typographisch anspruchsvolles fünfsprachiges Wörterbuch, das wie die erwähnte Schrift vom hohen handwerklichen Niveau dieses Druckers Zeugnis ablegt. Es ist offenbar, dass es sich um keinen Anfänger oder Gelegenheitsdrucker handelte, trotzdem wird er in der Geschichte des Buchdrucks sonst nicht erwähnt.[616] Die Beck gewidmete *Elegia* ist darüber hinaus in einem einzigen Exemplar erhalten, und zwar in der Bibliothek des Zisterzienserklosters Heiligenkreuz,

---

612 Über Corvin mit Hinweisen auf ältere Literatur WILLING, Antje (ed.): *Johannes Baptista Rexius: Ilias Homeri teutsch. Mit synoptischem Abdruck der „Ilias"– Übertragung Lorenzo Vallas.* Erich Schmidt Verlag, Berlin 2009, S. 26–28.

613 Die Korrespondenz sowie weitere Werke von Elias Corvin befinden sich in der Österreichischen Nationalbibliothek in Wien; über die Kontakte zu Balthasar Batthyány mehr bei MONOK – ÖTVÖS – ZVARA: *Balthasar Batthyány und seine Bibliothek …* passim.

614 Katalog Beckiana (9Antiq 13).

615 Katalog Beckiana (6Hi 91); Roma: Biblioteca Apostolica Vaticana (Reg.lat. 931), Edition MATKOVIĆ: Descriptio peregrinationis Georgii Huszthii … S. 1–38; STEPANIĆ: Creating A Value-Added Text … S. 1–14.

616 VD 16 M 5705; RESKE: *Die Buchdrucker des 16. und 17. Jahrhunderts …* S. 970.

wo sie Ende des 19. Jahrhunderts vom Erforscher der Geschichte des Wiener Buchdrucks Anton Meyer entdeckt wurde.[617] Heute ist dieses Exemplar jedoch verschollen.

Die Generation von Wiener kosmopolitischen Intellektuellen

Die Kontakte Hieronymus Becks zu der neuen Generation von kosmopolitischen Gelehrten, die nach Wien durch die tolerante Haltung Maximilians II. gelockt wurden, waren verständlicherweise viel reicher, als uns seine Familienbibliothek verraten kann. Man weiß beispielsweise, dass Beck mit dem kaiserlichen Botaniker Carolus Clusius in persönlichem Kontakt stand, der wiederholt Ebreichsdorf besuchte und mit Beck später angeblich auch eine rege Korrespondenz führte.[618] Auch Hugo Blotius erwähnt in einem Brief an Justus Lipsius mit Respekt den Besuch Hieronymus Becks in der kaiserlichen Bibliothek im Jahre 1586, aber über den Charakter und die Intensivität ihrer Beziehung weiß man nichts Näheres.[619] Blotius hielt ein dichtes Netzwerk von kulturellen Beziehungen zu einheimischen und ausländischen Intellektuellen aufrecht, zu seinen Freunden und Förderern aus den Reihen des katholischen Adels gehörten beispielsweise Adam von Dietrichstein und Wolf Rumpf. In der letzten Phase seines Wirkens in der kaiserlichen Bibliothek hielt auch Becks Freund Reichart Streun eine schützende Hand über ihn.[620]

Unter den erhaltenen Exemplaren der Ebreichsdorfer Büchersammlung befindet sich das 1532 erschienene Buch Georg Rüxners über ritterliche Turniere, das Hieronymus Beck 1567 vom katholischen Höfling und Intellektuellen Jakob Taurell, genannt Öchsel, der aus dem Elsass nach Wien gekommen war, geschenkt wurde. Taurell war einer der intellektuell orientierten Hofbeamten Maximilians II. und besaß eine relativ interessante Bibliothek, deren wesentlichen Teil er später – nach dem Vorbild anderer elsässischer Humanisten einschließlich von Beatus Rhenanus – der humanistischen Schule in Schlettstadt schenkte.[621] Katholisch war auch Blasius Ellander, der nach dem Studium in Ingolstadt als Lehrer und erzbischöflicher Sekretär in Salzburg wirkte. Er schenkte Beck sein 1588 erschienenes Buch *Examen Oder fleissige Erörterung*, wobei Beck selbst die Angabe über das Geschenk ungewöhnlicherweise auf die Titelseite des Buches notierte.[622]

Durch unmittelbare Klientelbeziehungen waren mit Hieronymus Beck vor allem folgende Personen verbunden: Johannes Löwenklau, Johannes Sambucus und Hieronymus Arconatus. Als erster suchte in Beck einen potenziellen Mäzen der bedeutende kosmopolitische Intellektuelle Johannes Sambucus, der Mitte der 60er

---

617 MEYER: *Wiens Buchdruckergeschichte I* ... S. 111.

618 In der Datenbank von Clusius' Korrespondenz findet sich der Name von Hieronymus Beck nicht; http://media.leidenuniv.nl/legacy/clusius_correspondence_database.pdf.

619 DE LANDTSHEER: Forgotten Letters from Hugo Blotius to Justus Lipsius ... S. 325–326.

620 LOUTHAN: *The Quest of Compromise* ... S. 59.

621 Katalog Beckiana (12Milit 1); das Buch befand sich bis vor kurzem in einer Privatsammlung in Schweden, siehe LINDBERG, Sten G.: Victor von Stedingks bokbandssamling och modern bokbandsforskning. In: *Biblis. Föreningen för bokhantverk Årsbok 1975.* Stockholm 1975, S. 125–126.

622 Katalog Beckiana (1Theo 162), Västerås: Stiftsbibliotek (Teologi IX Polemik, dogmatik m.m 8002279371758) – auf der Titelseite befindet sich die Angabe „Hieronymi Beck a Leopoldstor. ex Dono Authoris".

Jahre des 16. Jahrhunderts als Historiograph in die Dienste Maximilians II. trat und sich bis zu seinem Lebensende in Wien aufhielt. Noch vorher hatte er in den Niederlanden ein erfolgreiches Buch mit dem einfachen Namen *Emblemata* herausgegeben.[623] Begründer dieser spezifischen Literaturgattung war der italienische Humanist Andrea Alciato, der 1531 sein berühmtes Buch *Emblematum liber* publiziert hatte; die Beliebtheit dieser Gattung dauerte bis ins 19. Jahrhundert an. Das Emblem hatte drei Glieder – eine Überschrift, eine allegorische Abbildung und ein in der Regel gereimtes Epigramm, das den moralischen Sinn der üblicherweise unklaren Überschrift und des noch rätselhafteren Bildes entschlüsseln helfen sollte.[624] Johannes Sambucus kam als erster mit einer bedeutenden Innovation, die seinem Buch einen großen Erfolg sicherte: Den drei erwähnten Komponenten fügte er noch eine persönliche Dedikation hinzu. Diese so bereicherten Embleme stellten eine Art elegantes Geschenk an den Bewidmeten dar, selbstverständlich mit der offenbaren Absicht, intellektuelle oder sonstige Klientelbeziehungen anzuknüpfen.[625] Unter den bewidmeten Personen, die in jeder Ausgabe von *Emblemata* teilweise verändert wurden, befanden sich vor allem Humanisten aus ganz Europa, in kleinerer Anzahl auch einflussreiche Höflinge, Diplomaten und Politiker.

Der Name Hieronymus Becks erschien zum ersten Mal erst in der zweiten und in unveränderter Form auch in der dritten Ausgabe von *Emblemata* (1566 bzw. 1569), denn vor Sambucus' Ankunft in Wien im Mai 1564 haben sich diese beiden Männer noch nicht gekannt. Laut Visser, der Sambucus' Buch eingehend analysierte, sind sie sich wohl durch gemeinsame tiefere humanistische Interessen nähergekommen, trotzdem gehörte Hieronymus Beck eindeutig in die Kategorie solcher Personen, die hier wegen ihrem sozialen oder politischen Einfluss genannt wurden.[626] Die Sammlung von Sambucus ist erstaunlicherweise in Becks Bibliothek nicht belegt, und zwar in keiner der beiden Ausgaben. Die Zusammensetzung seiner Bibliothek deutet darüber hinaus an, dass Beck kein großer Anhänger dieser Literaturgattung war. Vielleicht mochte Beck den Zusammenhang der Embleme mit den Hieroglyphen und ägyptischen Mysterien nicht, über den Sambucus in der Vorrede zu seinem Werk auch spricht, oder aber die damalige Besessenheit von einer esoterischen Bedeutung der Embleme.[627] In der Büchersammlung von Hieronymus Beck befand sich nämlich kein emblematisches Buch und er besaß nachweislich nur zwei Bände der sog. Impressionen (Camillo Camilli und Girolamo Ruscelli), die eher exegetischen Charakters und auf das italienische Adelsmilieu orientiert waren.[628]

623 VISSER, Arnoud S. Q.: *Johannes Sambucus and the learned image. The Use of the Emblem in Late-Renaissance Humanism.* Brill, Leiden 2005.
624 KONEČNÝ, Lubomír: *Mezi textem a obrazem. Miscellanea z historie emblematiky.* Národní knihovna ČR, Praha 2002.
625 ALMÁSI: *The Uses of Humanism* ... S. 164.
626 VISSER: *Joannes Sambucus and the learned image* ... S. 121, Anm. 26, S. 134.
627 EVANS: *Rudolf II and His World* ... S. 124.
628 Katalog Beckiana (6Hi 152, 154).

Abb. 19: Das Hieronymus Beck von Leopoldsdorf gewidmete Emblem in Sambucus' Embleme-Sammlung, Antwerpen 1569 (Nationalbibliothek Prag)

EMBLEMATA. 207

Scelus exoſum.

Ad D. Hieronymum Pekh à Leopoldſtorff.

QVI cædem ſpirant, atque ocia publica turbant,
Et niſi ſeditio quos animoſa iuuat:
Hos fugiant ſani, nec conſuetudinis vſum
Protinus admittant, hoſpitiumq́ negent.
Hoc tellus teſtatur idem, quæ reſpuit angues,
Excutit & gremio quæ nocuere bonis:
Donec oberrantes ſic fiant corpora trunca,
Et propria tandem morte venena luant.
Recte diſcernunt tales tua limina, doctis
Doctus & expertus qui probitate faues.
Qui totum iuuenis peragraſti gnauiter orbem,
Aulæ nunc Cameram conſiliiſq́ iuuas.

Sim-

Es besteht die Meinung, dass es eben Sambucus war, der den Kontakt zwischen Hieronymus Beck und dem Orientalisten sowie Kryptokalvinisten Johann Löwenklau vermittelte. Anderen Forschern zufolge war es hingegen Hieronymus Beck, der Löwenklau eine persönliche Begegnung mit Johannes Sambucus vermittelte, den er bis dahin nur aus der Korrespondenz gekannt hatte und mit dem er später an der Edition von einigen in Sambucus' Bibliothek aufbewahrten Handschriften eng zusammenarbeitete.[629] Metzler vermutet sogar, dass Beck diejenige Person hätte sein können, von der Löwenklau anderen Adligen empfohlen wurde, insbesondere dem mährischen Adligen Heinrich von Liechtenstein.[630] Becks persönliche Erfahrungen aus dem Orient und das tiefere Interesse an der Türkenfrage waren zweifellos ein bindendes Element der lang andauernden Beziehung zu Löwenklau.

Löwenklau gehörte zu der heterogenen Gruppe von Denkern, die ihre oft radikalen religiösen Gedanken hinter weniger explosiven philosophischen Anschauungen versteckten. Sowohl wegen seinen Editionen als auch wegen seiner problematischen religiösen Orientierung suchte Löwenklau nach Beschützern nicht nur unter Protestanten, sondern auch unter einigen für ihre außerordentliche religiöse Toleranz bekannten Katholiken.[631] Trotzdem endeten seine permanenten Probleme mit der Inquisition im Jahre 1596 mit der Platzierung seiner Werke auf den *Index der verbotenen Bücher.* Die erste gedruckte Dedikation von Löwenklau an Hieronymus Beck stammt aus dem Jahre 1577, als er ihm seine lateinische Übersetzung des Muḥammad Ibn-Sīrīn (8. Jh.) zugeschriebenen arabischen Traumbuches *Apomasaris Apotelesmata* widmete, dessen Vorlage aus Sambucus' Bibliothek stammte und in der Basler Buchdruckerei von Andreas Wechel erschienen war.[632] Löwenklau begründet seine Dedikation damit, dass Hieronymus Beck während seiner Reisen durch den Orient ebenso wie der übersetzte arabische Autor feststellte, dass eine funktionierende Koexistenz verschiedener Religionen möglich sei.[633] Hinter Löwenklaus Worten ist eine gewisse prosaische Bemühung zu spüren, auf elegante Weise einer eventuellen Spannung zwischen der eigenen und Becks Konfession vorzubeugen. Es ist jedoch nicht ausgeschlossen, dass hier auch die in Löwenklaus Kreisen sehr verbreitete Vision über das Bedürfnis einer „universellen" Religion anklingt, die die so schmerzlich gespaltene Welt wieder verbinden würde.

Zehn Jahre später erscheint der Name Hieronymus Becks in Verbindung mit Löwenklaus literarischer Tätigkeit erneut. Dies hängt mit einer neuen Übersetzung und Ausgabe einer der türkischen Handschriften zusammen, die Hieronymus Beck 1551 in Konstantinopel gekauft und nach Wien gebracht hatte. Die erste Handschrift, für die sich unter den heutigen Forschern nach ihrem Finder der Name „die Beck'sche" eingebürgert hat, enthielt die Geschichte des türkischen Reiches bis 1550, die zweite, als *Reges Arsacidarum* betitelt, widmete sich den königlichen Dynastien im Iran und in Armenien im Altertum.[634] Einer späteren Nachricht Johann Löwenklaus zufolge hatte Hieronymus Beck bereits 1551 bei der Übergabe der Handschrift vom Kaiser erbeten,

629 Johann Löwenklau gab insgesamt neun Bücher aus den Handschriften heraus, die ihm Sambucus aus seiner Bibliothek geborgt hatte, siehe METZLER: Johannes Löwenklau ... S. 29.

630 METZLER: Johannes Löwenklau ... S. 37.

631 ALMÁSI: *The Uses of Humanism* ... S. 224; ÁCS: Pro Turcis and contra Turcos ... S. 40–41.

632 Katalog Beckiana (4Phil 70). Die Dedikation an Hieronymus Beck kommt in den Nachdrucken dieses Werkes im 17. Jahrhundert vor.

633 ALMÁSI: *The Uses of Humanism* ... S. 164; ÁCS: Pro Turcis and contra Turcos ... S. 31.

634 BECK: *Hieronymus Beck von Leopoldsdorf (1525–1596)* ... S. 54; BABINGER: Die türkischen Studien in Europa ... S. 107; NEUBER: Visual Exegesis and Social History ... S. 669.

er möge die türkische Chronik wegen ihres „allgemeinen Nutzens“ ins Lateinische oder Deutsche übersetzen lassen.[635] Dazu kam es aber erst viel später und unter anderen Umständen: Unmittelbar nach der deprimierenden Niederlage der habsburgischen Heere gegen die Türken im Jahre 1566 betraute Kaiser Maximilian II. mit dieser Aufgabe den Übersetzer Johann Gaudier. Ein kurzer Auszug erschien 1567 in kleinem Format und schlechtem Satz in Frankfurt am Main.[636] Obwohl in der Fachliteratur die Vermutung vorkommt, dass Spiegels Übersetzung auf Veranlassung von Beck erschien, hatte dieser von der Übersetzung und ihrem Erscheinen wohl keine Ahnung, obwohl er sich – wie Löwenklau schreibt – für das Schicksal der Chronik interessierte.[637] Dies weist zumindest auf eine fehlende diesbezügliche Kommunikation zwischen Hieronymus Beck und dem Kaiser hin, denn Becks Provenienz der Handschrift war dank seiner direkt in der Handschrift angeführten Widmung gut bekannt; sie wurde beispielsweise auch durch Hugo Blotius vermerkt, als er 1575 den Handschriftenkatalog der kaiserlichen Bibliothek bearbeitete. Von der Existenz der Übersetzung erfuhr Beck wohl erst 1586, als ihm sein Bekannter, der Hofbeamte Ulrich Wander von Kranigsperg, die Handschrift mit Gaudiers Übersetzung zuschickte. Dank der Tatsache, dass der Übersetzer in der Einleitung Becks Anteil an der Erwerbung der Vorlage erwähnte, erkannte Beck „mit großer Freude“ in der Chronik die Übersetzung der türkischen Handschrift, die er Jahre zuvor nach Wien gebracht hatte.[638] Spiegels handschriftliche Übersetzung, die Beck von Wander erhielt, hinterlegte er in der Familienbibliothek, mit der sie bis nach Schweden gelangte; heutzutage ist sie leider verschollen.[639]

Hieronymus Beck wandte sich aber auch an Johann Löwenklau, der kurz zuvor von einer Reise nach Konstantinopel zurückgekehrt war, er möge sich einer neuen Übersetzung ins Lateinische annehmen. Beck besorgte für Löwenklau dank Vermittlung durch den Baron Andreas Teuffel von Guntersdorf, den Militärkommandanten in Ungarn, sogar einen sprachlichen Helfer, einen Übersetzer mit Türkischkenntnissen.[640] Es war Steffan Schupmann, von dem wir nur wissen, dass er aus der Stadt Görz in Illyrien stammte und sich als Übersetzer direkt auf den ungarischen Schlachtfeldern bewegte. Schupmann blieb auch später mit Hieronymus Beck in Kontakt und 1593

635 LÖWENKLAU: *Annales Sultanorum* ... fol. A2r.

636 GAUDIER, Johann: *Chronica.* Frankfurt am Main 1567 (VD 16 M 6775); AUSSERER, Carl: Zur Frühgeschichte der osmanischen Studien. *Islam* 12, 1922, S. 226.

637 LÖWENKLAU: *Annales Sultanorum* ... fol. A2r. Dabei stand Hieronymus Beck zu jener Zeit wohl in häufigem Kontakt mit dem Kaiser, den er u. a. in ein Militärlager unweit von Raab (Györ) begleitete.

638 Gaudier führte in der Einleitung den Namen von Beck in verstümmelter Form an: „Welliche Chronica für etzlicher Zeit hochlöblicher gedechtnis Keyser Ferdinando der Edle vnd Gestrenge Jeronimus Bock von Tropoldsdorff, aus der Tückey zugebracht vnd jhn dem Gaudier zuuerdeutschen beuolhen worden...“, vgl. GAUDIER: *Chronica* ... fol. A3v.

639 Katalog Beckiana (6Hi 129); ÁCS: Pro Turcis and contra Turcos ... S. 29–30, nimmt an, dass Beck Löwenklau eine neue, bessere Handschrift anbot, die er über den französischen Gesandten in Konstantinopel bekommen hatte. Es handelt sich um eine falsche Vermischung der beiden Geschehnisse aus den Jahren 1550 und 1586.

640 Andreas Teuffel, Freiherr von Guntersdorf (1515–1592), militärischer Kommandant von Györ und militärischer Hofrat in den Jahren 1566–1578; PARRY, Vernon J.: *Richard Knolles' History of the Turks*, ed. Salih ÖZBARAN. Economic and Social Foundation of Turkey, Istanbul 2003, S. 116.

schenkte er ihm angeblich, wie bereits erwähnt, eine Handschrift mit einem Auszug aus dem Koran mit arabischer Syntax, die er unter dramatischen Umständen direkt auf dem türkischen Schlachtfeld erhalten habe.[641] Schupmann stand Löwenklau besonders in den Tagen zur Verfügung, als dieser mit der Originalhandschrift arbeitete, deren Studium in der kaiserlichen Bibliothek ihm durch Hugo Blotius ermöglicht wurde.[642] Die Absicht Löwenklaus war es, nicht nur eine neue Übersetzung der „Beck'schen" Handschrift herauszugeben, sondern auch weitere Quellen zur türkischen Geschichte zugänglich zu machen, damit eine möglichst komplette Übersicht zur Verfügung stünde. Das Ergebnis seiner Arbeit war ein umfangreiches Werk, das er 1588 veröffentlichte und das neben der gekürzten lateinischen Fassung der ursprünglich türkischen Chronik (*Annales Sultanorum Othmanidarum*) auch Löwenklaus eigene Fortsetzung der türkischen Geschichte bis 1587 (*Supplementum Annalium*), einen Kommentar zu den ursprünglichen Annalen (*Pandectes Historiae Turcicae)* sowie einen zeitgenössischen Bericht über die Belagerung Wiens durch die Türken im Jahre 1529 enthielt.[643] Das Buch, das für Westeuropa – obwohl auch andere Arbeiten dieser Art erschienen – für lange Zeit eine der Hauptquellen für die Geschichte der Türkei wurde, war Hieronymus Beck gewidmet und im Text wurde sein aktiver Anteil an der Herausgabe dieser Schrift detailliert beschrieben.

Ich nehme an, dass es kurz darauf zu einer gewissen Abkühlung der Beziehungen zwischen den beiden Männern gekommen ist. Hieronymus Beck hat möglicherweise die Hoffnungen Löwenklaus nicht erfüllt, der wohl eine finanzielle Unterstützung seiner weiteren Herausgebertätigkeit durch Beck erwartete. Löwenklau versuchte wohl erfolglos, Beck zur Finanzierung seiner Sammlung von Illustrationen mit türkischer Thematik zu bewegen.[644] Bereits ein Jahr nach dem Erscheinen der *Annales* (1589) äußerte sich Löwenklau in einem Brief an Carolus Clusius über Beck und seine türkische Chronik eher mit Geringschätzung: Er habe angeblich viel bessere Quellen zur Verfügung als die „trockenen Nachrichten Becks von Leopoldsdorf".[645] Der Wandel in ihrer Beziehung wird auch durch die Tatsache angedeutet, dass Hieronymus Beck nur eine Reedition der ursprünglichen lateinischen Fassung aus dem Jahre 1596 dediziert wird und dass in den folgenden erweiterten Fassungen aus den 90er Jahren des 16. Jahrhunderts sein Name nur am Rande, im Zusammenhang mit der Bringung

641 LAMBECK – NESSEL: *Bibliotheca Acroamatica* ... S. 798–799; JONES: Piracy, war, and the acquisition of Arabic manuscripts ... S. 100.

642 LÖWENKLAU: *Annales Sultanorum* ... fol. A2v; obwohl man Löwenklaus Worte eher in dem Sinne interpretieren kann, dass er nur in der Bibliothek arbeitete, ist die türkische Originalhandschrift seit der Zeit verschollen, und dieser Verlust wird manchmal Löwenklau zugeschrieben; siehe beispielsweise AUSSERER: Zur Frühgeschichte der osmanischen Studien ... S. 229.

643 LÖWENKLAU: *Annales Sultanorum* ... Marne, Claude de – Aubry, Johann, Frankfurt am Main 1588 (VD16 L 1364).

644 STICHEL: Ein Nachtrag zum Porträtbuch des Hieronymus Beck ... S. 189–207; Pál Ács zufolge sollte Löwenklau den ganzen Kodex oder zumindest seinen größten Teil direkt für Hieronymus Beck mit Hilfe von Johannes Sambucus anfertigen, der ihm die Vorlagen mithilfe des Gesandten David Ungnad von Sonneck besorgen konnte.

645 GÖLLNER: *Turcica* ... II ... S. 457. Offensichtlich handelte es sich um den sog. Codex Verantianus – eine längere Fassung der türkischen Chronik, von der Löwenklau 1590 einen Teil in deutscher Übersetzung publizierte.

der Handschrift nach Wien, erwähnt wird.[646] In der Bibliothek Hieronymus Becks gab es insgesamt sechs Werke, an denen sich Löwenklau beteiligte, das erhaltene Exemplar der *Annales* aus dem Jahre 1590 enthält jedoch keine Bemerkungen von Beck oder andere Belege seiner Lektüre.[647]

Zu den Freunden von Sambucus und auch von Beck gehörte auch der humanistische *Poeta laureatus* und erfahrene Soldat Hieronymus Arconatus. In Wien, wo er sich um das Jahr 1584 niederließ, wurde er mit dem Amt des Sekretärs des Hofkriegsrates betraut und später lebte er für kurze Zeit auch im rudolfinischen Prag. Er war mit Reichart Streun, David Ungnad und Hugo Blotius befreundet.[648] 1592 publizierte er bei Niccolo Pierio, einem wenig bekannten Wiener Buchdrucker italienischer Herkunft, eine umfangreiche Sammlung von Epigrammen und verherrlichenden Gelegenheitsgedichten. Pierio war eine bemerkenswerte Persönlichkeit und spielte offensichtlich in gewissen intellektuellen Kreisen eine bedeutende Rolle. Er übersetzte aus dem Deutschen ins Italienische und für die Universität und die Wiener Humanisten druckte er in wenigen Jahren einige inhaltlich interessante Arbeiten, von denen die meisten auch Hieronymus Beck in seiner Bibliothek hatte – darunter fehlte die erwähnte Sammlung von Arconatus nicht, in der sich einige Gedichte zu Ehren Becks befanden.[649] Aus ihren Texten geht hervor, dass Arconatus nicht nur Hieronymus Beck und seine Sammlerinteressen gut kannte, sondern auch sein Schloss in Ebreichsdorf, mit dessen Bibliothek sich die umfangreichste Dichtung befasst. Weitere Gedichte über den Herrn von Ebreichsdorf sind schon weniger konkret, in einem davon betont der Verfasser Becks Verdienste um den Umbau des Schlosses und um die Kultivierung des Gartens sowie der umliegenden Landschaft und preist besonders die Wasserbauten. Er erwähnt auch Hieronymus Becks Bemühungen, in gleichem Maße „Bücher und Denkmäler aus alten Zeiten" zu erwerben, und behauptet, dass dank seiner Sammlerleidenschaft „Dinge leben, die zum Untergang vorausbestimmt waren".[650]

Die katholische Kirche und ihre Vertreter

Auch der Klosterneuburger Propst Balthasar Polzmann wählte Pierio zum Drucker für einen wertvollen liturgischen Druck, den er anlässlich der Feier der Überführung des hl. Leopold im Jahre 1591 zum Druck vorbereitete. Das Augustinerkloster von Klosterneuburg war ein traditionelles Zentrum des Kults dieses österreichischen Heiligen, und Balthasar Polzmann, der hier in den Jahren 1580–1596 tätig war und rege Kontakte zu Intellektuellen seiner Zeit unterhielt, stand an der Spitze von

646 VD16 L 1365.

647 Katalog Beckiana (6XXX 11, 12), Uppsala: Carolinabibliteket (U:53).

648 TRUHLÁŘ, Antonín – HRDINA, Karel (begr.), HEJNIC, Josef – MARTÍNEK, Jan (fortges.): *Rukověť humanistického básnictví v Čechách a na Moravě. Enchiridion renatae poesis*. I. Academia, Praha 1966, S. 101; FLOOD, John L.: *Poets Laureate in the Holy Roman Empire: A Bio-bibliographical Handbook*. 1. De Gruyter, Berlin 2006, S. 78–79; MENČÍK, Ferdinand: Latinský básník Jeroným Arconatus. *Věstník Královské české společnosti nauk. Třída filosoficko-historicko-filologická* 1896, č. 10, S. 1–11.

649 Das erste Gedicht befand sich gleich an zweiter Stelle, nach der Elegie über David Ungnad, vgl. ARCONATUS: *Ab epistoli bellicis* poematum recentiorum volumen … S. 4–6, weitere Gedichte an Beck auf S. 48 und 98 (VD16 A 3221).

650 ARCONATUS: *Ab epistolis bellicis poematum recentiorum volumen* … S. 98 [übersetzt von Jana Svobodová].

Bemühungen um die Erneuerung dieses Kultes am Ende des 16. Jahrhunderts.[651] 1593 publizierte Polzmann eine Biographie des hl. Leopold, die auch Hieronymus Beck in seiner Bibliothek hatte.[652]

Das Kloster von Klosterneuburg war dank Polzmann in den 80er und 90er Jahren des 16. Jahrhunderts ein reges geistiges Zentrum, wo sich religiös orientierte Intellektuelle trafen, offensichtlich einschließlich Hieronymus Beck. Im Kloster, wo es auch eine bedeutende Schule gab, verbanden sich auf glückliche Weise Bestrebungen nach einer geistigen Erneuerung der katholischen Kirche mit humanistischen Studien und humanistischer Bildung, was Beck zweifellos sehr nahestand. Auch die Klosterbibliothek erlebte unter Balthasar Polzmann gute Zeiten, obwohl diese im Vergleich mit dem enormen Aufschwung des ganzen Klosters und der dortigen Forschungstätigkeit nur noch ein Schatten seiner großen Vergangenheit im 15. Jahrhundert waren.[653] Die Klosterneuburger Bibliothek war traditionell auch einem breiteren Benutzerkreis zugänglich; das Kloster stellte in der Vergangenheit beispielsweise Johann Cuspinian Handschriften zum Studium zur Verfügung.

Von den Kontakten Becks zu Klosterneuburg zeugt einmal sein eigenhändiger Bericht über das Wiener Erdbeben vom 29. Juni 1590, der bis heute im Klosterarchiv aufbewahrt wird[654], insbesondere aber auch eine heute in der Staatsbibliothek zu Berlin überlieferte Handschrift.[655] Es handelt sich um die bereits erwähnte Abschrift des Wiegendruckes von Ladislaus Suntheym über die Herkunft und Geschichte der Babenberger und Habsburger, die Balthasar Polzmann selbst 1591 Hieronymus Beck schenkte. Suntheyms Wiegendruck hatte das Kloster hundert Jahre zuvor in Basel wohl in einer beschränkten Auflage drucken lassen, und Ende des 16. Jahrhunderts gehörte er wohl schon zu den seltenen Büchern.

Es ist charakteristisch, dass die „literarischen" Belege der Beziehungen von Hieronymus Beck zu den Vertretern der damaligen Kirche religiöse Fragen inhaltlich nicht betrafen. Auch der tschechische Jesuit Zikmund Domináček von Písnice, der im Wiener Jesuitenkolleg tätig war, widmete Beck eine autographische Handschrift mit dem Titel *Roma*, in der er teilweise anhand der Literatur, teilweise aus eigener Erfahrung antike Denkmäler Roms beschreibt. Domináček schenkte weitere Fassungen seiner kleinen Schrift, die sich nur in der Dedikation und im kalligraphischen Niveau unterschieden, an einige andere potenzielle und tatsächliche Mäzene, beispielsweise an den böhmischen Aristokraten Wilhelm von Rosenberg, Erzherzog Ernst und Kaiser Rudolf II.

---

651 POLZMANN, Balthasar: *Historiae de festo et translatione D. Leopoldi Marchioni Austriae.* Wien 1591 (VD 16 H 3911); POLZMANN, Balthasar: *Compendium Vitae Miraculorum S. Leopoldi.* Klosterneuburg 1591. (VD 16 P 4123). LUDWIG, Vinzenz Oskar: Die Klosterneuburger Stiftsbibliothek. In: LUDWIG, Vinzenz Oskar (ed.): *Klosterneuburg. Kulturgeschichte eines österreichischen Stiftes.* Brüder Hollinek, Wien 1951, S. 141–142.

652 Katalog Beckiana (1Theo 298).

653 LUDWIG: Die Klosterneuburger Stiftsbibliothek ... S. 274.

654 ZEIBIG: Die Familien-Chronik der Beck von Leopoldsdorf ... S. 25; BECK: *Hieronymus Beck von Leopoldsdorf* ... S. 98.

655 Katalog Beckiana (6Hi 142), Berlin: Staatsbibliothek (Ms. germ. qu. 85).

Unrühmlicher Epilog oder: Das Schicksal der Beck'schen Bibliothek nach 1596

Hieronymus Beck starb im November 1596 und sein Sohn Marcus Eberhard erhielt sein Schloss in Ebreichsdorf samt der Bibliothek. Dieser entschloss sich nach dem Studium in Italien für eine militärische Karriere in den Diensten von Erzherzog Matthias.[656] Für seine Verdienste wurde er 1597 – zusammen mit zweien seiner Brüder – in den Herrenstand erhoben und später wurde er Kriegshofrat unter Erzherzog Matthias. Über intellektuelle Interessen von Marcus Eberhard ist nichts bekannt, Sammleraktivitäten gehörten sicher nicht dazu. Er erweiterte die Familienbibliothek und die Sammlung von Miniaturporträts nicht mehr, sondern versuchte relativ bald nach dem Tod seines Vaters, diese Sammlungen zu verkaufen.[657]

Zu Beginn des 17. Jahrhunderts sprach Marcus Eberhard Peter Wok von Rosenberg, der gerade damals in Třeboň am Errichten einer prunkvollen Saalbibliothek war, mit dem Angebot des Verkaufs der Ebreichsdorfer Bibliothek an. Der rosenbergische Archivar und Bibliothekar Václav Březan schrieb aus dem Katalog der Ebreichsdorfer Bibliothek, den er zur Verfügung hatte, insgesamt 1276 Titel heraus.[658] Danach verglich er eingehend die einzelnen Einträge mit dem Inhalt der rosenbergischen Bibliothek und notierte in seinem Verzeichnis bemerkenswerte Bücher. Außer mit graphischen Zeichen bewertete er einige Abteilungen der Beck'schen Bibliothek auch mit Worten, z. B. bemerkte er bei der medizinischen Literatur: „Einen größeren Teil der medizinischen Bücher aus dieser Bibliothek besitzen wir, ja sogar um viele mehr darüber hinaus. Ohne größeren Aufwand kann man diese um einige wichtigere ergänzen."[659] Dieses sog. rosenbergische Verzeichnis ist zwar nicht datiert, aber aus Bemerkungen Václav Březans zu einzelnen Erwerbungen geht hervor, dass er höchstwahrscheinlich mit dem in der Abschlussphase befindlichen oder schon mit dem fertigen Katalog der rosenbergischen Bibliothek arbeitete, den er in den Jahren 1602–1608 erstellte.[660]

---

656 MATSCHINEGG: Österreicher als Universitätsbesucher in Italien (1500–1630) ... S. 183. Marcus Eberhard Beck von Leopoldsdorf starb 1633 und ist in Ebreichsdorf begraben, vgl. ZAJIC: „Zu ewiger gedächtnis aufgericht" ... S. 39, 284.

657 Im sog. rosenbergischen Verzeichnis befindet sich nur ein einziges Buch, das nach dem Tod von Hieronymus erschienen ist – Katalog Beckiana (1Theo 181) und auch unter den in Schweden erhaltenen Büchern, von denen viele in diesem Verzeichnis nicht vorkommen, gibt es keine Bücher, die später als 1596 herausgegeben wurden.

658 Třeboň: Státní oblastní archiv (Bestand Cizí rody – z Rožmberka, 20a, fol. 91–116). Březans Bemerkungen zeugen davon, dass er nur einen Teil der Bücher ausschrieb, beispielsweise auf fol. 91r heißt es: „Et multa alia reperiuntur, quae non tam extractu ...".

659 Třeboň: Státní oblastní archiv (Bestand Cizí rody – z Rožmberka, 20a, fol. 105v). Václav Březan benutzte die Initialen der Autoren, unter denen er dann wohl nach den Büchern im eigenen rosenbergischen Katalog suchte, des Weiteren benutzte er das Zeichen NB, die Unterstreichung des Titels, Buchstaben, Kommas und Punkte sowie die nachträgliche Bemerkung *„habemus"*.

660 Die Angabe darüber, dass die Beck'sche Bibliothek bereits nach 1596 zum Verkauf angeboten wurde, führt CALLMER: *Königin Kristina* ... S. 115, an; in jener Zeit war die rosenbergische Bibliothek jedoch noch nicht geordnet, deshalb nehme ich an, dass es zum Angebot des Verkaufs erst später kam; eine spätere Datierung wird auch durch

Trotzdem scheint es, dass Peter Wok von Rosenberg aus der Beck'schen Bibliothek schließlich nichts gekauft hat.[661] Möglicherweise wurden Václav Březan bzw. Peter Wok durch den hohen Anteil von Büchern im Französischen und Italienischen, die am rosenbergischen Hof nicht zu den bevorzugten Sprachen gehörten, vom Kauf abgehalten. Ihre Rolle dürfte auch die negative Einstellung Václav Březans als Mitglied der Union der Böhmischen Brüder zur großen vorhandenen Menge nachtridentinischer katholischer Literatur sowie naturwissenschaftlicher Schriften und Unterhaltungswerke der Renaissancezeit gespielt haben, die einen wesentlichen Bestandteil der Büchersammlung von Ebreichsdorf ausmachten. Über die theologische Literatur äußerte sich Březan skrupellos, dass es sich um „zum Götzendienst verhelfende Bücher" handle.[662] Auch aus anderen Andeutungen tritt eine klare Diskrepanz in der Wahrnehmung der Welt durch den einigermaßen engstirnigen Václav Březan und den katholischen Globetrotter der Renaissancezeit Hieronymus Beck zutage. Der rosenbergische Bibliothekar bezeichnete beispielsweise Becks zahlreiche Exemplare des Decamerone oder der Göttlichen Komödie kein einziges Mal als interessant, und an der Häufigkeit seiner graphischen Zeichen wird sichtbar, dass er bereits nach zwei Dritteln des ganzen Verzeichnisses das Interesse am detaillierten Vergleich des Ebreichsdorfer Katalogs mit der rosenbergischen Bibliothek verloren hat.[663]

Zum Verkauf der Bibliothek von Hieronymus Beck kam es erst in den 20er Jahren des 17. Jahrhunderts in der Zeit der Verhandlungen von Marcus Eberhard Beck über den Verkauf von Ebreichsdorf an seinen Schwager Georg Ehrenreich von Zinzendorf. Offensichtlich wurde damals, zwischen den Jahren 1625 und 1629, die Bibliothek vom letzten Mitglied der Familie Beck durch den mährischen Kardinal Franz von Dietrichstein gekauft, der in Nikolsburg seine eigene prunkvolle Bibliothek durch günstige Einkäufe oder Beschlagnahme konfiszierter Bibliotheken aufbaute.[664] Konkrete Umstände des Verkaufs der Beck'schen Bibliothek kennt man zwar nicht, aber eine Rolle kann die Tatsache gespielt haben, dass die Familien Zinzendorf und Dietrichstein entfernt verwandt waren.

Es ist wahrscheinlich, dass es noch vor dem Verkauf der Bibliothek, in dem relativ langen Zeitraum der Jahre 1597–1629, zu Verlusten kam, ich vermute aber, dass es sich dabei eher um Einzelstücke handelte. In Wien verblieb beispielsweise Becks Exemplar von Possevinus' Polemik gegen die orthodoxe Kirche, das später dank Gwalbert Józef Pawlikowski (1793–1852), dem Verwalter und späteren Direktor der bekannten Bibliothek Ossolineum, bis nach Wrocław kam, wo es heute aufbewahrt wird.[665] Auch der handschriftliche Reisebericht Konrad Becks aus dem 15. Jahrhundert verließ damals Ebreichsdorf und tauchte erst im 19. Jahrhundert wieder auf, und zwar im Besitz des

---

die Tatsache unterstützt, dass die Identifizierungs- und Erwerbungsbemerkungen von Březan dem im Katalog der rosenbergischen Bibliothek benutzten Stil entsprechen.

661 Ebenso DUDÁČEK: *Vznik a vývoj rožmberské knihovny* ... S. 23, ist dieser Meinung; auch stammt keines der erhaltenen Bücher der rosenbergischen Bibliothek aus der Bibliothek von Hieronymus Beck, vgl. VESELÁ: *Knihy na dvoře Rožmberků* ... passim.

662 Třeboň: Státní oblastní archiv (Bestand Cizí rody – z Rožmberka, 20a, fol. 100r).

663 Třeboň: Státní oblastní archiv (Bestand Cizí rody – z Rožmberka, 20a; nach dem Folio 111v enden Březans Hinweise auf den Titel bzw. Autor).

664 SEUFFERT: Bibliothek und Archiv auf Schloss Nikolsburg ... S. 312.

665 Katalog Beckiana (1XXX 16).

Jesuiten adliger Herkunft Rosty Kálmán (1832–1905).[666] Obwohl es dafür keine Beweise gibt, vermute ich, dass Konrads Handschrift bereits im 17. Jahrhundert über Becks Söhne nach Ungarn gelangt sein dürfte. Der „Täter" könnte etwa Joachim Beck gewesen sein, der einige Jahre lang kaiserlicher Kommandant in Szatmar war und sich, nachdem er 1600 das bei der Teilung des Familienbesitzes erhaltene Leopoldsdorf verkauft hatte, auf seinen Gütern in Ungarn niederließ und dort auch starb.[667] Heute befindet sich der Reisebericht Konrad Becks in der erzbischöflichen Bibliothek in Kalocsa.[668]

Unabhängig vom Schicksal der Familienbibliothek kamen auch einige weitere Familiendenkmäler „in Umlauf" und gaben dadurch u. a. zu Vermutungen Anlass, dass die Beck'schen Bücher durch Kaiser Matthias gekauft und Bestandteil der Hofbibliothek in Wien wurden. Diese Ansicht, die bereits im 18. Jahrhundert aufkam, wird in der Fachliteratur bis heute sporadisch vertreten.[669] In den Beständen der Österreichischen Nationalbibliothek gelang es jedoch bis heute nicht, ein Buch mit dem Exlibris von Hieronymus Beck zu identifizieren, und zwar auch nicht in dem Teil des Buchbestandes, für den die Provenienzangaben vorliegen.[670] Wegen massiven Vorkommens der erhaltenen Beck'schen Bücher in der späteren Bibliothek des Kardinals Franz von Dietrichstein ist es deshalb höchstwahrscheinlich, dass die Büchersammlung von Ebreichsdorf als Ganzes in den 20er Jahren des 17. Jahrhunderts Niederösterreich verlassen hat.

Trotzdem bedarf es einer Erklärung, warum einige bedeutende Denkmäler der Familie Beck in Österreich verblieben sind. Ich nehme an, dass diese Gegenstände, einschließlich der erwähnten Handschrift Konrads, nie ein Bestandteil der offiziellen Büchersammlung der Familie waren und dass ihr Schicksal deshalb individuell und unabhängig von der Entwicklung der Beck'schen Bibliothek vor sich ging. Eines dieser Denkmäler ist Hieronymus Becks mehrmals erwähnte Sammlung von Miniaturporträts, die im Wiener Kunsthistorischen Museum aufbewahrt wird. Diese Sammlung wurde wohl von Hieronymus Becks Nachkommen als einzige an Erzherzog Matthias verkauft oder geschenkt, allem Anschein nach bald nach dem Tod von Hieronymus

---

666 www.lexikon.katolikus.hu/R/Rosty.html

667 Joachim Beck starb im Jahre 1605, vgl. BECK: *Hieronymus Beck von Leopoldsdorf (1525–1596)* ... S. 63.

668 Kalocsa: Főszékesegyházi Könyvtár (Ms. 384).

669 Die erste Erwähnung erscheint bei WISSGRILL, Franz Karl: *Schauplatz des landsässigen Nieder-Österreichischen Adels vom Herren- und Ritterstand von dem XI. Jahrhundert an, bis auf jetzige Zeiten*, I. Band. F. Seizer, Wien 1794, S. 330, von wo es durch weitere Autoren übernommen wurde, z. B. durch SCHWEICKHARDT, Franz Xavier Joseph: *Darstellung des Erzherzogthums Oesterreich unter der Ens.* Band 3. J. P. Colliner, Wien 1831, S. 116; MÖSCHL: *Dr. Marcus Beck von Leopoldsdorf* ... S. 145; DUDÁČEK, *Vznik a vývoj rožmberské knihovny* ... S. 15; NEUBER: Visual Exegesis ... S. 670. HEINZ: Das Porträtbuch des Hieronymus Beck von Leopoldsdorf ... S. 169, führt an, dass sich Wissgrills Angabe nicht beglaubigen lässt; der Kauf für die kaiserliche Bibliothek wird auch von STICHEL: Ein Nachtrag zum Porträtbuch des Hieronymus Beck ... S. 194, bezweifelt, aber gleichzeitig führt er als „Beweis" das kaiserliche Supralibros auf dem Einband des Buches der Miniaturporträts an.

670 Die Bestände der Österreichischen Nationalbibliothek enthalten auch keine Handschriften und Wiegendrucke aus der Bibliothek der Familie Beck von Leopoldsdorf, vgl. den Provenienzkatalog der Wiegendrucke von BICK, Josef: *Provenienzkatalog zu den Inkunabeln, geordnet nach Personennamen.* Wien 1917; Wien: Österreichische Nationalbibliothek (Cod. Ser. N. 19.424).

Beck. Wie Günther Heinz feststellte, erhielt die ursprünglich nicht gebundene Sammlung um das Jahr 1600 einen Einband mit einem kaiserlichen und einem erzherzoglichen Supralibros.[671] In unbekannter Zeit verließ sie jedoch die kaiserliche Bibliothek und tauchte erst im 19. Jahrhundert in der fürstlichen Bibliothek der Familie Lamberg in Pressburg auf. Das Wiener Kunsthistorische Museum erwarb diese Sammlung erst 1973 durch Kauf über ein Antiquariat.

Rudolf Stichel kam zu einer weiteren bedeutenden Erkenntnis, und zwar, dass Bestandteil von Hieronymus Becks Sammlung von Miniaturporträts ursprünglich auch 18 Bildnisse osmanischer Herrscher waren, die sich heute in einem anderen Album von Beck mit orientalischen Illustrationen befinden.[672] Ich halte es für wahrscheinlich, dass das Herausnehmen dieser Porträts und ihre Einordnung in die thematisch nähere orientalische Sammlung von ihrem letzten Besitzer aus der Familie Beck noch vor dem Verkauf der Sammlung von Miniaturporträts an Erzherzog Matthias vorgenommen wurde. Das Album mit den türkischen Motiven blieb wohl weiterhin im Besitz der Familie, was angesichts des Engagements von Joachim und Marcus Eberhard Beck in ungarischen militärischen Angelegenheiten sehr gut verständlich wäre. Die Beck'sche Sammlung von türkischen Illustrationen erscheint später in der Familie des Grafen Otto Christoph von Volkra, die mit den Becks entfernt verwandt war. Dieser schenkte sie 1730 an Prinz Eugen von Savoyen, über dessen Vermittlung sie in die Österreichische Nationalbibliothek gelangte.[673]

Im Fall der Chronik der Familie Beck, die Ende des 18. Jahrhunderts in den Besitz des Augustinerstifts Klosterneuburg kam, vermisst man leider jedwede Indizien darüber, wie sie die Familienbibliothek verlassen hatte. Die Handschrift ist unvollständig (am Ende fehlen einige Blätter), die Aufzeichnungen enden bereits mit dem Jahr 1571, und auch die spätere neue Bindung zwischen den Jahren 1571 und 1770 sagt nichts über die Geschichte der Chronik aus.[674]

In Nikolsburg wurde die Bibliothek von Ebreichsdorf mit der schnell wachsenden Büchersammlung des Kardinals Franz von Dietrichstein vereinigt. Später wurden auch die Beck'schen Bücher – samt den anderen – mit einem Text-Exlibris des Kardinals versehen. Die erhaltenen Exemplare zeugen aber davon, dass seine Exlibris nicht konsequent in die Bücher eingeklebt wurden und dass relativ viele Bücher aus der Beck'schen Bibliothek (ebenso wie jene, die der Kardinal aus anderen Bibliotheken erwarb) keine dietrichsteinischen Provenienzmerkmale haben. Im Schloss von Nikolsburg blieb die Beck'sche Bibliothek zwanzig Jahre lang. Wohl auch in dieser Zeit verließen einige ihrer Bücher die Sammlung des Kardinals. In Mähren verblieb beispielsweise die prachtvolle 1575 in Antwerpen erschienene Sammlung kolorierter Landkarten von Abraham

---

671 HEINZ: Das Porträtbuch des Hieronymus Beck von Leopoldsdorf ... S. 168.

672 Mehr dazu STICHEL: Ein Nachtrag zum Porträtbuch des Hieronymus Beck ... S. 189–207; METZGER –TEGET- WELZ: Ein verlorenes Bildnis Martin Schaffners ... S. 257–258.

673 STICHEL: Ein Nachtrag zum Porträtbuch des Hieronymus Beck ... S. 194, nimmt unrichtigerweise an, dass das Buch mit den türkischen Motiven durch Kaiser Matthias gekauft wurde.

674 Vor dem Jahr 1770 befand sich die Chronik im Besitz eines gewissen Michael Stockher, erst dann wurde sie vom Stift Klosterneuburg erworben, vgl. http://www.ksbm.oeaw.ac.at/ scripts/php/msDescription2.php?ID=964; HESS: Heinrich Steinhöwels „Griseldis ... S. 26–27, 65; NEUBER: Die Familie als Diskurs ... S. 324.

Ortelius. Auf ihrer Titelseite befindet sich nicht nur das Exlibris Hieronymus Becks, sondern auch eine Besitzernotiz des Olmützer Dominikaners Albert Herbert, der das Buch bereits 1646 besaß.[675]

Im Jahre 1648 wurde die dietrichsteinische Bibliothek von schwedischen Truppen beschlagnahmt, und zwar auf Befehl Königin Christines, sie zusammen mit den Sammlungen aus der Prager Burg nach Stockholm zu transportieren. Bevor die Bücher in Nikolsburg in Kisten eingelagert wurden, fertigte der schwedische Kommissar Johann Busso einen relativ sorgfältigen Lokalkatalog an, der samt der Bibliothek nach Stockholm gelangte und der der einzige Beleg über die Zusammensetzung der dietrichsteinischen Bibliothek kurz vor ihrem Untergang ist.[676] In diesem Katalog sind selbstverständlich auch die Bücher aus der Beck'schen Bibliothek verzeichnet, man kann allerdings nur einige spezifische und unverwechselbare Handschriften identifizieren.[677]

In Schweden teilte die Bibliothek das tragische Schicksal der übrigen Bücherbeute aus Böhmen und Mähren. Größere Kollektionen von Büchern wurden in den Jahren 1651–1653 an drei schwedische Gymnasien übergeben, die Gustav II. Adolf für die Ausbildung junger Männer für den staatlichen Zivil- und Kirchendienst gegründet hatte. Das Gymnasium in Strängnäs erhielt das Büchergeschenk dank dem örtlichen Bischof Johann Matthiae, der zuvor als persönlicher Präzeptor Königin Christines tätig war. Dank seiner nahen Beziehung zur Königin erhielt er Hunderte von Drucken aus der europäischen Kriegsbeute nicht nur für die Gymnasialbibliothek, sondern auch für sich selbst als persönliches königliches Geschenk. Darunter befanden sich etwa zwanzig Bücher aus der ursprünglichen Sammlung von Hieronymus Beck.[678] Es handelte sich vor allem um juristische, theologische und historische Schriften. Ähnliche Ausrichtung hatten auch die für das Gymnasium in Västerås bestimmten Beck'schen Bücher. Ob Bücher aus der Beck'schen Bibliothek auch ein Bestandteil des königlichen Geschenks an die Akademie von Åbo (heute Turku in Finnland) waren, kann heutzutage nicht mehr festgestellt werden, denn alle Bücher dieser Schulbibliothek wurden 1827 bei einem großen Brand vernichtet.

In der Universitätsbibliothek von Uppsala sind mindestens 40 Bücher aus der ursprünglichen Beck'schen Sammlung erhalten, von denen fast die Hälfte dem schwedischen Adligen Magnus de la Gardie gehörte, der sie ebenfalls dank seiner persönlichen Beziehung zu Königin Christine erhalten hatte und dessen Büchersammlung nach seinem Tode im Jahre 1686 dieser Universitätsbibliothek zufiel. Im Jahre 1654 erhielt der gebildete niederländische Bibliothekar der königlichen Bibliothek Isaac Vossius von Königin Christine ein umfangreiches Büchergeschenk. In seinem Fall handelte es sich um die Ersetzung eines nicht ausgezahlten Gehalts sowie weiterer finanzieller Ansprüche des Beschenkten. Unter den Büchern, die sich Vossius selbst aussuchen durfte, waren auch neun Bücher aus der Büchersammlung von Hieronymus Beck. Es waren nicht allzu geläufige geographische Werke in italienischer Sprache, Abhandlungen über die Metallurgie sowie zur Altertumskunde. Nicht zuletzt interessierte sich Vossius auch für Jupps Katalog der archäologischen Denkmäler von Ebreichsdorf.

675 Katalog Beckiana (5XXX 1).

676 Stockholm: Kungliga biblioteket (U:377).

677 Das Verzeichnis der Handschriften in Bussos Katalog wurde publiziert von ZAORAL: Stockholmský inventář mikulovské knihovny ... S. 237–256.

678 Detailliert zur Geschichte der Kriegsbeute aus Böhmen am Beispiel der rosenbergischen Bibliothek VESELÁ: *Knihy na dvoře Rožmberků* ... S. 246–254.

Isaac Vossius nahm diese Bücher nach Leiden mit und heute werden sie in der dortigen Universitätsbibliothek aufbewahrt.

Zwei Handschriften aus Becks Bibliothek sind in Rom überliefert, wohin Königin Christine nach ihrer Abdankung ging. Die handschriftlichen Bücher, die sie in großer Menge mitnahm, wurden nach ihrem Tod Bestandteil der Vatikanischen Bibliothek.[679] Ob sich unter den Druckwerken auch Exemplare aus der Beck'schen Bibliothek befanden, ist leider unbekannt. Die gedruckten Bücher wurden nämlich in den Jahren 1745–1747 in großer Zahl auf Auktionen an den römischen Buchhändler Giovanni Casale verkauft.[680] Unselig war auch das Schicksal der Bücher, die in Stockholm verblieben sind. Der Ostflügel des Palastes Drei Kronen (Slottet Tre Kronor), in dem sich auch die königliche Bibliothek befand, wurde 1697 von einem verheerenden Brand erfasst, der auch die Bände aus Ebreichsdorf vernichtete. Wir wissen vor allem über die Handschriften, von denen damals einige nachweislich verbrannten. Weitere kleinere Bestände von Büchern oder auch einzelne Bände aus Becks Bibliothek sind über ganz Schweden verstreut (Lund, Skokloster, Göteborg, Växjö usw.) und finden sich auch in einigen Sammlungen in anderen Ländern.

Zurzeit sind insgesamt 150 erhaltene Werke aus der ursprünglichen Ebreichsdorfer Sammlung bekannt, und wir wollen hoffen, dass diese Zahl bei Weitem nicht definitiv ist. Trotzdem scheint es, dass ähnlich wie im Fall der rosenbergischen Bibliothek auch von der Bibliothek Hieronymus Becks kaum mehr als zehn Prozent des ursprünglichen Bestandes erhalten ist.

---

679 Verzeichnis der Handschriften Callmer: *Königin Christina* ... S. 146, Anm. 14; VESELÁ: Knihy z českých zemí ve švédských knihovnách (K výzkumu knihovny Becků z Leopoldsdorfu) ... S. 93–96; VESELÁ, Lenka: Aristocratic Libraries from Bohemia and Moravia in Sweden. In: NESTOR, Sofia (ed.): *War-Booty – a Common European Cultural Heritage.* Livrustkammern, Stockholm 2009, S. 147–155.

680 CALLMER, Christian: Queen Christina's Library of printed Books in Rome. In: PLATEN, Magnus von (ed.): *Queen Christina of Sweden Documents and Studies* (= Analecta Reginensia I). Nationalmusei, Stockholm 1966, S. 59–73.

Schlussbetrachtung: Die Persönlichkeit von Hieronymus Beck im Spiegel seiner Bibliothek und die Stellung seiner Büchersammlung unter den mitteleuropäischen Bibliotheken

Hieronymus Beck erlebte in seinem langen Leben tiefe Wandlungen, die in der zweiten Hälfte des 16. Jahrhunderts die Wiener Intellektuellen- und Adelskreise durchgemacht haben. Hinsichtlich seiner Bildung und seines kulturellen Überblicks gehörte er zweifellos zur Spitze der niederösterreichischen intellektuellen Elite: Sein Latein war bereits in seiner Jugendzeit elegant, er beherrschte aktiv Italienisch und Französisch, und es ist nicht ausgeschlossen, dass er auch Elementarkenntnisse des Griechischen hatte. Becks intellektuell ausgerichtete und sicher auch originelle Persönlichkeit verlieh seinen Sammleraktivitäten eine größere Tiefe. Sowohl bei der archäologischen Kollektion als auch bei den Sammlungen der bildenden Kunst übernahm Beck von den höheren aristokratischen Kreisen insbesondere die ideellen Sammlerabsichten, die er jedoch gemäß dem eigenen intellektuellen Verständnis innovativ und schöpferisch umformte. Dies war vor allem im Fall seiner Sammlung von Miniaturporträts sichtbar, die offensichtlich unmittelbar durch die Ambraser Sammlung Ferdinands II. von Tirol inspiriert war, aber der soziale Umkreis der abgebildeten Personen war von deutlich anderem Charakter.

Becks intellektuell ausgerichtete Persönlichkeit hat auf eine grundlegende Weise auch die Gestalt der Bibliothek von Ebreichsdorf geprägt. In den 90er Jahren des 16. Jahrhunderts bewegte sich ihre Größe wohl bereits zwischen zwei- und zweieinhalbtausend Büchern und sie gehörte somit zu den mittelgroßen Bibliotheken in den damaligen habsburgischen Ländern. Die Erwerbungs- und Aufbaustrategie Hieronymus Becks unterschied sich im Wesentlichen nicht von dem Modell, das von den universell ausgerichteten Büchersammlungen der Rosenberger oder Ferdinands II. von Tirol her bekannt war. Als Grundlage zu seiner Bibliothek erbte Hieronymus Beck die ältere Sammlung überwiegend juristischer Literatur seines Vaters, die er dann durch eigene Einkäufe während seiner Reisen, vor allem aber auch dank dem zuverlässig funktionierenden Netz des einheimischen Buchhandels erweiterte, der imstande war, nicht nur Bücherneuheiten, sondern auch Bücher aus zweiter Hand problemlos und schnell zu besorgen. Becks Einkaufsaktivitäten nahmen – ebenso wie die in Ambras oder in Třeboň – in der Zeit der Installierung der Sammlungen in den neuen Räumlichkeiten des Schlosses von Ebreichsdorf in den 70er und 80er Jahren des 16. Jahrhunderts noch weiter zu.

Die Bibliothek von Hieronymus Beck unterschied sich jedoch von den erwähnten Sammlerbibliotheken in mehrerlei Hinsicht grundsätzlich. Ihr grundlegender Charakterzug wurde vielleicht unbewusst durch den humanistischen Dichter Hieronymus Arconatus zum Ausdruck gebracht, der in einem seiner Gedichte die Bibliothek von Ebreichsdorf pries, an dessen Schluss es hieß, dass Hieronymus Beck die Bibliothek „durch seine Arbeit und seinen Fleiß“ schuf; eine detaillierte Analyse hat gezeigt, dass es sich dabei keineswegs um übertreibende Worte handelte.

Im Unterschied zu den allgemeinen Sammlerbibliotheken, deren Ziel ein universeller Charakter und die Vertretung von Büchern aus allen Fachbereichen war, baute Hieronymus Beck seine Bibliothek durchdacht und vor allem nach eigenen Auswahlkriterien auf. In einigen Fällen kann man zwar von einem sog. „unbeabsichtigten Sammlertum" sprechen, das sich beispielsweise im Anhäufen verschiedener sprachlicher Fassungen biblischer Texte zeigte, was eine damals häufig vorkommende Liebhaberei an den europäischen Adelshöfen war, sowie im Sammeln von Büchern mit türkischer Thematik oder von Handschriften zur Geschichte Österreichs. Hieronymus Beck zögerte jedoch nicht, Gattungen und Themen, für die er sich nicht interessierte oder die er aus ideellen Gründen ablehnte, hintanzustellen oder gar auszuschließen, und andererseits wandte er große Bemühungen auf, um Bücher aus seinen bevorzugten Gebieten zu erwerben. Direkte Belege für Becks Lektüre sind zwar nicht so häufig wie in den Bibliotheken anderer Intellektueller, trotzdem sind sie wiederum viel häufiger als in den erhaltenen Büchern der erwähnten Sammlerbibliotheken seiner Zeit. Ein noch eindeutigerer Beleg für die Kenntnis der in seinem Besitz befindlichen Bücher ist die präzise Gliederung der Ebreichsdorfer Bibliothek in die einzelnen Sachbereiche und die Einordnung der konkreten Bücher in den jeweiligen Bereich gemäß ihrem tatsächlichen Inhalt und nicht etwa nur nach ihrem Titel.

Abseits von Becks konzentrierten Interesses standen – nach dem Inhalt der Bibliothek zu urteilen – beispielsweise die Musik und die Poesie. Es ist offensichtlich, dass zu Becks Lieblingslektüre in seiner Jugendzeit u. a. Ritterromane und Renaissancenovellen gehörten (z. B. Boccaccios *Decamerone* oder die Geschichten über den *Rasenden Roland*). Er besaß sie in verschiedenen Ausgaben und in unterschiedlichen sprachlichen Fassungen, insbesondere im Italienischen und Französischen. Viele davon erwarb er offensichtlich in der Zeit, als er sich in Süd- und Westeuropa aufhielt, später kaufte er solche Bücher wohl nicht mehr ein. Hieronymus Beck scheint einer der wenigen Intellektuellen jener Zeit gewesen zu sein, der durch den modischen Gedankenstrom des Neoplatonismus der Renaissancezeit gar nicht erfasst wurde, von dem die damalige Gesellschaft tief beeinflusst war. In seiner Bibliothek zeigen sich fast keine Spuren des Neoplatonismus, die sonst die alchemistischen und esoterischen Untersuchungen, die okkulte Philosophie, die Astrologie und den Paracelsismus durchdrangen. Eine distanzierte Haltung hatte er vielleicht auch deswegen zur Emblematik seiner Zeit. Die Magie und die okkulte Philosophie boten für viele Gebildete jener Zeit wenigstens teilweise eine Überbrückung zwischen der traditionellen Gelehrsamkeit und dem modernen empirischen Wissen, für das sich Hieronymus Beck relativ intensiv interessierte.[681] Auch dadurch unterscheidet sich die Bibliothek von Ebreichsdorf grundlegend von den meisten anderen Adelsbibliotheken in ganz Europa, einschließlich der des habsburgischen Hofes, der Ambraser und der rosenbergischen Bibliothek.

Hieronymus Beck widmete seine anhaltende Aufmerksamkeit hingegen der historischen, topographischen und geographischen Literatur und seine Bibliothek spiegelt das damalige enorme Interesse an dieser Art von Informationen deutlich wider. In seiner Bibliothek war im Vergleich zu den Bibliotheken der habsburgischen Länder die prozentuelle Vertretung von Büchern über die Geschichte der einzelnen europäischen Länder am höchsten, und zwar einschließlich von zeitgenössischen Bearbeitungen der Religionskriege und sonstiger konfessioneller Konflikte, von zahlreichen Landkarten und Landkartenalben. Seine Sammlung ergänzte Beck wohl auch planmäßig um Druckwerke über einzelne Land- und Stadtrechte; ihre Kollektion fand in

---

681 VÁLKA, Josef: *Myšlení a obraz v dějinách kultury. Studie, eseje, reflexe.* Matice moravská, Brno 2009, S. 121; EVANS: *Rudolf II and His World* ... passim.

keiner mitteleuropäischen Bibliothek ihresgleichen. Ich nehme an, dass Beck diese juristischen Bücher vor allem als eine weitere Informationsquelle über die Realien der einzelnen europäischen Länder auffasste. Hieronymus Beck machte auch die damalige starke Tendenz hinsichtlich der Erwerbung von Quellen zur österreichischen Geschichte mit. Das Interesse an Landesgeschichtsschreibung, das sich im 16. Jahrhundert auch außerhalb der höchsten Gesellschaftskreise verbreitete, wurde von der damaligen Entfaltung der „Mystik" der Herkunft der herrschenden Dynastie und der Angehörigen der Aristokratie stark gefördert.

Wohl in diesem Kontext ist auch Becks außerordentliches Interesse an der Türkenfrage zu sehen, das sowohl in der Zusammensetzung seiner Bibliothek als auch in seinem aktiven Engagement hinsichtlich Erwerbung und Herausgabe von Quellen zur türkischen Geschichte seinen Niederschlag fand. Man kann zwar schwer beweisen, dass sein Interesse zu wirklich tiefen orientalistischen Kenntnissen führte, jedenfalls überschritt es aber das gewöhnliche Maß an einschlägigem Wissen in den damaligen Adelskreisen. In Becks relativ umfangreicher Turcica-Kollektion zeigt sich darüber hinaus, dass er solche Werke bevorzugte, die die Geschichte und Realien des osmanischen Reiches relativ objektiv darstellten und nicht die damalige religiöse Hysterie in Form von antiislamischen Polemiken oder Pamphleten unterstützten. Eine untrennbare Komponente von Becks Orientierung auf die türkische Problematik war auch sein Interesse am Leben der Christen im türkischen Reich, denen die Religionsfreiheit zuerkannt wurde, wie es beispielsweise am Schicksal von Juraj Huszthi zu sehen ist, der Beck seine Handschrift über seinen Aufenthalt in der türkischen Armee widmete.

Eine der zentralen Rollen im damaligen Denken und somit auch im Leben von Hieronymus Beck spielte die Religion. Hieronymus Beck war ein eindeutig überzeugter Katholik, aber über seine innere Einstellung zur Religion wurde bisher nichts Konkretes bekannt.[682] Ich vermute, dass Hieronymus Beck trotz seiner starken Religiosität ein unabhängiges Denken in dieser Richtung nicht fremd war, was sich beispielsweise im freien Umgang mit der sog. verbotenen Literatur äußerte und dazu führte, dass Beck gezwungen wurde, den inneren Konflikt zwischen den eigenen Interessen und dem Gehorsam gegenüber der gegenreformatorisch orientierten katholischen Kirche zu lösen, von deren alleinigem Anspruch auf Rechtgläubigkeit er allerdings völlig überzeugt war.

In der Bibliothek von Hieronymus Beck befand sich eine beträchtliche Menge von religiös-moralisierenden Büchern von der Wende des 15. zum 16. und vom Beginn des 16. Jahrhunderts, die auf eine innere Kritik und Reform der Kirche ausgerichtet waren. Mehrere oder gar die meisten davon kann bereits der Vater von Hieronymus Beck besessen haben, der offensichtlich zu den Anhängern der Kirchenreform in der ersten Hälfte des Jahrhunderts gehörte. Hieronymus Becks Interesse an der religiösen Literatur erreichte in den 70er Jahren des 16. Jahrhunderts seinen Gipfelpunkt. Er interessierte sich u. a. intensiv für das Hussitentum, das er zweifellos als negatives Urbild der definitiven Kirchenspaltung in seiner Zeit auffasste, wie darüber auch seine resignierenden Bemerkungen über den Augsburger Religionsfrieden von 1555 Zeugnis ablegen. Völlig außergewöhnlich ist jedoch, dass Hieronymus Beck die protestantische Literatur programmatisch von seinen Erwerbungen ausschloss und die wenigen

682 Lediglich HEINZ: Das Porträtbuch des Hieronymus Beck von Leopoldsdorf … S. 168, der die Absenz von Porträts kirchlicher Würdenträger und Theologen in Becks Sammlung von Miniaturporträts feststellte, sprach die Vermutung aus, Beck habe nicht zu den fanatischen Katholiken gehört.

protestantischen Bücher, die in seiner Bibliothek auftauchten, abgesondert in der ehrlosen letzten Abteilung seiner Bibliothek aufstellte, obwohl sich darunter sicher auch Geschenke von befreundeten Adelsfamilien befanden. Ungewöhnlich war auch der Eintritt seiner unverheirateten Tochter Martha in eines der Wiener Klöster, obwohl Beck Zweifel am moralischen Niveau des dortigen Lebens hatte. Hieronymus Beck verfolgte sehr intensiv den inneren Zusammenschluss und die Reform der katholischen Kirche nach dem Konzil von Trient anhand der zahlreich erscheinenden dogmatischen Schriften und Polemiken (insbesondere gegen die Lutheraner) und unterhielt intellektuelle Bindungen zum Augustinerstift Klosterneuburg, das zu Becks Zeiten aktiv die Verbindung von Humanismus und erneuertem Katholizismus anstrebte.

All diese Tatsachen bezeugen einen festen religiösen Standpunkt Becks; einiges spricht allerdings auch dafür, dass er den Empfehlungen der katholischen Kirche nur dann Folge leistete, wenn sie mit seiner persönlichen Meinung in Einklang standen. Dies ist beispielsweise an seinem Umgang mit den sog. verbotenen Büchern zu sehen. Obwohl er einen posttridentinischen *Index der verbotenen Bücher* besaß, hielt er offensichtlich lediglich die religiösen Werke der protestantischen Theologen für schädlich und unzulässig, und im Unterschied zu den Vertretern der Kirche betrachtete er Bücher mit nichtreligiösen Themen, die die Kirche auf diesen *Index* stellte, nicht auf diese Weise. Einige davon erwarb er ganz gezielt, obwohl er deswegen auch in einen offenen Konflikt mit dem Wiener Bischof Johann Caspar Neubeck geriet, der Beck deshalb sogar des geheimen Protestantismus verdächtigte. Darüber, dass Hieronymus Beck in den 80er Jahren des 16. Jahrhunderts kein inbrünstiger, ja fanatischer Katholik war, sprechen auch die Beschwerden des eifrigen Wiener Anhängers der Gegenreformation Georg Eder, der sich beim bayerischen Herzog über Becks kühles Verhältnis zu dieser Frage beschwerte und dabei Becks eigene Worte zitierte, er sei „ein Katholik, jedoch kein jesuitischer Katholik".[683]

Ich nehme an, dass Becks Bestrebungen nach einer Rückkehr zu ursprünglichen christlichen Werten, allerdings im Rahmen der katholischen Kirche, in seinen späteren Jahren auf die Realität der harten Durchsetzung der gegenreformatorischen Ziele stießen. Nach dem Tod Maximilians II. veränderte sich das kosmopolitische und geistig offene Wien, in dem Beck viele intellektuelle Freunde gefunden hatte, die seine naturwissenschaftlichen, künstlerischen und auch Reiseinteressen teilten, in Richtung eines stagnierenden und religiös rigiden Milieus.[684] Hieronymus Beck wurde zweifellos auch durch die sich stets beschleunigende Spirale der konfessionellen Konflikte seiner Zeit beunruhigt. Aus einer seiner Bemerkungen geht hervor, dass er eine gewaltsame Lösung von religiösen und politischen Konflikten ablehnte: die Gewalt in der Welt könne weder durch Waffen noch durch Gesetze gelöst werden, sondern allein durch die Religion.[685] Mehrere Bücher in der Bibliothek von Hieronymus Beck waren

---

683 Georg Eder im Bericht an den bayerischen Herzog Wilhelm, vgl. WINKELBAUER, Thomas: *Fürst und Fürstendiener: Gundaker von Liechtenstein, ein österreichischer Aristokrat des konfessionellen Zeitalters.* Oldenbourg, Wien – München 1999, S. 80.

684 MOLINO, Paola: *A case of forced demarcation? The confessionalisation of Vienna and the project of the Imperial library (1575–1608).* Ein unpublizierter Beitrag von der Tagung "Transfer and demarcations" (Budapest), abrufbar unter www.academia.eu.

685 "Non vires, non arma magis, legumve potestas, Relligione valent, mundum terrore subactum" – BONFINI: *Rerum Ungaricarum decades tres ...* Basel 1543. Strängnäs: Domkyrkans Bibliotek (K 373, fol. 402). Katalog Beckiana (6XXX 2).

übrigens den moralischen Aspekten von Kriegen gewidmet. Obwohl man dafür keine eindeutigen Beweise hat, ist es nicht ausgeschlossen, dass er auch durch irenistische Gedanken der Zeit beeinflusst war, die in seiner Bibliothek vertreten waren (etwa das Werk von Guillaume Postel) und die mehrere seiner intellektuellen Freunde (Johannes Sambucus, Johann Löwenklau) teilten.

Offensichtlich unterhielt Hieronymus Beck nämlich sehr intensive, wenn auch nur wenig bekannte Kontakte zu einer großen Zahl der damaligen Gebildeten. Bereits vom Vater übernahm er mehrere Kontakte mit bedeutenden Persönlichkeiten des damaligen Wien, etwa mit Siegmund von Herberstein, Philipp Gundel und Wolfgang Lazius. In diese Richtung baute er seine Beziehungen vor allem zu den universitären Kreisen weiter aus, die immer auch dem Kaiserhof relativ nahestanden. Obwohl sich Wien eher am Rande der humanistischen Welt bewegte, gelang es Ferdinand I. und besonders Maximilian II., in ihre Residenzstadt zahlreiche bedeutende europäische Persönlichleiten zu locken, auch wenn dies gewisse Spannungen zwischen der älteren, provinziell orientierten Generation der Wiener Intellektuellen und dieser Gruppe von jungen Gebildeten, oft ausländischer Herkunft und mit internationalen Kontakten, mit sich brachte. Viele von ihnen waren nicht katholisch, es verbanden sie Bestrebungen nach einem christlichen Humanismus sowie der Irenismus. Die wachsende Spannung zwischen den Konfessionen, die dem Irenismus zuwider war, führte schließlich bei vielen von ihnen zu Versuchen einer interkonfessionellen Versöhnung und zu religiösen Friedensbestrebungen.[686] Auch Beck verurteilte wohl die Extreme im Glauben, aber das wichtigste Bindeglied mit den protestantischen oder gar kryptokalvinistischen Intellektuellen an Maximilians Hof, wie etwa Carolus Clusius, Johannes Löwenklau, Johannes Sambucus und Reichart Streun, waren vielmehr gemeinsame humanistische und naturwissenschaftliche Interessen.

Hieronymus Beck förderte auch oft humanistische Intellektuelle, trotzdem wurde er – im Unterschied zu Mitgliedern hocharistokratischer Familien – kein häufiger Adressat von Buchdedikationen, was durch seinen niedrigeren sozialen Status und möglicherweise auch durch seine nicht allzu hohe Bereitschaft zu finanzieller Unterstützung gegeben war. Beispielsweise erscheint Becks Name im Unterschied zu Ferdinand II. von Tirol, dem häufig gedruckte Fachbücher dediziert wurden, in gedruckten Dedikationen nur selten.[687] Am intensivsten arbeitete Beck wohl mit dem Orientalisten Johannes Löwenklau zusammen. Er unterstützte ihn jedoch nur in dem Maße, wie es mit seinen eigenen intellektuellen Absichten und Interessen in Einklang stand.

Viel schwieriger lässt sich Becks Beziehung zum Erbe der Antike fassen. In den gängigen Adelsbibliotheken war die Vertretung der antiken Literatur sehr niedrig und sie beschränkte sich auf die geläufigen Werke der in den Schulen behandelten wichtigsten Autoren.[688] Die Bibliothek von Hieronymus Beck macht darin keine Ausnahme; es kamen hier sporadisch auch historische und lehrhafte Werke der Antike vor, die eher fachlich ausgerichtet waren. Es scheint, dass Becks intensives Interesse vor allem

---

686 LOUTHAN, Howard: *The Quest for Compromise* ... S. 24, 51–52; EVANS: *Rudolf II and His World* ... S. 102–105.

687 Zum literarischen Mäzenatentum der Rosenberger und Ferdinands II. von Tirol vgl. VESELÁ: *Knihy na dvoře Rožmberků* ... S. 218–226; VESELÁ, Lenka: Knihy dedikované Ferdinandovi II. Tyrolskému. In: PURŠ, Ivo – KUCHAŘOVÁ, Hedvika (edd.): *Knihovna arcivévody Ferdinanda II. Tyrolského* ... S. 429–445.

688 FLODR: *Die griechische und römische Literatur* ... S. 89.

den Denkmälern und Realien, der Epigraphik und vielleicht auch der Mythologie des Altertums galt. Im Vergleich mit den anderen mitteleuropäischen Bibliotheken besaß Hieronymus Beck eindeutig die größte Sammlung topographischer Literatur, in der wiederum Arbeiten über römische Denkmäler in Italien überwogen. Ziemlich repräsentativ war auch seine Kollektion der architektonischen Literatur, die aus direkten italienischen Quellen stammte. Unsere Kenntnisse müssen in dieser Hinsicht nicht definitiv sein, wie die Handschrift mit antiken Epigrammen beweist, die Beck Reichart Streun schenkte und die er vielleicht aus Italien mitgebracht hatte.

Genauso wenig kann man sagen, ob sich Hieronymus Beck tiefer für die bildende Kunst interessierte. Die visuelle Seite seiner Bücher war für ihn sicher wesentlich; nicht nur, dass er in der Bibliothek eine besondere Abteilung für die Bücher schuf, in denen diese Seite überwog, sondern er besaß auch als einer von wenigen die grundlegende theoretische Arbeit Albrecht Dürers über die Malerei mit dem Titel *Vier Bücher von menschlicher Proportion*. Völlig ungewöhnlich war allerdings Becks Interesse an den Naturwissenschaften, die im 16. Jahrhundert eine stürmische Entwicklung durchliefen. Besonders interessierte er sich für die Mathematik, Geometrie und Kombinatorik. Er verfolgte die Entwicklung der gregorianischen Reform und unterstützte den Wiener Mathematiker und Astronom Paulus Fabricius. Er besaß auch einige grundlegende Werke seiner Zeit auf dem Gebiet der Astronomie (samt Kopernikus' Schrift *De revolutionibus orbium coelestium ... libri VI*) und kaufte Bücher über astronomische Messinstrumente sowie über die Konstruktion von mechanischen Geräten, und dies auch auf anderen Fachgebieten.

Becks außerordentlichem thematischem Weitblick und seinen Interessen entsprach auch die sprachliche Zusammensetzung der Bibliothek von Ebreichsdorf, die deutlich auf das italienische und französische Sprachgebiet orientiert war. Die beiden romanischen Sprachen, die Beck aktiv beherrschte, waren für ihn ein Mittel, durch das er Zugang zu literarischen und lehrhaften Informationen erhielt, die oft aus anderen Quellen nicht zu bekommen waren. Manchmal jedoch bevorzugte Beck diese Sprachen auch dann, wenn er eine lateinische oder deutsche Fassung des Textes hätte besitzen können. Romanische und weitere Volkssprachen überwogen deutlich auch in den sog. neuen oder spezialisierten Bereichen seiner Bibliothek. Damit korrespondierte teilweise auch die Provenienz der Drucker seiner Bücher, die im Fall der Italica in der Regel direkt von der Apenninenhalbinsel stammten.

Trotz ihrer deutlich intellektuellen Ausrichtung fehlten der Bibliothek von Ebreichsdorf aber auch nicht die Hauptelemente ihrer repräsentativen Funktion. Aus dem Gedicht des humanistischen Dichters Hieronymus Arconatus geht hervor, dass die Bibliothek von Ebreichsdorf in einem speziellen Saal aufgestellt war, der auch für Besuche von ausgewählten Personen bestimmt war.[689] Details über ihre Unterbringung im Schloss und über ihre anzunehmende Ausschmückung stehen uns leider nicht zur Verfügung. Genauso wenig kann man über die kalligraphische Form und den eventuell repräsentativen Charakter des Katalogs sagen, den wir heute nur aus seiner Teilabschrift kennen. Die Einbände der Beck'schen Bücher hatten zwar ein einheitliches, aber doch ein etwas nüchternes Gepräge. Hieronymus Beck legte auch keinen besonderen Nachdruck auf die Bezeichnung seines Buchbesitzes durch Exlibris und

689 Hieronymus Arconatus stellt die Bibliothek als einen geheiligten, den Musen geweihten Raum dar, den nur Gebildete betreten dürfen, die über Kenntnisse des Rechts, der Philosophie und der humanistischen Literatur verfügen; vgl. S. 9.

Supralibros. Die schlichte Ausschmückung der Einbände spricht vielmehr zugunsten einer maßvollen Konzeption auch hinsichtlich der Installierung der ganzen Bibliothek.

In der Bibliothek von Hieronymus Beck würde man auch vergeblich Spuren von besonderer Bibliophilie suchen, was die Erwerbung seltener oder reich ausgeschmückter Handschriften anbelangt. Die erhaltene Handschrift von Suntheyms Chronik aus der Beck'schen Büchersammlung weist darüber hinaus eindeutig auf die sachliche Einstellung Becks auch zu inhaltlich sehr wertvollen Handschriften hin. Er ließ die Handschrift zwar finanziell aufwendig um fehlende graphische Beilagen ergänzen, aber zugleich bedenkenlos das unsorgfältige Konzept seines Briefes über die Umstände der Entstehung und Bearbeitung der Handschrift hineinbinden. In der Ebreichsdorfer Bibliothek gab es nur eine einzige religiöse Handschrift (ein kleinformatiges Gebetbuch); eine beträchtliche Gruppe bildeten dagegen fachlich ausgerichtete Handschriften auf dem Gebiet der Mathematik, Topographie, Epigraphik und Geschichte, deren Autoren aus den Wiener intellektuellen Kreisen stammten.

Ich vermute, dass Hieronymus Beck die repräsentative Ebene seiner Bibliothek vielmehr auf einem anderen Gebiet sah, so etwa in der sorgfältigen und gut durchdachten Anordnung der Bibliothek in fünfzehn Abteilungen, die in vielerlei Hinsicht in jener Zeit und in jenem geographischen Raum einzigartig war. Das in Ebreichsdorf angewandte System war keine Applikation irgendwelcher von anderswo übernommener Vorbilder, es verband vielmehr traditionelle Gesichtspunkte mit ganz innovativen Elementen, vor allem auf dem Gebiet der sog. neuen Literatur. Beck ergänzte die traditionellen Bereiche (Theologie, Recht, Medizin und Philosophie) um weitere, die er gemäß seiner eigenen, manchmal nicht besonders orthodoxen Sichtweise schuf. So legte er beispielsweise eine Abteilung eigens für Bücher mit überwiegendem Anteil der visuellen Komponente an (Graphikalben, Landkarten), eine Abteilung für Bücher über die Realien des Altertums, eine für die grundlegende Schulliteratur, aber auch sachlich eng profilierte Abteilungen (Unterhaltungsliteratur, Mathematik, Militärwesen, Architektur). Noch wichtiger ist die Tatsache, dass der Inhalt der einzelnen Abteilungen und die Einordnung von polythematischen Büchern in die jeweiligen Abteilungen nicht mechanisch war und sich manchmal dem eingebürgerten Usus entgegenstellte. Hieronymus Beck war höchstwahrscheinlich überhaupt der erste, der eine Abteilung für die schöngeistige Literatur schuf, der die Geschichtsbücher nach den darin behandelten Epochen chronologisch strukturierte, oder der den Zweck des Buches höher als dessen eigenes Thema stellte (z. B. ein Mathematiklehrbuch befand sich in der Abteilung für die Schulliteratur und nicht in der für die Mathematik u. dgl.). Der präzise Aufbau der einzelnen Bereiche und die Akzentuierung eines Elementes im Falle der Einordnung von polythematischen Büchern sagt auf sehr interessante Weise viel über Becks Interessensprioritäten aus und bestätigt sie in vielen Fällen auch. Dadurch zeigt sich auch, dass das Studium und die Analyse von historischen Katalogen eine tragfähige, obwohl bis jetzt nur wenig genutzte Quelle für die Erforschung der Gedankenwelt der damaligen Gesellschaft ist.

Ähnlich befindet sich auch die Erforschung des sozialen Status und seines Einflusses auf die Förderung des literarischen Lebens sowie auf die Einrichtung repräsentativer aristokratischer Bibliotheken im 16. Jahrhundert noch ganz am Anfang. Die Ebreichsdorfer Bibliothek sowie die archäologischen und Kunstsammlungen von Hieronymus Beck weisen eindeutig auf sein Bestreben hin, sich in den intellektuell orientierten Adel der habsburgischen Länder einzureihen. Ist es überhaupt möglich, die Frage zu beantworten, welch eine Rolle im Fall der Ebreichsdorfer Bibliothek das

Repräsentationsstreben spielte und ob ihre Entwicklung in direktem Zusammenhang mit Becks Übergangsstellung zwischen dem Rittertum und der Aristokratie stand, in deren Reihen vorzudringen er erfolglos anstrebte? Den bisher festgestellten Tatsachen zufolge hatte in diesem Falle der deutlich intellektuelle Gesichtspunkt die entscheidende Rolle inne, der das bloße Streben nach Repräsentation überwog und in Verbindung mit einer finanzkräftigen Basis eine inhaltlich profilierte und dabei relativ umfangreiche Bibliothek entstehen ließ.

Die Bibliothek von Hieronymus Beck war aber keineswegs die einzige so deutlich intellektuell orientierte Bibliothek; auf eine ähnliche Weise sahen ihre Büchersammlung wohl auch Reichart Streun, Christoph von Wolkenstein und Ferdinand Hoffmann von Grünpühel (dieser jedoch auch zusätzlich mit eindeutigen bibliophilen Tendenzen). Über ihre Bibliotheken hat man aber bis jetzt keine oder nur oberflächliche Informationen. Es scheint, dass ihre Besitzer weder durch Familientraditionen noch durch die Absicht, universelle Sammlerbibliotheken zu schaffen, gebunden waren, und sie formten somit die Gestalt ihrer Bibliotheken freier und genauso unabhängig definierten sie auch deren Funktion. Eben diese Büchersammlungen gehörten zu den progressiven Typen von Adelsbibliotheken, indem sie neue Tendenzen in ihrem Aufbau und in ihrer Verwaltung brachten. Obwohl diese Bibliotheken ihren Sinn des symbolischen Konsums von geistigen Werten nicht verloren haben, erhielten sie auch einen unverwechselbaren persönlichen Charakter, in dem sich manchmal auch einige sonst schwer festzustellende und durch andere Quellen nicht erfassbare Elemente des Lebens und der Weltsicht ihrer Besitzer widerspiegeln.

Verzeichnis von handschriftlichen Quellen und Archivalien

Berlin: Staatsbibliothek
- Ms. Cat. Fol. 47
- Ms. Cat. Fol. 48
- Ms. Germ. qu. 85

Brno: Moravský zemský archiv
- Cerroniho sbírka G 12, II, č. 117

Den Haag: Koninklijke Bibliotheek
- 72 D 20

Graz: Steiermärkisches Landesarchiv
- K. 1, H. 1 Beck von Leopoldsdorf Familie 1538–1779

Kalocsa: Föszékesegyházi Könyvtár
- Ms. 384

Klosterneuburg: Bibliothek des Augustiner-Chorherrenstifts
- Cod. 747

Mikulov: Regionální muzeum
- MIK 1418
- MIK 1403

Stockholm: Kungliga biblioteket
- Katalog der dietrichsteinischen Bibliothek (U 377)

Třeboň: Státní oblastní archiv
- Bestand Cizí rody – z Rožmberka, 20a, fol. 91–116

Uppsala: Universitetsbibliotek
- Otto Walde: Storhetstidens litterära krigsbyten Proveniensanteckningar (Handschriftliche Kartei von Provenienzeinträgen aus dem Nachlass von Otto Walde)

Västerås: Stiftsbiblioteket
- Praedae Bellicae Arosiensis (Blattkatalog der aus der schwedischen Beute während des Dreißigjährigen Krieges stammenden Bücher)

Wien: Österreichische Nationalbibliothek
- Autogr. 9/72-1
- Autogr. 66/35-1
- Cod. 316
- Cod. 8615
- Cod. 9440
- Cod. 9737a
- Cod. 10.163
- Cod. 12.652
- Cod. 13.598
- Cod. 15.286
- Cod. Ser. N. 19.424

BICK, Josef: *Provenienzkatalog zu den Inkunabeln, geordnet nach Personennamen.* Wien 1917

Wien: Österreichisches Staatsarchiv
Finanz- und Hofkammerarchiv, Familienakten BP–93

Verzeichnis von bibliographischen Datenbanken und Katalogen

Adams = ADAMS, Herbert M.: *Catalogue of Books Printed on the Continent of Europe 1501–1600 in Cambridge Libraries.* I–II. Cambridge Univ. Press, London 1967.

Aminson = AMINSON, Henricus: *Bibliotheca templi cathedralis Strengnesensis.* Marcus, Stockholm 1863.

BCBT = *Bibliografie cizojazyčných bohemikálních tisků z let 1501–1800* [Bibliographie fremdsprachiger bohemikaler Drucke aus den Jahren 1501–1800]; Knihovna AV ČR, v.v.i., [on-line] http://clavius.lib.cas.cz/katalog; *I. Produkce tiskáren na dnešním území České republiky v 16. a 17. století.* Úvod A. Baďurová [I. Produktion von Buchdruckereien des 16. und 17. Jahrhunderts auf dem Gebiet der heutigen Tschechischen Republik]. Knihovna AV ČR, v. v. i., Praha 2003. CD–ROM. http://www.lib.cas.cz/kvo/cizojazycna-bohemika/tiskarska-bohemika-16-a-17-stoleti-listkovy-katalog/.

Belgica Typographica = *Belgica Typographica, 1541–1600: catalogus librorum impressorum ab anno MDXLI ad annum MDC in regionibus quae nunc Regni Belgarum partes sunt.* I–V., B. de Graaf, Nieuwkoop 1868–1994.

Bohonos = BOHONOS, Maria: *Katalog starych druków Biblioteki Zakładu Narodowego im. Ossolińskich, polonica wieku XVI.* Wydawnictwo Polskiej Akademii Nauk, Wrocław 1965.

COLLIJN, Isak: *Katalog der Inkunabeln der kgh. Bibliothek in Stockholm* I–II. Almquist & Wiksells, Stockholm 1914–1916.

COLLIJN, Isak: *Katalog över kungl. Bibliotekets i Stockholm inkunabelsamling.* Almquist & Wiksells, Stockholm 1940.

COLLIJN, Isak: *Katalog der Inkunabeln der Kgl. Universitätsbibliothek zu Uppsala.* Almquist & Wiksells, Uppsala 1907.

Dokoupil = DOKOUPIL, Vladislav: *Tisky 16. stol. v Universitní knihovně v Brně* 6/2. [Drucke des 16. Jahrhunderts in der Universitätsbibliothek Brünn]. Universitní knihovna v Brně, Brno 1970.

EDIT 16 = *Censimento nazionale delle edizioni italiane del XVI secolo*; Istituto Centrale per il Catalogo Unico delle biblioteche italiane e per le informazioni bibliografiche, [on-line] http://edit16.iccu.sbn.it/web_iccu/ihome.htm.

ESTC = *English Short Title Catalogue*; The British Library, [on-line] http://estc.bl.uk/F/?func=file&file_name=login-bl-estc.

ESTREICHER = ESTREICHER, Karol Józef Teofil: *Bibliografia polska XV. – XVI. stólecia: zestawienie chronologiczne 7200 druków w kształcie rejestru do bibliografii, tudzież spis abecadłowy tych dzieł, które dochowały się w bibliotekach polskich.* Wydaw. Akademii Umiejętności, Kraków 1875, [on-line] http://www.estreicher.uj.edu.pl/.

French Books III & IV = PETTEGREE, Andrew – WALSBY, Malcolm (edd.): *French Books III & IV: Books published in France before 1601,* I–II. Brill, Leiden 2012.

French Vernacular Books = PETTEGREE, Andrew – WALSBY, Malcolm – WILKINSON, Alexander (edd.): *French Vernacular Books books published in the French language before 1601,* I–II. Brill, Leiden 2007.

GAWRYŚ, Eugeniusz: *Slavica Arosiensia II. Katalog över slaviska handskrifter och tryck från 1500 -, 1600-, och 1700-talen i Stifts- och landsbiblioteket i Västerås.* Stifts- och landsbibl., Västerås 1960 (= Acta bibliothecae Arosiensis II).

GAWRYŚ, Eugeniusz: *Slavica Arosiensia III. Katalog över slaviska tryck från 1500-, 1600-, och 1700-talen i Stifts- och landsbiblioteket i Västerås.* Stifts- och landsbibl., Västerås 1961 (= Acta bibliothecae Arosiensis III).

Gołuszka, Polonica = GOŁUSZKA, Malgorzata et all.: *Katalog poloników XVI wieku Biblioteki Jagiellonskiej. Catalogus librorum polonicorum saeculi XVI qui in Bibliotheca Iagellonica asservantur* I–III. Uniwersytet Jagiellonski, Kraków 1991–1995.

Iberian Books = WILKINSON Alexander S.: *Iberian Books: Books Published in Spanish Or Portuguese Or on the Iberian Peninsula Before 1601.* Brill, Leiden 2010.

ISTC = *Incunabula Short Title Catalogue*; The British Library, [on-line] http://www.bl.uk/catalogues/istc.

Knihopis = TOBOLKA, Zdeněk – HORÁK, František (red.): *Knihopis českých a slovenských tisků od doby nejstarší až do konce XVIII. století* I–IX. Národní knihovna ČR, Praha 1939–1967; Národní knihovna ČR, [on-line] http://www.knihopis.org.

KVK = *Der Karlsruher Virtueller Katalog*; Karlsruher Institut für Technologie, [on-line] http://www.ubka.uni-karlsruhe.de/kvk.html.

Meyier = MEYIER, Karel Adriaan de: *Codices Vossiani Latini* 1–4. Univ. Press, Leiden 1973–1984.

Netherl. Books = PETTEGREE, Andrew – WALSBY, Malcolm: *Netherlandish Books: Books Published in the Low Countries and Dutch Books Printed before 1601*, I–II. Brill, Leiden 2011.

REBIUN Catalogue = *Catálogo Colectivo del Patrimonio Bibliográfico Español*; Ministerio de Cultura, [on-line] http://rebiun.crue.org.

Régi Magyarországi Nyomtatványok 1473–1600 = BORSA Gedeon et all: *Régi Magyarországi Nyomtatványok 1473–1600.* Akadémiai Kiadó, Budapest 1971.

STCN = *Short-Title Catalogue of Books Printed in the Netherlands and Belgium and of Dutch and Flemish Books Printed in other Countries from 1470 to 1600 now in the British Museum.* Trustees of the British Museum, London 1965; *Short-Title Catalogue Netherlands,* [on-line] https://www.kb.nl/en/organisation/research-expertise/for-libraries/short-title-catalogue-netherlands-stcn.

SUDOC Catalogue = *Bibliothèque nationale de Française;* [on-line] http://catalogue.bnf.fr/.

Undorf = UNDORF, Wolfgang: *Catalogue of Books Printed in the 15th Century in Swedish Collections* I–II. Harrassowitz, Wiesbaden 2012.

VD 16 = *Verzeichnis der im deutschen Sprachbereich erschienenen Drucke des XVI. Jahrhunderts.* Abt. I. 22 Bde, Abt. II. 2 Bde. Hiersemann, Stuttgart 1983–1997. [on-line] http://www.vd16.de.

Voet = VOET, Leon: *Labore et Constantia. A collection of 510 editions issued by Christopher Plantin from 1555 till 1589.* Eric Speeckaert, Brussels 1990.

VOSSIUS = VOSSIUS Isaac, *Katalog över handskrifterna i kungl. biblioteket i Stockholm skriven omkr. 1650 under ledning av Isaac Vossius = Catalogus codicum manu scriptorum Bibliothecae regiae Holmiensis c. annum 1650 ductu et auspicio Isaac Vossii consriptus.* Ed. Christian CALLMER. Kungliga biblioteket, Stockholm 1971.

Literaturverzeichnis

ÁCS, Pál: Pro Turcis and contra Turcos: Curiosity, Scholarship and Spiritualism in Turkish Histories by Johannes Löwenklau (1541–1594). *Acta Comeniana* 25, 2011, S. 25–46.

ACHNITZ, Wolfgang (ed.): *Deutsches Literatur-Lexikon. Das Mittelalter — Autoren und Werke nach Themenkreisen und Gattungen. 3: Reiseberichte und Geschichtsdichtung.* De Gruyter, Berlin - Boston 2012.

ALMÁSI, Gábor: *The Uses of Humanism: Johannes Sambucus (1531–1584), Andreas Dudith (1533–1589), and the Republic of Letters in East Central Europe.* Brill, Leiden - Boston 2009.

ÁLVAREZ, Sierra J.: Historia de la Escuela de Medicina de Madrid. Colegio de San Carlos. *Ciencias Médicas Hispano-Americanas* 8 (44), 1955, S. 251–263.

AMIN, Abbas: *Ägyptomanie und Orientalismus: Ägypten in der deutschen Reiseliteratur (1175–1663); mit einem kommentierten Verzeichnis der Reiseberichte (383–1845).* De Gruyter, Berlin 2013.

ANDREAS VON REGENSBURG: *Sämtliche Werke.* Ed. Georg LEIDINGER. Rieger, München 1903.

ANKWICZ-KLEEHOVEN, Hans: *Der Wiener Humanist Johannes Cuspinian, Gelehrter und Diplomat zur Zeit Kaiser Maximilians I.* Böhlau, Graz - Köln 1959.

ANKWICZ-KLEEHOVEN, Hans: Die Bibliothek des Dr. Johann Cuspinian. In: STUMMVOLL, Josef V. (ed.): *Die Österreichische Nationalbibliothek. Festschrift zum 25jährigen Dienstjubiläum des ... Dr. J. Bick.* Bauer, Wien 1948, S. 208–227.

ANTONÍN, Luboš: Dietrichsteinská knihovna na zámku Mikulov [Die dietrichsteinische Bibliothek im Schloss von Nikolsburg]. *Sborník Národního muzea* - Reihe C 39/40, 1994–1995, Nr. 1–4, S. 1–28.

ASCHBACH, Joseph Ritter von: *Geschichte der Wiener Universität.* I–III. Holzhausen, Wien 1865–1888.

AUGUSTÍNOVÁ, Eva: Výskum katalógov historických knižníc jako fenoménu kultúrneho dedičstva Slovenska a Slovákov [Die Erforschung von Katalogen historischer Bibliotheken als Phänomen des kulturellen Erbes der Slowakei und der Slowaken]. In: PORIEZOVÁ, Miriam (ed.): *Studia Bibliographica Posoniensia.* Univerzitná knižnica v Bratislave, Bratislava 2014, S. 159–166.

AUSSERER, Carl: Zur Frühgeschichte der osmanischen Studien. *Islam* 12, 1922, S. 226–231.

BABINGER, Franz: Die türkischen Studien in Europa bis zum Auftreten Josef von Hammer-Purgstalls. *Die Welt des Islams* 7/3–4, 1919, S. 103–129.

BACHLEITNER, Norbert - EYBL, Franz M. -FISCHER, Ernst: *Geschichte des Buchhandels in Österreich.* Harrassowitz, Wiesbaden 2000.

BALSEM, Astrid C.: Books from the Library of Andreas Dudith (1533–89) in the Library of Isaac Vossius (1618–89). In: MYERS, Robin - HARRIS, Michael - MANDELBROTE, Giles (edd.): *Books on the Move: Tracking Copies through Collections and the Book Trade.* Oak Knoll Press, New Castle - London 2007, S. 69–86.

BARB, Alphons A.: Carolus Clusius und die römische Inschriftenkunde. In: *Festschrift anlässlich der 400jährigen Wiederkehr der wissenschaftlichen Tätigkeit von Carolus Clusius (Charles de l'Escluse) im pannonischen Raum.* Amt d. Burgenländischen Landesregierung – Landesarchiv, Eisenstadt 1973 (= Burgenländische Forschungen, Sonderheft V).

BARBARICS, Zsuzsa: Die Sammlungen handschriftlicher Zeitungen in Mittel- und Südostmitteleuropa in der Frühen Neuzeit. In: BŮŽEK, Václav – KRÁL, Pavel (edd.): *Společnost v zemích habsburské monarchie a její obraz v pramenech (1526–1740)* [Die Gesellschaft in den Ländern der Habsburgermonarchie und ihr Bild in den Quellen (1526–1740)]. Filozofická fakulta Jihočeské univerzity, České Budějovice 2006, S. 219–244.

BECK, Margarete: *Hieronymus Beck von Leopoldsdorf (1525–1596). Eine kulturgeschichtliche Studie.* Dissertation, Universität Wien 1973.

BENEŠ, Zdeněk: *Historický text a historická skutečnost* [Der historische Text und die historische Wirklichkeit]. Univerzita Karlova, Praha 1993.

BERÁNKOVÁ, Hana: „Nobilissimae nationis Italicae ad regni Poloniae proceres contra calumniatores defensio" Zikmunda Domináčka z Písnice. *Knihy a dějiny* 16/17, 2010, S. 51–75.

BERGER, Eva: *Historische Gärten Österreichs: Garten- und Parkananlagen von der Renaissance bis um 1930, 1. Niederösterreich, Burgenland.* Böhlau, Wien 2002.

BIANCHI, Luca: Aristotelská tradice: kontinuita a proměny [Die aristotelische Tradition: Kontinuität und Wandlungen]. In: James HANKINS (ed.), *Renesanční filosofie* [Philosophie der Renaissance]. Oikoymenh, Praha 2011, S. 72–101.

BLUM, Rudolf: *Vor- und Frühgeschichte der nationalen Allgemeinbibliographie.* Sonderdruck aus Archiv für Geschichte des Buchwesens 2. Buchhandl. Vereinigung, Frankfurt am Main 1959.

BOLDAN, Kamil – URBÁNKOVÁ, Emma: *Rekonstrukce knihovny Bohuslava Hasištejnského z Lobkovic. Katalog inkunábulí roudnické lobkovické knihovny* [Rekonstruktion der Bibliothek von Bohuslav Hasištejnský von Lobkowicz. Katalog der Wiegendrucke der Raudnitzer Bibliothek der Familie von Lobkowicz]. Národní knihovna ČR, Praha 2009.

BOLDAN, Kamil: Knihovna Jana Zajíce z Házmburka (1496–1553) [Die Bibliothek des Jan Zajíc von Házmburk (1496–1553)]. In: *K výzkumu zámeckých, měšťanských a církevních knihoven. Čtenář a jeho knihovna* (= Opera romanica 4). Jihočeská univerzita, České Budějovice 2003, S. 41–108.

BONORAND, Conradin: Die Bedeutung der Universität Wien für Humanismus und Reformation, insbesondere in der Ostschweiz. *Zwingliana* 12, 1964–1968, S. 162–180.

BOSERUP, Ivan – SHAW, David J.: *Virtual Visits to Lost Libraries: Reconstruction of and Access to Dispersed Collections. Papers Presented on 5 November 2010 at the CERL Seminar Hosted by the Royal Library of Denmark, Copenhagen.* Consortium of European Research Libraries, London 2011.

BRIQUET, Charles-Moise: *Les Filigranes. Dictonnaire historique des Marques du papier* I–IV. Hacker Art Books, New York 1966.

BRUNNER, Otto: Österreichische Adelsbiblliotheken des 15. bis 18. Jahrhunderts als geistesgeschichtliche Quelle. In: BRUNNER, Otto: *Neue Wege der Verfassungs- und Sozialgeschichte.* Vandenhoeck u. Ruprecht, Göttingen 1968, S. 281–293.

BUHL, Maria Sophia – KURRAS, Lotte: *Die Handschriften der Württembergischen Landesbibliothek Stuttgart. Die Handschriften der ehemaligen königlichen Hofbibliothek* 4. Harrassowitz, Wiesbaden 1969.

BUJANDA, J. M. de: *Thesaurus de la litterature interdite au XVIe siècle: auteurs, ouvrages, éditions avec addenda et corrigenda.* Centre d'études de la Renaissance, Genève 1996.

BURCKHARDT, Jacob: *Die Kultur der Renaissance in Italien.* Verlag von Th. Knaur Nachf., Berlin 1928.

BUSCH, Renate von: *Studien zu deutschen Antikensammlungen des 16. Jahrhunderts.* Dissertation, Universität Tübingen 1973.

BŮŽEK, Václav: Jan Žižka v paměti Ferdinanda Tyrolského na Ambrasu [Jan Žižka im Gedächtnis Ferdinands von Tirol in Ambras]. In: NOVOTNÝ, Robert – ŠÁMAL, Petr a kol. (edd.): *Zrození mýtu. Dva životy husitské epochy* [Die Geburt eines Mythos. Zwei Lebensläufe aus der hussitischen Epoche]. Paseka, Praha – Litomyšl 2011, S. 320–328.

BŮŽEK, Václav: Knihovny aristokratů na česko-moravsko-rakouském pomezí koncem 16. a v první polovině 17. století [Bibliotheken der Aristokraten im böhmisch-mährisch-österreichischen Grenzland am Ende des 16. und in der ersten Hälfte des 17. Jahrhunderts]. In: *K výzkumu zámeckých, měšťanských a církevních knihoven* (= Opera Romanica 1). Jihočeská univerzita, České Budějovice 2000, S. 87–102.

BŮŽEK, Václav: Zum tschechisch-deutschen Bilinguismus in den böhmischen und österreichischen Ländern in der frühen Neuzeit. *Österreichische Osthefte* 35, 1993, S. 577–597.

CALLMER, Christian: *Königin Christina, ihre Bibliothekare und ihre Handschriften. Beiträge zur europäischen Bibliotheksgeschichte.* Statens Humanistica Forsknigsgrad, Stockholm 1977 (= Acta Bibliothecae Regiae Stockholmiensis 30).

CALLMER, Christian: Queen Christina's Library of printed Books in Rome. In: PLATEN, Magnus von (ed.): *Queen Christina of Sweden Documents and Studies* (= Analecta Reginensia I.), Nationalmusei, Stockholm 1966, S. 59–73.

COLEMAN, Kathleen M. (ed.): *M. Valerii Martialis Liber Spectaculorum. Edited with introduction, translation and commentary.* Oxford Univ. Press, Oxford 2006.

COLLIJN, Isak: En av Johann Winterburg i Wien tryckt Donat i Strängnäs Domkyrkobibliotek. *Nordisk tidskrift för bok- och biblioteksväsen*20, 1933, S. 111–118.

COPPENS, C.: *Leuven in Books. Books in Leuven, The Oldest University of the Low Countries and its Library.* Leuven University Press, Leuven 1999.

CSÁKY-LEOBENSTEIN, Eva-Marie: Studien zur Kavalierstour österreichischer Adeliger im 17. Jahrhundert. *Mitteilungen des Instituts für Österreichische Geschichtsforschung* 79, 1971, S. 408–434.

CZEIKE, Felix: Hermes Schallauczer. *Jahrbuch des Vereins für Geschichte der Stadt Wien* 15/16, 1959/1960, S. 70–81.

ČIČAJ, Viliam: Časové dimenzie knižního transferu v novoveku [Die zeitlichen Dimensionen des Büchertransfers in der Neuzeit]. In: KOMOROVÁ, Martin (ed.): *Európske cesty románských kníh v 16. – 18. storočí* [Europäische Wege romanischer

Bücher im 16. – 18. Jahrhundert] (= Opera Romanica 13). Slovenská národná knižnica, Martin 2012, S. 9–16.

ČIČAJ, Viliam: Šľachtická knižnica [Die Adelsbibliothek]. In: KOVAČKA, Miloš – AUGUSTÍNOVÁ, Eva – MAČUHA, Maroš (edd.): *Zemianstvo na Slovensku v novoveku II. Duchovná a hmotná kultúra* [Der Landadel in der Slowakei in der Neuzeit II. Geistige und materielle Kultur] (= Studia historico-bibliographica Turociensia 2). Slovenská národná knižnica, Martin 2009, S. 116–122.

DE LANDTSHEER, Jeanine: Forgotten Letters from Hugo Blotius to Justus Lipsius in Vienna, ÖNB, Ms. 9490. *Humanistica Lovaniensia. Journal of Neo-latin Studies* LXI, 2012, S. 325–326.

DEKESEL, Christian E.: The Boom of Numismatic Publications between 1550 and 1559. In: ALBERT, Rainer (ed.): *Wissenschaftsgeschichte der Numismatik. Beiträge zum 17. deutschen Numismatikertag 3.–5. März 1995 in Hannover.* Numismatische Gesell., Speyer 1995, S. 210–222.

DIAMANT, Paul J.: Paulus Weidner von Billerburg (1525–1585). Kaiserlicher Leibarzt und Rektor der Wiener Universität. *Mitteilungen des Vereins für Geschichte der Stadt Wien* 13/14, 1933, S. 57–64.

DIENST, Heide (ed.): *Hexenforschung aus österreichischen Ländern.* Lit Verlag, Wien 2009.

DOKOUPIL, Vladislav: *Soupis rukopisů mikulovské Dietrichsteinské knihovny.* [Handschriftenverzeichnis der Nikolsburger dietrichsteinischen Bibliothek]. Státní pedagogické nakladatelství, Praha 1958.

DÖRRER, Anton: Die Bibliothek des Freiherrn Christoph von Wolkenstein auf Schloss Rodenegg. *Zentralblatt für Bibliothekswesen* 58, 1941, S. 18–43.

DÖRRER, Anton: Fürstliche Bibliothekskataloge der Renaissance, besonders in den Ostalpen. *Zentralblatt für Bibliothekswesen* 69, 1955, S. 283–290.

DÖRRER, Anton: Tirolisches aus der Bücherei des Freiherrn Christoph von Wolkenstein auf Rodenegg. *Schlern–Schriften* 30, 1935, S. 21–26.

DUDÁČEK, Karel: *Vznik a vývoj rožmberské knihovny od jejího počátku až do poloviny 17. století* [Entstehung und Entwicklung der rosenbergischen Bibliothek von ihren Anfängen bis zur Mitte des 17. Jahrhunderts]. Magisterarbeit. Philosophische Fakultät der Karlsuniversität, Praha 1984.

DUDÍK, Beda: *Forschungen in Schweden für Mährens Geschichte.* Winiker, Brünn 1852.

DUDÍK, Beda: *Iter Romanum.* I–II. Manz & Comp., Wien 1855.

DUFT, Johannes: Bibliothekskataloge als Quellen der Geistesgeschichte. Mit Blick auf Österreich und den Bodenseeraum. *Montfort* 20, 1968, S. 652–662.

EDELMAYER, Friedrich: „Manus manum lavat" Freiherr Wolf Rumpf zum Wielross und Spanien. In: ELTZ, Erwein H. – STROHMEYER, Arno (edd.): *Die Fürstenberger. 800 Jahre Herrschaft und Kultur in Mitteleuropa.* Schloss Weitra, Niederösterreichische Landeausstellung 1994, S. 248–250.

EDELMAYER, Friedrich: Ehre, Geld, Karriere. Adam von Dietrichstein im Dienst Kaiser Maximilians II. In: EDELMAYER, Friedrich – KOHLER, Alfred (edd.): *Kaiser Maximilian II. Kultur und Politik im 16. Jahrhundert.* Verlag für Geschichte und Politik – Oldenbourg, Wien – München 1992, S. 109–137.

EHEIM, Fritz: Ladislaus Sunthaym. Ein Historiker aus dem Gelehrtenkreis um Maximilian I. *Mitteilungen des Instituts für Österreichische Geschichtsforschung* 57, 1959, S. 54–91.

EISENHARDT, Ulrich: Staatliche und kirchliche Einflussnahmen auf den deutschen Buchhandel im 16. Jahrhundert. In: GÖPFERT, H. G. – VODOSEK, Peter – WEYRAUCH, Erdmann – WITTMANN, Reinhard (edd.): *Beiträge zur Geschichte des Buchwesens im konfessionellen Zeitalter*. Harrassowitz, Wiesbaden 1985, S. 295–313.

ESCRIVÀ-LLORCA, Ferran: Los libros de música de un caballero de la Orden de Santiago: nuevos datos acerca de la Colección Uclés. *Música. Revista del Real Conservatorio Superior de Música de Madrid* 20, 2012–2013, S. 131–137.

EVANS, Robert J. W.: *Rudolf II and His World. A Study in Intellectual History 1576–1612*. Oxford University Press, Oxford 1973.

EVANS, Robert J. W.: *The Wechel Presses: Humanism and Calvinism in Central Europe 1572–1627*. Past and present soc., Oxford 1975.

EYBL, Franz M.: Buchdruck und Buchhandel im Oberösterreich der Reformationsepoche: In: VOCELKA, Karl – LEEB, Rudolf – SCHEICHL, Andrea (edd.): *Renaissance und Reformation in Oberösterreich. OÖ. Landesausstellung 2010*. Trauner, Linz 2010, S. 141–146.

FECHNER, Jörg - Ulrich: Die Einheit von Bibliothek und Kunstkammer im 17. und 18. Jahrhundert, dargestellt an Hand zeitgenössischer Berichte. In: RAABE, Paul (ed.): *Öffentliche und private Bibliotheken im 17. und 18. Jahrhundert. Raritätenkammern, Forschungsinstrumente oder Bildungsstätten* (= Wolfenbütteler Forschungen 2). Jacobi, Bremen – Wolfenbüttel 1977, S. 11–31.

FEJTOVÁ, Olga – PEŠEK, Jiří: Varii Variarum rerum, factorum, dictorum, multarumque aliarum Historiarum Scriptores. Dějepisná literatura [Die historische Literatur]. In: PURŠ, Ivo – KUCHAŘOVÁ, Hedvika (edd.): *Knihovna arcivévody Ferdinanda II. Tyrolského* [Die Bibliothek Erzherzog Ferdinands II. von Tirol]. Artefactum – Ústav dějin umění AV ČR, Praha 2015, S. 181–208.

FELLNER, Sabine: Das adelige Porträt. Zwischen Typus und Individualität. In: KNITTEL, Herbert (ed.): *Adel in Wandel: Politik, Kultur, Konfession, 1500–1700: Niederösterreichische Landesausstellung, Rosenburg, 12. Mai – 28. Oktober 1990*. Amt der NÖ Landesregierung, Wien 1990, S. 501–504.

FENZL, Annemarie: *Die Bibliothek des Wiener Bischofs Dr. Johann Caspar Neubeck 1574–1594*. Dissertation, Universität Wien 1969.

FERGUSON, John – YOUNG, James: *Bibliotheca Chemica: a Catalogue of the alchemical, chemical and pharmaceutical books in the collection of the late James Xoung of Kelly and Durris*. I. Maclehose, Glasgow 1906.

FICHTNER, Paula Sutter: *Emperor Maximilian II*. Yale University Press, New Haven 2001.

FLODR, Miroslav: *Die griechische und römische Literatur in tschechischen Bibliotheken im Mittelalter und der Renaissance*. Universita J. E. Purkyně, Brno 1966.

FLOOD, John L.: *Poets Laureate in the Holy Roman Empire: A Bio-Bibliographical Handbook* 1–4. De Gruyter, Berlin 2006.

GALL, Franz – SZAIVERT, Willy (edd.): *Die Matrikel der Universität Wien* II. Band 1518/II–1579/I. Böhlau, Wien – Köln – Graz 1971.

GELDER, Esther van: *Tussen hof en keizerskroon: Carolus Clusius en de ontwikkeling van de botanie aan Midden-Europese Hoven (1573–1593).* Leiden University Press, Leiden 2011.

GERSTINGER, Hans: Johannes Sambucus als Handschriftensammler. In: *Festschrift der Nationalbibliothek in Wien.* Herausgegeben zur Feier des 200jährigen Bestehens des Gebäudes. Österreichische Staatsdruckerei, Wien 1926, S. 251–400.

GESNER, Konrad: *Bibliotheca universalis und Appendix* I–II. (Faks.-Drucke der Ausg. Froschauer 1545). Mit Nachwort von Hans WIDMANN. Zellner, Osnabrück 1966 (= Milliaria. Faksimiledrucke zur Dokumentation der Geistesentwicklung, 5).

GINGERICH, Owen – WESTMAN, Robert S.: *The Wittich Connection: Conflict and Priority in Late Sixteenth-Century.* The American Philosophical Society, Philadelphia 1988.

GÖLLNER, Carl: *Turcica: Die europäischen Türkendrucke des XVI. Jahrhunderts* I–II. Ed. Acad. Republicii Socialiste România, Bucuresti 1961–1968.

GOTTWALD, Clytus: *Die Handschriften der Württembergischen Landesbibliothek Stuttgart* I. Harrassowitz, Wiesbaden 1981.

GRAHELI, Shanti: Reading the History of the Academia Venetiana through Its Book Lists. In: WALSBY, Malcolm – CONSTANTINIDOU, Natasha (edd.): *Documenting the Early Modern Book World. Inventories and Catalogues in Manuscript and Print.* Brill, Leiden 2013, S. 283–319.

GREEN, Jonathan: *Printing and Prophecy: Prognostication and Media Change 1450–1550.* University of Michigan Press, Ann Arbor 2012.

GRIES, Christian: Erzherzog Ferdinand von Tirol und die Sammlungen auf Schloß Ambras. *Frühneuzeit-Info*, 5/1, 1994, S. 7–37.

GROßMANN, Karl: Der Historiker Reichart Streun von Schwarzenau (1538–1600). *Mitteilungen des Instituts für Österreichische Geschichte* 11, 1929, S. 555–573.

GROßMANN, Karl: Reichart Strein von Schwarzenau, Ein österreichischer Staatsmann und Gelehrter aus der Zeit der Renaissance, Reformation und Gegenreformation. *Jahrbuch für Landeskunde und Heimatschutz von Niederösterreich und Wien* 20, 1926/27, S. 1–37.

GULYÁS, Pál: *Bibliotheca Joannis Sambuci. Sámboky János könyvtára.* Szerzű költségén, Budapest 1941.

HABERLAND, Detlef: Buch- und Wissenstransfer in Ostmittel- und Südosteuropa in der Frühen Neuzeit zwischen Regionalhistorie und Medientheorie(n). In: HABERLAND, Detlef (ed.): *Buch- und Wissenstransfer in Ostmittel- und Südosteuropa.* Oldenbourg, München 2007, S. 9–22.

HAJÓS, Géza: Renaissancegärten zwischen Repräsentation und Wissenschaft. In: VOCELKA, Karl – LEEB, Rudolf – SCHEICHL, Andrea (edd.): *Renaissance und Reformation. Katalog zur Oberösterreichischen Landesausstellung 2010.* Trauner, Linz 2010, S. 183–196.

HALM, Christian: *Europäische Reiseberichte des späten Mittelalters. Deutsche Reiseberichte.* Lang, Frankfurt am Main 1994.

HARTIG, Otto: Die Gründung der Münchener Hofbibliothek durch Albrecht V. und Johann Jakob Fugger. In: HACKER, Rupert (ed.): *Beiträge zur Geschichte der Bayerischen Staatsbibliothek.* Saur, München 2000, S. 13–52.

HAUSNEROVÁ, Kateřina: *Ferdinand Hofmann z Grünbüchlu (1540–1607). Knihovna zapomenutého sběratele Rudolfovy doby* [Ferdinand Hofmann von Grünbüchl (1540–1607). Bibliothek eines vergessenen Sammlers der rudolfinischen Zeit]. Magisterarbeit, Univerzita Olomouc 2012.

HEILINGSETZER, Georg: *Heinrich Wilhelm von Starhemberg (1593–1675). Ein österreichischer Adeliger der Barockzeit.* Dissertation, Universität Wien 1970.

HEILINGSETZER, Georg: Humanismus, Renaissance und Reformation in Oberösterreich, Abgrenzungen und Wechselwirkungen. In: VOCELKA, Karl – LEEB, Rudolf – SCHEICHL, Andrea (edd.): *Renaissance und Reformation in Oberösterreich.* Trauner, Linz 2010, S. 147–160.

HEINZ, Günther: Das Porträtbuch des Hieronymus Beck von Leopoldsdorf. *Jahrbuch der Kunsthistorischen Sammlungen in Wien* 71, 1975, S. 165–310.

HEISER, Sabine: Andenken, Andachtspraxis und Medienstrategie. Das Wiener Heiltumsbuch von 1502 und seine Folgen für das Wittenberger Heiltumsbuch von 1509. In: TACKE, Andreas (ed.): *„Ich armer sundiger mensch": Heiligen- und Reliquienkult am Übergang zum konfessionellen Zeitalter.* Wallstein, Göttingen 2006, S. 208–238.

HEISS, Gernot: Bildungsverhalten des niederösterreichischen Adels im gesellschaftlichen Wandel: zum Bildungsgang im 16. und 17. Jahrhundert. In: KLINGENSTEIN, Grete – LUTZ, Heinrich (edd.): *Spezialforschung und „Gesamtgeschichte". Beispiele und Methodenfragen zur Geschichte der Frühen Neuzeit.* Oldenbourg, Wien 1981, S. 139–157.

HEJNIC, Josef: K literárním a bibliofilským zájmům dvou posledních Rožmberků [Zu literarischen und bibliophilen Interessen der beiden letzten Herren von Rosenberg]. *Opera Historica* 3, 1993, S. 223–231.

HENKE, Rudolf Maria – WINKLER Gerhard: Geschichte des Buchhandels in Linz. *Historisches Jahrbuch der Stadt Linz* 1999/2000, S. 175–183.

HLADKÝ, Vojtěch – ŠOLC, Martin: Tadeáš Hájek z Hájku a gregoriánská reforma kalendáře [Tadeáš Hájek von Hájek und die gregorianische Kalenderreform]. In: DRÁBEK, Pavel (ed.): *Tadeáš Hájek z Hájku* (= Práce z dějin techniky a přírodních věd 1, 2000). Společnost pro dějiny věd a techniky, Praha 2000, S. 55–60.

HOJDA, Zdeněk: „Le grandezze d'Italia". Die Kavalierstouren der böhmischen Adeligen, die Kunstbetrachtung und die Kunstsammlung im 17. Jahrhundert. In: HARDER, Hans-Bernd – ROTHE, Hans (edd.): *Studien zum Humanismus in den böhmischen Ländern* III. Böhlau, Köln – Weimar – Wien 1993, S. 151–160.

HOJDA, Zdeněk: Dva benátské průvodce Francesca Sansovina [Zwei Fremdenführer durch Venedig von Francesco Sansovino]. In: KOMOROVÁ, Klára (ed.): *K výskumu zámockých, meštianskych a cirkevných knižníc* (= Opera Romanica 13). Slovenská národná knižnica, Martin 2012, S. 157–166.

HOLTER, Kurt: Verzierte Bucheinbände der Spätgotik und Frührenaissance. Werkgruppen und Stempeltabellen. In: HOLTER, Kurt: *Buchkunst – Handschriften – Bibliotheken. Beiträge zur mitteleuropäischen Buchkultur vom Frühmittelalter bis zur*

Renaissance. Edd. HEILINGSETZER, Georg – STELZER, Winfried, I. Oberösterreichischer Musealverein, Linz 1996.

HOLÝ, Martin: Nižší šlechta z českých zemí na cestách za vzděláním a její vychovatelé (1500–1620) [Der niedere Adel aus den böhmischen Ländern auf seinen Bildungsreisen und seine Erzieher (1500–1620)]. In: KOVAČKA, Miloš – AUGUSTÍNOVÁ, Eva – MAČUHA, Maroš (edd.): *Zemianstvo na Slovensku v novoveku II. Duchovná a hmotná kultúra* [Der Landadel in der Slowakei in der Neuzeit II. Geistige und materielle Kultur] (= Studia historico-bibliographica Turociensia 2). Slovenská národná knižnica, Martin 2009, S. 9–27.

HOLÝ, Martin: *Zrození renesančního kavalíra. Výchova a vzdělávání šlechty z českých zemí na prahu novověku (1500–1620)* [Die Geburt des Renaissancekavaliers. Erziehung und Bildung des Adels aus den böhmischen Ländern an der Schwelle zur Neuzeit (1500 –1620)]. Historický ústav AV ČR, Praha 2010.

HORMAYR, Joseph von: Österreichische Reisende aus der Vorzeit: Hieronymus Beck von Leopoldsdorf. *Taschenbuch für die vaterländische Geschichte* 9, 1828, S. 23–30.

HRDINA, Karel: Zikmunda Domináčka z Písnice Roma [Zikmund Domináčeks von Písnice Roma]. In: *Sborník prací filologických dvornímu radovi professoru Josefu Královi k šedesátým narozeninám.* B. Stýblo, Praha 1913, S. 254–258.

HUMMELBERGER, Walter: *Wiens erste Belagerung durch die Türken 1529.* Österreichischer Bundesverlag, Wien 1976.

HUMPHREYS, Arthur Lee: Staré mapy [Alte Landkarten]. Kartografie, Praha 1992.

Hundert Handschriften der Ambrasser Kunst- und Wunderkammer aus der Österreichischen Nationalbibliothek, Ausstellung. Tiroler Landesmuseum Ferdinandeum, Innsbruck 1966.

JACKSON, Benjamin Daydon: *A Glossary of Botanical Terms, with Their Derivation and Accent.* Duckworth, London 1900.

JANKOVICS, József – MONOK, István: *Dudith András könyvtára. András Dudith's Library: A Partial Reconstruction.* Scriptum Kft., Szeged 1993.

JANSEN, Dirk Jacob: The instruments of Patronage. Jacopo Strada at the Court of Maximilian II.: A Case-Study. In: EDELMAYER, Friedrich – KOHLER, Alfred (edd.): *Kaiser Maximilian II. Kultur und Politik im 16. Jahrhundert.* Verlag für Geschichte und Politik, Wien 1992, S. 182–202.

JENÖ, Berlász: *A Dernschwam-könyvtár* [Die Bibliothek Hans Dernschwam]. József Attila Tudományegyetem, Szeged 1984 (= Adattár XVI – XVIII. Századi szellemi ozgalmaink Történetéhez 12).

JOHNSON, Carina L.: *Cultural Hierarchy in Sixteenth-Century Europe: the Ottomans and Mexicans.* Cambridge Univ. Press, Cambridge 2011.

JONES, Robert: Piracy, War, and the Acquisition of Arabic manuscripts in Renaissance Europe. *Manuscripts of the Middle East* 2, 1987, s. 100–103.

KALTWASSER, Franz Georg: *Die Bibliothek als Museum: Von der Renaissance bis heute, dargestellt am Beispiel der bayerischen Staatsbibliothek.* Harrassowitz, Wiesbaden 1999.

KAŠPAR, Oldřich: *Bohemika v historických knižních fondech Španělska, Portugalska a Mexika 15. – 18. století* [Bohemikale Bücher in historischen Beständen Spaniens, Portugals und Mexikos des 15.–18. Jahrhunderts]. Togga, Praha 2008.

KAŠPAROVÁ, Jaroslava: *Amadis Waleský, nebo Don Quijote? Rytířské příběhy španělského Zlatého věku a jejich putování za čtenáři 16.–19. století* [Amadis de Gaula oder Don Quijote? Rittergeschichten des spanischen Goldenen Zeitalters und ihr Weg zu den Lesern des 16.–19. Jahrhunderts]. Veduta – Národní muzeum, Praha 2014.

KAŠPAROVÁ, Jaroslava: Bibliofilství české šlechty raného novověku – sebereflexe nebo sebeprezentace? [Die Bibliophilie des böhmischen Adels in der Frühen Neuzeit – Selbstreflexion oder Selbstrepräsentation?]. In: RADIMSKÁ, Jitka (ed.): *Šlechta raného novověku pohledem českých, francouzských a španělských historiků* [Der Adel der Frühen Neuzeit in der Sicht von tschechischen, französischen und spanischen Historikern]. (= Opera historica 13). Jihočeská univerzita, České Budějovice 2009, S. 23–40.

KAŠPAROVÁ, Jaroslava: Chronologická, geografická a jazyková provenience tisků [Die chronologische, geographische und sprachliche Provenienz von Drucken]. In: PURŠ, Ivo – KUCHAŘOVÁ, Hedvika (edd.): *Knihovna arcivévody Ferdinanda II. Tyrolského* [Die Bibliothek Erzherzog Ferdinands II. von Tirol]. Artefactum – Ústav dějin umění AV ČR, Praha 2015, S. 405–428.

KAŠPAROVÁ, Jaroslava: Jazyk a řeč knih zakázaných. Putování španělských „libros prohibidos" středoevropským prostorem 16. – 17. století [Sprache und Inhalt der verbotenen Bücher. Der Weg der spanischen „libros prohibidos" durch den mitteleuropäischen Raum im 16. – 17. Jahrhundert]. In: RADIMSKÁ, Jitka (ed.): *Jazyk a řeč knihy. K výzkumu zámeckých, měšťanských a církevních knihoven* (= Opera Romanica 11). Jihočeská univerzita, České Budějovice 2009, S. 345–358.

KAŠPAROVÁ, Jaroslava: Ke čtenářské recepci španělské zábavné prózy Zlatého věku v českých zemích v 16.–18. století (Příspěvek k problematice dějinám četby a čtení importované cizojazyčné knižní produkce v českých zemích raného novověku) [Zur Leserezeption der spanischen Unterhaltungsprosa des Goldenen Zeitalters im 16. – 18. Jahrhundert (Ein Beitrag zur Geschichte der Lektüre und des Lesens der importierten fremdsprachigen Bücherproduktion in den böhmischen Ländern der Frühen Neuzeit]. In: PORIEZOVÁ, Miriam (ed.): *Studia Bibliographica Posoniensia.* Univerzitná knižnica v Bratislave, Bratislava 2012, S. 64–85.

KAŠPAROVÁ, Jaroslava: Knižní dary španělské šlechtičny Maríe Manrique de Lara y Mendoza a španělského vyslance Guilléna de San Clemente jezuitské klementinské koleji v Praze [Die Büchergeschenke der spanischen Adligen María Manrique de Lara y Mendoza und des spanischen Gesandten Guillén de San Clemente an das Jesuitenkolleg von Prag]. In: RADIMSKÁ, Jitka (ed.): *K výzkumu šlechtických, měšťanských a církevních knihoven „Čtenář a jeho knihovna"* (= Opera Romanica 4). Jihočeská univerzita, České Budějovice 2003, 133–156.

KAŠPAROVÁ, Jaroslava: Roudnická Lobkowiczká knihovna, Alte Drucke: Hispanica und Portugalica. In: FABIAN, Bernhard (ed.): *Handbuch deutscher historischer Buchbestände in Europa, Bd. 3, Tschechische Republik, Böhmen.* Olms – Wiedmann, Hildesheim – Zürich – New York 1998, S. 108–109.

KAŠPAROVÁ, Jaroslava: Španělská literatura XVI. století a český čtenář XVI. a XVII. století [Die spanische Literatur des XVI. Jahrhunderts und der tschechische Leser des

XVI. und XVII. Jahrhunderts]. In: RADIMSKÁ, Jitka (ed.): *K výzkumu zámeckých, církevních a měšťanských knihoven* (= Opera Romanica 1). Jihočeská univerzita, České Budějovice 2000, S. 339–360.

KAŠPAROVÁ, Jaroslava: Španělský jazyk, španělské knihy a čeští intelektuálové 16. – 17. století [Spanische Sprache, spanische Bücher und tschechische Intellektuelle des 16. – 17. Jahrhunderts]. *Documenta Pragensia* XXVII, 2008, S. 499–522.

KLEMUN, Marianne: Die neue(n) Wissenschaft(en) – Natur in Diskurs. In: VOCELKA, Karl – LEEB, Rudolf – SCHEICHL, Andrea (edd.): *Renaissance und Reformation. Katalog zur Oberösterreichischen Landesausstellung 2010.* Trauner, Linz 2010, S. 173–181.

KOHLER, Alfred: Umfang und Bedeutung historisch-geographischer Werke in oberösterreichischen Adelsbibliotheken des 17. Jahrhunderts. *Mitteilungen des Oberösterreichischen Landesarchivs* 13, 1981, S. 232–233.

KOHN, Renate: *Wiener Inschriftensammler vom 17. bis zum beginnenden 19. Jahrhundert.* Deuticke, Wien 1998 (= Forschungen und Beiträge zur Wiener Stadtgeschichte 32).

KONEČNÝ, Lubomír: *Mezi textem a obrazem. Miscellanea z historie emblematiky* [Zwischen Text und Bild. Miscellanea aus der Geschichte der Emblematik]. Národní knihovna ČR, Praha 2002.

KRUŠÍNSKÝ, Rostislav – GLONEK, Jiří: Jazyk a řeč knižních vazeb z hlediska majitele. Sbírka Ferdinanda Hoffmana z Grünpühelu ve Vědecké knihovně v Olomouci [Die Sprache der Bucheinbände unter dem Aspekt des Besitzers. Die Sammlung von Ferdinand Hoffmann von Grünpühel in der Wissenschaftlichen Bibliothek Olmütz]. In: RADIMSKÁ, Jitka (ed.): *K výzkumu zámeckých, měšťanských a církevních knihoven. Jazyk a řeč knihy.* (= Opera Romanica 11). Jihočeská univerzita, České Budějovice 2009, S. 481–500.

KUBITSCHEK, Wilhelm: Das Lapidarium des Hieronymus Beck von Leopoldsdorf. *Jahrbuch für Altertumskunde* 6, 1912, S. 104–147.

KUCHAŘOVÁ, Hedvika: Classis theologica. Teologická literatura [Theologische Literatur]. In: PURŠ, Ivo – KUCHAŘOVÁ, Hedvika (edd.): *Knihovna arcivévody Ferdinanda II. Tyrolského* [Die Bibliothek Erzherzog Ferdinands II. von Tirol]. Artefactum – Ústav dějin umění AV ČR, Praha 2015, S. 105–129.

KUPČÍK, Ivan: *Alte Landkarten. Von der Antike bis zum Ende des 19. Jahrhunderts. Ein Handbuch zur Geschichte der Kartographie.* Steiner, Stutgart 2011.

LAMBECK, Peter – NESSEL, Daniel de: *Bibliotheca Acroamatica Comprehendens Recensionem Specialem Omnium Codicum Msctorum Græcorum, Hebraicorum, Syriacorum, Arabicorum, Turcicorum, Armenicorum, Æthiopicorum, Mexicanorum, Sinensium, &c. Augustissimæ Bibliothecæ Cæsareæ Vindobonensis* ... Foerster, Hannover 1712.

LANG, Helmut W.: *Die Buchdrucker des 15. bis 17. Jahrhunderts in Österreich.* Koerner, Baden-Baden 1972 (= Bibliotheca Bibliographica Aureliana 42).

LANGER, William L. – BLAKE, Robert P.: The Rise of the Ottoman Turks and Its Historical Background. *The American Historical Review* 37/3, 1932, S. 468–505.

LEININGEN-WESTERBURG, Karl Erich: *Deutsche und österreichische Bibliothekzeichen, Exlibris: ein Handbuch für Sammler, Bücher- und Kunstfreunde.* Reprint d. Orig.-Ausg. 1901. Zentralantiquariat, Leipzig 1982.

LEMBURG-RUPPELT, Edith: Der systematische Ausbau der Numismatik im Werk Enea Vicos (1523–1567). In: ALBERT, Rainer (ed.): *Wissenschaftsgeschichte der Numismatik: Beiträge zum 17. deutschen Numismatikertag 3.–5. März 1995 in Hannover.* Numismatische Gesell., Speyer 1995, S. 49–70.

LEU, Urs B.: Der Zürcher Buchdruck des 16. Jahrhunderts im europäischen Kontext unter besonderer Berücksichtigung Ostmitteleropas. In: ČIČAJ, Wiliam – BERNHARD, Jan-Andrea (edd.): *Orbis Helveticorum. Das Schweizer Buch und seine mitteleuropäische Welt.* Historcký ústav Slovenskej akadémie vied, Bratislava 2011, S. 23–32.

LEU, Urs B.: The Book and Reading Culture in Basel und Zurich During the Sixteenth Century. In: WALSBY, Malcolm – KEMP, Graeme (edd.): *The Book Triumphant. Print in Transition in the Sixteenth and Seventeenth Centuries* (= Library of the Written Word 15). Brill, Leiden 2011, S. 295–319.

LEYHE, Wilhelm: Geschichte der Belagerung der Stadt Wien 1529 aus einer gleichzeitigen Handschrift. In: *Diplomatische Beiträge zu den Geschichten und zu den teutschen Rechten.* Adam Friedriech Böhme, Leipzig 1777.

LHOTSKY, Alphons: Die Bibliothek des Bischofs von Wien Dr. Johannes Fabri (1530–1541). In: LHOTSKY, Alphons: *Historiographie – Quellenkunde – Wissenschaftsgeschichte. Aufsätze und Vorträge* III. R. Oldenbourg, Wien 1972, S. 228–241.

LIFKA, Bohumír: *Exlibris a supralibros v českých korunních zemích v letech 1000 až 1900.* [Die Exlibris und Supralibros in den Ländern der Böhmischen Krone in den Jahren 1000 bis 1900]. Spolek sběratelů a přátel exlibris, Praha 1982.

LIMBERGER, Michael: *Sixteenth-Century Antwerp and its Rural Surroundings: Social and Economic Changes in the Hinterland of a Commercial Metropolis (ca. 1450–ca. 1570).* Brepols, Turnout 2008.

LINDBERG, Sten G.: Victor von Stedingks bokbandssamling och modern bokbandsforskning. In: *Biblis Årsbok 1975.* Föreningen för bokhantverk, Stockholm 1975, S. 103–187.

LINDORFER, Bianca: Aristocratic Book Consumption in the Seventeenth Century: Austrian Aristocratic Book Collectors and the Role of Noble Networks in the Circulation of Books from Spain to Austria. In: ÁLVAREZ, Natalia Maillard (ed.): *Books in the Catholic World during the Early Modern Period.* Brill, Leiden 2014, S. 145–169.

LOUTHAN, Howard: *The Quest for Compromise. Peacemakers in Counter-Reformation Vienna.* Cambridge University Press, Cambridge 2006.

LOWRY, Martin: Two Great Venetian Libraries in the Age of Aldus Manutius. *Bulletin of the John Rylands University Library of Manchester* 57, 1974, S. 128–166.

LUDWIG, Vinzenz Oskar (ed.): *Klosterneuburg. Kulturgeschichte eines österreichischen Stiftes.* Brüder Hollinek, Wien 1951.

MACLEAN, Ian: *Learning and the Market Place. Essays in the History of the Early Modern Book.* Brill, Leiden 2009.

MACHARDY, Karin J.: Cultural Capital, Family Strategies and Noble Identity in Early Modern Habsburg Austria 1579–1620. *Past and Present* 163, 1999, S. 36–75.

MAREK, Pavel (ed.), *Svědectví o ztrátě starého světa. Manželská korespondence Zdeňka Vojtěcha Popela z Lobkovic a Polyxeny Lobkovické z Pernštejna* [Zeugnis über den Verlust der alten Welt. Korrespondenz der Eheleute Zdeněk Vojtěch Popel von

Lobkowicz und Polyxena Lobkovická von Pernštejn]. Historický ústav Jihočeské univerzity, České Budějovice 2005.

MARUFFI, Giocchino (ed.): *Viaggio in Terra Santa di Roberto da Sanseverino*. Presso Romagnoli Dall'Acqua, Bologna 1888.

MAŠEK, Petr – PURŠ, Ivo: Identifikace tisků z knihovny [Die Identifizierung der Drucke aus der Bibliothek]. In: PURŠ, Ivo – KUCHAŘOVÁ, Hedvika (edd.): *Knihovna arcivévody Ferdinanda II. Tyrolského* [Die Bibliothek Erzherzog Ferdinands II. von Tirol]. Artefactum – Ústav dějin umění AV ČR, Praha 2015, S. 61–74.

MAŤA, Petr: *Svět české aristokracie (1500–1700)* [Die Welt der böhmischen Aristokratie 1500–1700]. Nakladatelství Lidové noviny, Praha 2004.

MATKOVIĆ, Petar: Descriptio peregrinationis Georgii Huszthii. *Starine* 13, 1881, S. 1–38.

MATSCHINEGG, Ingrid: Das Studium in Italien und die Kavalierstour oberösterreichischer Adeliger. Adelige als Reisende im 16. Jahrhundert. In: VOCELKA, Karl – LEEB, Rudolf – SCHEICHL, Andrea (edd.): *Renaissance und Reformation in Oberösterreich.* Trauner, Linz 2010, S. 161–171.

MATSCHINEGG, Ingrid: *Österreicher als Universitätsbesucher in Italien (1500–1630). Regionale und soziale Herkunft – Karrieren – Prosopographie.* Dissertation, Universität Graz 1999.

MAYER, Anton: *Wiens Buchdrucker-Geschichte 1482–1882*, I–II. Verl. d. Comités zur Feier d. 400jährigen Einf. d. Buchdruckerkunst in Wien, Wien 1883–1887.

MAYER, Franz Martin: Untersuchungen über die österreichische Chronik des Matthäus oder Gregor Hagen. *Archiv für österreichische Geschichte* 6, 1880, S. 297–339.

MENČÍK, Ferdinand: Latinský básník Jeroným Arconatus [Der lateinische Dichter Hieronymus Arconatus], *Věstník Královské české společnosti nauk. Třída filosoficko-historicko-filologická* 1896, Nr. 10, S. 1–11.

METZGER, Christoph – TEGET-WELZ, Manuel: Ein verlorenes Bildnis Martin Schaffners, überliefert im Porträtbuch des Hieronymus Beck von Leopoldsdorf. *Kunstchronik. Monatschrift für Kunstwissenschaft, Museumswesen und Denkmalpflege* 63, 2010, S. 257–260.

METZLER, Dieter: Johannes Löwenklau. *Westfälische Lebensbilder* 13, 1985, S. 19–44.

MOLINO, Paola: *L'Impero di carta. Hugo Blotius, Hofbibliothekar nella Vienna di fine Cinquecento.* PhD thesis, European University Institute 2011.

MOLINO, Paola: Alle origini della Methodus Apodemica di Theodor Zwinger la collaborazione di Hugo Blotius, fra empirismo ed universaliso. *Codices manuscripti. Zeitschrift für Handschriftenkunde* 2006, S. 43–67.

MOLINO, Paola: Ein Zuhause für die Universalbibliothek, *Biblos* 58/1, 2009, S. 23–30.

MOLINO, Paola: *A case of forced demarcation? The confessionalisation of Vienna and the project of the Imperial library (1575–1608).* Beitrag von der Tagung *Transfer and demarcations*, co-organized by the EUI, the University of Vienna, and the Central European University in Budapest, auffindbar unter www.academia.eu.

MONOK, István – ÖTVÖS, Péter – ZVARA, Edina: *Balthasar Batthyány und seine Bibliothek.* Amt der Burgenländischen Landesregierung, Hauptreferat Landesarchiv und Landesbibliothek, Eisenstadt 2004 (= Burgenlädische Forschungen Sonderband XXVI, Bibliotheken in Güssing im 16. und 17. Jahrhundert).

MONOK, István: Der Basler Buchdruck und die Gelehrtenbibliotheken in Ungarn im 16. Jahrhundert. In: ČIČAJ, Wiliam – BERNHARD, Jan-Andrea (edd.): *Orbis Helveticorum. Das Schweizer Buch und seine mitteleuropäische Welt.* Bratislava 2011, S. 33–39.

MONOK, István: Traditionelle und nonkonformistische Lektüren in Westungarn zwischen 1550 und 1650. In: HALBERLAND, Detlef (ed.): *Buch- und Wissentransfer in Ostmittel- und Südosteuropa in der frühen Neuzeit* (= Schriften des Bundesinstituts für Kultur und Geschichte der Deutschen im östlichen Europa 34). Oldenburg, München 2007 [2008], S. 197–214.

MONOK, István: Über die höfischen Bibliotheken des 16.–17. Jahrhunderts im Karpatenbecken. *Acta Comeniana* 15–16 (39–40), 2002, S. 127–140.

MONTFAUCON, Bernard de: *Bibliotheca Bibliothecarum Manuscriptorum Nova.* Reprint. Olms, Hildesheim 1982.

MÖSCHL, Christine: *Dr. Marcus Beck von Leopoldsdorf. Ein Staatsmann Ferdinands I. (1491–1553).* Dissertation. Universität Wien 1969.

MOUT, Nicolette: "Dieser einzige Wiener Hof von dir hat mehr Gelehrte als ganze Reiche anderer". Späthumanismus am Kaiserhof in der Zeit Maximilians II. und Rudolf II. In: HAMMERSTEIN, Notker – Walther GERRIT (edd.): *Späthumanismus. Studien über das Ende einer kulturhistorischen Epoche.* Wallstein Verlag, Göttingen 2000, S. 46–64.

MÜHLBERGER, Kurt: Zwischen Reform und Tradition. Die Universität Wien in der Zeit des Renaissance-Humanismus und der Reformation. *Mitteilungen der Österreichischen Gesellschaft für Wissenschaftsgeschichte* 15, 1995, S. 13–42.

MUCHKA, Ivan: Literatura k topografii uměleckých památek [Die Literatur zur Topographie von Kunstdenkmälern]. In: PURŠ, Ivo – KUCHAŘOVÁ, Hedvika (edd.): *Knihovna arcivévody Ferdinanda II. Tyrolského* [Die Bibliothek Erzherzog Ferdinands II. von Tirol]. Artefactum – Ústav dějin umění AV ČR, Praha 2015, S. 209–216.

NAUTA, Lodi: Lorenzo Valla a rozmach humanistické dialektiky [Lorenzo Valla und der Aufschwung der humanistischen Dialektik]. In: HANKINS, James (ed.), *Renesanční filosofie* [Philosophie der Renaissance]. Oikoymenh, Praha 2011, S. 256–274.

NECK, Rudolf (ed.): *Österreich und die Osmanen. Gemeinsame Ausstellung der Österreichischen Nationalbibliothek und des Österreichischen Staatsarchivs. Katalog.* Österreichische Nationalbibliothek, Wien 1983.

NEUBER Wolfgang: Tu certe es studijs nostris [...] summum praesidium. Der Hofbeamte als Humanist – zum gelehrten Wiener Umfeld Markus Becks von Leopoldsdorf (1491–1553). *Daphnis: Zeitschrift für Mittlere Deutsche Literatur und Kultur der Frühen Neuzeit (1400–1750)* 40/3–4, 2011, S. 499–534.

NEUBER, Wolfgang: Die Familie als Diskurs. Textliche Konstruktionsformen in Familienbüchern der Frühen Neuzeit, am Beispiel des Beckschen Familienbuchs (Klosterneuburg, Cod. 747). In: FACKELMANN, Christoph – KRIEGLEDER, Wynfrid (edd.): *Literatur – Geschichte – Österreich. Probleme, Perspektiven und Bausteine einer österreichischen Literaturgeschichte. Thematische Festschrift zur Feier des 70. Geburtstags von Herbert Zeman.* Lit. Verl., Wien – Berlin 2011, S. 320–332.

NEUBER, Wolfgang: Exscribo ergo sum. Self-reflexion and Meditation in Early Modern German Family Books. In: ENENKEL, Karl – MELION, Walter (edd.): *Meditatio – Refashioning the Self. Theory and Practice in Late Medieval and Early Modern Intellectual Culture.* Brill, Leiden 2011, S. 109–124.

NEUBER, Wolfgang: Visual Exegesis and Social History: Hieronymus Beck von Leopoldsdorf (1525–1596) and His Strategies of Self-Aggrandisement. In: MELION, Walter S. – CLIFTON, James – WEEMANS, Michel (ed.): *Imago Exegetica: Visual Images as Exegetical Instruments, 1400–1700.* Brill, Leiden 2014, S. 667–682.

NOE, Alfred: *Die italienische Literatur in Österreich. Teil 1: Von den Anfängen bis 1797.* Böhlau, Wien – Köln – Weimar 2011.

NOVOTNY, Eleonora: *Johannes Sambucus (1531–1584). Leben und Werk.* Dissertation, Universität Wien 1975.

NUOVO, Angela: Gian Vincenzo Pinelli's Collection of Catalogues of Private Libraries in Sixteenth-century Europe. *Gutenberg-Jahrbuch* 82, 2007, S. 129–144.

NUOVO, Angela: Private Libraries in Sixteenth-century Italy. In: WAGNER, Bettina –REED, Marcia (ed.): *Early Printed Books as Material Objects.* Proceedings of the Conference organized by the IFLA Rare Books and Manuscripts Section, Munich 19–21 August 2009. De Gruyter, Berlin – Munich 2010, S. 229–240.

NYLANDER, Eva Nilsson: *The Mild Boredom of Order: A Study in the History of the Manuscript Collection of Queen Christina of Sweden.* Lund University, Lund 2011 (= Bokhistoriska skrifter 8).

O'MALLEY, Charles Donald (ed.): *The History of Medical Education.* Univ. of Calif. Press, Berkeley – Los Angeles – London 1970.

PARRY, Vernon J.: *Richard Knolles' History of the Turks*, ed. Salih ÖZBARAN. Economic and Social Foundation of Turkey, Istanbul 2003.

PENNOVÁ, Lenka: *Katalogizace zámecké knihovny v Mikulově.* [Die Katalogisierung der Schlossbibliothek von Nikolsburg]. Magisterarbeit. Masaryk–Universität Brno 2008.

PERGER, Richard: Der Adel in öffentlichen Funktionen und sein Zuzug nach Wien. In: KNITTEL, Herbert (ed.): *Adel in Wandel: Politik, Kultur, Konfession, 1500–1700: Niederösterreichische Landesausstellung, Rosenburg, 12. Mai–28. Oktober 1990.* Amt der NÖ Landesregierung, Wien 1990, S. 269–283.

PEŠEK, Jiří – ŠAMAN, David: Studenti z Čech na zahraničních univerzitách v předbělohorském čtvrtstoletí [Studenten aus Böhmen an ausländischen Universitäten im Vierteljahrhundert vor der Schlacht am Weißen Berg]. *Ústecký sborník historický* 1983, S. 173–218.

PETR, Stanislav – RICHTEROVÁ, Alena: Rukopisy v knihovně a v kunstkomoře. [Die Handschriften in der Bibliothek und in der Kunstkammer]. In: PURŠ, Ivo – KUCHAŘOVÁ, Hedvika (edd.): *Knihovna arcivévody Ferdinanda II. Tyrolského* [Die Bibliothek Erzherzog Ferdinands II. von Tirol]. Artefactum – Ústav dějin umění AV ČR, Praha 2015, S. 77–106.

PETRISCH, Ernst D.: Die diplomatischen Beziehungen Ferdinands I. mit den Osmanen. Techniken und Probleme. In: PFERSCH, Gerhard (ed.): *Siegmund von Herberstein: kaiserlicher Gesandter und Begründer der Russlandkunde und die europäische Diplomatie.* Akad. Druck- und Verlagsanstalt, Graz 1989, S. 89–100.

PETRY, Yvonne: *Gender, Kabbalah, and the Reformation: The Mystical Theology of Guillaume Postel 1510–1581.* Brill, Leiden 2004.

PETTEGREE, Andrew: Printing in the Low Countries in the Early Sixteenth Century. In: WALSBY, Malcolm – KEMP, Graeme (edd.): *The Book Triumphant. Print in Transition in the Sixteenth and Seventeenth Centuries* (= Library of the Written Word 15). Brill, Leiden 2011, S. 3–25.

PFAFFENBICHLER, Matthias: Die türkischen Waffen in der Kunstkammer Rudolfs II. In: KONEČNÝ, Lubomír – BUKOVINSKÁ, Beket – MUCHKA, Ivan (edd.): *Rudolf II, Prague and the World.* Artefactum, Prague 1998, S. 161–165.

PHILOMATHES, Václav: *Čtyři knihy o hudbě* [Vier Bücher über die Musik]. Ed. HORYNA, Martin. KLP – Koniasch Latin Press, Praha 2003.

PICARD, Bertold: Herberstein als habsburgischer Diplomat, in: PFERSCHY, Gerhard (ed.): *Siegmund von Herberstein: kaiserlicher Gesandter und Begründer der Russlandkunde und die europäische Diplomatie.* Akad. Druck- und Verlagsanstalt, Graz 1989, S. 101–116.

PILLICH, Walter: Königin Katharina von Polen in Linz. *Historisches Jahrbuch der Stadt Linz 1966.* Linz 1967, S. 169–198.

POLIŠENSKÝ, Josef: Hispanika mikulovské ditrichštejnské knihovny z roku 1614 [Die Hispanica der Nikolsburger dietrichsteinischen Bibliothek]. *Jižní Morava – Vlastivědný sborník* 8, 1972, S. 157–160.

PORUBSKÝ, Štefan: Prosthaphaeresis – a Forgotten Algorithm. In: HADRAVOVÁ, Alena – MAHONEY, Terence J. – HADRAVA, Petr (edd.): *Kepler's Heritage in the Space Age. 400th Anniversary of Astronomia nova.* National Technical Museum, Prague 2010, S. 63–77.

POSCH, Walter: *Philippus Gundelius. Ein Beitrag zur Geschichte des Humanismus in Wien.* Dissertation, Universität Wien 1961.

PUM, Gabriele: *Bibliothekskataloge als Geschichtsquellen: Studien zum Buchbesitz Kaiser Ferdinands II. Ein Beitrag zur Bibliotheksgeschichte und Literatursoziologie* I–II. Dissertation, Universität Wien 1992.

PURŠ, Ivo – KUCHAŘOVÁ, Hedvika (edd.): *Knihovna arcivévody Ferdinanda II. Tyrolského* [Die Bibliothek Erzherzog Ferdinands II. von Tirol]. Artefactum – Ústav dějin umění AV ČR, Praha 2015.

PURŠ, Ivo: Alchymistická, hornická a metalurgická literatura [Literatur zu Alchemie, Bergbau und Metallurgie]. In: PURŠ, Ivo – KUCHAŘOVÁ, Hedvika (edd.): *Knihovna arcivévody Ferdinanda II. Tyrolského* [Die Bibliothek Erzherzog Ferdinands II. von Tirol]. Artefactum – Ústav dějin umění AV ČR, Praha 2015, S. 379–404.

PURŠ, Ivo: Das Interesse Erzherzog Ferdinands II. an Alchemie und Bergbau und seine Widerspiegelung in seiner Bibliothek. *Studia Rudolphina* VII, 2007, S. 75–109.

RADIMSKÁ, Jitka a kol.: *Ve znamení havranů. Knižní sbírka rodiny Eggenbergů na zámku v Českém Krumlově* [Im Zeichen der Raben. Die Büchersammlung der

Familie Eggenberg im Schloss Krumau] (= Bibliotheca viva II). Jihočeská univerzita, České Budějovice – Pelhřimov 2011.

RATAJ, Tomáš: *České země ve stínu půlměsíce. Obraz Turka v raně novověké literatuře z českých zemí* [Die böhmischen Länder im Schatten des Halbmonds. Das Bild des Türken in der frühneuzeitlichen Literatur aus den böhmischen Ländern]. Scriptorium, Praha 2002.

RAUSCHER, Peter: *Zwischen Ständen und Gläubigern. Die kaiserlichen Finanzen unter Ferdinand I. und Maximilian II. (1556–1576).* Oldenbourg, Wien – München 2004.

RESKE, Christoph: *Die Buchdrucker des 16. und 17. Jahrhunderts im deutschen Sprachgebiet.* Harrassowitz, Wiesbaden 2007.

RITTER, Franz: *Das Wiener Heiligthumbuch. Nach der Ausgabe vom Jahr 1502 sammt den Nachträgen von 1514.* Gerold, Wien 1882.

RÖHRIG, Floridus: *Der Babenberger-Stambaum im Stift Klosterneuburg.* Tusch, Wien 1975.

RÖHRICHT, Reinhold: *Deutsche Pilgerreisen nach dem Heiligen Lande.* Verl. der Wagner'schen Univ. Buchh., Innsbruck 1900.

RUZICKA, Franz: Die Becksche Gruft auf dem Friedhofe zu Ebreichsdorf. *Monatsblatt des Vereines für Landeskunde vom Niederösterreich.* Wien 1914–1915, S. 326–330.

RUZICKA, Franz: Römische Denkmäler im Schlosse zu Ebreichsdorf. *Jahreshefte des Österreichischen archäologischen Institutes in Wien* 18, 1915, S. 221–232.

SACHSENHOFER, Günther: *Die Bibliothek des Freiherrn Georg Erasmus von Tschernembl. Eine Rekonstruktion.* Hausarbeit für die Zulassung zur Dienstprüfung, Linz 1992.

SCHEMPER-SPARHOLZ, Ingeborg: Grab-Denkmäler der Frühen Neuzeit im Einflussbereich des Wiener Hofes. Planung, Typus, Öffentlichkeit und mediale Nutzung. In: HENGERER, Mark (ed.): *Macht und Memoria. Begräbniskultur europäischer Oberschichten in der Frühen Neuzeit.* Böhlau, Köln 2005, S. 347–380.

SCHILINGS, Arnold Hubert: *Matricule de l'Université de Louvain* IV (Février 1528 – Février 1569). Palais des Académies, Bruxelles 1961.

SCHIMETSCHEK, Bruno: *Der österreichische Beamte: Geschichte und Tradition.* Verlag für Geschichte und Politik, Wien 1984.

SCHOTTENLOHER, Karl: *Die Zensur-Eingriffe in der Münchner Jesuitenbibliothek im Jahre 1578: Beitrag zur Geschichte d. Tridentiner Index.* Harrassowitz, Leipzig 1939.

SCHRÖDER, Stefan: *Zwischen Christentum und Islam. Kulturelle Grenzen in den spätmittelalterlichen Pilgerberichten des Felix Fabri.* Akademie Verlag, Berlin 2009.

SCHUDT, Ludwig: *Le Guide di Roma. Materialien zu einer Geschichte der römischen Topographie. Unter Benützung des handschriftlichen Nachlasses von Oskar Pollak.* Filser, Wien – Augsburg 1930.

SCHULER, Josef Egon (ed.): *Itinerarium orbis Christiani. Der älteste Reiseatlas der Welt.* Schuler, Stuttgart 1965.

SCHUNKE, Ilse: Ein Wiener Renaissance-Einband aus der Palatina in der Vatikanischen Bibliothek. *Gutenberg-Jahrbuch* 1960 (Festschrift zum 60. Geburtstag des Mainzer Gutenberg-Museums), S. 388–398.

SCHWARZ, Ignaz: *Geschichte des Wiener Apothekerwesens im Mittelalter.* Verl. d. Wiener Apotheker-Hauptgremiums, Wien 1917.

SCHWARZ, Ignaz: *Wolfgang Gwärlich. Ein Wiener Bibliophile des 15. Jahrhunderts.* Sonderdruck aus dem XIII. Jahrbuch der Österreichischen Exlibris-Gesellschaft. Wien 1915.

SCHWEICKHARDT, Franz Xavier Joseph: *Darstellung des Erzherzogthums Oesterreich unter der Ens* 3. J. P. Colliner, Wien 1831.

SCHWEITZER, Franz Josef: *Die Böhmischen Brüder und die „Rechenschaft des Glaubens" von Jan Augusta (1533). Der Wittenberger Druck zwischen Böhmischer und Lutherischer Reform.* Kovač, Hamburg 2013.

SEUFFERT, Burkhard: Bibliothek und Archiv auf Schloss Nikolsburg in Mähren vor 1645. *Zentralblatt für Bibliothekswesen* 42, 1925, S. 249–265, 297–321.

SHEVCHENKO, Nadezda: *Eine historische Anthropologie des Buches. Bücher in der preußischen Herzogsfamilie zur Zeit der Reformation.* Vandenhoeck & Ruprecht, Göttingen 2007.

SIEGERT, Bernhard: Die Botschaft des Elefanten. Hugo Blotius' Projekt der Bibliotheca Generis Humani Imperatoriae (1575). In: KRAJEWSKI, Markus (ed.): *Projektemacher. Zur Produktion von Wissen in der Vorform des Scheiterns.* Kulturverl. Kadmos, Berlin 2004, S. 67–78.

SIGL, Helga: *Die Buchbindekunst im Mittelalter und in der Frühen Neuzeit. Bibliophilie und Handwerk – Die Wiener Buchbinder.* Dissertation, Universität Wien 2008.

SIMONITI, Primož: The 1551 Herberstein – Wernher Description of lake Cerknica. *Acta Carsologia* 39/1, 2010, S. 147–161.

SKÝBOVÁ, Anna: Knihovna arcibiskupa Antonína Bruse z Mohelnice [Die Bibliothek von Anton Brus von Müglitz]. In: POLIŠENSKÝ, Josef – ŠMAHEL, František (edd.): *Knihtisk a kniha v českých zemích od husitství do Bílé hory. Sborník prací k 500. výročí českého knihtisku* [Buchdruck und Buch in den böhmischen Ländern von der Hussitenzeit bis zur Schlacht am Weißen Berg. Sammelband zum 500. Jahrestag des böhmischen Buchdrucks]. Academia, Praha 1970, S. 239–256.

SMETANA, Ján: *Katalóg tlačí 16. storočia v Čaplovičovej knižnici v Dolnom Kubíne* [Katalog der Drucke des 16. Jahrhunderts in der Čaplovič–Bibliothek in Dolný Kubín]. Matica slovenská, Martin 1981.

SMOLKA, Josef: Artis medicinalis libri. Lékařská literatura [Die medizinische Literatur]. In: PURŠ, Ivo – KUCHAŘOVÁ, Hedvika (edd.): *Knihovna arcivévody Ferdinanda II. Tyrolského* [Die Bibliothek Erzherzog Ferdinands II. von Tirol]. Artefactum – Ústav dějin umění AV ČR, Praha 2015, S. 145–179.

SMOLKA, Josef: Cosmografici, Geographici, Geometrici, Mathematici, Philosophici, Astronomici, Astrologici, Militaris rei, Architecturae, Humanarum Literarum, alterisque generis libri. Filosofie, matematika, fyzika, astronomie, astrologie, kosmografie, geografie, zemědělství, zoologie, botanika [Philosophie, Mathematik, Physik, Astronomie, Astrologie, Kosmographie, Geographie, Landwirtschaft, Zoologie, Botanik]. In: PURŠ, Ivo – KUCHAŘOVÁ, Hedvika (edd.): *Knihovna arcivévody Ferdinanda II. Tyrolského* [Die Bibliothek Erzherzog Ferdinands II. von Tirol]. Artefactum – Ústav dějin umění AV ČR, Praha 2015, S. 217–278.

STAGL, Justin: *Eine Geschichte der Neugier. Die Kunst des Reisens 1550–1800.* Böhlau, Wien – Köln – Weimar 2002.

STAMPFER, Ursula: Adelige Lesekultur in Tirol um 1600 am Beispiel der Wolkenstein-Rodenegg. In: PFEIFER, Gustav – ANDERMANN, Kurt (edd.): *Die Wolkensteiner. Facetten des Tiroler Adels in Spätmittelalter und Neuzeit.* Universitätsverlag Wagner, Innsbruck 2009, S. 323–344.

STAMPFER, Ursula: Die Hofbibliothek Erzherzog Maximilians III. (1558–1618). Analyse und Rezeption. *Mitteilungen der Gesellschaft für Buchforschung* 2004/2, S. 13–20.

STAMPFER, Ursula: Niederländische Drucke in der Hofbibliothek Erzherzog Maximilians III. *Publications du Centre Européen d'Etudes Bourguignonnes* 46, 2006, S. 273–284.

STAUDINGER, Barbara: Die Welt der Kontraste. In: VOCELKA, Karl – LEEB, Rudolf – SCHEICHL, Andrea (edd.): *Renaissance und Reformation. Katalog zur Oberösterreichischen Landesausstellung 2010.* Trauner, Linz 2010, S. 125–126.

STEINMETZ, Dirk: *Die Gregorianische Kalenderreform von 1582. Korrektur der christlichen Zeitrechnung in der Frühen Neuzeit.* Verlag Dirk Steinmetz, Oftersheim 2011.

STEPANIĆ, Gorana: Creating A Value-Added Text: Descriptio peregrinationis Georgii Huszthii. *Systasis* 18, 2011, S. 1–14.

STICHEL, Rudolf H. W.: Ein Nachtrag zum Porträtbuch des Hieronymus Beck von Leopoldsdorf. Bildnisse orientalischer Herrscher und Würdenträger in Cod. Vindob. 8615. *Jahrbuch des Kunsthistorischen Museums Wien* 1, 1999, S. 189–207.

STORCHOVÁ, Lucie: Ars apodemica. Umění uchopit a popsat „cizí" kraje [Ars apodemica. Die Kunst, „fremde" Länder zu begreifen und zu beschreiben]. *Dějiny a současnost* 25/4, 2003, S. 10–12.

STÖRT, Diana: Form- und Funktionswandel der Widmung. Zur historischen Entwicklung und Typologisierung eines Paratextes. In: KAUKOREIT, Volker u. a. (ed.): *„Aus meiner Hand dies Buch ..." Zum Phänomen der Widmung.* Turia et Kant, Wien 2006, S. 79–112.

STURMINGER, Walter: *Bibliographie und Ikonographie der Türkenbelagerungen Wiens 1529 und 1683.* Böhlau, Graz – Köln 1955.

ŠAMURIN, Jevgenij Ivanovič: *Geschichte der bibliothekarisch-bibliographischen Klassifikation* 1–2. Bibliogr. Inst., Leipzig 1964–1967.

ŠIMEČEK, Zdeněk: *Geschichte des Buchhandels in Tschechien und in der Slowakei.* Harrassowitz, Wiesbaden 2002.

ŠIMEČEK, Zdeněk: K počátkům knihkupeckého obchodu s rukopisy v českých zemích. [Zu den Anfängen des Handels mit Handschriften in den böhmischen Ländern]. *Studie o rukopisech* XXXIII, 1999–2000, S. 115–117.

ŠIMEČEK, Zdeněk: Linzer Märkte und die Bibliothek der Rosenberger. *Historisches Jahrbuch der Stadt Linz* 1985, S. 415–425.

ŠIMEČEK, Zdeněk: Rožmberské zpravodajství o nových zemích Asie a Afriky v 16. století. [Das rosenbergische Nachrichtenwesen über die neuen Länder Asiens und Amerikas im 16. Jahrhundert]. *Československý časopis historický* 13, 1965, S. 428–443.

ŠÍPEK, Richard: Classis iuridica. Id est eorum authorum index, qui in jurisprudentiam scripserunt. Právní literatura [Die juristische Literatur]. In: PURŠ, Ivo – KUCHAŘOVÁ, Hedvika (edd.): *Knihovna arcivévody Ferdinanda II. Tyrolského* [Die

Bibliothek Erzherzog Ferdinands II. von Tirol]. Artefactum – Ústav dějin umění AV ČR, Praha 2015, S. 131–143.

TERSCH, Harald: *Österreichische Selbstzeugnisse des Spätmittelalters und der frühen Neuzeit (1400–1650): eine Darstellung in Einzelbeiträgen.* Böhlau, Wien – Köln – Weimar 1998.

TORTAROLO, Edoardo: Zensur als Institution und Praxis im Europa der Frühen Neuzeit. Ein Überblick. In: ZEDELMAIER, Helmut – MULSOW, Martin (edd.): *Die Praktiken der Gelehrsamkeit in der Frühen Neuzeit.* M. Niemeyer, Tübingen 2001, S. 279–294.

TRANTÍREK, Miroslav: *Dějiny mikulovské zámecké knihovny* [Geschichte der Schlossbibliothek von Nikolsburg]. Okresní vlastivědné muzeum, Mikulov 1963.

TRENKLER, Ernst: Wolfgang Lazius, Humanist und Büchersammler. *Biblos* 27, 1978, S. 186–203.

TRUHLÁŘ, Antonín – HRDINA, Karel (begr.), Josef HEJNIC – Jan MARTÍNEK (fortges.): *Rukověť humanistického básnictví v Čechách a na Moravě. Enchiridion renatae poesis.* I–VI. Academia, Praha 1966 –2011.

UHLIRZ, Karl: Die Einführung des gregorianischen Kalenders in Wien. *Mitteilungen des Instituts für Oesterreichische Geschichtsforschung* 17, 1891, S. 639–646.

UNDORF, Wolfgang: *Hogenskild Bielke's Library: A Catalogue of the Famous Sixteenth Century Swedish Private Collection.* Acta Universitatis Uppsaliensis, Uppsala 1995.

UNTERKIRCHER, Franz: Hugo Blotius und seine ersten Nachfolger (1575–1663). In: STUMMVOLL, Josef von (ed.): *Geschichte der Österreichischen Nationalbibliothek* I. Prachner, Wien 1968, S. 81–151.

VACULÍNOVÁ, Marta – BAŽIL, Martin: Básnická díla [Die Dichtungen]. In: PURŠ, Ivo – KUCHAŘOVÁ, Hedvika (edd.): *Knihovna arcivévody Ferdinanda II. Tyrolského* [Die Bibliothek Erzherzog Ferdinands II. von Tirol]. Artefactum – Ústav dějin umění AV ČR, Praha 2015, S. 287–327.

VÁLKA, Josef: *Myšlení a obraz v dějinách kultury. Studie, eseje, reflexe* [Denken und Bild in der Geschichte der Kultur. Studien, Essays, Reflexionen]. Matice moravská, Brno 2009.

VESELÁ, Lenka: Aristocratic Libraries from Bohemia and Moravia in Sweden. In: NESTOR, Sofia (ed.): *War-Booty – a Common European Cultural Heritage.* Livrustkammern, Stockholm 2009, S. 147–155.

VESELÁ, Lenka: Die Bibliothek der Beck von Leopoldsdorf und die mitteleuropäischen Adelsbibliotheken. Entwurf zu einem geplanten Projekt. *Mitteilungen der Gesellschaft für Buchforschung in Österreich* 2009/1, S. 43–46.

VESELÁ, Lenka: Českobratrská literatura v knihovně posledních Rožmberků [Die Literatur der Böhmischen Brüder in der Bibliothek der letzten Rosenberger]. In: WERNISCH, Martin (ed.): *Unitas Fratrum 1457–2007. Jednota bratrská jako kulturní a duchovní fenomén* [Die Union der Böhmischen Brüder als kulturelles und geistiges Phänomen] (= Studie a texty Evangelické teologické fakulty 15/2). Praha 2009, S. 193–214.

VESELÁ, Lenka: Die Bibliothek der Beck von Leopoldsdorf und die mitteleuropäischen Adelsbibliotheken. Entwurf zu einem geplanten Projekt. *Mitteilungen der Gesellschaft für Buchforschung in Österreich* 2009/1, s. 43–46.

VESELÁ, Lenka: Knihovna Becků z Leopoldsdorfu v kontextu středoevropských šlechtických knihoven (zpráva o plánovaném projektu) [Die Bibliothek der Beck von Leopoldsdorf im Kontext der mitteleuropäischen Adelsbibliotheken. Bericht über ein geplantes Projekt]. *Knihy a dějiny* 16/17, 2009–2010, S. 148–151.

VESELÁ, Lenka: Knihovna Ferdinanda II. Tyrolského v kontextu českých a rakouských knihoven 16. století [Die Bibliothek Ferdinands II. von Tirol im Kontext böhmischer und österreichischer Bibliotheken des 16. Jahrhunderts]. In: PURŠ, Ivo – KUCHAŘOVÁ, Hedvika (edd.): *Knihovna arcivévody Ferdinanda II. Tyrolského* [Die Bibliothek Erzherzog Ferdinands II. von Tirol]. Artefactum – Ústav dějin umění AV ČR, Praha 2015, S. 447–465.

VESELÁ, Lenka: Knihovna Františka z Ditrichštejna v dobovém kontextu [Die Bibliothek des Franz von Dietrichstein im Kontext ihrer Zeit]. In: KORDIOVSKÝ, Emil – SVOBODA, Milan (edd.): *Kardinál František z Ditrichštejna a jeho doba* [Kardinal Franz von Dietrichstein und seine Zeit] (= XXIX. Mikulovské sympozium). Muzejní a vlastivědná společnost, Brno 2007, S. 227–238.

VESELÁ, Lenka: Knihy dedikované Ferdinandovi II. Tyrolskému [Die an Ferdinand II. von Tirol dedizierten Bücher]. In: PURŠ, Ivo – KUCHAŘOVÁ, Hedvika (edd.): *Knihovna arcivévody Ferdinanda II. Tyrolského* [Die Bibliothek Erzherzog Ferdinands II. von Tirol]. Artefactum – Ústav dějin umění AV ČR, Praha 2015, S. 435–452.

VESELÁ, Lenka: *Knihy na dvoře Rožmberků* [Die Bücher am Hof der Rosenberger]. Knihovna AV ČR – Scriptorium, Praha 2005.

VESELÁ, Lenka: Knihy z českých zemí ve švédských knihovnách (K výzkumu knihovny Becků z Leopoldsdorfu) [Die Bücher aus den böhmischen Ländern in schwedischen Bibliotheken. Zur Erforschung der Bibliothek der Familie Beck von Leopoldsdorf]. *Knihy a dějiny* 18/19, 2011/2012, S. 93–96.

VESELÁ, Lenka: Neznámý pramen k dějinám knihovny Becků z Leopoldsdorfu [Eine unbekannte Quelle zur Geschichte der Bibliothek der Familie Beck von Leopoldsdorf]. In: *Miscellanea oddělení rukopisů a starých tisků: Vzácné knihy jako švédská válečná kořist z třicetileté války.* Národní knihovna České republiky, Praha 2008, S. 19–31.

VESELÁ, Lenka: Rožmberská knihovna a její katalog (K možnostem využití rukopisných historických katalogů jako pramene) [Die rosenbergische Bibliothek und ihr Katalog (Zu den Möglichkeiten der Nutzung historischer Kataloge als Quelle)]. In: RADIMSKÁ, Jitka (ed.): *„Čtenář a jeho knihovna". K výzkumu šlechtických, měšťanských a církevních knihoven* (= Opera Romanica 4). Jihočeská univerzita, České Budějovice 2003, S. 109–118.

VESELÁ, Lenka: Rožmberská knihovna [Die rosenbergische Bibliothek]. In: FALTYSOVÁ, Vlasta (ed.): *Rukověť tištěných knihovních fondů Národní knihovny České republiky. Od prvotisků do konce 19. století* [Handbuch der gedruckten Buchbestände der Nationalbibliothek der Tschechischen Republik]. Národní knihovna České republiky, Praha 2006, S. 203–206.

VISSER, Arnoud S. Q.: *Joannes Sambucus and the Learned Image. The Use of the Emblem in Late-Renaissance Humanism.* Brill, Leiden 2005.

VIZKELETY, András: *Beschreibendes Verzeichnis der altdeutschen Handschriften in ungarischen Bibliotheken* 2. Harrassowitz, Wiesbaden 1973.

VOIT, Petr: *Encyklopedie knihy: starší knihtisk a příbuzné obory mezi polovinou 15. a počátkem 19. století* [Enzyklopädie des Buches: der ältere Buchdruck und verwandte Gebiete zwischen der Mitte des 15. und dem Beginn des 19. Jahrhunderts]. Libri, Praha 2006.

VONDRÁČEK, Radim: Knižní vazba (styl a ornament) [Der Bucheinband (Stil und Ornament)]. In: FUČÍKOVÁ, Eliška (ed.): *Rudolf II. a Praha. Císařský dvůr a rezidenční město jako kulturní a duchovní centrum střední Evropy* [Rudolf II. und Prag. Kaiserlicher Hof und Residenzstadt als kulturelles und geistiges Zentrum Mitteleuropas]. Správa Pražského hradu, Praha 1997, s. 340–344.

WAGENDORFER, Martin: *Studien zur Historia Austrialis des Aeneas Silvius de Piccolominibus.* Oldenbourg, Wien – München, 2003.

WALDE, Otto: Bücher- und Bibliotheksgeschichtliche Forschungen in ausländischen Bibliotheken. In: *Nordisk tidskrift för bok- och biblioteksväsen* 17, 1930, S. 76–148.

WALDE, Otto: *Storhetstidens litterära krigsbyten. En kultur-historisk-bibliografisk studie* I–II. Almqvist & Wiksell, Uppsala–Stockholm 1916–1620.

WALDE, Otto: Wolfgang Gwärlichs exlibris. *Nordisk tidskrift för bok- och biblioteksväsen* 2, 1915, S. 280–281.

WEAR, Andrew – FRENCH, Roger Kenneth – LONIE, Iain M.: *The Medical Renaissance of the Sixteenth Century.* Cambridge Univ. Press, Cambridge 1985.

WEYRAUCH, Erdmann: Der Buchdruck des 16. Jahrhunderts. Prolegomena zur Genese des „typographical man". In: VODOSEK, Peter (ed.): *Das Buch in Praxis und Wissenschaft. 40 Jahre Deutsches Bucharchiv München. Eine Festschrift* (= Buchwissenschaftliche Beiträge aus dem Deutschen Bucharchiv München 25). Harrassowitz, Wiesbaden 1989, S. 683–700.

WIEDEMANN, Theodor: *Die Kirchliche Bücher-censur in der Erzdiöcese Wien.* Gerold, Wien 1873.

WILKINSON, J. Robert: *Orientalism, Aramaic and Kabbalah in the Catholic Reformation: The First Printing of the Syriac New Testament.* Brill, Leiden 2007.

WILLING, Antje (ed.): *Johannes Baptista Rexius: Ilias Homeri teutsch. Mit synoptischem Abdruck der „Ilias" – Übertragung Lorenzo Vallas.* Erich Schmidt Verlag, Berlin 2009.

WINKELBAUER, Thomas: *Fürst und Fürstendiener: Gundaker von Liechtenstein, ein österreichischer Aristokrat des konfessionellen Zeitalters.* Oldenbourg, Wien – München 1999.

WINKELBAUER, Thomas: *Österreichische Geschichte 1522–1699. Ständefreiheit und Fürstenmacht. 1: Länder und Untertanen des Hauses Habsburg im Konfessionellen Zeitalter.* Verlag Carl Ueberreuter, Wien 2003.

WISSGRILL, Franz Karl: *Schauplatz des landsässigen Nieder-Österreichischen Adels vom Herren- und Ritterstand von dem XI. Jahrhundert an, bis auf jetzige Zeiten* I. Band. F. Seizer, Wien 1794.

WITTMANN, Reinhard (ed.): *Bücherkataloge als buchgeschichtliche Quellen in der frühen Neuzeit.* Harrassowitz, Wiesbaden 1985 (= Wolfenbütteler Schriften zur Geschichte des Buchwesens 10).

WOLF, Hubert: *Index. Der Vatikan und die verbotenen Bücher.* Beck, München 2006.

WOODWARD, David (ed.): *The History of Cartography III: Cartography in the European Renaissance.* Univ. of Chicago Press, Chicago 2007.

ZAJIC, Andreas: *„Zu ewiger gedächtnis aufgericht": Grabdenkmäler als Quelle für Memoria und Repräsentation von Adel und Bürgertum im Spätmittelalter und in der Frühen Neuzeit. Das Beispiel Niederösterreichs.* Böhlau, Wien – Oldenbourg, München 2004.

ZAORAL, Prokop: Stockholmský inventář mikulovské knihovny z r. 1646 [Das Stockholmer Inventar der Nikolsburger Bibliothek von 1646]. *Studie o rukopisech* 10, 1971, S. 237–256.

ZEIBIG, Hartmann Joseph: Die Familien-Chronik der Beck von Leopoldsdorf. *Archiv für Kunde österreichischer Geschichts-Quellen* 8, 1852, S. 209–229.

ZOTTI, Wilhelm: Die Baugeschichte der Schallaburg. In: FEUCHTMÜLLER, Rupert (ed.): *Renaissanceschloß Schallaburg*. Himberg, Wien 1989, S. 32–57.

Abbildungsverzeichnis

Umschlag: Porträt des Hieronymus Beck von Leopoldsdorf. Kunsthistorisches Museum (Gemäldegalerie 9691) Wien – Museumsverband.

Abb. 1a-b: Der Reisebericht Konrad Becks. Kalocsa: Főszékesegyházi Könyvtár, Sign. Ms 384.

Abb. 2: Porträt des Marcus Beck von Leopoldsdorf. Kunsthistorisches Museum (Gemäldegalerie 9691) Wien – Museumsverband.

Abb. 3: Titelseite des Beck'schen Exemplars vom *Wiener Heiligthumbuch*, Wien 1514. Stiftsbiblioteket Västerås, Paleotyper 1527. Foto Lenka Veselá.

Abb. 4: Der Dedikationseinband von Friedrich Nausea für Marcus Beck aus dem Jahre 1543. Stockholm: Kungliga biblioteket, 173 L Fol. Foto Jens Gustavsson.

Abb. 5: Das Monogramm des Marcus Beck von Leopoldsdorf. Domkyrkans bibliotek Strängnäs, F. maj. 470–471. Foto Lenka Veselá.

Abb. 6: Das älteste erhaltene Exlibris von Hieronymus Beck. Domkyrkans Bibliotek Strängnäs, S 352 q přív. 2. Foto Lenka Veselá.

Abb. 7: Das anonyme Werk „Pasquillus" im Brief an Siegmund von Herberstein. Österreichische Nationalbibliothek Wien, Cod. 13598, S. 113r-v.

Abb. 8: Porträt des Hieronymus Beck (von Hiëronymus Wierix aus dem Jahr 1597). Leiden: Universiteitsbibliotheek, Print Room, inv. nr.PK-P-114.266.

Abb. 9: Bartholomäus Jupps Katalog der archäologischen Sammlung von Ebreichsdorf. Leiden Universiteisbibliotek, Vossius Collection, ms. VLO 65, S. 39v–40v. Foto Lenka Veselá.

Abb. 10: Das Hieronymus Beck gewidmete Blatt mit der Abbildung eines Türken. Österreichische Nationalbibliothek Wien, Cod. 8615, S. 158.

Abb. 11: a - Einband des Typs B. Universitetsbibliotek Lund. Foto Lenka Veselá, b - Einband des Typs C. Kungliga bibliotek Stockholm (125 A 4a). Foto Jens Gustavsson, c - Einband des Typs D. Staatsbibliothek Berlin, BPK, Ms. Germ. qu. 85. Foto Lenka Veselá.

Abb. 12: Eine Seite des sog. rosenbergischen Verzeichnisses, Třeboň: Státní oblastní archiv, fond Cizí rody – z Rožmberka, 20a, S. 110v–111r.

Abb. 13: Das Exlibris von Jodocus Beck von Leopoldsdorf. Domkyrkans bibliotek Strängnäs, O 477. Foto Lenka Veselá.

Abb. 14: A. Bonfini, *Rerum Ungaricarum decades tres* (Basel 1543). Domkyrkans Bibliotek Strängnäs, K 373 fol. Foto Lenka Veselá.

Abb. 15: Becks Handschrift der Chronik von Ladislaus Suntheym. Staatsbibliothek Berlin, BPK, Ms. Germ. qu. 85. Foto Lenka Veselá.

Abb. 16: Die Titelseite von Ortelius' Atlas mit dem Exlibris von Hieronymus Beck. Moravská zemská knihovna Brno, sig. ST5-0006.145.

Abb. 17: P. Fabricius, *Anlaitung zum Brauch des verneuten Calenders* ... Wien [1583] Österreichische Nationalbibliothek Wien, 304.514 –F. Rara.

Abb. 18: Widmung von Hieronymus Beck an Reichart Streun. Österreichische Nationalbibliothek Wien, Cod. 316, S. 229v.

Abb. 19: Das Hieronymus Beck von Leopoldsdorf gewidmete Emblem in Sambucus' Embleme-Sammlung, Antwerpen 1569. Národní knihovna ČR, sign. 10 G 99, S. 207.

Abb. 20: Ein Teil von Büchern aus der Bibliothek von Hieronymus Beck von Leopoldsdorf. Universitetsbibliotek Lund. Foto Lenka Veselá.

An English Summary

A Knight and Intellectual: Hieronymus Beck of Leopoldsdorf and His Library

Marcus and Hieronymus Beck were among significant political and cultural figures in Lower Austria and at the courts of Ferdinand I and Maximilian II. The Becks are most frequently mentioned as a model example of rapid social advancement of an originally bourgeois family to the class of clerical aristocracy. Particularly the official and political activities of Marcus Beck have been mapped in detail; yet a deep mark on the cultural history of Lower Austria has been left chiefly by Hieronymus Beck of Leopoldsdorf.

Hieronymus received a good humanistic education at the royal court in Innsbruck. He spent two years studying in Italy, followed by his chivalrous ride around Western Europe and the Orient. These circumstances as well as the close relation of his family to the Habsburgs undoubtedly predestined Hieronymus Beck for a brilliant career in the service of the ruling Austrian family; he was not able to take full advantage of this opportunity though. His official activities in land and court institutions were rather a necessary component of his life. With much more enthusiasm, he worked on the reconstruction of his main residence at Ebreichsdorf Castle near Vienna, which he purchased in 1569 and where he was intensely devoted to collecting and other intellectual pursuits.

Hieronymus Beck is associated with several significant extant art-historical and literary works. Above all, these include two books of miniature portraits: one was conceived by Hieronymus Beck as a commemorative book depicting his friends and other contemporary personalities, whereas the other contains illustrations with then topical and popular Turkish themes. Not only do the two manuscripts provide a valuable source of information on the intellectual milieu in the Habsburg Monarchy in the 16th century, but they are also unique evidence of the existence of defunct portrait galleries. A work of similar value for the history of epigraphy is an extant manuscript with drawings of ancient tombs and other epigraphic monuments that Hieronymus Beck collected in the Lapidarium at Ebreichsdorf, which had been established at his instigation in the 1570s. Hieronymus‘ intellectually oriented personality added a deeper dimension to his collecting activities. In the case of both his archaeological and fine-art collections, Beck adopted from higher aristocratic circles especially the ideological conception, which he, however, innovatively and creatively transformed according to his own intellectual feelings.

A significant role (albeit less known now) in Hieronymus Beck's collecting activities was also played by his library, which was acquired from Marcus Eberhard Beck, the last descendant of the family, by the Moravian Cardinal Franz of Dietrichstein in the 1620s. He incorporated it into his book collection at the castle in Mikulov, which was, however, taken to Sweden as war booty at the end of the Thirty Years' War and scattered there. The fact that no period catalogue or inventory has been preserved for the library of the Becks of Leopoldsdorf has considerably contributed to its oblivion as well. Entirely new dimensions of the research into the library and history of the Beck family have been provided by the recent rediscovery of a selective list of the Becks' books from the beginning of the 17th century with 1,237 records, which has been preserved in the family archives of the Rosenbergs in South Bohemia. This so-called Rosenberg List has become the basis for a virtual reconstruction of Hieronymus Beck's library and its subsequent analysis. The complex research into this library further involved the efforts to map generally the current state of preservation of the Beck library. Extensive research conducted in 2012–2014 revealed a total of 163 items preserved in 15 European libraries.

Based on these sources, which, however, provide information on only a part of the Beck library, its size in the 1590s may be estimated between 2,000 and 2,500 books. This library represents a little-known type of intellectually oriented aristocratic book collection that did not even lack representative pieces typical of large aristocratic libraries. Unfortunately, details on its spatial arrangement at Ebreichsdorf Castle and on its supposed decoration are not available. It arises from the account by the Humanistic poet Hieronymus Arconatus though that the Ebreichsdorf library was deposited in a special hall also intended for visits by selected people. Neither can one say anything certain about the calligraphic form and the possible representativeness of the catalogue, which is only known from a partial copy. The bindings of the Becks' books were probably of a uniform yet plain style. Beck did not even place a special emphasis on their ownership marks. The austere decoration of the bindings rather speaks in favour of a similarly restrained conception also in the case of the installation of the entire book collection. The library of Hieronymus Beck does not show any traces of bibliophily associated with rare of decorated manuscripts. In Ebreichsdorf, a pragmatic approach to manuscripts, which were otherwise of very valuable content, prevailed; a distinctive group was formed by 'specialised' manuscripts from the fields of mathematics, topography, epigraphy and history, whose authors came from the Viennese intellectual milieu.

Hieronymus Beck appears to have perceived the representativeness of his library mainly in its careful and sophisticated arrangement in fifteen sections, which was unique in many respects in the area at the time. The system used in Ebreichsdorf was not an application of models taken from elsewhere. It combined traditional aspects with entirely innovative elements particularly in the area of the so-called new literature. Beck complemented traditional disciplines (theology, law, medicine and philosophy) with others, which he, however, organised based on his own, often unorthodox, ideas. For instance, he thus created a section for books with a prevalence of visual arts (graphic alba, maps), a section with books on ancient realia, with elementary school literature, but he also established sections with narrower focus on mathematics, military science and architecture. Nevertheless, it seems even more important that the content of particular sections and the inclusion of polythematic books into them was not mechanical and frequently defied the established practice. Hieronymus Beck was, for example, the very first to create a section for belles-lettres, to structure historical books by the chronological periods with which they deal, and to give preference to the purpose of a book over its theme (e.g. a textbook of mathematics was in the school and not mathematical section, etc.). The precise organisation of individual sections and the preference for one element in the placement of polythematic books provides remarkable information on Beck's interest priorities and in many cases also confirms them. Direct evidence of his active reading is not as frequent as in contemporary intellectual libraries, but it is much more common than in the extant books from the mentioned universally oriented aristocratic libraries of his time, such as the Rosenberg collection in Třeboň or the library of Ferdinand II, Archduke of Austria, at Ambras Castle.

Unlike these general collectors' libraries, the aim of which was an all-embracing universalistic character and the representation of books of all fields, Hieronymus Beck built his library thoughtfully and above all selectively. His actual acquisition and building strategy was not fundamentally different from the model known from the universally oriented book collections of the Rosenbergs in Třeboň or Archduke Ferdinand II. Hieronymus Beck acquired the basis of his library in the form of an earlier collection of predominantly legal literature of his father, which he enriched through his own purchases on his journeys and mainly via a reliable network of the domestic book trade, which was able to mediate to him easily and quickly not only new books from all over Europe but also second-hand books. Beck's purchasing activities increased – like at Ambras or in Třeboň – when the collection was being installed in the new premises at Ebreichsdorf Castle in the 1570s and 1580s.

In his acquisitions, Hieronymus Beck did not hesitate to push to the background or even entirely exclude genres or themes in which he was not interested or which he refused for ideological reasons. Likewise music and poetry – at least based on the content of his library – seem to have remained outside his focused interest. On the other hand, he exerted great efforts to obtain books from the fields that he preferred. More than any other book collection, the Ebreichsdorf collection thus reflects the reading and interest preferences of its owner. For instance, it is evident that Beck's favourite reading matter in his youth included, among others, also chivalric novels and Renaissance novellas (e.g. Boccaccio's *Decameron* or the stories of Amadis de Gaula). He owned them in various editions and language mutations, especially in Italian and French. He probably acquired many of them at the time when he lived in Southern and Western Europe. He does not seem to have purchased these books later. In some cases, one may even refer to the so-called ‚unintentional collecting'. This was reflected, for example, in the accumulation of diverse language versions of biblical texts, which was a popular intellectual pastime at aristocratic courts of the time, but also Turkish-themed books or manuscripts dealing with the history of Austria.

Hieronymus Beck continuously paid attention to historical, topographic and geographic literature. Within the Habsburg Monarchy, Beck's library probably comprised the highest percentage of works on the history of individual European lands (in particular Austria), including contemporary treatment of religious wars and conflicts, numerous maps and map alba. Moreover, he seems to have had a plan for the complementation of his collection with particular land or town laws, which he mainly considered to be another source of information on individual European lands. In this intellectual context, one should perceive also Beck's quite extraordinary interest in the Turkish question, which was mirrored both in the composition of his library and in his involvement in and active support of the acquisition and publication of sources on Turkish history. It is hard to determine whether his interest grew into a deep knowledge of the Orient; in any case, however, it exceeded what was common among aristocrats of the time. Moreover, it is evident from his relatively large collection of Turkish literature that he preferred works that rather objectively reflected the history and culture of the Turkish Empire and did not support the contemporary religious hysteria in the form of anti-Islamic polemics or pamphlets.

The religious issue obviously played one of the central roles in contemporary thought and thus also in the life of Hieronymus Beck. Hieronymus was clearly a staunch Catholic, but nothing certain has been revealed about his attitude to religion until now. His library contained a considerable number of religious-moralistic books from the turn and the beginning of the 16th century which were focused on the internal criticism and reform of the church. Many or even most of them could have already been owned by his father, who was probably an adherent of the contemporary religious reform. Hieronymus interest in religious literature culminated mainly in the 1570s. Nevertheless, it is absolutely exceptional that Hieronymus Beck purposefully excluded Protestant literature from his acquisitions. The few Protestant books discovered in his library were placed by him in the last, demeaning position in the library although they included gifts by allied noble families. By means of lavishly published (mainly anti-Lutheran) dogmatic treatises and polemics, Hieronymus also closely monitored the efforts for the unification and reform of the Catholic Church after the Council of Trent and probably maintained intense relations with the Augustinian monastery in Klosterneuburg, which then actively endeavoured to combine Humanism and renascent Catholicism.

All these facts imply Beck's firm religious stance, but some indicate that he followed the recommendations of the Catholic church only when they were in agreement with his opinions. This is, for instance, evident from his approach to banned books. Although he owned the *Index Librorum Prohibitorum* (List of Prohibited Books), authorised at the Council of Trent, the only books that he considered to be harmful and unacceptable were non-Catholic theological works. Unlike church representatives, he did not include in this category books with non-religious themes, which the church had placed on this list though. He even exerted some efforts to acquire some of them, although he came into open conflict for that with the bishop of Vienna Johann Caspar Neubeck, who suspected him of secret Protestantism because of that.

Despite strong intrinsic religiosity, Hieronymus seems to have demonstrated independent thought, which might have led to an internal conflict between his interests and obedience to the Counter-Reformation Catholic Church, of whose exclusiveness he was, however, positively convinced. Beck's desire to return to the original Christian values (yet within the Catholic Church) might have been later in conflict with the reality of the enforcement of Counter-Reformation goals. After the death of Maximilian II, the until-then cosmopolitan and open city of Vienna, where Hieronymus found a number of intellectual friends sharing his travel, natural-science and artistic interests, was transforming into a stagnant and religiously rigid environment. Beck was undoubtedly also troubled by the ever-more rapidly moving spiral of contemporary religious conflicts. It is evident from one of his comments that he rejected violent solutions to religious and political disputes: according to him, world violence cannot be solved by weapons or laws but only by religion. After all, the moral aspects of wars were the subject of immediately several books in his library.

As already mentioned above, Hieronymus Beck experienced in his long life deep changes, which were undergone by the Viennese intellectual milieu in the second half of the 16th century. Thanks to his father, he was in contact with prominent Viennese figures, such as Sigismund of Herberstein, Philipp Gundel and Wolfgang Lazius. In this direction, he further developed relations especially to the university milieu, which was always close to the imperial court as well. Maximilian II had managed to attract a number of major European personalities to the city of his residence, although it had also brought some tension between the older, provincially oriented generation of Viennese intellectuals and the group of new scholars, often of foreign origin, who had international contacts. Many of them were non-Catholics pursuing Christian humanism and the spiritual attitude called irenicism. The growing tension between confessions, which was inconsistent with irenicism, led to their attempts at confessional reconciliation and religious peace efforts. Likewise Beck probably condemned the extremes of the faith. Yet the essential element that they had in common with Protestant, or even crypto-Calvinist intellectuals from Maximilian's court, such as Carolus Clusius, Johannes Löwenklau, Johannes Sambucus or Reichart Streun, were their shared humanistic and natural-science interests. Nevertheless, the efforts to create a stimulating intellectual environment in Vienna more or less ended when Rudolph II moved to Prague. Although Hieronymus Beck supported Humanistic scholars, he was not – unlike members of aristocratic families – a frequent addressee of dedications, which might have also been caused by his lower social status.

It is much more difficult to grasp Beck's relation to the ancient heritage. In common aristocratic libraries, the representation of ancient literature was very low, limited to common works by elementary school authors. The library of Hieronymus Beck is no exception. It sporadically contained historical or educational ancient works. It seems, however, that Beck's keen interest was more or less focused mainly on ancient monuments and life, epigraphy and perhaps mythology as well. Within Central European libraries, Hieronymus Beck definitely owned the largest collection of topographic literature with the prevalence of works on Roman monuments in Italy. Also his collection of architectural literature coming from direct Italian sources was relatively representative. Our information in this respect may not be final as shown by the manuscript with ancient epigrams which Beck gave to Reichart Streun and which he had probably brought directly from Italy. Just as little is known about whether Hieronymus Beck was more interested in fine arts. The visual aspect of his books was certainly important for him; not only did he create a special section for books with the prevalence of this aspect, but he was the only nobleman in the Habsburg monarchy to own Albrecht Dürer's fundamental theoretical work on painting.

What was quite unusual, however, was Hieronymus' interest in natural sciences, which underwent rapid development in the 16th century. He was particularly interested in mathematics, mainly geometry and numerical combinatorics. He followed the development of the Gregorian reform and supported the Viennese mathematician and astronomer Paul Fabricius. He also owned relatively fundamental works of his time from the field of astronomy (including Copernicus' treatise *De revolutionibus orbium coelestium... libri VI*) and he purchased books on astronomical measuring instruments and on the assembly of mechanical devices, even from other disciplines.

For many intellectuals at that time, the tension between the traditional scholarship and modern empirical knowledge was difficult to understand. They tried to solve this conflict by using magic and occult philosophy. Hieronymus Beck was one of the few intellectuals of the time probably unaffected by this intellectual stream. His library hardly contains any signs of the fashionable Renaissance neo-Platonism, which pervaded contemporary alchemical and esoteric research, occult philosophy, astrology and Paracelsianism. This may be the reason that he adopted a detached attitude towards contemporary emblematics as well. This represents a fundamental difference from the vast majority of other aristocratic libraries all over Europe, be they at the Habsburg court or the Ambras and Rosenberg book collections.

Beck's exceptionally broad horizon and interest priorities were also mirrored in the overall different composition of the Ebreichsdorf library, which was strongly focused on Italian and French language areas. Both Romance languages of which Beck had an active command were a means for him to gain access to literary and educational works often unavailable from other sources. Nevertheless, Beck sometimes preferred these languages even though he probably had Latin or German versions of the text concerned. Romance and other national languages clearly prevailed in the new specialised fields of his library, such as architecture, military science and mathematics. This was partly reflected in the printing provenance of the books – *Italica* usually came directly from the Apennine Peninsula.

Although Hieronymus Beck was not fortunate enough to step out of the social constraints of knighthood (his sons were the first to be raised to aristocracy in 1597), he chose a lifestyle that rather resembled the life of the higher nobility, captivated by Renaissance. The Ebreichsdorf library, like other collections in the Habsburg Monarchy, clearly indicates the efforts of Hieronymus Beck to rank among intellectually oriented aristocracy of the Habsburg Monarchy. General research into the former social status and its impact on the support of contemporary literary life as well as on the building of impressive aristocratic libraries in the 16th century is still at the very beginning though. Is it even possible to answer the question of how big a role in the 'case' of the Ebreichsdorf library was played by Beck's desire for representativeness and whether its development was directly related to Beck's transition state between knighthood and aristocracy, to whose ranks he formally unsuccessfully aspired? According to the findings available, the decisive role was rather played by a strong intellectual aspect, which outweighed the mere efforts to make the library impressive and which, in combination with a good financial background, gave rise to a profiled yet quite extensive library.

The book collection of Hieronymus Beck was definitely not the only intellectually oriented library; books were undoubtedly approached similarly for instance by Reichart Streun, Christoph of Wolkenstein or Ferdinand Hoffmann of Grünpühel (by the last of them already with strong bibliophilic tendencies though). Information on their libraries is either entirely lacking or is very superficial. Their owners do not seem to have been constrained by a family tradition or an intention to create universally conceived collectors' libraries. They hence shaped them more freely and defined their function just as independently. These book collections were among progressive types of aristocratic libraries bringing new trends in their building and administration. Therefore, although these libraries did not entirely lose their sense for the symbolic expression of the consumption of spiritual values, they additionally assumed an unmistakable personal character, which sometimes also reflects the elements in the lives of their owners that are otherwise difficult to determine and have not been recorded in other sources as well as the owners' view of the world.

[Translated by Kateřina Millerová]

Namensregister

C

D

R

S

Teil II: Beckiana–Katalog

Katalog der Bibliothek der Familie Beck von Leopoldsdorf

Der Katalog erfasst alle heute bekannten Bücher aus der Bibliothek der Familie Beck von Leopoldsdorf. Seinen wesentlichen Teil bilden identifizierte Einträge, die im sog. rosenbergischen Verzeichnis vom Beginn des 17. Jahrhunderts angeführt sind[690] und in zugänglichen Bibliographien und Katalogen konsultiert wurden. Falls das Buch nicht eindeutig zu identifizieren war, wurde der Eintrag in der ursprünglichen Form in den Katalog aufgenommen, wie er in der entsprechenden zeitnahen Quelle angeführt wird. Der *Katalog Beckiana* wird in Abteilungen entsprechend der Originalstruktur des Beck'schen Katalogs gegliedert. Am Ende der jeweiligen Abteilung befinden sich Einträge über die Bücher, die vom sog. rosenbergischen Verzeichnis zwar nicht angeführt werden, aber deren Exemplar erhalten ist und nachweislich aus der Beck'schen Bibliothek stammt.

Bei der Suche nach erhaltenen Exemplaren aus der Beck'schen Bibliothek konzentrierte ich mich besonders auf historische Bestände jener Bibliotheken, in denen sich umfangreichere Bücherkomplexe aus der ursprünglichen dietrichsteinischen Büchersammlung erhalten haben.[691] Es handelt sich um die Universitätsbibliotheken von Uppsala, Leiden und Lund, um die Klosterbibliothek in Västerås, um die Kapitelbibliothek in Strängnäs sowie um die Königliche Bibliothek in Stockholm. Gründlich wurden vor allem die historischen Bestände der Bibliotheken von Strängnäs und Västerås untersucht, die über komplexe Provenienzangaben zu denjenigen Teilen ihrer historischen Bestände verfügen, die aus der Beute aus dem Dreißigjährigen Krieg stammen. In den übrigen Bibliotheken ging es vor allem um die Überprüfung und die physische Untersuchung derjenigen Exemplare, deren Zugehörigkeit zur Beck'schen Bibliothek bereits von Otto Walde erfasst worden war, ob nun in seiner publizierten Monographie über die schwedische Bücher-Kriegsbeute oder in der handschriftlichen Kartei mit seinen Forschungsergebnissen[692], die zahlreiche unpublizierte Angaben über erhaltene Exemplare enthält und in der Handschriftenabteilung der Universitätsbibliothek von Uppsala aufbewahrt wird. Waldes Informationen sind auch in solchen Fällen wertvoll, in denen man die Beck'schen Bücher nur indirekt identifizieren konnte (d. h. wenn die Zugehörigkeit des Buches zur ursprünglichen Büchersammlung lediglich durch die sekundäre Provenienz oder gar nur durch den aus einer bisher nicht näher identifizierten Wiener Buchbinderwerkstatt aus den 90er Jahren des 16. Jahrhunderts stammenden Einband bezeugt wird).[693] Weitere wichtige Quellen für die Provenienz der Bücher aus der schwedischen Kriegsbeute sind der Gesamtkatalog der schwedischen

690 *Ex bibliotheca Ebrestorfiana ... librorum ... consignatio* – Třeboň: Státní oblastní archiv (Bestand Cizí rody – z Rožmberka, 20a, Fol. 91–116).

691 Eingehender zu den Möglichkeiten der Provenienzerforschung der Beck'schen Bücher VESELÁ: Knihy z českých zemí ve švédských knihovnách (K výzkumu knihovny Becků z Leopoldsdorfu). ... S. 93–96.

692 WALDE: *Storhetstidens litterära krigsbyten* ... S. 288–296, Uppsala: Universitetsbiblioteket (Walde proveniensanteckningar).

693 Trotz intensivster Bemühungen, alle von Walde angegebenen Exemplare zu finden, gelang es bei sechs davon nicht. Weil in diesen Fällen Waldes Angaben nicht zu

Bibliotheken „Libris“ sowie das Projekt „ProBok“ der Universitätsbibliotheken von Uppsala und Lund, das sich mit der Erfassung und Digitalisierung von historischen Einbänden und Provenienzen in den Beständen dieser beiden Institutionen befasst, sowie weitere Teilkataloge und Monographien.[694]

Kommentar zum Katalog

Die Angaben über die Bücher aus der Beck'schen Bibliothek wurden in Form einer detailliert strukturierten Datenbank bearbeitet, deren endgültige Gestalt ein künftiger Bestandteil einer breiteren Datenbank der aus den böhmischen Ländern stammenden Bücher der schwedischen Kriegsbeute werden wird.[695]

Die Einträge enthalten folgende Teile

Nummer des Eintrags

Die Nummer des Eintrags besteht aus der Nummer, der Abkürzung der Bibliotheksabteilung und der laufenden Nummer. Einen Bestandteil derjenigen Bücher, die im sog. rosenbergischen Verzeichnis nicht vorkommen, bildet die Abkürzung XXX (1XXX 8).

Autor

Der Name des Autors gemäß der jeweiligen nationalen retrospektiven Bibliographie. Die Namen der frühneuzeitlichen Autoren werden in der betreffenden Volkssprache, die Namen der Autoren aus dem Altertum und dem Mittelalter in der lateinischen bzw. latinisierten Form angeführt.

Titel, Impressum und Format

Bei eindeutig identifizierten Büchern handelt es sich um die gekürzte Abschrift des Titelblatts, deren Form aus den zitierten bibliographischen Handbüchern und Datenbanken übernommen wurde. Bei nicht identifizierbaren Einträgen wurde der Buchtitel aus dem sog. rosenbergischen Verzeichnis transliteriert und in eckigen Klammern angeführt.

Der Druckort und die Namen der Drucker (sie befinden sich nur bei eindeutig identifizierten Einträgen) werden in der nationalen Gestalt angegeben. Ergänzende Informationen zum Namen werden in latinisierter Form angegeben (sen., vidua, papa).

überprüfen waren, wurden diese Exemplare in den *Katalog Beckiana* nicht aufgenommen.

694 www.libris.kb.se; http://probok.alvin-portal.org/alvin/home.jsf; UNDORF, Wolfgang: *Catalogue of Books Printed in the 15th Century in Swedish Collections* I–II. Harrassowitz, Wiesbaden 2012; CALLMER, Christian: *Königin Christina, ihre Bibliothekare und ihre Handschriften. Beiträge zur europäischen Bibliotheksgeschichte.* (= Acta Bibliothecae Regiae Stockholmiensis 30). Statens humanistiska forskningsrår, Stockholm 1977, und weitere.

695 Die Datenbank, für die die Software FileMaker benutzt wurde, enthält 23 strukturierte Felder, die einzelne Angaben einschließlich der Abschrift der ursprünglichen Eintragung, über die Ausgabe, über die Sprache des Werks und der Schlüsselwörter erfassen.

Bibliographie
Zitierung des bibliographischen Handbuchs, anhand dessen das Buch identifiziert wurde (siehe Verzeichnis von bibliographischen Datenbanken und Katalogen).

Rosenbergisches Verzeichnis
Verweis auf das Folio des sog. rosenbergischen Verzeichnisses (Třeboň: Státní oblastní archiv, Bestand Cizí rody – z Rožmberka, 20a, Fol. 91–116).

Erhaltenes Exemplar
Die das Exemplar aus der Beck'schen Bibliothek aufbewahrende Institution (ihre Übersicht siehe im Register von Institutionen mit erhaltenen Exemplaren).

Typ des Einbands und des Exlibris
Im Fall des erhaltenen Exemplars werden sein handschriftliches Exlibris und der Einband identifiziert, vgl. die Beschreibung der Einbände (Typ A, B, C, D) auf S. 68–71.

Literatur zum Exemplar
Literatur und weitere Quellen, die das erhaltene Exemplar aus der Beckschen Bibliothek registrieren (siehe Verzeichnis von Quellen und Literatur).

Abb. 20: Ein Teil von Büchern aus der Bibliothek von Hieronymus Beck von Leopoldsdorf (Lund: Universitetsbibliotek)

Katalog Beckiana

1Theo THEOLOGIE - „Libri theologici“

1Theo 1
Hebraica Biblia, latina ... Sebast. Munsteri translatione ... Basel: Isengrin, Michael – Petri aus Basel, Heinrich 1546. 2°
VD 16 B 2882
Rosenbergisches Verzeichnis Fol. 92r

1Theo 2
RAMPEGOLLO, Antonio
Aurea Biblia sive Repertorium aureum Bibliorum ... Augsburg: Hohenwang, Ludwig ca 1477. 2°
ISTC ir00021000
Rosenbergisches Verzeichnis Fol. 92r

1Theo 3
La Saincte Bible ... auec toutes les annotations necessaires pour l'intelligence de l'Escriture ... Lyon: Honorat, Sebastien 1566. 2°
French Vernacular Books 4381
Rosenbergisches Verzeichnis Fol. 92r

1Theo 4
Bibbia volgare la quale contiene in se tutti i libri del Vecchio et Nuovo Testamento ... Venezia: Scotto, Girolamo 1567. 2°
EDIT 16 CNCE 5779
Rosenbergisches Verzeichnis Fol. 92r
Lund: Universitetsbibliotek (ÄLDRE SAMLINGEN Fol Utl Teol kyrkof lat)
Einband: C
Walde: Storhetstidens litterära krigsbyten I, S. 296; Beck, S. 121

1Theo 5
The Bible ... With ... annotations ... and ... concordance ... [London: Barker, Christopher 1582.] 4°
ESTC S 4509
Rosenbergisches Verzeichnis Fol. 92r

1Theo 6
La Biblia que es, los Sacros libros del viejo y nuevo testamento. ... [Basel: Guarin, Thomas] 1569. 4°
VD 16 B 2869
Rosenbergisches Verzeichnis Fol. 92r

1Theo 7
Novum Testamentum omne, tertio iam ac diligentius ab Erasmo Roterodamo recognitum ... Basel: 1522. 2°
VD 16 ZV 1911 oder B 4226
Rosenbergisches Verzeichnis Fol. 92r

1Theo 8
JANSENIUS, Cornelius
Commentariorvm in svam concordiam, ac totam historiam euangelicam partes IIII. ... Leiden: Carolus Pesnot, 1580. 2°
Netherl. Books 16423
Rosenbergisches Verzeichnis Fol. 92r
Västerås: Stiftsbiblioteket (Teologie XVI Exegetik m.m. Fol)
Einband: C
Walde: proveniensanteckningar

1Theo 9
LORET, Jeronimo
Sylva allegoriarum totius sacrae scripturae. Mysticos Eius Sensus, ... T. 1–2. Paris: Nivelle, Sébastien 1583. 2°
French Books III & IV 78014
Rosenbergisches Verzeichnis Fol. 92r

1Theo 10
SIXTUS SENENSIS
Bibliotheca sancta ... ex praecipuis catholicae ecclesiae autoribus collecta ... Frankfurt am Main: Basse, Nicolaus 1575. 2°
VD 16 S 6600
Rosenbergisches Verzeichnis Fol. 92r

1Theo 11
HUGO DE SANCTO CARO
Repertorium apostillarum utriusque testamenti ... [Basel: Froben, Johann] (1504). 2°
VD 16 B 2582 s. v.: *Prima (-sexta) pars huius operis: ...*
Rosenbergisches Verzeichnis Fol. 92r

1Theo 12
ALBERTUS MAGNUS
Postilla apprime magistralis Super Joannis Euangeliare. ... Hagenau: Gran, Heinrich 1504. 2°
VD 16 A 1349
Rosenbergisches Verzeichnis Fol. 92r

1Theo 13
WILD, Johann
Jn Acta Apostolorum commentaria ... Mainz 1559. 2°
Die Ausgabe ist nicht eindeutig zu bestimmen: VD 16 registriert diese Ausgabe nicht.
Rosenbergisches Verzeichnis Fol. 92v

1Theo 14
CAPITONE, Feliciano
Explicationes catholicae locorum fere omnium Veteris ac Noui Testamenti ... Venezia: Guerra, Domenico – Guerra, Giovanni Battista 1579. 2°
EDIT 16 CNCE 9174
Rosenbergisches Verzeichnis Fol. 92v

1Theo 15

CLEMENS ROMANUS

Clementina. Hoc est, B. Clementis Romani, divorvm Petri et Pavli principvm apostolorvm discipvli ... opera ... Köln am Rhein: Birckmann, Johann 1570. 2°

VD 16 ZV 17157 oder ZV 3681 (zwei Varianten mit unterschiedlicher Seitenzahl)

Rosenbergisches Verzeichnis Fol. 92v

Walde: proveniensanteckningar (Exemplar nicht gefunden)

1Theo 16

JUSTINUS MARTYR

Divi Justini, philosophi et martyris Christi, operum ... tomi III. ... Basel: Froben, Ambrosius – Froben, Aurelius 1565. 2°

VD 16 J 1174

Rosenbergisches Verzeichnis Fol. 92v

1Theo 17

IRENAEUS – sanctus

Adversus Valentini et similium gnosticorum haereses libri quinque ... Paris 1576. 2°

French Books III & IV 74813

Rosenbergisches Verzeichnis Fol. 92v

1Theo 18

CLEMENS VON ALEXANDRIA

Opera, à paucis iam annis inuenta, & nunc denuò accuratiùs excusa, Gentiano Herueto Aureliano interprete. ... Basel: Guarin, Thomas, 1566. 2°

VD 16 C 4070

Rosenbergisches Verzeichnis Fol. 92v

Stockholm: Kungliga biblioteket (173 C b Fol.)

Einband: C

Walde: proveniensanteckningar

1Theo 19

TERTULLIANUS, Quintus Septimius Florens

Opera quotquot ab interitu vindicari summorum virorum industria potuerunt ... Paris: Julianus, Michael 1580. 2°

French Books III & IV 88129

Rosenbergisches Verzeichnis Fol. 92v

1Theo 20

OPTATUS MILEVITANUS

Libri sex, de haereticis in genere. ... Mainz: Behem, Franz 1549. 2°

VD 16 B 7202

Rosenbergisches Verzeichnis Fol. 92v

1Theo 21

AMBROSIUS MEDIOLANENSIS

Omnia ... opera, primvm per Des. Erasmvm Roterodamvm, mox per Sig. Gelenium ... emendata ... Basel: Froben, Hieronymus – sen. – Episcopius, Nikolaus 1555. 2°

VD 16 A 2182

Rosenbergisches Verzeichnis Fol. 92v

1Theo 22
GREGORIUS NAZIANZENUS
Opera omnia, qvae qvidem extant, nova translatione donata. ... Köln am Rhein: Birckmann, Johann 1570. 2°
VD 16 G 3022
Rosenbergisches Verzeichnis Fol. 92v

1Theo 23
HIERONYMUS, Sophronius Eusebius
Omnes qvae extant ... lucubrationes ... [*T. I–IX:*] ... Basel: Episcopius, Nikolaus – iun. 1565. 2°
VD 16 H 3486
Rosenbergisches Verzeichnis Fol. 92v
Walde: proveniensanteckningar (Exemplar nicht gefunden)

1Theo 24
HIERONYMUS, Sophronius Eusebius
Confessio Hieronymiana ... Köln am Rhein: Mylius, Arnold, 1585. 2°
VD 16 H 3489
Rosenbergisches Verzeichnis Fol. 92v

1Theo 25
AUGUSTINUS, Aurelius
Confessio Avgvstiniana ... Dillingen: Mayer, Sebald 1569. 2°
VD 16 A 4173
Rosenbergisches Verzeichnis Fol. 92v

1Theo 26
GREGORIUS I. – papa
Opera ... Basel: Froben, Hieronymus – sen. – Episcopius, Nikolaus 1564. 2°
VD 16 G 3125
Rosenbergisches Verzeichnis Fol. 92v

1Theo 27
BEDA VENERABILIS
Opera ... Basel: Herwagen, Johannes – iun. 1563. 2°
VD 16 B 1418
Rosenbergisches Verzeichnis Fol. 92v

1Theo 28
HITTORP, Melchior
De divinis catholicae ecclesiae officiis ac ministeriis ..., varii vetvstorvm aliqvot ecclesiae Patrum ac Scriptorum Libri ... Köln am Rhein: Quentel, Johann – heredes 1568. 2°
VD 16 H 3967
Rosenbergisches Verzeichnis Fol. 92v

1Theo 29
LA BIGNE, Margarinus de
Sacra bibliotheca sanctorum patrum ... Paris: Sonnius, Michel 1576. 2°
French Books III & IV 76861
Rosenbergisches Verzeichnis Fol. 92v

1Theo 30
LA BIGNE, Margarinus de
[*Bibliotheca Sanctorum Patrum*] *Appendix Bibliothecae Sanctorvm Patrvm* ... Paris: Sonnius, Michel 1579. 2°
French Books III & IV 76862
Rosenbergisches Verzeichnis Fol. 92v

1Theo 31
GRYNAEUS, Johann Jakob
Monvmenta S. Patrvm orthodoxographa ... Basel: Petri aus Basel, Heinrich 1569. 2°
VD 16 G 3788
Rosenbergisches Verzeichnis Fol. 92v

1Theo 32
SULPITIUS SEVERINUS
Historiae sacrae ... Basel: Henricpetri, Sebastian 1569. 2°
Das VD 16 registriert diese Ausgabe nicht, der Eintrag nach dem Katalog Weimar, Herzogin-Anna-Amalia-Bibliothek (2° V: 72).
Rosenbergisches Verzeichnis Fol. 92v

1Theo 33
CRABBE, Pierre
Conciliorvm omnivm tam generalivm qvam particvlarivm ... *Tomvs primvs – tertivs.* ... Köln am Rhein: Quentel, Johann 1551. 8°
VD 16 C 5644
Rosenbergisches Verzeichnis Fol. 92v

1Theo 34
BARONIO, Cesare
Annales ecclesiastici ... Antwerpen: Plantijn, Christoffel 1589. 2°
Adams B238
Rosenbergisches Verzeichnis Fol. 92v

1Theo 35
JOHANNES AUS GERSON
Quarta pars operum Johannis Gerson prius non impressa ... Strasbourg: Flach, Martin 1502. 2°
VD 16 J 559
Rosenbergisches Verzeichnis Fol. 93r

1Theo 36
RAMPEGOLLO, Antonio
Biblia Aurea veteris ac novi testamenti vocitatus ... Ulm: 1575. 2°
VD 16 registriert diese Ausgabe nicht.
Rosenbergisches Verzeichnis Fol. 93r

1Theo 37
ALEXANDER VI. – papa
Summaria declaratio bullae indulgentiarum contra Turcos ... 1500. 2°
Die Ausgabe ist nicht eindeutig zu bestimmen: Um das Jahr 1500 sind drei verschiedene Ausgaben erschienen (ISTC ia00381000, ia00381100, ia00381200).
Rosenbergisches Verzeichnis Fol. 93r

1Theo 38
VIGERIO, Marco
Decachordum Christianum Iulio II. pont. max. dicatvm controversia ... Hagenau 1517. 2°
Die Ausgabe ist nicht eindeutig zu bestimmen: VD 16 V 1183 oder ZV 15215 (die Ausgaben unterscheiden sich durch den Namen des Druckers).
Rosenbergisches Verzeichnis Fol. 93r

1Theo 39
DU PRÉAU, Gabriel
De vitis, sectis, et dogmatibus omnium haereticorum ... elenchus alphabeticus ... Köln am Rhein: Quentel, Johann – heredes 1569. 2°
VD 16 D 2989
Rosenbergisches Verzeichnis Fol. 93r

1Theo 40
PONTAC, Arnauld de
Chronographia in duos libros distincta ... Paris: Le Jeune, Martin 1567. 2°
French Books III & IV 83549
Rosenbergisches Verzeichnis Fol. 93r

1Theo 41
ULRICH VON RICHENTAL
Costnitzer Concilium ... Frankfurt am Main: Reffeler, Paul 1575. 2°
VD 16 R 2203
Rosenbergisches Verzeichnis Fol. 93r

1Theo 42
ULRICH VON RICHENTAL
Concilium zu Konstanz ... Augsburg: Sorg, Anton 1483. 2°
ISTC ir00196000
Rosenbergisches Verzeichnis Fol. 93r

1Theo 43
COCHLAEUS, Johannes
Specvlvm antiqvae devotionis circa missam, et omnem alivm cvltvm Dei: ... Mainz: Behem, Franz 1549. 2°
VD 16 C 4398
Rosenbergisches Verzeichnis Fol. 93r

1Theo 44
CASTRO, Alonso de – FEUARDENT, François
Opera omnia duobus tomis comprehensa ... Paris: 1578. 2°
French Books III & IV 60370 oder 60371 (die Ausgaben unterscheiden sich durch den Drucker).
Rosenbergisches Verzeichnis Fol. 93r

1Theo 45
FABRI, Johann
Opera. ... Köln am Rhein: 1533. 2°
Vom VD 16 und KVK nicht registriert.
Rosenbergisches Verzeichnis Fol. 93r

1Theo 46
FABRI, Johann
Adversus nova quaedam et a Christiana religione prorsus aliena dogmata Martini Lutheri ... Leipzig: Lotter, Melchior – sen. 1523. 4°
VD 16 F 217
Rosenbergisches Verzeichnis Fol. 93r

1Theo 47
FABRI, Johann
Adversus doctorem Balthasarvm Pacimontanvm, ... orthodoxae fidei catholica defensio. ... Leipzig: Lotter, Melchior – sen. 1528. 4°
VD 16 F 190
Rosenbergisches Verzeichnis Fol. 93r

1Theo 48
HOZYUSZ, Stanislaw
Opera omnia ... Antwerpen: Linden, Dierick van der 1571. 2°
Belgica Typographica 1515, Adams H 1023
Rosenbergisches Verzeichnis Fol. 93r

1Theo 49
LINDT, Willem van der
Panoplia euangelica, siue De verbo Dei euangelico libri quinque ... Köln am Rhein: Cholinus, Maternus 1575. 2°
VD 16 L 1942
Rosenbergisches Verzeichnis Fol. 93r

1Theo 50
TORRES, Francisco de
Aduersus Magdeburgenses centuriatores pro canonibus apostolorum, & epistolis decretalibus pontificum apostolicorum. Libri quinque. Firenze: Sermartelli, Bartholomaeus 1572. 2°
EDIT 16 CNCE 48144
Rosenbergisches Verzeichnis Fol. 93r

1Theo 51
STAPLETON, Thomas
Principiorum fidei doctrinalium demonstratio methodica, per controversias septem in libris duodecim tradita ... Paris: Sonnius, Michel 1582. 2°
French Books III & IV 86 883
Rosenbergisches Verzeichnis Fol. 93r

1Theo 52
STAPLETON, Thomas
Universa justificationis doctrina hodie controversa, libris duodecim tradita ... Paris: Sonnius, Michel 1582. 2°
French Books III & IV 86 884
Rosenbergisches Verzeichnis Fol. 93r

1Theo 53

MOUCHY, Antoine de

Christianae religionis institutionisque domini nostri Iesu Christi et apostolica traditionis propugnatio ... Paris: 1562. 2°

French Books III & IV 80273–80275 (die Ausgaben unterscheiden sich durch den Drucker).

Rosenbergisches Verzeichnis Fol. 93v

1Theo 54

RUPERTUS TUITENSIS

De divinis officiis libri XII. ... Köln am Rhein: 1532. 2°

VD 16 R 3785 oder B 3706 (die Ausgaben unterscheiden sich durch den Drucker).

Rosenbergisches Verzeichnis Fol. 93r

1Theo 55

POSTEL, Guillaume

De orbis terræ concordia libri 4 ... 2°

Die Ausgabe ist nicht zu bestimmen – im sog. rosenbergischen Verzeichnis werden weder Erscheinungsjahr noch -ort angegeben.

Rosenbergisches Verzeichnis Fol. 93r

1Theo 56

FRIDOLIN, Stephan

Schatzbehalter der wahren Reichtümer des Heils ... Nürnberg: Koberger, Anton 1491. 2°

ISTC is00306000

Rosenbergisches Verzeichnis Fol. 93r

1Theo 57

PÜRSTINGER, Berthold

Teutsche Theologey ... München: Schobser, Hans 1528. 2°

VD 16 P 2923

Rosenbergisches Verzeichnis Fol. 93r

Strängnäs: Domkyrkans bibliotek (F 140)

Provenienz: Hieronym Beck von Leopoldsdorf (handschriftliches Exlibris)

Einband: C

Walde: proveniensanteckningar; Aminson, S. 88

1Theo 58

GREGORIO DA RIMINI

In primo [-secundo] sententiarum nuperrime impressus. ... Venezia: Locatello, Boneto – Scoto, Ottaviano – heredes 1503. 2°

EDIT 16 CNCE 21699

Rosenbergisches Verzeichnis Fol. 93v

1Theo 59

DUNS SCOTUS, Johannes

Quaestiones in libros I.–IV. Sententiarum. Ed: Philippus Bagnacavallus ... Venezia: Boneto Locatelli 1497; 2°

ISTC id00383000

Rosenbergisches Verzeichnis Fol. 93v

1Theo 60
DURAND DE SAINT-POURÇAIN, Guillaume
In quattuor sententiarum libros quaestionum plurimarum resolutiones ... Paris. 2°
Die Ausgabe ist nicht eindeutig zu bestimmen: French Books III & IV 66120–66121.
Rosenbergisches Verzeichnis Fol. 92v

1Theo 61
PETRUS DE PALUDE
Tertium scriptum super tertium sententiarum ... Paris: Chevallon, Claude [1517]. 2°
French Books III & IV 82643
Rosenbergisches Verzeichnis Fol. 93v

1Theo 62
RUBIONE, Guililemus de
Disputatorum in quatuor libros Magistri sententiarum ... [Paris]: Bade, Josse – Conrad, Michel – Vincent, Simon [1518]. 2°
French Books III & IV 85252
Rosenbergisches Verzeichnis Fol. 93v

1Theo 63
GUILLERMUS ALTISSIODORENSIS
In quattuor sententiarum libros perlucida explanatio ... Paris: Regnault, François [ca 1514]. 2°
French Books III & IV 73229
Rosenbergisches Verzeichnis Fol. 93v

1Theo 64
CORTESE, Paolo
In sententias. Qvi in hoc opere iloqventiam cvm theologia conivnxit. ... Basel: Froben, Johann 1513. 2°
VD 16 C 5314
Rosenbergisches Verzeichnis Fol. 93v

1Theo 65
MAXIMUS TYRIUS
Sermones e graeca in latinam lingvam versi Cosmo Paccio interprete ... Basel: Froben, Johann 1519. 2°
VD 16 M 1681
Rosenbergisches Verzeichnis Fol. 93v

1Theo 66
ALBERTANO DA BRESCIA
Opus de loquendi ac tacendi modo : Acc. Libri de amore dei et proximi et de forma vitae ... (Cuneo: Vioto de Dulcis, 1507). 2°
EDIT 16 CNCE 668
Rosenbergisches Verzeichnis Fol. 93v

1Theo 67
GROSSETESTE, Robert
Opuscula dignissima nunc primum in lucem edita & accuratissime emendata. ... (Venezia: Arrivabene, Giorgio – Scoto, Ottaviano sen. – haeredes 1514).

EDIT 16 CNCE 21861
Rosenbergisches Verzeichnis Fol. 93v

1Theo 68
DIONYSIUS DE MUTINA
In quatuor sententiarum commentaria ... Paris; 4°
Die Ausgabe ist nicht zu bestimmen.
Rosenbergisches Verzeichnis Fol. 93v (ohne Erscheinungsjahr)

1Theo 69
ANDREAS NOVOCASTRENSIS
Primum scriptum sententiarum ... Paris: s. t. n. 1514. 2°
French Books III & IV 53006
Rosenbergisches Verzeichnis Fol. 93v

1Theo 70
FRANCISCUS DE MAYRONIS
In primum [-quartum] sententiarum foecundissimum scriptum suum conflatus nominatus. Venezia: Locatelli, Boneto 1504–1507. 2°
EDIT 16 CNCE 32827
Rosenbergisches Verzeichnis Fol. 93v

1Theo 71
FRANCISCUS DE MAYRONIS
Quolibettales [!] questiones ... de obscurissimo carcere tenebrosoque in lucem clarissimam educte. ... Venezia: Locatelli, Boneto 1507. 2°
EDIT 16 CNCE 32880
Rosenbergisches Verzeichnis Fol. 93v

1Theo 72
WILLELMUS DE ODERE, ALIÀS DE ODRA ?
[*Tabulae Guileli de Odram super 4or libros sententiaru*[*m*] ...] Lyon 1595.
Das Werk lässt sich nicht identifizieren.
Rosenbergisches Verzeichnis Fol. 93v

1Theo 73
BIEL, Gabriel
Inventarium seu repertorium generale ... 2°
Die Ausgabe ist nicht zu bestimmen.
Rosenbergisches Verzeichnis Fol. 93v

1Theo 74
PLACUS, Andreas
Lexicon biblicvm ... Köln am Rhein: Neuß von, Melchior 1536. 2°
VD 16 P 3144 oder 3145 (die Ausgaben unterscheiden sich durch den Drucker).
Rosenbergisches Verzeichnis Fol. 93v

1Theo 75
ALTENSTAIG, Johann
Lexicon theologicum complectens vocabulorum descriptiones, diffinitiones et interpretationes ... Antwerpen: Bellerus, Petrus 1576. 2°
Belgica Typographica 83
Rosenbergisches Verzeichnis Fol. 93v

1Theo 76
NAUSEA, Friedrich
Homiliarum Centuriae quatuor, tertia uice nuper excusae. ... Köln am Rhein: Quentel, Peter 1534. 2°
VD 16 N 228
Rosenbergisches Verzeichnis Fol. 94r

1Theo 77
WITZEL, Georg
Qvadragesimale catholicvm. ... Mainz: 1571. 2°
VD 16 W 3951, W 3943 – VD 16 registriert die Ausgabe Köln am Rhein 1571 (W 3951), in Mainz wird registriert nur die Ausgabe 1545/1546 registriert (W 3943).
Rosenbergisches Verzeichnis Fol. 94r

1Theo 78
HOFFMEISTER, Johann
Postilla evangelica: Das ist, Ein schöne herrliche wollgegründte Auszlegung aller Sontäglichen Euangelien ... Ingolstadt: Weißenhorn, Alexander III. 1575. 2°
VD 16 ZV 8074
Rosenbergisches Verzeichnis Fol. 94r

1Theo 79
PRIEELE, Gilles van den
Postilla, Das ist Außlegung der Episteln vnd Euangelien so auff alle Sontage vnd fürneme Festage des gantzen Jars gelesen vnd geprediget werden. ... Köln am Rhein: 1556. 2°
VD 16 registriert diese Ausgabe nicht, registriert aber die Ausgabe Köln am Rhein 1576 (VD 16 P 4819).
Rosenbergisches Verzeichnis Fol. 94r

1Theo 80
BUCHINGER, Michael
Postilla oder Außlegung der Sontäglichen Euangelien ... Mainz: Behem, Franz 1574. 2°
VD 16 B 9002
Rosenbergisches Verzeichnis Fol. 94r

1Theo 81
POLYGRANUS, FRANZ
Christliche Predigen vnd außlagung über die Epistlen vnd Euangelia ... Köln am Rhein: Gennep, Jaspar von 1564. 2°
VD 16 P 4118
Rosenbergisches Verzeichnis Fol. 94r

1Theo 82
NAUSEA, Friedrich
Predige Euangelischer warheit vber all Euangelien ... Mainz: Jordan, Peter 1535. 2°
VD 16 N 230
Rosenbergisches Verzeichnis Fol. 94r

1Theo 83
RASSER, Johann
Postilla Christlicher Catholischer Predigen ... Dillingen: Mayer, Johann 1590. 2°

VD 16 R 340 und 341
Rosenbergisches Verzeichnis Fol. 94r
Strängnäs: Domkyrkans bibliotek (F 181)
Provenienz: Hieronym Beck von Leopoldsdorf (handschriftliches Exlibris)
Einband: B, auf der letzten Seite Angabe über das Binden „eingebunden ... 18 junij 91“
Walde: proveniensanteckningar; Aminson, S. 530

1Theo 84
LANDSBERG, Johannes Justus
Omnium Epistolarum ac Euangeliorum dominicalium totius anni Enarrationes, & Sermones ... Köln am Rhein: Neuß von, Melchior 1548. 2°
VD 16 J 1210
Rosenbergisches Verzeichnis Fol. 94r

1Theo 85
SITTARD, Matthias
Sieben Vnd Zwaintzigh Gottselige vnd zu dieser zeit hochnötige Predige wie er dieselbige am Kayserlichen Houe zu Wien in Osterreich vnd Preßburg in Hungarn fürgetragen vnnd gehalten ... Köln am Rhein: Cholinus, Maternus 1571. 2°
VD 16 S 6607
Rosenbergisches Verzeichnis Fol. 94r

1Theo 86
GEILER VON KAYSERSBERG, Johannes
Predigen teütsch ... Augsburg: Otmar, Johann 1508 oder 1510. 2°
VD 16 G 790 oder 791 (VD 16 registriert zwei Ausgaben 1508 und 1510).
Rosenbergisches Verzeichnis Fol. 94r

1Theo 87
Missale Dominorum Ultramontanorum ... Verona: [Petrus Maufer de Maliferis] 1480; 2°
ISTC im00729800
Rosenbergisches Verzeichnis Fol. 94r

1Theo 88
WIDMANNSTETTER, Johann Albrecht
Liber sacrosancti evangelii de Jesu Christo domino & deo nostro ... Wien: Zimmermann, Michael 1555. 4°
VD 16 W 2490
Rosenbergisches Verzeichnis Fol. 94v

1Theo 89
Novi testament ... Tübingen: 1562–1563 oder 1581–1582; 4°
VD 16 B 4583 (die Ausgabe 1581–1582), die Ausgabe 1562–1563 nach KVK
Rosenbergisches Verzeichnis Fol. 94v „Neue Testament Grobatisch mit gloglolischen buchstaben“

1Theo 90
SEVERUS ALEXANDRINUS
De ritibus baptismi, et sacrae synaxis apud Syros christianos receptis, liber ... Antwerpen: Plantijn, Christoffel 1572. 4°
Belgica Typographica 4346
Rosenbergisches Verzeichnis Fol. 94v

1Theo 91

INNOCENTIUS III. - papa

De officio Misse, et sacrame[n]to altaris : ... Liber sane o[mn]ibus religionis Christiane cultorib[us] adprime utilis ... Paris: 1518. 4°

Im Katalog French Books III & IV wird diese Ausgabe nicht registriert.

Rosenbergisches Verzeichnis Fol. 94v

1Theo 92

INNOCENTIUS III. – papa

Libri sex, de sacro Altaris mysterio ... Leipzig: Schmidt, Nickel 1534. 4°

VD 16 I 229

Rosenbergisches Verzeichnis Fol. 94v

1Theo 93

NAUSEA, Friedrich

De clericis in Ecclesia ordinandis Isagoges libri V. ... Wien: Adler, Aegidius 1551. 4°

VD 16 N 220

Rosenbergisches Verzeichnis Fol. 94v

1Theo 94

RICIUS, Paulus

In apostolorvm symbolvm ivxta perpateticorvm dogma dialogvs ... Augsburg: Miller, Johann 1514. 4°

VD 16 R 2312

Rosenbergisches Verzeichnis Fol. 94v

1Theo 95

Von dem hoch vnd weitberhümpten Wunderzeichen so sich mit dem hochheiligisten Sacrament des Altars auff dem Seefeld in der Fürstlichen Grafschafft Tyrol Anno 1384. zugetragen ... Dillingen: Mayer, Johann 1580. 4°

VD 16 V 2492

Rosenbergisches Verzeichnis Fol. 94v

1Theo 96

CLAUDIANUS MAMERTUS

De Statu Animae: Libri Tres, Petro Mosellano Recognitore ... Basel: Petri, Adam 1520. 4°

VD 16 C 4046

Rosenbergisches Verzeichnis Fol. 94v

1Theo 97

JOHANNES VON PALTZ

Supplementum Celifodine denuo pressum elimatum: ... Leipzig: Landsberg, Martin 1510. 4°

VD 16 J 257

Rosenbergisches Verzeichnis Fol. 94v

1Theo 98

VIVALDI, Giovanni Ludovico

Opus regale in quo continentur infrascripta opuscula. Epistola Consolatoria ... Tractatus De duplici causa contritionis ... Lyon; 4°

Die Ausgabe ist nicht zu bestimmen.

Rosenbergisches Verzeichnis Fol. 94v

1Theo 99
JOHANNES DE TAMBACO
Speculum Patientie cum theologycis consolationibus ... Strasbourg 1510. 4°
Die Ausgabe ist nicht eindeutig zu bestimmen: Vom VD 16 und KVK nicht registriert.
Rosenbergisches Verzeichnis Fol. 94v

1Theo 100
LUDOVICUS PRUTHENUS
Trilogium animae. ... Nürnberg: Koberger, Anton 1498; 4°
ISTC il00379000
Rosenbergisches Verzeichnis Fol. 94v

1Theo 101
PARALDUS, Guilielmus
Summa de virtutibus et vitiis ... Basel: Amerbach, Johann 1497. 4°
ISTC ip00086000
Rosenbergisches Verzeichnis Fol. 94v

1Theo 102
FICINUS, Marsilius
De religione christiana & fidei pietate Xenocrates de morte, eodem interprete ... Strasbourg: Knobloch, Johann – sen. 1507. 4°
VD 16 F 939–940
Rosenbergisches Verzeichnis Fol. 94v

1Theo 103
HENRICUS DE LANGENSTEIN
Speculum animae ... Strasbourg 1557. 4°
Die Ausgabe ist nicht eindeutig zu bestimmen: VD 16 H 2143 registriert die Ausgabe Strasbourg 1507.
Rosenbergisches Verzeichnis Fol. 94v

1Theo 104
RUYSBROEC, Jan van
De Ornatu spiritualium nuptiarum libri tres. ... [Paris]: Stephanus, Henricus [1512]. 4°
French Books III & IV 85350
Rosenbergisches Verzeichnis Fol. 94v

1Theo 105
ROLLE DE HAMPOLE, Richard
Explanationes notabiles ... sup[er] lectiones illas beati Job ... Paris: In Sole aureo vici sancti Jacobi 1510. 4°
Im Katalog French Books III & IV nicht registriert; SUDOC Catalogue http://www.sudoc.fr/123887364
Rosenbergisches Verzeichnis Fol. 94v

1Theo 106
CASTELLESI, Adriano
Venatio. ... Strasbourg: Schürer, Matthias 1512. 4°
VD 16 C 1468
Rosenbergisches Verzeichnis Fol. 95r

1Theo 107

PYTHAGORAS

Hieroclis stoici philosophi in aurea Pythagorae carmina Commentarius. ... Strasbourg: Schürer, Matthias 1511. 4°

VD 16 P 5459

Rosenbergisches Verzeichnis Fol. 95r

1Theo 108

JOHANNES CARTHUSIENSIS

Noscete. Add: Corona senum; De immensa caritate Dei; De humilitate interiori et patientia vera ... [Heidelberg: Knoblochtzer, Heinrich 1489]. 4°

ISTC ij00275000

Rosenbergisches Verzeichnis Fol. 95r

1Theo 109

LEONROD, Hans von

Hymelwag, auf dem wer wol lebt vnd wol stirbt fert in das Reich der Hymel. ... Innsbruck: Höller, Rupprecht 1558. 4°

VD 16 L 1240

Rosenbergisches Verzeichnis Fol. 95r

1Theo 110

ALMAIN, Jacques

Moralia acutissimi ac clarissimi doctoris theologi ... Nürnberg 1516. 4°

Die Ausgabe ist nicht eindeutig zu bestimmen: Vom VD 16 und KVK nicht registriert.

Rosenbergisches Verzeichnis Fol. 95r

1Theo 111

JOHANNES VON KÖLN

Questiones Magistrales in diuina subtilissimi Scoti Volumina ... Basel: Petri, Adam 1510. 4°

VD 16 J 622

Rosenbergisches Verzeichnis Fol. 95r

1Theo 112

BRUTUS, Jacobus

*Corona aurea ...*Venezia: Tacuinus de Tridino, Johannes 1497. 4°

ISTC ib01262000

Rosenbergisches Verzeichnis Fol. 95r

1Theo 113

*Textus sequentiarum cum luculentissima tam sententiarum qua ... vocabulorum interpretatione scripture autoritatibus aliorumque exemplis creberrimis roborata. ...*Köln am Rhein: Quentel, Heinrich – heredes 1506. 4°

VD 16 T 655

Rosenbergisches Verzeichnis Fol. 95r

1Theo 114

TRITHEMIUS, Johannes

Jnstitutio vite sacerdotalis. Wien: Johann Winterburger 1503. 4°

VD 16 ZV 24373

Rosenbergisches Verzeichnis Fol. 95v

1Theo 115
[*Amicus animae*] *Sermones „Amici" dicti...* Basel: Kesler, Nicolaus 1495. 4°
ISTC ia00563000
Rosenbergisches Verzeichnis Fol. 95r

1Theo 116
*Sacerdotale ad consuetudinem S. Romane Ecclesie aliarumque ecclesiarum ...*Venezia: Guerra, Domenico – Guerra, Giovanni Battista 1576. 4°
EDIT 16 CNCE 11976
Rosenbergisches Verzeichnis Fol. 95r

1Theo 117
LEISENTRIT, Johannes – sen.
Forma Germanico idiomate baptisandi infantes, secvndvm catholicae vereque Apostolicae Ecclesiae ritum ...(Bautzen: Wolrab, Johann 1564.) 4°
VD 16 A 722, BCBT s. v. Leisentrit, Johannes
Rosenbergisches Verzeichnis Fol. 95r

1Theo 118
LEISENTRIT, Johannes – sen.
Katholisches Pfarrbuch ... Köln am Rhein: Cholinus, Maternus 1578. 4°
VD 16 L 1065, L 1066
Rosenbergisches Verzeichnis Fol. 95r
Konvolut 1Theo 118 und 1XXX 12
Strängnäs: Domkyrkans bibliotek (G 95 q)
Provenienz: Hieronym Beck von Leopoldsdorf (handschriftliches Exlibris)
Einband: Ohne Einband, angesengtes Torso
Aminson, S. 391

1Theo 119
LORICH, Gerhard
Institutio Catholica fidei orthodoxae et religionis sanae ... Frankfurt am Main: Egenolff, Christian – sen. 1536. 4°
VD 16 L 2509
Rosenbergisches Verzeichnis Fol. 95r

1Theo 120
FABRI, Johann
Confutatio gravissimi erroris asserentis in Sacramento altaris post consecrationem non esse totum & integrum Christum ... Leipzig: Wolrab, Nikolaus 1537. 4°
VD 16 F 198
Rosenbergisches Verzeichnis Fol. 95r

1Theo 121
DIETENBERGER, Johannes
*Fragstuck an alle Christglaubigen ...*Köln am Rhein: Quentel, Peter 1530. 4°
VD 16 D 1482
Rosenbergisches Verzeichnis Fol. 95r

1Theo 122
NAUSEA, Friedrich
Miscellanearum libri duo, quorum prior est pro Horis Canonicis, alter vero pro sacrosancta Missa Apologeticus. ... Köln am Rhein: Quentel, Peter 1531. 4°
VD 16 N 249
Rosenbergisches Verzeichnis Fol. 95r

1Theo 123
NAUSEA, Friedrich
*Ad Sacratissimum Caesarem Ferdinandum, Rhomanorum, Hungarorum, Boemorumque ... Regem Augustissimum ... super huius anni post Christum natum M.D.XXXI. & quolibet alio Cometa Exploratio ...*Köln am Rhein: 1531. 4°
VD 16 N 198 registriert nur die Ausgabe Mainz: Schöffer, Ivo, 1531, KVK registriert die Ausgabe s. l. 1531.
Rosenbergisches Verzeichnis Fol. 95r

1Theo 124
NAUSEA, Friedrich
Do precipue huius Anni post Christum natum. M.D.XXviij. Apud Moguntiam terra Motu Responsum. ... Würzburg: Müller, Balthasar 1528. 4°
VD 16 N 261
Rosenbergisches Verzeichnis Fol. 95r

1Theo 125
ZVOLSKÝ, Jan
Alphabetum theologicum ... Hagenau: Setzer, Johann 1531. 4°
VD 16 Z 672
Rosenbergisches Verzeichnis Fol. 95r

1Theo 126
NAUSEA, Friedrich
Anonymi Philalethi Evsebiani in vitas, miracula, passionésque Apostolorum Rhapsodiae. ... Köln am Rhein: Quentel, Peter 1531. 4°
VD 16 N 248
Rosenbergisches Verzeichnis Fol. 95r

1Theo 127
GUILELMUS AUS CONCHES
Philosophicarum et astronomicarum institutionum ... libri tres. ... Basel: Petri aus Basel, Heinrich 1531. 4°
VD 16 G 4078
Rosenbergisches Verzeichnis Fol. 95r

1Theo 128
TORRES, Francisco de
De hierarchicis ordinationibus ministrorum ecclesiae Catholicae, ... Dillingen: Mayer, Sebald 1569. 4°
VD 16 T 1635
Rosenbergisches Verzeichnis Fol. 95v

1Theo 129
PAMELIUS, Jacobus
Liturgica latinorum ... duobus Tomis digesta. ... Köln am Rhein: Quentel, Johann – heredes 1571. 4°
VD 16 P 175
Rosenbergisches Verzeichnis Fol. 95v

1Theo 130
*Martyrologium S. Romanae Ecclesiae vsui in singulos anni dies accommodatum ...*Venezia: [Nicolini da Sabbio, Domenico] 1578. 4°
EDIT 16 CNCE 11417
Rosenbergisches Verzeichnis Fol. 95v

1Theo 131
HOOGSTRATEN, Jacobus van
Ad sanctissimum dominum nostrum pontificum modernum ... Köln am Rhein: Quentel, Peter 1522. 4°
VD 16 H 4808
Rosenbergisches Verzeichnis Fol. 95v

1Theo 132
CLICTHOVE, Josse
AntiLutherus .... Tres libros complectens ... Köln am Rhein: Quentel, Peter 1525. 4°
VD 16 C 4189
Rosenbergisches Verzeichnis Fol. 95v

1Theo 133
BEDA, Noel
Annotatio ... in Jacobum Fabrum Stapulensem libri duo: ... Köln am Rhein: Quentel, Peter 1526. 4°
VD 16 B 1416
Rosenbergisches Verzeichnis Fol. 95v

1Theo 134
COCHLAEUS, Johannes
Historia Martini Lutheri. Das ist Kurtze Beschreibung seiner Handlungen vnd Geschrifften der Zeit nach vom M.D.XVII. biß auff das XLVI. Jar seines Ableibens ... Ingolstadt: Sartorius, David 1582. 4°
VD 16 C 4280
Rosenbergisches Verzeichnis Fol. 95v

1Theo 135
ERASMUS ROTERODAMUS, Desiderius
Responsio ad annotationes Eduardi Lei. Apologia ... Basel: Froben, Johann 1520. 4°
VD 16 E 3613
Rosenbergisches Verzeichnis Fol. 95v

1Theo 136
PFEFFERKORN, Johann
[*Libellus ad Maximilianu[m] Jmperatorem Coloniae 1509*]. 4°
Die Ausgabe ist nicht eindeutig zu bestimmen: Im Jahre 1509 erschienen in Köln mehrere antijüdische Polemiken (VD 16 P 2316, P 2315, P 2293, P 2291, P 2292).
Rosenbergisches Verzeichnis Fol. 95v

1Theo 137
MARGARITHA, Anton
[*Beweisung dass Messias schon kommen sey*]. ... 4°
Die Ausgabe ist nicht eindeutig zu bestimmen: VD 16 S 1564 (Augsburg: Otmar, Silvan 1524) oder VD S 1567 (Zürich: Hager, Hans 1524).
Rosenbergisches Verzeichnis Fol. 95v

1Theo 138
WEIDNER DE BILLERBURG, Paul
Loca praecipva fidei Christianae ... Wien: Hösch, Stephan 1562. 4°
VD 16 W 1479
Rosenbergisches Verzeichnis Fol. 95v

1Theo 139
WEIDNER DE BILLERBURG, Paul
Sententiae Hebraicae ad vitae institvtionem perviles breviter explicatae ... Wien: Zimmermann, Michael 1563. 4°
VD 16 W 1480
Rosenbergisches Verzeichnis Fol. 95v

1Theo 140
PAULUS AUS PRAG
Ein tröstlich vnd zu lesen sehr nutzliches buch widerden grewlichen jrrthumb der verstockten Juden ... Wien: Apfel, Michael 1581. 4°
VD 16 ZV 17514
Rosenbergisches Verzeichnis Fol. 95v

1Theo 141
GRATIA DEI, Johannes Baptista
De confutatione hebraicae sectae ... Strasbourg: Flach, Martin 1500. 4°
ISTC ig00354000
Rosenbergisches Verzeichnis Fol. 95v

1Theo 142
ŁASICKI, Jan
De Rvssorvm Moscovitarvm et Tartarorvm religione, sacrificiis, nvptiarvm, fvnervm ritv. ... Speyer: Albin, Bernhard 1582. 4°
VD 16 L 553
Rosenbergisches Verzeichnis Fol. 95v

1Theo 143
COCHLAEUS, Johannes
Von der heyligen Mess, vnd Priester weyhe Christlicher bericht ... Leipzig: Blum, Michael 1534. 4°

VD 16 C 4421
Rosenbergisches Verzeichnis Fol. 95v

1Theo 144
HALLER, Leonhard
Grundt vnnd kundtschafft ausz Göttlicher geschrifft vnd den hailigen Vättern das Fleisch vnd Blut IHESV CHRISTI im Ambt der hailigen Meß durch geweychte Priester warhafftigklich geopfert werd ... angezaigt. ... Ingolstadt: Weißenhorn, Alexander II. – Weißenhorn, Samuel 1553. 4°
VD 16 H 330
Rosenbergisches Verzeichnis Fol. 95v

1Theo 145
WITZEL, Georg
Pvblicvm ecclesiae sacrvm. Von der Warheit der Altkyrchischen Liturgy vnd Opfferung ... Köln am Rhein: Quentel, Johann 1551. 4°
VD 16 W 4007
Rosenbergisches Verzeichnis Fol. 95v

1Theo 146
HOFFMEISTER, Johann
Verbvm Dei carnem factvm ... Mainz: Behem, Franz 1545. 4°
VD 16 H 4280
Rosenbergisches Verzeichnis Fol. 95v

1Theo 147
NAS, Johannes
Examen Chartaceae Lutheranorum Concordiae ... Ingolstadt: Eder, Wolfgang 1581. 4°
VD 16 N 111
Rosenbergisches Verzeichnis Fol. 96r
Västerås: Stiftsbibliotek (Teologi IX Polemik, dogmatik m.m.)
Einband: D
Walde: proveniensanteckningar

1Theo 148
CASAL, Gaspar do
De coena et calice Domini quo ad laicos, & clericos non celebrantes: libri tres ... (Venezia: Ziletti, Giordano 1563). 4°
EDIT 16 CNCE 9785
Rosenbergisches Verzeichnis Fol. 96r

1Theo 149
BLYSSEM, Heinrich
Defensio assertionvm theologicarvm de vera et Sacrosancta Christi ... Ingolstadt: Sartorius, David 1577. 4°
VD 16 B 5798
Rosenbergisches Verzeichnis Fol. 96r

1Theo 150

HARPSFIELD, Nicholas

Dialogi sex contra summi pontificatus, monasticae vitae, sanctorum, sacrarum imaginum oppugnatores ... Antwerpen: Plantijn, Christoffel 1573. 4°

Belgica Typographica 1387

Rosenbergisches Verzeichnis Fol. 96r

1Theo 151

BOURCHIER, Thomas

Catalogvs vnd ordenliche Verzeichnusz der Newgekrönten anderhablhundert streitbarn Barfüsser Martyrer Welche alle in Engelland Niderland Flandern Franckreich Jrland Vngern vnd Oesterreich in diesen vnsern letzten ... Zeiten ... gemartert worden. ... Ingolstadt: Eder, Wolfgang 1585. 4°

VD 16 B 6857

Rosenbergisches Verzeichnis Fol. 96r

1Theo 152

UTZINGER, Alexander

Christlicher Sendbrieff An alle frōme Christen ... Schmalkalden: Schmuck, Michael 1588. 4°

VD 16 U 406–407

Rosenbergisches Verzeichnis Fol. 96r

1Theo 153

Ausschreiben, darinnen die Ursachen ausgeführt werden, warum wir uns in jetzige Kriegsexpedition ... begeben. ... Neustadt an der Haardt: Harnisch, Matthaeus 1583. 4°

VD 16 P 2228, P 2229 und P 2330, variierende Ausgaben

Rosenbergisches Verzeichnis Fol. 96r

1Theo 154

CLENCK, Rudolph

Catholica de sacramento Matrimonij Disputatio, in alma Ingolstadiensi Academia, Anno M.D.LXXV Die Mensis publicè habita. ... Ingolstadt: Sartorius, David 1575. 4°

VD 16 C 4108

Rosenbergisches Verzeichnis Fol. 96r

1Theo 155

EDER, Wolfgang

Dvodecim rervm theologicarvm dispvtationes, Romae in comitiis generalibvs fratrvm ordinis minorvm de observantia ... hoc Anno M.D.XXCVII. ad publicam disputationem propositae solenniterque habite: ... Ingolstadt: Eder, Wolfgang 1587. 4°

VD 16 E 551

Rosenbergisches Verzeichnis Fol. 96r

1Theo 156

WALDNER, Wolfgang

Klare vnd gründliche beweisung. Wider D. G. Maiors Repetition. ... Regensburg: Geißler, Heinrich 1568. 4°

VD 16 W 876

Rosenbergisches Verzeichnis Fol. 96r

1Theo 157
BELLARMINO, Roberto
Endeckung Der grossen Thorheit abschewlichen Jrrthumben vnnd greifflichen Lugen so in dem Schmidelinischen zusamen geschwaisten Concordibuch begriffen. ... Ingolstadt: Sartorius, David 1586. 4°
VD 16 B 1623
Rosenbergisches Verzeichnis Fol. 96r

1Theo 158
ULENBERG, Kaspar
Summarische Beschreibung eines ungefährlichen Gesprächs, das zu Köln ... 1590 ... gehalten worden ... Köln am Rhein: Quentel, Johann – heredes 1590. 4°
VD 16 U 46
Rosenbergisches Verzeichnis Fol. 96r

1Theo 159
Acta consistorii pvblice exhibiti a S.D.N. Gregorio papa XIII. regvm Iaponiorvm legatis Romae, die XXIII. Martii. M.D.LXXXV. ... Praha: Peterle, Michael 1585. 4°
BCBT 36312
Rosenbergisches Verzeichnis Fol. 96r

1Theo 160
KHÜFRINGER, Michael
Form vnnd Maß wie die armen Leut in der Rö. Khu. May. ... Newhospital zu Wienn ... durch jre verordnete ... Priester daselbst yeder Zeit mit dem ... Wort Gottes ... getröst vnd vnderwisen werden sollen. Wien: Zimmerman, Michael 1550. 4°
Im VD 16 nicht registriert; Eintrag nach dem KVK.
Rosenbergisches Verzeichnis Fol. 96r

1Theo 161
DOMINÁČEK Z PÍSNICE, Zikmund
Verae sanctitatis, eloquentiae, ac ervditionis idea. ... S. l.: s. t. n., post 1574. 4°
BCBT 37321
Rosenbergisches Verzeichnis Fol. 96r

1Theo 162
ELLANDER, Blasius
Examen Oder fleissige Erörterung dessen zu vnsern zeiten allermaisten strittigen Artickels von der Communion ... Graz: Widmanstetter, Georg 1588. 4°
VD 16 E 1014
Rosenbergisches Verzeichnis Fol. 96r
Västerås: Stiftsbibliotek (Teologi IX Polemik, dogmatik m.m.)
Provenienz: Hieronym Beck von Leopoldsdorf (handschriftliche Widmung des Autors)
Einband: D
Walde: proveniensanteckningar; Praeda Bellicae Arosiensis, num 36

1Theo 163
MUCHITSCH, Peter
Poedagogia Oder Schulfürung der Württenbergischen Theologen. ... Graz: Widmanstetter, Georg 1588–1589. 4°
VD 16 M 6467
Rosenbergisches Verzeichnis Fol. 96r

1Theo 164
GIBBONS, John
Concertatio ecclesiae catholicae in Anglia adversus Calvinopapistas et Puritanos ...Trier: Bock, Heinrich 1588. 4°
VD 16 B 8266
Rosenbergisches Verzeichnis Fol. 96r
Västerås: Stiftsbibliotek (Teologi IX Polemik, dogmatik m.m.)
Einband: C
Walde: proveniensanteckningar

1Theo 165
Chronologia ecclesiastica, seriem temporvm continens ... Wien: Nassinger, Leonhard, 1580. 4°
VD 16 C 2487
Rosenbergisches Verzeichnis Fol. 96v

1Theo 166
CARACCIOLI, Robertus
*Sermones.*Venezia: 1491. 4°
Weder im Katalog ISTC noch im KVK ist diese Ausgabe registriert
Rosenbergisches Verzeichnis Fol. 96r

1Theo 167
FRANCISCUS DE MAYRONIS
Quadragesimale ...Venezia: Bernardus de Nouaria 1491. 4°
ISTC im 00092000
Rosenbergisches Verzeichnis Fol. 96r

1Theo 168
DENISSE, Nicolas
Sermones ... De Tempore Hiemales ... Strasbourg: Grüninger, Johann 1510. 4°
VD 16 N 1514
Rosenbergisches Verzeichnis Fol. 96r

1Theo 169
VALLA, Laurentius
De libero arbitrio. Apologia eivs aduersus Calumniatores ... Basel: Cratander, Andreas 1518. 4°
VD 16 V 225
Rosenbergisches Verzeichnis Fol. 96r

1Theo 170
ECK, Johannes
Lypsicae disputationis epitome, cum defensione D. Eccii ... Augsburg: Grimm, Sigmund – Wirsung, Marx 1519. 4°
VD 16 M 3205
Rosenbergisches Verzeichnis Fol. 96r

1Theo 171
Modvs inqvirendi haereticos ad vsvm Romanae curiae lectu dignissimus. ... Augsburg: Grimm, Sigmund – Wirsung, Marx 1519. 4°

VD 16 A 3802
Rosenbergisches Verzeichnis Fol. 96v (ohne Erscheinungsort und - jahr)

1Theo 172
BIEL, Gabriel
Sermones de tempore ... 1462. 4°
Vom Katalog ISTC wird diese Ausgabe nicht registriert, nur die Ausgabe Tübingen 1499–1500 (ib00662000).
Rosenbergisches Verzeichnis Fol. 96v

1Theo 173
BIEL, Gabriel
Sermones de festivitatibus gloriosae virginis Mariae ... [Tübingen: Otmar, Johann 1499]. 4°
Weder bei ISTC noch bei French Books III & IV registriert, ABES Sudoc catalogue 117834386.
Rosenbergisches Verzeichnis Fol. 96v

1Theo 174
VIGILIUS VON THAPSUS
Opus, vt vetustum, ita quoque celeberrimum, contra Eutychen aliosque hęreticos, qui impie Christum solum hominem nec deum profitentur, hactenus desyderatum a doctissimis. ... Wien: Singriener, Johann – sen. 1528. 4°
VD 16 V 1186
Rosenbergisches Verzeichnis Fol. 96v

1Theo 175
BRENZ, Johannes
Postila, to jest, kratko Istlmačenje vsih nedelskih' Evangeliov', i poglaviteih Prazdnikov, ... Kurtze auszlegung über die Sontags vnd der fürnembsten Fest Euangelia ...Urach: Ungnad, Hans von 1563. 4°
VD 16 B 7837
Rosenbergisches Verzeichnis Fol. 96v

1Theo 176
BUONRICCIO, Angelico
*Le christiane et diuote parafrasi sopra tutte l'epistole di s. Paolo et le canonice. ...*Venezia: Arriuabene, Andrea 1565. 4°
EDIT 16 CNCE 7873
Rosenbergisches Verzeichnis Fol. 96v

1Theo 177
FIAMMA, Gabriele
Sei prediche ... sopra l'euangelio di s. Luca ... Venezia: Franceschi, Francesco 1576. 4°
EDIT 16 CNCE 18914
Rosenbergisches Verzeichnis Fol. 96v

1Theo 178
SAVONAROLA, Girolamo
Prediche sopra Amos e Zaccaria. Venezia: 1582; 4°
Weder in EDIT 16 noch im KVK wird diese Ausgabe registriert.
Rosenbergisches Verzeichnis Fol. 96v

1Theo 179

BEYTHE, István

Az evangeliomok magyarázatii ... Németújvár: Manlius, Johannes 1584. 4°

Régi Magyarországi Nyomtatványok 1473–1600, Num. 552–554.

Rosenbergisches Verzeichnis Fol. 96v

1Theo 180

Summacena od Suetich Pisen y Ewangelii. Venezia: 1543. 4°

Weder in EDIT 16 noch im KVK wird diese Ausgabe registriert.

Rosenbergisches Verzeichnis Fol. 96v

1Theo 181

SEBASTIANUS II. A BADEN – abbas Lucensis

Geistliche Kriegsrüstung wider den gemeinen Blutdurstigen Tyrannen ... Louka u Znojma: Klášterní tiskárna 1597. 4°

BCBT 35961

Rosenbergisches Verzeichnis Fol. 96v

1Theo 182

VEGA, Emmanuel de

Facti Samosateniani Dei oppvgnatio. Aeternae Christi generationis, veraeque deitatis defensio. ... Wien: Pierio, Niccolò 1590. 4°

VD 16 ZV 23717

Rosenbergisches Verzeichnis Fol. 96v

1Theo 183

BRACCESCO, Sopranzo

L'ordine et le cerimonie fatte da n.s. papa Giulio III per aprir la Porta Santa. [Roma 1550 ?]. 4°

EDIT 16 CNCE 7377

Rosenbergisches Verzeichnis Fol. 96v

1Theo 184

HEUPERGER, Matthaeus

In disem Buechl sein Alle vnnd yede Stuckh des hochwirdigen Hayltumbs der zeit In aller heyligenn Thumkirchen Sant steffan der stat Wienn in Osterreich vorhande[n] ... Wien: Winterburger Johannes 1514. 4°

Im VD 16 wird nur die erste Ausgabe von 1502 registriert, die zweite Ausgabe nach dem KVK.

Rosenbergisches Verzeichnis Fol. 96v

Västerås: Stiftsbibliotek (Paleotyper 1527)

Provenienz nicht eindeutig: Marcus Beck von Leopoldsdorf?

Einband: A

Isak Collijn, En av Johann Winterburg i Wien tryckt Donat i Strängnäs Domkyrkobibliotek, Nordisk tidskrift för bok- och biblioteksväsen 20, 1933, S. 117–118.

1Theo 185

Ordnung der ganzen Procession deß allerheiligsten und hochwürdigst. Sacraments wie dieselb in d. fürstl. Hauptstadt München ... auf d. Fest corporis Christi gehalten wird ... München: 1593. 4°

VD 16 ZV 29750
Rosenbergisches Verzeichnis Fol. 96v

1Theo 186
QUICCHELBERG, Samuel van
Apophthegmata biblica, tum et responsiones aliae piae et salutares ... Köln am Rhein: Birckmann, Arnold – sen., heredes 1571. 8°
VD 16 Q 62
Rosenbergisches Verzeichnis Fol. 97r

1Theo 187
Il Nuouo Testamento tradotto in lingva toscana. ... Venezia: [Giunta, Lucantonio] 1536. 8°
EDIT 16 CNCE 5940
Rosenbergisches Verzeichnis Fol. 97r
Strängnäs: Domkyrkans bibliotek (O. 2)
Einband: C
Walde: proveniensanteckningar; Aminson, S. 99

1Theo 188
GAMERSFELDER, Hans
Der gantz Psalter Dauids in gsangs weyse gestelt ... Nürnberg: VomBerg, Johann – Neuber, Ulrich 1542. 8°
VD 16 G 358
Rosenbergisches Verzeichnis Fol. 97r

1Theo 189
La vie de Nostre Seigneur Iesus Christ par figures ... Paris: 1540. 8°
French Vernacular Books 35329–35330 (die Ausgaben unterscheiden sich durch den Drucker).
Rosenbergisches Verzeichnis Fol. 97r

1Theo 190
LAMBERT, François
Commentarij de Prophetia, Eruditione et Linguis, deq; Litera et Spiritu. ... Strasbourg: Herwagen, Johannes – sen. 1516 [= 1526].
VD 16 L 135
Rosenbergisches Verzeichnis Fol. 97r

1Theo 191
FULGENTIUS VON RUSPE
Opera, quae scripsit omnia, magno labore con-quisita. ... Basel: Petri aus Basel, Heinrich 1566. 8°
VD 16 F 3357
Rosenbergisches Verzeichnis Fol. 97r

1Theo 192
AMBROSIUS MEDIOLANENSIS
Confessio Ambrosiana in libros qvattvor digesta. ... Köln am Rhein: Quentel, Johann – heredes 1580. 8°
VD 16 A 2185
Rosenbergisches Verzeichnis Fol. 97r

1Theo 193
JOHANNES ANDREAE
Hieronymianus diui Hieronymi vitę mortis prodigiorum dictorum ac scriptorum explorationes prostringens ... Basel: Petri, Adam 1514. 8°
VD 16 J 314
Rosenbergisches Verzeichnis Fol. 97r

1Theo 194
THOMAS AQUINAS
Ex universa summa ... desumptae conclusiones ... Leuven: Fowler, John 1570. 8°
STC Netherlands and Belgium S. 197
Rosenbergisches Verzeichnis Fol. 97r

1Theo 195
PETRI, Suffridus
De illvstribvs ecclesiae scriptoribvs ... Köln am Rhein: Cholinus, Maternus 1580. 8°
VD 16 P 1781
Rosenbergisches Verzeichnis Fol. 97r

1Theo 196
CRATEPOIL, Petrus
De Germaniae episcopis, et orthodoxis doctoribvs ... libellvs ... Köln am Rhein: Kempen, Gottfried von 1592. 8°
VD 16 C 5693
Rosenbergisches Verzeichnis Fol. 97r

1Theo 197
JOANNES GALLENSIS
Summa de regimine vitae humanae seu margarita doctorum ... Lyon: s. t. n. 1511. 8°
French Books III & IV 75717
Rosenbergisches Verzeichnis Fol. 97r

1Theo 198
BRULEFER, Stephanus
Opuscula ... quorum numerus in fine omnium cuilibet patet ... Paris: Bocard, André – Petit, Jean 1500. 8°
ISTC ib01222000
Rosenbergisches Verzeichnis Fol. 97r

1Theo 199
ANTONINUS FLORENTINUS
Confessionale: Defecerunt scrutantes scrutinio ... [Brescia]: Angelus Britannicus 1500. 8°
ISTC ia00834000
Rosenbergisches Verzeichnis Fol. 97r

1Theo 200
VIVALDI, Giovanni Ludovico
Aureum opus de veritate contritionis in quo mirifica documenta eterne salutis aperiuntur ... Paris: Regnault, François 1514. 8°
French Books III & IV 90918
Rosenbergisches Verzeichnis Fol. 97r

1Theo 201
DENISSE, Nicolas
Diuinis humanisque dignum conspectibus preclarissimum opus ... Paris: Regnault, François 1509. 8°
French Books III & IV 64551
Rosenbergisches Verzeichnis Fol. 97r

1Theo 202
RICHARDUS A SANCTO VICTORE
Opera ... De statu interioris hominis super illa sententia Isaiae. ... Liber I. ... Venezia: Fontana, Benedetto – Penzio, Giacomo 1506. 8°
EDIT 16 CNCE 53522
Rosenbergisches Verzeichnis Fol. 97r

1Theo 203
Sacrarum cerimoniarum, sive rituum ecclesiasticorum Sanctae Romanae ecclesiae libri tres. ... Köln am Rhein: Birckmann, Arnold – sen., heredes 1572. 8°
VD 16 R 2586
Rosenbergisches Verzeichnis Fol. 97r

1Theo 204
Actus Sacerdotalis Sive brevis eorum informatio ... Passau: Nenninger, Matthaeus 1587. 8°
VD 16 A 738
Rosenbergisches Verzeichnis Fol. 97r

1Theo 205
WILD, Johann – ODO CAMERACENSIS
Examen ordinandorum. ... Venezia: Farri, Domenico 1568. 8°
EDIT 16 CNCE 68898
Rosenbergisches Verzeichnis Fol. 97r

1Theo 206
BORROMEO, Carlo
Pastorum concionatorumque instructiones ... Köln am Rhein: Cholinus, Maternus 1587. 8°
VD 16 B 6753
Rosenbergisches Verzeichnis Fol. 97r

1Theo 207
ANDRADA, Diogo Paiva de
Defensio Tridentinae fidei Catholicae, et integerrimae quinque libris comprehensa. ... Ingolstadt: Sartorius, David 1580. 8°
VD 16 P 86
Rosenbergisches Verzeichnis Fol. 97r

1Theo 208
HEUSSENSTAMM, Sebastian von
Constitutiones concilii provincialis Moguntini ... Paris: Preux, Poncetus Le 1550. 8°
French Books III & IV 67784
Rosenbergisches Verzeichnis Fol. 97r

1Theo 209

KARNKOWSKI, Stanisław

Constitutiones in dioecesana Synodo Wladislaviensi ... Köln am Rhein: Cholinus, Maternus 1572. 8°

VD 16 W 4100

Rosenbergisches Verzeichnis Fol. 97v

1Theo 210

HESS, Johannes Dominicus

Synodus Oecumenica Theologorum Protestantium. ... Graz: Widmanstetter, Georg 1593. 8°

VD 16 H 2758

Rosenbergisches Verzeichnis Fol. 97v

1Theo 211

RAVESTEYN, Josse van

Catholicae Confutationis Prophanae Illius Et Pestilentis Confessionis ... contra varias et inanes cavillationes Mat. Flacci Illyrici, Apologia seu defensio ... Leuven: Zangre, Peeter de 1568. 8°

Belgica Typographica 4105

Rosenbergisches Verzeichnis Fol. 97v

1Theo 212

ANDRADA, Diogo Paiva de

Orthodoxarum explicationum libri decem ... Köln am Rhein: Cholinus, Maternus 1564. 8°

VD 16 P 88

Rosenbergisches Verzeichnis Fol. 97v

1Theo 213

CANO, Melchor

Locorum theologicorum libri duodecim. ... Köln am Rhein: Birckmann, Arnold – sen., heredes 1574. 8°

VD 16 ZV 2913

Rosenbergisches Verzeichnis Fol. 97v

1Theo 214

LINDT, Willem van der

De vera Christi Iesu ecclesia, ubinam locorum nunc tempestatis certo iuxta ac infallibiliter inuenienda ... Diatriba analytica ... Köln am Rhein: Cholinus, Maternus 1572. 8°

VD 16 L 1952

Rosenbergisches Verzeichnis Fol. 97v

1Theo 215

LINDT, Willem van der

Dubitantius de vera certaque, per Christi Iesu euangelium, salutis aeternae via, libris III. instructus ... Köln am Rhein: Cholinus, Maternus 1571. 8°

VD 16 L 1928

Rosenbergisches Verzeichnis Fol. 97v

1Theo 216
FABRI, Johann
Via regia. Quo itinere fidelis debeat ambulare ... Köln am Rhein: Quentel, Johann – heredes 1564. 8°
VD 16 F 167
Rosenbergisches Verzeichnis Fol. 97v

1Theo 217
GARET, Jean
Omnivm ætatvm, nationvm ac provinciarvm in veritatem corporis Christi in eucharistia consensus. ... Antwerpen: Nutius, Philippus 1569. 8°
Belgica Typographica 1234
Rosenbergisches Verzeichnis Fol. 97v

1Theo 218
CASAL, Gaspar do
De sacrificio missae, & sacrosanctae Eucharistiae celebratione .... Antwerpen: Malcotius, Libertus 1566. 8°
Netherl. Books 6850
Rosenbergisches Verzeichnis Fol. 97v

1Theo 219
COCHLAEUS, Johannes
Speculum Missae ex antiquissimis quibusdam, ac uetustissimis catholicae Ecclesiae patribus ... Venezia: Ziletti, Francesco 1572. 8°
EDIT 16 CNCE 12729
Rosenbergisches Verzeichnis Fol. 97v

1Theo 220
GREGORIUS TURONENSIS
De gloria martyrum, libri duo ... Köln am Rhein: Cholinus, Maternus 1583. 8°
VD 16 G 3142
Rosenbergisches Verzeichnis Fol. 97v

1Theo 221
LENS, Jean de
De officio hominis christiani in persecutione constituti ... Leuven: Zangrius, Peeter – Maes, Jan 1578. 8°
Belgica Typographica 1861
Rosenbergisches Verzeichnis Fol. 97v
Lund: Universitetsbibliotek (ÄLDRE SAMLINGEN Utl Teol rom kat)
Einband: C
Walde: Storhetstidens litterära krigsbyten I, S. 296; Beck, S. 122

1Theo 222
ISAAC, Johannes
Defensio veritatis Hebraicae Sacrarum Scripturarum adversus libros tres ... Vilhelmi Lindani ... Köln am Rhein: 1569. 8°
VD 16 und KVK registrieren nur die Ausgabe von 1559.
Rosenbergisches Verzeichnis Fol. 97v

1Theo 223

AGRICOLA, Franciscus

Diatriba evangelica de coniugio et coelibatu sacerdotum ... Köln am Rhein: Cholinus, Maternus 1581. 8°

VD 16 ZV 25959

Rosenbergisches Verzeichnis Fol. 97v

1Theo 224

PISANO, Alfonso

De continentia et abstinentia: Vel, de Apostolico coelibatu, ieiunio & ciborum delectu, doctrina catholica. Köln am Rhein: Birckmann, Arnold – sen., heredes 1579. 8°

VD 16 P 2942

Rosenbergisches Verzeichnis Fol. 97v

1Theo 225

BURGOS, Pedro Alfonso de

Libro de la historia y milagros hechos a invocacion de nuestra Senora de Montserrat ... 8°

Die Ausgabe ist nicht eindeutig zu bestimmen: Der Katalog Iberian Books 2310–2313 registriert einige Ausgaben in Barcelona und in Madrid.

Rosenbergisches Verzeichnis Fol. 97v

1Theo 226

MOUCHY, Antoine de

De veritate Christi, nec non corporis et sangvinis eius in Missæ sacrificio adv. hæreticos assertio ... Paris: 1570. 8°

French Books III & IV 80277–80278 (die Ausgaben unterscheiden sich durch den Namen des Druckers).

Rosenbergisches Verzeichnis Fol. 97v

1Theo 227

FABRI, Johann

De missa evangelica, et de veritate corporis et sangvinis Christi in Eucharistiae Sacramento ... Köln am Rhein: Cholinus, Maternus 1557. 8°

VD 16 ZV 5698

Rosenbergisches Verzeichnis Fol. 97v

1Theo 228

WALASSER, Adam

Meßbüchlin ... Dillingen: Mayer, Sebald 1572. 8°

VD 16 M 5501

Rosenbergisches Verzeichnis Fol. 97v

1Theo 229

AGRICOLA, Franciscus

Biblische Instruction Von der Catholischer Bapstischer Meß. ... Köln am Rhein: Cholinus, Maternus 1580. 8°

VD 16 A 880

Rosenbergisches Verzeichnis Fol. 97v

1Theo 230
UCHÁNSKI, Jakub
Brevis augustissimi ac summe venerandi sacrosanctae missae sacrificii ... assertio. ... Köln am Rhein: 1578. 8°
VD 16 und KVK registrieren nur die Ausgabe von 1577.
Rosenbergisches Verzeichnis Fol. 97v

1Theo 231
SONNIUS, Franciscus
Demonstrationum, ex verbo Dei de septem sacramentis ecclesiae liber I. ... Antwerpen: Plantijn, Christoffel 1576. 8°
Netherl. Books 28157
Rosenbergisches Verzeichnis Fol. 97v

1Theo 232
HOFFMANN, Johannes
Tractatus de communione sub utraque specie. ... Venezia: Nicolini da Sabbio, Domenico 1571. 8°
EDIT 16 CNCE 22925
Rosenbergisches Verzeichnis Fol. 97v

1Theo 233
GRAMINEA, Dominicus
Thesaurus orthodoxus ... Köln am Rhein: Gymnich, Johann – III. 1575. 8°
VD 16 G 2769
Rosenbergisches Verzeichnis Fol. 98r

1Theo 234
MASSON, Jacques – sen.
De confessione secreta. ... Basel: Cratander, Andreas 1525. 8°
VD 16 M 1343
Rosenbergisches Verzeichnis Fol. 98r

1Theo 235
PEDRAZA, Juan de
Summa de casos de consciencia ... Medina del Campo: Canto, Francisco del 1568. 8°
Iberian Books 14422
Rosenbergisches Verzeichnis Fol. 98r

1Theo 236
STAPHYLUS, Friedrich
Apologia ... recèns aucta & recognita. ... Köln am Rhein: Quentel, Johann – heredes 1562. 8°
VD 16 S 8573
Rosenbergisches Verzeichnis Fol. 98r

1Theo 237
STAPHYLUS, Friedrich
De M. Lutheri et aliorum sectariorum doctrinae varietate & discordia Opuscula. ... Köln am Rhein: Birckmann, Arnold – sen., heredes 1579. 8°
VD 16 S 8600
Rosenbergisches Verzeichnis Fol. 98r

1Theo 238
MAELCOTE, Dirk van
Warhafftiger Bericht Von Martini Lutheri vnd seiner Consorten in Glaubens vnd Religion sachen ... Köln am Rhein: Cholinus, Maternus 1583. 8°
VD 16 M 74
Rosenbergisches Verzeichnis Fol. 98r

1Theo 239
LEISENTRIT, Johannes – sen.
Commendatio et doctrina Martini Lutheri ... S. l.: s. t. n. 1560. 8°
VD 16 L 1052
Rosenbergisches Verzeichnis Fol. 98r

1Theo 240
KROMER, Marcin
Monachus, sive colloquiorum de religione libri quatuor ... Köln am Rhein: Cholinus, Maternus 1568. 8°
VD 16 K 2441
Rosenbergisches Verzeichnis Fol. 98r

1Theo 241
JEREMIAS II. – patriarchus Konstantinopolensis
Censura orientalis ecclesiae de praecipuis nostri saeculi haereticorum dogmatibus ... Dillingen: Mayer, Johann 1582. 8°
VD 16 J 220
Rosenbergisches Verzeichnis Fol. 98r

1Theo 242
JEREMIAS II. – patriarchus Konstantinopolensis
Censur oder Urtheil der Orientalischen Kirchen und ihres Patriarchen zu Constantinopel uber die Augspurgische Confession ... Ingolstadt: Sartorius, David 1583–1585. 8°
VD 16 J 223
Rosenbergisches Verzeichnis Fol. 98r
Västerås: Stiftsbibliotek (St 127:357)
Provenienz: Hieronymus Beck von Leopoldsdorf (handschriftliches Exlibris)
Einband: D
Gawrys: Slavica Arosiensia III Num. 204; Walde: proveniensanteckningar

1Theo 243
LINDT, Willem van der
Concordia discors, sive querimonia catholicae Christi Iesu Ecclesiae ... Köln am Rhein: Kempen, Gottfried von 1583. 8°
VD 16 L 1926
Rosenbergisches Verzeichnis Fol. 98r
Vasterås: Stiftsbibliotek (Teologi IX Polemik, dogmatik m.m.)
Provenienz: Hieronym Beck von Leopoldsdorf (handschriftliches Exlibris) Einband: D
Walde: proveniensanteckningar; Praeda Bellicae Arosiensis, Num. 63

1Theo 244

LOOS, Cornelis

Spiritus vertiginis utriusque Germaniae in Religionis dissidio ... Mainz: Behem, Kaspar 1582. 8°

VD 16 L 2484

Rosenbergisches Verzeichnis Fol. 98r

1Theo 245

HAMILTON, Archibald

Calvinianae confusionis demonstratio, contra Maledicam Ministrorum Scotice responsionem. ... Paris: Brumennius, Thomas, 1581. 8°

French Books III & IV 73421–73422 (die Ausgaben unterscheiden sich durch den Drucker).

Rosenbergisches Verzeichnis Fol. 98r

Waldes proveniensanteckningar führt ein Exemplar in Västerås an – dieses Exemplar hat jedoch keine eindeutigen Identifizierungsmerkmale der Beck'schen Bibliothek (Einband des Typs D, keine Provenienz).

1Theo 246

ALLEN, William

Ad persecutores Anglos pro catholicis domi forisque persecutionem sufferentibus ... 8°

Die Ausgabe ist nicht zu bestimmen.

Rosenbergisches Verzeichnis Fol. 98r

1Theo 247

EDER, Georg

Malleus haereticorum. De variis falsorum dogmatum notis, atque censuris, libri duo. ... Ingolstadt: Sartorius, David 1580. 8°

VD 16 E 540

Rosenbergisches Verzeichnis Fol. 98r

1Theo 248

FICKLER, Johann Baptist

Spongia contra praedicantium Wirtenbergensium aspergines ... Ingolstadt: Sartorius, David, 1585. 8°

VD 16 F 972

Rosenbergisches Verzeichnis Fol. 98r

1Theo 249

LANS, Jan

Spongia qua absterguntur convitia et maledicta equitis Poloni contra Iesuitas. ... Ingolstadt: Sartorius, David 1591. 8°

VD 16 L 436

Rosenbergisches Verzeichnis Fol. 98r

1Theo 250

RESZKA, Stanisław

Ministromachia ... Köln am Rhein: Falckenburg, Heinrich 1592. 8°

VD 16 R 1218

Rosenbergisches Verzeichnis Fol. 98r

1Theo 251
FRANCK, Kaspar
Catalogus haereticorum. Das ist: Warhafftige erzelung der namhafften Jrrthumb vnd Ketzer welche von anfang der Welt biß auff vnsere zeit entstanden ... Ingolstadt: Sartorius, David, 1576. 8°
VD 16 F 2037
Rosenbergisches Verzeichnis Fol. 98r

1Theo 252
Index librorum prohibitorum. ... Venezia: De Alaris, Enea 1575. 8°
EDIT 16 CNCE 27029
Rosenbergisches Verzeichnis Fol. 98r

1Theo 253
VERMEULEN, Johannes
Libri quinque, de fide haereticis servanda tres, de fide rebellibus servanda liber ... de fide et iuramento ... Köln am Rhein: Kempen, Gottfried von 1584. 8°
VD 16 V 816
Rosenbergisches Verzeichnis Fol. 98r

1Theo 254
VENATORIUS, Thomas
De virtute Christiana, Libri. III. ... Nürnberg: Peypus, Friedrich 1529. 8°
VD 16 G 644
Rosenbergisches Verzeichnis Fol. 98r

1Theo 255
ALGERUS – canonicus Leodicensis
De veritate corporis et sangvinis dominici in Eucharistia ... Praha: Černý z Černého Mostu, Jiří 1584. 8°
BCBT 32647
Rosenbergisches Verzeichnis Fol. 98r

1Theo 256
PONCE DE LEÓN, Gonzalo
Scholastica assertio pro disciplina ecclesiastica. ... Roma: Blado, Paolo 1593. 8°
EDIT16 CNCE 48449 oder CNCE 34390 (die Ausgaben unterscheiden sich durch den Drucker).
Rosenbergisches Verzeichnis Fol. 98r

1Theo 257
[*Lopez En Barcelona, 1568*]. 8°
Das Werk lässt sich nicht identifizieren.
Rosenbergisches Verzeichnis Fol. 98r

1Theo 258
PERRELLE, Jean
Ein Gespräch Von der Jesuiter lehr ... Ingolstadt: Sartorius, David 1576. 8°
VD 16 P 1579
Rosenbergisches Verzeichnis Fol. 98r

1Theo 259
LOOS, Cornelis
Ecclesiae venatus sive altera eius functio, circa fidei ministerium, in reducendis deviis. ... Köln am Rhein: Kempen, Gottfried von 1585. 8°
VD 16 L 2477
Rosenbergisches Verzeichnis Fol. 98v

1Theo 260
PANIGAROLA, Francesco
Theses generales ex universa ss. theologia desumptae ... Ingolstadt: Eder, Wolfgang 1584. 8°
VD 16 P 211
Rosenbergisches Verzeichnis Fol. 98v

1Theo 261
KÖPPEL, Christoph
Psalterium Augustini ... (Nürnberg: Koler, Hans 1579). 8°
Die Ausgabe ist nicht eindeutig zu bestimmen: VD 16 gibt lediglich die Ausgabe Nürnberg 1570 (ZV 9119) an.
Rosenbergisches Verzeichnis Fol. 98v

1Theo 262
SPENGEL, Matthias
[*Die sieben Busspsalmen ... Regensburg 1579*]. 8°
Das Werk lässt sich nicht identifizieren, weder im VD 16 noch im KVK gefunden.
Rosenbergisches Verzeichnis Fol. 98v

1Theo 263
KLING, Konrad
Loci Communes theologici ... Paris: Petit, Jean 1567. 8°
French Books III & IV 76817–76821 (die Ausgaben unterscheiden sich durch den Drucker).
Rosenbergisches Verzeichnis Fol. 98v

1Theo 264
FEUARDENT, François
Sept dialogues auxquels sont examinez cent soixante et quatorze erreurs des Calvinistes ... Paris: Nivellle, Sébastien 1585. 8°
French Vernacular Books 19671
Rosenbergisches Verzeichnis Fol. 98v

1Theo 265
MICHAEL MERSEBURG
Brevis institutio ad Christianam Pietatem, secundum Doctrinam Catholicam continens ... Mainz: Schöffer, Ivo 1549. 8°
VD 16 H 1579
Rosenbergisches Verzeichnis Fol. 98v

1Theo 266
CARACCIOLI, Robertus
Sermones quadragesimales de peccatis ... [Strasbourg: Prüss, Johann] 1490. 8°
ISTC ic00163000
Rosenbergisches Verzeichnis Fol. 98v

1Theo 267

SCHÖPPER, Jacob

Postil Evangelischer Warheit vnd rechter Catholischer Lehr vber die Episteln ... Köln am Rhein: Quentel, Johann – heredes 1572. 8°

VD 16 S 3774 und S 3773

Rosenbergisches Verzeichnis Fol. 98v

1Theo 268

CRAENDONCH, Johannes

Postilla teutsch ... Mainz: 1573. 8°

Die Ausgabe ist nicht eindeutig zu bestimmen: vom VD 16 und KVK nicht registriert.

Rosenbergisches Verzeichnis Fol. 98v

1Theo 269

NAS, Johannes

Postilla minorum, Das ist Die kleiner Postill vnd kürtzeste Außlegung der Heiligen Euangelien ... Ingolstadt: Weißenhorn, Alexander III. 1576. 8°

VD 16 N 131

Rosenbergisches Verzeichnis Fol. 98v

1Theo 270

EISENGREIN, Martin

Aurea postilla evangeliorum dominicalium et festivorum totius anni ... Köln am Rhein: Quentel, Johann – heredes 1573. 8°

VD 16 E 4576 und ZV 5580 (variierende Ausgaben)

Rosenbergisches Verzeichnis Fol. 98v

1Theo 271

Postillae maiores cum quaestionibus ... Venezia: Rubini, Bartolomeo 1568. 8°

EDIT 16 CNCE 29676

Rosenbergisches Verzeichnis Fol. 98v

1Theo 272

KLING, Konrad

Catechismus catholicus, summam Christianae institutionis IIII. libris succinctim complectens. ... Köln am Rhein: Birckmann, Arnold – sen., heredes 1570. 8°

VD 16 K 1309

Rosenbergisches Verzeichnis Fol. 98v

1Theo 273

Catechismus ex decreto concilii Tridentini, ad parochos. Köln am Rhein: 1580. 8°

VD 16 registriert diese Ausgabe nicht.

Rosenbergisches Verzeichnis Fol. 98v

1Theo 274

DIETENBERGER, Johannes

Katechismus. Evangelischer Bericht und christliche Unterweisung ... Mainz: Schöffer, Ivo 1551. 8°

VD 16 D 1490

Rosenbergisches Verzeichnis Fol. 98v

1Theo 275
MICHAEL MERSEBURG
Catechesis, das ist kurzer Bericht unseres heiligen christlichen Glaubens nach katholischer Lehre ... Mainz: Behem, Franz 1555. 8°
VD 16 H 1584
Rosenbergisches Verzeichnis Fol. 98v

1Theo 276
MERMANNIUS, Arnoldus
Catechismus poenitentium, intar dialogi quo ratio poenitentiae ineundae declaratur... Leuven: Bogard, Jean 1564. 8°
Netherl. Books 21161
Rosenbergisches Verzeichnis Fol. 98v

1Theo 277
HESSELS, Jean
Catechismus solidam et orthodoxam explicationem: continens Symboli Apostolici ... Leuven: Bogard, Jean 1571. 8°
Netherl. Books 14782
Rosenbergisches Verzeichnis Fol. 98v

1Theo 278
EDER, Georg
Compendium catechismi catholici ... Köln am Rhein: Quentel, Johann – heredes, 1570. 8°
VD 16 K 2050
Rosenbergisches Verzeichnis Fol. 98v

1Theo 279
FABRICIUS, Heinrich
Kurzer katholischer Katechismus ... Köln am Rhein: Quentel, Johann – heredes 1570. 8°
VD 16 K 2051
Rosenbergisches Verzeichnis Fol. 98v

1Theo 280
GHEESDAL, Johannes
Catechismus seu capita doctrinae christianae ... Antwerpen: Plantijn, Christoffel 1580. 8°
Belgica Typographica, STCN und Netherl. Books diese Ausgabe nicht registrieren, Eintrag nach KVK.
Rosenbergisches Verzeichnis Fol. 98v

1Theo 281
ERHARD, Christoph
Newer Evangelischer Catechismus ... München: Berg, Adam 1589. 8°
VD 16 E 3760
Rosenbergisches Verzeichnis Fol. 98v

1Theo 282
GIENGER, Georg
Neu christlich deutsch Betbuch ... Wien: Zimmermann, Michael 1559. 8°
VD 16 G 1957 (die Ausgabe Wien: Zimmermann, Michael [um 1560].)
Rosenbergisches Verzeichnis Fol. 99r

1Theo 283
FLURHEIM, Christoph
Alle Kirchengesänge und Gebete des ganzen Jahrs ... Augsburg: Ulhart, Philipp – sen. 1563. 8°
VD 16 ZV 11018
Rosenbergisches Verzeichnis Fol. 99r

1Theo 284
ULENBERG, Kaspar
Die Psalmen Davids in allerlei Teutsche gesangreimen bracht ... Köln am Rhein: Quentel, Johann – heredes 1582. 8°
VD 16 U 44
Rosenbergisches Verzeichnis Fol. 99r

1Theo 285
VEREPAEUS, Simon
Außerlesen gulden Schatzbüchlein Christlichen andechtigen Catholischen Gebett ... Köln am Rhein: Cholinus, Maternus 1571. 8°
VD 16 V 618
Rosenbergisches Verzeichnis Fol. 99r

1Theo 286
EDINGER, Rutger
Christliches, überaus schönes und katholisches Betbüchlein ... mit ... Catholischen Catechismo ... Köln am Rhein: Cholinus, Maternus 1572. 8°
VD 16 ZV 4886
Rosenbergisches Verzeichnis Fol. 99r

1Theo 287
FÜGER ZU HIRSCHBERG, Georg
Geistliche Ristkammer das ist Newes Christliches Catholisch Bettbuch. ... Innsbruck: Paur, Johannes 1592. 8°
Weder im VD 16 noch im KVK wird diese Ausgabe registriert, Eintrag nach dem Katalog der Österreichischen Nationalbibliothek Wien (19. Aa. 96.).
Rosenbergisches Verzeichnis Fol. 99r

1Theo 288
CANISIUS, Petrus
[*Catholische Gebet.* Dillingen: 1570.] 8°
Das Werk lässt sich nicht identifizieren (VD 16 registriert zu diesem Erscheinungsort und -jahr nur die Ausgabe von Canisius' Werk *Christenliche vnd wolgegründte Predig* (VD 16 C 696), das man jedoch mit dem Eintrag nicht eindeutig identifizieren kann, es handelt sich auch um ein anderes Format).
Rosenbergisches Verzeichnis Fol. 99r

1Theo 289
RUPERTUS TUITENSIS
De incendio Tuitensi, in quo corpus dominicum a flamma circumfusa intactum remansit, Liber ... Köln am Rhein: Birckmann, Arnold – sen., heredes 1572. 8°
VD 16 R 3799
Rosenbergisches Verzeichnis Fol. 99r

1Theo 290
EISENGREIN, Martin
Unser liebe Fraw zü Alten Oetting. Das ist Von der Vralten Capellen unser Lieben Frawen ... Ingolstadt: Weißenhorn, Alexander III. 1571. 8°
VD 16 E 824
Rosenbergisches Verzeichnis Fol. 99r

1Theo 291
Officium beatae Mariae Virginis. Napoli: 1477. 8°
EDIT 16 CNCE 11804 – die Ausgabe [1577?]
Rosenbergisches Verzeichnis Fol. 99r (Irrtum im Impressum?)

1Theo 292
Officium ex praecepto s. d. n. Sixti papae quinti. Recitandum in festo sancti Didaci confessoris. Die XII Novemb. Wien: 1590. 8°
EDIT 16 CNCE 65541 registriert die Ausgabe Venezia 1590
Rosenbergisches Verzeichnis Fol. 99r (Irrtum im Impressum?)

1Theo 293
Breviarium Brixinense ... Augsburg: Ratdolt, Erhard 1489. 4°
ISTC ib01150400
Rosenbergisches Verzeichnis Fol. 99r

1Theo 294
Breviarium Salisburgense ... Nürnberg: Stuchs, Georg 1497. 8°
ISTC ib01178100
Rosenbergisches Verzeichnis Fol. 99r

1Theo 295
[*Etzliche Schöne Catholische Gesangbüchlein München*]. 16°
Das Werk lässt sich nicht identifizieren (VD 16 W 794–796 registriert lediglich drei Ausgaben von *Schöne alte catholische Gesang* ... von Adam Walasser, allerdings in Tegernsee herausgegeben).
Rosenbergisches Verzeichnis Fol. 99r

1Theo 296
[*Etzliche Schöne Catholische Gesangbüchlein Dilingen*]. 12°
Die Ausgabe ist nicht eindeutig zu identifizieren: vielleicht handelt es sich um *Ein schönes christliches und katholisches Gesangbüchlein für die gemeinen Laien* ... Dillingen: Mayer, Johann 1589 (VD 16 S 3526).
Rosenbergisches Verzeichnis Fol. 99r

1Theo 297
Examen ordinandorum. ... Venezia: Ziletti, Francesco 1572. 12°
EDIT 16 CNCE 18424
Rosenbergisches Verzeichnis Fol. 99r

1Theo 298
POLZMANN, Balthasar
Ein kurzer Inhalt und Extrakt des Lebens und der Wunderzeichen ... Leopoldi, sechsten Markgrafen zu Osterreich ... Graz: Widmanstetter, Georg 1593. 12°
VD 16 ZV 23546
Rosenbergisches Verzeichnis Fol. 99r

1Theo 299
[*Ordini, et indulgenze della Compagnia del Santiss. Rosario in Gemoria ... 1592*]. 16°
Das Werk lässt sich nicht identifizieren: vielleicht handelt es sich um Cremona (Gemoria?). EDIT 16 registriert das Werk (CNCE 15465), jedoch mit dem Erscheinungsjahr 1585.
Rosenbergisches Verzeichnis Fol. 99r

1Theo 300
HUGO DE FOLIETO
Tractatus de Claustro Anime ... Köln am Rhein: Retro Minores 1504. 8°
VD 16 H 5839
Rosenbergisches Verzeichnis Fol. 99r

1Theo 301
CLIMAX, Johannes
Triginta gradus celestis scale ... Paris: Regnault, François 1511. 8°
French Books III & IV 62961
Rosenbergisches Verzeichnis Fol. 99v

1Theo 302
LE TORT, Franciscus
Gnomologia sev Repertorium Sententiarum ex optimis authoribus excerptum ... Paris: 1581. 16°
French Books III & IV 77448
Rosenbergisches Verzeichnis Fol. 99v

1Theo 303
NICOLAUS AUS HANNAPES
Virtutum vitiorumque exempla et utriusq; legis promptuario decerpta. ... Köln am Rhein: Horst, Peter 1575. 12°
VD 16 N 1542
Rosenbergisches Verzeichnis Fol. 99v

1Theo 304
POSTEL, Guillaume
Absconditorum a constitutione mundi clavis ...
Die Ausgabe ist nicht zu bestimmen.
Rosenbergisches Verzeichnis Fol. 99v

1Theo 305
POSSEVINO, Antonio
De sectariorum nostri temporis atheismis liber. ... Köln am Rhein: Kempen, Gottfried von 1586. 12°
VD 16 P 4474
Rosenbergisches Verzeichnis Fol. 99v

1Theo 306
HENRY VIII. – rex Angliae
Assertio septem sacramentorum adversus Martinum Lutherum. ... Paris: 1562. 16°
French Books III & IV 73655–73656 (die Ausgaben unterscheiden sich durch den Drucker).
Rosenbergisches Verzeichnis Fol. 99v

1Theo 307
Le cose marauigliose dell'alma citta di Roma. ... Roma: 1575. 16°
EDIT 16 CNCE 23287 oder 27126 oder 73943 oder 35380
Rosenbergisches Verzeichnis Fol. 99v

1Theo 308
PÉRION, Joachim
Abdiae Babyloniae primi episcopi ab apostolis constituti de historia certaminis apostolici libri decem ... Köln am Rhein: Cholinus, Maternus 1576. 12°
VD 16 B 5299
Rosenbergisches Verzeichnis Fol. 99v

1Theo 309
SOTO, Pedro de
Compendium doctrinae catholicae ... Dillingen: Mayer, Sebald 1560. 12°
VD 16 S 7081
Rosenbergisches Verzeichnis Fol. 99v

1Theo 310
AUGER, Émond
Catechismus, hoc est summa doctrinæ catholicæ, ... Paris: Nivelle, Sébastien 1569. 16°
French Books III & IV 55069
Rosenbergisches Verzeichnis Fol. 99v

1Theo 311
SCHÖPPER, Jacob
Catechismus brevis et catholicus ... Antwerpen: Bellerus, Johannes 1568. 12°
Belgica Typographica 4293
Rosenbergisches Verzeichnis Fol. 99v

1Theo 312
CANISIUS, Petrus
Institutiones Christianae pietatis. Seu parvus catechismus Catholicorum nouis imaginibus exornatus. ... Köln am Rhein: Cholinus, Maternus 1578. 16°
VD 16 ZV 21428
Rosenbergisches Verzeichnis Fol. 100r

1Theo 313
JENG, Georg [?]
[*Georgii Jeng Catechismus.* Wien: 1569]. 16°
Weder der Autor noch das Werk konnten identifiziert werden.
Rosenbergisches Verzeichnis Fol. 100r

1Theo 314
Bettbüchlein der würdigen Mutter Gottes Ertzbruderschafft Jn Bayren ... München: 1582. 16°
VD 16 registriert das Werk nicht, Eintrag nach KVK.
Rosenbergisches Verzeichnis Fol. 100r

1Theo 315
Bettbuch Keysers Caroli Calvi ... Ingolstadt: Sartorius, David 1584. 12°
VD 16 ZV 9644
Rosenbergisches Verzeichnis Fol. 100r

1Theo 316
BRUNFELS, Otto
Precationes Bibliae sanctorum, patrum, patriarcharum, prophetarum, iudicum, regum, virorum et mulierum illustrium Veteris et Novi Testamenti ... Lyon: DuBois, Michel 1554. 16°
VD 16 B 8554
Rosenbergisches Verzeichnis Fol. 100r

1XXX 1
GREGORIUS NYSSENUS
Omnia quae extant opera ... Paris: Nivelle, Sébastien 1577. 2°
French Books III & IV die Ausgabe nicht registriert
Im Rosenbergischen Verzeichnis nicht registriert
Strängnäs: Domkyrkans bibliotek (F 97)
Einband: C
Walde: proveniensanteckningar; Aminson, S. 296–297.

1XXX 2
MICHAEL MERSEBURG
Postilla. Das ist Predig vnd Außlegung nach Catholischer lehre aller Sontäglichen Euangelien ... Mainz: Behem, Franz 1568. 2°
VD 16 H 1603
Im Rosenbergischen Verzeichnis nicht registriert.
Strängnäs: Domkyrkans bibliotek (F 186)
Einband: C
Walde: proveniensanteckningar

1XXX 3
THEODORETUS CYRRHENSIS
Opera, in dvos tomos distincta, nvnc itervm excvsa et locvpletata. ... Köln am Rhein: Birckmann, Johann – vidua 1573. 2°
VD 16 ZV 21204
Im Rosenbergischen Verzeichnis nicht registriert.
Linköping: Stadsbibliotek/Stiftsbiblioteket
Einband: C
Walde: proveniensanteckningar

1XXX 4
ZWINGER, Theodor
Theatrum vitae humanae ... Basel: Froben, Ambrosius – Froben, Aurelius 1571. 2°
VD 16 Z 755
Im Rosenbergischen Verzeichnis nicht registriert.
Uppsala: Carolinabiblioteket
Einband: B
Walde: Storhetstidens litterära krigsbyten I, S. 296; Beck, S. 122

1XXX 5
EPIPHANIUS CONSTANTIENSIS
Contra octoaginta haereses opus, ... Paris: Marnef, Hiérosme de 1566. 2°
French Books III & IV 69224
Im Rosenbergischen Verzeichnis nicht registriert.

Skara: Gamla Biblioteket
Einband: C
Walde: proveniensanteckningar

1XXX 6
LEO I. – papa
Opera ... Köln am Rhein: Birckmann, Johann 1569. 2°
VD 16 L 1203
Im Rosenbergischen Verzeichnis nicht registriert.
Lund: Universitetsbibliotek (ÄLDRE SAMLINGEN Fol Utl Teol kyrkof lat)
Einband: C
Walde: Storhetstidens litterära krigsbyten I, S. 296

1XXX 7
THEOPHYLACTUS
In quatuor evangelistas, in Pauli epistolas, in minores aliquot prophetas, doctiss. Enarrationes ... Basel: Episcopius, Eusebius 1570. 2°
VD 16 B 4620
Im Rosenbergischen Verzeichnis nicht registriert.
Lund: Universitetsbibliotek (ÄLDRE SAMLINGEN Fol Utl Teol medelt)
Einband: C
Walde: Storhetstidens litterära krigsbyten I, S. 296; Beck, S. 122

1XXX 8
THOMAS AQUINAS
Enarrationes quas Catenam vere auream dicunt, in quatuor evangelia ... Paris: Sonnius, Michel 1577. 2°
French Books III & IV 88690
Im Rosenbergischen Verzeichnis nicht registriert.
Lund: Universitetsbibliotek (ÄLDRE SAMLINGEN Fol Utl Teol medelt)
Einband: C
Walde: Storhetstidens litterära krigsbyten I, S. 296; Beck, S. 122

1XXX 9
BUCHINGER, Michael
Postilla oder Außlegung der Sontäglichen Euangelien ... Mainz: Behem, Franz 1571/1572. 2°
VD 16 B 9001
Im Rosenbergischen Verzeichnis nicht registriert.
Strängnäs: Domkyrkans bibliotek (F 197)
Provenienz: Hieronym Beck von Leopoldsdorf (handschriftliches Exlibris)
Einband: B
Walde: proveniensanteckningar; Aminson, S. 120

1XXX 10
Agenda ecclesiae Argentinensis. ... Köln am Rhein: Quentel, Johann – heredes 1590. 4°
VD 16 A 761
Im Rosenbergischen Verzeichnis nicht registriert.
Skokloster: Slotts bibliotek
Einband: C
Walde: proveniensanteckningar

1XXX 11
Kancionál ze starých písní vybraný. Praha: Melantrich z Aventýna, Jiří 1588. 8°
Knihopis č. 3727
Im Rosenbergischen Verzeichnis nicht registriert.
Strängnäs: Domkyrkans bibliotek (H 307)
Einband: C
Walde: proveniensanteckningar; Aminson, S. 347; Dudik, Forschungen in Schweden ... s. 348.

1XXX 12
LEISENTRIT, Johannes – sen.
Kurtze Fragstücke Von dem Hochwirdigen Sacrament des Altars ... Köln am Rhein: Cholinus, Maternus 1578. 4°
VD 16 L 1069
Im Rosenbergischen Verzeichnis nicht registriert.
Strängnäs: Domkyrkans bibliotek (Q 95 – Adligat)
Provenienz: Hieronym Beck von Leopoldsdorf
Anm.: im Konvolut mit 1Theo 118
Einband: Ohne Einband, angesengtes Torso
Bei Aminson nicht registriert

1XXX 13
KARL II. – sanctus
Liber precationum quas Carolus Calvus imperator Hludovici Pii Caesaris filius et Caroli Magni nepos ... mandavit ... Ingolstadt: Sartorius, David 1585. 8°
VD 16 L 1536
Im Rosenbergischen Verzeichnis nicht registriert.
Västerås: Stiftsbibliotek (Teologi XVI Exegetik m.m.)
Einband: D (die mit Gold verzierte Variante)
Praeda Bellicae Arosiensis, Num. 186

1XXX 14
NAUSEA, Friedrich
Catholicvs catechismvs. ... Köln am Rhein: Quentel, Peter 1543. 2°
VD 16 N 214
Im Rosenbergischen Verzeichnis nicht registriert.
Stockholm: Kungliga biblioteket (173 L Fol.)
Provenienz: Marcus Beck von Leopoldsdorf (Monogramm am Schnitt)
Einband: Der Dedikationseinband von Friedrich Nausea für Marcus Beck, helles Leder (Reproduktion auf S. 30)
Walde: Storhetstidens litterära krigsbyten I, S. 292; Beck, S. 116

1XXX 15
PAULUS III. – papa
S. D. N. D. Pavli divina providentia ... bvlla ... (Regensburg: Kohl, Hans 1536). 4°
VD 16 K 390
Im Rosenbergischen Verzeichnis nicht registriert.
Västerås: Stiftsbibliotek (Paleotyper 1527)
Provenienz nicht eindeutig: Marcus Beck von Leopoldsdorf ?
Einband: A

1XXX 16
POSSEVINO, Antonio
*Moscovia Et Alia Opera De Statu Huius Seculi adversus Catholicae Ecclesae hostes ... opera ...*Köln am Rhein: Mylius, Arnold 1587. 8°
VD 16 P 4459
Im Rosenbergischen Verzeichnis nicht registriert.
Wrocław: Zakład Narodowy im. Ossolińskich, Biblioteka (XVI. F.4227) – das Exemplar digitalisiert http://www.dbc.wroc.pl/dlibra/docmetadata?id=8466&from=publication#
Provenienz: Hieronym Beck von Leopoldsdorf (handschriftliches Exlibris)
Einband: C

2Ju RECHT – „Libri juridici"

2Ju 1
AZO, Portius
Summa Azonis, locvples ivris civilis thesavrvs. 2°
Die Ausgabe ist nicht eindeutig zu bestimmen: Im VD 16 und KVK ist diese Ausgabe nicht registriert.
Rosenbergisches Verzeichnis Fol. 101r

2Ju 2
DA PONTE, Oldrado
Consilia ... Venezia: Torresano, Andrea sen. 1503. 2°
EDIT 16 CNCE 69489
Rosenbergisches Verzeichnis Fol. 101r

2Ju 3
ROFFREDUS DE EPIPHANIO
Solemnis atque aureus tractatus ... super utraque censura ... 2°
Die Ausgabe lässt sich nicht bestimmen (es existieren einige Ausgaben, auch Venedig 1537, Strasbourg 1502).
Rosenbergisches Verzeichnis Fol. 101r

2Ju 4
INNOCENTIUS IV. – papa
Apparatus super libros Decretalium. ... Venezia: Hamman, Johannes 1491. 2°
ISTC ii00097000
Rosenbergisches Verzeichnis Fol. 101r
Uppsala: Carolinabiblioteket (31:32 – Adligat)
Konvolut mit 2XXX 5
Walde: Storhetstidens litterära krigsbyten I, S. 290, Anm. 1; bei Undorf nicht registriert.

2Ju 5
ROFFREDUS BENEVENTANUS
Super digesto veteri co[m]mentaria inlucem nouissime edita ... [Paris]: Marnef, Enguilbert de 1504. 2°
French Books III & IV 84969
Rosenbergisches Verzeichnis Fol. 101r

2Ju 6

ODOFREDUS BONONIENSIS

Lectura super tribus libris codicis cum nonnullis apostillis Benedicti Vadi Forosemproniensis noviter impressa ... Venezia: 1507. 2°

EDIT 16 registriert diese Ausgabe nicht.

Rosenbergisches Verzeichnis Fol. 101r

2Ju 7

TRANO, GANFREDUS DE

Summa super titulos Decretalium ....Venezia: Bernardinus Stagninus 1491. 2°

ISTC it00425000

Rosenbergisches Verzeichnis Fol. 101r

2Ju 8

BAISIO, Guido de

Archidiaconus super decretorum volumine: cum additionibus nouiter additis. ...Trino: Giolito de Ferrari, Giovanni sen. – Zeglio, Gerardo 1513. 2°

EDIT 16 CNCE 3914

Rosenbergisches Verzeichnis Fol. 101r

2Ju 9

BAISIO, Guido de

Lectura d. Archidiaconi Super Sexto Decre[talium] : cum additionibus nouiter additis ... Pavia: Rovelli, Ambrosio – Rovelli, Bernardino 1511. 2°

EDIT 16 registriert diese Ausgabe nicht; Adams B 404.

Rosenbergisches Verzeichnis Fol. 101r

2Ju 10

CALDERINI, Giovanni

Primum [-secundum] volumen. Repetitiones diuersorum doctorum in iure canonico. ... Milano: Scinzenzeler, Giovanni Angelo 1513. 2°

EDIT 16 CNCE 54669

Rosenbergisches Verzeichnis Fol. 101r

2Ju 11

FAURE, Jean

In quatuor Institutionum libros commentaria. ... Milano: 1506. 2°

EDIT 16 registriert diese Ausgabe nicht, KVK registriert mehrere Ausgaben im Verlauf des 16. Jahrhunderts.

Rosenbergisches Verzeichnis Fol. 101r

2Ju 12

BARTOLO DA SASSOFERRATO

Super prima [-secunda] Digesti veteris cum apostillis antea positis: ... Milano: Scinzenzeler, Giovanni Angelo 1506. 2°

EDIT 16 CNCE 54564

Rosenbergisches Verzeichnis Fol. 101r

2Ju 13
BARTOLO DA SASSOFERRATO
Super prima [-secunda] Infortiati: cum additionibus antea positis: additis etiam apostillis Andree Barba. Siculi [et] domini Andree de Pomate de Basignana nouiter impressis. Milano: Scinzenzeler, Giovanni Angelo 1506. 2°
EDIT 16 CNCE 54548
Rosenbergisches Verzeichnis Fol. 101r

2Ju 14
BARTOLO DA SASSOFERRATO
Super prima [secunda] Digesti noui, cum additionibus antea positis : additis etiam apostillis Andree Barba. Milano: Scinzenzeler, Giovanni Angelo 1506. 2°
EDIT 16 CNCE 54558
(ein weiteres Exemplar 2Ju 15)
Rosenbergisches Verzeichnis Fol. 101r

2Ju 15
BARTOLO DA SASSOFERRATO
Super prima [secunda] Codicis secundum et secundam lecturam ... additis etiam apostillis Andree Barbatie. Milano: Scinzenzeler, Giovanni Angelo 1506. 2°
EDIT 16 CNCE 54567
(ein weiteres Exemplar 2Ju 14)
Rosenbergisches Verzeichnis Fol. 101r

2Ju 16
BARTOLO DA SASSOFERRATO
Super Institutionibus. Cum apostillis nuper additis. ... Venezia: Pinzi, Filippo 1507. 2°
EDIT 16 CNCE 4335
Rosenbergisches Verzeichnis Fol. 101r
Uppsala: Carolinabiblioteket (77:59 fol.) – eine Digitalkopie in ProBok-ID: 61
Provenienz: Marcus Beck von Leopoldsdorf (Monogramm am Schnitt)
Einband: Ganzledereinband auf Holzdeckeln, 1507–1533, Österreich/Deutschland, Spuren von Buchschließen
Anm.: Konvolut 2Ju 16–18, 2XXX 24–25
ProBok-ID: 61

2Ju 17
BARTOLO DA SASSOFERRATO
Consilia questiones tractatus Bartoli: cum additionibus nouis. Milano: Pachel, Leonhard 1506. 2°
EDIT 16 CNCE 64135
Rosenbergisches Verzeichnis Fol. 101r
Uppsala: Carolinabiblioteket (77:59 fol.)
Provenienz: Marcus Beck von Leopoldsdorf (Monogramm am Schnitt)
Anm.: Konvolut 2Ju 16–18, 2XXX 24–25
ProBok-ID: 61

2Ju 18
MINCUCCI, Antonio
Repertorium aureum d. Antonii de Prato Ueteri ... Milano: Pachel, Leonhard 1507. 2°
EDIT 16 CNCE 57765
Rosenbergisches Verzeichnis Fol. 101r
Uppsala: Carolinabiblioteket (77:59 fol.)
Provenienz: Marcus Beck von Leopoldsdorf (Monogramm am Schnitt)
Anm.: Konvolut 2Ju 16–18, 2XXX 24–25
ProBok-ID: 61

2Ju 19
ALBERICUS DE ROSATE
Super prima parte Digesti veteris ... Reggio Emilia: Portilia, Andreas 1484. 2°
ISTC ia00189500
Rosenbergisches Verzeichnis Fol. 101r
Stockholm: Kungliga biblioteket (Inkunab. Num. 14)
Provenienz: Marcus Beck von Leopoldsdorf (Monogramm am Schnitt); Wolfgang Gwärlich
Einband: A
Collijn, Katalog der Inkunalbeln der kgl. Bibliothek in Stockholm, Num. 14; Undorf I, Num. 56.

2Ju 20
ALBERICUS DE ROSATE
Super secunda parte Digesti veteris ... Pavia: [Franciscus de Guaschis de Stradella] 1499. 2°
ISTC ia00190500
Rosenbergisches Verzeichnis Fol. 101r
Stockholm: Kungliga biblioteket (Inkunab. Num. 15)
Provenienz: Marcus Beck von Leopoldsdorf (Monogramm am Schnitt); Wolfgang Gwärlich
Anm.: Konvolut 2Ju 20, 2XXX 1, 12, 20–23
Einband: A
Collijn, Katalog der Inkunabeln der kgl. Bibliothek in Stockholm ... Num. 15; Undorf I, Num. 57.

2Ju 21
BARTOLO DA SASSOFERRATO
Super prima Digesti noui. Pavia: 1505. 2°
Weder in EDIT 16 noch im KVK wird diese Ausgabe registriert (lediglich Venedig 1505).
Rosenbergisches Verzeichnis Fol. 101r

2Ju 22
UBALDI, Pietro
De duobus fratribus et aliis quibuscumque sociis ... Venezia: Bernardinus Venetus 1500. 2°
ISTC iu00050700
Rosenbergisches Verzeichnis Fol. 101r

2Ju 23
ALBERICUS DE ROSATE
Lectura super IX libris Codicis. Milano: Scinzenzeler, Ulrich 1492. 2°
ISTC ia00187500
Rosenbergisches Verzeichnis Fol. 101r

2Ju 24
ALBERICUS DE ROSATE
Dictionarium ... cum nouis additionibus ... (Pavia: Garaldi, Bernadino 1513). 2°
EDIT 16 CNCE 657
Rosenbergisches Verzeichnis Fol. 101r

2Ju 25
BALDUS DE UBALDIS
Opera juridica ... 2°
Die Ausgabe ist nicht zu bestimmen: EDIT 16 registriert das Werk in der Ausgabe 1585 (CNCE 15465).
Rosenbergisches Verzeichnis Fol. 101r

2Ju 26
BALDUS DE UBALDIS
[*Opera ...*] 2°
Das Werk ist nicht zu identifizieren: Wahrscheinlich handelt es sich um die Benennung eines Konvoluts mit mehreren Werken von Baldus de Ubaldis.
Rosenbergisches Verzeichnis Fol. 101r

2Ju 27
BARTHOLOMAEUS DE SALICETO
[*Commentarii ...*] 2°
Das Werk ist nicht zu identifizieren: Wahrscheinlich handelt es sich um die Benennung eines Konvoluts mit mehreren Werken von Bartholomaeus de Saliceto.
Rosenbergisches Verzeichnis Fol. 101r

2Ju 28
ANTONIO DA BUDRIO
[*Antonii de Butrio Scripta*] 2°
Das Werk ist nicht zu identifizieren: Wahrscheinlich handelt es sich um eine Handschrift eines von seinen in zahlreichen Editionen herausgegebenen Werken.
Rosenbergisches Verzeichnis Fol. 101r

2Ju 29
ZABARELLA, Francesco
Commentarii in Clementinarum volumen. cum annotationibus et additionibus Philippi Franchi de Perusia, & Nicolai Superantii. Venezia: De Gregori, Giovanni – De Gregori, Gregorio 1504. 2°
EDIT 16 CNCE 29292
Rosenbergisches Verzeichnis Fol. 101r

2Ju 30
CLEMENS V. – papa
Clementine. Clementinis argumentum. ... Lyon: Fradin, François 1511. 2°
French Books III & IV 62613
Rosenbergisches Verzeichnis Fol. 101r

2Ju 31
JOHANNES DE IMOLA
[*Opera et Commentarii*]. 2°
Das Werk ist nicht zu identifizieren: Wahrscheinlich handelt es sich um einen Sammelnamen für ein Konvolut von Werken dieses Autors.
Rosenbergisches Verzeichnis Fol. 101v

2Ju 32
PAOLO DI CASTRO
[*Opera*] ... 2°
Das Werk ist nicht zu identifizieren: Wahrscheinlich handelt es sich um die Benennung eines Konvoluts mit mehreren Werken von Paolo di Castro.
Rosenbergisches Verzeichnis Fol. 101v

2Ju 33
ANDREAE, Johannes
Mercuriale ... cum additionibus r. p. d. Nicolai Superancii ... nouiter additis. (Venezia: Stagnino, Bernardino 1508). 2°
EDIT 16 CNCE 34543
Rosenbergisches Verzeichnis Fol. 101v

2Ju 34
PONTANO, Lodovico
Consilia ... cum tabula sua noviter edita ... Venezia: Boneto Locatelli 1518. 2°
EDIT 16 registriert diese Ausgabe nicht (lediglich eine Ausgabe ebenda, von 1517), im KVK registriert.
Rosenbergisches Verzeichnis Fol. 101v

2Ju 35
NICOLAUS DE TUDESCHIS
[*Consilia ...*] 2°
Das Werk ist nicht zu identifizieren.
Rosenbergisches Verzeichnis Fol. 101v

2Ju 36
PIETRO D'ANCARANO
Consilia sive Juris responsa ... nunc denuo accurata multorum locorum castigatione ... edita etc. 2°
Die Ausgabe ist nicht zu bestimmen – das Rosenbergische Verzeichnis gibt das Impressum nicht an.
Rosenbergisches Verzeichnis Fol. 101v

2Ju 37
CORSETTUS, Antonius
Repertorium in opera Nicolai de Tudeschis ... Lyon: Nicolas de Benedictis 1510. 2°
Bibliotheca Bibliographica Aureliana CXXXV, S. 119, Nr. 50
Rosenbergisches Verzeichnis Fol. 101v

2Ju 38

ALVAROTTI, Iacopo

Super feudis ... Venezia: [Printer of the 1477 Alvarotus] 1477; 2°

ISTC ia00545000 oder ISTC ia00546000

Rosenbergisches Verzeichnis Fol. 101v

2Ju 39

LANFRANCUS DE ORIANO

Repetitiones disputationes necnon tractatus diversorum doctorum ... Venezia: Vindelinus de Spira 1472. 2°

ISTC il00057000

Rosenbergisches Verzeichnis Fol. 101v

Uppsala: Carolinabiblioteket (35:75) = Num.1301

Provenienz: Marcus Beck von Leopoldsdorf (Monogramm am Schnitt)

Einband: A

Undorf I, Num. 2377; Walde: Storhetstidens litterära krigsbyten I, S. 290, Anm. 1.

2Ju 40

MAINO, Jason de

[*Opera ...*] 2°

Das Werk ist nicht zu identifizieren – wahrscheinlich handelt es sich um die Bezeichnung des Katalogisators für ein Konvolut von Mainos Werken oder um das Gesamtwerk *Primum (-quartum) volu. Consi. D. Jas. ...* Lyon 1534.

Rosenbergisches Verzeichnis Fol. 101v

2Ju 41

PIAZZA, Giovanni

Aurea ac perutilis lectura domini Joannis de Platea super primo, secundo, tertio et quarto institutionum ... Venezia: Benali, Bernardino 1507. 2°

EDIT 16 CNCE 66534

Rosenbergisches Verzeichnis Fol. 101v

2Ju 42

DECIO, Filippo

[*Consilia et Commentarii etc.*] 2°

Das Werk ist nicht zu identifizieren – wahrscheinlich handelt es sich um die Bezeichnung des Katalogisators für ein Konvolut von Decios Werken.

Rosenbergisches Verzeichnis Fol. 101v

2Ju 43

TARTAGNUS, Alexander

[*Juricae tractationes ...*] 2°

Das Werk ist nicht zu identifizieren – offensichtlich handelt es sich um eine Sammelbezeichnung von mehreren in ein Konvolut zusammengebundenen Werken des Autors.

Rosenbergisches Verzeichnis Fol. 101v

2Ju 44

SANDEO, Felino Maria

Commentaria ... Jn Secundum, quartum & quintum librum Decretalium ... Lyon: Sacon, Jacques [1506]. 2°

French Books III & IV 85691

Rosenbergisches Verzeichnis Fol. 101v

2Ju 45
BARBAZZA, Andrea
Primum [-quartum] volumen consiliorum domini Andree Barbatiee nouiter impressum. Venezia: Torti, Battista 1509. 2°
EDIT 16 CNCE 4149
Rosenbergisches Verzeichnis Fol. 101v

2Ju 46
FRANCHIS, Philippus de
Super sexto libro Decretalium ... Venezia: Benalius, Bernardinus 1499. 2°
ISTC if00280600
Rosenbergisches Verzeichnis Fol. 101v
Uppsala: Carolinabiblioteket (31:63) = Num. 1221
Walde: Storhetstidens litterära krigsbyten I, S. 290; Undorf I, Num. 1571.

2Ju 47
CLARO, Giulio
[*Opera* ... Venezia: 1507.] 2°
Das Werk ist nicht zu identifizieren (Irrtum im Impressum?).
Rosenbergisches Verzeichnis Fol. 101v

2Ju 48
[*Casus longi* ...] 2°
Das Werk ist nicht zu identifizieren.
Rosenbergisches Verzeichnis Fol. 101v

2Ju 49
PIAZZA, Giovanni
Commentaria in quattuor libros institutionum ... Lyon: Benedictis, Nicolaus de 1507. 2°
French Books III & IV 82867
Rosenbergisches Verzeichnis Fol. 101v

2Ju 50
GAMBIGLIONI, Angelo
[*Juridica opera* ...]
Das Werk ist nicht zu identifizieren – offensichtlich handelt es sich um eine zusammenfassende Bezeichnung des Inhalts eines juristischen Konvoluts.
Rosenbergisches Verzeichnis Fol. 101v

2Ju 51
SOCCINI, Bartolomeo
[*Juridicae Tractationes* ... Venezia: 1504.] 2°
Das Werk ist nicht zu identifizieren (EDIT 16 registriert kein 1504 in Venedig erschienenes Werk von Soccini, offensichtlich handelt es sich um eine Sammelbezeichnung von mehreren in ein Konvolut zusammengebundenen Werken des Autors).
Rosenbergisches Verzeichnis Fol. 101v

2Ju 52
Decisiones Rote noue & antique. Venezia: Paganini, Paganino – sen. 1503. 2°
EDIT 16 CNCE 56834
Rosenbergisches Verzeichnis Fol. 101v

2Ju 53
MONTE, Petrus de
Repertorium utriusque iuris ... Nürnberg: Sensenschmidt Johann – Frisner, Andreas 1476. 2°
ISTC im00843000
Rosenbergisches Verzeichnis Fol. 101v

2Ju 54
BERTACHINI, Giovanni
Repertorium iuris utriusque ... 2°
Die Ausgabe ist nicht eindeutig zu bestimmen; es existierten mindestens zwei Ausgaben (Venezia, Lyon, 1546–1552).
Rosenbergisches Verzeichnis Fol. 102r

2Ju 55
Annotatio repetitionum diuersorum doctorum ff. noui. ... (Venezia: Simon de Luere, 1501). 2°
EDIT 16 CNCE 1947
Rosenbergisches Verzeichnis Fol. 102r

2Ju 56
LIGNANO, Johannes de
De bello, repraesaliis et duello. ... Padova 1483. 2°
Im ISTC und KVK ist diese Ausgabe nicht registriert.
Rosenbergisches Verzeichnis Fol. 102r

2Ju 57
ALCIATI, Andrea
In tres posteriores Codicis Iustiniani Annotationes. ... Strasbourg: Schott Johann 1515. 2°
VD 16 A 1655
Rosenbergisches Verzeichnis Fol. 102r

2Ju 58
[*Tractatus.*] 2°
Das Werk ist nicht zu identifizieren.
Rosenbergisches Verzeichnis Fol. 102r

2Ju 59
ZASIUS, Johannes Udalricus
Lucubrationes aliquot sane quam elegantes, nec minus eruditae ... Basel: 1523. 2°
Die Ausgabe ist nicht eindeutig zu bestimmen: VD 16 (Z 128) registriert lediglich die Ausgabe Basel 1518.
Rosenbergisches Verzeichnis Fol. 102r

2Ju 60
BALBO, Giovanni Francesco
Fecundus & perutilis tractatus profunde subtilisque ac quottidiane materie ... Torino: Silva, Francesco 1511. 2°
EDIT 16 CNCE 3945
Rosenbergisches Verzeichnis Fol. 102r

2Ju 61
CAMBANIS, Vitalis de
Tractatus clausularum ... Venezia: Philippus Pincius 1498. 2°
ISTC ic00071000
Rosenbergisches Verzeichnis Fol. 102r

2Ju 62
BUDÉ, Guillaume
De asse et partibus eius libri quinque Guillielmi Budei Parisiensis secretarii regij. ... [Paris]: Bade, Josse 1516. 2°
French Books III & IV 59351
Rosenbergisches Verzeichnis Fol. 102r
Växjö: Stadsbibliotek (Stiftsbiblioteket Arkiv 2 1500-talet Ej hemlån)
Provenienz: Marcus Beck von Leopoldsdorf (Monogramm am Schnitt)
Anm.: im Konvolut mit 2XXX 30
Walde: proveniensanteckningar

2Ju 63
SCHENCK VON TAUTENBURG, Friedrich
Interpretatio compendiosa in librum ... *usuum feudorum* ... Schwäbisch Hall: Braubach, Peter 1537–1538. 2°
VD 16 S 2623
Rosenbergisches Verzeichnis Fol. 102r

2Ju 64
EVERAERTS, Nicolaas
Topicorum seu locorum legalium opus de inventione et argumentatione... Basel: 1520. 2°
Im VD 16 und KVK ist diese Ausgabe nicht registriert.
Rosenbergisches Verzeichnis Fol. 102r

2Ju 65
MÜNSINGER VON FRUNDECK, Joachim
Apotelesma, hoc est corpus perfectum scholiorum ad institutiones Iustiniaeas pertinentium ... Basel. 2°
Die Ausgabe ist nicht eindeutig zu bestimmen: VD 16 registriert 8 Ausgaben in Basel in den Jahren 1555–1584.
Rosenbergisches Verzeichnis Fol. 102r

2Ju 66
SCHNEIDEWEIN, Johann
In quatuor Institvtionvm Imperialium D. Iustiniani libros, Commentarii ... Strasbourg: 2°
Die Ausgabe ist nicht eindeutig zu bestimmen: VD 16 registriert in Straßburg mehrere Ausgaben.
Rosenbergisches Verzeichnis Fol. 102r

2Ju 67
HOTMAN, François
Commentarius de verbis juris, antiquitatum Ro. elementis amplificatus ... Lyon: Gryphius, Antoine 1569. 2°
French Books III & IV 74419
Rosenbergisches Verzeichnis Fol. 102r

2Ju 68
GAIL, Andreas – sen.
Practicarum observationum tam ad processum iudiciarium praesertim imperialis camerae ... libri II ... Köln am Rhein: Gymnich, Johann – III. 1583. 2°
VD 16 G 66
Rosenbergisches Verzeichnis Fol. 102r

2Ju 69
AGUSTÍN, Antonio
De legibus et senatus consultis liber: Adiunctis legum antiquarum & senatusconsultorum fragmentis, cum notis Fulvii Ursini ... Paris: 1584. 2°
French Books III & IV 52051–52052 (die Ausgaben unterscheiden sich durch den Drucker).
Rosenbergisches Verzeichnis Fol. 102r

2Ju 70
Itinerarium provinciarum Antonini Augusti ... Handschrift; 2°
Rosenbergisches Verzeichnis Fol. 102r

2Ju 71
MOLINA, Luis de
De Hispanorum primogeniorum origine ac natura libri quatuor ... Köln am Rhein: Ciotti, Giovanni Battista 1588. 2°
VD 16 M 5965
Rosenbergisches Verzeichnis Fol. 102r

2Ju 72
FREHER, Marquard
Tractatvs de fama pvblica ... Frankfurt am Main: Feyerabend, Sigmund 1588. 2°
VD 16 F 2536
Rosenbergisches Verzeichnis Fol. 102v

2Ju 73
GRÉGOIRE, Pierre
Syntagma iuris uniuersi atque legum pene omnium gentium, et rerumpublicarum praecipuarum: in tres partes digestum ... Lyon: Prillehotte, Jean – Roussin, Pierre 1587. 2°
French Books III & IV 72572
Rosenbergisches Verzeichnis Fol. 102v

2Ju 74
CUJAS, Jacques
Commentarii, ex libro XLI. Digestorum, ad titulos VIII. De usurpationibus & usucapionibus. ... Lyon: Tournes, Jean de 1559. 2°
French Books III & IV 863707
Rosenbergisches Verzeichnis Fol. 102v

2Ju 75
MASCARDI, Giuseppe
De Probationibus ... Volumen Tertium. ... Frankfurt am Main: Feyerabend, Johann – Feyerabend, Sigmund 1588. 2°
VD 16 M 1313
Rosenbergisches Verzeichnis Fol. 102v

2Ju 76
[*Processus Juridicus* ...] Handschrift; 2°
Das Werk lässt sich nicht identifizieren.
Rosenbergisches Verzeichnis Fol. 102v

2Ju 77
AUERBACH, Johannes
[*Processus iudiciarius* ...] 2°
Die Ausgabe lässt sich nicht identifizieren, es handelt sich um ein oft herausgegebenes Werk.
Rosenbergisches Verzeichnis Fol. 102v

2Ju 78
ALCIATI, Andrea
Ivris libri III ... Basel: Herwagen, Johannes – iun. – Froben, Johann Erasmius, 1538. 2°
VD 16 A 1668
Rosenbergisches Verzeichnis Fol. 102v

2Ju 79
SCHARDIUS, Simon
Lexicon Iuridicum Ivris Rom. simul & pontificii doctorib. item & practicis in schola atque foro usitatarum vocvm penvs. Basel: Episcopius, Eusebius 1582. 2°
VD 16 S 2280
Rosenbergisches Verzeichnis Fol. 102v

2Ju 80
DUPRAT, Pardoux
Lexicon Juris, Civilis et Canonici: sive potius, Commentarius de Verborum quæ ad utrumque Jus pertinent Significatione ... Lyon: Rouillé, Guillaume 1567. 2°
French Books III & IV 66099
Rosenbergisches Verzeichnis Fol. 102v

2Ju 81
SEILER, Raphael
Der Römischen Kaiserlichen Mayestat ... *Cammergerichts Ordnung* ... Mainz: Behem, Franz 1574. 2°
VD 16 D 996
Rosenbergisches Verzeichnis Fol. 102v

2Ju 82
Der fürstlichen bayrischen Landsordnung weitere Erklärung ... München: Berg, Adam 1578. 2°
VD 16 B 1036
Rosenbergisches Verzeichnis Fol. 102v

2Ju 83
[*Allerley Ordnung, dess* ... *Ertzherzogenthumb Österreych* ...]. 2°
Die Ausgabe lässt sich nicht identifizieren (wahrscheinlich handelt es sich um eine Sammelbezeichnung für ein Konvolut von juristischen Vorschriften für Österreich).
Rosenbergisches Verzeichnis Fol. 102v

2Ju 84
Ainer Ersamen Landschafft des Löblichen Fürstenthumbs Steyr New verfaste Reformation des Landts vnd Hofrechts daselbst Jm M.D.LXXIIII. Jar auffgericht. Augsburg: Manger, Michael 1575. 2°
VD 16 S 8772
Rosenbergisches Verzeichnis Fol. 102v

2Ju 85
Des loblichen Fürstenthumbs Steyer Erbhulldigung in dem Fünfftzehenhundert vndzwaintzigsten Auch nachuolgend des ainundzwaintzigsten Jars bescheen sambt handlung der Landtâg ... Augsburg: Silvan, Otmar 1523. 2°
VD 16 S 8759
Rosenbergisches Verzeichnis Fol. 102v

2Ju 86
FERDINANDUS I. – imperator Romanorum
Lanndtßordnung der Fürstlichen Grafschafft Tirol ... Augsburg: Silvan Otmar 1532. 2°
VD 16 T 1356.
Rosenbergisches Verzeichnis Fol. 102v

2Ju 87
WERBŐCZY, István
Tripartitvm opvs ivris consvetvdinarii incliti Regni Hvngariae ... additis Regulis Iuris antiqui. ... Wien: Hiller, Erhard 1581. 2°
VD 16 W 1968
Rosenbergisches Verzeichnis Fol. 102v

2Ju 88
MOSSOTZY, Zacharias
Decreta, constitutiones et articuli regum Vngariae ab anno 1035 ad annum post 1583 publicis comitijs edita ... Recens impressa. Trnava: [Telegdi, Miklós] 1584. 2°
Čaplovič, Bibliografia tlačí vydaných na Slovensku do roku 1700, 2, Num. 1901.
Rosenbergisches Verzeichnis Fol. 102v

2Ju 89
BERLAND, Michel
Les loix, statuz et ordonnances royaulx faictes par les feuz roys de France. Paris: Charles L'Angelier 1548. 2°
French Vernacular Books 3775
Rosenbergisches Verzeichnis Fol. 102v

2Ju 90
Ordenanças reales de Castilla, Por las q[ua]les primerame[n]te se ha[n] d[e] librar todos los pleytos ciuiles y criminales ... Medina del Campo: Castro, Pedro de – Museti, Juan Pedro, 1541. 2°
Iberian Books 7342
Rosenbergisches Verzeichnis Fol. 102v

2Ju 91
Las Pregmaticas y Capitulos que su Magestad del Emperador y Rey nuestro señor hizo enlas Cortes de Valladolid ... Medina del Campo: Castro, Pedro de 1545. 2°

Iberian Books 8292
Rosenbergisches Verzeichnis Fol. 102v

2Ju 92
CUMIA, Giuseppe
In ritus mag. regiae curiae, ac totius regni Siciliae curiarum commentaria ... Venezia: Guerra, Domenico – Guerra, Giovanni Battista 1578. 2°
EDIT 16 CNCE 13857
Rosenbergisches Verzeichnis Fol. 103r

2Ju 93
KLING, Melchior
Das Gantze Sechsisch Landrecht mit Text vnd Gloss in eine richtige Ordnung gebracht ... Leipzig: Steinmann, Hans 1577. 2°
VD 16 D 755
Rosenbergisches Verzeichnis Fol. 103r

2Ju 94
Newe Vorordnung des Fürstenthumbs Würtemberg ... Tübingen: Morhart, Ulrich sen. – heredes, 1567. 2°
VD 16 W 4506, W 45764
Rosenbergisches Verzeichnis Fol. 103r

2Ju 95
Liber Statutorum et Legum Venetorum Jacobi Toupili moliti Ducis Venetiarum geschrieben. Handschrift; 2°
Wahrscheinlich handelt es sich um eine Handschrift; im Druck erschien das Werk in Venedig 1563, 1564, 1586 und 1597.
Rosenbergisches Verzeichnis Fol. 103r

2Ju 96
CLESIO, Bernardo
[*Statuta civilis civitatis Tridenti*] *Bernardus dei gratia episcopus Tridentinus etc. Statutorum civilium civitatis Trideñ.* Trento: Maffeo, Fracassini 1528. 2°
EDIT 16 CNCE 41507
Rosenbergisches Verzeichnis Fol. 103r

2Ju 97
[*Dess Löblichen hauss Österreych Freyheitten vnd Privilegien* ...]. Handschrift; 2°
Das Werk ist nicht zu identifizieren.
Rosenbergisches Verzeichnis Fol. 103r
Katalog der dietrichsteinischen Bibliothek, fol. 181 D 94

2Ju 98
FERDINANDUS I. – imperator Romanorum
Der Statt Wien Ordnung vnd Freyheyten. ... Wien: Michael Zimmermann 1560. 2°
VD 16 N 1658
Rosenbergisches Verzeichnis Fol. 103r

2Ju 99
RUDOLPHUS II. – imperator Romanorum
Reformirte Müllner vnnd Beckhen Ordnung die Statt Wienn ... Wien: Formica, Leonhard 1590. 2°
VD 16 ZV 11718
Rosenbergisches Verzeichnis Fol. 103r

2Ju 100
Der Stadt Wor̃ms Reformation Auch ... Gesetzesampt der Keyserlichen Confirmation diser Reformation. Worms: Weigand, Hans 1561. 2°
VD 16 W 4385
Rosenbergisches Verzeichnis Fol. 103r

2Ju 101
[*Ordnung der Stadt Braunschweig.*]. Handschrift; 2°
Im Druck erschien 1579 *Der Stadt Braünschweig Ordnunge* (VD 16 B 7244); unter anderen Titeln auch weitere Ausgaben.
Rosenbergisches Verzeichnis Fol. 103r

2Ju 102
Der Kayserlichen Stadt Breßlaw Statuta vnd Ordnungen auffs New vmbgefertiget vormehret vnd gebessert. Wrocław: Scharffenberg, Johann – heredes 1588. 2°
VD 16 B 8011–B 8012
Rosenbergisches Verzeichnis Fol. 103r

2Ju 103
MAXIMILIANUS II. – imperator Romanorum
Publication der Newen Pergkwercks Vergleichung in Königreich Behem. ... Praha: Peterle, Michael 1575. 4°
BCBT 37155
Rosenbergisches Verzeichnis Fol. 103r

2Ju 104
MEURER, Noe
Jag vnd Forstrecht ... Frankfurt am Main: Reffeler, Paul 1576. 2°
VD 16 M 4997
Rosenbergisches Verzeichnis Fol. 103r

2Ju 105
CHRISTOPHORUS – dux Württembergensis
Des Fürstenthumbs Würtemberg gemein Landtrecht in vier Theil verfaßt. ... Tübingen: Gruppenbach, Georg 1585. 2°
VD 16 W 4516
Rosenbergisches Verzeichnis Fol. 103r

2Ju 106
CAROLUS II. – archiducus Austriacae
Ordnung guter Policey ... Jn derselben löblichen Hertzogthumb Steyer ... Graz: Schmidt, Hans von Graz 1588. 2°
VD 16 S 8776
Rosenbergisches Verzeichnis Fol. 103r

2Ju 107
HEROLD, Johannes
Originvm ac Germanicarvm antiqvitatvm libri ... Basel: Petri aus Basel, Heinrich 1557. 2°
VD 16 H 2549
Rosenbergisches Verzeichnis Fol. 103r

2Ju 108
ROLANDINO DE' PASSAGGERI
Summa totius artis notariae ... Venezia: Rampazetto, Francesco – sen. 1574. 2°
EDIT 16 CNCE 47622
Rosenbergisches Verzeichnis Fol. 103r

2Ju 109
[*Digestum Vetus: Novum. Jnfortiatum. et qui ... ad digesta vel Pandecta juris spectata invandu.*] 4°
Das Werk ist nicht zu identifizieren.
Rosenbergisches Verzeichnis Fol. 103r

2Ju 110
CANTIUNCULA, Claudius
Paraphrasis in libri I Institvtionvm Justiniani imperatoris ... Lyon: Gryphe, Sébastien 1533. 4°
French Books III & IV 60070
Rosenbergisches Verzeichnis Fol. 103r

2Ju 111
MARSILI, Ippolito
Practica causarum criminalium ... Lyon: 1536. 4°
In French Books III & IV ist diese Ausgabe nicht registriert.
Rosenbergisches Verzeichnis Fol. 103r

2Ju 112
SIGONIO, Carlo
De antiquo iure ciuium Romanorum libri duo. ... Venezia: Ziletti, Giordano – sen. 1563. 4°
EDIT 16 CNCE 41001
Rosenbergisches Verzeichnis Fol. 103r

2Ju 113
RZECZYCKI, Andrzej
Accusationis in Christophorum Sborouium actiones tres. ... Kraków: Januszowski, Jan 1585. 4°
Estreicher, Bibliografia polska 8, S. 82
Rosenbergisches Verzeichnis Fol. 103r
Västerås: Stiftsbibliotek (P_5 693)
Provenienz: Hieronymus Beck von Leopoldsdorf (handschriftliches Exlibris) Einband: D
Gawrys: Slavica Arosiensia III, Num. 186; Walde: proveniensanteckningar

2Ju 114

LANCELLOTTI, Giovanni Paolo

Institutiones iuris canonici, quibus ius pontificium singulari methodo libris quatuor comprehenditur ... Roma: Accolti, Vincenzo – Ferrari, Giorgio 1583. 4°

EDIT 16 CNCE 40645

Rosenbergisches Verzeichnis Fol. 113r

2Ju 115

JACOBI, Pierre

Aurea practica libellorum. Lyon: Sacon, Jacques 1501. 4°

French Books III & IV 74933

Rosenbergisches Verzeichnis Fol. 103r

2Ju 116

FERRARI, Giovanni Pietro

Practica singularis ac perutilis, una cum additionibus domini Francisci de Curte ... Lyon: Clein, Jean 1509. 4°

French Books III & IV 70416

Rosenbergisches Verzeichnis Fol. 103v

2Ju 117

LOCHMAIR, Michael

Practica electionum praelatorum: mit dem Decretum super electionibus praelatorum des Konzils von Basel, 13.7.1433 ... 4°

Die Ausgabe ist nicht eindeutig zu bestimmen: ISTC registriert mehrere Wiegendruckausgaben: 1490, 1491.

Rosenbergisches Verzeichnis Fol. 103v

2Ju 118

CITTADINI, Paolo

Tractatus iuris patronatus et summaria distinctionũ: ac questionũ causarũ decreti. Strasbourg: Grüninger, Johann 1506. 4°

VD 16 C 3965

Rosenbergisches Verzeichnis Fol. 103v

2Ju 119

Libro del consolato nuouamente stampato con la gionta delle ordinationi sopra legni armati, ... Venezia: Padovano, Giovanni 1549. 4°

EDIT 16 CNCE 13100

Rosenbergisches Verzeichnis Fol. 103v

2Ju 120

Statuta Veneta ... Venezia: 1564. 4°

Weder im EDIT 16 noch im KVK wird diese Ausgabe registriert.

Rosenbergisches Verzeichnis Fol. 103v

2Ju 121

Statuta Iadertina cum omnibus reformationibus in hunc vsque diem factis, additoque indice locupletissimo nunc primum typis excussa. Venezia: Farri, Domenico 1564. 4°

EDIT 16 CNCE 37944

Rosenbergisches Verzeichnis Fol. 103v

2Ju 122
SCHWARTZENTHALER, Johann Baptist
Tractatus iudiciarij ordinis in tres libros digestus ... Frankfurt am Main: 1592. 4°
VD 16 S 4684
Rosenbergisches Verzeichnis Fol. 103v

2Ju 123
MARZARI, Francesco
In materiam fideicommissariam epitome Francisci Marzarii Vicentini iurisconsulti. Parma: Viotti, Seth 1570. 4°
EDIT 16 CNCE 39107
Rosenbergisches Verzeichnis Fol. 103v

2Ju 124
SANSOVINO, Francesco
Del gouerno et amministratione di diuersi regni et republiche, cosi antiche come moderne ... libri XXI. ... Venezia: Sansovino, Giacomo 1578.
EDIT 16 CNCE 31170
Rosenbergisches Verzeichnis Fol. 103v

2Ju 125
Libro del consolato nuouamente stampato con la gionta delle ordinationi sopra legni armati ... Venezia: Padovano, Giovanni 1549. 4°
EDIT 16 CNCE 13100
Rosenbergisches Verzeichnis Fol. 103v

2Ju 126
BUDEL, Reinier
De monetis, et re nvmaria, libri dvo ... Köln am Rhein: Gymnich, Johann – III. 1591. 4°
VD 16 B 9111
Rosenbergisches Verzeichnis Fol. 103v

2Ju 127
LAMBARD, William
Αρχαιονομια, sive de priscis Anglorum legibus libri ... London: Day, John 1568. 4°
British Library Catalogue 001072765
Rosenbergisches Verzeichnis Fol. 103v

2Ju 128
[BREUNER, Maximilian
Conclusiones ex VII. Partibus Pandectarum ... Bologna 1593]. 4°
Weder in EDIT 16 noch im KVK wird diese Ausgabe registriert.
Rosenbergisches Verzeichnis Fol. 103v

2Ju 129
MATTHIEU, Pierre
Summa constitutionum summorum pontificum, et rerum in ecclesia Romana gestarum ... Lyon: Landry, Pierre 1588. 4°
French Books III & IV 76463
Rosenbergisches Verzeichnis Fol. 103v

2Ju 130
Zřízení zemské Markrabství moravského ... Olomouc: 1573. 4°
Weder Knihopis noch die Fachliteratur (*Zemské zřízení moravské z roku 1535 spolu s tiskem z roku 1562 nově vydaným*, ed. František Čáda, Praha 1937) registrieren diese Ausgabe.
Rosenbergisches Verzeichnis Fol. 103v

2Ju 131
HASELBERG, Johann
Der Ursprung gemeynner Berckrecht, wie die lange zeit von den alten erhalten worden ... 1531. 4°
Die Ausgabe ist nicht eindeutig zu bestimmen: VD 16 registriert die Ausgabe 1530 und 1535.
Rosenbergisches Verzeichnis Fol. 103v

2Ju 132
BECK VON LEOPOLDSDORF, Marcus
[*Annotationes in jus civile* ...]. Handschrift (Papier). 4°
Rosenbergisches Verzeichnis Fol. 103v
Die Handschrift verbrannte 1697 beim Brand des Stockholmer königlichen Palastes. Vossius, fol. 23 (s. v. Marci Beck Repertorium juris); Beck, S. 115

2Ju 133
MUSSI, Pietro Domenico
Formularium instrumentorum ... Venezia: Cavalcalupo, Girolamo 1565. 4°
EDIT 16 CNCE 23936
Rosenbergisches Verzeichnis Fol. 103v

2Ju 134
Tractatus de syndicatu variorum authorum ... Venezia: 1571. 4°
EDIT 16 CNCE 41476 oder CNCE 24803 (die Ausgaben unterscheiden sich durch den Drucker).
Rosenbergisches Verzeichnis Fol. 103v

2Ju 135
Formularium terminorum seu registrorum secundum stilum Rom. cur. Cum bullis facultatum ... Venezia: Regazzola, Egidio – Cavalcalupo, Domenico 1570. 4°
EDIT 16 CNCE 19521
Rosenbergisches Verzeichnis Fol. 103v

2Ju 136
Formularium variarum commissionum, articulorum, exceptionum, interrogatoriorum, petitionum sententiarum, & appellationum. ...Venezia: Regazzola, Egidio – Cavalcalupo, Domenico 1570. 4°
EDIT 16 CNCE 19524
Rosenbergisches Verzeichnis Fol. 103v

2Ju 137
BUDÉ, Guillaume
Libellorumque magistri in praetorio Altera aeditio annotationum in Pandectis. ...Venezia: Ottaviano Scoto – iun. 1534. 8°

EDIT 16 CNCE 7799
Rosenbergisches Verzeichnis Fol. 103v

2Ju 138
FERRARI, Giovanni Pietro
Adnotationes in III institutionum Justiniani libros ... Lyon: Portonariis de, Vincent 1536. 8°
French Books III & IV 70400
Rosenbergisches Verzeichnis Fol. 103v

2Ju 139
MARSILI, Ippolito
Consiliorum criminalium volumina duo ... Lyon: Giunta, Jacques 1534. 8°
French Books III & IV 79131
Rosenbergisches Verzeichnis Fol. 103v

2Ju 140
DECIO, Filippo
In titulum de regulis juris commentaria non contemnenda sane inter justitiae proceres acesserunt observationes. ... Lyon: Giunta, Jacques 1545. 8°
French Books III & IV 64200
Rosenbergisches Verzeichnis Fol. 103v

2Ju 141
DINUS MUGELLANUS
Commentarius in regulas juris pontificii. ... Lyon: 1545. 8°
French Books III & IV 65002–65003 (die Ausgaben unterscheiden sich durch den Drucker).
Rosenbergisches Verzeichnis Fol. 103v

2Ju 142
JUSTINIANUS
Digestorum su Pandectarum tomus ... Paris: Guillard, Charlotte – Desbois, Guillaume [1548]. 8°
French Books III & IV 76288
Rosenbergisches Verzeichnis Fol. 103v

2Ju 143
LEUNCLAVIUS, Johannes
Paratitlorvm libri tres antiqvi ... Frankfurt am Main: de Marne, Claude – Aubry, Johann 1593. 8°
VD 16 L 1381
Rosenbergisches Verzeichnis Fol. 103v

2Ju 144
VESTRI, Ottaviano
In Romanae avlae actionem et ivdiciorvm mores, introdvctio. ... Köln am Rhein: Baum, Dietrich 1573. 8°
VD 16 V 939
Rosenbergisches Verzeichnis Fol. 103v

2Ju 145
Informatio iuris in causa poenali, utrum tres mulieres maleficii et veneficii ... Frankfurt am Main: Christian Egenolff – sen., heredes 1590. 8°
VD 16 I 184
Rosenbergisches Verzeichnis Fol. 103v

2Ju 146
EVERAERTS, Nicolaas
Centum modi argumentandi. ... Venezia: Lucantonio Giunta sen. – heredes 1539. 8°
EDIT 16 CNCE 18409
Rosenbergisches Verzeichnis Fol. 103v

2Ju 147
GRIBALDI, Matheo
De methodo ac ratione studendi libri tres. Lyon: 1544. 8°
French Books III & IV 72824–72838 (die Ausgaben unterscheiden sich durch den Drucker).
Rosenbergisches Verzeichnis Fol. 103v

2Ju 148
WALTHER, Bernhard
Miiscellaneorum libellus ... Wien: Johann Singriener – sen., heredes [1546/1549?]. 8°
VD 16 W 936
Rosenbergisches Verzeichnis Fol. 104r

2Ju 149
WALTHER, Bernhard
De dialectica ex iure libri tres ... Nürnberg: Petreius, Johann 1546. 8°
VD 16 W 935
Rosenbergisches Verzeichnis Fol. 104r

2Ju 150
WALTHER, Bernhard
Rhetorices praecepta ex Iure ... Nürnberg: Petreius, Johann 1545. 8°
VD 16 W 941
Rosenbergisches Verzeichnis Fol. 104r

2Ju 151
MÜNSINGER VON FRUNDECK, Joachim
Singularium Obseruationum Iudicij Imp. Camerae Centuriae V. ... Basel: Episcopius, Eusebius 1580. 8°
VD 16 M 7464
Rosenbergisches Verzeichnis Fol. 104r

2Ju 152
DU MOULIN, Charles
Tractatus commerciorum, et usurarum, redituumque pecunia constitutorum, et monetarum ... Lyon: Arsy, Antoine de 1572. 8°
French Books III & IV 65844
Rosenbergisches Verzeichnis Fol. 104r

2Ju 153
CONTARINI, Gasparo
De magistratibus et repub. Venetorum libri quinque ... Basel: Froben, Hieronymus – sen. – Episcopius, Nikolaus 1547. 8°
VD 16 ZV 3836
Rosenbergisches Verzeichnis Fol. 104r

2Ju 154
BODIN, Jean
De speciebus rerum publicarum liber ... Magdeburg: Roß, Wilhelm 1581.8°
VD 16 B 6278
Rosenbergisches Verzeichnis Fol. 104r

2Ju 155
MORNAY, Philippe du Plessis
De iure magistratuum in subditos et officio subditorum erga magistratus ... Lyon: 1576. 8°
French Books III & IV 80213 registriert nur die Ausgabe Lyon 1580.
Rosenbergisches Verzeichnis Fol. 104r

2Ju 156
PALEOTTI, Gabriele
De nothis spuriisque filiis. Liber singularis ... Frankfurt am Main: Basse, Nikolaus – Beller, Johannes 1574/(1573). 8°
VD 16 ZV 26219
Rosenbergisches Verzeichnis Fol. 104r

2Ju 157
DELLA SPINA, Bartolomeo
Novus malleus maleficarum sub quaestione de strigibus seu maleficis ... Köln am Rhein: Cholinus, Maternus 1581. 8°
VD 16 S 8325
Rosenbergisches Verzeichnis Fol. 104r

2Ju 158
SCRIBONIUS, Wilhelm Adolf
De sagarum natura et potestate deque; his recte cognoscendis et puniendis physiologia ... Marburg: Egenolff, Paul 1588. 8°
VD 16 S 5125
Rosenbergisches Verzeichnis Fol. 104r

2Ju 159
Constitutiones et decreta condita in provinciali synodo Mediolanensi sub illustriss. et reurendiss. d. d. Carolo Borrhomaeo ... Padova: Alciati, Pietro Antonio 1566. 8°
EDIT 16 CNCE 24608
Rosenbergisches Verzeichnis Fol. 104r

2Ju 160
SIMONETTA, Giacomo
Tractatvs re servationvm beneficiorvm ... Köln am Rhein: Gymnich, Johann – III. 1583. 8°
VD 16 S 6544
Rosenbergisches Verzeichnis Fol. 104r

2Ju 161
DELLA VALLE, Rolando
Tractatus non minus vtilissimus quam necessarius de inuentarij confectione ... Venezia: Somasco, Giovanni Battista 1573. 8°
EDIT 16 CNCE 16607
Rosenbergisches Verzeichnis Fol. 104r

2Ju 162
BOUCHET, Jean
Forme et ordre de plaidoirie en toutes les cours royalles et subalteres de ce royaulme. Lyon: Jean de Tournes 1546. 16°
French Vernacular Books 6812
Rosenbergisches Verzeichnis Fol. 104r

2XXX 1
UBALDI, Angelo
Lectura super titulo de interdictis Digesti noui ... Brescia: Angelus Britannicus 1498. 2°
ISTC iu00011000
Im Rosenbergischen Verzeichnis nicht registriert.
Stockholm: Kungliga biblioteket (inkunab. Num. 1068)
Provenienz: Marcus Beck von Leopoldsdorf (Monogram am Schnitt), Wolfgang Gwärlich
Anm.: Konvolut 2Ju20, 2XXX 1, 12, 20–23
Einband: A
Undorf II, Num. 3895.

2XXX 2
JOHANNES DE IMOLA
Lectura in primam et secundam partem Digesti novi. Venezia: Andreas Torresanus de Asula 1497–1498. 2°
ISTC ij00347700
Im Rosenbergischen Verzeichnis nicht registriert.
Uppsala: Carolinabiblioteket (Pars I – 31:60, Pars 2 – 31:61)
Provenienz: Marcus Beck von Leopoldsdorf (Monogramm am Schnitt)
Einband: A
Anm.: Der zweite Band befindet sich im Konvolut mit 2XXX 27.
Undorf I, Num. 2189.

2XXX 3
JOHANNES DE IMOLA
Lectura in III librum Decretalium ... Venezia: Bernardinus Stagninus 1500. 2°
ISTC ij00347500
Im Rosenbergischen Verzeichnis nicht registriert.
Uppsala: Carolinabiblioteket (31:59)
Provenienz: Marcus Beck von Leopoldsdorf (Monogramm am Schnitt)
Einband: A
Walde: Storhetstidens litterära krigsbyten I, S. 290 Anm. 1; Undorf I, Num. 2188.

2XXX 4
JOHANNES DE IMOLA
Lectura super prima parte Infortiati ... Venezia: Andreas Torresanus de Asula 1498. 2°

ISTC ij00346350
Im Rosenbergischen Verzeichnis nicht registriert.
Uppsala: Carolinabiblioteket (31:60, 31:61)
Provenienz: Marcus Beck von Leopoldsdorf (Monogramm am Schnitt), Wolfgang Gwärlich
Einband: A
Anm.: im Konvolut mit 2XXX 2
Undorf I, Num. 2192.

2XXX 5
PONTANO, Lodovico
Singularia in hoc volumine [cont] ine[n] tur hi sunt. ... Milano: Scinzenzeler, Giovanni Angelo 1508. 2°
EDIT 16 registriert diese Ausgabe nicht, Eintrag nach KVK.
Im Rosenbergischen Verzeichnis nicht registriert.
Uppsala: Carolinabiblioteket (31:32)
Provenienz: Marcus Beck von Leopoldsdorf (Monogramm am Schnitt)
Einband A
Walde: Storhetstidens litterära krigsbyten I, S. 290, Anm. 1

2XXX 6
FRANCHIS, Philippus de
Super titulo „De regulis iuris in sexto libro Decretalium“ ... Venezia: Bernardinus Benalius 1499. 2°
ISTC if00280650
Im Rosenbergischen Verzeichnis nicht registriert.
Uppsala: Carolinabiblioteket (31:63 – Adligat) = 1224
Anm.: im Konvolut mit 2Ju 46
Walde: Storhetstidens litterära krigsbyten I, S. 290; Undorf I, Num. 1572.

2XXX 7
GAMBIGLIONI, Angelo
Tractatus de maleficiis cum additionibus Augustini de Bonfrancischis et Bernardini de Landriano ... Venezia: Baptista de Tortis 1494. 2°
ISTC ig0006300
Im Rosenbergischen Verzeichnis nicht registriert.
Uppsala: Carolinabiblioteket (31:58) = Num. 112
Provenienz: Marcus Beck von Leopoldsdorf (Monogramm am Schnitt)
Anm.: im Konvolut mit 2 XXX 8
Walde: Storhetstidens litterära krigsbyten I, S. 290, Anm. 1; Undorf I, Num. 1596

2XXX 8
GANDINO, Albertus de
Tractatus de maleficiis cum apostillis Bernardini de Landriano ... Venezia: Baptista de Tortis 1494. 2°
ISTC ig00070000
Im Rosenbergischen Verzeichnis nicht registriert.
Uppsala: Carolinabiblioteket (31:58 – Adligat) = Num. 37

Provenienz: Marcus Beck von Leopoldsdorf (Monogramm am Schnitt)
Anm.: im Konvolut mit 2XXX 7
Walde: Storhetstidens litterära krigsbyten I, S. 290, Anm. 1; Undorf I, Num. 1588

2XXX 9
HENRICUS DE SEGUSIO
Summa super titulis Decretalium. ... Venezia: Thomas de Blavis 1490. 2°
ISTC ih00047000
Im Rosenbergischen Verzeichnis nicht registriert.
Uppsala: Carolinabiblioteket (31:76) = Num. 688
Provenienz: Marcus Beck von Leopoldsdorf (Monogramm am Schnitt)
Einband: B
Walde: Storhetstidens litterära krigsbyten I, S. 290, Anm. 1; Undorf I, Num. 1872.

2XXX 10
JOHANNES DE IMOLA
Super prima parte secundi libri Decretalium ... Venezia: Stagnino, Bernardino 1501. 2°
EDIT 16 CNCE 33341
Im Rosenbergischen Verzeichnis nicht registriert.
Uppsala: Carolinabiblioteket (35b:124), (35b:123 – Adligat)
Provenienz: Marcus Beck von Leopoldsdorf (Monogramm am Schnitt), Wolfgang Gwärlich
Einband: A
Walde: Storhetstidens litterära krigsbyten I, S. 290, Anm. 1; Collijn, Katalog der Inkunabeln der Kgl. Universitätsbibliothek zu Uppsala, Num. 1527.

2XXX 11
JOHANNES DE IMOLA
Lectura in primam partem primi libri Decretalium ... Venezia: Bernardinus Stagninus 1500. 2°
ISTC ij00346400
Im Rosenbergischen Verzeichnis nicht registriert.
Uppsala: Carolinabiblioteket (35b:123)
Provenienz: Marcus Beck von Leopoldsdorf (Monogramm am Schnitt), Wolfgang Gwärlich Collijn, Katalog der Inkunabeln der Kgl. Universitätsbibliothek zu Uppsala, Num. 1527; Walde: Storhetstidens litterära krigsbyten I, S. 290, Anm. 1; Undorf I, Num. 2190.

2XXX 12
FRANCHIS, Philippus de
De testamentis ... Venezia: Bernardinus Benalius 1499. 2°
ISTC if00281600
Im Rosenbergischen Verzeichnis nicht registriert.
Stockholm: Kungliga biblioteket (inkunab. Num. 425)
Provenienz: Marcus Beck von Leopoldsdorf (Monogramm am Schnitt); Wolfgang Gwärlich
Anm.: Konvolut 2Ju20, 2XXX 1, 12, 20–23
Einband: A
Undorf I, Num. 1567

2XXX 13
PONTANO, Lodovico
Consilia et allegationes. Venezia: Boneto Locatelli 1500. 2°
ISTC ip0922200
Im Rosenbergischen Verzeichnis nicht registriert.
Uppsala: Carolinabiblioteket (35b:131) = Num. 979
Provenienz: Marcus Beck von Leopoldsdorf (Monogramm am Schnitt)
Einband: A
Anm.: im Konvolut mit 2XXX 14
Collijn, Katalog der Inkunabeln der kgl. Bibliothek zu Uppsala ... Num. 979; Walde: Storhetstidens litterära krigsbyten, S. 290, Anm. 1; Undorf II, Num. 3232.

2XXX 14
UBALDI, Angelo
Consilia excelsi doctoris, et in pratica vtilissima domini Angeli de Vbaldis de Perusio : ... Milano: Pachel, Leonhard 1508. 2°
EDIT 16 registriert diese Ausgabe nicht, Eintrag nach KVK.
Im Rosenbergischen Verzeichnis nicht registriert.
Uppsala: Carolinabiblioteket (35b:131 – Adligat)
Provenienz: Marcus Beck von Leopoldsdorf (Monogramm am Schnitt)
Anm.: im Konvolut mit 2XXX 13
Walde: Storhetstidens litterära krigsbyten I, S. 290, Anm. 1

2XXX 15
SANCTO GEORGIO, Johannes Antonius de
Lectura super usibus feudorum ... Venezia: Philippus Pincius 1498. 2°
ISTC is00133000
Im Rosenbergischen Verzeichnis nicht registriert.
Uppsala: Carolinabiblioteket (35:85) = Num. 852
Provenienz: Marcus Beck von Leopoldsdorf (Monogramm am Schnitt)
Einband: A
Anm.: im Konvolut mit 2XXX 16
Walde: Storhetstidens litterära krigsbyten I, S. 290, Anm. 1; Undorf II, Num. 3478

2XXX 16
BALDUS DE UBALDIS
Opus aureum ... Lyon: Huguetan, Jacques 1502. 2°
French Books III & IV registriert die Ausgabe 1522.
Im Rosenbergischen Verzeichnis nicht registriert.
Uppsala: Carolinabiblioteket (35:85)
Provenienz: Marcus Beck von Leopoldsdorf (Monogramm am Schnitt)
Anm.: im Konvolut mit 2XXX 15
Walde: Storhetstidens litterära krigsbyten I, S. 290, Anm. 1

2XXX 17
ANDREAE, Johannes
Quaestiones mercuriales super regulis iuris ...
Venezia: Bernardinus Stagninus 1499. 2°
ISTC ia00638800
Im Rosenbergischen Verzeichnis nicht registriert.

Uppsala: Carolinabiblioteket (35:2) = Num. 101B
Provenienz: Marcus Beck von Leopoldsdorf (Monogramm am Schnitt)
Einband: A
Anm.: im Konvolut mit 2XXX 18
Walde: Storhetstidens litterära krigsbyten I, S. 290, Anm. 1; Undorf I, Num. 203

2XXX 18
DINO DEL MUGELLO
Dinus de regulis iuris, cum additionibus & apostillis nouiter additis. (Venezia: Pinzi, Filippo 1505). 2°
EDIT 16 CNCE 17196
Im Rosenbergischen Verzeichnis nicht registriert.
Uppsala: Carolinabiblioteket (35:2 – Adligat)
Provenienz: Marcus Beck von Leopoldsdorf (Monogramm am Schnitt)
Anm.: im Konvolut mit 2XXX 17
Walde: Storhetstidens litterära krigsbyten I, S. 290, Anm. 1

2XXX 19
ALBERICUS DE ROSATE
Super Codice. ... Milano: Scinzenzeler, Ulrich 1492. 2°
ISTC ia00187500
Im Rosenbergischen Verzeichnis nicht registriert.
Uppsala: Carolinabiblioteket (35:38)
Provenienz: Marcus Beck von Leopoldsdorf (Monogramm am Schnitt); Wolgang Gwärlich
Einband: A
Anm.: Das zweite Exemplar der Bibliothek 2Ju 23 befand sich im Konvolut mit 2Ju 19–24.
Collijn, Katalog der Inkunabeln der kgl. Bibliothek zu Uppsala ... Num. 28; Undorf I, Num. 55

2XXX 20
SARDIS, LUDOVICUS DE
Tractatus de legitimatione ... Brescia: Angelus Britannicus 1499. 2°
ISTC is00164500
Im Rosenbergischen Verzeichnis nicht registriert.
Stockholm: Kungliga biblioteket (inkunab. Num. 960)
Provenienz: Marcus Beck von Leopoldsdorf (Monogramm am Schnitt); Wolfgang Gwärlich
Anm.: im Konvolut mit 2Ju 20, 2XXX 1, 12, 20–23
Einband: A
Collijn, Katalog der Inkunabeln der kgl. Bibliothek in Stockholm ... Num. 960; Undorf II, Num. 3490

2XXX 21
UBALDIS, Nicolaus
De successionibus ab intestato ... Venezia: Bernardinus Venetus 1499. 2°
ISTC iu00047000
Im Rosenbergischen Verzeichnis nicht registriert.
Stockholm: Kungliga biblioteket (inkunab. Num. 1076)

Anm.: im Konvolut mit 2Ju 20, 2XXX 1, 12, 20–23
Einband: A
Collijn, Katalog der Inkunabeln der kgl. Bibliothek in Stockholm ... Num. 1076; Undorf II, Num. 3910

2XXX 22
AFFLICTIS, Matthaeus de – BALDUS DE UBALDIS
De iure promitiseos. ... Venezia: Aloysius et Franciscus de Rubeis 1499. 2°
ISTC ia00157200
Im Rosenbergischen Verzeichnis nicht registriert.
Stockholm: Kungliga biblioteket (inkunab. Num. 11)
Provenienz: Marcus Beck von Leopoldsdorf (Monogramm am Schnitt); Wolfgang Gwärlich
Anm.: Konvolut 2Ju 20, 2XXX 1, 12, 20–23
Einband: A
Collijn, Katalog der Inkunabeln der kgl. Bibliothek in Stockholm ... Num. 11; Undorf I, Num. 34

2XXX 23
CORSETTUS, Antonius
De potestate regia; De minimis; De verbis geminatis; De privilegio pacis; De fallentiis ad regulam spoliatorum; De materia Trebellianicae ... Venezia: Bernardinus Stagninus 1499. 2°
ISTC ic00931000
Im Rosenbergischen Verzeichnis nicht registriert.
Stockholm: Kungliga biblioteket (inkunab. Num. 339)
Provenienz: Marcus Beck von Leopoldsdorf (Monogramm am Schnitt); Wolfgang Gwärlich
Anm.: Konvolut 2Ju 20, 2XXX 1, 12, 20–23
Einband: A
Collijn, Katalog der Inkunabeln der kgl. Bibliothek in Stockholm ... Num. 339; Undorf I, Num. 1248.

2XXX 24
BARTOLO DA SASSOFERRATO
Super tribus libris. ... cum nonnullis apostillis: ultra additionibus ... Milano: Scinzenzeler, Giovanni Angelo 1506. 2°
EDIT 16 CNCE 54561
Im Rosenbergischen Verzeichnis nicht registriert.
Uppsala: Carolinabiblioteket (77:59 fol.)
Provenienz: Marcus Beck von Leopoldsdorf (Monogramm am Schnitt)
Anm.: Konvolut 2Ju 16–17–18, 2XXX 24–25
ProBok-ID: 61

2XXX 25
BARTOLO DA SASSOFERRATO
Super autenticis, cum nonnullis vtilissimis additionibus et apostillis Benedicti de Vadis. Venezia: Torti, Battista 1506. 2°
EDIT 16 CNCE 4334
Im Rosenbergischen Verzeichnis nicht registriert.

Uppsala: Carolinabiblioteket (77:59 fol.)
Provenienz: Marcus Beck von Leopoldsdorf (Monogramm am Schnitt)
Anm.: Konvolut 2Ju 16–17–18, 2XXX 24–25
ProBok-ID: 61

2XXX 26
BALDUS DE UBALDIS
[*Consilia juris*]... *Pars I–V.* Brescia: Boninus de Boninis, de Ragusia 1490–1491. 2°
ISTC iu00022000ISTC
Im Rosenbergischen Verzeichnis nicht registriert.
Strängnäs: Domkyrkans bibliotek (F maj. 470–471)
Provenienz: Marcus Beck von Leopoldsdorf (Monogramm am Schnitt)
Einband: B
Bei Undorf nicht registriert; Aminson, S. 64–65.

2XXX 27
BALDUS DE UBALDIS
Commentaria elegantissima super decretalibus nouissime impressa ...Venezia: De Gregori, Giovanni – De Gregori, Gregorio 1505. 2°
EDIT 16 CNCE 29295
Im Rosenbergischen Verzeichnis nicht registriert.
Stockholm: Kungliga biblioteket (127 A m b)
Provenienz: Marcus Beck von Leopoldsdorf (Monogramm am Schnitt)
Einband: B
Walde: proveniensanteckningar

2XXX 28
JOHANNES ANDREÆ
Nouella super decretalibus, cum apostillis nouiter editis.
Trino: Giolito de Ferrari, Giovanni sen. – Zeglio, Gerardo 1512. 2°
Adams A1061
Im Rosenbergischen Verzeichnis nicht registriert.
Stockholm: Kungliga biblioteket (127 A m b)
Provenienz: Marcus Beck von Leopoldsdorf (Monogramm am Schnitt)
Einband: B
Walde: proveniensanteckningar

2XXX 29
ANTONIO DA BUDRIO
Completus super quinque libris Decretalium cum repertorio eiusdem. Venezia: De Gregori, Giovanni – De Gregori, Gregorio 1503. 2°
EDIT 16 CNCE 2106
Im Rosenbergischen Verzeichnis nicht registriert.
København: Det Kongelige bibliotek
Provenienz: Marcus Beck von Leopoldsdorf (Monogramm am Schnitt)
Walde: proveniensanteckningar

2XXX 30
ALCIATI, Andrea
Paradoxorum, ad Pratum, Lib. VI. Dispunctionum, ...Basel: Cratander, Andreas 1523. 2°

VD 16 A 1666
Im Rosenbergischen Verzeichnis nicht registriert.
Växjö: Stadsbibliotek (Stiftsbiblioteket Arkiv 2 1500-talet Ej hemlån)
Provenienz: Marcus Beck von Leopoldsdorf (Monogramm am Schnitt)
Einband: A (Datierung des Einbands 1523)
Anm.: im Konvolut mit 2Ju 62
Walde: proveniensanteckningar

3Me MEDIZIN – „Medici libri“

3Me 1
GALENOS
Opera ... 2°
Die Ausgabe ist nicht zu bestimmen, Galenos' Werke erschienen im Verlauf des 16. Jahrhunderts wiederholt.
Rosenbergisches Verzeichnis Fol. 104r

3Me 2
AVICENNA
Libri in re medica omnes ... Venezia: Valgrisi, Vincenzo 1564. 2°
EDIT 16 CNCE 3551
Rosenbergisches Verzeichnis Fol. 104r

3Me 3
CELSUS, Aurelius Cornelius
Medicae artis principes post Hippocratem & Galenum ... Genf: Estienne, Henri 1567. 2°
SUDOC Catalogue http://www.sudoc.fr/042631939
Rosenbergisches Verzeichnis Fol. 104r

3Me 4
ALEXANDER Trallianus
De singvlarvm corporis partivm ... Basel: Petri aus Basel, Heinrich 1533. 2°
VD 16 ZV 394
Rosenbergisches Verzeichnis Fol. 104r

3Me 5
KETHAM, Johannes
Fasciculo di medicina vulgare ... Venezia: De Gregori, Gregorio 1508. 2°
EDIT 16 CNCE 29298
Rosenbergisches Verzeichnis Fol. 104r

3Me 6
SANCTES DE ARDUINIS
Opvs de venenis ...
Basel: Petri aus Basel, Heinrich – Perna, Peter 1562. 2°
VD 16 A 3235
Rosenbergisches Verzeichnis Fol. 104r

3Me 7
De balneis omnia quae extant apud Graecos, Latinos, et Arabas, tam medicos quam quoscunque caeterarum artium probatos scriptores, ... Venezia: Giunta, Lucantonio – sen. – heredes 1553. 2°

EDIT 16 CNCE 16129
Rosenbergisches Verzeichnis Fol. 104r

3Me 8
ALESSANDRINI, Giulio
Salubrium sive De Sanitate tuenda, libri trigintatres... Köln am Rhein: Quentel, Johann – heredes 1575. 2°
VD 16 A 1754
Rosenbergisches Verzeichnis Fol. 104r

3Me 9
ARGELLATA, Pietro
Chirurgia Argelate cum Albucasi. ... Venezia: Giunta, Lucantonio – sen. 1520. 2°
EDIT 16 CNCE 2497
Rosenbergisches Verzeichnis Fol. 104r

3Me 10
SAVONAROLA, Michele
Practica maior ... Venezia: Valgrisi, Vincenzo 1560. 2°
EDIT 16 CNCE 38094
Rosenbergisches Verzeichnis Fol. 104r

3Me 11
SAVONAROLA, Michele
Practica canonica de febribus ... Venezia: Giunta, Lucantonio – sen., heredes 1563. 2°
EDIT 16 CNCE 49506
Rosenbergisches Verzeichnis Fol. 104r

3Me 12
MATTIOLI, Pierandrea
Epistolarum Medicinalium Libri Quinque. Praha: Melantrich z Aventýna, Jiří 1561. 6°
BCBT 31169
Rosenbergisches Verzeichnis Fol. 104r

3Me 13
SERAPION – iun.
De simplicium medicamentorum historia libri septem ... Venezia: Arrivabene, Andrea 1552. 2°
EDIT 16 CNCE 29532
Rosenbergisches Verzeichnis Fol. 104r

3Me 14
MANLIO, Giovanni Giacomo
Luminare maius. ... Venezia: Scoto, Ottaviano I. – heredes, 1520. 2°
EDIT 16 CNCE 33094
Rosenbergisches Verzeichnis Fol. 104r

3Me 15
DIOSCORIDES, Pedanius
Pharmacorvm Simplicium, reique Medicae Libri VIII. Io. Rvellio interprete. Strasbourg: Schott, Johann 1529. 2°

VD 16 D 2000
Rosenbergisches Verzeichnis Fol. 104r

3Me 16
DIOSCORIDES, Pedanius
In hoc volumine hæc continentur. Ioannis Baptistæ Egnatii Veneti in Dioscoridem ab Hermolao Barbaro tralatum annotamenta. ... (Venezia: Barbaro, Luigi – Barbaro, Francesco – Gabiano, Giovanni Bartolomeo – De Gregori, Giovanni – De Gregori, Gregorio 1516). 2 sv. 2°
EDIT 16 CNCE 17255
Rosenbergisches Verzeichnis Fol. 104r

3Me 17
RONDELET, Guillaume
Libri de piscibus marinis, in quibus verae piscium effigies expressae sunt. ... Lyon: Bonhomme, Macé 1554. 2°
French Books III & IV 85066
Rosenbergisches Verzeichnis Fol. 104v

3Me 18
BRUNFELS, Otto
Onomasticon seu lexicon medicinae Simplicis iuxta Dioscoridis historiam ... Strasbourg: Schott, Johann 1543. 2°
Im Katalog French Books III & IV nicht registriert; SUDOC Catalogue http://www.sudoc.fr/132649500.
Rosenbergisches Verzeichnis Fol. 104v

3Me 19
FRIES, Lorenz
Synonima vnd gerecht vßlegūg der wörter so man dan in der artzny Allen krütern ... zu schreibē ist ... Strasbourg: 1519 oder 1535. 2°
Die Ausgabe ist nicht zu bestimmen, das Werk erschien in Straßburg 1519 (VD 16 ZV 6214, F 2880) und 1535 (VD 16 F 2881).
Rosenbergisches Verzeichnis Fol. 104v

3Me 20
RYFF, Walther Hermann
Reformierte Deütsche Apoteck ... Strasbourg: Rihel, Josias 1573. 2°
VD 16 R 3927
Rosenbergisches Verzeichnis Fol. 104v

3Me 21
OCCO, Adolf
Pharmacopoea, seu Medicamentarium pro Rep. Augustana ... Augsburg: Manger, Michael – Willer, Georg – sen. 1573. 2°
VD 16 O 183
Rosenbergisches Verzeichnis Fol. 104v

3Me 22
GRATAROLI, Guglielmo

Verae Alchemiae artisqve Metallicae, Aenigmata, Doctrina ... Basel: Petri aus Basel, Heinrich – Perna, Peter, 1561. 2°
VD 16 G 2915
Rosenbergisches Verzeichnis Fol. 104v

3Me 23
AGRICOLA, Georg
Vom Bergkwerck xij. Bücher ... Basel: Froben, Hieronymus – sen. – Episcopius, Nikolaus 1557. 2°
VD 16 A 935
Rosenbergisches Verzeichnis Fol. 104v

3Me 24
BRUNSCHWIG, Hieronymus
Das Buch zu Distilieren die zusamen gethonen ding: Composita genant: ... Strasbourg: Grüninger, Bartholomaeus 1532. 2°
VD 16 B 8700, B 8731
Rosenbergisches Verzeichnis Fol. 104v

3Me 25
RUMPOLT, Marx
Ein new Kochbuch ... Frankfurt am Mayn: Feyerabend, Johann – Feyerabend, Sigmund – Dack, Heinrich – Fischer, Peter 1587. 2°
VD 16 ZV 13441
Rosenbergisches Verzeichnis Fol. 104v

3Me 26
AELIANUS, Claudius
ΑΙΛΙΑΝΟΥ ΤΑ ΕΥΡΙΣΚΟΜΕΝΑ ΑΠΑΝΤΑ ... (De natura animalium) ... Zürich: Geßner, Andreas – Geßner, Hans Jakob 1556. 2°
VD 16 A 320, A 322
Rosenbergisches Verzeichnis Fol. 104v

3Me 27
GESSNER, Conrad
Historiae animalium Lib. V. qui est de Serpentium natura. ... Zürich: Froschauer – officina 1587. 2°
VD 16 G 1744
Rosenbergisches Verzeichnis Fol. 104v

3Me 28
SALVIANI, Ippolito
Aquatalium animalium historiae, liber primus ... Roma: Salviani, Ippolito 1557. 2°
EDIT 16 CNCE 30710
Rosenbergisches Verzeichnis Fol. 104v

3Me 29
DIOSCORIDES, Pedanius
De Medicinali Materia libri sex ... Marburg – Frankfurt am Main: Egenolff, Christian – sen. 1543. 2°
VD 16 D 2004
Rosenbergisches Verzeichnis Fol. 104v

3Me 30
KATHARINA VON ÖSTERREICH
Artzneybuch ... Handschrift; 2°
Rosenbergisches Verzeichnis Fol. 104v

3Me 31
Von Der Natur vnd Aigenschafft aller Steinkhreitter vnd Wurtzen der Menschen 1417 geschriben ... Handschrift; 2°
Rosenbergisches Verzeichnis Fol. 104v

3Me 32
CUBA, Johannes von
Jn disem Buch ist der Herbary: oder kreuterbuch: genant der gart der gesuntheit: mit merern figuren vnd registern. 2°
Die Ausgabe ist nicht zu bestimmen, mehrere Ausgaben im Verlauf des 16. Jahrhunderts: Strasbourg 1515 (VD 16 ZV 19389), Strasbourg 1521 (VD 16 ZV 13032), Frankfurt 1533 (VD 16 W 4363) und weitere.
Rosenbergisches Verzeichnis Fol. 104v

3Me 33
DODOENS, Rembert
Stirpium historiae pemptades sex. Antwerpen: Plantijn, Christoffel 1583. 2°
Belgica Typographica 962
Rosenbergisches Verzeichnis Fol. 104v

3Me 34
DURANTE, Castore
Herbario nuouo ... Roma: Bonfadino, Bartolomeo – Diani, Tito – Tornieri, Giacomo – Bericchia, Giacomo 1585. 2°
EDIT 16 CNCE 17924
Rosenbergisches Verzeichnis Fol. 104v

3Me 35
HICHOLTZ, Joannes [?]
[*Catalogus Hort*[*orum*] *D. Joannis Hicholtzorum geschrieben.*]. Handschrift, 1586. 2°
Rosenbergisches Verzeichnis Fol. 104v

3Me 36
GARIOPONTUS
Ad totius corporis Aegritudines remediorum Praxeon Libri V. Basel: Petri aus Basel, Heinrich 1531. 4°
VD 16 G 408
Rosenbergisches Verzeichnis Fol. 104v

3Me 37
ODDI, Oddo
De pestis, & pestiferorum omnium affectuum causis, signis, praecautione, & curatione, libri IIII ... Venezia: Meietti, Paolo – Meietti, Antonio 1570. 4°
EDIT 16 CNCE 30870
Rosenbergisches Verzeichnis Fol. 104v

3Me 38
MONTE, Giovanni Battista da – EMERICH, Franz
Svvmmaria declaratio eorvm, qvae ad vrinarvm cognitionem maxime faciunt. Wien: Adler, Aegidius – Emerich, Franz 1552. 4°
VD 16 M 6260
Rosenbergisches Verzeichnis Fol. 104v

3Me 39
SIMONI, Simone
Disputatis de putredine ... Kraków: Lazarz, Andrysowic 1584. 4°
Bohonos 2281
Rosenbergisches Verzeichnis Fol. 104v

3Me 40
SIMONI, Simone
D. Stephani Primi Polonorvm Regis Lithuanorum Ducis, etc. Sanitas, Vita medica, Aegritudo, Mors. ... Neiße: Reinheckel, Andreas 1587. 4°
VD 16 S 6549
Rosenbergisches Verzeichnis Fol. 104v

3Me 41
SIMONI, Simone
Responsvm Ad Refvtationem Scripti de Sanitate, Victv Medico, Aegritvdine, Obitv, D. Stephani Polonorvm Regis ... Olomouc: Milichthaler, Fridrich 1588. 4°
BCBT 30964
Rosenbergisches Verzeichnis Fol. 104v

3Me 42
BUCCELLA, Nicolaus
De morte Stephani I. Poloniae regis ... Kraków: Rodecki, Aleksy 1588. 4°
Gołuszka, Polonica P 113
Rosenbergisches Verzeichnis Fol. 104v

3Me 43
PARAVICINO, Pietro Paolo
De Masinensium, et Burmiensium, thermarum hactenus incognitarum situ, natura, et miraculis ... episola desideratissima. Milano: Castiglione, Giovanni Antonio 1545. 4°
EDIT 16 CNCE 47251
Rosenbergisches Verzeichnis Fol. 104v

3Me 44
MENABENI, Apollonio
Tractatus de magno animali siue bestia ... Wien: Nassinger, Leohnard 1581. 4°
Im VD 16 nicht registriert, Eintrag nach KVK.
Rosenbergisches Verzeichnis Fol. 104v

3Me 45
VEGETIUS RENATUS, Flavius
Mulomedicina. Ex trib. vetustiß. Codd. varietate adiectat ... Basel: Perna, Peter 1574. 4°
VD 16 V 469
Rosenbergisches Verzeichnis Fol. 105r

3Me 46
FERRI, Alfonso – BOTALLO, Leonardo – ROTA, Johannes Franciscus
De tormentariorvm sive archibvsorvm vvlnervm natvra et curatione Libelli duo ... Frankfurt am Main: Rab, Georg 1575. 4°
VD 16 F 794
Rosenbergisches Verzeichnis Fol. 105r

3Me 47
SCALIGER, Julius Caesar
Exotericarum exercitationum Exercitationes liber XV. de subtilitate ad Hieronymum Cardanum.
Lutych: 1554. 4°
Belgica Typographica registriert das Werk nicht; KVK registriert nur die Ausgabe Lutych 1557.
Rosenbergisches Verzeichnis Fol. 105r

3Me 48
HAMBERGER, Georg – BRUNO, Balthasar
Disputatio de phrenitide ... Tübingen: Gruppenbach, Georg 1588. 4°
VD 16 H 347
Rosenbergisches Verzeichnis Fol. 105r

3Me 49
BIRINGUCCI, Vannoccio
De la pirotechnia. Libri X. ... Venezia: Navò, Curzio Troiano, fratres – Ruffinelli, Venturino 1540. 4°
EDIT 16 CNCE 6156
Rosenbergisches Verzeichnis Fol. 105r

3Me 50
STAINPEIS, Martin
Liber de modo stude[n]di seu lege[n]di in medicina ... Wien: Singriener, Johann – sen. 1520. 4°
VD 16 S 8523
Rosenbergisches Verzeichnis Fol. 105r
Madrid: Bibliotheca Complutense (BH MED 2020)
Eine Digitalkopie in der Datenbank www.manuscriptorium.com und in der Digitalbibliothek Bibliotheca Complutense http://biblioteca.ucm.es/foa/52206.php
Provenienz: Hieronymus Beck von Leopoldsdorf (handschriftliches Exlibris)
Einband: neuzeitlich

3Me 51
HOCK, Wendelin
Mentagra, siue tractatus de causis preseruatiuis regimine et cura morbi Gallici vulgo malafranços ingenio... Strasbourg: Schott, Johann 1514. 4°
French Books III & IV registriert diese Ausgabe nicht; SUDOC Catalogue http://www.sudoc.fr/150198620.
Rosenbergisches Verzeichnis Fol. 105r

3Me 52

MELICH, Georg

De recta medicamentorvm, qvorvm hodie vsvs est, parandorvm ratione commentarij ... Wittenberg: Krafft, Johann sen. – heredes 1586.4°

VD 16 M 4453

Rosenbergisches Verzeichnis Fol. 105r

3Me 53

ALEXANDER TRALLIANUS

Practica Alexandri, yatros greci ... Lyon: Fradin, François 1504. 4°

French Books III & IV 52641

Rosenbergisches Verzeichnis Fol. 105r

3Me 54

SEITZ, Alexander

Ain schöner Tractat von dem Saturnischen Geschoß der Pestilentz ... Handschrift, 1571. 4°

Als Buch erschienen im ersten Drittel des 16. Jahrhunderts in mehreren Ausgaben.

Rosenbergisches Verzeichnis Fol. 105r

3Me 55

BRUNSCHWIG, Hieronymus

Chirurgia dass ist handwürckung der wundartzney ... Augsburg: Weißenhorn, Alexander – sen. 1534. 4°

VD 16 B 8706

Rosenbergisches Verzeichnis Fol. 105r

3Me 56

CORNAX, Mathias

Historia qvinqvennis fere gestationis in vtero ... Wien: Kohl, Hans 1550. 4°

VD 16 C 5150

Rosenbergisches Verzeichnis Fol. 105r

3Me 57

CORNAX, Mathias

Ein seltsam warhaftig geschicht von einer Mitburgerin zu Wienn welche bey vier jaren ein todt Kindt im leib tragen ... Wien: Kohl, Hans [1550]. 4°

Im VD 16 nicht registriert, Eintrag nach KVK.

Rosenbergisches Verzeichnis Fol. 105r

3Me 58

APICIUS

De re cvliaria Libri X. Basel: Herwagen, Johannes – sen. 1541. 4°

VD 16 A 3119

Rosenbergisches Verzeichnis Fol. 105r

3Me 59

ORTA, Garcia de

Due libri dell'historia de i semplici, aromati, et altre cose, che vengono portate dall'Indie Orientali ... Venezia: Salicato, Altobello 1576. 4°

EDIT 16 CNCE 41487

Rosenbergisches Verzeichnis Fol. 105r

3Me 60
SERAPION – iun.
De Affectione et pressione medicinarum .... Handschrift; 4°
Rosenbergisches Verzeichnis Fol. 105r

3Me 61
MAXIMILIANUS II. – imperator Romanorum
[*Artzney büchel weiland Kaysers Maximiliani dess Andern hochsaeligster gedächtniss manuscriptus.*]. Handschrift; 4°
Rosenbergisches Verzeichnis Fol. 105r

3Me 62
CAMERARIUS, Joachim
Hortvs medicvs et philosophicvs ... Frankfurt am Main: Feyerabend, Johann 1588. 4°
VD 16 C 558
Rosenbergisches Verzeichnis Fol. 105r

3Me 63
ALBRECHT, MEISTER
Roßertzney biechlin ... Augsburg: 1514. 4°
Die Ausgabe ist nicht eindeutig zu bestimmen: VD 16 registriert fünf Ausgaben in Augsburg (zeitlich am nächsten die von 1511), aus dem Jahre 1514 ist jedoch keine Ausgabe bekannt.
Rosenbergisches Verzeichnis Fol. 105r

3Me 64
Allerley khünst vnd wundttsegen manuscriptus .... Handschrift; 4°
Rosenbergisches Verzeichnis Fol. 105r

3Me 65
De diaetis uniuersalibus & particularibus, Libri II. ... Basel: Henricpetri, Sixtus 1570. 8°
VD 16 Y 6
Rosenbergisches Verzeichnis Fol. 105r

3Me 66
TAGAUT, Jean
De chirurgica institutione libri quinque. Lyon: Rouillé, Guillaume 1549. 8°
French Books III & IV 87280
Rosenbergisches Verzeichnis Fol. 105r

3Me 67
DODOENS, Rembert
Obseruationum exempla rara, recognita & aucta. Köln am Rhein: Cholinus, Maternus 1581. 8°
VD 16 D 2132
Rosenbergisches Verzeichnis Fol. 105r

3Me 68
WECKER, Johannes Jakob
De secretis libri XVII. ... Basel: Perna, Peter 1582. 8°
VD 16 W 1373
Rosenbergisches Verzeichnis Fol. 105r

3Me 69
AUBERY, Claude
De concordia medicorum disputatio exoterica ... [Lausanne, Morges]: Jean Le Preux 1585. 8°
SUDOC Catalogue http://www.sudoc.fr/099649977
Rosenbergisches Verzeichnis Fol. 105r

3Me 70
MEIETTI, Paolo
Opuscula illustrium medicorum de dosibus ... Lyon: Mareschal, Jean 1584. 8°
French Books III & IV 79603
Rosenbergisches Verzeichnis Fol. 105r

3Me 71
MANFREDI, Girolamo
Opera nuova intitulata Il perche utilissima ad intēdere le cagioni de molte cose: ... [Venezia: Bindoni, Francesco – Pasini, Maffeo 1526]. 8°
EDIT 16 CNCE 46688
Rosenbergisches Verzeichnis Fol. 105r

3Me 72
LECOCQ, Pascal
Bibliotheca medica. Siue Catalogvs illorum ... Basel: Waldkirch, Konrad von 1590. 8
VD 16 L 887
Rosenbergisches Verzeichnis Fol. 105r

3Me 73
SIMONI, Simone
Synopsis brevissima novae Theoriae de hvmoralivm febrivm natvra ... Basel: Perna, Peter 1577. 8°
VD 16 S 6557
Rosenbergisches Verzeichnis Fol. 105r

3Me 74
RONSS, Boudewijn
Venatio medica, continens remedia ad omnes, à capite ad calcem usque, morbos ... Leiden: Raphelengius, Franciscus 1589. 8°
STCN TB 4397
Rosenbergisches Verzeichnis Fol. 105v

3Me 75
HESS, Paul
Defensio XX problematum Melchioris Guilandini aduersus quae Petr. Andreas Mattheolus ex centum scripsit. ... Padova: Olmo, Marcantonio – Percacino, Grazioso 1562. 8°
EDIT 16 CNCE 22813
Rosenbergisches Verzeichnis Fol. 105v

3Me 76
PICTORIUS, Georg
Dialogi ... del modo del conseruare la sanita. ... Venezia: Valgrisi, Vincenzo 1550. 8°
EDIT 16 CNCE 47408
Rosenbergisches Verzeichnis Fol. 105v

3Me 77
BRUELE, Gaulthier
Praxis medicinæ theorica et empirica familiarissima ... Leiden: Raphelengius, Franciscus 1589. 8°
STCN TB 844
Rosenbergisches Verzeichnis Fol. 105v

3Me 78
MARINELLI, Giovanni
Le medicine partenenti alle infermità ... Venezia: 1563. 8°
EDIT 16 CNCE 49677 oder CNCE 64365 (die Ausgaben unterscheiden sich durch den Namen ihres Druckers und durch den Umfang).
Rosenbergisches Verzeichnis Fol. 105v

3Me 79
FEYENS, Jean
De Flatibus humanum corpus molestantibus ... 1589. 8°
Die Ausgabe ist nicht eindeutig zu bestimmen: Zum Jahr 1589 sind die Ausgaben in Genf (Adams F 433) und in Heidelberg (KVK) registriert.
Rosenbergisches Verzeichnis Fol. 105v

3Me 80
JORDÁN, Tomáš
Lvis novae in Moravia exortae descriptio ... Frankfurt am Main: Marne, Claude de – Aubry, Johann 1583. 8°
VD 16 J 929
Rosenbergisches Verzeichnis Fol. 105v

3Me 81
AL-RAZI, Abu Bakr Muhammad Ibn Zakariyya
Libellus de peste ... Venezia: Arrivabene, Andrea 1556. 8°
EDIT 16 CNCE 69099
Rosenbergisches Verzeichnis Fol. 105v

3Me 82
DROET, Pierre
Consilivm novvm de pestilentia ... Strasbourg: Jobin, Bernhard 1576. 8°
VD 16 D 2794
Rosenbergisches Verzeichnis Fol. 105v

3Me 83
CRATO, Johannes
Ordnung der Praeservation: Wie man sich zur zeit der Jnfection vorwahren ... Frankfurt am Main: Marne, Claude de – Aubry, Johann 1585. 8°
VD 16 ZV 16664
Rosenbergisches Verzeichnis Fol. 105v

3Me 84
CORNAX, Mathias
Medicae consultationis apvd aegrotos secundum artem & experientiã salubriter instituendae Enchiridion ... Basel: Oporinus, Johann 1564. 8°

VD 16 C 5153
Rosenbergisches Verzeichnis Fol. 105v

3Me 85
ROSELLI, Giovanni de
Epulario quale tratta del modo de cucinare ogni carne, ucelli, pesci de ogni sorte, et fare sapori, torte, et pastelli al modo de tutte le provincie ... Venezia: Bindoni, Francesco – Pasini, Maffeo 1538. 8°
EDIT 16 registriert diese Ausgabe nicht, Eintrag nach KVK.
Rosenbergisches Verzeichnis Fol. 105v

3Me 86
Opera della medicina de caualli, composta da diuersi antichi scrittori ... Venezia: Giglio, Girolamo 1559. 8°
EDIT 16 CNCE 22502
Rosenbergisches Verzeichnis Fol. 105v

3Me 87
PIRCKHEIMER, Willibald
De podagrae lavdibvs doctorum hominum lusus ... Strasbourg: Müller, Christian sen. – heredes, 1570. 8°
VD 16 P 2902
Rosenbergisches Verzeichnis Fol. 105v

3Me 88
ANGUILLARA, Luigi
Semplici dell'eccellentem. ... Venezia: Valgrisi, Vincenzo 1561. 8°
EDIT 16 CNCE 1923
Rosenbergisches Verzeichnis Fol. 105v

3Me 89
DODOENS, Rembert
Florum, et coronariarum odoratarumque nonnularum herbarum historia ... Antwerpen: 1579. 8°
Die Ausgabe ist nicht eindeutig zu bestimmen: Belgica Typographica 954–955 sowie KVK registrieren lediglich die Ausgaben von 1568 und 1569.
Rosenbergisches Verzeichnis Fol. 105v

3Me 90
[*Kuchmistrzstwo prossowol*]. Handschrift?. 8°
Estreicher, Bibliografia polska registriert diesen Titel nicht, unter dem Namen Kuchmistrzstwo registriert er jedoch die Ausgabe von 1551. „Prossowol" bezeichnet vielleicht den Editor Prossovianus oder Proszovianus, Prossoviensis, so hieß eine in Krakau tätige Druckerfamilie.
Rosenbergisches Verzeichnis Fol. 105v

3Me 91
HOULLIER, Jacques
Ad libros Galeni De compositione medicamentorum ... Periochæ VIII ... 12°
Die Ausgabe ist nicht zu bestimmen.
Rosenbergisches Verzeichnis Fol. 105v

3Me 92
BELON, Pierre
La Nature et diversité des poissons ... Paris: Estienne, Charles 1555. 8°
French Vernacular Books 3333
Rosenbergisches Verzeichnis Fol. 105v

3Me 93
COCLES, Bartolommeo della Rocca
Phisonomei, Complexion und Art eines jeden Menschen, aus Gestalt und Form des Angesichts Glieder und alle Gebärden zu erlernen. ... Augsburg: 1546. 12°
Die Ausgabe ist nicht eindeutig zu bestimmen: VD 16 und KVK reistriert diese Ausgabe nicht.
Rosenbergisches Verzeichnis Fol. 105v

3Me 94
ACTUARIUS, Joannes
Opera ... Lyon: Touraes, Jean – Gazeius, Gulielmus 1556. 8°
French Books III & IV 51837
Rosenbergisches Verzeichnis Fol. 105v

4Phil PHILOSOPHIE – „Philosophici libri"

4Phil 1
Quaestionum optimarum cursus cum textualibus expositionibus novae logicae Aristotelis ...[Köln am Rhein: Quentel, Heinrich ca 1492]. 2°
ISTC iq00004000
Ein weiteres Exemplar unter 4Phil 19
Rosenbergisches Verzeichnis Fol. 106r

4Phil 2
OCKHAM, Guilelmus
Quodlibeta septem una cum tractatu De sacramento altaris ... Strasbourg: [Jordanus de Quedlinburg (Georg Husner)] 1491. 2°
ISTC io00018000
Rosenbergisches Verzeichnis Fol. 106r

4Phil 3
AEGIDIUS (COLUMNA) ROMANUS
In Aristotelis de sophisticis elenchis commentum ... Venezia: Boneto Locatelli 1496/97. 2°
ISTC ia00076000
Rosenbergisches Verzeichnis Fol. 106r

4Phil 4
THOMAS AQUINAS
De ente et essentia. ... [Venezia]: Otinus de Luna, Papiensis 1496. 2°
ISTC it00290000
Rosenbergisches Verzeichnis Fol. 106r

4Phil 5
ROBERTUS [GROSSETESTE] LINCONIENSIS
Commentaria in Posteriora Aristotelis. Gualtherus Burlaeus: Scriptum super Posteriora ... Venezia: Otinus de Luna, Papiensis 1497. 2°
ISCT ir00205000
Rosenbergisches Verzeichnis Fol. 106r

4Phil 6
SANSON, Franciscus de Senis
Quaestiones super Physicam Aristotelis... Venezia: Rubeus, Johannes 1496. 2°
ISTC is00163000
Rosenbergisches Verzeichnis Fol. 106r

4Phil 7
ALBERTUS DE SAXONIA
Quaestiones in Aristotelis „De Caelo" ...
Die Ausgabe ist nicht zu bestimmen: KVK registriert verschiedene Ausgaben aus der Wiegendruckzeit sowie vom Beginn des 16. Jahrhunderts.
Rosenbergisches Verzeichnis Fol. 106r

4Phil 8
GAIETANUS DE THIENIS
Expositio in Aristotelem De anima, De sensu agente, De sensibilibus communibus et de intellectu. ... Venezia: Boneto Locatelli 1493. 2°
ISTC ig00027000
Rosenbergisches Verzeichnis Fol. 106r

4Phil 9
TROMBETTA, Antonio
De humanarum animarum plurificatione tractatus contra Averroistas ... Venezia: Boneto Locatelli 1498. 2°
ISTC it00461000
Rosenbergisches Verzeichnis Fol. 106r

4Phil 10
THOMAS AQUINAS
Interpretatio in Metaphysicam Aristotelis ... Venezia: Simon Bevilaqua 1493. 2°
ISTC it00246000
Rosenbergisches Verzeichnis Fol. 106r

4Phil 11
DUNS SCOTUS, Johannes
Quaestiones super Universalia Porphyri ... Venezia: 1492. 2°
ISTC id00389000 (die Ausgaben unterscheiden sich durch den Namen des Druckers und des Herausgebers).
Rosenbergisches Verzeichnis Fol. 106r

4Phil 12
BARBO, Paolo
Quaestiones metaphysicales acutissimae. ... Venezia: Scoto, Girolamo – heredes 1576. 2°
EDIT 16 CNCE 4172
Rosenbergisches Verzeichnis Fol. 106r

4Phil 13
BURLAEUS, Gualtherus
Expositio in Aristotelis Ethica Nicomachea ... Venezia: Simon de Luere 1500. 2°
ISTC ib01301000
Rosenbergisches Verzeichnis Fol. 106r

4Phil 14
THOMAS AQUINAS
In presenti volumine infrascripta inuenies opuscula Aristotelis ... ac Petri de Aluernia ... recognita. Venezia: Locatello, Boneto 1507. 2°
EDIT 16 CNCE 32898
Rosenbergisches Verzeichnis Fol. 106r

4Phil 15
CICERO, Marcus Tullius
De officiis. – De senectute. – De amicitia. – Paradoxa. – Somnium Scipionis. Basel: Episcopius, Eusebius 1583/1584. 2°
VD 16 C 3225
Rosenbergisches Verzeichnis Fol. 106r

4Phil 16
DUNS SCOTUS, Johannes
Quaestiones in Universalia Porphyrii. ... Venezia: 1499. 2°
Die Ausgabe ist nicht eindeutig zu bestimmen: ISTC registriert sechs unterschiedliche Ausgaben aus dem Jahre 1500, jedoch keine von 1499.
Rosenbergisches Verzeichnis Fol. 106r

4Phil 17
TROMBETTA, Antonio
Opus doctrinae Scoticae in Thomistas ... Venezia: Hieronymus de Paganinis 1493. 2°
ISTC it00462000
Rosenbergisches Verzeichnis Fol. 106r

4Phil 18
SUMMENHART, Konrad
Commentaria in Summan physice Alberti Magni... Hagenau: Gran, Heinrich 1507. 2°
VD 16 ZV 312
Rosenbergisches Verzeichnis Fol. 106r

4Phil 19
Quaestionum optimarum cursus cum textualibus expositionibus novae logicae Aristotelis. [Köln am Rhein: Quentel, Heinrich ca 1492]. 2°
ISCT iq00004000
Ein weiteres Exemplar 4Phil 1
Rosenbergisches Verzeichnis Fol. 106r

4Phil 20
CRINITO, Pietro
De honesta disciplina lib. XXV; De poetis latinis. lib. V; et Poematum lib. II : cum indicibus suis, cunque tabellis alphabeticis ... Paris: Bade, Josse 1510. 2°
French Books III & IV 63632
Rosenbergisches Verzeichnis Fol. 106r

4Phil 21
CASSIODORUS, Flavius Magnus Aurelius
Variarum libri XII ... Paris: Nivelle, Sébastien 1579. 2°
French Books III & IV 60306
Rosenbergisches Verzeichnis Fol. 106r

4Phil 22
POGGIO BRACCIOLINI – GIAN, Francesco
Opera, collatione emendatorvm exemplarivm recognita ... Basel: Petri aus Basel, Heinrich 1538. 2°
VD 16 P 3858
Rosenbergisches Verzeichnis Fol. 106r

4Phil 23
POLITIANUS, Angelus
Opera ... Basel: Episcopius, Nikolaus – iun. 1553. 2°
VD 16 P 3987
Rosenbergisches Verzeichnis Fol. 106r

4Phil 24
BOCCADIFERRO, Lodovico
Lectiones in secundum, ac tertium meteororum Aristotelis libros. Venezia: Scoto, Girolamo 1570. 2°
EDIT 16 CNCE 6415
Rosenbergisches Verzeichnis Fol. 106r
Leiden: Universiteitsbibliotheek (682 A 5: 1)
Einband: C
Walde: proveniensanteckningar

4Phil 25
ERASMUS ROTERODAMUS, Desiderius
Adagia quaecumque ad hanc diem exierunt, Paulli Manutii studio ... Firenze: Giunta, Bernardo – heredes 1575. 2°
EDIT 16 CNCE 18245
Rosenbergisches Verzeichnis Fol. 106r

4Phil 26
DIEL, Florentius
Modernorum summulae logicales. ... Speyer: Drach, Peter [ca 1489]. 2°
ISTC id00190000
Rosenbergisches Verzeichnis Fol. 106r

4Phil 27
JOHANNES DE WERDEA
Exercitata parvorum logicalium secundum viam modernorum ... [Reutlingen]: Otmar, Johann 1487. 2°
ISTC ij00469700
Rosenbergisches Verzeichnis Fol. 106r

4Phil 28
GEORGIUS BRUXELLENSIS
In Logicam Aristotelis expositio ... Lyon: Gueynard, Étienne 1504. 4°
French Books III & IV 71848
Rosenbergisches Verzeichnis Fol. 106r

4Phil 29
TARTARET, Pierre
Expositio in summulas Petri Hyspani ... Lyon: Wolff, Nicolas 1503. 4°
French Books III & IV 87464
Rosenbergisches Verzeichnis Fol. 106r

4Phil 30
ORBELLIS, Nicolaus de
Summula philosophica rationalis ... Basel: Furter, Michael 1494. 4°
ISCT io00077800
Rosenbergisches Verzeichnis Fol. 106r

4Phil 31
ORBELLIS, Nicolaus de
Cursus librorum philosophiae naturalis [Aristotelis] secundum viam Scoti ... Basel: Furter, Michael 1494. 4°
ISCT io00074000
Rosenbergisches Verzeichnis Fol. 106r

4Phil 32
GEBWILER, Hieronymus
Magistralis Totius Paruuli artis Logices compilatio ... Basel: Petri, Adam 1511. 4°
VD 16 G 605
Rosenbergisches Verzeichnis Fol. 106v

4Phil 33
CLICTHOVE, Josse
In hoc opusculo continentur Introductiones in terminos, in artium divisionem ... Paris: Estienne, Henri [1505]. 4°
French Books III & IV 62845
Rosenbergisches Verzeichnis Fol. 106v

4Phil 34
BRICOT, Thomas
Textus abbreviatus Aristotelis super libris phisicorum et tota naturali philosophia. Lyon: Mailleti Jacobus 1502. 4°
French Books III & IV 59116
Rosenbergisches Verzeichnis Fol. 106v

4Phil 35
EUTROPIUS
Dece[m] libri historiaru[m] ita candide [con]scripti vt quisq[ue] rudimenta historie Romane nancisci volens ... Kraków: Haller, Johannes 1510. 4°
Gołuszka, Polonica P 299
Rosenbergisches Verzeichnis Fol. 106v

4Phil 36
PALAEPHATUS
Opusculum de non credendis fabulosis narrationibus ... Strasbourg: Schürer, Matthias 1517. 4°
VD 16 P 94
Rosenbergisches Verzeichnis Fol. 106v

4Phil 37
VADIANUS, Joachim
Mythicum syntagma, cui titulus Gallus pugnans ... Wien: Vietor, Hieronymus – Singriener, Johann – sen. 1514. 4°
VD 16 V 24
Rosenbergisches Verzeichnis Fol. 106v

4Phil 38
LULLE, Raymond
Metaphysica nova et philosophiae in Averroistas expostulatio. Paris: Bade, Josse 1516. 4°
French Books III & IV 78027
Rosenbergisches Verzeichnis Fol. 106v

4Phil 39
LULLE, Raymond
Proverbia Raemundi. Philosophia amoris eiusdem ... Paris: Bade, Josse 1516. 4°
French Books III & IV 78028
Rosenbergisches Verzeichnis Fol. 106v

4Phil 40
CHAMPIER, Symphorien
Epistolae sanctissimorum sequenti codice contentae ... [Paris]: Bade, Josse – Petit, Jean 1516. 4°
French Books III & IV 60771
Rosenbergisches Verzeichnis Fol. 106v

4Phil 41
ORBELLIS, Nicolaus de
Cursus librorum philosophiae naturalis [*Aristotelis*] *secundum viam Scoti ...* Basel: Furter, Michael 1494. 4°
ISTC io00074000
Rosenbergisches Verzeichnis Fol. 106v

4Phil 42
WIMPINA, Konrad
[*Tractatus ...*] 4°
Das Werk ist nicht zu identifizieren.
Rosenbergisches Verzeichnis Fol. 106v

4Phil 43
SCHLEUSINGER, Eberhard
[*De Cometis Tractatus ...*] 4°
Das Werk ist nicht eindeutig zu bestimmen: VD 16 S 2994 ?
Rosenbergisches Verzeichnis Fol. 106v

4Phil 44
*Tractatus quidam de Turcis. ...*Nürnberg: Zeninger, Conrad 1481. 4°
ISTC it00503000
Rosenbergisches Verzeichnis Fol. 106v

4Phil 45
D'EVOLI, Cesare
De causis antipathiae, & sympathiae rerum naturalium. ... Venezia: Ziletti, Francesco 1580. 4°
EDIT 16 CNCE 16986
Rosenbergisches Verzeichnis Fol. 106v

4Phil 46
VALERIIS, Valerius
Avrevm sane opvs ... Augsburg: Manger, Michael 1589. 4°
VD 16 V 123
Rosenbergisches Verzeichnis Fol. 106v

4Phil 47
LEFÈVRE D'ETAPLES, Jacques
Artificialis introdvctio ... In Decẽ Ethicorũ Libros Aristotelis ... Strasbourg: Grüninger, Johann, 1511. 4°
VD 16 L 947
Rosenbergisches Verzeichnis Fol. 106v

4Phil 48
MANCINI, Dominico
Liber de quatuor virtutibus et om̃ibus officijs ad bene beat[que] viuendum pertinentibus.... (Leipzig: Thanner, Jakob 1508). 4°
VD 16 M 524
Rosenbergisches Verzeichnis Fol. 106v

4Phil 49
BEROSUS BABYLONIUS – NANNI, Giovanni
De his quae praecesserunt inundationem terrarum. ... [Strasbourg: Grüninger, Johann ca 1511]. 4°
VD 16 ZV 22607 und B 1649 (Varianten: bei B 1649 wird im Impressum das Erscheinungsjahr angeführt, deshalb ist die Identifizierung mit ZV 22607 wahrscheinlicher).
Rosenbergisches Verzeichnis Fol. 106v

4Phil 50
GUARNA, Andreas
Grammaticale bellvm. ... (Strasbourg: Schürer, Matthias 1512). 4°
VD 16 G 3872
Rosenbergisches Verzeichnis Fol. 106v

4Phil 51
ALTENSTAIG, Johann
Tres libri de felicitate triplici. ... (Hagenau: Gran, Heinrich – Augsburg: Rynmann, Johann, 1519). 4°

VD 16 A 1981
Rosenbergisches Verzeichnis Fol. 106v

4Phil 52
ALTENSTAIG, Johann
Opusculum de amicicia ... (Hagenau: Gran, Heinrich – Augsburg: Rynmann, Johann, 1519). 4°
VD 16 A 1979
Rosenbergisches Verzeichnis Fol. 106v

4Phil 53
PHILOSTRATUS, Flavius
De Vitis Sophistarum Libri duo, Antonio Bomfino interprete. ... [Strasbourg]: (Schürer, Matthias, 1516). 4°
VD 16 P 2502
Rosenbergisches Verzeichnis Fol. 106v

4Phil 54
FICINUS, Marsilius
De triplici vita ... 4°
Die Ausgabe ist nicht zu bestimmen.
Rosenbergisches Verzeichnis Fol. 106v

4Phil 55
WIMPFELING, Jakob
De Integritate Libellus ... Pforzheim 1506. 4°
Weder KVK noch VD 16 registrieren eine Ausgabe Pforzheim 1506, sie ist aber nicht ausgeschlossen: Der Autor publizierte in jener Zeit in Pforzheim bei Anshelm auch andere Werke.
Rosenbergisches Verzeichnis Fol. 106v

4Phil 56
BADIUS ASCENSIUS, Jodocus
Silvae morales ... Lyon: Trechsel, Johannes 1492. 4°
ISTC ib00003000
Rosenbergisches Verzeichnis Fol. 106v

4Phil 57
BOSSO, Matteo
Contenta. ... De Veris & salutaribus animi gaudijs, Dialogus tribus libris seu Disputationibus distinctus. ... (Strasbourg: Schürer, Matthias 1509). 4°
VD 16 B 6792
Rosenbergisches Verzeichnis Fol. 106v

4Phil 58
MUZIO, Macario
De trivmpho Christi. ... (Strasbourg: Schürer, Matthias 1509). 4°
VD 16 M 7341
Rosenbergisches Verzeichnis Fol. 106v

4Phil 59
CLICTHOVE, Josse
Dogma Moralium Philosophorum ... (Strasbourg: Schürer, Matthias 1512). 4°
VD 16 C 4191
Rosenbergisches Verzeichnis Fol. 106v

4Phil 60
PONTANO, Giovanni Giovano
De prvdentia. ... (Strasbourg: Schürer, Matthias 1513). 4°
VD 16 P 4227
Rosenbergisches Verzeichnis Fol. 106v

4Phil 61
POSIO, Antonio
Thesaurus ... in omnes Aristotelis, et Auerrois libros copiosissimus. ... Venezia: Comin da Trino 1562. 8°
EDIT 16 CNCE 41425
Rosenbergisches Verzeichnis Fol. 106v

4Phil 62
ARGYROPULOS, Johannes
[*Ethica* ...]. Handschrift ?. 8°
Das Werk ist nicht zu identifizieren.
Rosenbergisches Verzeichnis Fol. 106v

4Phil 63
FLAMINIO, Marco Antonio
Paraphrasis in duodecimum Aristotelis librum de prima philosophia ... Paris: Le Riche, Nicolas 1547. 8°
French Books III & IV 70714
Rosenbergisches Verzeichnis Fol. 106v

4Phil 64
SAVONAROLA, Girolamo
Compendium totius philosophiae tam naturalis quam moralis ... (Venezia: Pinzi, Aurelio 1534). 8°
EDIT 16 CNCE 34784
Rosenbergisches Verzeichnis Fol. 106v

4Phil 65
JULIANUS – imperator Romanorum
Opera quae extant omnia, latina facta, emendata, et aucta. ... Paris: Duval, Denys 1583. 8°
French Books III & IV 31473
Rosenbergisches Verzeichnis Fol. 106v

4Phil 66
MACROBIUS, Ambrosius Aurelius Theodosius
In Somnium Scipionis libri II. Saturnaliorum libri VII. ... Lyon: Gryphius, Sébastien 1538. 8°
French Books III & IV 78539
Rosenbergisches Verzeichnis Fol. 106v

4Phil 67
ARMANDUS DE BELLOVISU
De declaratione difficilium terminorum tam theologiae quam philosophiae ac logicae ... Basel: [Wenssler, Michael] 1491. 8°
ISTC ia01055000 oder ia01056000
Rosenbergisches Verzeichnis Fol. 106v

4Phil 68
DELLA CASA, Giovanni
Galatevs. Sev de morvm honestate et elegantia ... Frankfurt am Main: Wechel, Andreas 1580. 8°
VD 16 C 1224
Rosenbergisches Verzeichnis Fol. 106v

4Phil 69
CONTARINI, Gasparo
De elementis et eorum mixtionibus libri quinque... Scipionis Capicii, de Principiis rerum poema. ... Paris: Wechel, Andreas 1564. 8°
French Books III & IV 63174
Rosenbergisches Verzeichnis Fol. 106v

4Phil 70
MUḤAMMAD IBN-SĪRĪN – LEUNCLAVIUS, Johannes
Apomasaris Apotelesmata, siue de significatis et eventis in somniorvm ... disciplina. ... Frankfurt am Main: Wechel, Andreas 1577. 8°
VD 16 A 1204
Rosenbergisches Verzeichnis Fol. 107r

4Phil 71
BONFINI, Antonio – LEUNCLAVIUS, Johannes
Symposion trimeron sive Antonii Bonfinii de pudicitia coniugali et virginitate dialogi ... Basel: Oporinus, Johann – heredes (1572). 8°
VD 16 B 6600
Rosenbergisches Verzeichnis Fol. 107r

4Phil 72
PATRIZI, Francesco
Compendiosa epitome commentariorum in duas partes secta. Paris: Marnef, Hieronymus de 1559. 8°
French Books III & IV 81724
Rosenbergisches Verzeichnis Fol. 107r

4Phil 73
HUNNAEUS, Augustin
Dialectica, seu generalia logices praecepta omnia ... Antwerpen: Plantijn, Christoffel 1575. 8°
Belgica Typographica 1543
Rosenbergisches Verzeichnis Fol. 107r
Lund: Universitetsbibliotek (ÄLDRE SAMLINGEN Utl filos f Cart)
Provenienz: Joachim Beck von Leopoldsdorf 1583 (handschriftliches Exlibris)

Einband: D
Walde: Storhetstidens litterära krigsbyten I, S. 296; Beck, S. 122

4Phil 74
LA NOUE, Odet de
Paradoxe que les adversitez sont plus necessaires que les prosperités. Lyon: 1581. 8°
Die Ausgabe ist nicht eindeutig zu bestimmen: French Vernacular Books 31968 sowie weitere Bibliographien registrieren lediglich eine Ausgabe Genf 1588.
Rosenbergisches Verzeichnis Fol. 107r

4Phil 75
LA NOUE, François de
Discouvrs politiqves et militaires ... Genf: Forest, François 1587. 8°
French Vernacular Books 31934; VD 16 ZV 16005
Rosenbergisches Verzeichnis Fol. 107r

5Kunst KUNST - „KünstStück et Cosmographici et Geögraphici libri"

5Kunst 1
[*Allerlei Antiquitates und Kunststück* ...]. 2°
Das Werk lässt sich nicht identifizieren, es handelt sich um einen Sammelnamen für ein Konvolut mit graphischen Werken.
Rosenbergisches Verzeichnis Fol. 107r

5Kunst 2
[*Allerlei Kupferstich* ...]. 2°
Das Werk ist nicht zu identifizieren.
Rosenbergisches Verzeichnis Fol. 107r

5Kunst 3
STRADA, Jacopo
Imperatorvm Romanorvm omnivm Orientalivm et Occidentalivm ... *Imagines* ... Zürich: Geßner, Andreas 1559. 2°
VD 16 I 98
Rosenbergisches Verzeichnis Fol. 107r

5Kunst 4
ORTELIUS, Abraham
Additamentum III. Theatri orbis terrarum. ... Antwerpen: 1584. 2°
Belgica Typographica 2279
Rosenbergisches Verzeichnis Fol. 107r

5Kunst 5
[*Variarum insularum delineationes* ...]. 2°
Das Werk lässt sich nicht identifizieren, es handelt sich um einen Sammelnamen für ein Konvolut mit Landkarten.
Rosenbergisches Verzeichnis Fol. 107r

5Kunst 6
MÜNSTER, Sebastian – BELLEFOREST, François de
La Cosmographie universelle de tout le monde ... Paris: Sonnuis, Michel 1575. 2°
French Vernacular Books 38867
Rosenbergisches Verzeichnis Fol. 107r

5Kunst 7
ZIEGLER, Jakob
Qvae intvs continentvr. Syriae ... Palestina ... Arabia ... siue, Itinera filiorum Israel per de sertum, iisdem auctoribus. ... Strasbourg: Schöffer, Peter – iun. 1532. 2°
VD 16 Z 448
Rosenbergisches Verzeichnis Fol. 107r

5Kunst 8
[*Tabulae Geographicae*]. Handschrift; 2°
Das Werk ist nicht zu identifizieren.
Rosenbergisches Verzeichnis Fol. 107r

5Kunst 9
PORCACCHI, Tommaso
L'isole piu famose del mondo ...Venezia: Galignani, Simone – Porro, Girolamo 1572. 2°
EDIT 16 CNCE 37404
Rosenbergisches Verzeichnis Fol. 107r

5Kunst 10
BALLINO, Giulio
De' disegni delle più illustri città, & fortezze del mondo. ...Venezia: Zaltieri, Bolognino 1569. 4°
EDIT 16 CNCE 4052
Rosenbergisches Verzeichnis Fol. 107r

5Kunst 11
FORLANI, Paolo
Il primo libro delle citta, et fortezze principali del mondo ...Verona 1567. 2°
Die Ausgabe ist nicht eindeutig zu bestimmen: Weder im EDIT 16 noch im KVK wird diese Ausgabe registriert (lediglich Venedig 1569).
Rosenbergisches Verzeichnis Fol. 107r

5Kunst 12
[*Kunststücke vnd Kupfferstücke* ...] 2°
Das Werk ist nicht zu identifizieren.
Rosenbergisches Verzeichnis Fol. 107r

5Kunst 13
POSTEL, Guillaume
Cosmographicae disciplinae compendium ...Basel: Oporinus, Johann 1561. 4°
VD 16 P 4475
Rosenbergisches Verzeichnis Fol. 107v

5Kunst 14
[*Grotesco kunstliche Kupferstücke*]. 4°
Das Werk ist nicht zu identifizieren.
Rosenbergisches Verzeichnis Fol. 107r

5Kunst 15
[*Florilegium*]. Handschrift; 4°
Das Werk ist nicht zu identifizieren.
Rosenbergisches Verzeichnis Fol. 107r

5Kunst 16
COLLAERT, Adrianus
Avium vivae icones, in aes incisae et editae ... 4°
Die Ausgabe ist nicht zu bestimmen.
Rosenbergisches Verzeichnis Fol. 107r

5Kunst 17
Itinerarium orbis Christiani ... Köln am Rhein: 1579–1580. 8°
Im VD 16 nicht registriert; Edition Itinerarium orbis Christiani. Der älteste Reiseatlas der Welt (hrsg. Josef Egon Schuler), Stuttgart 1965.
Rosenbergisches Verzeichnis Fol. 107r

5Kunst 18
Icones novi testamenti arte et indvstria singvlari exprimentes ... Frankfurt am Main: (Lechler, Martin) 1571. 4°
VD 16 I 36
Rosenbergisches Verzeichnis Fol. 107r

5Kunst 19
WEIß, Konrad
Bibliorvm vtrivsqve testamenti icones ... Frankfurt am Main: Rab, Georg – Feyerabend, Sigmund 1571. 8°
VD 16 ZV 15463
Rosenbergisches Verzeichnis Fol. 107r

5Kunst 20
PTOLEMAEUS, Claudius
La Geografia ... Venezia: 8°
Die Ausgabe ist nicht eindeutig zu bestimmen: EDIT 16 registriert einige Venediger Ausgaben:1574, 1561, 1564, sowie noch mehrere weitere mit leicht verändertem Titel, alle im Quartformat.
Rosenbergisches Verzeichnis Fol. 107v

5Kunst 21
SIMEONI, Gabriele
Figure De La Biblia ... Lyon: Rouillé, Guillaume 1564. 8°
EDIT 16 CNCE 30183
Rosenbergisches Verzeichnis Fol. 107v

5Kunst 22
TOSCANELLA, Orazio
I nomi antichi, e moderni delle prouincie, regioni, città, castella, monti, laghi, mari, golfi, porti & isole dell'Europa, dell'Africa e dell'Asia ... Venezia: Franceschini, Francesco 1567. 8°
(Das zweite Exemplar 6Hi 161)
EDIT 16 CNCE 41580
Rosenbergisches Verzeichnis Fol. 107v

5Kunst 23
SIGNOT, Jacques
La Diuision du monde : Contenant la declaration des prouinces [et] regions d'Asie, Europe, et Aphricque ... Paris: Toussaint, Denis 1539. 8°
French Vernacular Books 47973
Rosenbergisches Verzeichnis Fol. 107v

5XXX 1
ORTELIUS, Abraham
Theatrvm orbis terrarvm ... Antwerpen: Radaeus, Aegidius 1575. 2°
Im STCN nicht registriert, Eintrag nach KVK.
Im Rosenbergischen Verzeichnis nicht registriert.
Brno: Moravská zemská knihovna (ST5-0006.145)
Provenienz: Hieronymus Beck von Leopoldsdorf (handschriftliches Exlibris, Reproduktion auf S. 142)
Einband: neuzeitlich, auf dem vorderen Einbanddeckel das jesuitische Emblem; es fehlen die Landkarten Nr. 2 und 19; die Landkarten sind mit Hand koloriert.
Dokoupil, S. 390, Num. 1463.

6Hi GESCHICHTE - „Historici in folio ..."

6Hi 1
HERODOTUS
Historiae lib. IX. & De vita Homeri libellus ... [Genf]: Estienne, Henri 1566. 2°
Im VD 16 nicht registriert, Eintrag nach KVK.
Rosenbergisches Verzeichnis Fol. 107v

6Hi 2
THUCYDIDES
Thucydides, Laurentio Valla interprete. ... Basel: Petri aus Basel, Heinrich – Cholinus, Maternus 1564. 2°
VD 16 T 1121 oder VD 16 T 1120
Rosenbergisches Verzeichnis Fol. 107v

6Hi 3
THUCYDIDES
Thucidides der aller thewrest vnd dapfferest Historien schreiber von dem Peloponnenser krieg Jñ acht bücher gethailt ... (Augsburg: Steiner, Heinrich von Augsburg) 1533. 2°
VD 16 T 1128
Rosenbergisches Verzeichnis Fol. 107v

6Hi 4
Historia rervm in Oriente gestarvm ab exordio mvndi et orbe condito ad nostra haec vsqve tempora. ... Frankfurt am Main: Schmidt, Peter 1587. 2°
VD 16 H 3899
Rosenbergisches Verzeichnis Fol. 107v

6Hi 5
JOHANNES ZONARAS
Compendium Historiarum, in tres Tomos distinctum: ... Basel: Oporinus, Johann 1557. 2°
VD 16 J 811
Rosenbergisches Verzeichnis Fol. 107v

6Hi 6
La second volume de la mer des hystoires et cronicques de France. Paris: 1517. 2°
Die Ausgabe ist nicht eindeutig zu bestimmen: French Vernacular Books 37563–37656 registriert drei Ausgaben, die sich durch den Namen des Druckers unterscheiden.
Rosenbergisches Verzeichnis Fol. 107v

6Hi 7
SUETONIUS
De uita duodecim c[a]esarum libri duodecim ... Paris: Bade, Josse 1520. 2°
Im Katalog French Books III & IV nicht registriert.
Rosenbergisches Verzeichnis Fol. 107v

6Hi 8
GEORGIUS CEDRENUS
Annales, sive historia ab exordio mundi .... Basel: Oporinus, Johann – Episcopius, Nikolaus iun. – Episcopius, Eusebius [1566?]. 2°
VD 16 G 1351
Rosenbergisches Verzeichnis Fol. 107v

6Hi 9
SABELLICUS, Marcus Antonius Coccius
Opera omnia ... Basel: Herwagen, Johannes – iun. 1560. 2°
VD 16 S 5
Rosenbergisches Verzeichnis Fol. 107v

6Hi 10
SCHEDEL, Hartmann
Liber chronicarum ... Das Buch der Croniken und Geschichten. ... Nürnberg: Koberger, Anton 1493. 2°
ISTC is00309000
Rosenbergisches Verzeichnis Fol. 107v

6Hi 11
FRANCK, Sebastian
Chronica Beschreibung vnd gemeyne anzeyge Vonn aller Wellt herkommen ... Frankfurt am Main: Egenolff, Christian – sen. 1535. 2°
VD 16 E 575
Rosenbergisches Verzeichnis Fol. 107v

6Hi 12
Alte Chronica. Handschrift; 2°
Das Werk ist nicht zu identifizieren.
Rosenbergisches Verzeichnis Fol. 107v

6Hi 13
SCHUBERT, Clemens
Libri quatuor de scrupulis chronologorum ... Strasbourg: Jobin, Bernhard 1575. 2°
VD 16 S 4322
Rosenbergisches Verzeichnis Fol. 107v

6Hi 14
REINHARD GRAF ZU SOLMS
Beschreibung Vom Vrsprung anfang vnd herkhomen des Adels ... Frankfurt am Main: (Lechler, Martin 1563/1564). 2°
VD 16 R 935 oder VD 16 R 934
Rosenbergisches Verzeichnis Fol. 107v

6Hi 15
GOLDWURM, Kaspar
Wunderzeichen: Das ist Beschreibunge aller fürnemen seltzamen vngewönlichen Göttlichen vnd Teuffelischen guten vnd bösen heilsamen ... zeichen. Frankfurt am Main: Lechler, Martin 1567. 2°
VD 16 G 2603
Rosenbergisches Verzeichnis Fol. 107v

6Hi 16
NANNI, Giovanni
Antiquitatum variarum volumina. XVII. ... [Paris]: Petit, Jean – Badius, Jodocus 1515. 2°
French Books III & IV 80443
Rosenbergisches Verzeichnis Fol. 108r

6Hi 17
JOHANNES SCYLITZES
Historiarum compendium, quod incipiens à Nicephori imperatoris, à Genicis obitu, ad imperium Isaaci Comneni pertinet. ... Venezia: Nicolini da Sabbio, Domenico 1570. 2°
EDIT 16 CNCE 31692
Rosenbergisches Verzeichnis Fol. 108r

6Hi 18
THEODERICUS AUS NIEHEIM
Historiae ... scribae qvondam pontificii, deinde episcopi Verdensis ... libri IIII ... Basel: Guarin, Thomas 1566. 2°
(Das zweite Exemplar 6Hi 85)
VD 16 T 742
Rosenbergisches Verzeichnis Fol. 108r

6Hi 19
TRITHEMIUS, Johannes
Chronicon signe Monasterij Hirsaugiensis ... Basel: Kündig, Jakob 1559. 2°
VD 16 T 1967
Rosenbergisches Verzeichnis Fol. 108r

6Hi 20

BOECE, Hector

Historiae Scotorum a prima gentis origine libri 19. ... Paris 1578. 2°

Im Katalog French Books III & IV wird diese Ausgabe nicht registriert (registriert die Ausgabe Paris 1574, 1575 und weitere).

Rosenbergisches Verzeichnis Fol. 108r

6Hi 21

GORP, Jan van

Opera ... Hermathena, Hieroglyphica, Vertumnus, Gallica, Francica, Hispanica ... Antwerpen: Plantijn, Christoffel 1580. 2°

Belgica Typographica 1313

Rosenbergisches Verzeichnis Fol. 108r

6Hi 22

FREIGE, Johannes Thomas – sen.

Paralipomena ... Basel: Henricpetri, Sixtus 1569. 2° (2. Band des vierbändigen Werkes von Emili, Paolo: *De rebus gestis Francorum ...* Basel 1569)

VD 16 ZV 24996

Rosenbergisches Verzeichnis Fol. 108r

6Hi 23

DU BELLAY, Martin

Commentariorvm de rebvs Gallicis, libri decem. ... Frankfurt am Main: Wechel, Andreas 1574. 2°

VD 16 D 2811

Rosenbergisches Verzeichnis Fol. 108r

6Hi 24

MONSTRELET, Enguerrand de

Le Premier [- tiers] volume des croniques. Paris: Petit, Jean – Le Noir, Michel 1512. 2°

French Vernacular Books 38198

Rosenbergisches Verzeichnis Fol. 108r

6Hi 25

GAGUIN, Robert

La mer des croniques et miroir historial de France ... Paris: Petit, Jean – sen. 1527. 2°

French Vernacular Books 22081

Rosenbergisches Verzeichnis Fol. 108r

6Hi 26

LA SALLE, Antoine de

L'hystoyre et plaisante ronique du petit Jehan de Saintre. Paris: Le Noir, Michel 1517. 2°

French Vernacular Books 32262

Rosenbergisches Verzeichnis Fol. 108r

6Hi 27

PARADIN, Guillaume

Annales de Bourgogne ... Lyon: 1566. 2°

French Vernacular Books 40617 oder 40618 (die Ausgaben unterscheiden sich durch den Drucker).

Rosenbergisches Verzeichnis Fol. 108r

6Hi 28
HEUTERUS, Pontus
Rerum burgundicarum libri sex ... Antwerpen: Plantijn, Christoffel 1589; 2°
Belgica Typographica 1448
Rosenbergisches Verzeichnis Fol. 108r

6Hi 29
GUICCIARDINI, Lodovico
Description de tovt le Païs-Bas, avtrement dict la Germanie inférievre, ov Basse-Allemaigne ... Antwerpen: Silvius, Willem 1568. 2°
Belgica Typographica 1364
Rosenbergisches Verzeichnis Fol. 108r
Norrköping: Stadsbibliotek

6Hi 30
BARLETIUS, Marinus
De vita moribvs ac rebvs praecipvae adversvs Tvrcas, gestis ... libri Tredecim ... Strasbourg: Müller, Kraft 1537. 2°
VD 16 B 389
Rosenbergisches Verzeichnis Fol. 108r
Uppsala: Carolinabiblioteket (D:127)
Provenienz: Marcus Beck von Leopoldsdorf (Monogramm am Schnitt)
Einband: A
Anm.: im Konvolut mit 6Hi 33
Walde: Storhetstidens litterära krigsbyten I, S. 292; Beck s. 118

6Hi 31
RHENANUS, Beatus
Rervm Germanicarvm libri tres ... Basel. 2°
Die Ausgabe ist nicht eindeutig zu bestimmen: VD 16 R 2064 oder VD 16 R 2065.
Rosenbergisches Verzeichnis Fol. 108r

6Hi 32
IRENICUS, Franciscus
Totius Germaniae descriptio ... Frankfurt am Main: Braubach, Peter 1570. 2°
VD 16 F 2817
Rosenbergisches Verzeichnis Fol. 108r

6Hi 33
HUGWALD, Ulrich
De Germanorvm prima origine ... Basel: Petri aus Basel, Heinrich 1539. 2°
VD 16 H 5861
Rosenbergisches Verzeichnis Fol. 108r
Uppsala: Carolinabiblioteket (D. 127)
Provenienz: Marcus Beck von Leopoldsdorf (Monogramm am Schnitt)
Einband: A
Anm.: im Konvolut mit 6Hi 30
Walde: Storhetstidens litterära krigsbyten I, S. 292; Beck, S. 115

6Hi 34
WITTEKINDUS VON CORVEY
Annales Witichindi monachi ... Frankfurt am Main: Wechel, Andreas 1577. 2°
VD 16 W 3696
Rosenbergisches Verzeichnis Fol. 108r

6Hi 35
WURSTISEN, Christian
Baseler Chronik ... Basel: Henricpetri, Sebastian 1580. 2°
VD 16 W 4671
Rosenbergisches Verzeichnis Fol. 108r

6Hi 36
AVENTINUS, Johannes
Chronica Darinn nicht allein deß ... Hauß Beyern ... Herkommen ... sondern auch der ... Teutschen Vrsprung ... beschrieben ... Frankfurt am Main: Feyerabend, Johann – Feyerabend, Sigmund 1580. 2°
VD 16 T 2321
Rosenbergisches Verzeichnis Fol. 108r

6Hi37
JOHANNES DE THUROCZ
Der hungern Chronica ... Nürnberg: Petreius, Johann 1534. 2°
VD 16 T 1212
Rosenbergisches Verzeichnis Fol. 108r

6Hi 38
MACIEJ Z MIECHOWA
Chronica Polonorum ... Kraków: Vietores, Hieronym 1571. 2°
Weder Estreicher noch KVK registrieren diese Ausgabe.
Rosenbergisches Verzeichnis Fol. 108r

6Hi 39
HERBERSTEIN, Siegmund von
Rervm Moscoviticarvm comentarii. ... [Wien: Singriener, Johann – sen. – heredes 1549?]. 2°
VD 16 H 2202
Rosenbergisches Verzeichnis Fol. 108r

6Hi 40
KRANTZ, Albertus
Chronica vnd Beschreibung der dreier Königreich Dennmarck, Schweden vnd Norwegen ... (Strasbourg: Schott, Johann) 1558–1559. 2°
VD 16 K 2236
Rosenbergisches Verzeichnis Fol. 108v

6Hi 41
ROSIÈRES, François
Stemmatum Lotharingiae ac Barri ducum libri septem ... Paris: Chaudière, Guillaume 1580. 2°

French Books III & IV 85103
Rosenbergisches Verzeichnis Fol. 108v

6Hi 42
MAGNUS, Iohannes
Historia ... de omnibus Gothorum Sueonumque regibus qui vnquam ab initio nationis extitere ... (Roma: Nelle case di Santa Brigida – Viotti, Giovanni Maria 1554). 2°
EDIT 16 CNCE 39061
Rosenbergisches Verzeichnis Fol. 108v

6Hi 43
IORDANES GOTUS
De rebvs Gothorvm. ... (Augsburg: Miller, Johann 1515). 2°
VD 16 J 932
Rosenbergisches Verzeichnis Fol. 108v

6Hi 44
ROSSI, Girolamo
Historiarum ... libri X. Gothorum, atque Longobardorum res gestas ... Venezia: [Manuzio, Paolo] 1572. 2°
EDIT 16 CNCE 27482
Rosenbergisches Verzeichnis Fol. 108v

6Hi 45
LAONICUS CHALCOCONDYLES
De origine et rebvs gestis Tvrcorum Libri Decem ... Basel: Oporinus, Johann 1556. 2°
VD 16 C 2005
Rosenbergisches Verzeichnis Fol. 108v

6Hi 46
ÁLVARES, Francisco
Warhafftiger Bericht Von den Landen auch Geistlichem vnd Weltlichem Regiment des Mechtigen Königs in Ethiopien ... (Eisleben: Heller, Joachim) 1566. 2°
VD 16 A 2063
Rosenbergisches Verzeichnis Fol. 108v

6Hi 47
PANTALEON, Heinrich
Militaris ordinis Iohannitarvm, Rhodiorvm. ... Historia Noua, libris duodecim comprehensa ... Basel: [Guarin, Thomas] 1581. 2°
VD 16 P 223
Rosenbergisches Verzeichnis Fol. 108v

6Hi 48
FONTAINE, Jacques
De bello Rhodio libri tres ... Paris: Wechel, Chrétien 1540. 2°
French Books III & IV 70820
Rosenbergisches Verzeichnis Fol. 108v

6Hi 49

PLETHON, Georgios Gemistos

De rebus Peloponnesiacis orationes duae ... (in: J. Stobaeus: Elogarum libri duo ...) Antwerpen: Plantijn, Christoffel 1575. 2°

Belgica Typographica 4429 s. v. Stobaeus, J.: *Elogarum libri duo* ...

Rosenbergisches Verzeichnis Fol. 108v

6Hi 50

DECEMBRIO, Pier Candido

Dje Gantz Römisch histori auffs fleissigst vñ kürtzst begriffen. Augsburg: Steiner, Heinrich von Augsburg 1542. 2°

VD 16 D 330

Rosenbergisches Verzeichnis Fol. 108v

6Hi 51

PANVINIO, Onofrio

Fastorum libri V a Romulo rege vsque ad imp. Caesarem Carolum V Austrium Augustum. ... Venezia: Valgrisi, Vincenzo 1558. 2°

EDIT 16 CNCE 37871

Rosenbergisches Verzeichnis Fol. 108v

6Hi 52

ROBORTELLO, Francesco

De vita, et victu populi Romani sub impp. Caess. Augg. tomus primus, qui continet libros XV. Eiusdem Disputationes nouem. ... *Reliqui tomi, qui tres sunt, excudentur deinceps cum suis commentariis.* Bologna: Benacci, Giovanni Battista – Benacci, Alessandro – Rossi, Giovanni 1559. 2°

EDIT 16 CNCE 40478

Rosenbergisches Verzeichnis Fol. 108v

6Hi 53

CUSPINIAN, Johannes

De Consulibus Romanorum Commentarij ... Basel: Herwagen, Johannes – sen. – Oporinus, Johann 1553. 2°

VD 16 C 6486

Rosenbergisches Verzeichnis Fol. 108v

6Hi 54

GIUSTINIAN, Pietro

Rerum Venetarum ab vrbe condita historia. (Venezia: Comin da Trino 1560.) 2°

EDIT 16 CNCE 21378

Rosenbergisches Verzeichnis Fol. 108v

6Hi 56

SANSOVINO, Francesco

L'historia di casa Orsina ... Venezia: Bevilacqua, Niccolò – Nicolini da Sabbio, Domenico – Stagnino, Bernardino – Stagnino, Filippo 1565. 2°

EDIT 16 CNCE 33788

Rosenbergisches Verzeichnis Fol. 108v

6Hi 57

GORP, Jan van

Origines Antwerpianane Sive Cimmeriorum Becceselana ... (Antwerpen: Plantijn, Christoffel) 1569. 2°

Belgica Typographica 1317

Rosenbergisches Verzeichnis Fol. 108v

6Hi 58

LAZIUS, Wolfgang

Commentariorum in Genealogiam Austriacam libri duo ... Basel: Episcopius, Nikolaus sen. – Oporinus, Johann 1564. 2°

VD 16 L 843

Rosenbergisches Verzeichnis Fol. 108v

6Hi 59

LAZIUS, Wolfgang

Viennae Avstriae. Rerum Viennensium Cõmentarij in Quatuor Libros distincti ... Basel: (Oporinus, Johann 1546). 2°

VD 16 L 855

Rosenbergisches Verzeichnis Fol. 108v

6Hi 60

SCHALLAUTZER, Hermes – LAZIUS, Wolfgang

Exempla aliquot S. vetustatis Rom. in Saxis Qvibvsdam ... opera ... Wien: Hoffhalter, Raphael 1560. 2°

(Das zweite Exemplar 9Antiq 16)

VD 16 S 2244

Rosenbergisches Verzeichnis Fol. 108v

6Hi 61

STREUN VON SCHWARZENAU, Reichart [?]

[*Annales rerum Austriacarum*]. Handschrift, 1586. 2°

Das Werk ist nicht zu identifizieren.

Rosenbergisches Verzeichnis Fol. 108v

6Hi 62

PIUS II. – papa

Historia Austrialis ... Handschrift; 2°

Rosenbergisches Verzeichnis Fol. 108v

Katalog der dietrichsteinischen Bibliothek, fol. 240, D 85

6Hi 63

[*AusZug der Chronikhen des Landts Osterreich, wie vieles namben gehabt....*]. Handschrift; 2°

Das Werk ist nicht zu identifizieren.

Rosenbergisches Verzeichnis Fol. 108v

6Hi 64

KÖCHLIN, Michael

Opusculum ... De rebus gestis in Italia ... Handschrift oder Ausgabe [Strasbourg: Grüninger, Johann 1512]. 2°

VD 16 K 1679
Rosenbergisches Verzeichnis Fol. 108v

6Hi 65
REINECK, Reiner
Tomvs IIII. Qvo pertractantvr regna in Graeca ac latina Historia celebratissima ... Basel: Henricpetri, Sebastian (1580). 2°
VD 16 R 902
Rosenbergisches Verzeichnis Fol. 109r

6Hi 66
STUCKI, Johann Wilhelm
Antiqvitatvm convivialivm libri III. ... Zürich: Froschauer, Christoph – iun.1582. 2°
VD 16 ZV 14770
Rosenbergisches Verzeichnis Fol. 109r

6Hi 67
LYKOSTHENES, Konrad
Prodigorvm ac ostentorvm Chronicon ... Basel: Petri aus Basel, Heinrich 1557. 2°
VD 16 W 4314
Rosenbergisches Verzeichnis Fol. 109r

6Hi 68
WIER, Johannes
De praestigiis daemonvm. ... Frankfurt am Main: Basse, Nikolaus 1586. 2°
VD 16 W 2676
Rosenbergisches Verzeichnis Fol. 109r

6Hi 69
REIẞNER, Adam
Iervsalem, vetvstissima illa ... totivs mvndi civitas ... Frankfurt am Main: (Rab, Georg sen. – Han, W. – heredes – Feyerabend, S.) 1563. 2°
VD 16 R 1058
Rosenbergisches Verzeichnis Fol. 109r

6Hi 70
GRYNÄUS, Simon
Novvs orbis regionvm ac insvlarvm veteribvs incognitarvm ... unà cum tabula cosmographica, ... Basel: Herwagen, Johannes – sen. 1537. 2°
VD 16 G 3828
Rosenbergisches Verzeichnis Fol. 109r

6Hi 71
CALVETE DE ESTRELLA, Juan Christoval
El felicissimo viaie d'el ...principe Don Phelippe ... desde Espana a sus tierras de la baxa Alemana ... Antwerpen: Nutius, Martinus 1552. 2°
Belgica Typographica 539
Rosenbergisches Verzeichnis Fol. 109r

6Hi 72
RAMUSIO, Giovanni Battista
Primo volume, & terza editione delle Nauigationi et viaggi ... Venezia: Giunta, Lucantonio – sen. – heredes 1563. 2°
EDIT 16 CNCE 27274
Rosenbergisches Verzeichnis Fol. 109r

6Hi 73
RAMUSIO, Giovanni Battista
Terzo volume delle nauigationi et viaggi ... Venezia: Giunta, Lucantonio – sen., heredes 1565. 2°
EDIT 16 CNCE 27293
Rosenbergisches Verzeichnis Fol. 109r

6Hi 74
NICOLAY, Nicolas de
Von der Schiffart vnd Raÿsz Jn die Tŭrkeÿ vnnd gegen Oriennt Beschriben ... (Nürnberg: Gerlach, Dietrich) 1572. 2°
VD 16 N 1566
Rosenbergisches Verzeichnis Fol. 109r

6Hi 75
ALEXANDER MAGNUS
Historia Alexandri Magni ... Strasbourg: [Jordanus de Quedlinburg (Georg Husner)] 1489. 2°
ISTC ia00398000
Rosenbergisches Verzeichnis Fol. 109r

6Hi 76
JACOBUS VON VERONA
Liber peregrinationis ... Handschrift; 2°
Halm: Europäische Reiseberichte ... Num. 6
Rosenbergisches Verzeichnis Fol. 109r

6Hi 77
ALTHOMIER, Michael [?]
[*Geschriben Historia reimweiss durch Michael Althomier 1400*]. Handschrift ?; 1400. 2°
Das Werk ist nicht zu identifizieren.
Rosenbergisches Verzeichnis Fol. 109r

6Hi 78
GILLES, Nicole
Les chroniques et annales de France ... Paris: 1585. 2°
French Vernacular Books 22948 oder 22949 (die Ausgaben unterscheiden sich durch den Drucker).
Rosenbergisches Verzeichnis Fol. 109r

6Hi 79
KELLNER, Heinrich
Chronica Das ist: Warhaffte ... *Beschreibung aller Hertzogen zu Venedig Leben* ... Handschrift, 1592. 2°

Es handelt sich offensichtlich um die Abschrift des in Frankfurt 1574 von J. Feyrabend herausgegebenen Druckes (VD 16 K 695).
Rosenbergisches Verzeichnis Fol. 109r

6Hi 80
HERTZOG, Bernhard
Chronicon Alsatiae Edelsasser Cronick vnnd auszfürliche beschreibung des vntern Elsasses am Rheinstrom, auch desselben fürnemer Stätt, als Strassburg, Schletstatt ... Strasbourg: Jobin, Bernhard 1592. 2°
SUDOC Catalogue http://www.sudoc.fr/156614960; VD 16 H 2659
Rosenbergisches Verzeichnis Fol. 109r

6Hi 81
[*Chronica teutsch* ...]. Handschrift; 1593. 2°
Das Werk ist nicht zu identifizieren.
Rosenbergisches Verzeichnis Fol. 109r

6Hi 82
LEUNCLAVIUS, Johannes
Historiae Mvsvlmanae Tvrcorvm ... Frankfurt am Main: Marne, Claude de – Aubry, Johann 1591. 2°
VD 16 L 1370
Rosenbergisches Verzeichnis Fol. 109r
Stockholm: Kungliga biblioteket (125 B 8 a Fol. Leunclavius, J. L., Historiæ musulmanæ... libri 18. 1591.) – unsichere Provenienz (Einband des Typs D ohne Exlibris)

6Hi 83
STERN, Peter
Die belägerung der Statt Wien in Osterreych ... Jm Monat September des 1529. Wien: Vietor, Hieronymus 1529. 4°
VD 16 S 8927
Rosenbergisches Verzeichnis Fol. 109r
Västerås: Stiftsbibliotek (Paleotyper 1527)
Provenienz nicht eindeutig: Marcus Beck von Leopoldsdorf ?
Einband: A

6Hi 84
PESSEL, Paul
Viennae Austriae, a Sultano Soleymano obsessae Historia ... Handschrift; 2°
Als Druck 1530 in Augsburg erschienen (VD 16 ZV 12328).
Rosenbergisches Verzeichnis Fol. 109r

6Hi 85
THEODERICUS AUS NIEHEIM
Historiae ... scribae qvondam pontificii, deinde episcopi Verdensis ... libri IIII: Basel: Guarin, Thomas 1566. 2°
(Das zweite Exemplar 6Hi 18)
VD 16 T 742
Rosenbergisches Verzeichnis Fol. 109r

6Hi 86
[*Historiay Prima parte della Gverra Carols Quinto* ... Napoli: 1544]. 2°
Von EDIT 16 und KVK nicht registriert; EDIT 16 CNCE 51886 registriert lediglich „*Copia de la lettera di sua maiestà cesarea scritta al vicerè di Napoli con la capitulazione fatta tra la maiestà cesarea et il re di Francia*" – dies entspricht auch im Format nicht.
Rosenbergisches Verzeichnis Fol. 109r

6Hi 87
[*Discours von der Standt der Religion Jn diesem land* ...]. Handschrift; 2°
Das Werk ist nicht zu identifizieren.
Rosenbergisches Verzeichnis Fol. 109r

6Hi 88
STREUN VON SCHWARZENAU, Reichart
Bericht von den hohen berg Eseher genant Jn Osterraych. Handschrift, 1592. 2°
Rosenbergisches Verzeichnis Fol. 109r

6Hi 89
WEIDNER DE BILLERBURG, Ferdinand
Ein Kurtz wollvermeintes guthe dencken belangend der Röm. Khay. Mat. Arshenal Jn Wien ... Handschrift; 2°
Rosenbergisches Verzeichnis Fol. 109r

6Hi 90
ROBERTO DI SANSEVERINO
Viaggio in Terrasanta ... Handschrift; 2°
G. Maruffi: Viaggio in Terra Santa di Roberto da Sanseverino, Bologna 1888.
Rosenbergisches Verzeichnis Fol. 109v

6Hi 91
HUSZTHI, Juraj
Descriptio peregrinationis ... Handschrift. Sarendorf 1566, 30 ff., 2°
Rosenbergisches Verzeichnis Fol. 109v
Roma: Bibliotheca Apostolica Vaticana (Reg. lat. 931)
Dudík, Iter Romanum, S. 310–311 (irrtümlich der rosenbergischen Bibliothek zugerechnet); Vossius, 35:3; Die Edition Matković, Petar: Descriptio peregrinationis Georgii Huszthii. Starine 13, 1881, S. 1–38.

6Hi 92
JUSTINUS, Marcus Juniaus
Historiarum Philippicarum libri XLIV ... Handschrift (Pergament) 4°
Rosenbergisches Verzeichnis Fol. 109v

6Hi 93
PROBUS, Aemilius
Vitae excellentivm imperatorvm Tito Pomponio Attico dedicatae. ... Strasbourg: Schürer, Matthias 1506. 4°
VD 16 N518
Rosenbergisches Verzeichnis Fol. 109v

6Hi 94

NEPOS, Cornelius

Hic subnotata cõtinentur Vita. M. Catonis ... Sextus Aurelius de vitis Caesarum. ... Strasbourg: Prüß, Johann – sen. 1505. 4°

VD 16 N 522

Rosenbergisches Verzeichnis Fol. 109v

6Hi 95

BEBEL, Johann

Fragmenta vetvstissimorvm autorum ... Basel: Bebel, Johann 1530. 4°

VD 16 F 1976

Rosenbergisches Verzeichnis Fol. 109v

6Hi 96

WERNER, Georg

De admirandis Hungariae aguis hypomnemation ... (Wien: Adler, Aegidius 1551). 4°

VD 16 W 2017

Rosenbergisches Verzeichnis Fol. 109v

6Hi 97

ARMERIUS, Aloysius

De Golleta et Tuneto, expugnato deque rebus ab invictissimo Carolo V Romanorum imperatore in Affrica foeliciter gestis epistola ... Wien: Singriener, Johann – sen. [1535]. 4°

Der Originaleintrag verzeichnet weder Erscheinungsjahr noch Erscheinungsort, am ehesten handelt es sich um die Ausgabe Wien 1535, denn das Werk befindet sich im Konvolut mit weiteren wenig bekannten Wiener Drucken.

Rosenbergisches Verzeichnis Fol. 109v

6Hi 98

LAZIUS, Wolfgang

Fragmentvm Vaticinii cvivsdam ... methodii ... Wien: Singriener, Johann – sen. 1547. 4°

VD 16 ZV 9507

Rosenbergisches Verzeichnis Fol. 109v

6Hi 99

ALBERTUS VON STADE

Chronicon ... a condito orbe usque ad auctoris aetatem ... Helmstedt: Lucius, Jakob – sen. 1587. 4°

VD 16 A 1467

Rosenbergisches Verzeichnis Fol. 109v

Uppsala: Carolinabibliotek (P 657)

Provenienz: Hieronym Beck von Leopoldsdorf

Einband: D

Anm.: In der Beck'schen Bibliothek gab es offensichtlich zwei Exemplare: eines im Konvolut mit 6Hi 95–98, das andere (erhaltene) Exemplar im Konvolut 6XXX 10.

Walde: Storhetstidens litterära krigsbyten I, S. 296; Beck, S. 118

6Hi 100

BARROS, Joao de

L'Asia ... de' fatti de' portoghesi nello scoprimento, & conquista de' mari & terre di Oriente. ... Venezia: Valgrisi, Vincenzo 1562. 4°

EDIT 16 CNCE 4277
Rosenbergisches Verzeichnis Fol. 109v

6Hi 101
ULLOA, Alfonso de
Le historie di Europa ... Venezia: Zaltieri, Bolognino 1570. 4°
EDIT 16 CNCE 38245
Rosenbergisches Verzeichnis Fol. 109v

6Hi 102
FORESTI, Giacomo Filippo
Sopplimento delle croniche vniuersali del mondo ... Venezia: Salicato, Altobello 1581. 4°
EDIT 16 CNCE 19475
Rosenbergisches Verzeichnis Fol. 109v

6Hi 103
CASTANHEDA, Ferñao Lopes de
Historia dell'Indie orientali ... Venezia: Ziletti, Giordano 1577. 4°
EDIT 16 CNCE 9911
Rosenbergisches Verzeichnis Fol. 109v

6Hi 104
ZÁRATE, Agustín de
Le historie ... dello scoprimento et conquista del Perù ... Venezia: Giolito De Ferrari, Gabriele 1563. 4°
EDIT 16 CNCE 26448
Rosenbergisches Verzeichnis Fol. 109v

6Hi 105
LILY, George
Chronicon sive brevis envmeratio regvm et principvm ... Britanniae Imperium diuersis temporibus ... Frankfurt am Main: (Wolff, Johann – sen.) 1565. 4°
VD 16 L 1740
Rosenbergisches Verzeichnis Fol. 109v

6Hi 106
STANIHURST, Richard
De rebus in Hibernia gestis libri IV ... Antwerpen: Plantijn, Christoffel 1584. 4°
Belgica Typographica 4405
Rosenbergisches Verzeichnis Fol. 109v
Uppsala: Carolinabiblioteket (P 566)
Provenienz: Hieronym Beck von Leopoldsdorf (handschriftliches Exlibris)
Einband: C
Walde: Storhetstidens litterära krigsbyten I, S. 296; Beck, S. 118

6Hi 107
TURPIN
Cronique et histoire. Paris: Chaudière, Regnault 1527. 4°
French Vernacular Books 50063, 50064
Rosenbergisches Verzeichnis Fol. 109v

6Hi 108
ANGHIERA, Pietro Martire d'
Extrait ou recueil des îles nouvellement trouvees en la grande Oceane. ... Paris: Colines, Simon de 1532. 4°
French Vernacular Books 1316
Rosenbergisches Verzeichnis Fol. 109v

6Hi 109
RICHER, Christophe
Des coutumes et manières de vivre des Turcs ... Paris: Estienne, Robert 1540. 4°
French Vernacular Books 46039
Rosenbergisches Verzeichnis Fol. 109v

6Hi 110
CORMIER, Thomas
Rerum gestarum Henrici II, regis Galliae; libri quinque ... Paris: 1585. 4°
French Books III & IV 63319 registriert die Ausgabe Paris 1585.
Rosenbergisches Verzeichnis Fol. 109v

6Hi 111
LUCANGELI, Nicola
Successi del viaggio d'Henrico III christianiss.mo re di Francia, e di Polonia ... Venezia: Giolito De Ferrari, Gabriele 1574. 4°
EDIT 16 CNCE 26902
Rosenbergisches Verzeichnis Fol. 109v

6Hi 112
OUDEGHERST, Jean
Les chroniques et annales de Flandres ... Antwerpen: Plantijn, Christoffel – Withage, Jean 1571. 4°
Belgica Typographica 2314; French Vernacular Books 40114
Rosenbergisches Verzeichnis Fol. 109v

6Hi 113
ALBERTI, Leandro
Descrittione di tutta l'Italia & isole pertinenti ad essa ... Venezia: Porta, Giovanni Battista 1581. 4°
EDIT 16 CNCE 695
Rosenbergisches Verzeichnis Fol. 109v
Leiden: Universiteitsbibliotheek (350 C 5)
Provenienz: Hieronym Beck von Leopoldsdorf (handschriftliches Exlibris)
Einband: C
Anm.: im Konvolut mit 6XXX 53
Walde: proveniensanteckningar

6Hi 114
SACCO, Bernardo
De Italicarum rerum varietate et elegantia libri X, ... Pavia: Bartoli, Girolamo 1565. 4°
EDIT 16 CNCE 30915
Rosenbergisches Verzeichnis Fol. 109v

6Hi 115
SANSOVINO, Francesco
Della origine, et de' fatti delle famiglie illustri d'Italia, di m. Francesco Sansouino libro primo. ... Venezia: Salicato, Altobello 1582. 4°
EDIT 16 CNCE 30548
Rosenbergisches Verzeichnis Fol. 109v

6Hi 116
BREVENTANO, Stefano
Istoria della antichita, nobilta, et delle cose notabili della citta di Pauia ... Pavia: Bartoli, Girolamo 1570. 4°
EDIT 16 CNCE 7562
Rosenbergisches Verzeichnis Fol. 109v

6Hi 117
SANSOVINO, Francesco
Venetia citta nobilissima et singolare, descritta in XIIII libri ... Venezia: Farri, Domenico – Sansovino, Giacomo 1581. 4°
EDIT 16 CNCE 31176
Rosenbergisches Verzeichnis Fol. 109v

6Hi 118
POSTEL, Guillaume
De Etruriae regionis, quae prima in orbe Europaeo habitata est ... commentatio. Firenze: [Torrentino, Lorenzo] 1551. 4°
EDIT 16 CNCE 34594
Rosenbergisches Verzeichnis Fol. 110r

6Hi 119
COLLENUCCIO, Pandolfo
Historiae Neapolitanae ... Libri VI. Basel: Perna, Peter 1572. 4°
VD 16 C 4568
Rosenbergisches Verzeichnis Fol. 110r

6Hi 120
INTERIANO, Paolo
Ristretto delle historie genouesi di Paolo Interiano. (Lucca: Busdraghi, Vincenzo 1551). 4°
EDIT 16 CNCE 23374
Rosenbergisches Verzeichnis Fol. 110r

6Hi 121
HERBURT Z FULŠTEINA, Jan
Chronica, sive historiae Polonicae... Basel: Oporinus, Johann – heredes, s. a. 4°
Die Ausgabe ist nicht eindeutig zu bestimmen: VD 16 H 2238 (Basel 1571), VD 16 H 2239 (Basel 1573).
Rosenbergisches Verzeichnis Fol. 110r

6Hi 122
GUILELMUS TYRENSIS
Historia della guerra sacra di Gierusalemme ... in XXIII libri ... Venezia: Valgrisi, Vincenzo 1562. 4°

EDIT 16 CNCE 22407
Rosenbergisches Verzeichnis Fol. 110r

6Hi 123
GABLMANN, Nikolaus
Monomachiæ Hungaroturcicæ carminum libri duo. ... Padova: Meietti, Paolo 1590. 4°
EDIT 16 CNCE 20076
Rosenbergisches Verzeichnis Fol. 110r

6Hi124
GILLES, Pierre
De topographia Constantinopoleos... libri quatuor ... Lyon: Rouillé, Guillaume 1562. 4°
French Books III & IV 72072
Rosenbergisches Verzeichnis Fol. 110r

6Hi 125
GILLES, Pierre
De Bosporo Thracio libri 3 ... Lyon: Rouillé, Guillaume 1562. 4°
French Books III & IV 72017
Rosenbergisches Verzeichnis Fol. 110r

6Hi 126
SANSOVINO, Francesco
Dell'historia vniuersale dell'origine et imperio de Turchi parte prima [*-terza*]. ... Venezia: Sansovino, Francesco & C. 1560. 4°
EDIT 16 CNCE 53793
Rosenbergisches Verzeichnis Fol. 110r

6Hi 127
RICHER, Christophe
De Rebus Turcarum... libri quinque ... Paris: Estienne, Robert 1540. 4°
French Books III & IV 84710–84711
Rosenbergisches Verzeichnis Fol. 110r

6Hi 128
SANSOVINO, Francesco
Gl'Annali turcheschi ouero vite de principi della casa othomana ... Venezia: De Alaris, Enea 1573. 4°
EDIT 16 CNCE 27022
Rosenbergisches Verzeichnis Fol. 110r

6Hi 129
[*Türkische Chronica*]. Handschrift; 4°
Rosenbergisches Verzeichnis Fol. 110r
Katalog der dietrichsteinischen Bibliothek, fol. 278 D 99

6Hi 130
WOLDER, Simon
New Türckenbüchlin dergleichen vor diser zeit nie getruckt worden. ... Frankfurt am Main: [Han, Weigand] 1558. 4°
VD 16 W 4178
Rosenbergisches Verzeichnis Fol. 110r

6Hi 131
ZENO, Niccolò
Dell'origine de' barbari, che distrussero per tutto 'l mondo l'imperio di Roma, onde hebbe principio la città di Venetia libri vndici. Venezia: Pietrasanta, Plinio – Marcolini, Francesco 1557. 4°
EDIT 16 CNCE 34735
Rosenbergisches Verzeichnis Fol. 110r

6Hi 132
ZWINGER, Theodor
Methodvs apodemica ... Basel: Episcopius, Eusebius 1577. 4°
VD 16 Z 748
Rosenbergisches Verzeichnis Fol. 110r

6Hi 133
FABRI, Felix
Ejgentlich beschreibung der hin vnnd wider farth zu dem Heyligen Landt gen Jerusalem ... Marburg: 1557. 4°
VD 16 F137 registriert lediglich die Ausgabe Frankfurt am Main 1557, weitere Einträge im KVK geben den Erscheinungsort nicht an; Halm: Europäische Reiseberichte, Num. 83.
Rosenbergisches Verzeichnis Fol. 110r

6Hi 134
BARTOLINI, Riccardo
Odeporicon id est Itinerariũ ... (Wien: Vietor, Hieronymus 1515). 4°
VD 16 ZV 20289 und VD 16 B 569
Rosenbergisches Verzeichnis Fol. 110r

6Hi 135
ZUALLART, Jean
Il deuotissimo viaggio di Gerusalemme. ... Roma: Zanetti, Francesco – Ruffinelli, Giacomo 1587. 4°
EDIT 16 CNCE 38763
Rosenbergisches Verzeichnis Fol. 110r

6Hi 136
HEUPERGER, Leopold
Reiss Jn die Türkay. Handschrift, 1533. 4°
Rosenbergisches Verzeichnis Fol. 110r

6Hi 137
WICKRAM, Jörg
Der Jrr Reittend Bilger. ... Strasbourg: Knobloch, Johann – iun. 1556. 4°
VD 16 W 2374
Rosenbergisches Verzeichnis Fol. 110r

6Hi 138
FEYERABEND, Sigmund
Heldenbuch darinn viel seltzamer Geschichten ... von den grossen Helden vnd Rysen Wie sie so Ritterlichen vmb eines Königs Tochter gestritten haben ... Frankfurt am Main: Feyerabend, Sigmund 1590. 4°
VD 16 H 1569
Rosenbergisches Verzeichnis Fol. 110r

6Hi 139
VASARI, Giorgio
Le vite de' piu eccellenti pittori, scultori, e architettori. ... Firenze: Giunta, Bernardo - sen. heredes 1568. 4°
EDIT 16 CNCE 48229
Rosenbergisches Verzeichnis Fol. 110r

6Hi 140
LUCIDUS, Ioannes
Chronicon, seu Emendatio temporum. Ab orbe condito vsque ad annum Christi MDXXXV. ... Venezia: Giunta, Lucantonio - iun. 1575. 4°
EDIT 16 CNCE 27450
Rosenbergisches Verzeichnis Fol. 110r
Växjö: Stadsbibliotek
Provenienz: Hieronym Beck von Leopoldsdorf (handschriftliches Exlibris)
Einband: C
Walde: proveniensanteckningar

6Hi 141
FLACIUS, Matthias
Von Ankunfft des Römischen Keyserthumbs an die Deudschen. ... Oberursel: Heinrich, Nikolaus - sen. 1567. 4°
VD 16 F 1504
Rosenbergisches Verzeichnis Fol. 110r

6Hi 142
LADISLAUS SUNTHAYM
Der löblichen Fürsten und des Landes Österreich Altherkommen und Regierun. Handschrift; 4°
Rosenbergisches Verzeichnis Fol. 110r
Berlin: Staatsbibliothek (Ms. germ. qu. 85)
Provenienz: Hieronymus Beck von Leopoldsdorf (handschriftliches Exlibris sowie ein eingebundenes eigenhändiges Konzept eines Briefes)
Einband: D (die mit Gold verzierte Variante)
Katalog der dietrichsteinischen Bibliothek, fol. 278 D 95

6Hi 143
[*Von etlichen Hertzogen ein buch ...*] Handschrift; 4°
Das Werk ist nicht zu identifizieren.
Rosenbergisches Verzeichnis Fol. 110r

6Hi 144
GEBWILER, Hieronymus
Epitome regi ac vetvstissimi ortus Sacrae Caesareae ac Catholicę Maiestatis ... Hagenau: Setzer, Johann 1530. 4°
VD 16 G 595
Rosenbergisches Verzeichnis Fol. 110r

6Hi 145
GIRALDI, Giovanni Battista
Herculis Atestini II. ducis Ferrariensium IIII. ab epistolis de Ferraria et Atestinis principibus commentariolum ex Lilii Gregorii Gyraldi epitome deductum. Ferrara: Rossi, Francesco 1556. 4°
EDIT 16 CNCE 21266
Rosenbergisches Verzeichnis Fol. 110r

6Hi 146
BEBEL, Heinrich
Epitome laudum Suevorum atque principis nostri Udalrici de captivitate ducis Mediolani in: Opera Bebeliana sequentia ... (Pforzheim: Anshelm, Thomas 1509). 4°
VD 16 B 1211
Rosenbergisches Verzeichnis Fol. 110r

6Hi 147
BECCADELLI, Antonio
De dictis et factis Alphonsi regis Aragonvm libri qvatvor. ... Basel: Herwagen, Johannes – sen. – Froben, Johann Erasmius 1538. 4°
VD 16 B 1315
Rosenbergisches Verzeichnis Fol. 110v

6Hi 148
ULLOA, Alfonso de
Commentari ... della guerra, che il sig. don Fernando Aluarez di Toledo ... contra Giglielmo di Nansau [!] principe di Oranges, et contra il conte Lodouico suo fratello, et altri ribelli di sua maesta catolica, in Fiandra. L'anno 1568. 4°
Die Ausgabe ist nicht eindeutig zu bestimmen: EDIT 16 CNCE 25200 (Torino 1569) oder CNCE 38243 (Venezia 1570).
Rosenbergisches Verzeichnis Fol. 110v

6Hi 149
ULLOA, Alfonso de
La vita dell'inuittissimo imperator Carlo quinto ... Venezia: Valgrisi, Vincenzo 1560. 4°
EDIT 16 CNCE 38120
Rosenbergisches Verzeichnis Fol. 110v

6Hi 150
ULLOA, Alfonso de
Vita del potentissimo, e christianiss. imperatore Ferdinando primo. ... Venezia: Franceschini, Camillo – Franceschini, Francesco 1565. 4°
EDIT 16 CNCE 41570
Rosenbergisches Verzeichnis Fol. 110v

6Hi 151
CAPELLONI, Lorenzo
Vita del prencipe Andrea Doria ... [Venezia: Giolito De Ferrari, Gabriele] 1565. 4°
EDIT 16 CNCE 9103
Rosenbergisches Verzeichnis Fol. 110v

6Hi 152
RUSCELLI, Girolamo
Le imprese illustri con espositioni, et discorsi ... Venezia: Comin da Trino 1572. 4°
EDIT 16 CNCE 24805
Rosenbergisches Verzeichnis Fol. 110v

6Hi 153
Summari Verclaerung Der billichen Ursachen, vvelche die Stend von disen Niderlanden bezwungen haben ... Antwerpen: Silvius, Willem 1578. 4°
VD 16 XL 128
Rosenbergisches Verzeichnis Fol. 110v

6Hi 154
CAMILLI, Camillo
Imprese illustri di diuersi, coi discorsi di Camillo Camilli, et con le figure intagliate in rame di Girolamo Porro padouano. Venezia: Ziletti, Francesco 1586. 4°
EDIT 16 CNCE 8702
Rosenbergisches Verzeichnis Fol. 110v

6Hi 155
MIDDENDORP, Jacob
Historia Aristaeae, Ptolomaei, Philadelphi, Aegyptiorum Regis ... Köln am Rhein: Cholinus, Maternus 1578. 8°
VD 16 M 5185
Rosenbergisches Verzeichnis Fol. 110v

6Hi 156
VELIUS, Caspar Ursinus
Chronicorvm mvndi epitome ... Frankfurt am Main: Egenolff, Christian – sen. (1534). 8°
VD 16 U 347
Rosenbergisches Verzeichnis Fol. 110v

6Hi 157
GASSER, Achilles Pirmin
Historiarvm et chronicorvm totivs mvndi epitome ... Basel: Petri aus Basel, Heinrich (1535). 8°
VD 16 G 494
Rosenbergisches Verzeichnis Fol. 110v

6Hi 158
POLONUS, Martinus
Chronicon expeditissimum ad fidem vett. mss. codd. emend. ... Antwerpen: Plantijn, Christoffel 1574. 8°
Voet 1642
Rosenbergisches Verzeichnis Fol. 110v

6Hi 159
CHYTRÄUS, David – sen.
Chronologia historiae Herodoti et Thvcydidis. ... Rostock: Lucius, Jakob – sen. 1578. 8°
VD 16 C 2566
Rosenbergisches Verzeichnis Fol. 110v

6Hi 160
BEUTER, Pedro Antonio
Cronica generale d'Hispagna, et del regno di Valenza. ... Venezia: Giolito De Ferrari, Gabriele et fratelli 1556. 8°
EDIT 16 CNCE 5679
Rosenbergisches Verzeichnis Fol. 110v

6Hi 161
TOSCANELLA, Orazio
I nomi antichi, e moderni delle prouincie, regioni, città, castella, monti, laghi, mari, golfi, porti & isole dell'Europa, dell'Africa e dell'Asia ... Venezia: Franceschini, Francesco 1567. 8°
(Das zweite Exemplar 5Kunst 22)
EDIT 16 CNCE 41580
Rosenbergisches Verzeichnis Fol. 110v

6Hi 162
AIMOINUS FLORIACENSIS
Historiae Francorum lib. V. ... Paris: Wechel, André 1567. 8°
French Books III & IV 52100
Rosenbergisches Verzeichnis Fol. 110v

6Hi 163
SERRES, Jean de
V. partis commentariorvm de statv religionis et reipublicæ in regno Galliæ, libri tres. Leiden: Jucundus, Johannes 1580. 8°
STCN 170600394
Rosenbergisches Verzeichnis Fol. 110v

6Hi 164
CORNEJO, Pedro
Briefve histoire des guerres civiles advenues en Flandre, ... Lyon: Béraud Jean 1578. 8°
French Vernacular Books 14413
Rosenbergisches Verzeichnis Fol. 110v

6Hi 165
CORNELIUS AURELIUS
Batavia, sive de antiqvo veroqve eivs insvlæ qvam Rhenvs in Hollandia facit situ, descriptione & laudibus; ... Antwerpen: Plantijn, Christoffel 1586. 8°
Belgica Typographica 201; Voet 605
Rosenbergisches Verzeichnis Fol. 110v

6Hi 166
AGGAEUS VAN ALBADA
Acta pacificationis qvæ coram sac. cæsareæ maiest. commisariis, inter seren. regis Hispaniarum [...] ordinumque Belgij legatos, Coloniæ habita sunt. Antwerpen: Plantijn, Christoffel 1580. 8°
STCN 840211554
Rosenbergisches Verzeichnis Fol. 110v

6Hi 167
SURIUS, Laurentius – ISSELT, Michael von
Kurtze Chronick oder Beschreibung ... vom Jar ... M.D. biß auff das Jar M.D.LXXV. ... Köln am Rhein: Quentel, Johann – heredes 1586. 8°
VD 16 S 10251
Rosenbergisches Verzeichnis Fol. 111r

6Hi 168
ISSELT, Michael von
Belli Coloniensis libri qvinqve. ... Köln am Rhein: Kempen, Gottfried von (1584/1586). 8°
VD 16 I 592
Rosenbergisches Verzeichnis Fol. 111r

6Hi 169
SIMMLER, Josias
Vallesiae descriptio libri dvo. ... Zürich: Froschauer, Christoph – iun. 1574. 8°
VD 16 S 6519
Rosenbergisches Verzeichnis Fol. 111r

6Hi 170
BONNUS Hermann
Chronica der vornemlikesten Geschichte unde Handel der keyserliken Stadt Lübeck ... Magdeburg: 1564. 8°
Die Ausgabe ist nicht eindeutig zu bestimmen: vom VD 16 und KVK nicht registriert.
Rosenbergisches Verzeichnis Fol. 111r

6Hi 171
ANDREAS VON REGENSBURG
Chronik von den Fürsten zu Bayern ... Handschrift (Pergament); 8°
Rosenbergisches Verzeichnis Fol. 111r

6Hi 172
LAZIUS, Wolfgang
Des Khünigreichs Hungern ... Warhafftige Chorographica beschreybung. Wien: Zimmermann, Michael (1556). 8°
VD 16 L 852
Rosenbergisches Verzeichnis Fol. 111r

6Hi 173
GORECKI, Leonard
Descriptio belli Iuoniae, Voiuodae Valachiae, quod anno MDLXXIIII, cum Selymo II, Turcarum imperatore, gessit. ... Frankfurt am Main: Wechel, Andreas 1578. 8°

VD 16 G 2666
Rosenbergisches Verzeichnis Fol. 111r

6Hi 174
LÉRY, Jean de
Histoire d'un voyage, fait en la terre du Brésil, autrement dite Amerique ... [Genf]: 1578. 8°
French Vernacular Books 34335, 34336 oder 34337 (die Ausgaben unterscheiden sich durch den Drucker).
Rosenbergisches Verzeichnis Fol. 111r

6Hi 175
GOES, Damião de
De rebus Aethiopicis... opuscula historica. ... Köln am Rhein: Quentel, Johann – heredes 1574. 8°
VD 16 G 2512
Rosenbergisches Verzeichnis Fol. 111r

6Hi 176
BENZONI, Girolamo – LÉRY, Jean de
Historia Indiae Occidentalis: ... [Genf]: Vignon, Eustache 1586. 8°
SUDOC http://www.sudoc.fr/116749156
Rosenbergisches Verzeichnis Fol. 111r

6Hi 177
LÓPEZ DE GÓMARA, Francisco
La historia general delas Indias ... Antwerpen: 1554. 8°
Belgica Typographica 1989–1991 (die Ausgaben unterscheiden sich durch den Drucker).
Rosenbergisches Verzeichnis Fol. 111r

6Hi 178
Nuoui auisi delle Indie di Portogallo, venuti nuouamente dalli r. padri della Compagnia di Giesu. .... Venezia: Tramezzino, Michele – sen. 1565. 8°
EDIT 16 CNCE 35395
Rosenbergisches Verzeichnis Fol. 111r

6Hi 179
OSÓRIO, Jerónimo
De rebvs Emmanvelis regis Lvsitaniae ... *libri duodecim.* ... Köln am Rhein: Birckmann, Arnold – heredes 1575. 8°
VD 16 O 1356
Rosenbergisches Verzeichnis Fol. 111r

6Hi 180
CYSAT, Renward
Warhafftiger Bericht Von den Newerfundnen Japponischen Jnseln ... Freiburg: Gemperlin, Abraham 1586. 8°
VD 16 ZV 22146
Rosenbergisches Verzeichnis Fol. 111r

6Hi 181
CIEZA DE LEON, Pedro de
Historia, ouer Cronica del gran regno del Perù ... Venezia: Bonadio, Giovanni 1564. 8°
EDIT 16 CNCE 12534
Rosenbergisches Verzeichnis Fol. 111r

6Hi 182
AGUSTÍN DE ZÁRATE
Historia del descvbrimiento y conqvista de las provincias del Peru ... Antwerpen: Nuyts, Martin 1555. 8°
Belgica Typographica registriert diese Ausgabe nicht; Eintrag nach KVK.
Rosenbergisches Verzeichnis Fol. 111r

6Hi 183
VASAEUS, Johannes
Rervm Hispaniae memorabilivm annales ... Köln am Rhein: Alectorius, Ludwig – Soter, Jakob – heredes 1577. 8°
VD 16 V 425
Rosenbergisches Verzeichnis Fol. 111r

6Hi 184
LUTHER, Martin
Chronica ... Wittenberg: Lufft, Hans 1559. 8°
VD 16 L 6722
Rosenbergisches Verzeichnis Fol. 111r

6Hi 185
GAYER, Joannes
[*Joannis Gayer Chronica teutsch ...*]. Handschrift ?; 8°
Rosenbergisches Verzeichnis Fol. 111r

6Hi 186
BIONDO, Flavio
Roma ristaurata ... Venezia: Tramezzino, Michele – sen. 1543. 8°
EDIT 16 CNCE 6096
Rosenbergisches Verzeichnis Fol. 111r

6Hi 187
BIONDO, Flavio
De historie ... da la declinatione de l'imperio di Roma, insino al tempo suo (che ui corsero circa mille anni). Venezia: Tramezzino, Michele – sen. 1543. 8°
EDIT 16 CNCE 6095, CNCE 71818
Rosenbergisches Verzeichnis Fol. 111r

6Hi 188
COLLENUCCIO, Pandolfo
Compendio dell'historia del regno di Napoli ... [Venezia: Tramezzino, Michele – sen. 1558]. 8°
EDIT 16 CNCE 12781
Rosenbergisches Verzeichnis Fol. 111r

6Hi 189
La Descrittione dell'isola di Sicilia. Venezia: Bascarini, Niccolò 1546. 8°
EDIT 16 CNCE 16868
Rosenbergisches Verzeichnis Fol. 111r

6Hi 190
FOGLIETTA, UBERTO
Della republica di Genoua. Libri II. Roma: Blado, Antonio 1559. 8°
EDIT 16 CNCE 19314
Rosenbergisches Verzeichnis Fol. 111r

6Hi 191
CONTILE, Luca
La historia de'fatti di Cesare Maggi da Napoli ... Pavia: Bartoli, Girolamo 1564. 8°
EDIT 16 CNCE 13184
Rosenbergisches Verzeichnis Fol. 111r

6Hi 192
AMADIS DE GAULA
Don Silues de la Selua ... Venezia: 1573. 8°
Die Ausgabe ist nicht eindeutig zu bestimmen: EDIT 16 registriert nur die Ausgaben Venedig 1581, 1551, 1561, 1565; diese Ausgabe wird im KVK auch nicht registriert.
Rosenbergisches Verzeichnis Fol. 111v

6Hi 193
GNODALIUS, Petrus
Seditio repentina vvlgi, praecipve rvsticorvm ... Basel: Henricpetri, Sebastian (1570). 8°
VD 16 G 2283
Rosenbergisches Verzeichnis Fol. 111v

6Hi 194
KEMP, Cornelis
De origine, sitv, qvalitate et qvantitate Frisiae ... libri tres ... Köln am Rhein: Cholinus, Goswin 1588. 8°
VD 16 K 729
Rosenbergisches Verzeichnis Fol. 111v

6Hi 195
VENERO, Alonso
Enchiridion de los tiempos ... Salamanca: Junta, Juan de 1545. 8°
Iberian Books 19302
Rosenbergisches Verzeichnis Fol. 111v

6Hi 196
RANSANUS, Petrus
Epitome rervm Hvngaricarvm, velut per indices descripta ... Trnava: Pecsi, Lukacs 1579. 8°
Čaplovič, Bibliografia tlačí vydaných na Slovensku do roku 1700, 2, Num. 1893
Rosenbergisches Verzeichnis Fol. 111v

6Hi 197
ANDRÉS, Juan
Opera chiamata Confusione della setta machumetana ... Venezia: 1537. 8°

EDIT 16 registriert diese Ausgabe nicht, es handelt sich wohl um einen Irrtum – in jenem Jahr erschien das Werk auf Italienisch in Sevilla (CNCE 1723).
Rosenbergisches Verzeichnis Fol. 111v

6Hi 198
CLENARDUS, Nicolaus
Peregrinationum, ac de rebus Machometicis epistolæ elegantissimæ ... Leuven: Velpius, Reinerus 1551. 8°
Belgica Typographica 657
Rosenbergisches Verzeichnis Fol. 111v

6Hi 199
CAMBINI, Andrea
Commentario ... della origine de Turchi, et imperio della casa ottomanna. Venezia [?]. 8°
EDIT 16 CNCE 8664 (Venezia? 1537) CNCE 8668 und CNCE 8667 (Venezia? 1540) CNCE 8666 (Venezia? 1538)
Rosenbergisches Verzeichnis Fol. 111v

6Hi 200
GEORGIJEVIĆ, Bartolomej
De afflictione tam captivorum quam etiam sub Turcae tributo viventium Christianorum ... (Worms: Hofmann, Gregor 1545). 8°
VD 16 D 3015
Rosenbergisches Verzeichnis Fol. 111v

6Hi 201
SABINUS, Georg
De electione et coronatione Caroli V ... Köln am Rhein: 1560. 8°
VD 16 M 3092 – s. v. *Opus Elegantissimum, Continens Consilia Et Quasdam Orationes ac disputationes Electorum Principum in eligendo Caesare* (Sabinus wird als Beiträger angegeben).
Rosenbergisches Verzeichnis Fol. 111v

6Hi 202
MARCELLO, Pietro
De vita, moribvs, et rebvs gestis omnivm dvcvm Venetorvm ... (Frankfurt am Main: Reffeler, Paul) 1574. 8°
VD 16 ZV 10389
Rosenbergisches Verzeichnis Fol. 111v

6Hi 203
BIZZARI, Pietro
Belli Cyprii inter Venetos et Selimum Turcarum imp. novissime gesti libri III. ... (Basel: Henricpetri, Sebastian) 1573. 8°
VD 16 B 5658, VD 16 B 5656
Rosenbergisches Verzeichnis Fol. 111v

6Hi 204
CAPRA, Galeazzo Flavio
Commentarii Galeacii Capellae, de rebus gestis pro restitutione Francisci Sfortiae ... (Strasbourg: Müller, Kraft) 1538. 8°

VD 16 C 794
Rosenbergisches Verzeichnis Fol. 111v

6Hi 205
SIMONETTA, Giovanni
Historie ... delle memorabili et magnanime imprese fatte dallo inuittissimo Francesco Sforza duca di Milano nella Italia ... Venezia: Arrivabene, Andrea – Imperatore, Bartolomeo – Imperatore, Francesco 1544. 8°
EDIT 16 CNCE 26604
Rosenbergisches Verzeichnis Fol. 111v

6Hi 206
PETREUS, Heinrich
Avlica vita ... Frankfurt am Main: (Feyerabend, Johann) 1578. 8°
VD 16 P 1750
Rosenbergisches Verzeichnis Fol. 111v

6Hi 207
Viaggi fatti da Vinetia, alla Tana, in Persia, in India, et in Costantinopoli: ... Venezia: Manuzio, Aldo sen. – heredes 1543. 8°
EDIT 16 CNCE 26947
Rosenbergisches Verzeichnis Fol. 111v

6Hi 208
ESCALANTE, Bernardino de
Discurso de la navegacion que los portugueses hazen à los reinos y prouincias del Oriente ... Sevilla: Escribano, Alonso – vidua 1577. 8°
Iberian Books 6991
Rosenbergisches Verzeichnis Fol. 111v

6Hi 209
BINYAMIN BEN YONAH MI-ṬUDELAH
Itinerarium Beniamini Tudelensis ... Antwerpen: Plantijn, Christoffel 1575. 8°
Belgica Typographica 293; Voet 641
Rosenbergisches Verzeichnis Fol. 111v

6Hi 210
BUSBECQ, Ogier Ghislain de
Itinera Constantinopolitanum et Amasianum ... ad Solimannum Turcarum Imperatorem C. M. oratore confecta ... Antwerpen: Plantijn, Christoffel 1581. 8°
Netherl. Books 6254
Rosenbergisches Verzeichnis Fol. 111v

6Hi 211
CODINUS, Georgius
De officialibus palatii Constantinopolitani, & officiis magnae ecclesiae. ... Lyon: Mareschal, Jean 1588. 8°
French Books III & IV 62989
Rosenbergisches Verzeichnis Fol. 111v

6Hi 212
STANIHURST, Richard
De Vita S. Patricii Hiberniæ Apostoli libri II ... Antwerpen: Plantijn, Christoffel 1587. 8°
Voet 2229; Von Belgica Typographica nicht registriert.
Rosenbergisches Verzeichnis Fol. 111v

6Hi 213
BIANCO, Noè
Viaggio da Vinegia al Santo Sepolcro, & al monte Sinai, ... (Venezia: Zoppino, Niccolò 1538). 8°
EDIT 16 CNCE 41211
Rosenbergisches Verzeichnis Fol. 111v

6Hi 214
BURCHARDUS DE MONTE SION
Veridica Terre Sancte regionumque finitimarum ac in eis mirabilium descriptio. Venezia: Tacuino, Giovanni 1519. 8°
EDIT 16 CNCE 7931
Rosenbergisches Verzeichnis Fol. 111v

6Hi 215
SANDER, Nicholas
De origine ac progressv Schismatis Anglicani, Libri tres: ... Ingolstadt: Eder, Wolfgang 1588. 8°
VD 16 S 1607
Rosenbergisches Verzeichnis Fol. 111v

6Hi 216
RAMUS, Petrus
Svmmi philosophi et oratoris Liber, de moribvs vetervm Gallorvm. ... Basel: Henricpetri, Sebastian (1574?). 8°
VD 16 L 527
Rosenbergisches Verzeichnis Fol. 111v

6Hi 217
REMP, Adam
Calendarivm Saxonicvm. ... Erfurt: Baumann, Georg – sen. 1587. 8°
VD 16 R 1111
Rosenbergisches Verzeichnis Fol. 112r

6Hi 218
GOULART, Simon
Le premier recueil contenant les choses plus memorables advenues sous la ligue. S. l.: s. t. n. 1590. 8°
French Vernacular Books 23311
Rosenbergisches Verzeichnis Fol. 112r

6Hi 219
GOULART, Simon
Le second recueil, contenant les choses plus memorables advenues sous la ligue ... S. l.: s. t. n. 1590. 8°

French Vernacular Books 23314
Rosenbergisches Verzeichnis Fol. 112r

6Hi 220
RAINOLDS, William
De iusta reipub. Christianae in reges impios et haereticos authoritate ... liber. Antwerpen: Keerberghen, Jan van 1592. 8°
Belgica Typographica 4099
Rosenbergisches Verzeichnis Fol. 112r

6Hi 221
BENZONI, Girolamo
Novae novi orbis historiae, id est, rerum ab Hispanis in India Occidentali hactenus gestarum ... libri tres. [Genf]: Vignon, Eustache 1581. 8°
SUDOC http://www.sudoc.fr/14761242X
Rosenbergisches Verzeichnis Fol. 112r

6Hi 222
PYRCKMAIR, Hilarius
De arte peregrinandi libri II. (Nürnberg: Gerlach, Katharina) 1591. 8°
VD 16 P 5424
Rosenbergisches Verzeichnis Fol. 112r

6Hi 223
GROITZSCH, Gregor
Libellus Continens Salae flvvii descriptionem ... Leipzig: Bärwald, Jakob – heredes 1584. 8°
VD 16 G 3383
Rosenbergisches Verzeichnis Fol. 112r

6Hi 224
GODEFROY, Denis
Antiqvae historiae ex XXVI. avthoribvs contextae libri VI, ... Basel: Waldkirch, Konrad von 1590. 12°
VD 16 ZV 6834
Rosenbergisches Verzeichnis Fol. 112r

6Hi 225
MACHIAVELLI, Niccolò
Discorsi ... sopra la prima deca di Tito Liuio. Venezia: Giolito De Ferrari, Gabriele et fratelli 1550. 12°
EDIT 16 CNCE 46650
Rosenbergisches Verzeichnis Fol. 112r

6Hi 226
GUEVARA, Antonio de
Libro Aureo de la vida y Cartas de Marco Aurelio ... Antwerpen: Steels, Joannes – Laet, Hans 1550. 12°
Belgica Typographica 1350
Rosenbergisches Verzeichnis Fol. 112r

6Hi 227

FURIÓ CERIOL, Fadrique

El Concejo i Consejeros del Principe ... Antwerpen: Nuyts, Martin – sen. 1559. 12°
Netherl. Books 12742
Rosenbergisches Verzeichnis Fol. 112r

6Hi 228

CIRNI, Antonio Francesco

Successi dell'armata della m.ta c.ca destinata all'impresa di Tripoli di Barberia, della presa delle Gerbe, e progressi dell'armata turchesca. ... Firenze: Torrentino, Lorenzo 1560. 12°
EDIT 16 CNCE 12599
Rosenbergisches Verzeichnis Fol. 112r

6Hi 229

Ordeni fatti nel Coll. de i cl. sig. cinque sauii, et proueditori sopra le mariegole, et mestieri di questa citta. ... [Venezia]: Rampazetto, Francesco – sen. heredes 1578. 12°
EDIT 16 CNCE 40689
Rosenbergisches Verzeichnis Fol. 112r

6Hi 230

BENZONI, Girolamo [?]

[*Poste per diverso partie del Mondo.*] Venezia: 1565. 12°
Das Werk lässt sich nicht eindeutig identifizieren: Nach Inhalt und Format steht ihm am nächsten: EDIT 16 CNCE 5383: *La historia del mondo nuouo* ... Venezia: Rampazetto, Francesco 1565.
Rosenbergisches Verzeichnis Fol. 112r

6Hi 231

A Cronycle of yeres from the begynnynge of the worlde ... 12°
Die Ausgabe ist nicht eindeutig zu bestimmen: ESTC 9986–9988 (London 1542, 1543, 1544).
Rosenbergisches Verzeichnis Fol. 112r

6Hi 232

MENESES, Alonso de

Memorial õ abecedario de los mas principales caminos de España ... Valladolid. 12°
Von Bibliografien registriert nur die Ausgabe Toledo 1568 (Iberian Books 12.895).
Rosenbergisches Verzeichnis Fol. 112r

6Hi 233

PESSEL, Paul

[*Catalogus virorum Illustrium etc. quorumnq; virtute Vienna Anno 1529 die 26. Septn. servata sunt. Bas.*]. Handschrift ?; 12°
Im Druck als Bestandteil des Werkes Pessel, *Viennae Austriae ... historia ... 1530. (Catalogus virorum illustrium ducum miliciæ præfectorum, legatorum cæterorumque quorum virtute & consilio Vienna servata (f. D4v–F3v)* erschienen.
Rosenbergisches Verzeichnis Fol. 112r

6XXX 1
PIUS II. – KUTHEN ZE ŠPRINSBERKA, Martin
Kronyky Dwě O založenij Země Cžeské a prwnijch Obywatelijch gegich ... Praha: Adam z Veleslavína, Daniel 1585. 4°
Knihopis č. 13885
Im Rosenbergischen Verzeichnis nicht registriert.
Strängnäs: Domkyrkans bibliotek (Q 249)
Walde: proveniensanteckningar; Aminson, S. 8

6XXX 2
BONFINI, Antonio
Rervm Vngaricarvm Decades tres ... Basel: Winter, Robert 1543. 2°
VD 16 B 6592
Im Rosenbergischen Verzeichnis nicht registriert.
Strängnäs: Domkyrkans bibliotek (K 373 fol)
Provenienz: Hieronym Beck von Leopoldsdorf 1567; Jacobus Jona 1557; Philipp Gundel (handschriftliches Exlibris, Reproduktion auf S. 117)
Einband: B
Walde: proveniensanteckningar; Aminson, S. 109

6XXX 3
SALLUSTIUS CRISPUS, Gaius
De coniuratione Catilinae et bello Iugurtino ... (Wien: Singriener, Johann – sen. 1521). 4°
VD 16 S 1376
Im Rosenbergischen Verzeichnis nicht registriert.
Strängnäs: Domkyrkans bibliotek (S 352 q)
Provenienz: Hieronym Beck von Leopoldsdorf (handschriftliches Exlibris)
Einband: neuzeitlich
Anm.: Konvolut 6XXX 3, 7XXX 5, 7Art 32
Aminson, S. 553

6XXX 4
REINECK, Reiner
Pars secunda. Continens dvorvm priorvm familiae Lvcebvrg. Imperatorvm Historam ... Helmstedt: Lucius, Jakob – sen. 1585. 4°
VD 16 R 858
Im Rosenbergischen Verzeichnis nicht registriert.
Leiden: Universiteitsbibliotheek (361 C 6: 2)
Anm.: im Konvolut mit 6XXX 15
Einband: C

6XXX 5
BERCHET, Toussaint
Explicatio Controversiarum quae a ... de Henrici Borbonii Regis in regnum Franciae constitutione ... Sedan: Hilaire, Matthias 1590. 8°
SUDOC Catalogue, http://www.sudoc.fr/099927888
Im Rosenbergischen Verzeichnis nicht registriert.
Strängnäs: Domkyrkans bibliotek (O 496)
Provenienz: Hieronym Beck von Leopoldsdorf (handschriftliches Exlibris)

Einband: neuzeitlich
Walde: proveniensanteckningar; Aminson, S. 82

6XXX 6
CHYTRÄUS, David – sen.
Sylva cronici Saxoniae et vicini orbis arctoi.: Ab anno Christi 1580 usque ad 1590. Strasbourg: Jobin, Bernhard 1590. 8°
VD 16 C 2557
Im Rosenbergischen Verzeichnis nicht registriert.
Stockholm: Kungliga biblioteket (125 A 4a)
Provenienz: Hieronym Beck von Leopoldsdorf (handschriftliches Exlibris)
Einband: C
Das Beck'sche Exemplar wurde in der Fachliteratur bisher nicht registriert, die Provenienz wurde im elektronischen Katalog der Kungliga bibliotek Stockholm festgestellt.

6XXX 7
BONFINI, Antonio
Rerum Ungaricarum decades quatuor cum dimidia ... Basel: Franck, Bartholomaeus – Queck, Paul 1568. 2°
VD 16 B 6593
Im Rosenbergischen Verzeichnis nicht registriert.
Stockholm: Kungliga biblioteket (125 C 31 a Fol.)
Provenienz: Hieronym Beck von Leopoldsdorf (handschriftliches Exlibris)
Einband: B
Walde: Storhetstidens litterära krigsbyten I, S. 255; Beck s. 118

6XXX 8
SURIUS, Laurentius
Commentarius brevis rervm in orbe gestarvm ... Köln am Rhein: Quentel, Johann – heredes 1574. 2°
VD 16 S 10245
Im Rosenbergischen Verzeichnis nicht registriert.
Vasterås: Stiftsbibliotek (P4 759)
Provenienz: Hieronymus Beck von Leopoldsdorf (handschriftliches Exlibris)
Einband: helles Leder, im zentralen Feld Blinddruckausschmückung (Lebensbaum, Justitia mit der Datierung des Einbands 1568, Medaillons von Reformatoren – Hus, Melanchthon, Erasmus und Luther); Buchschließen aus Metall
Walde: proveniensanteckningar; Praeda Bellicae Arosiensis 1:10

6XXX 9
ESPERIENTE, Philip Callimachus
Libris tres de rebus gestis in Hungaria contra Turcas per Vladislaum Poloniae et Ungariae regem ... Handschrift (Pergament), XV. saec. 4°
Im Rosenbergischen Verzeichnis nicht registriert.
Roma: Bibliotheca Apostolica Vaticana (Reg. lat. 681)
Walde: Storhetstidens litterära krigsbyten I, S. 293–294, Anm. 2; Dudík, Iter Romanum, S. 181; Beck, S. 120; Callmer, S. 139, Anm. 12; Vossius 78:2; Katalog der dietrichsteinischen Bibliothek, Fol. 278 D 89

6XXX 10
REINECK, Reiner
Genealogia Ranzouiana ... Helmstedt: Lucius, Jakob – sen. 1587. 4°
VD 16 R 884
Im Rosenbergischen Verzeichnis nicht registriert.
Uppsala: Carolinabiblioteket (P 657)
Provenienz: Hieronym Beck von Leopoldsdorf (handschriftliches Exlibris)
Anm.: im Konvolut mit 6Hi 99

6XXX 11
LEUNCLAVIUS, Johannes
Neuwe Chronica Türckischer nation von Türcken selbs beschrieben ... Frankfurt am Main: Marne, Claude de – Aubry, Johann 1590. 2°
VD 16 L 1366
Im Rosenbergischen Verzeichnis nicht registriert.
Uppsala: Carolinabiblioteket (U:53)
Provenienz: Hieronym Beck von Leopoldsdorf (handschriftliches Exlibris)
Einband: D
Anm.: im Konvolut mit 6XXX 12
Walde: Storhetstidens litterära krigsbyten I, S. 289

6XXX 12
LEUNCLAVIUS, JOHANNES
Neuwer Musulmanischer Histori Türckischer Nation von jhrem Herkommen Geschichten vnd Thaten Drey Bücher ... Frankfurt am Main: Marne, Claude de – Aubry, Johann 1590. 2°
VD 16 L 1373
Im Rosenbergischen Verzeichnis nicht registriert.
Uppsala: Carolinabiblioteket (U:53)
Provenienz: Hieronym Beck von Leopoldsdorf (handschriftliches Exlibris)
Anm.: im Konvolut mit 6XXX 11

6XXX 13
MINADOI, Giovanni Tommaso
Historia della guerra fra turchi, et persiani ... Venezia: Muschio, Andrea – Barezzi, Barezzo. 1588. 4°
EDIT 16 CNCE 33430
Im Rosenbergischen Verzeichnis nicht registriert.
Leiden: Universiteitsbibliotheek (388 C 15)
Provenienz: Hieronym Beck von Leopoldsdorf (handschriftliches Exlibris)
Einband: C
Walde: proveniensanteckningar

6XXX 14
SABELLICUS, Marcus Antonius Coccius
Rapsodiae historiarum Enneadum ab orbe condito pars I, ... [Paris]: Bade, Josse 1513. 2°
French Books III & IV 85384
Im Rosenbergischen Verzeichnis nicht registriert.
Strängnäs: Domkyrkans bibliotek (F 361–362)

Provenienz: Marcus Beck von Leopoldsdorf (Monogramm am Schnitt)
Einband: B
Walde: proveniensanteckningar; Aminson, S. 549

6XXX 15
REINECK, Reiner
Chronicon Hierosolymitanvm ... Helmstedt: Lucius, Jakob – sen. 1584. 4°
VD 16 R 856
Im Rosenbergischen Verzeichnis nicht registriert.
Leiden: Universiteitsbibliotheek (361 C 6: 1)
Walde: proveniensanteckningar
Anm.: im Konvolut mit 6XXX 4
Einband: C

6XXX 16
ADRICHEM, Christiaan van
Theatrum terrae Sanctae et biblicarum historiarum cum tabulis geographicis ... Köln am Rhein: Mylius, Arnold, 1590. 2°
VD 16 A 303
Im Rosenbergischen Verzeichnis nicht registriert.
Oslo: Universitetsbiblioteket
Walde: proveniensanteckningar

6XXX 17
HERBERSTEIN, Siegmund von
Moscouia der Havpstat in Reissen ... Wien: Zimmermann, Michael 1557. 2°
VD 16 H 2206
Im Rosenbergischen Verzeichnis nicht registriert.
Dolný Kubín: Čaplovičova knižnica (III/333/31) – Exemplar verschollen
Provenienz: Hieronym Beck von Leopoldsdorf (handschriftliches Exlibris)
Ján Smetana: Katalóg tlačí 16 storočia v Čaplovičovej knižnici v Dolnom Kubíne. Matica Slovenská, Martin 1981, Num. 585

6XXX 18
CORNEJO, Pedro
Historia de las civiles guerras y rebelion de Flandes ... Praha: Černý z Černého Mostu, Jiří 1581. 4°
BCBT 37132
Im Rosenbergischen Verzeichnis nicht registriert.
Uppsala: Carolinabiblioteket (Kulturarvet Uka Bokband 1500-t. Österrike 4 Tidigare uppst.: Obr. Si:91)
Provenienz: Christoph Beck von Leopoldsdorf 1581 (handschriftliches Exlibris)
Einband: Einband vom Verleger, Ganzleder (auf dem vorderen Einbanddeckel im Blinddruck Bildnisse Kaiser Maximilians II. und seiner Gattin, auf dem hinteren Einbanddeckel Reichsadler)
Walde: Storhetstidens litterära krigsbyten I, S. 295; Beck, S. 119; ProBok-ID: 337

6XXX 19
MAFFEI, Giovanni Pietro
Historiarvm Indicarvm libri XVI. ... Köln am Rhein: Mylius, Arnold 1589. 2°

VD 16 ZV 10233

Im Rosenbergischen Verzeichnis nicht registriert.

Uppsala: Carolinabiblioteket (U.53)

Walde: Storhetstidens litterära krigsbyten I, S. 296; Beck, S. 119

6XXX 20

ODERBORN, Paul

Wunderbare Erschreckliche Vnerhörte Geschichte vnd warhaffte Historien: ... Görlitz: Fritsch, Ambrosius 1588. 4°

VD 16 O 259

Im Rosenbergischen Verzeichnis nicht registriert.

Göteborg: Universitetsbibliotek (RAR-Saml. 8:o 128)

Provenienz: Hieronym Beck von Leopoldsdorf (handschriftliches Exlibris)

Walde: proveniensanteckningar

6XXX 21

LIVIUS, Titus

Latinae historiae principis decades tres ... Basel: (Froben, Hieronymus – sen. – Episcopius, Nikolaus – sen.) 1534/1535. 2°

VD 16 L 2095

Im Rosenbergischen Verzeichnis nicht registriert.

Uppsala: Carolinabiblioteket (Script. Lat. Fol. Livius 16. F.6)

Provenienz: Hieronym Beck von Leopoldsdorf (handschriftliches Exlibris)

Einband: B, auf dem hinteren Vorsatzblatt Bemerkung: „Emij Viennae Austriae XX solidis".

Walde: Storhetstidens litterära krigsbyten I, S. 293; Beck, S. 122

6XXX 22

Als man zaltt nach der Geburt Christi M.CCCCC. und xij. vff mit Wochen in den Osterfeyertagen, ist der Fromaltar [!] des grossen Stifftes Sant Peters in der heyligen Stat zu Tryer uffgethon worden, mit vil lablichen vn[d] gros wirdigem Heyltumb, wie hernach gedruckt stet. S. l.: s. t. n. [1512]. 4°

Im Rosenbergischen Verzeichnis nicht registriert.

Die Ausgabe ist nicht eindeutig zu bestimmen: VD 16 registriert diese Variante nicht.

Västerås: Stiftsbibliotek (Paleotyper 1527)

Provenienz nicht eindeutig: Marcus Beck von Leopoldsdorf ?

Einband: A

6XXX 23

Newe zeitung was auff den zweintzigisten tag des Monats Septembris durch das Kayserisch Kriegßuolck gegñ dem Babst vnnd andern jn Rom mit dem Ernst gehandelt worden ist. ... Wien: Singriener, Johann - sen. 1527. 4°

VD 16 ZV 23835

Im Rosenbergischen Verzeichnis nicht registriert.

Västerås: Stiftsbibliotek (Paleotyper 1527)

Provenienz nicht eindeutig: Marcus Beck von Leopoldsdorf ?

Einband: A

6XXX 24
Von kayserlicher Maiestat Einreytten, auff den Reychstag gen Augspurg, beschehen am fünffzehenden Tag Junij im 1530. Jar. [Augsburg: Ulhart, Philipp – sen.] 1530. 4°
VD 16 V 2714
Im Rosenbergischen Verzeichnis nicht registriert.
Västerås: Stiftsbibliotek (Paleotyper 1527)
Provenienz nicht eindeutig: Marcus Beck von Leopoldsdorf ?
Einband: A

6XXX25
Kayserlicher Maiestat Einreyttung zu München, den x. Tag. Junij. Jm M.CCCCC. vnd xxx. Jar. ... [Nürnberg: Gutknecht, Jobst 1530]. 4°
VD 16 K 37
Im Rosenbergischen Verzeichnis nicht registriert.
Västerås: Stiftsbibliotek (Paleotyper 1527)
Provenienz nicht eindeutig: Marcus Beck von Leopoldsdorf ?
Einband: A

6XXX 26
Die Hystorie va[n] sent Vrsel. ... Köln am Rhein: 1507. 4°
Vom VD 16 nicht registriert.
Im Rosenbergischen Verzeichnis nicht registriert.
Västerås: Stiftsbibliotek (Paleotyper 1527)
Provenienz nicht eindeutig: Marcus Beck von Leopoldsdorf ?
Einband: A

6XXX 27
Warhafftige Beschreybung, wie der Sophi ausz Persia den Türcken erlegt, die Statt Babilonia eingenommen, auch was Glauben, Sitten, vnd Kriegszrüstung er im Brauch habe. ... S. l.: s. t. n. 1536. 4°
Vom VD 16 nicht registriert.
Im Rosenbergischen Verzeichnis nicht registriert.
Västerås: Stiftsbibliotek (Paleotyper 1527)
Provenienz nicht eindeutig: Marcus Beck von Leopoldsdorf ?
Einband: A

6XXX 28
Vff dem Rychstag jn anno Domini. XD.XXI. zu Worms gehalten sind in eygner Personen gewesen ... Speyer: Schmidt, Jakob [1521]. 4°
VD 16 A 4054 registriert lediglich die Ausgabe Worms 1521.
Im Rosenbergischen Verzeichnis nicht registriert.
Västerås: Stiftsbibliotek (Paleotyper 1527)
Provenienz nicht eindeutig: Marcus Beck von Leopoldsdorf ?
Einband: A

6XXX 29
CUSPINIAN, Johannes
Der namhaftigen kay. Ma. vnd dreyer Kunigen zu Hungern Beham vnd Poln Zamenkumung vnd Versamlu[n]g so zu Wienn in dem Heymonat: nach Christi Gepurd M.D.xv.

Iar geschehe[n] ain kurtze vnd warhafte Erzelung vnd Erklarung. Wien: Singriener, Johann – sen. 1515. 4°
VD 16 C 6484
Im Rosenbergischen Verzeichnis nicht registriert.
Västerås: Stiftsbibliotek (Paleotyper 1527)
Provenienz nicht eindeutig: Marcus Beck von Leopoldsdorf ?
Einband: A

6XXX 30
CUSPINIAN, Johannes
Oratio ... ad Sacri Ro. Imp. principes & proceres, ut bellum suscipiant contra Turcum cum descriptione conflictus, nuper in Hungaria facti, ... Wien: Singriener, Johann – sen. 1526. 4°
VD 16 C 6487
Im Rosenbergischen Verzeichnis nicht registriert.
Västerås: Stiftsbibliotek (Paleotyper 1527)
Provenienz nicht eindeutig: Marcus Beck von Leopoldsdorf ?
Einband: A

6XXX 31
FERDINANDUS I. – imperator Romanorum
Warhafftige new Zeytung so die Roem. Kai. Mai. [et]c. Roemischer Künigklicher Mai. [et]c. aus Franck reych kurtzuerruckter Zeyt zuegeschriben hat ... Wien: Singriener, Johann – sen. 1536. 4°
VD 16 D 1239
Im Rosenbergischen Verzeichnis nicht registriert.
Västerås: Stiftsbibliotek (Paleotyper 1527)
Provenienz nicht eindeutig: Marcus Beck von Leopoldsdorf ?
Einband: A

6XXX 32
FERDINANDUS I. – imperator Romanorum
Was die Roemisch Koeniglich Ma. [et]c. vnd der Hertzog von Saphoy an gemeine Aydgnoschafft zu Baden im Ergow zu werben beuolhen haben. Jm monat Junio. 1536. Nürnberg: Petreius, Johann 1536. 4°
VD 16 D 1242
Im Rosenbergischen Verzeichnis nicht registriert.
Västerås: Stiftsbibliotek (Paleotyper 1527)
Provenienz nicht eindeutig: Marcus Beck von Leopoldsdorf ?
Einband: A

6XXX 33
Entschuldigu[n]g des Adels zu Francken, so bey dem Schweinfurtische[n] Vertrag gewest sindt. ... Bamberg: Erlinger, Georg 1523. 4°
VD 16 E 1379
Im Rosenbergischen Verzeichnis nicht registriert.
Västerås: Stiftsbibliotek (Paleotyper 1527)
Provenienz nicht eindeutig: Marcus Beck von Leopoldsdorf ?
Einband: A

6XXX 34
FRANCISCUS I. – rex Franciae
Des christilichsten Koenigs von Franckreich [et]c. Werbung vnnd Hilffpittung an gemeine Aydgnossen zu Baden im Ergow versamelt den letzten tag Junij. 1536. [Nürnberg: Petreius, Johann 1536]. 4°
VD 16 F 2358
Im Rosenbergischen Verzeichnis nicht registriert.
Västerås: Stiftsbibliotek (Paleotyper 1527)
Provenienz nicht eindeutig: Marcus Beck von Leopoldsdorf ?
Einband: A

6XXX 35
GREUL, Johannes
Ioannis Menani Grevlii ... Historia diui Kiliani: Prius typis non uisa ... ad nobilem Sebastianum Foelicem Cuspinianu[m]. Wien: Singriener, Johann – sen. 1526. 4°
VD 16 G 3269
Im Rosenbergischen Verzeichnis nicht registriert.
Västerås: Stiftsbibliotek (Paleotyper 1527)
Provenienz nicht eindeutig: Marcus Beck von Leopoldsdorf ?
Einband: A

6XXX 36
KURIPEŠIĆ, Benedikt
Wegraysz, Keyserlicher Maiestat Legation, im. 32. Jar, zu dem Türcken geschickt, wie, vnd was Gestalt, sie hinein, vnd widerumb herausz, komen ist, warhafftigklich, von denen die mit vnd bey gewest in schrifft verfasset. Augsburg: Steiner, Heinrich von Augsburg 1532. 4°
VD 16 K 2592
Im Rosenbergischen Verzeichnis nicht registriert.
Västerås: Stiftsbibliotek (Paleotyper 1527)
Provenienz nicht eindeutig: Marcus Beck von Leopoldsdorf ?
Einband: A

6XXX 37
Kayserlicher Mayestat bayde Krönung, deren die erst am xxii. mit einer eysnen, die ander am xxiiii. Februarii mit einer gulden Kron zu Bononiajm 1530. Jar geschehen seyn ... Nürnberg: Peypus, Friedrich 1530. 4°
VD 16 K 33
Im Rosenbergischen Verzeichnis nicht registriert.
Västerås: Stiftsbibliotek (Paleotyper 1527)
Provenienz nicht eindeutig: Marcus Beck von Leopoldsdorf ?
Einband: A

6XXX 38
Mit was Ehrerpietung des Heiligen Reychs Statt Senis, vnd der Hertzog von Florentz jren Herrn den römischen Keiser den 24. und 28. Aprilis 1536. empfangen haben. Summarie ausz Welschem verteutscht ... Nürnberg: Petreius, Johann 1536. 4°
VD 16 M 5657
Im Rosenbergischen Verzeichnis nicht registriert.
Västerås: Stiftsbibliotek (Paleotyper 1527)

Provenienz nicht eindeutig: Marcus Beck von Leopoldsdorf ?
Einband: A

6XXX 39
Newe Gezeytung ausz Romischer Kayserlicher Maiestat vnd des Konigs von Engellandt Here vor Terebona In Bickhardia. ... Nürnberg: Höltzel, Hieronymus 1513. 4°
VD 16 N 698
Im Rosenbergischen Verzeichnis nicht registriert.
Västerås: Stiftsbibliotek (Paleotyper 1527)
Provenienz nicht eindeutig: Marcus Beck von Leopoldsdorf ?
Einband: A

6XXX 40
PARACELSUS
Prognostication auff xxiiii. Jar zukünfftig, ... Augsburg: Steiner, Heinrich von Augsburg 1536. 4°
VD 16 P 543
Im Rosenbergischen Verzeichnis nicht registriert.
Västerås: Stiftsbibliotek (Paleotyper 1527)
Provenienz nicht eindeutig: Marcus Beck von Leopoldsdorf ?
Einband: A

6XXX 41
Roemischer vnd hispanischer künigklicher Maiestat Einreytten, vn[d] Krönung, zu Aachen beschehen. Augsburg: Grimm, Sigmund – Wirsung, Marx 1520. 4°
VD 16 R 2799
Im Rosenbergischen Verzeichnis nicht registriert.
Västerås: Stiftsbibliotek (Paleotyper 1527)
Provenienz nicht eindeutig: Marcus Beck von Leopoldsdorf ?
Einband: A

6XXX 42
ROSENROTH, Lorenz
Wie inn Schlesien zur Olsen über die Stat ain vnerhoert, wunderbarlich vnd grawsam Vngewitter ... Augsburg: Ulhart, Philipp – sen. 1536. 4°
VD 16 R 3137
Im Rosenbergischen Verzeichnis nicht registriert.
Västerås: Stiftsbibliotek (Paleotyper 1527)
Provenienz nicht eindeutig: Marcus Beck von Leopoldsdorf ?
Einband: A

6XXX 43
STURM, Caspar
Ain kurtze Anzaygung vnd Beschreybung Römischer Kayserlicher Maiestat Einreyten erstlich von Innszpruck gen Schwatz, volgendt zu München, vn[d] zuletst gen Augspurg auf den Reychstag, ... [Augsburg: Philipp Ulhart – sen.] 1530. 4°
VD 16 S 10013
Im Rosenbergischen Verzeichnis nicht registriert.
Västerås: Stiftsbibliotek (Paleotyper 1527)

Einband: A
Provenienz nicht eindeutig: Marcus Beck von Leopoldsdorf ?

6XXX 44
SACHS, Hans
Der Kaufleute Abgot Mercurius. S. l.: s. t. n., s. a. 4°
VD 16 S 389
Im Rosenbergischen Verzeichnis nicht registriert.
Västerås: Stiftsbibliotek (Paleotyper 1527)
Provenienz nicht eindeutig: Marcus Beck von Leopoldsdorf ?
Einband: A

6XXX 45
WIRSUNG, Marx
Wann vnd vmb wellicher Vrsachen willen das loblich Ritterspil des Turniers erdacht, vnd zum ersten geübet worden ist ... Augsburg: Grimm, Sigmund – Wirsung, Marx 1518. 4°
VD 16 W 1175
Im Rosenbergischen Verzeichnis nicht registriert.
Västerås: Stiftsbibliotek (Paleotyper 1527)
Provenienz nicht eindeutig: Marcus Beck von Leopoldsdorf ?
Einband: A

6XXX 46
Zeytung, Von der Eroberung Copenhagen, der Haubtstatt inn Denmarckt. ... Nürnberg: Petreius, Johann 1536. 4°
VD 16 Z 286
Im Rosenbergischen Verzeichnis nicht registriert.
Västerås: Stiftsbibliotek (Paleotyper 1527)
Provenienz nicht eindeutig: Marcus Beck von Leopoldsdorf ?
Einband: A

6XXX 47
GONZAGA, Ferrante
Warhafftige Newezeytung des kayserlichen Sigs zu Thunisz geschehen. ... Wien: Singriener, Johann – sen. 1535. 4°
VD 16 ZV 6898
Im Rosenbergischen Verzeichnis nicht registriert.
Västerås: Stiftsbibliotek (Paleotyper 1527)
Provenienz nicht eindeutig: Marcus Beck von Leopoldsdorf ?
Einband: A

6XXX 48
Von der wundbarlichen vnd vor nie erhörte Brunst des Gebirgs Etna in der Insel Sicilia disz M.D.XXXVI. Jars geschehen ... S. l.: s. t. n. [1536]. 4°
Vom VD 16 nich registriert.
Im Rosenbergischen Verzeichnis nicht registriert.
Västerås: Stiftsbibliotek (Paleotyper 1527)
Provenienz nicht eindeutig: Marcus Beck von Leopoldsdorf ?
Einband: A

6XXX 49
Warhafftig Bericht, an alle Stende Deutscher Nation, wie vnd in was Gestalt die loeblichen Stette des Koenigreichs Denmarck, Copenhagen vnd Elbagen zum ytzigen Krieg gedrungen vnd genötiget ... Nürnberg: Petreius, Johann 1535. 4°
VD 16 W 658
Im Rosenbergischen Verzeichnis nicht registriert.
Västerås: Stiftsbibliotek (Paleotyper 1527)
Provenienz nicht eindeutig: Marcus Beck von Leopoldsdorf ?
Einband: A

6XXX 50
STURM, Caspar
Wie die drey Kriegszfürsten, nemlich Trier, Pfaltz, vnd Hessen, Frantzen von Sickigen vberzogen ... Nürnberg: Höltzel, Hieronymus 1523. 4°
VD 16 S 10020
Im Rosenbergischen Verzeichnis nicht registriert.
Västerås: Stiftsbibliotek (Paleotyper 1527)
Provenienz nicht eindeutig: Marcus Beck von Leopoldsdorf ?
Einband: A

6XXX 51
CEFFINUS, Zanobius
Der hochloeblich Triumph vnd Einritt kayser Carln des fünfften in die Haubtstat der Welt Rom ... Anno Domini 1536. S. l.: s. t. n. [1536]. 4°
Vom VD 16 nicht registriert.
Im Rosenbergischen Verzeichnis nicht registriert.
Västerås: Stiftsbibliotek (Paleotyper 1527)
Provenienz nicht eindeutig: Marcus Beck von Leopoldsdorf ?
Einband: A

6XXX 52
SABELLICUS, Marcus Antonius Coccius
Historia Hebreorum. ... Basel: Petri, Adam – Köln am Rhein: Hornken, Ludwig 1515. 4°
VD 16 S 8
Im Rosenbergischen Verzeichnis nicht registriert.
Strängnäs: Domkyrkans bibliotek (F 381 – Adligat)
Provenienz: Marcus Beck von Leopoldsdorf (Monogramm am Schnitt)
Anm.: Im Konvolut mit 7XXX 1 und 7XXX 2

6XXX 53
ALBERTI, Leandro
Isole Appartenenti All'Italia. Venezia: Porta, Giovanni Battista 1581. 4.
Von EDIT 16 CNCE 695 als beigedruckte Schrift zum Werk Albertis *Descrittione di tutta l'Italia* registriert.
Leiden: Universiteitsbibliotheek (350 C 5).
Provenienz: Hieronym Beck von Leopoldsdorf
Anm.: Adligat zum Druck 6Hi 113

7Art SCHULLITERATUR - „Artes et miscellanea“

7Art 1
NEBRIJA, Elio Antonio de
Dictionarium latino-hispanicum et vice versa hispanico-latinum. ... Granada: Antonio de Nebrija – heredes 1567. 2°
Iberian Books 976
Rosenbergisches Verzeichnis Fol. 112r

7Art 2
GESSNER, Conrad
Pandectarvm sive Partitionum uniuersalium ... libri XXI. ... Zürich: Froschauer, Christoph – sen. 1548. 2°
VD 16 G 1699
Rosenbergisches Verzeichnis Fol. 112r

7Art 3
DU VERDIER, Antoine
Supplementum epitomes Bibliothecae Gesnerianae ... Lyon: Ancelin, Thibaud – Honorat, Barthélemy 1585. 2°
French Books III & IV 65911
Rosenbergisches Verzeichnis Fol. 112r

7Art 4
NEUBECK, Johann Caspar
Bibliotheca Joannisi Caspari Episcopi Viennensis ... Handschrift. 1585. 2°
Rosenbergisches Verzeichnis Fol. 112r
Die Handschrift verbrannte 1697 beim Brand des Stockholmer königlichen Palastes. Vossius, S. 41; Katalog der dietrichsteinischen Bibliothek, Fol. 164 D 76 (mit der Datierung 1584)

7Art 5
FORSTER, Johannes – sen.
Dictionarivm Hebraicvm novvm ... Basel: (Froben, Hieronymus – sen. – Episcopius, Nikolaus – sen.) 1564. 2°
VD 16 F 1902
Rosenbergisches Verzeichnis Fol. 112r

7Art 6
Lexicon graecolatinvm. ... Basel: Walder, Johann 1537. 2°
VD 16 L 1402
Rosenbergisches Verzeichnis Fol. 112r

7Art 7
ESTIENNE, Robert
Dictionarium latino-gallicum ... Paris: Estienne, Charles 1552. 2°
French Vernacular Books 15858
Rosenbergisches Verzeichnis Fol. 112r

7Art 8
NICOT, Jean
Dictionnaire français-latin ... Paris: Du Puis, Jacques 1573. 2°
French Vernacular Books registriert diese Ausgabe nicht.
Rosenbergisches Verzeichnis Fol. 112r

7Art 9
PRISCIANUS CAESARIENSIS
Grãmaticorum facile principis peri syntaxeõs hoc est de Cõnstructione libri. (Erfurt: Schenck, Wolfgang 1501). 2°
VD 16 P 4847
Rosenbergisches Verzeichnis Fol. 112r

7Art 10
TORTELLI, Giovanni
De orthographia tractatus. Eiusdem Ioannis Tortelii lima quaedam per Georgium Vallam de orthographia. Venezia: Zani, Bartolomeo 1501. 2°
EDIT 16 CNCE 39166
Rosenbergisches Verzeichnis Fol. 112r

7Art 11
BOCCACCIO, Giovanni
Genealogiae deorum. ... Venezia: Manfredus de Bonellis de Monteferrato 1497. 2°
ISTC ib00754000
Rosenbergisches Verzeichnis Fol. 112r
Lund: Universitetsbibliotek (Paleot Fol Utl [1497] = Boccaccio)
Einband: C
Walde: Storhetstidens litterära krigsbyten I, S. 290; Undorf I, Num. 812; ProBok 415

7Art 12
ALUNNO, Francesco
Le ricchezze della lingua volgare sopra il Boccaccio ... Venezia: 1584. 2°
Weder im EDIT 16 noch im KVK wird diese Ausgabe registriert.
Rosenbergisches Verzeichnis Fol. 112r

7Art 13
ALUNNO, Francesco
Della fabrica del mondo, ... libri dieci. ... Venezia: Porta, Giovanni Battista 1584. 2°
EDIT 16 CNCE 1321
Rosenbergisches Verzeichnis Fol. 112v

7Art 14
JOHANNES STOBAEUS
Κερας Αμαλθαιας. ΙΩΑΝΝΟΥ ΤΟΥ ΣΤΟ||ΒΑΙΟΥ ΕΚΛΟΓΑΙ ΑΠΟΦΘΕΓΜΑΤΩΝ ... Sententiae ex thesauris Graecorum delectae ... Zürich: Froschauer, Christoph – sen. 1543. 2°
VD 16 J 769
Rosenbergisches Verzeichnis Fol. 112v

7Art 15
[*Jndex vetus librorum arcis Ebrestorff*]. Handschrift; 2°
Rosenbergisches Verzeichnis Fol. 112v

7Art 16

BEROALDO, Filippo

Annotationes centum. Eiusdem contra Servium grammaticum libellus ... Paris: 1508. 2°
Von French Books III & IV nicht registriert; Eintrag nach KVK.
Rosenbergisches Verzeichnis Fol. 112v

7Art 17

OVIDIUS NASO, Publius

Le premier livre de la Metamorphose d'Ovide ... Paris. 2°
Die Ausgabe ist nicht zu bestimmen: French Vernacular Books registriert die Ausgaben Paris 1520, 1484 und weitere.
Rosenbergisches Verzeichnis Fol. 112v

7Art 18

GESSNER, Conrad

Lexicon graecolatinvm. ... Basel: (Curio, Hieronymus) 1543. 4°
VD 16 G 1750
Rosenbergisches Verzeichnis Fol. 112v

7Art 19

ESTIENNE, Robert

Dictionariolum puerorum ... Paris: Estienne, Robert 1544. 4°
French Vernacular Books 18819
Rosenbergisches Verzeichnis Fol. 112v

7Art 20

MÜNSTER, Sebastian

Dictionarivm Chaldaicum ... Basel: Froben, Johann 1527. 4°
VD 16 M 6657
Rosenbergisches Verzeichnis Fol. 112v

7Art 21

FABER, Basilius

Dictionarium Lingvae Latinae ... Praha: Melantrich z Aventýna, Jiří 1579. 4°
Knihopis č. 2402
Rosenbergisches Verzeichnis Fol. 112r

7Art 22

ACCARISI, Alberto

Vocabolario, grammatica, et orthographia de la lingua volgare ... (Cento: s. t. n. 1543). 4°
EDIT 16 CNCE 85
Rosenbergisches Verzeichnis Fol. 112v

7Art 23

MEIGRET, Louis

Le tretté de la grammere francoeze ... Paris: Wechel, Chrétien 1550. 4°
French Vernacular Books 37426
Rosenbergisches Verzeichnis Fol. 112v

7Art 24
GARLANDIA, Johannes de
Synonyma et Aequivoca cum commento ... Köln am Rhein: Quentel, Heinrich 1500. 4°
ISTC ig00087000
Rosenbergisches Verzeichnis Fol. 112v

7Art 25
POSTEL, Guillaume
Linguarum duodecim characteribus differentium alphabetum, introductio, ac legendi modus longè facilimus. ... Paris: Vidoue, Pierre – Lescuyer, Denys [1538]. 4°
French Books III & IV 83760
Rosenbergisches Verzeichnis Fol. 112v

7Art 26
[*Teutsche Fürschrifften* ...] Handschrift (Pergament); 4°
Rosenbergisches Verzeichnis Fol. 112v

7Art 27
BALMES, Abraham ben Meir de
Peculium Abrae. Grammatica Hebraea vna cum Latino nuper edita. ...
Venezia: Bomberg, Daniel 1523. 4°
EDIT 16 CNCE 4056
Rosenbergisches Verzeichnis Fol. 112v

7Art 28
DONATUS, Aelius
Grammatika ... Wien: 1523. 4°
Die Ausgabe ist nicht eindeutig zu bestimmen: vom VD 16 und KVK nicht registriert.
Rosenbergisches Verzeichnis Fol. 112v

7Art 29
MANCINELLI, Antonio
[*Opera* ...] 4°
Das Werk lässt sich nicht identifizieren.
Rosenbergisches Verzeichnis Fol. 112v

7Art 30
JACOBUS, Magdalius
Erarium aureum poetarum omnibus Latinae linguae cuiuscumque etiam facultatis fuerint professoribus accomodum immo & omnium poetarum sine ipsis commentariis elucidarium ... [Köln am Rhein]: Quentel, Heinrich 1501. 4°
VD 16 J 115
Rosenbergisches Verzeichnis Fol. 112v

7Art 31
ALEXANDER DE VILLA DEI
Cõmẽtaria in primam partem doctrinalis Alexandri, cũ uocabulorum interpretatione ...
(Pforzheim: Anshelm, Thomas 1509). 4°
VD 16 A 1832
Rosenbergisches Verzeichnis Fol. 112v

7Art 32
PERGER, Bernhard
Grãmatices, institutiones nouae ... (Wien: Vietor, Hieronymus – Singriener, Johann – sen. 1518). 4°
VD 16 registriert diese Ausgabe nicht.
Rosenbergisches Verzeichnis Fol. 112v
Strängnäs: Domkyrkans bibliotek (S 352 q – Adligat)
Provenienz: Hieronym Beck von Leopoldsdorf
Einband: neuzeitlich
Anm.: Konvolut 6XXX 3, 7XXX 5, 7Art 32
Aminson, S. 497; Collijn: En av Johann Winterburg i Wien tryckt Donat ... S. 116.

7Art 33
RICCI, Bartolomeo
Apparatvs latinae locvtionis. ... Strasbourg: Apiarius, Matthias 1535. 4°
VD 16 R 2171
Rosenbergisches Verzeichnis Fol. 112v

7Art 34
VELIUS, Caspar Ursinus
Epistolarum & Epigrammatum liber ... Wien: Singriener, Johann – sen. [1517]. 4°
VD 16 U 350
Rosenbergisches Verzeichnis Fol. 112v

7Art 35
PEUTINGER, Konrad
Sermones convivales ... (Strasbourg: Prüß, Johann – sen. 1506). 4°
VD 16 P 2081
Rosenbergisches Verzeichnis Fol. 112v

7Art 36
LIBANIUS
Declamatio Libanii oratoris Atheniensis de uxore loquace ...
Leipzig: Lotter, Melchior – sen. 1511. 4°
Vom VD 16 nicht registriert, Eintrag nach KVK.
Rosenbergisches Verzeichnis Fol. 112v

7Art 37
ISOCRATES
[*Opera* ...] 4°
Die Ausgabe ist nicht zu bestimmen.
Rosenbergisches Verzeichnis Fol. 112v

7Art 38
NANNINI, Remigio
Orationi militari. ... Venezia: Giolito De Ferrari, Gabriele 1560. 4°
EDIT 16 CNCE 26308
Rosenbergisches Verzeichnis Fol. 112v

7Art 39
Orationes clarorum hominum, vel honoris officiique causa ad principes ... [Venezia]: Accademia Veneziana 1559. 4°

EDIT 16 CNCE 74
Rosenbergisches Verzeichnis Fol. 112v

7Art 40
CAPRETTO, Pietro
De miseria humana Petri Haedi Portunaensis libri quinque. [Venezia]: Accademia Veneziana 1558. 4°
EDIT 16 CNCE 9258
Rosenbergisches Verzeichnis Fol. 112v

7Art 41
MURET, Marc Antoine
Variarum lectionum libri VIII. Venezia: Ziletti, Giordano – sen. 1559. 4°
EDIT 16 CNCE 40937
Rosenbergisches Verzeichnis Fol. 112v

7Art 42
ARCONATUS, Hieronymus
Carminum hactenus non impressorum farrago ... Wien: Pierio, Niccolò 1592. 4°
VD 16 ZV 678
Rosenbergisches Verzeichnis Fol. 112v

7Art 43
FAGIUS, Paul
Sententiae ... Jena: 1521. 4°
Das Werk ist nicht eindeutig zu identifizieren; es könnte sich um *Sententiae vere elegantes* handeln, eine Übersetzung des talmudischen Traktats Pirkej Avot – Isny 1541 (VD 16 F 554) – oder aber um *Sententiae morales ben Syrae* – Isny 1542 (VD 16 B 4037).
Rosenbergisches Verzeichnis Fol. 112v

7Art44
TROIANO, Massimo
Dialoghi ... Venezia: Zaltieri, Bolognino 1569. 4°
EDIT 16 CNCE 46101
Rosenbergisches Verzeichnis Fol. 112v

7Art 45
ROSETTI, Giovanventura
Plictho de l'arte de tentori che insegna tenger panni telle banbasi et sede si per larthe magiore come per la comune. (Venezia: Bindoni, Agostino 1548). 4°
EDIT 16 CNCE 34012
Rosenbergisches Verzeichnis Fol. 112v

7Art 46
ALBERTANUS CAUSIDICUS BRIXIENSIS
De consolatione et consilio ... Melibeus und Prudencia. Augsburg: Sorg, Anton 1480. 4°
ISTC ia00209770
Rosenbergisches Verzeichnis Fol. 112v

7Art 47

BECK VON LEOPOLDSDORF, Hieronym

Loci Communes Epistolaru[m] ... in Virgilie Aeneidos interpretatio Germanica et alia. Handschrift; 4°

Rosenbergisches Verzeichnis Fol. 112v

7Art 48

VENUTI, Filippo

Dittionario volgare & latino ... Trino: Giolito de Ferrari, Gabriele 1588. 8°

EDIT 16 registriert diese Ausgabe nicht, lediglich CNCE 54094 – Ausgabe Pavia 1588; die Ausgabe Trino 1588 wird nur im REBIUN Catalogue registriert.

Rosenbergisches Verzeichnis Fol. 113r

7Art 49

GESSNER, Conrad

Mithridates. De diferentiis lingvarvm ... Zürich: Froschauer, Christoph – sen. 1555. 8°

VD 16 G 1767

Rosenbergisches Verzeichnis Fol. 113r

7Art 50

ESTIENNE, Robert

L'accord de la langue française avec la latine ... Paris: Colines, Simon de 1540. 8°

French Vernacular Books 18811

Rosenbergisches Verzeichnis Fol. 113r

7Art 51

BECK VON LEOPOLDSDORF, Hieronym

[*Phrases ad locos communes ...*]. Handschrift, 1541. 8°

Rosenbergisches Verzeichnis Fol. 113r

7Art 52

GARIMBERTI, Girolamo

Concetti di Hieronimo Garimberto. Et de piu autori raccolti da lui per scriuere familiarmente. Roma: Valgrisi, Vincenzo 1551. 8°

EDIT 16 CNCE 20413

Rosenbergisches Verzeichnis Fol. 113r

7Art 53

PAGNINI, Sante

Epitome thesavri lingvae Sanctae ... Antwerpen: Plantijn, Christoffel 1578. 8°

Belgica Typographica 3919

Rosenbergisches Verzeichnis Fol. 113r

7Art 54

CHYTRÄUS, David – sen.

Regvlae stvdiorvm ... Jena: Steinmann, Tobias 1593. 8°

VD 16 C 2730

Rosenbergisches Verzeichnis Fol. 113r

7Art 55

ELIYYAHU BEN ASHER HA-LEVI ASHKENAZI

*Chaldaica grammatica ...*Basel: Froben, Johann 1527. 8°

VD 16 M 6648
Rosenbergisches Verzeichnis Fol. 113r

7Art 56
RITHAYMER, Georg
ЕПІТОМН ... [Compendium Georgii Rithaymer in octo partes orationis et temporum formationis] ... Köln am Rhein: Cervicornus, Eucharius 1536. 8°
VD 16 ZV 13285
Rosenbergisches Verzeichnis Fol. 113r

7Art 57
BULLINGER, Heinrich
De Hebdomadis, qvae apvd Danielem sunt, opusculum. ... Zürich: Froschauer, Christoph – sen. 1530. 8°
VD 16 B 9630
Rosenbergisches Verzeichnis Fol. 113r

7Art 58
ARETINO, Pietro
Del primo libro de le lettere. ... Venezia: Marcolini, Francesco 1542. 8°
EDIT 16 CNCE 2443
Rosenbergisches Verzeichnis Fol. 113r

7Art 59
HESSUS, Helius Eobanus – HARTLIEB, Jakob – OLEARIUS, Paul – HOHENWANG, Ludwig
Epistolae obscurorum virorum ... Frankfurt am Main: (Spieß, Johann) 1581. 8°
VD 16 E 1729
Rosenbergisches Verzeichnis Fol. 113r

7Art 60
STURM, Johannes
Academicae epistolae Urbanae ... lib. I. [Strasbourg]: Rihel, Josias [1569]. 8°
VD 16 S 9898
Rosenbergisches Verzeichnis Fol. 113r

7Art 61
PORCACCHI, Tommaso
Lettere di XIII huomini illustri ... Venezia: Vidali, Giacomo 1576. 8°
EDIT16 CNCE 38618
Rosenbergisches Verzeichnis Fol. 113r

7Art 62
FRISCHLIN, Nicodemus
Disputatio Grammatica ... Strasbourg: Bertram, Anton 1586. 8°
VD 16 F 2927
Rosenbergisches Verzeichnis Fol. 113r

7Art 63
VERGILIUS, Polydorus
Dialogorvm, De Iureiurando et Periurio, lib. I.... Basel: Isengrin, Michael 1553. 8°
VD 16 V 715
Rosenbergisches Verzeichnis Fol. 113r

7Art 64
OVIDIUS NASO, Publius
Commentarivs Erasmi Roterodami in Nucem Ouidij ... Basel: Froben, Johann 1524. 8°
VD 16 ZV 12092
Rosenbergisches Verzeichnis Fol. 113r

7Art 65
LYKOSTHENES, Konrad
Apophthegmatum ex optimis utriusque linguae scriptoribus ... Lyon: Harsy, Antoine de 1584. 8°
French Books III & IV 78498–78499
Rosenbergisches Verzeichnis Fol. 113r

7Art 66
TAPPE, Eberhard
Germanicorvm Adagiorvm cvm Latinis ac Graecis collatorum, Centuriae septem. ... Strasbourg: Rihel, Wendelin – sen. 1539. 8°
VD 16 T 180
Rosenbergisches Verzeichnis Fol. 113r

7Art 67
LUTHER, Martin
Libro de la emendatione & correctione dil stato christiano. [Strasbourg: Ulricher, Georg] 1533. 8°
EDIT 16 CNCE 70022; VD 16 L 3765
Rosenbergisches Verzeichnis Fol. 113r

7Art 68
SPERONI, Sperone
Dialogi ... Venezia: [Manuzio, Paolo] 1543. 8°
EDIT 16 CNCE 26947
Rosenbergisches Verzeichnis Fol. 113r

7Art 69
VERRIUS FLACCUS, Marcus
Quae extant, et Sex. Pompei Festi de verborum significatione lib. XX. ... Venezia: Bonelli, Giovanni Maria – sen. 1559/1560. 8°
EDIT 16 CNCE 26216
Rosenbergisches Verzeichnis Fol. 113v

7Art 70
HUMPHREY, Laurence
Optimates, Sive de nobilitate, eivsqve antiqva, origine, natura, officijs, disciplina ... Libri tres. Basel: Oporinus, Johann (1560). 8°
VD 16 H 5895
Rosenbergisches Verzeichnis Fol. 113r

7Art 71
HUNNAEUS, Augustin
Dialectica, seu generalia logices praecepta omnia ... Antwerpen: Plantijn, Christoffel 1575. 8°

(Das zweite Exemplar 4Phil 73)
Belgica Typographica 1543
Rosenbergisches Verzeichnis Fol. 113r

7Art 72
PEUERBACH, Georg von
Elementa arithmetices algorithmvs de numeris integris ... 8°
Die Ausgabe ist nicht eindeutig zu bestimmen: es gibt zwei mögliche Varianten: VD 16 P 2048 (Wittenberg 1534) oder VD 16 P 2050 (Frankfurt am Main 1544).
Rosenbergisches Verzeichnis Fol. 113r

7Art 73
KOEBEL, Jacob
Rechenbuch Auff Linien vnd Ziffern. ... Nürnberg: 1553. 8°
Weder VD 16 noch KVK registrieren diese Ausgabe.
Rosenbergisches Verzeichnis Fol. 113r

7Art 74
Index librorvm, qvos Christophorvs Froschouerus Tiguri hactenus suis typis excudit: ... Zürich: s. t. n., s. a. 8°
Die Ausgabe ist nicht eindeutig zu bestimmen: VD 16 I 177 (Zürich 1543), VD 16 I 178 (Zürich 1562), VD 16 I 179 (Zürich 1581).
Rosenbergisches Verzeichnis Fol. 113r

7Art 75
MARIANI, Giovanni
Tariffa de tutti li ori che correno per il mondo, redutti da li suoi precii in ducati correnti. Venezia: 1546. 12°
Die Ausgabe ist nicht eindeutig zu bestimmen: EDIT 16 registriert sieben Ausgaben dieses Werkes in Venedig in den Jahren 1543–1566, keine jedoch von 1546, auch KVK registriert eine solche Ausgabe nicht.
Rosenbergisches Verzeichnis Fol. 113r

7Art 76
CICERO, Marcus Tullius
Les epistres familiares de ... Cicero ... Paris: 1545. 8°
Die Ausgabe ist nicht eindeutig zu bestimmen: French Vernacular Books 13219–13221 (die Ausgaben unterscheiden sich durch den Drucker).
Rosenbergisches Verzeichnis Fol. 113r

7Art 77
DRYVERE, Jérémie
Varia apophtegmata ... Lyon: Beringen, Godefroy – Beringen, Marcellin 1549. 12°
French Books III & IV 88813
Rosenbergisches Verzeichnis Fol. 113r

7Art 78
BOCCACCIO, Giovanni
Il Decamerone. ... Venezia: Giolito De Ferrari, Gabriele 1542. 16°
EDIT 16 CNCE 6302
Rosenbergisches Verzeichnis Fol. 113r

7Art 79
GILLES DE NOYERS, Jean
Proverbes commvns et belles sentences: pour familierement parler Latin & François ...
Lyon: Rigaud, Benoit 1578. 12°
French Vernacular Books 22848
Rosenbergisches Verzeichnis Fol. 113r

7Art 80
SUÁREZ, Cipriano
De arte rhetorica libri tres. Wien: 1590. 12°
Die Ausgabe ist nicht eindeutig zu bestimmen: VD 16 registriert Ausgaben in Köln, Frankfurt, Brixen, Antwerpen und anderen Städten).
Rosenbergisches Verzeichnis Fol. 113r

7XXX 1
VERGILIUS, Polydorus
Adagiorvm liber. ... Basel: Froben, Johann 1521. 4°
VD 16 V 772
Im Rosenbergischen Verzeichnis nicht registriert.
Strängnäs: Domkyrkans bibliotek (F 381)
Provenienz: Marcus Beck von Leopoldsdorf (Monogramm am Schnitt)
Einband: B
Anm.: im Konvolut mit 7XXX 2 und 6XXX 52
Walde: proveniensanteckningar; Aminson, S. 649

7XXX 2
ISIDORUS HISPALENSIS
Etymologiarum idem de summo bono. S. l.: s. t. n., s. a. 4°
Im Rosenbergischen Verzeichnis nicht registriert.
Strängnäs: Domkyrkans bibliotek (F 381 – Adligat)
Provenienz: Marcus Beck von Leopoldsdorf (Monogramm am Schnitt)
Einband: B
Anm.: im Konvolut mit 7XXX 1 und 6XXX 52
Walde: proveniensanteckningar; Aminson, S. 366

7XXX 3
GEORGIUS TRAPEZUNTIUS
De artificio Ciceronianae orationis ... Strasbourg: Albrecht, Johann 1535. 8°
VD 16 ZV 6516
Im Rosenbergischen Verzeichnis nicht registriert.
Strängnäs: Domkyrkans bibliotek (O 477 – Adligat)
Provenienz: Jodocus Beck von Leopoldsdorf (handschriftliches Exlibris)
Anm.: im Konvolut mit 7XXX 4
Aminson, S. 160

7XXX 4
VIVES, Juan Luis
De conscribendis epistolis ... libellus ... Köln am Rhein: Gymnich, Johann – I. 1537. 8°
VD 16 V 1819
Im Rosenbergischen Verzeichnis nicht registriert.

Strängnäs: Domkyrkans bibliotek (O 477)
Provenienz: Jodocus Beck von Leopoldsdorf (handschriftliches Exlibris)
Einband: neuzeitlich
Anm.: im Konvolut mit 7XXX 3
Aminson, S. 199–200

7XXX 5
DONATUS, Aelius
Partes orationis quot sunt. Octo. que. Nomẽ. pronomen ... S. l.: s. t. n., s. a. 4°
Die Ausgabe ist nicht eindeutig zu bestimmen: VD 16 registriert insgesamt drei Ausgaben vom Begin des 16. Jahrhunderts (angesichts geringer Veränderungen im Satz geht es bei diesem Exemplar um keine der registrierten Ausgaben).
Im Rosenbergischen Verzeichnis nicht registriert.
Strängnäs: Domkyrkans bibliotek (S 352 q – Adligat)
Provenienz: Hieronym Beck von Leopoldsdorf (handschriftliches Exlibris)
Einband: neuzeitlich
Anm.: im Konvolut mit 6XXX 3 und7Art 32
Aminson, S. 217

8Poet SCHÖNGEISTIGE LITERATUR - „Poetici“

8Poet 1
Poetae Graeci principes heroici carminis et alii nonnulli: ... Genf: Estienne, Henri 1566. 2°
SUDOC Catalogue http://www.sudoc.fr/100307264
Rosenbergisches Verzeichnis Fol. 113v

8Poet 2
HOMERUS
Opera Graecolatina ... Basel: Brylinger, Nikolaus – heredes 1567. 2°
VD 16 H 4599
Rosenbergisches Verzeichnis Fol. 113v

8Poet 3
PLAUTUS, Titus Maccius
Ex fide, atque auctoritate complurium librorum manuscriptorum ... Paris: Macé, Jean 1576. 2°
French Books III & IV 83197
Rosenbergisches Verzeichnis Fol. 113v

8Poet 4
AUSONIUS, Decimus Magnus
Opera in meliorem ordinem digesta. ... 2°
VD 16 A 4384 (Heidelberg 1588) oder VD 16 A 4383 (Leipzig 1515)
Rosenbergisches Verzeichnis Fol. 113v

8Poet 5
BAPTISTA Mantuanus
[*Opera*] ... 2°
Die Ausgabe ist nicht zu bestimmen.
Rosenbergisches Verzeichnis Fol. 113v

8Poet 6
ALIGHIERI, Dante
Dante con l'espositione di Christoforo Landino, et di Alessandro Vellutello, sopra la sua comedia dell'Inferno, del Purgatorio, et del Paradiso. Venezia: Sessa, Giovanni Battista iun. – Sessa, Melchiore iun. & fratelli 1564. 2°
EDIT 16 CNCE 1171
Rosenbergisches Verzeichnis Fol. 113v

8Poet 7
HYGINUS, Gaius Iulius
Fabvlarvm liber ... Basel: Herwagen, Johannes – sen. 1535. 2°
VD 16 H 6479
Rosenbergisches Verzeichnis Fol. 113v

8Poet 8
AMADIS DE GAULE
Le premier livre d'Amadis de Gaule ... Paris: 1544. 2°
Die Ausgabe ist nicht zu bestimmen: French Vernacular Books 678–684 (die Ausgaben unterscheiden sich durch den Drucker).
Rosenbergisches Verzeichnis Fol. 113v

8Poet 9
RODRÍGUEZ DE MONTALVO, Garci
Le cinqiesme livre d'Amadis de Gaule ... Paris: 1544. 2°
Die Ausgabe ist nicht zu bestimmen: French Vernacular Books 675–681 (die Ausgaben unterscheiden sich durch den Drucker).
Rosenbergisches Verzeichnis Fol. 113v

8Poet 10
BOCCACCIO, Giovanni
Le decameron ... Paris: Roffet, Ponce 1545. 2°
French Vernacular Books 6071
Rosenbergisches Verzeichnis Fol. 113v

8Poet 11
MARCOLINI, Francesco
Le ingeniose sorti. ... (Venezia: Marcolini, Francesco) 1550. 2°
EDIT 16 CNCE 28617
Rosenbergisches Verzeichnis Fol. 113v

8Poet 12
MATTHAEUS VINDOCINENSIS
Historia thobie cũ moralitatibus eiusdem ... Strasbourg: Knobloch, Johann – sen. 1510. 4°
VD 16 M 1406
Rosenbergisches Verzeichnis Fol. 113v

8Poet 13
VELIUS, Caspar Ursinus
Disticha Caesarvm Romanorvm ... Wien: Vietor, Hieronymus 1521. 4°
Die Ausgabe ist nicht eindeutig zu bestimmen: VD 16 U 348 führt Wien 1528 an.
Rosenbergisches Verzeichnis Fol. 113v

8Poet 14
GERALDINUS, Antonius
Bucolica ... (Pforzheim: Anshelm, Thomas 1507). 4°
VD 16 G 1392
Rosenbergisches Verzeichnis Fol. 113v

8Poet 15
ENGERD, Johann
Epaenesis duarum illustrium Germaniae familiarum, dominorum videlicet, comitum Montfortiorum, et Fuggerorum, &c. ... Ingolstadt: Eder, Wolfgang 1579. 4°
VD 16 E 1287
Rosenbergisches Verzeichnis Fol. 113v

8Poet 16
PLACOTOMUS, Adam (BRETTSCHNEIDER, Adam)
[*Historiae de Susanna Paraphrasis ab Adamo Placotomo*]. Handschrift ?; 4°
Das Werk ist nicht zu identifizieren: VD 16 und KVK registrieren diese Ausgabe nicht.
Rosenbergisches Verzeichnis Fol. 113v

8Poet 17
VIVARIUS, Iacobus
Descriptio aurei velleris ... Praha: Černý z Černého mostu, Jiří 1585. 4°
BCBT30917
Rosenbergisches Verzeichnis Fol. 113v

8Poet 18
VERGILIUS MARO, Publius
La Georgica ... Venezia: Griffio, Giovanni – sen. 1549. 4°
EDIT 16 CNCE 35112
Rosenbergisches Verzeichnis Fol. 113v

8Poet 19
BOCCACCIO, Giovanni
La Theseida da Tizzone Gaetano diligentemente riuista. (Venezia: Penzio, Girolamo 1528). 4°
EDIT 16 CNCE 6276
Rosenbergisches Verzeichnis Fol. 113v

8Poet 20
BOCCACCIO, Giovanni
Il Decamerone. ... Venezia. 4°
Die Ausgabe ist nicht eindeutig zu bestimmen: EDIT 16 registriert in diesem Format insgesamt 23 Ausgaben in Venedig im 16. Jahrhundert.
Rosenbergisches Verzeichnis Fol. 113v

8Poet 21
BOSCÁN, Juan
Las obras de Boscan y algunas de Garcilasso dela Vega ... Medina Del Campo: Castro, Pedro de 1544. 4°
Iberian Books 2176
Rosenbergisches Verzeichnis Fol. 113v

8Poet 22
BOIARDO, Matteo Maria
Orlando innamorato ... (Venezia: Scoto, Girolamo 1545). 8°
EDIT 16 CNCE 6611 (ein anderes als das im Rosenbergischen Verzeichnis angeführte Format).
Rosenbergisches Verzeichnis Fol. 113v

8Poet 23
ARIOSTO, Ludovico
Orlando furioso ... Lyon: Bonhomme, Macé 1550. 4°
French Books III & IV 53744
Rosenbergisches Verzeichnis Fol. 113v

8Poet 24
ARIOSTO, Ludovico
Orlando furioso ... Venezia: Giolito De Ferrari, Gabriele 1544. 4°
EDIT 16 CNCE 2634
Rosenbergisches Verzeichnis Fol. 113v

8Poet 25
PULCI, Luigi
Morgante Maggiore ... Venezia: Scoto, Girolamo 1545. 4°
EDIT 16 CNCE 69271
Rosenbergisches Verzeichnis Fol. 113v

8Poet 26
DONI, Anton Francesco
I marmi del Doni, academico peregrino. Venezia: Marcolini, Francesco 1552. 4°
EDIT 16 CNCE 17692
Rosenbergisches Verzeichnis Fol. 113v

8Poet 27
GUALTEROTTI, Raffaello
Vaghezze sopra Pratolino e l'epitalamio nelle nozze della illustrissima signora Pellegrina Cappello et dello illustrissimo sig. conte Vlisse Bentivogli ... Firenze: Giunta, Bernardo – sen. – heredes 1579. 4°
EDIT 16 CNCE 21929
Rosenbergisches Verzeichnis Fol. 113v

8Poet 28
TORRENTINUS, Hermannus
Elucidarius carminũ et hystoriarũ Vel vocabularius poeticus continens fabulas ... (Strasbourg: Prüß, Johann – sen. 1505). 4°
VD 16 T 1594
Rosenbergisches Verzeichnis Fol. 113v

8Poet 29
PORSIUS, Henricus
Historia belli Persici, gesti inter Mvrathem III. Tvrcarvm, et Mehemetem Hodabende, Persarum Regem ... Frankfurt am Main: Wechel, Johann – Feyerabend, Sigmund 1583. 8°

Die Ausgabe ist nicht eindeutig zu bestimmen: vom VD 16 und KVK ist diese Ausgabe nicht registriert.
Rosenbergisches Verzeichnis Fol. 113v

8Poet 30
REUSNER, Nicolaus
Hodoeporicorũ siue Itinervm totius totius ferè Orbis lib. VII. ... Basel: Perna, Peter 1580. 8°
VD 16 R 1423
Rosenbergisches Verzeichnis Fol. 113v

8Poet 31
SERAFINO AQUILANO
[*Seraphino Poeta ... Jn Vinegia 1529*] Venezia: 1529. 8°
Die Ausgabe ist nicht eindeutig zu bestimmen: EDIT 16 registriert zu diesem Jahr nur eine einzige Ausgabe von Serafinos Werk (CNCE 57722), und zwar St*ramboti noui sopra ogni preposito composti per lo famosissimo poeta Seraphino da Laquila*, allerdings 1529 in Brescia herausgegeben und auch mit dem Format nicht dem Eintrag entsprechend.
Rosenbergisches Verzeichnis Fol. 113v

8Poet 32
GIAMBULLARI, Pier Francesco
Apparato et feste nelle noze dello illustrissimo signor duca di Firenze ... (Firenze: Giunta, Benedetto) 1539. 8°
EDIT 16 CNCE 20908
Rosenbergisches Verzeichnis Fol. 113v

8Poet 33
BEMBO, Pietro
Gli Asolani di messer Pietro Bembo. ... (Venezia: De Gregori, Gregorio 1525). 8°
EDIT 16 CNCE 4996
Rosenbergisches Verzeichnis Fol. 113v

8Poet 34
ARIOSTO, Ludovico
Roland furieux ... Paris: 1545. 8°
French Vernacular Books 1705–1707 (die Ausgaben unterscheiden sich durch den Drucker).
Rosenbergisches Verzeichnis Fol. 114r

8Poet 35
GUILLAUME DE LORRIS
Le Rommant de la Rose ... Paris: 1538. 8°
French Vernacular Books 24296–24304 (die Ausgaben unterscheiden sich durch den Drucker).
Rosenbergisches Verzeichnis Fol. 114r

8Poet 36
GUICCIARDINI, Lodovico
Detti et fatti piaceuoli et graui di diuersi principi, filosofi, et cortigiani.... Venezia: Viani, Alessandro 1566. 8°

EDIT 16 CNCE 38426
Rosenbergisches Verzeichnis Fol. 114r

8Poet 37
CROCUS, Cornelius
Comoedia Sacra, cvi titvlvs Ioseph ... Köln am Rhein: Gymnich, Johann – I. 1537. 8°
VD 16 C 6045
Rosenbergisches Verzeichnis Fol. 114r

8Poet 38
FRISCHLIN, Nicodemus
Opervm Poeticorvm ... Strasbourg: Jobin, Bernhard 1589. 8°
VD 16 F 2906
Rosenbergisches Verzeichnis Fol. 114r

8Poet 39
CALAMINUS, Georg
Tragoedia sacra. ... Strasbourg: Bertram, Anton 1591. 8°
VD 16 R 2765
Rosenbergisches Verzeichnis Fol. 114r

8Poet 40
ARCONATUS, Hieronymus
Ab epistolis bellicis, Poematum recentiorum volumen ... Wien: Pierio, Niccolò 1591. 8°
VD 16 A 3221
Rosenbergisches Verzeichnis Fol. 114r

8Poet 41
PINDAROS
Pindari Olympia, Pythia, Nemea, Isthimia: Caeterorum octo Lyricorum carmina. (Paris): Estienne, Henri 1566. 12°
VD 16 registriert diese Ausgabe nicht, Eintrag nach KVK.
Rosenbergisches Verzeichnis Fol. 114r

8Poet 42
FOLENGO, Teofilo
Opus Merlini Cocaii poetae Mantuani Macaronicorum. ...Venezia: Bevilacqua, Niccolò 1564. 12°
EDIT 16 CNCE 19375
Rosenbergisches Verzeichnis Fol. 114r

8Poet 43
La fleur de poesis Francoyse ... Paris. 12°
Die Ausgabe ist nicht zu bestimmen: French Vernacular Books registriert die Ausgaben Paris 1541, 1542, 1543 und weitere.
Rosenbergisches Verzeichnis Fol. 114r

8Poet 44
MAROT, Clément
Les oeuvres ... Paris: 1547. 16°
French Vernacular Books 36745–36750 (die Ausgaben unterscheiden sich durch den Drucker).
Rosenbergisches Verzeichnis Fol. 114r

8Poet 45
ALIGHIERI, Dante
Dante con nuove et utili ispositioni ... Lyon: Rouillé, Guillaume 1571. 8°
French Books III & IV 52665
Rosenbergisches Verzeichnis Fol. 114v

8Poet 46
ALIGHIERI, Dante
La Diuina Comedia ... Venezia: Farri, Domenico 1578. 12°
EDIT 16 CNCE 1178
Rosenbergisches Verzeichnis Fol. 114r

8Poet 47
ARETINO, Pietro
L'Horatia di m. Pietro Aretino. Venezia: Giolito De Ferrari, Gabriele 1549. 12°
EDIT 16 CNCE 2469
Rosenbergisches Verzeichnis Fol. 114r

8XXX 1
BECK VON LEOPOLDSDORF, Hieronym
De Nativitate Dei .... Handschrift.
Im Rosenbergischen Verzeichnis nicht registriert.
Die Handschrift verbrannte 1697 beim Brand des Stockholmer königlichen Palastes.
Vossius, fol. 111:4; Callmer, S. 138, Anm. č. 12.

9Antiq ANTIQUITÄTEN - „Antiquitatum libri"

9Antiq 1
VALERIANO, Pierio – CURIONE, Celio Augustino
Hieroglyphica, sive de sacris Aegyptiorvm ... gentivm literis Commentarij ... Basel: Guarin, Thomas 1567. 2°
VD 16 V 116
Rosenbergisches Verzeichnis Fol. 114r

9Antiq 2
GOLTZ, Hubert
Vivae omnium fere Imperatorum imagines ... delineatae ... Antwerpen: Coppens van Diest, Gillis 1557. 2°
Belgica Typographica 1300
Rosenbergisches Verzeichnis Fol. 114r

9Antiq 3

GOLTZ, Hubert

Sicilia et magna Graecia, ... liber primus ... Brugge: Goltz, Hubert 1576. 2°
Belgica Typographica 1297
Rosenbergisches Verzeichnis Fol. 114r
Uppsala: Carolinabiblioteket (E.III.2.108)
Einband: C
Walde: Storhetstidens litterära krigsbyten I, S. 296; Beck, S. 118

9Antiq 4

Notitia utraque cum orientis tum occidentis ultra Arcadii Honoriique Caesarum tempora ... Basel: (Froben, Hieronymus – sen. – Episcopius, Nikolaus – sen.) 1552. 2°
VD 16 N 1884
Rosenbergisches Verzeichnis Fol. 114r

9Antiq 5

CHACÓN, Alfonso

Historia vtriusque belli Dacici a Traiano Caesare gesti ... Roma: Zanetti, Francesco – Tosi, Bartolomeo 1576. 2°
EDIT 16 CNCE 10971
Rosenbergisches Verzeichnis Fol. 114r

9Antiq 6

Epigrammata antiquae Vrbis. (Roma: Mazzocchi, Giacomo 1521). 2°
EDIT 16 CNCE 18162
Rosenbergisches Verzeichnis Fol. 114r

9Antiq 7

FULVIO, Andrea

Antiquitates Urbis ... 2°
Die Ausgabe ist nicht zu bestimmen.
Rosenbergisches Verzeichnis Fol. 114r

9Antiq 8

SCAMOZZI, Vincenzo

Discorsi sopra l'antichità di Roma ... Venezia: Ziletti, Francesco 1582. 2°
EDIT 16 CNCE 40484
Rosenbergisches Verzeichnis Fol. 114r

9Antiq 9

Statue antiche, che sono poste in diuersi luoghi nella citta di Roma. ... Venezia: Porro, Girolamo 1576. 4°
EDIT 16 CNCE 35553
Rosenbergisches Verzeichnis Fol. 114r

9Antiq 10

CAVALIERI, Giovanni Battista

Antiquarum statuarum urbis Romae liber primus. S. l.: s. t. n. [1581]. 2°
EDIT 16 CNCE 10446
Rosenbergisches Verzeichnis Fol. 114r

9Antiq 11
STREUN VON SCHWARZENAU, Reichart
Gentium et familiarum Romanarum stemmata ... Basel: Estienne, Henri 1559. 2°
Im VD 16 nicht registriert; SUDOC http://www.sudoc.fr/100312993.
Rosenbergisches Verzeichnis Fol. 114r

9Antiq 12
DOMINÁČEK Z PÍSNICE, Zikmund
Roma ... Handschrift; 2°
Rosenbergisches Verzeichnis Fol. 114r
Katalog der dietrichsteinischen Bibliothek, fol. 162 D46

9Antiq 13
CORVINUS, Elias
[*Aelia Laelia Crispis, Marmor antiquum, Bononiae declaratum*]. Handschrift; 2°
Rosenbergisches Verzeichnis Fol. 114r

9Antiq 14
SCARDEONE, Bernardino
De antiqvitate vrbis Patavii ... libri tres. ... Basel: Episcopius, Nikolaus – iun. 1560. 2°
VD 16 S 2095
Rosenbergisches Verzeichnis Fol. 114r

9Antiq 15
SARAINA, Torello
De origine et amplitudine ciuitatis Veronae. ... Verona: Putelletto, Antonio 1540. 2°
EDIT 16 CNCE 36187
Rosenbergisches Verzeichnis Fol. 114r

9Antiq 16
SCHALLAUTZER, Hermes – LAZIUS, Wolfgang
Exempla aliquot S. vetustatis Rom. in Saxis Qvibvsdam ... opera ... Wien: Hoffhalter, Raphael 1560. 2°
(Das zweite Exemplar 6Hi 60)
VD 16 S 2244
Rosenbergisches Verzeichnis Fol. 114r

9Antiq 17
ZENONI, Domenico
Illustrium iureconsultorum imagines quae inueniri potuerunt, ad viuam effigiem expressae. ... Venezia: Bertelli, Donato 1569. 4°
EDIT 16 CNCE 71743
Rosenbergisches Verzeichnis Fol. 114r

9Antiq 18
[*Die Margraffen Jn Judeischapton (?) geschrieben*]. Handschrift; 2°
Das Werk ist nicht zu identifizieren.
Rosenbergisches Verzeichnis Fol. 114r

9Antiq 19
BRISSON, Barnabé
De formvlis et sollemnibvs populi Romani Verbis, libri VIII: ... Frankfurt am Main: Wechel, Johann – Fischer, Peter 1592. 4°
VD 16 B 8330
Rosenbergisches Verzeichnis Fol. 114r

9Antiq 20
PORCACCHI, Tommaso – PORRO, Girolamo
Funerali antichi di diuersi popoli, et nationi; ... *descritti in dialogo* ... Venezia: Galignani, Simone 1574. 2°
EDIT 16 CNCE 37347
Rosenbergisches Verzeichnis Fol. 114r
Leiden: Universiteitsbibliotheek (416 C 27)
Provenienz: Hieronym Beck von Leopoldsdorf (handschriftliches Exlibris)
Einband: D, auf der letzten bedruckten Seite Bemerkung mit der Hand von H. Beck: „vmbinden p: 2 f:"
Walde: proveniensanteckningar

9Antiq 21
[*Etlicher Römischer Kayser vom hauss Österaych Jmagines* ...]. Handschrift; 2°
Rosenbergisches Verzeichnis Fol. 114r

9Antiq 22
AITZING, Michael von
De Austria, de semptem imperatoribus Austriae ... Wien: Stainhofer, Kaspar 1567. 2°
VD 16 E 4779
Rosenbergisches Verzeichnis Fol. 114r

9Antiq 24
BRUYN, Abraham de
Imperii ac sacerdotii ornatus. Diversarum item gentium peculiaris vestitus. ... 2°
Die Ausgabe ist nicht eindeutig zu bestimmen: die Ausgabe Köln am Rhein oder Antwerpen.
Rosenbergisches Verzeichnis Fol. 114r

9Antiq 25
SMETIUS, Martinus
Inscriptionum antiquarum quae passim per Europam liber. ... Leiden: Raphelengius, Franciscus 1588. 2°
STCN 8400328036
Rosenbergisches Verzeichnis Fol. 114v

9Antiq 26
ORSINI, Fulvio
Imagines et elogia virorum illustrium et eruditor ex antiquis lapidibus et nomismatib. expressa cum annotationib. ... Roma: Lafréry, Antoine – Venezia: Deuchino, Pietro 1570. 2°
EDIT 16 CNCE 37885
Rosenbergisches Verzeichnis Fol. 114v

9Antiq 27
[*Wappenbuch dess gantz Römischen Reichs ... und Herren in Österreich*]. Handschrift; 2°
Rosenbergisches Verzeichnis Fol. 114v

9Antiq 28
MAIR, Paul Hector
Bericht vnd anzeigen aller Herren Geschlecht der loblichen Statt Augspurg so vor Fünffhundert vnd mehr Jaren ... daselbst gewont vnd bis auff Achte abgestorben. 2°
Die Ausgabe ist nicht eindeutig zu bestimmen: VD 16 registriert zwei Ausgaben (VD 16 M 364 – Strasbourg 1538) und (VD 16 M 365 – Augsburg 1550).
Rosenbergisches Verzeichnis Fol. 114v

9Antiq 29
DU CHOUL, Guillaume
Discours de la religion des anciens Romains ... Lyon: Rouillé, Guillaume 1567. 4°
French Vernacular Books 17152
Rosenbergisches Verzeichnis Fol. 114v

9Antiq 30
GOLTZ, Hubert
Thesaurus rei antiquariae huberrimus ... Antwerpen: Plantin, Christophe 1579. 4°
Belgica Typographica 1299
Rosenbergisches Verzeichnis Fol. 114v

9Antiq 31
OCCO, Adolf
Impp. Romanorum nvmismata a Pompeio Magno ad Heraclivum: ... Antwerpen: Plantijn, Christoffel 1579. 4°
Belgica Typographica 2239
Rosenbergisches Verzeichnis Fol. 114v

9Antiq 32
VICO, Enea
Ex libris XXIII Commentariorum in vetera imperatorum Romanorum numismata ... liber primus. Venezia: [Manuzio, Paolo] 1560. 4°
EDIT 16 CNCE 49114
Rosenbergisches Verzeichnis Fol. 114v

9Antiq 33
ERIZZO, Sebastiano
Discorso ... sopra le medaglie antiche ... Venezia: 1559. 4°
Weder EDIT 16 noch KVK registrieren diese Ausgabe, EDIT 16 CNCE 18273 führt die Ausgabe 1559 an, allerdings im Oktavformat.
Rosenbergisches Verzeichnis Fol. 114v

9Antiq 34
CARTARI, Vincenzo
Le imagini de i dei de gli antichi nelle quali si contengono gl'idoli, i riti, le cerimonie & altre cose appartenenti alla religione degli antichi. ... Venezia: Ziletti, Francesco 1587. 4°
EDIT 16 CNCE 9762
Rosenbergisches Verzeichnis Fol. 114v

9Antiq 35
SIMEONI, GABRIELE
Illustratione de gli epitaffi et medaglie antiche ... Lyon: Tournes, Jean de – sen. 1558. 4°
EDIT 16 CNCE 35000
Rosenbergisches Verzeichnis Fol. 114v

9Antiq 36
LE POIS, Antoine
Discours sur les medalles et graveures antiques, principale ment romaines ... Paris: Estienne, Robert 1579. 4°
French Vernacular Books 33879
Rosenbergisches Verzeichnis Fol. 114v

9Antiq 37
BAÏF, Lazare de
De re Navali Commentarius ... 4°
Die Ausgabe ist nicht eindeutig zu bestimmen: VD 16 B 165 (Basel 1537, jedoch im Oktavformat), Sudoc (Paris 1536).
Rosenbergisches Verzeichnis Fol. 114v

9Antiq 38
TELESIO, Antonio
De coloribus libellus ... Lutych: Estienne, Robert 1549. 4°
Adams B 37
Rosenbergisches Verzeichnis Fol. 114v

9Antiq 39
LANTERI, Giacomo
Duo libri ... Del modo di fare le fortificationi di terra intorno alle città, & alle castella per fortificarle. ... Venezia: Marcolini, Francesco 1559. 4°
(Das zweite Exemplar 10Arch 15)
EDIT 16 CNCE 38156
Rosenbergisches Verzeichnis Fol. 114v

9Antiq 40
Summa librorum, quos in omnibus scientiis, ac nobilioribus artibus, variis linguis conscriptos, ... in lucem emittet Academia Veneta. [Venezia]: Accademia Veneziana 1559. 4°
EDIT 16 CNCE 75
Rosenbergisches Verzeichnis Fol. 114v

9Antiq 41
BERNARD, George
Effigies regvm Francorvm omnivm ... Nürnberg: Gerlach, Katharina 1576. 4°
VD 16 B 1903
Rosenbergisches Verzeichnis Fol. 114v

9Antiq 42
MÜLLER, Theobald
Mvsae Ioviani Imagines Artifice manu ad viuum expressae.... Basel: Perna, Peter 1577. 4°
VD 16 M 6614
Rosenbergisches Verzeichnis Fol. 114v

9Antiq 43
Le Arme ouero insegne di tutti li nobili della magnifica et illustrissima città di Venetia … Venezia: Taminelli, Giovanni Battista 1578. 4°
EDIT 16 CNCE 3052
Rosenbergisches Verzeichnis Fol. 114v

9Antiq 44
Der Bischoffen vnd Ertzbischoffen Zu Saltzburg. Handschrift. 4°
Rosenbergisches Verzeichnis Fol. 114v

9Antiq 45
STREUN VON SCHWARZENAU, Reichart [?]
[*Kleine tractäte intitulirt, Der Verfürt hoffman durch Herrn Reinhart*]. Handschrift ?; 4°
Rosenbergisches Verzeichnis Fol. 114v

9Antiq 46
JUPP NISSENUS, Bartholomaeus
Monumenta et inscriptiones … studio et impensis … Hieronymi Beck … Handschrift (Papier), ante 1588. 4°
Rosenbergisches Verzeichnis Fol. 114v
Leiden: Universiteitsbibliotheek (Voss. lat. O. 65)
Provenienz: Hieronym Beck von Leopoldsdorf
Einband: neuzeitlich
K. A. Meyier: Codices Vossiani latini 3, S. 115–116; O. Walde: Bücher- und Bibliotheksgeschichtliche Forschungen … in: Nordisk tidskrift för bok- och biblioteksväsen 17, 1930, S. 111.

9Antiq 47
GIOVIO, Paolo
Icones Sive Imagines Virorum Bellica … Basel: Waldkirch, Konrad von 1589. 4°
VD 16 T 979–980
Rosenbergisches Verzeichnis Fol. 114v

9Antiq 48
PIGAFETTA, Filippo
Discorso … sopra l'ordinanza dell' Armata Catholica … Roma: Piccoletti, Nicoletto [1588]. 4°
EDIT 16 CNCE 66609
Rosenbergisches Verzeichnis Fol. 114v

9Antiq 49
STRADA, Jacopo
Epitome thesavri antiqvitatvm … Zürich: Geßner, Andreas 1557. 8°
VD 16 S 9364
Rosenbergisches Verzeichnis Fol. 114v

9Antiq 50
FAUNO, Lucio
De antiquitatibus vrbis Romae ab antiquis nouisque auctoribus exceptis, et summa breuitate ordineque dispositis… [Venezia: Tramezzino, Michele – sen.] 1549. 8°
EDIT 16 CNCE 35182
Rosenbergisches Verzeichnis Fol. 114v

9Antiq 51
BUDÉ, Guillaume
De Asse et partibus ejus libri V. Lyon: Gryphius, Sébastien 1542. 8°
French Books III & IV 59407
Rosenbergisches Verzeichnis Fol. 114v

9Antiq 52
HOTMAN, François
De re numaria populi Romani liber … [Paris: Leimar, Guilelmus] 1585. 8°
French Books III & IV 74425
Rosenbergisches Verzeichnis Fol. 114v

9Antiq 53
PORTIS, Leonardo de
De Sestertio, Pecunijs, Ponderibus, et mensuris antiquis, Libri Duo. Freiburg im Breisgau: Graf, Stephan 1547. 8°
VD 16 P 4396
Rosenbergisches Verzeichnis Fol. 114v

9Antiq 54
VECELLIO, Cesare
De gli habiti antichi, et moderni di diuerse parti del mondo. … Venezia: Zenaro, Damiano 1590. 8°
EDIT16 CNCE 39732
Rosenbergisches Verzeichnis Fol. 114v

9Antiq 55
LIGORIO, Pirro
Delle antichità di Roma, nel quale si tratta de' circi, theatri, et anfitheatri. … [Venezia: Tramezzino, Michele – sen.] 1553. 8°
EDIT 16 CNCE 35229
Rosenbergisches Verzeichnis Fol. 114v

9Antiq 56
CONTARINI, Luigi
L'antiquità di Roma … Venezia: Ziletti, Francesco 1575. 8°
EDIT16 CNCE 13145
Rosenbergisches Verzeichnis Fol. 114v

9Antiq 57
GAMUCCI, Bernardo
Le antichità della citta di Roma raccolte sotto breuita da diuersi antichi & moderni scrittori … [Venezia: Varisco, Giovanni & C.] 1580. 8°
EDIT 16 CNCE 20384
Rosenbergisches Verzeichnis Fol. 114v

10Arch ARCHITEKTUR – „Architectici in fol."

10Arch 1
VITRUVIUS, Marcus Pollius
Vitruuius Teutsch. … Nürnberg: Petreius, Johann 1548. 2°

VD 16 V 1765
Rosenbergisches Verzeichnis Fol. 114v

10Arch 2
DELORME, Philibert
Le premier tome de l'architecture ... Paris: Morel, Federic 1568. 2°
French Vernacular Books 15436
Rosenbergisches Verzeichnis Fol. 114v

10Arch 3
ALBERTI, Leon Battista
L'architettura ... Mondovì: Torrentino, Leonardo 1565. 2°
EDIT 16 CNCE 724
Rosenbergisches Verzeichnis Fol. 114v

10Arch 4
PALLADIO, Andrea
I quattro libri dell'architettura ... Venezia: De Franceschi, Domenico 1570. 2°
EDIT 16 CNCE 27391
Rosenbergisches Verzeichnis Fol. 114v

10Arch 5
MAGGI, Girolamo
Della fortificatione delle città ... Venezia: Borgominieri, Rutilio 1564. 2°
EDIT 16 CNCE 46656
Rosenbergisches Verzeichnis Fol. 114v

10Arch 6
DU CERCEAU, Jacques Androuet
Second livre d'architecture ... Paris. 2°
Die Ausgabe ist nicht zu bestimmen: French Vernacular Books registriert einige Pariser Ausgaben.
Rosenbergisches Verzeichnis Fol. 114v

10Arch 7
LABACCO, Antonio
Libro ... appartenente a l'architettura nel qual si figurano alcune notabili antiquita di Roma. ... 2°
Die Ausgabe ist nicht eindeutig zu bestimmen: EDIT 16 registriert 9 Ausgaben.
Rosenbergisches Verzeichnis Fol. 114v

10Arch 8
FONTANA, Domenico
Della trasportatione dell'obelisco vaticano et delle fabriche di nostro signore papa Sisto V fatte ... Roma: Basa, Domenico 1590. 2°
EDIT 16 CNCE 19434
Rosenbergisches Verzeichnis Fol. 114v

10Arch 9
ALGHISI, Galasso
Delle fortificationi libri tre ... [Venezia: Percacino Grazioso] 1570. 2°
EDIT 16 CNCE 1140
Rosenbergisches Verzeichnis Fol. 114v

10Arch 10
DÜRER, Albrecht
De Urbibus, arcibus, castellisque condendis ac muniendis rationes aliquot, praesenti bellorum necessitati accomodatissimæ ... Paris: Wechel, Chrétien 1535. 2°
French Books III & IV 66249
Rosenbergisches Verzeichnis Fol. 114v

10Arch 11
PASINO, Aurelio Marco de
Discours sur plusieurs poincts de l'architecture de guerre, concernants les fortifications ... Antwerpen: Plantijn, Christoffel 1579. 2°
Belgica Typographica 3942; French Vernacular Book 42222
Rosenbergisches Verzeichnis Fol. 114v

10Arch 12
HASS, Georg
Künstlicher vnd Zierlicher Newer vor nie gesehener Funfftzig Perspectifischer stück oder Boden ... Wien: Creutzer, Stephan 1583. 2°
VD 16 H 691
Rosenbergisches Verzeichnis Fol. 114v

10Arch 13
DÜRER, Albrecht
HJerinn sind begriffen vier Bücher von menschlicher Proportion ... (Nürnberg: Andreae, Hieronymus) 1528. 2°
VD 16 ZV 23128
Rosenbergisches Verzeichnis Fol. 114v

10Arch 14
ALBERTI, Leon Battista
De re aedificatoria libri decem ... Strasbourg: Cammerlander, Jakob 1541. 4°
VD 16 A 1301
Rosenbergisches Verzeichnis Fol. 115r

10Arch 15
LANTERI, Giacomo
Duo libri ... Del modo di fare le fortificationi di terra intorno alle città, & alle castella per fortificarle. ... Venezia: Marcolini, Francesco – Zaltieri, Bolognino 1559. 4°
(Das zweite Exemplar 9Antiq 39)
EDIT 16 CNCE 38156
Rosenbergisches Verzeichnis Fol. 115r

10Arch 16
BARTOLI, Cosimo
Del modo di misurare le distantie, le superficie, i corpi, le piante, le prouincie, le prospettiue, & tutte le altre cose terrene, che possono occorrere a gli uomini, secondo le uere regole d'Euclide, & de gli altri più lodati scrittori. ... Venezia: De Franceschi, Francesco 1564. 4°
EDIT 16 CNCE 4299
Rosenbergisches Verzeichnis Fol. 115r

10Arch 17
TARTAGLIA, Niccolò
Quesiti et inventione diverse ... Venezia 1550. 4°
Weder EDIT 16 noch KVK registrieren diese Ausgabe.
Rosenbergisches Verzeichnis Fol. 115r

10Arch 18
HERO ALEXANDRINUS
Spiritalium liber. ... Urbino: 1578. 4°
EDIT 16 registriert diese Ausgabe nicht (CNCE 37995 – Urbino 1579, CNCE 22643 Urbino 1575).
Rosenbergisches Verzeichnis Fol. 115r

10Arch 19
PHILANDRIER, Guillaume
In decem libros M. Vitruuii Pollionis De architectura annotationes. ... [Roma: Dossena, Giovanni Andrea] 1544. 8°
EDIT 16 CNCE 34749
Rosenbergisches Verzeichnis Fol. 115r

11Rust LANDWIRTSCHAFT – „De re rustica"

11Rust 1
HERRERA, Gabriel Alonso de
Libro de agricultura ... 2°
Die Ausgabe ist nicht eindeutig zu bestimmen: Einen identischen Titel haben einige Ausgaben in Spanien; man kann auch nicht die italienische Ausgabe von 1557 (EDIT 16 CNCE 22800) ausschließen, die jedoch im Quartformat ist.
Rosenbergisches Verzeichnis Fol. 115r

11Rust 2
ESTIENNE, Charles
Siben Bücher Von dem Feldbau ... (Strasbourg: Jobin, Bernhard) 1579. 2°
VD 16 E 3999
Rosenbergisches Verzeichnis Fol. 115r

11Rust 3
ALAMANNI, Luigi
La coltiuatione ... Paris: Estienne, Robert 1546. 4°
EDIT 16 CNCE 603
Rosenbergisches Verzeichnis Fol. 115r

11Rust 4
SANSOVINO, Francesco
Della agricoltura ... libri cinque. ... Venezia: Sansovino, Francesco & C. 1561. 4°
EDIT 16 CNCE 31049
Rosenbergisches Verzeichnis Fol. 115r

11Rust 5

ESTIENNE, Charles

L'agriculture et maison rustique ... Paris: Du Puis, Jacques 1570. 4°

French Vernacular Books 18685

Rosenbergisches Verzeichnis Fol. 115r

11Rust 6

HERRERA, Gabriel Alonso de

Agricoltura tratta da diuersi antichi et moderni scrittori ... Venezia: Bonelli, Valerio 1577. 4°

EDIT 16 CNCE 22802

Rosenbergisches Verzeichnis Fol. 115r

11Rust 7

GALLO, Agostino

Le vinti giornate dell'agricoltura ... Venezia: Borgominieri, Camillo – Borgominieri, Rutilio 1573. 4°

EDIT 16 CNCE 20251

Rosenbergisches Verzeichnis Fol. 115r

11Rust 8

BOLDO, Bartolomeo

Libro della natura et virtu delle cose ... Venezia: Guerra, Domenico – Guerra, Giovanni Battista 1576. 4°

EDIT 16 CNCE 6634

Rosenbergisches Verzeichnis Fol. 115r

11Rust 9

REINHOLD, ERASMUS

Gründlicher vnd Warer Bericht. Vom Feldmessen Sampt allem was dem Anhengig. Leipzig: 1583. 4°

VD 16 registriert diese Ausgabe nicht.

Rosenbergisches Verzeichnis Fol. 115r

11Rust 10

CATO, Marcus Porcius

Methodvs rvstica ... Basel: Perna, Peter 1576. 8°

VD 16 C 1580

Rosenbergisches Verzeichnis Fol. 115r

11Rust 11

CASSIANUS BASSUS

Ex Commentariis Geoponicis, Sive De Re Rustica, olim diuo Constantino Cæsari adscriptis, octo ultimi libri ... (Köln am Rhein: Aich, Johann von 1543). 8°

VD 16 C 1424

Rosenbergisches Verzeichnis Fol. 115r

11Rust 12

CASSIANUS BASSUS

Der veldbaw oder das Buch von der Veldtarbeyt ... Strasbourg: Emmel, Samuel 1566. 8°

VD 16 ZV 3123

Rosenbergisches Verzeichnis Fol. 115r

11Rust 13
CLEMENTE, Africo
Siben Bücher von dem Feldbau und Ackerwerck ... Strasbourg: Jobin, Bernhard 1580. 8°
VD 16 C4085
Rosenbergisches Verzeichnis Fol. 115r

11Rust 14
MATHESIUS, Johann
Oeconomia ... Praha: Melantrich z Aventýna, Jiří 1574. 8°
Knihopis č. 5409
Rosenbergisches Verzeichnis Fol. 115r

12Milit MILITÄRWESEN - „De re militari"

12Milit 1
LIPSIUS, Justus
De militia romana libri quinque ... Antwerpen: Plantijn, Christoffel – vidua – Moretus, Iohannes 1596. 4°
Belgica Typographica 1943
Rosenbergisches Verzeichnis Fol. 115r
Lund: Universitetsbibliotek (ÄLDRE SAMLINGEN Fol utl klass grek [Polybius, följdskr.]
Provenienz: Hieronym Beck von Leopoldsdorf (handschriftliches Exlibris)
Einband: C, mit dem handschriftlichen Vermerk über den Kauf: „den 10. feb. 96 zu Wien ungebunden pro 5fl."
Walde: Storhetstidens litterära krigsbyten I, S. 293; Beck, S. 118

12Milit 2
FOURQUEVAUX, Raymond de Beccarie
Instructions sur le faict de la guerre ... Paris: Vascosan, Michel – Du Pré, Galliot 1548. 2°
French Vernacular Books 20195
Rosenbergisches Verzeichnis Fol. 115r

12Milit 3
FERRETTI, Giulio
De re et disciplina militari, aureus tractatus ... Paris: 1575. 2°
Im Katalog French Books III & IV nicht registriert, KVK registriert lediglich die Ausgabe Venezia 1575.
Rosenbergisches Verzeichnis Fol. 115r

12Milit 4
SALAZAR, Diego de
Tratado, de re militari, tratado de Cavalleria hecho a manera de dialogo, Libro I–VII [Alcalá de Henares]: Eguía, Miquel de 1536. 2°
Iberian Books 17071
Rosenbergisches Verzeichnis Fol. 115r

12Milit 5
COLLADO, Luis
Pratica manuale di arteglieria ... Venezia: Dusinelli, Pietro 1586. 2°

EDIT 16 CNCE 12739
Rosenbergisches Verzeichnis Fol. 115r

12Milit 6
KREUTZBERGER, Hans
Eygentliche Wolgerissene Contrafactur vnd Formen der Gebiß für allerley mängel auch vnderrichtung der pferdt ... Wien: Pierio, Niccolò 1591. 2°
VD 16 K 2379
Rosenbergisches Verzeichnis Fol. 115r
Östersund: Zetterströmska biblioteket

12Milit 7
PATRIZI, Francesco
La militia romana di Polibio, di Tito Liuio, e di Dionigi Alicarnaseo. ... Ferrara: Mammarello, Domenico 1583. 4°
EDIT 16 CNCE 47279
Rosenbergisches Verzeichnis Fol. 115r

12Milit 8
Deliberatione capitoli, et priuilegii, ordinati dall'illustriss. et eccellentiss. s. duca di Firenze, alla sua honorata militia. (Firenze: Giunta, Bernardo – sen. 1548). 4°
EDIT 16 CNCE 65411
Rosenbergisches Verzeichnis Fol. 115v

12Milit 9
LUPICINI, Antonio
Architettura militare con altri auuertimenti appartenenti alla guerra ... Firenze: Marescotti, Giorgio 1582. 4°
EDIT 16 CNCE 28998
Rosenbergisches Verzeichnis Fol. 115v

12Milit 10
CARACCIOLI, Pasquale
La gloria del cauallo. Opera dell'illustre ... in dieci libri: ... Venezia. 4°
Die Ausgabe ist nicht eindeutig zu bestimmen: EDIT 16 registriert sieben Ausgaben (alle in Venedig)
Rosenbergisches Verzeichnis Fol. 115r

12Milit 11
Frenorvm nova et varia exempla ... (Frankfurt am Main: Egenolff, Christian – sen. 1546). 4°
VD 16 ZV 6140
Rosenbergisches Verzeichnis Fol. 115r

12Milit 12
HERO ALEXANDRINUS
Liber de machinis bellicis ... Venezia: De Franceschi, Francesco 1572. 4°
EDIT 16 CNCE 22647
Rosenbergisches Verzeichnis Fol. 115r

12Milit 13
CATTANEO, Girolamo
Auuertimenti, et essamini intorno a quelle cose che richiedono a vn perfetto bombardiero, cosi circa all'artiglieria, come anco à fuochi arteficiati ... Venezia. 4°
EDIT 16 CNCE 10306 (Venezia 1580) CNCE 10312 (Venezia 1596)
Rosenbergisches Verzeichnis Fol. 115r

12Milit 14
MUZIO, Girolamo
Il duello ... Venezia: Giolito De Ferrari, Gabriele et fratelli 1550. 8°
EDIT 16 CNCE 26993
Rosenbergisches Verzeichnis Fol. 115r

12Milit 15
FAUSTO, Sebastiano
Duello ... regolato a le leggi de l'honore. ... Venezia: Valgrisi, Vincenzo 1551. 8°
EDIT 16 CNCE 18631
Rosenbergisches Verzeichnis Fol. 115r

12Milit 16
DELLA VALLE, Battista
Vallo libro continente appertinentie a capitanij ... (Venezia: Zoppino, Niccolò 1529). 8°
EDIT 16 CNCE 16582
Rosenbergisches Verzeichnis Fol. 115r

12Milit 17
POLYAENUS MACEDO
Stratagemi dell'arte della guerra ... Venezia: [Valgrisi, Vincenzo] 1551. 8°
EDIT 16 CNCE 36162
Rosenbergisches Verzeichnis Fol. 115r

12Milit 18
Libro della natura dei caualli. Venezia: Bindoni, Francesco – sen. – Pasini, Maffeo 1544. 8°
EDIT 16 CNCE 64479
Rosenbergisches Verzeichnis Fol. 115r

12Milit 19
HOHENSPACH, Stanislaus
Kurtzer vnd notwendiger bericht der Feldtschreibereÿ. ... Heidelberg: Müller, Jakob 1577. 8°
VD 16 H 4322
Rosenbergisches Verzeichnis Fol. 115r

12Milit 20
DU CHOUL, Guillaume
Discorso ... del re, et bagly delle montagne del Delfinato sopra la castrametatione & bagni antichi de i greci & romani. ... [Padova]: Olmo, Marcantonio 1559. 8°
EDIT 16 CNCE 17825
Rosenbergisches Verzeichnis Fol. 115v

12Milit 21
DU BELLAY, Guillaume
Discipline militaire ... Lyon: Rigaud, Benoist 1592. 8°
French Vernacular Books 16860
Rosenbergisches Verzeichnis Fol. 115v

12Milit 22
MANCIOLINO, Antonio
Opera noua, doue li sono tutti li documenti & vantaggi che si ponno hauere nel mestier de l'armi d'ogni sorte. ... (Venezia: Zoppino, Niccolò 1531). 8°
EDIT 16 CNCE 41118
Rosenbergisches Verzeichnis Fol. 115v

12XXX 1
RÜXNER, Georg
Anfang vrsprung vnd herkommen des Thurniers inn Tetscher nation. ... Simmern: Rodler, Hieronymus 1532. 2°
VD 16 R 3542
Schweden: Privatsammlung
Provenienz: Hieronym Beck von Leopoldsdorf
Lindberg, Sten G.: Victor von Stedingks bokbandssamling och modern bokbandsforskning. In: Biblis. Föreningen för bokhantverk Årsbok 1975. Stockholm 1975, S. 125–126 mit der Abbildung des Einbandes.

13Mat MATHEMATIK UND ASTRONOMIE – „Mathematici et Astronomici"

13Mat 1
EUCLIDES
Elementorum geometricorum libri XV. ... Basel: Herwagen, Johannes – sen. 1546. 2°
VD 16 E 4155
Rosenbergisches Verzeichnis Fol. 115v

13Mat 2
PROCLUS DIADOCHUS
In primum Euclidis Elementorum librum commentariorum ... libri IIII ... Padova: Percacino, Grazioso 1560. 2°
EDIT 16 CNCE 33726
Rosenbergisches Verzeichnis Fol. 115v

13Mat 3
THEODOSIUS BITHYNIUS
Sphaericorum elementorum libri III ... (Messina: Spira, Petruccio 1558). 2°
EDIT 16 CNCE 33324
Rosenbergisches Verzeichnis Fol. 115v

13Mat 4
ARCHIMEDES
Opera ... 2°

Die Ausgabe ist nicht eindeutig zu bestimmen: es gibt zwei mögliche Varianten VD 16 A 3217 (Basel 1544) oder EDIT 16 (Venezia 1558).
Rosenbergisches Verzeichnis Fol. 115v

13Mat 5
PTOLEMAEUS, Claudius
Almagestum seu magnae constructionis mathematicae opus ... [Venezia: Giunta, Lucantonio – sen.] 1528. 2°
EDIT 16 CNCE 29477
Rosenbergisches Verzeichnis Fol. 115v

13Mat 6
PTOLEMAEUS, Claudius
Omnia, qvae extant, opera, geographia excepta, ... Basel: Petri aus Basel, Heinrich 1541. 2°
VD 16 P 5204
Rosenbergisches Verzeichnis Fol. 115v

13Mat 7
FINÉ, Oronce
De rebus mathematici hactenus desideratis libri 4. ... Paris: Vascosan, Michel 1556. 2°
French Books III & IV 706406
Rosenbergisches Verzeichnis Fol. 115v

13Mat 8
KOPERNIKUS, Nikolaus
De revolvtionibus orbium coelestium, Libri VI. ... Basel: Petri aus Basel, Heinrich (1566). 2°
VD 16 K 2100
Rosenbergisches Verzeichnis Fol. 115v

13Mat 9
SCHÖNER, Johannes
Opera mathematica ... Nürnberg: Vomberg, Johann – Neuber, Ulrich 1551. 2°
VD 16 S 3465
Rosenbergisches Verzeichnis Fol. 115v

13Mat 10
SCALIGER, Joseph Juste
Opus novum de emendatione temporum, in octo libros tributum... Paris: Patisson, Mamert 1583. 2°
French Books III & IV 85850
Rosenbergisches Verzeichnis Fol. 115v

13Mat 11
FABRICIUS, Paul
[*Judicium novae rationis restituendi calendarii* ...]. Handschrift; 2°
Rosenbergisches Verzeichnis Fol. 115v

13Mat 12
CARDANO, Geronimo
Opvs novvm de proportionibvs nvmerorvm, motvvm, pondervm, sonorvm ... Basel: Petri aus Basel, Heinrich 1570. 2°

VD 16 C 916
Rosenbergisches Verzeichnis Fol. 115v

13Mat 13
Annorum Julianorum Romanorum Olympias I. Handschrift; 2°
Rosenbergisches Verzeichnis Fol. 115v
Katalog der dietrichsteinischen Bibliothek, Fol. 222 D 60; Dudík: Iter Romanum, S. 70, führt das Exemplar Roma: Biblioteca Apostolica Vaticana (Cod. lat. 1983) an; Nach E. Nylander: The Mild Boredom of Order ... S. 197: es handelt sich um eine spätere Erwerbung, die in die Bibliothek Königin Christines eingeordnet wurde.

13Mat 14
TAISNIER, Jean
Opvs mathematicvm ... Köln am Rhein: Birckmann, Johann – Richwin, Werner 1562. 2°
VD 16 T 72
Rosenbergisches Verzeichnis Fol. 115v

13Mat 15
HARTLIEB, Johannes
[*Die Kunst Chiromantia* ...]. Handschrift; 2°
Rosenbergisches Verzeichnis Fol. 115v
Katalog der dietrichsteinischen Bibliothek, fol. 346 D 35

13Mat 16
TARTAGLIA, Niccolò
La prima [*-sesta*] *parte del general trattato di numeri* ... Venezia: Navò, Curzio Troiano 1556. 2 sv., 2°
EDIT 16 CNCE 31550
Rosenbergisches Verzeichnis Fol. 115v

13Mat 17
APIAN, Petrus
Qvadrans Apiani Astronomicvs ... Nürnberg: 1562. 2°
Die Ausgabe ist nicht eindeutig zu bestimmen: VD 16 A 3110 registriert nur die Ausgabe Ingolstadt 1532.
Rosenbergisches Verzeichnis Fol. 115v

13Mat 18
ULMER, Johann Conrad
De horologiis sciotericis ... Nürnberg: Vomberg, Johann – Neuber, Ulrich 1556. 2°
VD 16 U 65
Rosenbergisches Verzeichnis Fol. 115v

13Mat 19
GIRAVA, Jerónimo
La cosmographia, y geographia ... Venezia: Ziletti, Giordano – sen. 1570. 4°
EDIT 16 CNCE 41204
Rosenbergisches Verzeichnis Fol. 115v

13Mat 20
AVRĀHĀM BAR-ḤIYYÂ HAN-NĀŚÎ
Sphaera mvndi, de scribens figuram terrae dispositionemque orbium coelestium & motus stellarum ... Basel: Petri aus Basel, Heinrich 1546. 4°
VD 16 ZV 19
Rosenbergisches Verzeichnis Fol. 115v

13Mat 21
APIAN, Philipp
De utilitate Trientis, instrvmenti astronomici novi, libellvs ... Tübingen: Apian, Philipp 1586. 4°
VD 16 A 3118
Rosenbergisches Verzeichnis Fol. 115v

13Mat 22
FOCARD, Jacques
Paraphrase de l'astrolabe, contenant les principes de geometrie. Lyon: Tournes, Jean de – sen. 1546. 4°
French Vernacular Books 20045
Rosenbergisches Verzeichnis Fol. 115v

13Mat 23
D'EVOLI, Cesare
De diuinis attributis, quae Sephirot ab Hebraeis nuncupata. ... Venezia: Ziletti, Francesco 1573. 4°
EDIT 16 CNCE 16985
Rosenbergisches Verzeichnis Fol. 115v

13Mat 24
REGIOMONTANUS, Johannes
Ephemerides siue Almanach perpetuu[m] ... [Venezia]: Petrus Liechtenstein [1498]. 4°
ISTC ir00110000
Rosenbergisches Verzeichnis Fol. 115v

13Mat 25
WITTICH, Paul
[*Pauli Vitich VVratislaviensis delineationes quaedam Mathemat. Viva manu*]. Handschrift; 4°
Rosenbergisches Verzeichnis Fol. 115v

13Mat 26
ALPHONSUS X – rex Hispaniae
Caelestium motuum tabulae... Augsburg: 1583. 4°
Vom VD 16 und KVK nicht registriert.
Rosenbergisches Verzeichnis Fol. 114v

13Mat 27
RITHAYMER, Georg
[*Sententiae quoaedam ex Geographia decerpte per M. Georg Rithamern.*]. Handschrift; 4°
Wahrscheinlich handelte es sich um eine Handschrift von Rithaymer – seine Exzerpte aus einem nicht näher bestimmbaren geographischen Werk.
Rosenbergisches Verzeichnis Fol. 115v

13Mat 28

REGIOMONTANUS, Johannes

De Cometae magnitudine, longitudine[que] ac de loco eius uero, problemata XVI. Nürnberg: Peypus, Friedrich 1531. 4°

VD 16 M 6522

Rosenbergisches Verzeichnis Fol. 115v

13Mat 29

JOHANNES DE SACROBOSCO

Libellvs de sphaera. ... (Wittenberg: Krafft, Johann – sen. 1563). 8°

VD 16 ZV 18221

Rosenbergisches Verzeichnis Fol. 115v

13Mat 30

APIAN, Petrus

Cosmographiae introductio cum quibusdam geometriae ac astronomiae principijs ad eam rem necessarijs. Venezia: Bindoni, Francesco – sen. – Pasini, Maffeo 1537. 8°

EDIT 16 CNCE 13621

Rosenbergisches Verzeichnis Fol. 115v

13Mat 31

FINÉ, Oronce

Arithmetica practica ... Paris: Colines, Simon de 1544. 8°

French Books III & IV 70630

Rosenbergisches Verzeichnis Fol. 115v

13Mat 32

Calendarivm Gregorianvm Perpetvvm ... Antwerpen: 1580 (= 1583). 8°

Belgica Typographica registriert keine Ausgabe von 1580; es handelt sich nachweislich um einen Irrtum in der Datierung – der gregorianische Kalender wurde erst 1582 eingeführt, Drucke mit diesem Titel erschienen 1582–1583 (auch Antwerpen, Plantin 1583).

Rosenbergisches Verzeichnis Fol. 115v

13Mat 33

LONITZER, Adam

Arithmetices brevis et vtilis introdvctio ... Frankfurt am Main: Egenolff, Christian – sen. heredes 1568. 8°

VD 16 L 2409

Rosenbergisches Verzeichnis Fol. 115v

14Mus MUSIKALIEN – „Musici libri“

14Mus 1

TURNHOUT, Gérard de (et all.)

Praestantissimorum divinae musices auctorum ... Leuven: Phalèse, Pierre – Bellère, Jean 1570. 2°

STCN registriert das Werk nicht.

Rosenbergisches Verzeichnis Fol. 115v

14Mus 2
GOMBERT, Nicolas
[*Missae IV vocum*]... Handschrift; 4°
Rosenbergisches Verzeichnis Fol. 115v

14Mus 3
JOHANNES TINCTORIS
[*Liber de arte contrapuncti* ...]. Handschrift; 4°
Rosenbergisches Verzeichnis Fol. 115v

14Mus 4
PHILOMATHES, Václav
De noua domo: Musicorum libri quattuor: ... Wien: Singriener, Johann – sen. 1523. 4°
BCBT s. v. Philomathes, Václav; VD 16 registriert diese Ausgabe nicht.
Rosenbergisches Verzeichnis Fol. 115v

14Mus 5
KARGEL, Sixt
Renovata cythara: hoc est novi et comodissimi exercendæ cythaæ modi, constantes cantionibus musicis, passomezo, padouanis ... Strasbourg: Jobin, Bernhard 1580. 4°
Grove 4, S. 705
Rosenbergisches Verzeichnis Fol. 115v

15ProTheo NICHTKATHOLISCHE THEOLOGIE – „Protestantium theologorum"

15Protheo 1
MUSÄUS, Simon
Postilla. Das ist Außlegung der Euangelien durchs gantze Jar ... Frankfurt am Main: Reffeler, Paul 1569/1570. 2°
VD 16 M 5048
Rosenbergisches Verzeichnis Fol. 116r

15Protheo 2
HUBERINUS, Caspar
Postilla Teutsch ... Nürnberg: Neuber, Ulrich 1567. 2°
VD 16 registriert diese Ausgabe nicht, Eintrag nach KVK.
Rosenbergisches Verzeichnis Fol. 116r

15Protheo 3
FREYDANG, Jacob
Der Läyen Biblia ... Frankfurt am Main: Rab, Georg – Feyerabend, Sigmund 1569. 2°
VD 16 F 2719
Rosenbergisches Verzeichnis Fol. 116r

15Protheo 4
THONER, David
Postilla vber die Fest, Das ist: Auszlegung der Euangelien ... Frankfurt am Main: (Feyerabend, Johann) 1588. 2°
VD 16 T 1101
Rosenbergisches Verzeichnis Fol. 116r

15Protheo 5
BIBLIANDER, Theodor
Machvmetis Saracenorum principis, eiusq́ue svccessorvm vitae, doctrina, ac ipse Alcoran, ... [Basel: Oporinus, Johann] 1550. 2°
VD 16 K 2586
Rosenbergisches Verzeichnis Fol. 116r

15Protheo 6
Christliche Kirchen Agenda Wie die bey den zweyen Ständen der Herrn vnd Ritterschafft im Ertzhertzogthumb Österrich vnter der Enns gebraucht wirdt. ... [Rosenburg: Protestantische Druckerei] 1571. 2°
VD 16 A 734
Rosenbergisches Verzeichnis Fol. 116r

15Protheo 7
Beständige Widerholung und gründliche Erklärung der Kirchen und Schulen im Fürstentum Württemberg ... Tübingen: Gruppenbach, Georg 1572. 2°
VD 16 B 2282
Rosenbergisches Verzeichnis Fol. 116r

15Protheo 8
Confessio Oder Bekantnus des Glaubens vnd deroselben Apologia ... Heidelberg: Kohl, Hans 1558. 4°
VD 16 C 4759
Rosenbergisches Verzeichnis Fol. 116r

15Protheo 9
WYCLIFFE, John
Dialogorum libri quattuor ... [Worms: Schöffer, Peter – iun.] (1525). 4°
VD 16 W 4688
Rosenbergisches Verzeichnis Fol. 116r

15Protheo 10
AUGUSTA, Jan
Rechenschaft des Glaubens der dienst vnd Ceremonien der Brüder in Behemen vnd Mehrern ... [Augsburg: Ulhart, Philipp – sen.] 1533. 4°
VD 16 A 4139
Rosenbergisches Verzeichnis Fol. 116r

15Protheo 11
Gründlicher vnd warhafftiger Bericht aller Rathschleg vnd antwort so die Theologen zu Wittemberg. [Wittenberg]: Rhau, Georg – heredes 1559. 4°
VD 16 W 3727
Rosenbergisches Verzeichnis Fol. 116r

15Protheo 12
REUCHLIN, Johannes
Defensio ... contra calvmniatores svos Colonienses ... (Tübingen: Anshelm, Thomas 1513/1514). 4°
VD 16 R 1244 (Ausgabe 1513) oder VD 16 R 1245 (Ausgabe 1514)
Rosenbergisches Verzeichnis Fol. 116r

15Protheo 13
Kirchenordnung, das ist Form vnd weise nach welcher die ... in ... der Augspurgischen Confession verwandten Kirchen ... bißher verrichtet vnd im brauch gewesen vnd noch seind. Frankfurt am Main: (Lechler, Martin) 1565. 4°
VD 16 A 648
Rosenbergisches Verzeichnis Fol. 116r

15Protheo 14
SPANGENBERG, Cyriacus
Catechismus ... (Erfurt: Dreher, Konrad) 1567. 4°
VD 16 ZV 14554
Rosenbergisches Verzeichnis Fol. 116r

15Protheo 15
CAELIUS, Michael
Wie ein Christ Gott [täglich danken, seine] Sünde Beichten vnnd B[eten soll. Evangelia] (Erfurt: Sachse, Melchior – sen. 1551). 8°
VD 16 ZV 3198
Rosenbergisches Verzeichnis Fol. 116r

15Protheo 16
SARCERIUS, Erasmus
Nova methodus in praecipuos scripturae divinae locos ... Basel: [Isengrin, Michael] 1546. 8°
VD 16 S 1753
Rosenbergisches Verzeichnis Fol. 116r

15Protheo 17
Kurtzer Bericht Wie ... Philippvs Melanthon sein Leben hie auff Erden geendet. 8°
Die Ausgabe ist nicht eindeutig zu bestimmen: Mit dem Format entspricht sie folgenden Ausgaben: Frankfurt 1561 (VD 16 ZV 28272), Frankfurt 1560 (VD 16 B 8246) und Wittenberg 1560 (VD 16 B 8248).
Rosenbergisches Verzeichnis Fol. 116r

15Protheo 18
NICOLAUS VON AMSDORF
Svpplicatorii libelli ... Oberursel: Heinrich, Nikolaus – sen. 1561. 8°
VD 16 S 10215
Rosenbergisches Verzeichnis Fol. 116r

15Protheo 19
BUGENHAGEN, Johannes
De Sacramento corporis et sanguinis Christi, ex Christi institutione, confeßio ... Hagenau: 1528. 8°
Die Ausgabe ist nicht eindeutig zu bestimmen: VD 16 B 9360 registriert nur die Ausgabe Wittenberg 1528.
Rosenbergisches Verzeichnis Fol. 116r

15Protheo 20
HEERBRAND, Jakob
Compendium Theologiae, ... 8°
Die Ausgabe ist nicht eindeutig zu bestimmen: VD 16 registriert mehrere Ausgaben.
Rosenbergisches Verzeichnis Fol. 116r

15Protheo 21
Apologia illvstrissimi principis Willelmi Dei gratia principis Avraicæ ... [Leiden]: Silvius, Charles 1581. 8°
Adams W 181
Rosenbergisches Verzeichnis Fol. 116r

15Protheo 22
LUTHER, Martin
Libro de la emendatione & correctione dil stato christiano. [Strasbourg: Ulricher, Georg] 1533. 8°
VD 16 L 3765
Rosenbergisches Verzeichnis Fol. 116r

15Protheo 23
[*Jnterrogationes et Responsiones de praecipuis capitibus doctrinae Christianae ...*] 8°
Das Werk ist nicht zu identifizieren.
Rosenbergisches Verzeichnis Fol. 116r

15Protheo 24
Gebeth Johan Fridrichen Churfürsten Zu Sachsen ... Wittenberg 1559. 12°
Die Ausgabe ist nicht zu bestimmen: VD 16 J814, J818 registriert nur Ausgaben aus dem Jahr 1546.
Rosenbergisches Verzeichnis Fol. 116r

15Protheo 25
JEWEL, John
Apologia Oder Verantworttungsschrifft der Euangelischen reformierten Kirchen in England ... Neustadt an der Haardt: (Harnisch, Matthaeus) 1589. 12°
VD 16 ZV 8675
Rosenbergisches Verzeichnis Fol. 116r

15Protheo 26
JEWEL, John
Apologia ecclesiae Anglicanae ... Neustadt an der Haardt: Harnisch, Matthaeus 1586. 12°
VD 16 J 265
Rosenbergisches Verzeichnis Fol. 116r

15Protheo 27
GERA, Wilhelm von
[*Bethbüchlein*]. Handschrift; 12°
Rosenbergisches Verzeichnis Fol. 116r

Autorenregister

Handschriftenregister

2Ju 70	Itinerarium provinciarum Antonini Augusti ...
2Ju 76	Processus Juridicus ...
2Ju 95	*Volumen Statutorum, legum, ac iurium d. Venetorum, cum amplissimo indice omnium materiarum, quae in ipsis statutis continentur alphabetico ordine accommodato ...*
2Ju 97	Dess Löblichen hauss Österreych Freyheitten vnd Privilegien ...
2Ju 101	Ordnung der Stadt Braunschweig.
2Ju 132	Beck von Leopoldsdorf, Marcus: Annotationes in jus civile ...
3Me 30	Katharina von Österreich: Artzneybuch ...
3Me 31	Von der Natur und Eigenschafft aller Steinkhretter ...
3Me 35	Hicholtz, Joannes [?]: Catalogus Hortorum.
3Me 54	Seitz, Alexander: Ain schöner Tractat von dem Saturnischen Gschoß der Pestilentz ...
3Me 60	Serapion – iun.: De Affectione et pressione medicinarum ...
3Me 61	Maximilianus II.: Artzney büchel weiland Kaysers Maximiliani dess Andern hochsaeligster gedächtnuss manuscriptus
3Me 64	Allerley khünst vnd wundttsegen manuscriptus ...
3Me 90	*Kuchmistrzstwo prossowol*
4Phil 62	*Argyropulos, Johannes: Ethica ...*
5Kunst 8	Tabulae Geographicae.
5Kunst 15	Florilegium.
6Hi 12	Alte Chronica.
6Hi 61	Streun von Schwarzenau, Reichart [?]: Annales rerum Austriacarum ...
6Hi 62	Pius II. – papa: Historia Austrialis ...
6Hi 63	*Auszug der Chroniken des Land Österreich ...*
6Hi 64	*Köchlin, Michael: Opusculum ... De rebus gestis in Italia ...*
6Hi 76	Jacobus von Verona: Liber peregrinationis ...
6Hi 77	Althomier, Michael [?]: Geschriebene Historie ...
6Hi 79	Kellner, Heinrich: Chronica Das ist: Warhaffte ... Beschreibung aller Hertzogen zu Venedig Leben ...
6Hi 81	Chronica teutsch ...
6Hi 84	Pessel, Paul: Viennae Austriae, a Sultano Soleymano obsessae Historia ...
6Hi 87	Discours von der Standt der Religion Jn diesem land ...
6Hi 88	Streun von Schwarzenau, Reichart: Bericht von den hohen berg Eseher genant Jn Osterraych.
6Hi 89	Weidner de Billerburg, Ferdinand: Ein Kurtz wollvermeintes guthe dencken belangend der Röm. Khay. Mat. Arshenal Jn Wien ...
6Hi 90	Roberto di Sanseverino: Viaggio in Terrasanta ...
6Hi 91	Huszthi, Georg: Descriptio peregrinationis ...
6Hi 92	Justinus, Marcus Juniaus: Historiarum Philippicarum libri XLIV ...
6Hi 129	Türkische Chronica.
6Hi 136	Heuperger, Leopold: Reiss Jn die Türkay.
6Hi 142	Ladislaus Sunthaym: Der löblichen Fürsten und des Landes Österreich Altherkommen und Regierung

6Hi 143	Von etlichen Hertzogen ein buch ...
6Hi 171	Andreas von Regensburg: Chronik von den Fürsten zu Bayern ...
6Hi 185	*Gayer, Joannes: Chronica ...*
6Hi 233	*Pessel, Paul: Catalogus virorum illustrium ducum miliciæ præfectorum, legatorum cæterorumque quorum virtute & consilio Vienna servata (f. D4v–F3v) – součást díla Pessel, Viennae Austriae ... historia ... 1530*
6XXX 9	Esperiente, Philip Callimachus: Libris tres de rebus gestis in Hungaria contra Turcas per Vladislaum Poloniae et Ungariae regem
7Art 4	Neubeck, Johann Caspar: Bibliotheca Joannisi Caspari Episcopi Viennensis ...
7Art 15	Jndex vetus librorum arcis Ebrestorf.
7Art 26	Teutsche Fürschrifften ...
7Art 47	Beck von Leopoldsdorf, Hieronym: Loci Communes Epistolaru[m] ... in Virgilie Aeneidos interpretatio ...
7Art 51	Beck von Leopoldsdorf, Hieronym: Phrases ad locos communes ...
8Poet 16	*Placotomus, Adam (Brettschneider, Adam): Historiae de Susanna Paraphrasis*
8XXX 1	Beck von Leopoldsdorf, Hieronym: De Nativitate Dei ...
9Antiq 12	Domináček z Písnice, Zikmund: Roma ...
9Antiq 13	Corvinus, Elias: Aelia Laelia Crispis, Marmor antiquum, Bononiae declaratum.
9Antiq 18	Die Margraffen Jn Judeischapton (?) geschrieben.
9Antiq 21	Etlicher Römischer Kayser vom hauss Österaych Jmagines ...
9Antiq 27	Wappenbuch dess gantz Römischen Reichs ... und Herren in Österreich.
9Antiq 44	Der Bischoffen vnd Ertzbischoffen Zu Saltzburg.
9Antiq 45	*Streun von Schwarzenau, Reichart [?]: Kleine tractäte intitulirt, Der Verfürt hoffman durch Herrn Reinhart ...*
9Antiq 46	Jupp Nissenus, Bartholomaeus: Monumenta et inscriptiones ... studio et impensis ... Hieronymi Beck.
13Mat 11	Fabricius, Paul: Judicium novae rationis restituendi calendarii ...
13Mat 13	Annorum Julianorum Romanorum Olympias I.
13Mat 15	Hartlieb, Johannes: Die Kunst Chiromantia ...
13Mat 25	Wittich, Paul: Delineationes quaedam Mathemat.
13Mat 27	Rithaymer, Georg: Sententiae quoaedam ex Geographia ...
14Mus 2	Gombert, Nicolas: Missae IV vocum ...
14Mus 3	Johannes Tinctoris: Liber de arte contrapuncti ...
15Protheo 27	Gera, Wilhelm von: Bethbüchlein.

Register von Institutionen mit erhaltenen Exemplaren

Berlin: Staatsbibliothek
- 6Hi 142

Brno: Moravská zemská knihovna
- 5XXX 1

Göteborg: Universitetsbibliotek
- 6XXX 20

København: Det Kongelige bibliotek
- 2XXX 29

Leiden: Universiteitsbibliotheek
- 4Phil 24
- 6Hi 113
- 6XXX 4, 13, 15, 53
- 9Antiq 20, 46

Linköping: Stadsbibliotek/Stiftsbiblioteket
- 1XXX 3

Lund: Universitetsbibliotek
- 1Theo 4, 221
- 1XXX 6–8
- 4Phil 73
- 7Art 11
- 12Milit 1

Madrid: Bibliotheca Complutense
- 3Me 50

Norrköping: Stadsbibliotek
- 6Hi 29

Oslo: Universitetsbiblioteket
- 6XXX16

Östersund: Zetterströmska biblioteket
- 12Milit 6

Roma: Bibliotheca Apostolica Vaticana
- 6XXX 9
- 6Hi 91

Skara: Gamla biblioteket
- 1XXX 5

Skokloster: Slotts bibliotek
- 1XXX 10

Stockholm: Kungliga biblioteket
- 1Theo 18
- 1XXX 14
- 2Ju 19, 20
- 2XXX 1, 12, 20–23, 27, 28
- 6Hi 82
- 6XXX 6, 7, 19

Strängnäs: Domkyrkans bibliotek
- 1Theo 57, 83, 118, 184, 187
- 1XXX 1, 2, 9, 11, 12
- 2XXX 26
- 6XXX 1, 2, 3, 5, 14, 52
- 7Art 32
- 7XXX 1–5

Schweden: Privatsammlung
- 12XXX 1

Uppsala: Carolinabiblioteket
- 1XXX 4
- 2Ju 4, 16, 17, 18, 39, 46
- 2XXX 2–19, 24, 25
- 6 Hi 30, 33, 99, 106
- 6XXX 10–12, 18, 19, 21
- 9Antiq 3

Västerås: Stiftsbibliotek
- 1Theo 8, 147, 162, 164, 184, 242, 243
- 1XXX 13, 15
- 2Ju 113
- 6Hi 83
- 6XXX 8, 22–52

Växjö: Stadsbibliotek
- 2Ju 62
- 6Hi 140
- 2XXX 30

Wrocław: Zakład Narodowy im. Ossolińskich, Biblioteka
- 1XXX 16

www.ingramcontent.com/pod-product-compliance
Ingram Content Group UK Ltd.
Pitfield, Milton Keynes, MK11 3LW, UK
UKHW021856290926
8980IPUK00005B/869

9 783631 723593